国学大师

熊十力评传

胡治洪　著

长江出版传媒
湖北人民出版社

图书在版编目（CIP）数据

熊十力评传 / 胡治洪著. — 武汉：湖北人民出版社，
2024.4
ISBN 978-7-216-10841-6

Ⅰ. ①熊…　Ⅱ. ①胡…　Ⅲ. ①熊十力（1885-1968）—
评传　Ⅳ. ①B261.5

中国国家版本馆CIP数据核字（2024）第066384号

责任编辑：丁　茜
封面设计：董　昀
责任校对：范承勇
责任印制：肖迎军

出版发行：湖北人民出版社	**地址：**武汉市雄楚大道268号
印刷：湖北新华印务有限公司	**邮编：**430070
开本：787毫米×1092毫米　1/16	**印张：**35.75
字数：573千字	**插页：**3
版次：2024年4月第1版	**印次：**2024年4月第1次印刷
书号：ISBN 978-7-216-10841-6	**定价：**108.00元

本社网址：http://www.hbpp.com.cn
本社旗舰店：http://hbrmcbs.tmall.com
读者服务部电话：027-87679656
投诉举报电话：027-87679757
（图书如出现印装质量问题，由本社负责调换）

总　序

郭齐勇

“国学”是颇有争议的复杂概念。在清末以前，古人不必使用这一概念。在国势日颓、民族危亡之时，流亡在日本的志士仁人开始使用这一名词，表述中国古代的学术文化。章太炎说：“夫国学者，国家所以成立之源泉也。吾闻处竞争之世，徒恃国学固不足以立国矣。而吾未闻国学不兴而国能自立者也。吾闻有国亡而国学不亡者矣，而吾未闻国学先亡而国仍立者也。故今日国学之无人兴起，即将影响于国家之存灭，是不亦视前世为尤岌岌乎？”①

邓实说：“国学者何？一国所有之学也……有其国者有其学。学也者，学其一国之学以为国用，而自治其一国者也。国学者，与有国而俱来，因乎地理，根之民性，而不可须臾离也。君子生是国，则通是学，知爱其国，无不知爱其学也。”② 也就是说，国学不仅仅是学问或学术的概念，而且还是民族性与民族魂的概念。国学的内核主要指国家民族历史文化的根本精神价值。

梁启超积极引进西学，然而对于国人鄙薄自己的民族文化传统却心怀忧虑。他说：“吾不患外国学术思想之不输入，吾惟患本国学术思想之不发明……凡一国之立于天地，必有其所以立之特质。欲自善其国

---

① 章太炎：《国学讲习会序》，原载《民报》第7号。转引自汤志钧《导读》，《国学概论》（章太炎讲演、曹聚仁整理、汤志钧导读），上海古籍出版社1997年版，第6页。

② 邓实：《国学讲习记》，原载《国粹学报》第19期。转引自汤志钧《导读》，《国学概论》（章太炎讲演、曹聚仁整理、汤志钧导读），上海古籍出版社1997年版，第7页。

者，不可不于此特质焉，淬厉之而增长之……不然，脱崇拜古人之奴隶性，而复生出一种崇拜外人、蔑视本族之奴隶性，吾惧其得不偿失也。”① 也就是说，我们一定要把握自家文化的真精神、主体性与特质，并加以锻造、锤炼，不能从盲目崇拜古人转向盲目崇拜洋人，以为自己的文化传统都是糟粕、中国百事不如人。

文化的差异不仅有时代性的差异，也有民族性的差异。在一定意义上，我们又可以说，“国学”即是中国的古典学，它以古代中国的语言文字、终极信仰、学术思想和民俗文化为中心。按传统图书与学术之分类有经、史、子、集四部，或义理、考据、辞章、经世之学的诸路向。

其实，国学是开放的，包含了历朝历代消化吸收了的外来各种文化。我们不能把国学狭隘化。第一，国学不只是汉民族的学术文化，它还包含了历史上各少数民族的语言、文字、学术文化及其与汉民族的交流史。第二，国学不只是上层精英传统，还包括小传统，如民间民俗文化，各时段各地域各民族的传说、音乐、歌舞、技艺、建筑、服饰、礼仪、风俗、宗族、契约、行会、民间组织等，有如今天的某些物质与非物质文化遗产。第三，国学还包括历史上中外地域文明的交融，如外域文明的传入，西域学、佛学及其中国化，西学东渐与中学西传的内容与历史过程等，都属于国学的范围。

必须明了，国学、经史子集等，并不是汉民族的专利，其中包含、汇聚了中华各民族的智慧与文化，是各民族共同创造、共同拥有的文化精神资源，正所谓“一体多元”“和而不同”。古今很多少数民族文化也以汉语言文字为媒介。

前面我们说过，在国学的多层面中，最高的层面还是国魂，即中华民族的主要精神的方面，那是中国人之所以为中国人、中国文化之所以为中国文化的根本特质处。国学是生命的学问，儒、释、道三教是具有

① 梁启超：《论中国学术思想变迁之大势》，原载 1902 年 3 月 10 日《新民丛报》第 3 期，又载胡道静主编《国学大师论国学》（上），东方出版中心 1998 年版，第 23 页。

精神性的人文主义，肯定世界的神圣性。三教认为人性的最高体现，就是达到人生的最高境界，是天人合一，希望与自然保持和谐。对宇宙的敬畏感来自我们回应最终实在的渴望，而最终实在为我们的生活指示了方向并赋予意义。我们的存在受惠于天地万物，为了报答这一份恩惠，我们必须加强自我修养，以便在存在的奇迹中完全实现人性，达到天、地、人三才同德。学习国学更重要的是把握中华人文精神与价值理念，了解中华民族与中华文化融会的过程，及其可大可久的所以然，堂堂正正地做一个中国人。

其实，提倡国学与拥抱、吸纳包括西学在内的外域文化并不矛盾。陈寅恪说："一方面吸收输入外来之学说，一方面不忘本来民族之地位。"① 任何民族的现代化都不可能是无本无根的现代化。对于自家传统文化的价值理念、生存智慧、治国方略，我们体认得越深，发掘得越深，我们拥有的价值资源越丰厚，就越能吸纳外来文化的精华，越能学得西方等外来文化之真，这才能真正使中西或中外文化的精华在现时代的要求下相融合，构建新的中华文明。

湖北的国学传统源远流长，历史上涌现了一批学养深厚的国学大师。他们为中华文化的发展做出了卓越的贡献，也成为国学发展不同阶段的典型代表。宋至清末，全国的大学者大多到过湖北，湖北学人在全国也享有盛誉。明清以来湖北理学与经学的特点是有独创性、开放性，倡导实学。湖北自古就有儒家重教兴学的深厚传统，清末张之洞督鄂期间尤重视文教，开放教育，对湖北文人与文化有深刻的影响。

湖北地区水陆交通方便，资讯较发达，在清末以来呈现出古今中外思想文化碰撞交流的状态，这就促使当地的或旅鄂的一些有思想的文化人批判、离异传统，而后又从高层次回归传统。现代多数鄂籍或来鄂的学人有一个共同特点，即既开放，又有根柢，多数人最终融会中西文化，强调中国文化的根源性，创造性地弘扬、发展中国文化的优长，经

① 引自冯友兰《中国哲学史》下册附录的陈寅恪《审查报告三》，中华书局 1961 年版，第 4 页。

世致用。

湖北省国学研究会是本省从事国学研究的专家学者及爱好者自愿组成的全省性、学术性、非营利性的学术文化类社团组织，旨在研究、传承、推广国学，以冀绍继和发扬中华优秀传统文化。

为了全面而精要地展示湖北国学史丰富多彩的画卷，为了纪念先贤不凡的人生与独特的学术造诣，也为了扩大湖北国学的影响，本会2014年2月甫一成立，就确立了编撰一套较高水准的“湖北国学大师评传丛书”的计划。本计划拟先从近现代开始，行有余力再由近及远地全面涉及湖北籍的，或者在湖北曾长期居留、工作并产生重要学术影响的国学专家。

本丛书拟以每位国学大师为一本专书的传主，采取人生传记与思想阐论相结合的形式，一方面纵向追溯其人生经历与学问成长过程，一方面横向揭示其思想与学术之体要。每一本专著力求做到学术原创与通俗表达的完满统一。

经学会同仁研究，并请教了前辈专家，我们确立了本套丛书第一辑的传主为：王葆心（1867—1944）、熊十力（1885—1968）、黄侃（1886—1935）、钱基博（1887—1957）、刘永济（1887—1966）、刘赜（1891—1978）、汤用彤（1893—1964）、徐复观（1903—1982）。以上八位大家的学问专长与路向各不相同，有的偏重经学，有的偏重小学（文字、音韵、训诂），有的偏重方志学，有的偏重哲学、佛学或思想史，有的偏重古代诗词，但都是中国学问。他们的旧学基础很好，功底很深。由于他们都生活在新旧交替的时代，其中一些学者有很好的西学背景，做到学贯中西，或在一定程度上借鉴了西方学术的理论或方法。这也是晚清、民国以来国学的特点。

湖北地区素来教育与学术资源丰厚，人才济济。有一大批长期从事中华传统文化研究并卓有成绩的专家学者，其中不乏在全国乃至国际学术界享有盛誉之人。这是本丛书计划得以拟定与高水平完成的基本保障。

本丛书的作者也以湖北学人为主，当然也不限于此。为保证质量，我们在全国范围内物色了学有专攻的有实力的专家。作者们十分投入，克服了重重困难，为读者奉献了智慧与心力。我们诚挚地感谢各位作者集文字、思想、学术于一途的努力。

在当前国人文化自觉意识日增与国学复兴的背景之下，推出这套丛书可以将湖北国学系统地展现出来，增进人们对于国学本身，尤其是湖北国学的了解；可以使大师们的思想与学术结合其鲜活具体的人生真切地呈现出来，培育人们对大师人格与学问的景仰以及对国学的热爱；另外，这套丛书亦将代表湖北国学研究会和湖北国学界，为全国范围内正在兴起的国学热做出正能量的贡献。

本会会长韩忠学先生极为关心丛书工作，亲自指导，确定编写主旨，筹措资金，联络出版单位，敦促写作计划的完成。丛书主编之一的王玉德教授为确立传主名单、物色作者、落实写作计划做了大量的工作，并亲自撰著了一书。王巧生博士为制定体例、联络作者做了一定的工作。

我们要特别感谢湖北人民出版社的领导与各位编辑为本丛书所做的贡献。

是为序。

丙申年初夏于武昌珞珈山麓

目　录

引　言

在鄂东黄冈市团风县上巴河镇熊坳村外的小岗上，有一座并不起眼的墓园，中国当代著名哲学家熊十力和夫人韩既光就合葬在这里。碑文“熊十力先生韩既光夫人之墓”由梁漱溟先生题写，墓园后墙上嵌着两块石碑，一块刻有熊十力小传，另一块为佛教哲学家虞愚撰写的墓志：

> 熊十力（一八八五—一九六八），先生原名继智、升恒，又名子真，湖北黄冈人。先生早年奔走于反清革命，曾投身湖北新军，组织黄冈军学界讲习班，参加日知会活动。辛亥革命时出任都督府参议。护法运动时曾佐孙中山幕。中年以后专事学术研究，先入南京支那内学院学习佛法，后应蔡元培之聘任教北京大学，主讲其新唯识论，以博学精思蜚声海内外。解放后为中国人民政治协商会议特邀代表及二、三、四届全国委员会委员。先生学无常师，堂庑甚广，著述宏富，不囿陈说，在我国现代哲学论坛上成一家之言。一九八五年十月北山虞愚书。①

寥寥二百余字，概括了熊十力从革命志士到学问大家的一生，而所谓“以博学精思蜚声海内外”，“学无常师，堂庑甚广，著述宏富，不囿陈说，在我国现代哲学论坛上成一家之言”云云，更是对熊十力学思成

---

① 熊十力先生墓曾于2002年后整修。原来这篇墓志刻于梁漱溟先生题写的墓碑背面，为虞愚先生撰文并书丹。后来重修熊先生墓时将墓志另刻一碑，不再用虞愚先生书丹而改用通行隶书。重刻墓志产生了几处误差，如“曾佑孙中山幕”为“曾佐孙中山幕”之误，“蜚罄海内外”为“蜚声海内外”之误，“堂无甚广”为“堂庑甚广”之误，“著述宏當”为“著述宏富”之误，“不回陈说”为“不囿陈说”之误，此处引文依据虞愚先生原文径予改正。

就的高度推崇。

站在熊十力先生墓前，很容易使人联想起白香山追怀李太白的诗句：

采石江边李白坟，绕田无限草连云。
可怜荒垄穷泉骨，曾有惊天动地文。
但是诗人多薄命，就中沦落不过君。
渚蘋溪藻犹堪荐，大雅遗风已不闻。①

弥望的田野，沉寂的丘垄，坎坷的遭际，留在世间的雄文大著，这些都是那么切合香山在太白坟前的所见所思。至于熊十力的名声尚不如李太白那样惊天动地、震古烁今，那是因为他的学说太博大精深，他的思想指向与现实社会的关系太隐奥曲折，因而他的影响近乎庄子所谓“尸居而龙见，渊默而雷声”。当人们跟随熊十力汪洋恣肆的文字，真正进入他那宏大而辟、深宏而肆的思想体系之中，就会感受到一种脱胎换骨般的震撼力。也正因此，熊十力的影响并非“大雅遗风已不闻”，而是如萧萐父先生所咏叹的：

八卷雄文慧命传，无限悲愿说人天。
神州鼎革艰难甚，唤起猖狂共着鞭。②

① 白居易：《李白墓》。

② 萧萐父：《辛巳（2001）秋，新辑校〈熊十力全集〉出版，喜题》，见《火凤凰吟：萧萐父诗词习作选》，武汉大学出版社2007年版，第221页。

第一章　独握天枢，以争剥复
——熊十力的生平学思

1968年5月23日，熊十力病逝于上海，其弟子唐君毅于香港获悉噩耗，即撰挽联曰："斟银汉，吸沧溟，前圣道兹存，居尝想象夫子；握天枢，争剥复，后生仁不让，会当永继斯文。"[①] 所谓"握天枢，争剥复"乃化用熊十力名言。早在1913年所作《证人学会启》中，熊十力就说过"人心晦否之日，独握天枢，以争剥复，岂曰小补之哉"[②]；1947年他又说"余虽寡昧，犹期独握天心，以争剥复"[③]；及至1948年，他还说"吾虽孤陋，犹思独握天枢，以争剥复"[④]。熊十力一生多处于逆境之中，但他高度自信把握了天道世运，因而坚定不移地与逆境抗争，居剥祷复，从而成就了他的卓荦不群、造就非凡的一生。

第一节　艰难时世的陶铸

清光绪十一年乙酉（1885），遭受西方列强近半个世纪侵略掠夺的绿野神州一片凋敝，昔日天朝上国竟沦落为举世所轻的东亚病夫，中华民族陷入水深火热的境地。就在这一年，清朝军队在取得对法战争的镇南关大捷之后，清政府却与法国签订了妥协退让的《中法会订越南条约十款》，不仅承认法国在越南的特权，而且打开了法国势力渗入中国云

---

① 《唐君毅全集》卷二十九，学生书局1990年版，"年谱"第170页。

② 《熊十力全集》第八卷，湖北教育出版社2001年版，第3页。全书所指《熊十力全集》均使用湖北教育出版社2001年版，不再赘述。

③ 《熊十力全集》第四卷，第451页。"天心""天枢"乃同义换用。

④ 《熊十力全集》第五卷，第29页。

南、广西的通途。清政府还与英国订立《烟台条约续增专条》，实质上承认了鸦片进口的合法性；又与日本签订《朝鲜撤兵条约》，等于将朝鲜的宗主权拱手出让给日本。而远在北美大陆主要由华工修筑的太平洋铁路于这一年建成，但在竣工仪式上却见不到一个华人身影。外患内忧似乎真要将中华民族开除“球籍”了！

这年早春，料峭寒意笼罩着贫瘠破败的鄂东农村，在黄冈县（今团风县）巴河西岸的熊坳村，一户熊姓人家降生了一个羸弱的男婴，[①] 他就是日后创构囊括大宇的“新唯识论”体系的大哲学家熊十力。熊家数代贫穷，曾祖光东公早逝，曾祖母华氏誓不再嫁，乃育族侄为嗣子，即祖父敏容公。敏容公娶曹氏，仅生一男，即熊十力之父其相公（谱名承经）。年七岁，以华太夫人坚主，乃就乡校读书，熊家自此始有读书之人。[②] 其相公娶高氏，[③] 育七子三女：长子继文字仲甫；次子继武；次子以下即三女，皆不知名；再下第三子继智，即熊十力，又名升恒，字子贞，亦作子真，晚号逸翁、漆园老人、空不空老人、病翁等；四子继勇；五子继刚；六子继强；七子继毅。[④]

熊十力少年时因家贫而为乡人牧牛，赚取谷米聊补家用。其时其相公授徒于乡校，偶尔回家则教十力识字，并讲述历史故事，启发十力的民族民主意识。十岁那年，熊十力由其相公带入掌教的乡校读书，初授

① 熊先生自言“吾少弱且病”“吾幼极弱多病”，见《熊十力全集》第四卷，第363页；第八卷，第477页。熊先生生日没有确切记载，但生于正月之初却无问题（见《熊十力全集》第八卷，第480、481页），他后来自己将生日定为夏历正月初四（见郭齐勇：《熊十力及其哲学》，中国展望出版社1985年版，第3页）。关于熊先生的生年也存在争议。根据熊先生自述和其他旁证，一般将其生年定在1885年；但因熊先生的诸多自述不免有一些含混抵牾之处，所以有人又认为熊先生当生于1884年。两说之中前者的证明材料更加翔实，当从前说。

② 关于熊先生家世，见《熊十力全集》第一卷，第658—659页；第八卷，第843、867—896页。熊先生亦言“我家几世治学守礼”，似为诗书世家，但下文又说“吾先文学府君，孤寒励学”（《熊十力全集》第一卷，第658页），可见乃从其相公方始读书。

③ 见《熊十力全集》第一卷，第35页。

④ 关于熊先生兄弟姊妹及其名字的情况，见《熊十力全集》第一卷，第35、658—659页；第八卷，第843、847页。

《三字经》辄一日背讫，继授四书而唯求多讲，再习五经诸史，常日夜手不释卷，发愤用功；暇日亦与诸生一道从其相公优游，随处承蒙指点，由此奠定了熊十力的学思根基。① 然而好景不长，次年其相公肺病加剧，勉强支撑到来年夏初，病情益危，乃辞校还家，至秋冬之交遂溘然长逝，熊十力两年左右的求学经历就此结束。② 此后熊十力随长兄仲甫务农，仲甫曾读书至十五岁，因家贫而辍学力耕，然常带书于田畔，歇息时则展卷而读，熊十力亦效之。后三年，熊十力又至其相公友人何柽（字圣木）先生处求学，但因不堪约束，仅半年便逃归，从此就再也没有入学从师的经历，他一生的学历也就仅止于两年多的私塾教育。③

此时的熊十力无拘无束，身心极其舒张，思想行为往往大异于常情礼俗。他羡慕春秋时的子桑伯子不衣冠而处之风，于是夏天裸身独宿于野外荒庙，甚至一丝不挂走出门外，有人路过也不躲避。他还以破坏庙里的菩萨塑像为乐趣。④ 他这种放纵不羁缘于他当时似乎深刻但实不成熟的宇宙观，他后来回忆道："年十三岁，登高而伤秋毫，（自注：时喟然叹曰：此秋毫始为茂草，春夏时，吸收水土空气诸成分，而油然滋荣者也。未几，零落为秋毫，刹那刹那，将秋毫且不可得，求其原质，亦复无有。三界诸有为相，皆可作如是观。）顿悟万有皆幻。由是放荡形骸，妄骋淫佚。"⑤ 似乎其时他对释氏空观已有了解和感悟。不过在这种放荡形骸的外表下，在尚不成熟的思想中，却可发现他的哲思夙慧。

这时他仍不辍于泛观博览，并且关注时事，"读《易·系传》至辟户之谓乾，阖户之谓坤，神解脱然，顿悟虚灵开发者谓之辟，亦谓之心；聚凝阖敛者谓之翕，亦谓之物。心无内外，物者心之所运用，所了

① 见《熊十力全集》第三卷，第 804、1079 页；第四卷，第 154 页；第五卷，第 616、752 页；第六卷，第 385、434、728 页；第八卷，第 874—875 页。

② 见《熊十力全集》第四卷，第 424 页；第八卷，第 875 页。

③ 见《熊十力全集》第三卷，第 759—760 页；第四卷，第 424 页。

④ 见《熊十力全集》第四卷，第 424—425 页。

⑤ 《熊十力全集》第一卷，第 5 页。

别，亦非离心外在。当时颇见大意，只条理未析，意义不深耳”[①]，熊十力后来归宗《大易》的思想根底就在于此；读陈白沙《禽兽说》，“忽起无限兴奋，恍如身跃虚空，神游八极，其惊喜若狂，无可言拟。当时顿悟血气之躯非我也，只此心此理方是真我。血气一团宛然成藐小之物，而此心此理则周遍乎一切物之中，无定在而无所不在，是夐然绝待也。人生任血气用事，即执藐小之物为自我，其饥食渴饮乃至穷滥乐淫，一切与禽兽不异，此其人虽名之曰人，实乃禽兽也”[②]，熊十力“新唯识论”标举的“本心”当即以此作为思想资源之一；又读介绍西方学术的《格致启蒙》，“读之狂喜，后更启革命思潮，六经诸子视之皆土苴也，睹前儒疏记且掷地而詈”[③]，还读了维新派的论文和章奏，由此知世变日剧，遂自许以“先天下之忧而忧”[④]，熊十力青年时代“毁宣圣、谤六经”的反传统取向及其投身社会政治的革命活动即导源于此[⑤]。中年以后他归宗儒家，终生服膺勿失；但革命经历却成为他不曾消褪的思想底色，民主一直是他在学术生涯中加以阐扬的正面价值。

自我期许致使熊十力不再甘于垄亩，他游学乡间，交结同县何自新、蕲水（今浠水）王汉，相互引为同道，“为新学会，日聚年少高谈，非尧舜，薄周孔，无所避”[⑥]，“三人者益熟知中外情势，以为清室不去，则民权无可伸张，何以御外侮？慨然有革命之志”[⑦]。王汉后于光绪三十一年（1905）正月在彰德府（今河南安阳）刺杀清朝大臣铁良不中而自尽，死年二十三岁，为革命党人之最初就义者。何自新则因光绪三十二年（1906）冬湖南萍醴起事而遭鄂督通缉，亡走江右，后因病潜

① 《熊十力全集》第四卷，第 15 页；亦见第八卷，第 342 页。

② 《熊十力全集》第五卷，第 280 页。

③ 《熊十力全集》第二卷，第 311 页。

④ 《熊十力全集》第四卷，第 424 页。

⑤ 熊先生曾对弟子自述：“弱冠革命，曾毁宣圣、谤六经。”见《熊十力全集》第五卷，第 459 页。

⑥ 《熊十力全集》第一卷，第 16 页。

⑦ 《熊十力全集》第四卷，第 154 页。

归故乡而卒，年二十有九。熊十力继承死友遗志，在革命阵营断续盘桓十六年左右，构成他人生经历中的一段传奇。

第二节　政学之间的徙倚

光绪二十九年（1903）前后，熊十力与何自新、王汉至武昌府，何、王居旅舍而往来于各学堂与军营，结交四方豪俊，熊十力则独入军营当兵，潜通诸悍卒，以谋运动军队。① 此间他们结识了散处于武昌的革命志士宋教仁、吕大森、刘敬庵、张难先、胡瑛等人，又通过胡瑛与其师黄兴建立了联系。于是众人于次年夏在刘敬庵主持下成立科学补习所，作为湖北武汉革命党人机关，湖北武汉之有反清革命组织盖始于此。其时革命党内部或以为武昌不宜于起事，熊十力与何自新力辟其谬，极力主张占据武昌以耸动天下，后来辛亥之役应验其说。

科学补习所成立未及数月，因受黄兴等领导的华兴会密谋于长沙举义一案牵连，遂于同年秋遭武昌知府梁鼎芬取缔。翌年初夏，激于王汉刺铁良而殒命的壮举，原科学补习所诸同志复立日知会，与孙中山发起的兴中会、黄兴等发起的华兴会、蔡元培等发起的光复会桴鼓相应。同年秋中国同盟会成立，日知会成员大多加入，熊十力亦在其中。是年冬，熊十力由行伍考入陆军特别学堂，越明年，与诸同志创设黄冈军学界讲习社，名为黄冈一县旅省人士之联谊团体，实为联络各军营兵士及

① 关于熊先生入营当兵的时间，大致有三种说法：其一为熊先生自述曰“我于光绪二十八年，便投入武昌凯字营当一小兵”（《熊十力全集》第八卷，第 368 页）；其二为郭齐勇撰《熊十力年表》载“一九〇三年癸卯清光绪二十九年，十九岁……十力投武昌凯字营第三十一标当兵”（《熊十力全集》第八卷，第 898 页）；其三亦为熊先生自述曰“吾自清光绪三十年即投身军队以谋革命，几遭不测”（《熊十力全集》第八卷，第 535 页）。若以光绪三十年（1904）熊与何、王始至武昌并入营当兵，且于同年夏即招集同志成立科学补习所，似嫌仓促，故此说可能性不大，或为误记。而光绪二十八年（1902）熊先生尚在读《易》（见《熊十力全集》第四卷，第 15 页；第八卷，第 342 页），似处于将出未出之间。故以光绪二十九年（1903）熊先生至武昌入营当兵较为确当。不过关于熊先生入营当兵的准确年代，尚待进一步爬梳资料予以核定。

各学堂学生之革命组织，当时甚至传言他“谋毙某帅”。熊十力的活动被时任湖北陆军第八镇统制张彪侦知，张彪密令逮捕熊十力，幸有营务处同志透露风声，熊十力得以提前逃遁，赖何自新设法藏匿。不久湖南萍醴矿工暴动牵连到湖北革命党人，日知会遭封禁，刘敬庵等多人被捕，何自新本人也受到通缉，遂与熊十力（其时化名周定中）一道亡命江右，出没于德安、建昌（今江西永修）之间近两年。光绪三十四年(1908)，熊十力与何自新潜归故乡，两年后何自新病卒，熊十力则隐姓埋名潜心研读宋明儒家及《列子》等书，并继续他对《船山书》三百二十卷的纂辑工作，暂时疏离了革命事业。

民国肇造，熊十力受时任副总统兼鄂省都督黎元洪之聘，任都督府特设武昌日知会调查记录所编辑，在孙武、蔡济民、季雨霖等人主持下，编修《日知会志》。其时他曾个人上书黎元洪请表彰王汉，又与詹大悲、胡瑛合词请黎元洪以何自新从祀武昌烈士祠。但随着次年夏秋间孙中山领导的讨伐袁世凯的二次革命爆发并迅即失败，与同盟会关系深厚的日知会调查记录所在北洋政府体制内便难以为继，熊十力遂辞去编辑职务，带着黎元洪赠送的三千元遣散费回到兄弟迁居的江西德安。先是，清末修筑南（南昌）浔（九江）铁路，因黄州府临近九江，故民众多有前去做工者。熊十力诸兄弟在家乡穷困至极，遂在长兄带领下也于光绪三十二三年间（1906—1907）去九江做工糊口，因见德安一带地广人稀，便留在当地垦荒并安下家来。熊十力遭张彪缉捕而亡走德安，亦因其兄弟在焉。及至熊十力带着三千元回到德安，长兄便以这笔钱款在芦塘（今德安县丰林镇畈上王村）购置了约二百亩田地，熊家自此始有产业，亦因此，熊家在新中国成立后被划为地主成分。①

自1913年脱离政界回归乡野，至1917年护法战争爆发前，熊十力主要沉潜于学问。1913年，他开始在《庸言》杂志发表《证人学会启》

① 熊先生上述经历，见《熊十力全集》第一卷，第5、11—17、42、625页；第三卷，第634、855页；第四卷，第153—161、424—426页；第八卷，第542、843、847—849页。

《答何自新书》《健庵随笔》《健庵随笔续》《翊经录绪言》等文章，[①] 根本儒家经籍，痛砭当世颓风；称赞释氏高明，指其不切人事；深察习心危害，倡言提起正念；主张器而后道，游移二元一元；梳理华夏学脉，尊孔继以宋明。凡此显然可见他已从早年"非尧舜、薄周孔"的歧出而复归传统，并且预示他摒弃世事、专致学术的人生抉择以及玄思本体、发明本心的哲学创构。1914 年，熊十力与黄冈秀才傅晓榛的二女既光结婚，[②] 次年长女幼光出生。

不过，1917 年以前的熊十力尚未决绝于世事。这年 7 月，孙中山领导的反对北洋政府的护法战争爆发，熊十力即赴荆襄参加民军以抗击北洋军，随后经湖南至广州，投奔中华民国军政府。但在半年后，"所感万端，深觉吾党人绝无在身心上作工夫者，如何拨乱反正？吾亦内省三十余年来皆在悠悠忽忽中过活，实未发真心，未有真志，私欲潜伏，多不堪问。赖天之诱，忽尔发觉，无限惭惶。又自察非事功之材，不足领人，又何可妄随人转？于是始决志学术一途，时年已三十五矣"，熊十力将这一转变视为"直是再生时期"。[③] 从此以后，熊十力再未涉及政事，而一直以学者终老。[④] 还在熊十力投身社会政治活动之前，友人何自新就预言道："君弱冠能文，奋起投笔，可谓有英雄之气，然解捷搜玄，智穷应物，神解深者机智短也。学长集义，才愧经邦，学问与才猷不必合也。夫振绝学者，存乎孤往，君所堪也。领群伦者，资乎权变，君何有焉？继往开来，唯君是望。事业之途，其可已矣。"熊十力当时甚为不服，辩曰："天下第一等人，自是学问事功合辙，兄何薄吾

---

① 见《熊十力全集》第八卷，第 1—23 页。

② 据傅明《傅氏家族的复姓》记载，傅晓榛本姓韩，其祖父随母亲改姓傅，传至傅晓榛一代又归宗韩姓，故傅晓榛一名韩樾，其女终名韩既光。

③ 《熊十力全集》第四卷，第 425 页；另见第一卷，第 231、659 页。熊先生参加护法战争，曾获一副小帐钩作为纪念品，见《熊十力全集》第八卷，第 386 页。

④ 熊十力于 1956 年被增选为全国政协委员，多次参加全国政协会议，但实际上只是备员而已，并未参与政事。

之甚耶?”及至丁戊之际（1917—1918）幡然醒悟，方叹何自新有知人之鉴。①

第三节 决志学术的成就

1918年6月，熊十力离开广州，经上海、庐山等地回到德安，在匡庐曾题壁曰“数荆湖过客，濂溪而后我重来”，表达了继承先哲、复兴儒学、拯救世道人心的怀抱以及高度自信。② 同年秋，他将数年来的二十五篇笔札结集，由于这些笔札乃是他“卅年心行所存”，③ 故题名曰《心书》，自印行世。《心书》涵括哲思、学术、史评、政论、志传等多方面内容，甚至有赞扬耶教、信从轮回的观点，表明其时熊十力尚未底定宗趣，故蔡元培为该书作序曰“熊子之学，贯通百家，融会儒佛。其究也，乃欲以老氏清净寡欲之旨，养其至大至刚之气”，④ 似乎是以赞许的笔调指出熊十力学思的驳杂。时任北大校长且为民国闻人的蔡元培之所以为一介寒士熊十力的《心书》作序，乃因此前他在北京大学创立进德会时，熊十力曾“远道贻书赞助，极声应气求之雅”，⑤ 从此熊蔡结交并有后来蔡聘熊为北大特约讲师之事，熊十力终生对蔡元培抱持感念之心。

1920年前后，熊十力在天津南开学校大学部短期任教，主讲国文。⑥ 此前他已与梁漱溟相交论学。⑦ 这一年，经梁漱溟推荐，他于秋冬间至南京投入支那内学院欧阳竟无大师门下，研习唯识学达两年之久。因“平生于宗教颇难起信”，所以熊十力不同于僧徒或居士将佛学

---

① 见《熊十力全集》第四卷，第160页。
② 见《熊十力全集》第一卷，第9、42页。
③ 见《熊十力全集》第一卷，第4页。
④ 见《熊十力全集》第一卷，第3页。
⑤ 见《熊十力全集》第一卷，第3页。
⑥ 见《熊十力全集》第八卷，第40、481页。
⑦ 见《熊十力全集》第一卷，第25页。

作为信仰，而“夙耽玩者，本在其哲学方面”，① 这就是他不久之后怀疑并且批评唯识学的原因之一。不过无论如何，内院经历使他对欧阳大师以及吕澂等学侣始终怀有敬意和感情，并不因思想观点分歧便形同陌路甚至反目成仇。而且佛学刹那生灭、毕竟空无所有的世界观也一直为他所采纳，构成“新唯识论”的宇宙论的基础；当然他对佛学的世界观作了一个颠倒，根据《大易》生生之仁的思想，将根本点落实到生的方面，从而肯定虽非实在但作为迹象的宇宙的存有。1921 年，独子世菩出生。

就在内院期间，熊十力已着手撰写关于唯识学的著作，② 稿未竟而获蔡元培聘书，遂于 1922 年秋冬间离开内院赴北京大学任特约讲师，接替抽身办学的梁漱溟主讲唯识学。③ 到任后，他一边继续写稿一边陆续交付排印，终于 1923 年 6 月印成《唯识学概论》，作为授课讲义。这部著作标明为“部甲境论”，显然意味着后面还有“部乙量论”。熊十力并说：“境论虽自所知以言，据实而云，乃为量论发端，则此书通作量论观可也。”④ 可见他是以这部著作作为一部完整著作的前半部分，甚至只是一个引子，而其重点则在于尚未完成的《量论》。从内容看，这部著作基本上是以信从的态度阐释唯识学的思想观点，可以说是“照着讲”，由此表明其时熊十力还立足于佛家畛域，这一点，从书中多处称佛家为“吾宗”可以为证。但是不久熊十力就对唯识学的理论宗旨产生了怀疑，于是毁弃 1923 年的《唯识学概论》，开始了由佛返儒并创构“新唯识论”哲学体系的过程。⑤

---

① 见《熊十力全集》第三卷，第 790—791 页。

② 见《熊十力全集》第二卷，第 9 页。

③ 见《熊十力全集》第二卷，第 9 页；第三卷，第 466 页；第五卷，第 26 页；第六卷，第 5 页；第八卷，第 178 页。

④ 《熊十力全集》第一卷，第 45 页。

⑤ 见《熊十力全集》第二卷，第 9 页；第三卷，第 466 页；第六卷，第 5 页；第八卷，第 178 页。按第二、三、八卷均言于 1923 年疑弃旧学（唯识学）而构撰新论（新唯识论），唯第六卷言自 1924 年乃尔。但是实际上，无论 1923 年还是 1924 年，熊先生都还没有构撰新论，也还没有超脱佛家畛域，而只是在对佛学进行逐渐深入的反思过程之中。他后来从完成的角度将开始怀疑旧学与终于构撰新论的时间合为一说了。

1924年夏秋间，熊十力暂辍北大教职，随梁漱溟往曹州（今山东菏泽）办学，因事情进行得并不顺利，他便撇下曹州人事返回湖北故乡。次年春，应国立武昌大学（今武汉大学）校长、也是革命年代的老友石瑛（蘅青）邀请，熊十力入该校执教，但因不满新潮人物的做派，且年底校长易人，他也就离开国立武昌大学回到了北大。① 这年秋冬间，熊十力在北大讲授因明学，乃以唐窥基《因明大疏》为底本而删繁去复，间出己注，成《因明大疏删注》一书。此书凸显原著之现量但约五识、比量三术、二喻即因等要义，目的在于便利初学者入门，熊十力自矜此书"方鲁胜之订《墨辩》，意实同符；拟稷若之读《仪礼》，敢为导窾"②，意为复兴了窥基绝学且解决了原著中的诸多疑难。此年小女再光出生，即出养于熊十力连襟王渐磐（字孟荪），改从王姓。③

1926年春，熊十力改写的第二种《唯识学概论》由北京大学印出。此书总体结构仍同于第一种《唯识学概论》，不过将"部甲境论"改称"唯识论卷第一境论一"，乃为相当于"部乙量论"的"唯识论卷第二量论二"预留位置，且第一种所分八章也归并为四章。在此书中，熊十力开始批评大乘有宗重镇护法的缘生说和种子论，并稍稍牵涉有宗开山无著、世亲，其曰："护法谈用，往往近机械观，剖焉而配合，离焉而互倚，其何以明不测之神，而显如如之体?"又曰："护法以功能为可析，则上祖无著、世亲之说而沿其误。"由于缘生说和种子论乃有宗唯识学的根本宗旨，所以熊十力的批评表明他将摒弃在支那内学院随欧阳大师所学的唯识学。不过其时熊十力仍未完全脱离佛家，他不仅高度肯定大乘空宗"般若胜义，于焉观止"，更对释尊（释迦牟尼）表现出崇高敬仰，书中多处称佛家为"吾宗""我宗"亦可为证。④ 这一年，熊十力的神经衰弱和漏髓等症状加剧，导致心情焦苦，遂于次年春季南

① 见《熊十力全集》第一卷，第565页；第八卷，第381—385页。

②《熊十力全集》第一卷，第277页。

③ 见《熊十力全集》第四卷，第43页；第八卷，第495、812、851页。

④ 见《熊十力全集》第一卷，第413—419、444、462页。

下，先在南京停留，与中央大学和内院师友交游，而后至杭州，入住广化寺、法相寺等处疗养，盘桓六年，道履渐康，至1932年初冬才返回北大。①

居杭期间，熊十力审定由弟子高赞非记录、另一弟子张立民整理的《尊闻录》，于1930年印行。《尊闻录》为熊十力1924年至1928年间酬对朋旧、训示学生的语录，涉及哲学、宗教、历史、文化、教育等多方面，颇见其由佛归儒的思想轨迹以及《新唯识论》的基本构思；后附熊十力截至1930年的书札三十通，所涉对象有林宰平、梁漱溟、严立三、梁启超、陈铭枢、汤用彤、胡汉民等，亦可略见其当时的交游范围和思想动向。马一浮读此书后，以“成能”“明智”概括大义，熊十力认为“深获我心，而明智尤为根本”。② 同年，熊十力还出版了再加改写的第三种唯识学著作，书名改为《唯识论》。此书总体结构仍同前两种，将全书仅作为“唯识论卷一境论一”；但比前两种新增了首章“辩术”，当为日后《新唯识论》“明宗”章之嚆矢；而末章“色法”正文基本上从阙。熊十力称此书与第一种“主张根本变异”，与第二种“亦易十之三四”。其所变所易者，就在于加强了对于护法种子说和功能观的批评，斥护法为“巨谬”“愚悍”者不止一见。然而此书仍未完全脱离佛家，这不仅由书中多称佛家为“吾宗”“我宗”可证，而且熊十力明确表示他对唯识学的批评符合空宗玄旨且遥契释迦本怀，其曰：“吾昔治护法学，叹其宏密，然复病其凿，又且矫清辨之空而不免于过，故尝欲别探真际。怀此既久，博求之内外载籍，复役役不自得。终乃屏弃书册，涤除情计，游神于无。极览众物而不取于物相，深观内心而不取于心相，乃至不取非物非心之相。由是复寻般若，而会其玄旨于文言之外，恍然吾之所喻，实有以遥契乎释迦、龙猛群圣之心也者。”由此可见其时熊

---

① 见《熊十力全集》第一卷，第563—564、567、569页；第二卷，第221页；第六卷，第5页；第七卷，第7页；第八卷，第54、804页。

② 见《熊十力全集》第八卷，第387页。

十力还在由旧学转为新论、由佛家归宗儒家的过程之中。[①] 这年初，熊十力被中央研究院院长蔡元培聘为特约研究员，携家眷住南京，[②] 但不久又返居杭州。

1931 年 1 月，在第三种唯识学著作出版之后，熊十力致信马一浮说："冬间恐不得理《唯识》稿，姑待开春再说也。"[③] 这里所说的"《唯识》稿"，无疑指他的第四种唯识学著作，亦即《新唯识论》文言本。一年多以后的 1932 年 10 月，这部标志着熊十力基本完成由旧学转为新论、由佛家归宗儒家的过程，并且建起中国现代哲学史上第一个本体论体系的巨著便面世了。《新唯识论》文言本一仍前三种的结构形式，标明为"部甲境论"，仍为"部乙量论"预留位置，但此时熊十力已经感到"《量论》欲赓续成之，亦大不易"，[④] 果然，由于时代、体质以及西学造诣等方面的限制，熊十力终其一生也没有写成《量论》。《新唯识论》文言本分为"明宗"、"唯识"、"转变"、"功能"、"成色"上下、"明心"上下六大部分："明宗"揭示通过反求本心而契合本体的全书立言宗旨；"唯识"指出心外之境（物行）与取境之识（心行）皆为幻妄；"转变"说明心物诸行皆由恒转亦即宇宙本体翕辟变现；"功能"进一步阐释唯有恒转才是本体之功能；"成色"具体论述恒转生成物行的机理；"明心"解说恒转所生之本心常为习心遮蔽，须由修养工夫方得转习归本。[⑤] 由此熊十力根本否定了无著、世亲、护法、窥基一系以种子作为变现心物诸行之功能的观点，而多以儒家经子之言证成本体与本心，特别是在"明心"部分引述儒家工夫论尤多。之所以说其时熊十力还只是

---

① 见《熊十力全集》第一卷，第 501—503、519、539、542、548、550 页。

② 见《熊十力全集》第八卷，第 54、386 页。

③ 《熊十力全集》第八卷，第 387 页。

④ 见《熊十力全集》第二卷，第 9 页。

⑤ 马一浮先生概括《新唯识论》文言本各章大义曰："证智体之非外，故示之以《明宗》；辨识幻之从缘，故析之以《唯识》；抉大法之本始，故摄之以《转变》；显神用之不测，故寄之以《功能》；征器界之无实，故彰之以《成色》；审有情之能反，故约之以《明心》。"（《熊十力全集》第二卷，第 7 页。）可资参证。

基本完成由佛归儒的过程，是因为《新唯识论》文言本虽已根本否定大乘有宗唯识学，但尚未批评大乘空宗般若学，且书中还有极个别地方仍称佛家为“吾宗”。一直要到 1938 年至 1943 年《新唯识论》语体本完成前后，熊十力才对佛家作出整体批评，并明确表示认同儒家。他后来对此检讨道：“《新论》文言本犹融《易》以入佛，至语体本则宗主在《易》。”① 当然如上所述，他还是一直以佛学作为自己的一种思想资源。②

《新唯识论》文言本获蔡元培、马一浮分别作序。蔡序称“佛典中宗教色彩固颇浓厚，而所含哲学成分亦复不少。……惜二千年来，为教界所限，未有以哲学家方法分析推求，直言其所疑而试为补正者。有之，则自熊十力先生之《新唯识论》始”③。马序更言“十力精察识，善名理，澄鉴冥会，语皆造微。早宗护法，搜玄唯识，已而悟其乖真。精思十年，始出《境论》。将以昭宣本迹，统贯天人，囊括古今，平章华梵。……其称名则杂而不越，其属辞则曲而能达，盖确然有见于本体之流行，故一皆出自胸襟，沛然莫之能御。尔乃尽廓枝辞，独标悬解，破集聚名心之说，立翕辟成变之义，足使生肇敛手而咨嗟，奘基挢舌而不下。拟诸往哲，其犹辅嗣之幽赞《易》道，龙树之弘阐中观。自吾所遇世之谈者，未能或之先也。可谓深于知化，长于语变者矣！且见晛则雨雪自消，朝彻则生死可外，诚谛之言既敷，则依似之解旋折。其有志涉玄津，犹萦疑网，自名哲学，而未了诸法实相者，睹斯文之昭旷，亦可以悟索隐之徒勤，亟回机以就己。庶几戏论可释，自性可明矣。彼其

---

① 《熊十力全集》第六卷，第 19 页。

② 熊先生后来曾说“自惟年三十后，誓以身心奉诸先圣”（《熊十力全集》第四卷，第 368 页），又说“四十五十后卒归于儒”（《熊十力全集》第五卷，第 329 页），乃至说“六十岁左右，深有感于孔子内圣外王之道，誓以身心奉诸先圣”（《熊十力全集》第六卷，第 773 页），他对自己归宗儒家年代的说法即不一致，故这些说法只能视为泛言而非确指。

③ 《熊十力全集》第二卷，第 5 页。

充实不可以已，岂曰以善辩为名者哉”①。两序都对《新唯识论》文言本作了高度评价。

但是此书却迅即遭到佛学界的强烈批评。1932年12月，南京支那内学院院刊《内学》第六辑发表刘定权《破新唯识论》一文，指斥熊十力“挟私逞妄”“任臆斥破”“淆乱是非，任意雌黄”“黑胆包天昏眼迷地”“于唯识学几于全无所晓”“遂使无著世亲护法于千载之后，遭意外之谤”云云；欧阳大师为该文作序，也痛责“过之至于灭弃圣言量者，惟子真为尤”！② 但熊十力并不退让，即于两个月后发表《破破新唯识论》，避开欧阳大师，针对刘定权《破论》逐一反驳，不仅继续批评唯识学种子说，而且进一步阐述“新唯识论”哲学思想，其结语曰：“夫预存偏见，乐崇素守而深恶人之违己，兼鄙无闻而不信愚者有得，则将冀其共投于真理之怀抱而欣合无间者，固必不可得之数矣。”③ 指出宗门唯是护持教义，固执己见，对于哲学创见则难以容受和理解。值得注意的是，此文有言“至于志涉玄津，愿皈大乘，终必由奘、基、护法、世亲、无著以上穷龙树、提婆，归诸《杂阿含》《般若》《华严》《涅槃》诸经，是则研讨攸资，程序不易”④，表明其时熊十力虽已否弃大乘有宗，但尚服膺大乘空宗乃至释尊。此后直至1948年，佛学界对《新唯识论》的批评络绎不绝，批评者不仅有内院师弟子，而且有为维护《大乘起信论》的真实性而与内院师弟子曾发生争论的太虚一系僧人，还有居士学者周叔迦等。对于这些批评，除了最后以弟子黄庆（字艮庸）的名义作《申述新论旨要平章儒佛摧惑显宗记》以反驳印顺《评熊十力的〈新唯识论〉》一文之外，⑤ 熊十力大多持“真理自在天地间，能悟者

---

① 《熊十力全集》第二卷，第6—7页。

② 见《熊十力全集》附卷（上），第3—5、26、30页。

③ 《熊十力全集》第二卷，第218页。

④ 《熊十力全集》第二卷，第212页。

⑤ 熊先生说：“《摧惑显宗记》一书，起草者门下士，改定者余。”见《熊十力全集》第八卷，第663页。

自悟，不悟者亦无可如何，是恶足辨”① 的态度而未予理会。

从1932年冬结束六年杭州生活返回北大，至1937年全面抗战爆发，熊十力一直在北大授课，他自嘲为“以两点钟混饭吃”②，期间亦曾数次于冬季回湖北乡下避寒养病。这几年，他在《大公报》《独立评论》《史学》《安雅月刊》《文哲月刊》《中心评论》《北平晨报》等报刊发表多篇时事随感、思想随笔、学术随札，交往和通邮者有居正、梁漱溟、马一浮、张孟劬、张东荪、张申府、胡适、钱穆、冯友兰、汤用彤、蒙文通、贺麟、金岳霖、冯文炳、沈有鼎以及俄国汉学家钢和泰、德国学者李华德、意大利学者马格里尼等，张岱年、郑天挺、罗常培、牟宗三、唐君毅等则为后学或弟子辈。1935年10月，由弟子云颂天、谢石麟辑录的《十力论学语辑略》出版，此书后来又编为《十力语要》第一卷，③ 其形式类似《尊闻录》，收入熊十力1932年至1935年的书札、讲词凡五十一通，涉及哲学、儒学、佛学、道学、中西文化、民族思想、为学方法、修养工夫以及《新唯识论》要旨等方面，熊十力认为“吾与同好所游意者果为何事，即此亦可略见，是不可弃也”④。1937年2月，熊十力编撰的《佛家名相通释》出版，马一浮为之题签。此书作意近于《因明大疏删注》，乃为“有志研穷佛学，而苦名词难解”的诸生“疏释名相，提挈纲纪，使玄关有钥，而智炬增明”。⑤ 全书分上下两卷，上卷主要解释《五蕴论》法相体系之名词术语三十四条，下卷主要解释《百法明门论》唯识体系之名词术语十三条。全书贯穿着“新唯识论”哲学思想，而非对法相唯识学的严格转述，故熊十力说“根底无易其故，裁断必出于己。品节既详，统系斯整。虽尔释辞之书，何殊专著之绩”⑥。

---

① 《熊十力全集》第五卷，第396页。

② 《熊十力全集》第八卷，第63页。

③ 见《熊十力全集》第四卷，第27、28页。

④ 《熊十力全集》第二卷，第221页。

⑤ 《熊十力全集》第二卷，第343页。

⑥ 《熊十力全集》第二卷，第346页。

1937年“七七事变”后，熊十力旋即离开北平回到湖北，盘桓于武汉、黄冈等地，次年春上入川，依弟子钟芳铭居重庆郊县璧山。[①] 1939年夏应马一浮聘请至乐山复性书院担任特设讲座，8月19日书院遭日寇飞机轰炸，寓舍全毁于火，频年积稿亦焚失殆尽，熊十力伤及左膝，几于不免，加之与马先生因教学方法发生分歧，遂于秋间返回璧山。[②] 1940年，梁漱溟在重庆北碚创办勉仁书院，熊十力即入书院定居，[③] 直至1946年春离渝返汉。居留川中的八年多时间，熊十力交往或通邮者主要有钱穆、贺昌群、叶石荪、朱光潜、黄焯、蒙文通、张荫麟、张其昀、谢幼伟、方东美、何兆清、冯友兰、贺麟、居正、万耀煌、陶希圣、朱家骅、郭沫若、冯文炳、吕澂等，先后相依或过从的弟子有钟芳铭、邓子琴、钱学熙、韩裕文、陈亚三、刘公纯、任伦昉、刘冰若、牟宗三、唐君毅等，徐复观于1944年前后拜列门墙。此间，熊十力在《思想与时代》《孔学广播讲演集》《孔学》《哲学评论》《三民主义半月刊》《中国文化》等书刊发表多篇关于哲学、经学、儒学、朴学以及“新唯识论”要旨的文章，还完成了《中国历史讲话》、《新唯识论》语体本、《读经示要》等重要著作，达到他一生学术思想成就的顶峰。

《中国历史讲话》是熊十力于1938年春夏间寓居璧山时应弟子们关于国史、种原的问询所作，全篇分“种族推原”和“关于修中国通史的意见”两部分。第一部分确认中华民族由汉满蒙回藏五族构成，根据经史载籍和考古资料论证五族一本分支，进而肯定西南各省人也都是汉族，痛斥中国人种来自西方的邪说。熊十力这种兼具根源性和包容性的种原论，从人种志学的角度能否成立是另一问题，但其意乃在启发中国各民族同胞“本支百世，不忘亲爱。虽中间亦常互相攻伐，而今则同气

---

① 见《熊十力全集》第二卷，第621页。

② 见《熊十力全集》第三卷，第3页；第四卷，第27、241、264、269—270页；第八卷，第498、601页。

③ 见《熊十力全集》第四卷，第27页。

之感弥深，御侮之忱益著”①，这显然是应合抗战形势有感而发。第二部分表现熊十力的史学观、对于中国历史分期的认识、对于古史可信性的维护、对于历史人物和事件的同情评论以及对于好为异论、疑古炫俗、以西律中、菲薄固有、摧毁信仰、淆乱人心行径的批判，其意仍在激发民族意识，从而增强抗日力量。此书与钱穆的《国史大纲》有异曲同工之妙，而早成于钱著近一年，其现实意义显著而且重大，故中央陆军军官学校旋即付梓行世，用以凝聚全国军民抗战意志。在写作《中国历史讲话》前后，熊十力还写了《中国历史纲要》。该书起唐虞以迄清末，另列前后五代史表及札记、历代人事要点以及中国历史应注意之点。此篇终未发表，或为《中国历史讲话》写作提纲。

1938年冬，熊十力的弟子钱学熙为将《新唯识论》文言本译成英文而先将该著转写为语体文，熊十力亲自指导其转写工作，期间对文言本作了较大的修改和补充。钱学熙转写至“转变”章首节便因故离川，此事中辍。次年秋，熊十力指导另一弟子韩裕文接续转写工作，至此乃形成另作《新唯识论》语体本的想法。韩裕文完成“转变”章转写工作后，又因生事窘束而离去。于是熊十力乃强自援笔，续写以下各章，于1943年春完成全部工作，由中国哲学会作为“中国哲学丛书”甲集之一种，交商务印书馆于1944年3月出版，这就是熊十力的第五种唯识学著作。②《新唯识论》语体本在结构上与熊十力前四种唯识学著作的不同之处在于，不再为《量论》预留位置，而以《境论》作为独立专著，熊十力说：“原本拟为二部，曰《境论》，曰《量论》。只成《境论》一部分，《量论》犹未及作。今本则不欲承原本之规画，如将来得成《量论》时，即别为单行本，故今本亦不存《境论》之目，以《境》《量》二论相待立名，今《量论》既不属本书组织之内，则《境论》之

① 《熊十力全集》第二卷，第637页。熊先生将蚩尤也纳入汉族系统，见《熊十力全集》第二卷，第656页。

② 见《熊十力全集》第三卷，第5、7页；第六卷，第23页；第八卷，第263页。

名亦不容孤立故。”① 在章目安排上，此著承续文言本六大部分，但将“唯识”“功能”两章分上下；将“成色”改名“成物”，并将原本上下合为一章，从而底定“明宗”、“唯识”上下、“转变”、“功能”上下、“成物”、“明心”上下九章规模。《新唯识论》语体本的章旨与文言本一脉相承，但篇幅是原来的三倍多，故阐论更为详尽，特别是在加大对于大乘有宗批评力度的同时增入对于大乘空宗的批评，② 真正全面超脱了佛家畛域而在扬弃佛学的前提下归宗儒家，密契孔门传授《大易》意思。③ 此著出版标志着熊十力本体论哲学体系的完全形成及其儒家立场的最终确定。熊十力极重此著，以至有“平生心事，寄之此书”④ 语。至于何以否定佛家唯识学，却还采用“新唯识”作为书名，熊十力解释说：“夫新之云者，明异于旧义也。异旧义者，冥探真极，而参验之此土儒宗及诸巨子，抉择得失，辨异观同，所谓观会通而握玄珠者也。破门户之私执，契玄同而无碍，此所以异旧义而立新名也。识者，心之异名。唯者，显其殊特。即万化之原而名以本心，是最殊特。言其胜用，则宰物而不为物役，亦足征殊特。《新论》究万殊而归一本，要在反之此心，是故以唯识彰名。”⑤ 即是说，《新唯识论》的思想资源兼采儒家和诸子，而并非局限于佛氏一家；其所谓“唯识”，只是表明心行在宇宙中的特殊地位，却并不完全否定物行的存有，从而区别于唯识学执定宇宙间仅有八识或根本上只有阿赖耶识。可见熊十力“新唯识”的内涵已经根本不同于佛家唯识学。他不仅不再“照着讲”，而且也不“接着讲”，而是“改着讲”了。

《新唯识论》语体本完成后，熊十力即于1944年初着手构撰另一部巨著《读经示要》，当年秋冬之际蒇事，次年冬也被中国哲学会作为

---

① 《熊十力全集》第三卷，第6页。
② 见《熊十力全集》第三卷，第170—203页。
③ 见《熊十力全集》第三卷，第136、176页。
④ 《熊十力全集》第三卷，第3页。
⑤ 《熊十力全集》第三卷，第3—4页。

“中国哲学丛书”甲集之一种，交重庆南方印书馆出版。《读经示要》分三讲。第一讲“经为常道不可不读”，熊十力说：“六经究万有之原而言天道。天道真常，在人为性，在物为命。性命之理明，而人生不陷于虚妄矣。顺常道而起治化，则群变万端，毕竟不失贞常。知变而不知常，人类无宁日也。……夫常道者，万变所自出也。天地密移矣，而所以成其清宁者，未有改移也。人事屡迁矣，而干济必本公诚焉，无可苟渝也。死生诚大变矣，而存顺殁宁之理，谁云可变？是故学术千途万辙，必会归常道而后为至。知不极乎知常，只是知识，而不足言一切智智。……夫不悟常道，则万物何由始，人极何由立，万事何由贞，皆其智之所不及也。学不究其原，理不穷其至，知不会其通，则未能立大本以宰百为，体大常而御万变，欲免于妄作之凶，其可得乎？第一讲直明经为常道，无时可离，无地可离，无人可离！奈何吾国后生，自弃宝物，不肯是究，嗟尔违常，云胡不思。”① 强调读经对于人生社会的极端重要性。第二讲“读经应取之态度”，熊十力说：“第二讲言治经态度，必远流俗，必戒孤陋，尚志以立基，砭名以固志。持以三畏，然后志定而足以希圣。圣者道全德备而大通无碍，故读经希圣，非可专固自封也。今当融贯中西，平章汉宋，上下数千年学术源流得失略加论定，由是寻晚周之遗轨，辟当代之弘基，定将来之趋向，庶几经术可明，而大道其昌矣。”② 说明读经应取的态度和方法。第三讲“略说六经大义”，熊十力说：“仲尼祖述尧舜，宪章文武，其发明内圣外王之道，莫妙于《大易》《春秋》，《诗》《书》《礼》《乐》皆与二经相羽翼。此讲特详二经，二经通，而余经亦可通也。”③ 指出此书比较具体地讲解《周易》和《春秋公羊传》，实际上这也正是熊十力学术思想的根底。熊十力在此书所表达的对于六经的尊崇更加贞定了他的儒家身份以及护持民族传统的立场，故徐复观赞之曰“方今群言淆乱，得此书出，挥鲁阳

① 《熊十力全集》第三卷，第 554—556 页。
② 《熊十力全集》第三卷，第 556 页。
③ 《熊十力全集》第三卷，第 556 页。

之戈以反慧日，负太行之石用截横流，岂曰小补之哉”①！

1946年春，熊十力离开寄居八年多的四川回到湖北，住在汉口三新街。此间徐复观以蒋介石机要秘书身份向时任重庆行营主任何应钦争取到一笔款项，想资助熊十力自办中国哲学研究所，熊十力一则因身体欠佳，二则虑及接受官方资助或遭人訾议，遂拒绝此事，并切嘱徐复观将款项退还何应钦。② 同年8月，熊十力早年任教于南开学校的同事、时任黄海化学工业研究社社长孙学悟（字颖川）于社内附设哲学研究部，邀请熊十力主持讲座，熊十力便又返回黄海化学工业研究社所在的四川乐山五通桥。③ 到任后，熊十力发表了长篇讲词，题为《中国哲学与西洋科学》，一方面主张以中国固有哲学特别是《大易》之道作为移植和发展科学的根荄；另一方面认为须以中国哲学特别是儒学救治西洋科学和文化导致的弊害，诸如物我对峙、强力宰物、人欲猖獗、天性沦丧、精神外驰、生命物化、剥削贫民、侵略弱小乃至扰乱世界、毁灭人类；最后归结于“今后世界学术当本《易》学之隐，以融西学推显之长，而益发挥本隐之显之妙。依西学之显，以求《易》学本隐之蕴，而益尽其推显至隐之功，庶几形下之学不滞于粗迹，形上之学不遗于器理。上下交符，大道不伤于破碎，宇宙乃复浑全，人生始得所依归”④。整篇讲词表达了以中国哲学特别是儒学为主而扬弃地吸收西方科学哲学的文化思想。

由于五通桥资源匮乏，物价昂贵，且气候潮湿，熊十力不久便生去心，终于次年春辞掉黄海化学工业研究社之聘，至重庆乘船到武汉，再经陆路回到阔别十年的北平，继续在北大任教，⑤ 与林宰平、汤用彤、金岳霖、贺麟、朱光潜、冯文炳（废名）、胡先骕、胡适、梅贻宝等交

① 《熊十力全集》第三卷，第553页。
② 见《熊十力全集》第八卷，第484—486页。
③ 见《熊十力全集》第四卷，第27、558页；第六卷，第472页；第八卷，第481页。
④ 《熊十力全集》第四卷，第584页。
⑤ 见《熊十力全集》第四卷，第27、452页；第八卷，第492、493、495页。

往。暑期读龙树菩萨所造《大智度论》，摘录其中有关段落，间加按语或注解，成《读智论钞》。此著基于儒家立场评论佛学，指出儒佛虽不无相通处，但在入世出世根本态度上佛家究不如儒家圆融。① 是秋，熊十力又至上海，然后转回汉口，住在保元里。② 此时湖北熊氏门生发起印行“十力丛书”，获得省市政府资助，《十力语要》全四卷即作为“十力丛书”之一种刊刻面世。《十力语要》卷一基本上同于《十力论学语辑略》，但删除一篇而增补十一篇，某些篇题有所改动；卷二收录熊十力1937年至1940年的函札、讲词及弟子记语二十九篇，附录弟子周通旦所撰《熊先生哲学释疑》，反驳某刊所载《评熊十力氏之哲学》一文对《新唯识论》的误解，此卷曾于1940年单独印行；③ 卷三收录熊十力1940年以迄1947年的函札、随笔和弟子记语六十二篇，此卷以前绝未刊布；卷四基本上同于《尊闻录》，但删除一篇又增补一个附录，某些篇题亦有改动。④ 熊十力自谓“此四卷之书，虽信手写来，信口道出，而其中自有关于哲学思想上许多问题及作人与为学精神之砥砺者，似未容抛弃。……唯此孤心长悬天壤间，谁与授者”，“《语要》多哲学上精义及有关作人与为学之精神者，要者多”，“此书非系统之作，皆因学生或后辈问难，随手批答，而关于学术上之许多问题与作人及为学精神者，实极重要，无形之流露反觉真切，此不可作时下刊物印也”，⑤ 可见他对此书的珍视。

1948年春，熊十力应时任国立浙江大学文学院院长张其昀、哲学

---

① 见《熊十力全集》第四卷，第593—654页。

② 见《熊十力全集》第八卷，第502页。

③ 见《熊十力全集》第四卷，第298页；第八卷，第413、490页。

④ 1935年《十力论学语辑略》亦即《十力语要》卷一出版后，至1939年赴乐山复性书院之前，熊先生已将此间所写笔札辑成《语要》卷二至卷四，但在乐山时全部毁于日机轰炸。此后至1947年，熊先生又将新写笔札辑成《语要》二、三两卷，初拟将《尊闻录》并入卷三，最后仍将《尊闻录》辟作卷四，由此形成现在所见的《十力语要》全四卷。见《熊十力全集》第四卷，第27、28页；第八卷，第490页。

⑤ 《熊十力全集》第四卷，第27页；第八卷，第487、491页。

系主任谢幼伟之聘前往讲学。浙大为其筑一斗室栖身，熊十力爰名此室曰“漆园”，自是而有“漆园老人”之号。其作《漆园记》一文解释命名用意说：“余平生之学，冥符《大易》，老当世乱而托庄生无可奈何之云以自遣，是犹养之未至，学之未充，而未能自践其所知所信也。今以漆园名吾居，明吾所据之实地犹未越庄生之域，将于世道不足为有无，是余之所恐惧而不容不自警者也。余之息焉游焉于斯园也，非敢安之也，直以是触目而警心焉！”① 表明取庄子之号正是为了警拒道家玩世不恭的处世方式。此间熊十力收养了一位义女，此女本名池际安，乃湖北安陆世家子，身怀异禀，潜心学术，誓不字人，因父母兄姊多物故，且乡梓鱼烂，无所托庇，遂由熊十力的连襟、也是池际安的父执王孟荪嘱请熊十力抚教，熊十力命其承熊池二姓，易名曰生，字以仲光。熊十力得此女，高兴异常，记曰：“自惟平生孤露，垂老析薪，子不克荷，何幸得仲女为吾子！学惭伏老，传经无待于男；道愧庞公，闻法居然有女。此又天心之不可测也！”②

这年秋冬，熊十力带熊仲光至广州，寓居弟子黄庆（艮庸）的老家番禺化龙乡观海楼。这本来是他自己的愿望，他曾对人说：“力于三十五年即有依艮庸终老南海之约，因年力已衰，又素患神经衰弱，冬不可衣裘与向火，故有来此作终焉之计。”③ 又说：“世乱，而年力日衰，殚耗心力，颇思依黄艮庸度残年于南海，理乱不关，修短随化，以海上风光消人天隐憾。”④ 但到此不久他就开始抱怨，且其抱怨与日俱增，诸如气候不好、水土不好、资源匮乏、物价腾贵、生活清苦、活动受限、交往不便等，后悔不该来，想要回湖北或四川。但其时国共内战激烈，国民党败势日益明显，时局很不稳定，因此他就在抱怨和犹豫中滞留于

① 《熊十力全集》第五卷，第47—48页。熊先生后来又说“余尝以漆园名吾居，盖引以为戒，非敢效之也”，见《熊十力全集》第六卷，第355页。

② 《熊十力全集》第五卷，第44页；另见本卷，第40—43页。

③ 《熊十力全集》第五卷，第278—279页。“三十五年”为民国纪年，即1946年。

④ 《熊十力全集》第五卷，第32页。

黄家，直到1950年初才离开此地北上。在这一年多里，熊十力在熊仲光协助下编纂出版了《十力语要初续》，又改定出版了胡哲敷根据熊十力讲授所撰述的《正韩》（即《韩非子评论》）。《十力语要初续》全一卷，收入熊十力讲词、书札、随笔和熊仲光记语四十二篇。这些文字大多成于1947年至1949年，但亦有极少数为此前所作。其中《新论平章儒佛诸大问题之申述》由黄艮庸执笔，基本内容同于《摧惑显宗记》；附录为经熊十力改定的熊仲光《困学记》十三篇。正文和附录的内容主要涉及易学、儒学、佛学、诸子学、《新唯识论》要旨以及修养工夫和为学方法等。《韩非子评论》论述韩非思想之渊源、内涵、实质、得失及影响，肯定其富强自立主张对于弱小民族国家的积极意义，批判其专制极权理论被嬴政所利用而对中华民族产生的恶劣后果，而归本于包含了民主精义的儒家仁政德治，颇见熊十力独特的学术观点和政治思想。不过这段时间熊十力最为关心的倒不是著书立说，而是在政局鼎革的时世中究归何处以安身立命。就在举棋不定之时，他收到中共方面时任中央人民政府政务院副总理兼政治法律委员会主任董必武、时任中央人民政府政务院副总理兼文化教育委员会主任郭沫若于1949年10月25日邀请北上的电报。董必武与他是早年革命的同志，郭沫若在抗战期间寓居重庆时与他相交，于是他去函提出“不以官府名义相加，而听吾回北大，课本、钟点及不上堂、冷天南行、暖时北还，一切照旧例”作为北上条件，董必武回复“兄所提不作官、能讲学、路上要人招扶等，都容易办”，① 表示接受熊十力的条件。这样熊十力便于1950年初由时任广东省人民政府主席叶剑英安排离粤回鄂，3月再由时任湖北省人民政府主席李先念安排自鄂抵京，从此开始了他一生中的又一个新阶段。②

---

① 见《熊十力全集》第八卷，第633—634、641—642页。

② 熊先生在1949年的犹豫彷徨，从他此间与钱穆、张丕介、唐君毅、牟宗三、徐复观、程兆熊、胡秋原、张其昀、柯树平、叶石荪、万幼璞等人的反复通信可以概见，见《熊十力全集》第八卷，第515—644页。

第四节 晚年学思的跌宕

自1950年春至1954年秋，熊十力在北京居住了将近五年。起初时任中国科学院院长郭沫若想聘用他，但他却仍愿回北大，而当时北大负责人颇无相纳之意，最后奉教育部指令，北大还是聘请他在哲学系任教。[①] 在这几年间，熊十力写成《与友人论张江陵》、《论六经》、《原儒》上卷，还对《新唯识论》语体本作了删定。

《与友人论张江陵》是1950年夏秋间熊十力与友人傅岳棻（字治芗）讨论明万历首辅张居正的学术思想和政治功过的通信，写来不觉曼衍，卒成近六万字的专著，于当年冬自印行世。熊十力开门见山批评张居正推尊吕政（即秦始皇）和元人荡灭文化的言论及其毁书院、禁讲学的行为，痛陈这将“绝生人之慧，塞大道之途，人类之患未知所底也”![②] 他主张“学术思想毕竟宜自由，当道者于学校之教，尽可虚怀博访海内睿识通识之儒，相与究天人之际，通古今之变，融会百家众派，以定教育宗旨，而端学者趋向。除有伤人道之邪说外，其诸殊途异宗之学各有所明，各有独到，听其互相观摩，互相绳纠，互相取舍，互相融贯。如此则学术日进，真理日著，而群治日臻于至善矣”[③]。不过他又对张居正予以同情地理解说：“江陵当理学末流之弊，已觉生心害政，岌岌不可终日，常凛宋人亡国之惧，故对宋明文化有改造之思焉。其幽居深念而伤时人之莫喻，是以发愤而托词于元人之大毁灭也。其称快于吕政之毁灭晚周文化者，则以宋学上继儒家之统，而周代文化其根底在儒学也。又以晚周委靡，亦是儒学流弊，故以吕政之大毁灭为快，盖由恶宋明儒学而波及之也。”[④] 基于这种理解，熊十力认为张居正并

---

① 见《熊十力全集》第八卷，第644、645页。

② 见《熊十力全集》第五卷，第602页。

③ 《熊十力全集》第五卷，第602页。

④ 《熊十力全集》第五卷，第566页。

非申商韩之徒，而是“宗本在儒而深于佛，资于道与法，以成一家之学，虽有采于法，而根底与法家迥异，向来称为法家者大误”①。这种学思归宿从张居正“以庇佑贫苦小民为政本，而一切法令皆以裁抑统治层，使不敢肆”及其“任事不辞劳怨，惩恶不避亲贵，令下如惊雷迅电，发聋振聩，趋事者如三军应敌，凛然恐后”以至“当国九年，遂收四海清晏、四夷归附之效”的政治事功表现出来，② 明朝运祚赖以延续数十年，熊十力因此高度评价张居正“汉以后二千余年人物，真有公诚之心、刚大之气，而其前识远见，灼然于国覆种奴之祸已深伏于举世昏偷、苟安无事之日，毅然以一身担当天下安危，任劳任怨，不疑不怖，卒能扶危定倾，克成本愿者，余考之前史，江陵一人而已”③。由此表现了熊十力对于秉具仁慈之心和担当精神的政治强人的向往。

《论六经》也是一篇近七万字的长信，由熊十力于1951年春写给林伯渠、董必武、郭沫若等，同年5月印行。在这篇长信中，熊十力认为新中国初建，亟须培植立国立人精神，这种精神应该是中华五千年文明所陶铸的特殊精神，它主要体现于中国哲学思想之中，而中国哲学思想之正统就是儒家，儒家又以孔子为集大成者，所以国家民族精神应该求之于孔子编纂的《大易》《春秋》《诗》《书》《礼》《乐》六经。④ 熊十力概述了六经无上甚深微妙之旨，如《大易》太极阴阳观念所蕴含的“宇宙为冲和之蕴，非斗争之府”的道理以及“革命既成，必息斗争而为太和，顺人性之正”的现实意义；⑤《春秋》所隐寓的“拨乱世而反之正，贬天子，退诸侯，讨大夫……所以离据乱而进升平，以几于太平”的民主革命社会理想；⑥《乐》所阐明的音乐与人心世道的相互作

① 《熊十力全集》第五卷，第551页。
② 《熊十力全集》第五卷，第552—553页。
③ 《熊十力全集》第五卷，第587页。诸如此类极高评价在篇中多有所见。
④ 见《熊十力全集》第五卷，第663—664、757、771页。
⑤ 见《熊十力全集》第五卷，第665页。
⑥ 见《熊十力全集》第五卷，第667页。

用和交替影响；[①]《礼》所抉发的“新旧礼所以成序者诚有异，而礼者序也则新旧无异”亦即任何社会都须以礼为序的普遍规律；[②]《诗》之变风变雅所弘扬的革命大义；[③]《书》始自唐虞所揭示的天下为公之道。[④] 他特别以近半篇幅对《礼经》系统的《周官》（即《周礼》）作了相当详尽的阐述，反复指出《周官》所规设的经济政治制度具有社会主义和民主主义性质，乃“圣人为万世制法”[⑤]，故“今日土改，犹当参稽”[⑥]。他认为六经遭吕政禁毁、刘季（按即汉高祖）摧抑、武帝牢笼以及汉儒窜乱，其真精神隐而不彰，经学反而成为帝制护符。不过“六经虽有残阙及窜易，而根底犹可究，大体犹可寻”[⑦]，因此他要求政府设立中国哲学研究所，并恢复南京内学院、杭州智林图书馆、北碚勉仁书院，为搜求六经坠绪、保存并复兴中国文化培养人才。这篇长信体现了熊十力通过创造性诠释而使儒家经典契合于现实，由此引导现实认同儒家真精神的用心；而他关于秦汉以降经学史的观点，一方面意在开脱原始儒家被后人笼统强加的历史责任，另一方面则表明他析取自己早年革命思想，对近代以迄当时的否定传统倾向予以有限度的认可。

1951 年底至 1952 年秋，熊十力又对《新唯识论》语体本进行了删定，于 1953 年秋出版，是为他的第六种唯识学著作。删定本与语体本的篇章结构完全一致，基本内容也相同，只是删削了一些反复申说的文句和部分夹注与附识，篇幅只有语体本的一半，行文更精炼，主旨更显豁。熊十力自陈删削缘由道：“语体文本写于川，历时六年余，移寓已数处，寇机轰炸无虚日，在嘉定时，两巨弹近身，均入地丈余未发，几不免于难，生事复窘束，文字甚无精采。又念后生见闻日与先圣相传之

① 熊先生认为《乐经》并未亡佚，《礼记》之《乐记》篇即为《乐经》，见《熊十力全集》第五卷，第 670 页。

② 见《熊十力全集》第五卷，第 676 页。

③ 见《熊十力全集》第五卷，第 741 页。

④ 见《熊十力全集》第五卷，第 747 页。

⑤ 《熊十力全集》第五卷，第 688 页。

⑥ 《熊十力全集》第五卷，第 685 页。

⑦ 《熊十力全集》第五卷，第 752 页。

学远隔，今欲其通晓，或以重复言之为好，因胸中有此顾虑，文字益不精检，反令读者短趣，不解所说。时寇未降，恐草稿易散失，卒付商务印书馆印行。戊子岁，鄂中诸生依商务本筹印中装千部，余方有病，未及审阅。去腊讫今，乃从事删改，虽文笔粗陋犹昔，然删削约三分去二，或较前易醒目也。”① 可见删定本只是对语体本文字的压缩，并无内容的改变，由此虽然在一定程度上达到了简明扼要的目的，但在详尽深入方面却不及语体本，所以若欲详尽深入地理解“新唯识论”哲学体系以及熊十力的学术思想，还是须由语体本入手。

1954 年春，熊十力又着手写作一部大著《原儒》，至秋季完成上卷。大致与此同时，他已在谋划对安身之处作一次大调整。事情的起因主要是由于他的体质即使在严寒时节也不能穿皮毛衣服和烤火取暖，这当然很难安度北京漫长的三冬两春；② 而每年为了避寒冬南春北地奔波，体力财力又不堪支撑。③ 故从 1953 年秋，他就向友人提出移居南方的想法。当时他的儿子世菩在上海招商局工作，但他起初不愿与儿子一大家人同住，而想只身独处。他试探过去苏州、无锡、常州等地，但均无可能性；退而谋求在上海友人或儿子住所附近租房独住，亦不可得；最终还是住进儿子家，时为 1954 年 10 月 29 日。④ 此后熊十力的住处虽有变动，⑤ 也曾动念到苏州、杭州、无锡、武汉等地谋宅，甚至想重返北京，⑥ 但实际上却再未迁居异地，而终老于上海。在这最后的

---

① 《熊十力全集》第六卷，第 22 页。

② 熊先生致友人信言“冬不可衣裘与向火”，“吾神经衰，最怕火，又怕多衣，故冬来全不能看书与用思，日夕难过”。见《熊十力全集》第五卷，第 279 页；第八卷，第 673 页。

③ 熊先生致友人信言“衰年往返，经济既困，行动又甚不便，车中无人照料，老人不堪。带一人，往返一切费，亦力不易任”。见《熊十力全集》第八卷，第 677 页。

④ 见《熊十力全集》第八卷，第 675—683 页。

⑤ 熊先生初到上海时住在青云路招商二邨 91 号儿子家。一年多以后，在陈毅关照下，上海市委统战部在淮海中路 2068 号二楼为他提供了一套住房，由他带着助手居住，不过他有时还是回青云路住一段时间。见《熊十力全集》第八卷，第 683、737 页。

⑥ 见《熊十力全集》第八卷，第 723、728、731、736、863 页。

近十四年中，熊十力直接或通信交往者有林宰平、马一浮、梁漱溟、钟泰、周予同、周谷城、李平心、任鸿隽、张真如、刘佛年、唐玉虬、蒙文通、黄焯、张遵骝、唐至中、唐君毅、牟宗三、刘静窗、黄艮庸、阴法鲁、贾亦斌、王元化以及董必武、郭沫若、陈毅等，董、郭、陈和上海市委统战部对他的生活和著述多有关照，使他得以在衰暮之年写成并出版《原儒》《体用论》《明心篇》《乾坤衍》《存斋随笔》等几部著作。

《原儒》上卷于1954年秋写成后，由于迁居等事耽搁，直到1955年秋熊十力才续写下卷，至次年夏完成。上卷和下卷曾分别于1955、1956年单印；1956年冬，上下卷再由上海龙门书局一并出版。[①] 上卷包括《绪言》《原学统》《原外王》，下卷包括《原内圣》及附录七篇文札。在《绪言》中，熊十力说明本拟撰写《量论》和《大易广传》以为《新唯识论》之羽翼，但因主客观原因不可能作此二书，故另写《原儒》为儒学粗具提要。熊十力于此陈述了《量论》的篇章结构和基本内容，可见其量论思想之概貌；并指出晚周经子典籍在秦汉之世多被毁灭或窜乱，故近代以来新派人物臆断中国学术文化缺乏科学民主思想的说法不能成立。《原学统》指出中国远古群圣遗绪由孔子集大成，孔子会通伏羲穷神知化之哲理与尧舜禹汤文武政教之实用，以明内圣外王之道，其所创立之儒家乃为中国学术思想之正统。春秋战国其他主要学派如墨、道、名、农、法等皆源出于儒家，却各持异论反攻儒家。儒家内部七十子后学如曾、孟、荀等“孝治派”或“小康派”亦窜乱孔子六经，将宗法制度演化为纲常名教，实质在于维护君主专制，两汉以迄清世儒生皆遵而行之。此篇反复论证《周易》、《春秋》、《周官》、《尚书》、《诗经》、《乐经》（即《周礼·春官宗伯》之《大司乐章》）皆为孔子创作或编纂，这些经典几乎都被后儒窜乱殆尽，故欲承续中国学术思想，只有于诸经微言上追孔子本义。《原外王》通过勾稽《周易》《春秋》《礼运》《周官》之经传微言以及解经文句并加以创见性诠释，发明了孔子鼓励革命、消灭阶级、实行民主、均平联合、倡导科学、发展生产、

① 见《熊十力全集》第六卷，第310、313页。

养民富民、天下为公的社会政治思想，盛赞孔子“在二千数百年前有此远见，非上圣其能若是哉”①！《原内圣》旨在阐明孔子内圣之学，熊十力概括其要义曰：“洪惟孔子之内圣学，明示吾人皆固有其与天地万物所共有而各足之大宝藏，其大无外，其深不测，其富有不可量，其流动变化无穷无尽，吾人之内自本因即大宝藏，若是其盛也。然则人可恃天而无须自力乎？曰否否，不然！内自本因虽是吾人所固有，要待吾人以自力开辟，以自力创造，以自力发展。”② 由此表明人人本来圣性具足，但须护持勿失，方可尽人合天；而唯有人人成就圣性，外王事功才可能实现。③ 综观此书，既可发见熊十力关于经子之学的诸多独特观点，又能看到其中存在不少具有争议值得商榷的问题，诸如六经是否皆为孔子编撰，孔子是否具有民主革命思想，六经是否自七十子后学开始就被窜乱以至后世所见几乎皆为伪经，曾、孟、荀等是否为“孝治派”或“小康派”，诸子是否皆出于儒家。其实此书甫一面世，就受到时人质疑，“见者皆谓余以社会主义说《周官》为太附会，年高之旧好尤不谓然”④。虽然熊十力自信“余说《周官》无附会也”⑤，但他一方面批判自禹、汤、文、武、成王、周公六君子经秦汉以迄明清数千年的君主专制私有社会，一方面盛赞孔子的民主革命天下为公思想，显然有意于适应新社会确立的阶级斗争史观和社会主义思想，当然也有意于引导新社会认同乃至遵行孔子学说。

《原儒》于 1956 年夏脱稿后，熊十力即于是秋开始撰写《体用论》，原定结构为《明变》《佛法上》《佛法下》《成物》《明心》凡五章，不料至次年冬季写完前四章后，却因心脑疾病而辍事，《体用论》遂于 1958 年春以四章付梓。此时熊十力的病情稍缓，于是续写《体用论》第五章，采取林宰平建议，定名为《明心篇》，“既可独行，又与前书相关

① 《熊十力全集》第六卷，第 532 页。
② 《熊十力全集》第六卷，第 580 页。
③ 熊先生说“内圣实为外王之本”。见《熊十力全集》第六卷，第 556 页。
④⑤ 《熊十力全集》第六卷，第 791 页。

联”;[1] 初拟分《通义》《要略》上下两篇，但上篇完成后，因“体气衰薄已甚，执笔为艰”,[2] 熊十力表示待休息一段再续成下篇，而将唯有《通义》的《明心篇》于1959年春先行付印，然而《要略》却终归阙如。尽管存在一而二、分而联的反复变化，但《体用论》和《明心篇》实质上为一部完整著作，乃是“依据旧撰《新唯识论》而改作”[3]。与《新唯识论》语体本相较，《体用论》第一章《明变》、第二章《佛法上》分别是对语体本第四章《转变》、第五章《功能上》的压缩改写，基本内容相近，但前者篇幅不到后者的四成或一半；《体用论》第三章《佛法下》、第四章《成物》分别对应语体本第六章《功能下》、第七章《成物》，不过却是遵循语体本的本旨而大部或全部重写，篇幅也都大为减少；《明心篇》对应语体本第八、九两章《明心》上下，也是遵循语体本的本旨而重写，但篇幅反而增多六成左右。可以说《体用论》和《明心篇》合为熊十力的第七种唯识学著作；克就《新唯识论》系统来说，这两部著作则合为《新唯识论》的第四稿也是最后一稿。《体用论》写成后，熊十力即反复强调“此书既成，《新论》两本俱毁弃，无保存之必要”“《新论》宜废”“《新论》不须存”“有此而《新论》可废”。[4] 平情而论，《体用论》和《明心篇》确实行文更精炼，[5] 主旨更显豁，扬儒抑佛立场更鲜明，但却也失去了《新唯识论》（特指语体本）中关于哲学、儒学、佛学的诸多重要内容，且将《明宗》和《唯识》上下三章全部删除，结构上亦不完整，因而这两部著作与《新唯识论》删定本一样不便于详尽深入地理解“新唯识论”哲学体系以及熊十力的学术思想，它们或可作为《新唯识论》语体本的导读或提要，但却决不能完全

① 见《熊十力全集》第七卷，第147页。“前书”指《体用论》。

② 见《熊十力全集》第七卷，第151页。

③ 《熊十力全集》第七卷，第7页。

④ 《熊十力全集》第七卷，第7页；第八卷，第755页。按“《新论》两本”指《新唯识论》文言本和语体本。

⑤ 《明心篇》文字虽然增多，但却不再广说佛家心所法，而是盛阐儒家心性工夫论，故反不似《新唯识论》文言本、语体本和删定本之《明心》上下章那般繁琐冗赘。

取代语体本，即是说语体本决不可废弃。[1]

1959年，熊十力又着手撰写《乾坤衍》，至1961年初完成，自费影印百部保存。此书分“辨伪”“广义”两部分。之所以要“辨伪”，在熊十力看来是因为“孔子六经皆为小儒所改窜变乱，汉儒传至今日之五经，皆非孔子原本。六经本一贯，欲辨正《易经》之伪，不得不通六经而总辨之”[2]，可见这一部分内容主要涉及经学史问题。在这一部分中，熊十力接续《原儒》所表达的经学观而更有发挥，他认为孔子思想以五十岁为界，此前是拥护君主制和私有制的小康派，自五十学《易》而思想大变，成为主张以革命手段推翻统治阶级、实行民主制和公有制的大道派；六经皆为孔子思想大变之后所编撰的大道派作品，不能被周秦两汉占大多数的小康派所接受，故自孔子殁后，迭经七十子后学、六国小儒乃至汉儒窜乱甚至作伪，以致后世所见五经皆为“伪经”。与此相应，熊十力认为自夏朝直至清末的中国历史都是小康社会史，禹、汤、文、武、成王、周公都是否定性人物，更无论秦汉以迄明清历代君主；除了尧、舜公天下尚可肯定之外，四千年间唯有孔子一人是超越时空的民主主义和社会主义先知。熊十力用来证明孔子大道思想的资料实际上还是取自传世本五经，虽然他反复说明这些资料是“伪经”中有意无意保存的孔子原典，但其强为之说往往难以自圆其说。显而易见，熊十力是想使孔子思想符合于新社会的观念，也想引导新社会接受孔子思想，但他企图通过全盘否定浸渍着历史印迹的群经来达到这个目的，就不仅消解了群经的可信度，实际上也使孔子思想因缺乏充分坚实的支撑而变得虚无缥缈，难以取信。至于“广义”部分则是“推演扩充以弘广《大易》之义也”[3]，亦即阐发《周易》主要是乾坤二卦的哲学和政治义蕴，在哲学方面实际上是借助《易》理铺陈“新唯识论”哲学思想，或者说是以“新唯识论”哲学思想解释《易》理，论证体用不二、体含阴

---

① 但实际上，删改诸书在系统性和深刻性等方面难以比肩于《新唯识论》语体本，故刘述先论之曰“衰年之作，质素已不如前”（见氏著《儒家思想的转型与展望》，河北人民出版社2010年版，第87页）。

②③ 《熊十力全集》第七卷，第334页。

阳、乾坤一元、神质同在、心以统物等观点；在政治方面则揭橥民主平等、天下大同等大道观念。虽然熊十力在这一部分中仍然反复说明他所引用的《易经》资料是从“伪《周易》”中剔抉的孔子原典亦即真经，但按照他以大道、小康作为划分真伪的标准来看，这些资料多与大道没有关系，无所谓真伪；《乾彖》“首出庶物万国咸宁”一语或可说为大道思想，但《坤彖》“乃顺承天”一语则无论如何解释都难以脱却小康思想干系，而熊十力将二《彖》一概认作孔子真经，似乎反映出他在辨析真伪方面的随意性。熊十力自己很看重这部著作，称之为“衰年定论”①，但平情而论，此书的经学观点不及《读经示要》之平正，哲学思想更难企及《新唯识论》语体本之系统宏深。

《乾坤衍》完成后，年高多病的熊十力表示将不再写系统的著作，而“欲为若干篇杂集之类，名曰《存斋随笔》”。他计划第一篇随笔谈佛学，第二、三篇为《体用论》和《乾坤衍》作提要，此后或为大小不定的随笔阐发内圣外王精义。② 1962年夏，他开始写作《存斋随笔》第一篇《略释十二缘生》，至次年仲冬完稿，实际上还是写成了一部专著。此著批评释迦佛门以无明为有情之起源、以众缘为万有幻存之根据、以灭尽无生为宇宙之终极、以神我轮回于生死海为厌离世间之理由、以观空断惑为人生之归宿、以不生灭法与生灭法为截然划分之两界等思想观点，而依据《大易》阐扬孔子儒家所秉持的良知炤明、万物实有、生生不已、内圣外王、一体之仁、体用不二的本体宇宙观和人生观，乃曰“宇宙人生，本来共有真真实实、健健进进、活活跃跃、丰富不竭、炤明无暗的大生命。佛氏乃逞其空想与幻想，必将一切作如幻观，岂不迷乱太甚乎”③！虽然熊十力自中年起便对佛家采取批评态度，但此著不同于以往的是，他不再只是批评大乘空有二宗，而是直接批评释迦牟尼，如开首一语即谓“释迦氏倡导出世法，盖未认识生命之本

① 《熊十力全集》第七卷，第677页。

② 见《熊十力全集》第八卷，第829页。

③ 《熊十力全集》第七卷，第867页。

性，而以迷暗势力当作生命”[1]，全篇指摘释迦氏反人生、舍世间、毁宇宙、抗造化、逞空幻、成大错的言论不一而足，这表明他对佛家的批评已经无所保留，不过他对释迦牟尼观察人性之深刻、持志修行之精进、荡然离系之勇猛、度尽众生之悲悯以及佛教思想之偏至的透彻还是极表赞叹曰：“伟哉大雄氏之大自在也，何得而称乎！”“大哉佛法，岂可与中外哲学史上下劣之厌世思想同年而语哉！”[2]

在《略释十二缘生》中，熊十力自诉“衰年提笔，随意所之，不暇预先布局，分条析理。有时开端于前，而后莫继。记忆衰减，不获贯穿前后，此吾曩时所不及料也”[3]，“此稿常有发义于前，而后无引伸，甚至全无照顾者。五年前，出《乾坤衍》一书，已有此憾”[4]，这并不是熊十力自谦，而是他对自己晚年著述中所存欠缺的自知之明，“随意所之”便枝蔓重复，“开端于前而后莫继”“发义于前而后无引伸甚至全无照顾”便有始无终，另外还有言论观点自相抵牾的情况，这些都表明他的著述能力的衰退。基于自知，熊十力在1962年表示此后将不写专著而只写随笔，但是实际上，除了号称“随笔”的《略释十二缘生》之外，他连随笔也没有继续写下去，现在可见他的最后一篇文字是1965年所写的家传《先世述要》。在此篇中，熊十力记述了自曾祖辈至父辈的立身行事大节，尤其详于曾祖母华太夫人之仁慈与明智以及父亲其相公之学思造诣与特立卓识，但叙事之间却突然一笔宕开，以近半篇幅讲述尧舜三代故事，且于枝蔓中又戛然而止，并未终篇。从此篇所谓“为子孙者终不忍忘先德”[5]，以及他处所谓“老来思骨肉，无一日可去怀”[6]，乃至每每于书札中所见对于姐弟子侄的关怀、资助和教育来看，[7] 熊十力其

---

① 《熊十力全集》第七卷，第687页。
② 《熊十力全集》第七卷，第755、765页。
③ 《熊十力全集》第七卷，第761页。
④ 《熊十力全集》第七卷，第892页。
⑤ 《熊十力全集》第八卷，第868页。
⑥ 《熊十力全集》第四卷，第295页。
⑦ 见《熊十力全集》第四卷，第540—542页；第八卷，第726、732、840—844页。

实是颇重家庭亲情的，但他在讨论中国人的家庭组织时，却又痛斥“家庭为万恶之源”①，这似乎反映出他对待家庭的态度存在着亲与疏的区别或情与理的张力。1965 年以后，熊十力再无著述面世，至 1968 年 5 月 23 日因肺炎并发症溘然长逝。

熊十力一生基本上与中国文化特别是儒家传统每况愈下的剥运相伴随。他从青年时代反传统到中年泛滥佛老，终于誓以身心奉诸儒家先圣，这些近乎脱胎换骨的转变都是基于对宇宙人生真谛或国家民族复兴的真挚追求，一旦认定宗旨便拳拳服膺勿失，丝毫没有随波逐流或玩弄光景的意味。他对儒学的护持与阐扬，不曾给他带来任何声华和风头，毋宁说他一生都在淡泊和孤冷之中，与名利无缘，但他穷且益坚，不坠本志。他感触时势而对平生事业产生过悲观失望，这种情绪从他所云“吾之学，百年之后能否有人讲，甚难说，吾书恐亦难存下去”②，“我们这种学问与著作根本难传……愈见道的书愈难传”③，可以概见。但是，作为具有宏阔邃远思想视域的大哲，他更坚信“惟此孤心长悬天壤间”④！他秉持此心创构本体论、宇宙论、人生论一体圆融的“新唯识论”哲学体系，抉天人之蕴奥，于晦否之时代亟欲导人心于正见。他秉持此心平章三教，衡论中西，在与诸多文化系统的参伍比较中推尊儒家独有的本心仁体之见与内圣外王之道，当非圣无法的世运而断言“圣人之道与人类同无尽”⑤！这就是他所自许的“独握天枢，以争剥复”的实践，他的生命意义在于此，儒家传统一脉延续也有赖于此。

---

① 《熊十力全集》第八卷，第 651 页。此类言论另见《熊十力全集》第三卷，第 1107—1108 页；第八卷，第 646—647、717 页。

② 《熊十力全集》第八卷，第 646 页。

③ 《熊十力全集》第八卷，第 759 页。

④ 《熊十力全集》第四卷，第 27 页。熊先生近似之言还见于第四卷，第 179 页；第六卷，第 412 页；第八卷，第 118 页。

⑤ 《熊十力全集》第五卷，第 723 页。

第二章　体用不二，即心见体
——熊十力的哲学思想

熊十力最大的成就在于哲学方面，他的本体论、宇宙论、人生论、认识论融会贯通的“新唯识论”哲学体系的要点，可以概括为体用不二，即心见体。① 他的哲学思想散见于诸多著述和文札之中，但最为集中全面地表达其哲学体系的则是《新唯识论》语体本，故熊十力说“平生心事，寄之此书”②。该书开篇即指出：“今造此论，为欲悟诸究玄学者，令知一切物的本体，非是离自心外在境界，及非知识所行境界，唯是反求实证相应故。”③ 此语虽在说明把握本体的途径或方式，却也指出了“新唯识论”首先是关于本体论的哲学。④

第一节　体用不二的本体宇宙论

在熊十力看来，历来哲学家多未能证见本体。他说：“哲学家谈本体者，大抵把本体当作是离我的心而外在的物事，因凭理智作用，向外界去寻求。由此之故，哲学家各用思考去构画一种境界，而建立为本体，纷纷不一其说。不论是唯心唯物、非心非物，种种之论要皆以向外

---

① 熊先生将本体论、宇宙论、人生论归为境论，将认识论归为量论，境论的内容在《新唯识论》语体本中作了系统充分的表达，但量论却最终未能写出。不过熊先生的量论思想在《新唯识论》语体本以及其他著述和文札中多可见到，由此可以把握其量论的基本内容。

② 《熊十力全集》第三卷，第 3 页。

③ 《熊十力全集》第三卷，第 13 页。

④ 熊先生说：“今在此论，唯欲略显体故。”自注“本体亦省言体”，见《熊十力全集》第三卷，第 17 页。

找东西的态度来猜度，各自虚妄安立一种本体。这个固然错误。更有否认本体，而专讲知识论者。这种主张，可谓脱离了哲学的立场。因为哲学所以站脚得住者，只以本体论是科学所夺不去的。我们正以未得证体，才研究知识论。今乃立意不承有本体，而只在知识论上钻来钻去，终无结果，如何不是脱离哲学的立场？凡此种种妄见，如前哲所谓‘道在迩而求诸远，事在易而求诸难’。此其谬误，实由不务反识本心。易言之，即不了万物本原与吾人真性本非有二，遂至妄臆宇宙本体为离自心而外在，故乃凭量智以向外求索，及其求索不可得，犹复不已于求索，则且以意想而有所安立。学者各凭意想，聚讼不休，则又相戒勿谈本体，于是盘旋知识窠臼，而正智之途塞，人顾自迷其所以生之理。古德有骑驴觅驴之喻，盖言其不悟自所本有，而妄向外求也。慨斯人之颠倒，可奈何哉？”① 这主要是批评西方思辨哲学传统以及作为其反动的由现代西方逻辑实证主义引发的“拒斥形而上学”思潮，观熊十力所谓“印度外道以及西洋的哲学家，大都是把本体当作外在的物事来猜度。这样一来，诚无法见真理”，“西洋谈形而上学者，要皆凭量智或知识去构画”，“西洋哲学家谈实体及现象，为不可融一之二界”及其对于“厌闻本体”的哲学家的意思的撮述与反驳，可以证明。② 熊十力也直接或间接地批评了神本论，他说：“许多哲学家谈本体，常常把本体和现象对立起来，即是一方面，把现象看作实有的；一方面，把本体看作是立于现象的背后，或超越于现象界之上而为现象的根源的。这种错误，似是由宗教的观念沿袭得来，因为宗教是承认有世界或一切物的，同时，又承认有超越世界或一切物的上帝。哲学家谈本体者，很多未离宗教观念的圈套”，“实则本体不可视同宗教家所拟为具有人格的神”，“或以为本体是超越于宇宙之上而能宰制万有的一个造物主，遂名主宰，这等见解，便是大错而特错了”，“若离群动而求有所谓体，便与宗教

---

① 《熊十力全集》第三卷，第17—18页。

② 见《熊十力全集》第三卷，第177、200、274、91—93页。

家臆想有个超越万有的上帝同其迷妄了”。① 此所谓“宗教”显然是针对亚伯拉罕三大一神教特别是基督教而言。熊十力还批评了叔本华以盲目意志为宇宙本体、柏格森以绵延或持续的生力之流为宇宙生化之源以及哲学上的二元论、多元论乃至“建立一法为万物所由始”的一元论。②

对于佛教大乘空有二宗的本体论，熊十力也作出了分析和批评。他指出：有宗将本来遮拨法相的缘生说改变为一种构造论，是肯定现象为实有；建立无量种子为心物诸行之因缘，乃是多元论；以诸识所涵相、见二分以及有漏、无漏二性为各有其种子，颇有二元论的意义；将种子与现行截为两片，则为两重世界观；既建立种子为诸行之因，又要遵守佛家一贯相承的真如本体论而以真如为万法实体，以至种子自为种子、真如自为真如，实乃二重本体论；又谓人人各具阿赖耶识，含藏一切种子，生起心物诸行，则与外道神我论同其根底，且为极端的多我论；职是之故，“可见有宗实不曾证体，即不悟体必成用，遂堕入戏论”，因此熊十力说“我于旧师的种子论，根本要斥破的”。③ 至于空宗本体论，熊十力一方面高度肯定道：“空宗密意唯在显示一切法的本性，所以空宗要遮拨一切法相或宇宙万象，方乃豁然彻悟，即于一一法相而见其莫非真如。空宗这种破相显性的说法，我是甚为赞同的。古今谈本体者，只有空宗能极力远离戏论。空宗把外道乃至一切哲学家各各凭臆想或情见所组成的宇宙论，直用快刀斩乱丝的手段断尽纠纷，而令人当下悟

---

① 《熊十力全集》第三卷，第 74、95、105、240 页。

② 见《熊十力全集》第三卷，第 192—193、305 页。熊先生说：“一元论者，若只建立一法为万物所由始，则所谓一元者与本论的意思要自判以霄壤。”自注：“本论亦不妨说为一元。然一即含多，多即是一。此义渊微，应如理思。”见同卷，第 305 页。

③ 见《熊十力全集》第三卷，第 73—75、80—83、147—150、217—234、283 页。引文依次见第 232、54 页。熊先生对佛家大有学说的理解是否确切，一直是有争议的问题，兹不涉论，有关情况可参见《熊十力全集》附卷（上）第一部分“儒佛之争或唯识华严之争”。

入一真法界，这是何等神睿、何等稀奇的大业!"① 另一方面他也表明"于空宗还有不能赞同的地方"，他说："空宗诠说性体，大概以真实、不可变易及清净诸德而显示之。极真极实，无虚妄故，说之为真。恒如其性，毋变易故，说之为如。一极湛然，寂静圆明，说为清净。如上诸德，尤以寂静提揭独重。……本来，性体不能不说是寂静的。然至寂即是神化，化而不造，故说为寂，岂舍神化而别有寂耶？至静即是谲变，变而非动，故说为静，岂离谲变而别有静耶？夫至静而变，至寂而化者，唯其寂非枯寂而健德与之俱也，静非枯静而仁德与之俱也。……谈至此，空宗是否领会性德之全，总觉不能无疑问。空宗于寂静的方面领会得很深切，这是无疑义的，但如稍有滞寂溺静的意思，便把生生不息真机遏绝了，其结果必至陷于恶取空，至少亦有此倾向。……吾尝言，空宗见到性体是寂静的，不可谓之不知性。性体上不容起一毫执着，空宗种种破斥，无非此个意思，我于此亦何尝乖异？然而，寂静之中即是生机流行，生机流行毕竟寂静。此乃真宗微妙，迥绝言诠。若见此者，方乃识性德之大全。空宗只见性体是寂静的，却不知性体亦是流行的，吾疑其不识性德之全者以此。"② 由此指出了空宗本体论的偏失。

相比于佛教大乘空宗，熊十力认为，儒家本体观更为如实应理，其曰："佛家证到本体是空寂的，他似乎是特别着重在这种空寂的意义上。易言之，不免有耽空滞寂之病。……夫滞寂则不悟生生之盛，耽空则不识化化之妙。此佛家者流所以谈体而遗用也。儒者便不如是。夫空者无碍义，无碍故神，神者言乎化之不测也；寂者无滞义，无滞故仁，仁者言乎生之不竭也。故善观空者，于空而知化，以其不耽空故；妙悟寂者，于寂而识仁，以其不滞寂故。我们于儒家所宗主的《大易》一书，

---

① 《熊十力全集》第三卷，第170页；另见同卷，第147—150、163—165、217—234页。

② 《熊十力全集》第三卷，第171—175页。"何尝"误作"何容"，径改。

便知他们儒家特别在生生化化不息真几处发挥。他们确实见到空寂，如曰‘神无方，易无体’，曰‘寂然不动’。寂义既有明文，无方、无体正彰空相。我们须知，不空则有碍，而何化之有？不寂则成滞，而何生之有？惟空寂始具生化，而生化仍自空寂。《大易》只从生化处显空寂，此其妙也。佛家不免耽空滞寂，故乃违逆生化而不自知。”[①]又曰：“孔子尝曰‘仁者静’‘仁者寿’，又曰‘仁者乐山’。孔子所谓仁，即斥指心体而目之也。（自注：心体，即性体之别名。）仁者，即谓证得仁体的人。静者，远离昏沉、嚣动等相。寿者，恒久义。山者，澄然定止貌。是则性体寂静，孔子非不同证。然而，孔子不止说个寂静，亦尝曰：‘天何言哉？四时行焉，百物生焉，天何言哉？’夫孔氏所言天者，乃性体之别名。无言者，形容其寂也。至寂而时行物生，时行物生而复至寂，是天之所以为天也。谈无为空者，何其异是耶？”[②] 由此基本肯定儒家识得性德之全。不过熊十力又认为，儒家本体论也有不足之处，“其谈本体，毕竟于仁或生化的方面提揭独重。《大易》《论语》，可以参证。……偏言仁，却恐末流之弊只见到生机，而不知生生无息的真体本自冲寂也”[③]。所以，熊十力强调“儒佛二家，通之则两全，离之则各病”[④]，需要“会通佛之寂与孔之仁，而后本体之全德可见”[⑤]。他自承“因以会通空宗与《大易》之旨，吾知生焉，吾见元德焉，此本论所由作也”[⑥]，又说“本论会佛之寂与孔之仁，以言本体”[⑦]，这就点明了“新唯识论”本体论的思想资源和理论内容。

需要特别说明的是，熊十力坚决否认他的哲学体系只是“援儒入佛”或“糅杂儒佛”的结果，他说：“一般人说我是援儒入佛者，这等

---

① 《熊十力全集》第三卷，第 187—188 页。
② 《熊十力全集》第三卷，第 176 页。
③ 《熊十力全集》第三卷，第 406 页。
④ 《熊十力全集》第三卷，第 202 页。
⑤ 《熊十力全集》第三卷，第 406 页。
⑥ 《熊十力全集》第三卷，第 173 页。
⑦ 《熊十力全集》第三卷，第 412 页。

论调是全不知道学问的意义和甘苦，须知此理不是可以随便援这家入那家来说的。”① “时人识得学问的意义者已甚少，其于《新论》妄以糅杂儒佛相攻诋，固无足怪。”② 他声明他的哲学体系是在出入百家、观其会通的基础上，反己自求、自家体认所得，是“自观，自喻，而后参证各家之旨，得其会通”③。他断然宣称：“吾始治佛家唯识论，尝有撰述矣。后来忽不以旧师持义为然也，自毁前稿。久之，始造《新论》。吾惟以真理为归，本不拘家派，但《新论》实从佛家演变出来，如谓吾为新的佛家，亦无所不可耳。然吾毕竟游乎佛与儒之间，亦佛亦儒，非佛非儒，吾亦只是吾而已。”④

在《新唯识论》以及其他一些著述中，熊十力给予本体以诸多不同名称，其曰“本体绝待，随义而异其名”，“本体之名甚多”，⑤ 他给予本体的名称有：本、本原、本源、本真、本明、本命、本性、本心、本来的心、本来面目、诚、道、道体、德、德性之知、独、独体、大本、大化、大全、大总相法门、大体、法身、法身佛、法性、法性心、法界、根源、功能、恒转、基源、究极义、绝对的真实、空理、空寂海、理、理体、良知、命、明德、冥寂自性、能变、涅槃、乾、乾道、乾元、清净本然、清净法界、仁、仁体、如、如来、如来藏、神、生命、实体、实相、实性、实理、实际、实际理地、胜义、体、天、天德、天道、天性、天命、天理、天理之心、天地精神、太极、太易、太一、无穷、无为、无为法、万化之源、万善之宗、万法实体、万有根源、万化根源、心、心源、心体、形上、性、性海、性命、性体、性真、性智、一、一诚、一大性海、一真、一真法界、一极、一切法真实相、意、元、原、圆成、圆成实性、源底、宇宙之大心、知、知体、智、真、真

---

① 《熊十力全集》第三卷，第136页。
② 《熊十力全集》第三卷，第200页。
③ 《熊十力全集》第三卷，第173页；另见同卷，第135—137页。
④ 《熊十力全集》第三卷，第203页。
⑤ 《熊十力全集》第三卷，第716页；第六卷，第566、686页；第八卷，第197页。

常、真体、真源、真元、真极、真际、真相、真宰、真宗、真如、真实、真实法、真性、真理、真己、真的自己、宗、至诚、至道、至理、主宰、自性、造物者等。①

---

① 上列本体诸异名，本见《熊十力全集》第三卷第 135 页；本原见同卷第 164、247、628 页，第四卷第 573、580 页；本源见第三卷第 735 页，第六卷第 168 页；本真见第三卷第 215、405 页；本明见第四卷第 14 页，第八卷第 341 页；本命见第六卷第 344 页；本性见第三卷第 168、344、375、376、382、427 页；本心见第二卷第 337 页，第三卷第 189、263、346、374、396、397、493、528、632、666、715、716 页，第四卷第 395、573、596 页，第五卷第 31、573 页，第六卷第 222 页，第八卷第 318、441 页；本来的心见第三卷第 51 页；本来面目见第二卷第 202 页，第三卷第 795 页，第四卷第 444 页；诚见第六卷第 566 页，第八卷第 659 页；道见第三卷第 278、298、393、521、528、543、555、569、570、571、575、581、624、636、729、773、775 页，第四卷第 347、640 页，第五卷第 39、207、420、760 页，第六卷第 97、204、312、320、356、376、550、554、558、560、563、569、578、624、625、686 页，第八卷第 229、313 页；道体见第三卷第 329 页；德见同卷第 775 页；德性之知见第四卷第 596 页；独见第三卷第 405、649、780 页，第五卷第 192 页；独体见第三卷第 380、384 页，第四卷第 152 页；大本见第三卷第 404 页；大化见第四卷第 18 页；大全见第三卷第 13 页，第六卷第 26、164 页；大总相法门见第四卷第 326 页；大体见第五卷第 399 页，第六卷第 324、437 页；法身见第三卷第 370 页，第四卷第 619 页；法身佛见第四卷第 596 页，第八卷第 325 页；法性见第二卷第 288 页，第三卷第 152、233、235、374、468、482 页，第五卷第 404、509 页，第六卷第 68、69、106、115 页，第八卷第 192、445 页；法性心见第四卷第 597 页，第八卷第 325 页；法界见第三卷第 74、170、196、211、301、393、410、469、492 页，第五卷第 398、761 页，第六卷第 97、204 页，第七卷第 286 页，第八卷第 201、333 页；根源见第五卷第 725 页，第七卷第 314 页；功能见第三卷第 151、196、240、247、260、261、270 页，第四卷第 9 页，第五卷第 523 页，第六卷第 24、97、153、154、158、162 页，第七卷第 74 页，第八卷第 336 页；恒转见第三卷第 7、95、98、99、113、150、151、196、240、285、370、372、377 页，第四卷第 12 页，第六卷第 24、76、85、97 页，第七卷第 16、22 页，第八卷第 339 页；基源见第六卷第 617 页；究极义见第三卷第 735 页；绝对的真实见同卷第 82 页；空理见同卷第 148、156、159 页，第六卷第 105 页；空寂海见第三卷第 332 页；理见第二卷第 203 页，第三卷第 77、333、365、367、487、575、576、636、657、732、776 页，第四卷第 353 页，第六卷第 153、343、344、566 页；理体见第三卷第 362 页；良知见同卷第 658、661、662 页，第四卷第 596 页，第六卷第 566 页，第八卷第 292 页；命见第三卷第 369、488、636、732 页，第六卷第 344 页，第八卷第 197 页；明德见第三卷第 636 页；冥寂自性见同卷第 419 页；能变见同卷第 95、98、240 页，第五卷第 422 页，第六卷第 76 页，第七卷第 16、74 页；涅槃见第

二卷第350页，第三卷第174页，第四卷第433页，第五卷第398、509页；乾见第三卷第19页；乾道见第四卷第615页；乾元见第三卷第657、951页，第四卷第18页，第五卷第427页，第六卷第496、566、572、657、686、702、738、741、745页，第七卷第21页；清净本然见第三卷第159页；清净法界见同卷第211页；仁见同卷第178、397、398、399、401、404、407、581、636页，第四卷第16、596页，第六卷第566页，第八卷第318、343页；仁体见第三卷第399、402、1031页；如见第二卷第172页，第三卷第301页；如来见同卷第492页，第五卷第761页，第六卷第97页，第八卷第201页；如来藏见第三卷第385页；神见同卷第418页，第五卷第415页，第八卷第442页；生命见第三卷第346、354、358、982页，第四卷第568、573页，第六卷第127、211页；实体见第三卷第235、510、635页，第五卷第403、413页，第七卷第14页，第八卷第82、219、433页；实相见第二卷第165页，第三卷第160、161、179、218、243、244页，第四卷第564、579、601、602、604、640、649页，第五卷第573页，第六卷第120页，第七卷第61、732页；实性见第二卷第260页，第三卷第163、510、511页，第五卷第403、479、490、505、509页，第六卷第110、112页，第八卷第219、220页；实理见第三卷第280、752页，第八卷第316页；实际见第三卷第135、156页；实际理地见第四卷第376页；胜义见第三卷第174页；体见同卷第17、79页，第五卷第479页，第六卷第381、679页，第七卷第35页；天见第三卷第146、172、176、259、279、299、354、358、406、412、418、488、543、561、572、636、716、775、1040页，第四卷第280、292、359、374、400、402、636、637页，第五卷第9、23、35、427、433、435、446、675页，第六卷第20、115、158、183、187、209、324、376、437、558、568、569、570、572、578、644、657、686页，第七卷第95、285页，第八卷第197、292、295、313、358、443页；天德见第四卷第433页，第五卷第428、434页，第六卷第33页；天道见第四卷第602、604页，第五卷第674、681页，第六卷第320、321、325、667、677、686页，第七卷第95页，第八卷第128、331页；天性见第三卷第488页，第六卷第662页；天命见第三卷第400、419、488、716页，第四卷第567页；天理见第六卷第657页；天理之心见第三卷第416页；天地精神见同卷第774页；太极见同卷第520、917、918、927、928、1099页，第四卷第347、571页，第六卷第121、352、566、686页，第七卷第95页，第八卷第229页；太易见第三卷第135、923、925、926、927页，第六卷第96、97、99、104、105页；太一见第六卷第352页；无穷见第三卷第751页；无为见同卷第174页，第五卷第509页；无为法见第六卷第582页；万化之源见第三卷第734页；万善之宗见同卷第734页；万法实体见第六卷第70页；万有根源见第六卷第127页；万化根源见第六卷第16、375页；心见第二卷第195页，第三卷第306、343、377、388、390、393、430、636、665、729页，第四卷第353页，第八卷第293页；心源见第三卷第405页；心体见同卷第407页；形上见同卷第235页；性见第二卷第 154 页，第三卷第 163、385、392、429、487、488、492、510、636、673、729、732 页，第四卷第 7、353、621 页，第五卷第 509 页，第六卷第 110、127、198、204、223 页，第八卷第 197、201、334 页；性海见第三卷第 396、486 页，第八卷第 196 页；性命见第五卷第 675 页；性体见第三卷第 173、189 页；性真见同卷第 199、586 页；性智见同卷第 56、146、189、528、723 页，第四卷第 7、15、377、436、596 页，第五卷第 10、524 页，第八卷第 155、342、359 页；一见第三卷第 329、912 页，第四卷第 620 页，第六卷第 352 页；一诚见第四卷第 619 页；一大性海见第六卷第 563 页；一真见第三卷第 135 页；一真法界见第二卷第 540 页，第四卷第 8 页，第六卷第 111 页；一极见第三卷第 135、333、348 页；一切法真实相见第二卷第 229 页；意见第三卷第 430 页；元见第六卷第 167、566 页；原见第六卷第 167、637 页；圆成见第五卷第 509、536 页；圆成实性见第三卷第 218 页，第六卷第 582 页；源底见第三卷第 218 页，第六卷第 178 页；宇宙之大心见第三卷第 774 页，第四卷第 567 页；知见第三卷第 636 页，第八卷第 293 页；知体见第四卷第 402、404 页，第八卷第 295、297 页；智见第一卷第 597、598 页，第三卷第 398 页；真见同卷第 395、418、492 页，第六卷第 97 页，第八卷第 201 页；真常见第五卷第 498 页；真体见第三卷第 666 页；真源见同卷第 378 页，第四卷第 568、573 页，第六卷第 322 页；真元见第六卷第 702 页；真极见第三卷第 21、729 页，第四卷第 7 页，第八卷第 334 页；真际见第三卷第 285 页，第四卷第 448 页；真相见第三卷第 735 页；真宰见同卷第 175、729 页，第六卷第 75 页，第八卷第 442 页；真宗见第三卷第 175 页；真如见第二卷第 350 页，第三卷第 82、148、156、185、196、209、211、233、240、278、285、338、361、370、469、491、512、530、543、752 页，第四卷第 275、375、376、433、446 页，第五卷第 413、444、509 页，第六卷第 24、106、112、123、148、152、345、582 页，第八卷第 158、313、316 页；真实见第二卷第 184、251 页，第三卷第 74、75、80、82、107、150、346、367、371 页，第六卷第 66、69、97、182、321、358 页，第八卷第 81 页；真实法见第五卷第 489 页；真性见第三卷第 184、506、561 页，第六卷第 123、320 页；真理见第二卷第 251、346 页，第三卷第 90、148、236、280、394、440、628、752 页，第四卷第 566 页，第五卷第 403、446 页，第六卷第 99、128、343、344 页，第八卷第 81、316 页；真己见第三卷第 15、546 页；真的自己见同卷第 15 页；宗见第六卷第 376 页；至诚见第三卷第 135 页；至道见同卷第 584 页；至理见第六卷第 69 页；主宰见第三卷第 105 页，第六卷第 80 页；自性见第二卷第 8 页，第三卷第 362、417 页，第四卷第 376、377、573 页，第六卷第 28 页，第八卷第 441 页；造物者见第三卷第 775 页。各名称后面所标页码不一定包举了该名称在《熊十力全集》中作为本体之异名出现的情况。另外，熊先生除了将“实体”作为本体的一个异名之外，还经常以“实体”直接代换本体，从而又赋予“实体”以诸多异名，凡属“实体”的异名此处均未列入。

这当然不是随意玩弄概念，而是力图从多层面揭示本体的性质、功能及其存在方式，凸显本体无在而无不在、无能而无不能、无为而无不为、无形无相而举体显现为无量无边的功用，要之，即体用不二。熊十力说："体用二词，只是约义分言之，实则不可析为二片的物事。……余尝默然息虑，游心无始，而知体用毕竟不可分为二片。使其可分，则用既别于体而独存，即是用有自体，不应于用之外更觅一物说为本体。又体若离于用而独存，则体为无用之体，不独是死物，亦是闲物。往复推征，体用毕竟不可分，是事无疑。今当以二义明不可分：一曰，即体而言用在体。夫体至寂而善动也，至无而妙有也。寂无者，是其德恒常而不可易也。动有者，是其化至神而不守故也。非恒德将焉有神化？无神化何以显恒德？唯具神化与恒德，故称为体。体者，绝对的真实义。其德恒，其化神，所以为真实之极也。然而，寂无则说为体之本然，动有亦名为体之妙用，本然不可致诘，妙用有可形容，是故显体必于其用。诚知动有，元无留迹，则于动有而知其本自寂无矣。故夫即用而显体者，正以即用即体故也。（自注：两即字吃紧，正显体用不二。）所以说用在体者，在字须活看，意云此用即是体之显现，非有别异于体而独在的用故。二曰，即用而言体在用。此与前义本一贯，特反复以尽其蕴耳。前就体言，本唯一真而含万化，故用不异体。今就用言，于兹万化皆是一真，故体不异用。由体不异用故，故能变与恒转及功能等词，是大用之殊称，亦得为本体或真如之异名。以体不异用故，遂从用立名。综上二义，可知体用虽若不一而实不二。摄动有归寂无，泊然无对；会寂无归动有，宛尔万殊，故若不一。然寂无未尝不动有，全体成大用故；动有未尝不寂无，大用即全体故。故知体用毕竟不二。"① 又说"是故用外无体，体外无用，体用只是随义异名，二之则不是"，"故曰即体即用，即用即体，不可析而二之也"，"本论意思，只是体用

① 《熊十力全集》第三卷，第238—240页。

不二”。①

在实存状态中，体用本来是一而不二的；但在理论上，为了呈现体用之性相，却又不得不析体用而言之。熊十力说：“本体是必现为大用，是即体即用，而不可分体用为二的。但是，我们为讲说的方便计，姑且把体别离开用来说”，“吾平生谈本体，原主体用不二。但既立体用二词，即其义不能无辨”，“体用本不可分，但既说体用二词，则体用毕竟有辨”。② 那么从体用相分的角度来看，本体的性相如何呢？熊十力对此作了大量论述，撮其要者，有谓：“若乃玄学上所谓一切物的本体，是至大无外的，（自注：此大不和小对。）是虚无的，（自注：所谓虚无，不是空洞的意义，不是没有的意义，只是恒久的存在，而无迹象可见的意义。）是周遍一切处无欠缺的，是具有至极微妙、无穷无尽的功用的。”③ “体以其至无（自注：无形相，无方所，无造作，故说为无，实非空无。）而显现万有，以其至寂（自注：寂者，寂静无扰乱相故。）而流行无有滞碍。”④ “真理是无有定在的而亦是无所不在的。（自注：此中真理，即本体之别名。）真理虽复本无形相，而是赅备万德、具足众理的，是其举体显现为无量无边的功用，即所谓一切有的。（自注：举体之举字吃紧，谓真理悉举其全体而显现为功用，即用外无体。）”⑤ “本体所以成其为本体者，略说具有如下诸义：一、本体是备万理，含万德，肇万化，法尔清净本然。法尔一词，其含义有无所待而成的意思。清净者，没有染污，即没有所谓恶之谓。本然者，本谓本来，然谓如此。当知，本体不是本无今有的，更不是由意想安立的，故说本来。他是永远不会有改变的，故以如此一词形容之。二、本体是绝对的，若有所待，便不名为一切行的本体了。三、本体是幽隐的，无形相的，即

① 《熊十力全集》第三卷，第 274、378、406 页。
② 《熊十力全集》第三卷，第 359、416、491 页。
③ 《熊十力全集》第三卷，第 41 页。
④ 《熊十力全集》第三卷，第 83 页。
⑤ 《熊十力全集》第三卷，第 90 页。

是没有空间性的。四、本体是恒久的，无始无终的，即是没有时间性的。五、本体是全的，圆满无缺的，不可剖割的。六、若说本体是不变易的，便已涵着变易了，若说本体是变易的，便已涵着不变易了，他是很难说的。本体是显现为无量无边的功用，即所谓一切行的，所以说是变易的；然而本体虽显现为万殊的功用或一切行，毕竟不曾改移他的自性。他的自性恒是清净的、刚健的、无滞碍的，所以说是不变易的。”① “本体只是无能而无所不能。他显现为万殊的功用或一切行，所以说是无所不能。他不是超脱于万殊的功用或一切行之上而为创造者，所以说无能。故假说为能变。上来把本体说为能变。我们从能变这方面看，他是非常非断的。因此，遂为本体安立一个名字，叫作恒转。恒字是非断的意思，转字是非常的意思。非常非断，故名恒转。我们从本体显现为大用的方面来说，则以他是变动不居的缘故，才说非常，若是恒常，便无变动了，便不成为用了。又以他是变动不居的缘故，才说非断，如或断灭，也没有变动了，也不成为用了。不常亦不断，才是能变，才成为大用流行，所以把他叫作恒转。”② “至真至实，无为而无不为者，是谓体。无为者，此体非有形故，非有相故，非有意想造作故。无不为者，此体非空无故，法尔生生化化、流行不息故。……无形者，空寂也。（自注：空者，以无形无染名空，非以空无名空。）无相者，亦空寂也。无想者，亦空寂也。空寂复空寂，离诸滞碍，含藏万有，具备万德或万理，无可称美而赞之以至神。”③ “本体是实有，不可视同假法。……既是实体，所以不须别找材质。理体渊然空寂，空故神，寂故化。神化者，翕辟相互而呈材。生灭流行不已，而造化之情可见。是故材质者，理之流行所必有之势也，其情之至盛而不匮故也。材呈，故谓之相。故

① 《熊十力全集》第三卷，第 94 页。

② 《熊十力全集》第三卷，第 95—96 页。

③ 《熊十力全集》第三卷，第 274 页。

曰理之现相，不待别立材质而与之合，以其为至实而非无故也。”① “是故会寂与仁，而后见天德之全。（自注：天者，本体之代词，非谓神帝也。）……夫寂者，真实之极也，清净之极也，幽深之极也，微妙之极也。无形无相，无杂染，无滞碍，非戏论安足处所。默然无可形容，而强命之曰寂也。仁者，生生不容已也，神化不可测也，太和而无所违逆也，至柔而无不包通也。本体具备万德，难以称举。唯仁与寂，可赅万德。……夫真实、清净，生生所以不容已也；幽深、微妙，神化所以不可测也。无方相乃至无滞碍，而实不空无者，唯其仁也。故寂与仁，皆以言乎本体之德。寂故仁，仁亦无不寂。则本体不可执一德以言之也明矣。”② 概括而言，本体是本来自在、绝对无待、圆满无缺、无始无终、无形无相、无所不在、至寂至仁、清净刚健、赅备万德、具足众理、极虚而实、极静而动、含藏万有、肇生万化、无所不能、举体成用而永葆自性的。

不过，即使对本体作再多的描述，也很难用名言来确切说明本体的性相，“因为一切名言的缘起，是吾人在实际生活方面要应用一一的实物，因此对于一切物不能不有名言以资诠召。……我们用表物的名言来表超物的理，这是多么困难的事”③，所以，“我们要谈本体，实在没有法子可以一直说出。……我以为所谓体，固然是不可直揭的，但不妨即用显体。（自注：用者，具云功用。）因为体是要显现为无量无边的功用的，（自注：桌子哪、椅子哪、人哪、鸟哪，思想等等精神现象哪，乃至一切的物事，都不是一一固定的相状，都只是功用。）用是有相状诈现的，（自注：相状不实，故云诈现。）是千差万别的。所以，体不可

---

① 《熊十力全集》第三卷，第 365—366 页。熊先生说：“本论乃直指本体而名之以理。”见同卷，第 365 页。

② 《熊十力全集》第三卷，第 405—406 页。

③ 《熊十力全集》第三卷，第 78 页。熊先生解释说：“此中超物的理，即谓至一的理。”（见同页。）又说：“这至一的理，是遍为万有的实体。”（见同卷，第 77 页。）可知此所谓“理”即本体之异名。

说，（自注：言说所表示是有封畛的。体无封畛，故非言说所可及。）而用却可说。（自注：上来已云，用是有相状的，是千差万别的，故可说。）用，就是体的显现。（译者按：如大海水显现为众沤……大海水可以喻体，众沤可以喻用。）体，就是用的体。（译者按：仍举前喻，如一一的沤各各以大海水为体；大海水即遍与众沤为体，非超脱于众沤之外而独在。）无体即无用，离用元无体。所以，从用上解析明白，即可以显示用的本体。简单言之，我们克就大用流行诈现千差万别的法相上来作精密的解析，便见得大用流行不住，都无实物，即于此知道他只是真实的显现。（自注：此中真实一词即谓本体，后准知。）易言之，我们即于无量的分殊的功用上，直见为一一都是真实的显发而不容已"①。这就又回到体用不二的前提，指明了在这一前提下通过大用流行把握本体的门径，所谓"离流行，不可觅至寂的，故必于流行而识至寂。离显现万有，不可觅至无的，故必于万有而识至无"②。

吊诡的是，要通过大用流行把握本体，却又必须首先了解本体是如何显现为大用流行的，亦即只有明了大用流行的生成及其性相，才能够即用显体。那么本体是如何显现为大用流行的呢？熊十力对此作了系统的阐述，由此构成其宇宙论。他说："我以为物质宇宙是本来无有，而不妨随俗建立。我要说明这个意思，又非从宇宙真际说起不可。（自注：中译佛籍以真际为真如异名。真如又即本体之异名。）真际者，恒转也。（自注：恒转即本体之异名。）恒转是至无而健动的。无者，无形，非是空无。无形故绝待，绝待故至真至实，真实故健。无形而健，故生化无穷，亦名为动。"③ 这个至无健动、生化无穷的本体，既是浑一的整体功能，又含有无量的互相融摄的分殊功能，熊十力说："恒转亦名功能。

---

① 《熊十力全集》第三卷，第 79—80 页。此段中作按语的译者乃熊先生弟子钱学熙。1938 年冬，钱在熊的指导下，将《新唯识论》文言本的《明宗》章、《唯识》上下章以及《转变》章的首节译成语体文。见同卷，第 5 页。

② 《熊十力全集》第三卷，第 83 页。熊先生自注"至寂是体，流行是体成为用"，"至无是体，显现是体成为用"，见同页。

③ 《熊十力全集》第三卷，第 285 页。

又复说言，功能是浑一的全体，但不是一合相，而是有分殊的。（自注：即全中有分。）虽是分殊的，而亦不是如各别的粒子然，却是互相融摄，成为一体的。（自注：即分中见全。）……功能既有分殊，即不妨于全体中假析言之，而说为一个一个的或许许多多的功能。换句话说，即是一为无量。亦复应知，无量功能互相即，互相涉，而为浑一的全体，非一一功能各各成独立而不相涉不相即之小粒子。应复说言，无量为一。"①这无量的互相融摄的分殊功能，就是物质宇宙的基本单位，熊十力在同一意义上名之为形向、积、动圈、小、凝势、小一、势速、微势、刹那等；② 其小至极，无复更有小于此者，故不可再加剖析，相比现代科学所发现的所谓基本粒子来说，"科学家所谓元子、电子等等，不过图摹多数小一所比合而成的系群之迹象，实无从测定小一也"③，即是说，原子、电子之类的所谓基本粒子，根本不是物质宇宙的基本单位，而已经是粗显的物质了。

在无量的分殊功能中，各各包含着翕辟两种动势，翕的动势是收摄凝聚，辟的动势是刚健开发，两种动势都处于刹那生灭、无常无断的变化之中。④ 当翕之刹那，物质宇宙之基本单位亦即所谓动圈于是形成，"这种动圈的形成，就因为翕的势用，是尽量收凝。我们可以把每个收凝的动势，均当作一单位。……实则功能所以有分殊，而可说为一个一个的者，只以翕之故，才有分殊耳"⑤。由于翕是刹那生灭的，所以由翕凝成的基本单位并无瞬间暂住，"一切小一，都是顿现。（自注：一刹那顷，才起即灭，不暂住故。故云顿现。）前不至后，后不承前。此不

---

① 《熊十力全集》第三卷，第 286—287 页；另见本卷，第 137—138、249—250、252—254、301 页。

② 见《熊十力全集》第三卷，第 98、111、290、296、307 页。熊先生说："每一动圈，即一单位。这些单位，就是物质宇宙的基本。"见同卷，第 289—290 页。

③ 《熊十力全集》第三卷，第 307 页；另见同卷，第 290、302—303 页。

④ 见《熊十力全集》第三卷，第 98—135、250—252 页。

⑤ 《熊十力全集》第三卷，第 287—288 页。熊先生又说："就功能之收凝的方面而言，便谓之翕。翕故成为动圈。动圈一词即表示每个收凝的动势，可当作一单位。"见同卷，第 288 页。

至彼，彼不因此。所以一切小一，各各均是刹那顿现”[①]。“如实而谈，凡诸小一，都是刹那诈现。一刹那顷，才起即灭，本来无有丝微的物事可容暂住，故云诈现。本无自性。（自注：犹云没有独立存在的自体。）原其所自，盖乃寂然真体，确尔显现。（自注：小一非有质也，只是一种凝敛的势用而已。此即真体之显现也。）”[②] 但是，翕虽刹那生灭，以至其所凝成的基本单位并无瞬间暂住，却不可因此沦于空见，“克约一刹言，恍惚不可把捉。通多刹言，前刹才灭，若有迹象，似未全消，（自注：迹象者，譬如音乐才止，尚有余音绕梁。若有之言，显不可执为实物故。似未之言，显非不消灭，但幻迹耳。）后刹新生，与前俱有。（自注：后刹正生时，值前迹象未即灭时。是俱有也。）准此而谈，前后刹间，未可沦空。虽前后都不住，却也不是空洞无物。譬如电光的一闪一闪，本经多刹，曾无一刹得住。但其前后之间，俨然是前刹之一闪，与后刹之一闪，分明俱有的，何可说空？以此类况，前刹后刹小一，其相邻者，可言俱有。又复无量小一，同时现者，不妨假说彼此。（自注：注意假说二字。若计有实时间，及计小一为个别的实物可分彼此者，便大谬。）由诸小一，可假说前后及彼此各各别有故”[③]。因此，“今所谓小一，虽复各别顿现，无一小一得有自类生灭相续，犹如幻化。然诸小一，亦非如空华无体。每一小一，其体即是真如妙性故。故知小一，非无体法”[④]。亦因此，由翕之凝，至无之本体始将显现为有，“夫翕者，于至无而动之中，始凝而兆乎有者也。至无者，言乎体也。至无而动，则体之显现而为万殊的妙用也。妙用之行，必有其收凝的一方面。此收凝即有之几兆，所谓翕是也。动势之始凝，本无形也，而已凝焉，则有之几也。形物著见，名之为有。收凝之势，虽未成乎形，而已为形物所

① 《熊十力全集》第三卷，第294—295页。
② 《熊十力全集》第三卷，第292页。
③ 《熊十力全集》第三卷，第308页。
④ 《熊十力全集》第三卷，第297页。

自始，故曰始凝而兆乎有也”①。

由翕势之凝成物质宇宙的基本单位，以至于包括人身在内的宇宙万物的生成，其间机理为：“无量小一，相摩荡故，有迹象散著，命曰万物。（自注：摩者，两相近也，即是相比合的意思。荡者，交相激也，即是相乖违的意思。）所以者何？小一虽未成乎形，然每一小一，是一刹那顿起而极凝的势用。此等势用，既多至无量，则彼此之间，有以时与位之相值适当而互相亲比者，乃成为一系。（自注：此中时与位，原是假设。因为说到小一并起而相值，便不能不假说时位以形容之。若究其原，便无时位。）亦自有不当其值而相乖违者。此所以不唯混成一系，而各得以其相亲比者互别而成众系。……无量小一，有相摩以比合而成一系，有相荡以离异，因别有所合，得成多系。此玄化之秘也。凡系与系之间，亦有相摩相荡，如各小一间之有相摩荡者然。系与系合，说名系群。二个系以上相比合之系群，渐有迹象，而或不显著。及大多数的系群相比合，则象乃粗显。如吾当前书案，即由许许多多的系群，互相摩而成象，乃名以书案也。日星大地，靡不如是。及吾形躯，亦复如是。故知万物，非离小一有别自体。”② 至此，熊十力解释了通常所谓物质宇宙的生成及其性相。这个以刹那不住的翕势所凝聚的物质宇宙，从根本上说是幻有的，“实则所谓物者，并非实在的东西，只是依着大用流行中之一种收凝的势用所诈现之迹象，而假说名物。若离开收凝的势用，又有什么叫作物呢？……物者，只是我所谓收凝的势用所诈现之迹象而已。收凝的势用，名为翕，翕即成物。（自注：翕便诈现一种迹象，即名为物。）所以，物之名依翕而立”③，“夫大用流行中，不得不有所凝敛以为健进之具。然依凝敛，乃有万物可言，不凝敛，即无物矣。但所云物者，幻迹耳，非有实物也”④，在这一观点上，熊十力申

① 《熊十力全集》第三卷，第 288 页。

② 《熊十力全集》第三卷，第 306—307 页。

③ 《熊十力全集》第三卷，第 111—112 页。

④ 《熊十力全集》第三卷，第 294 页。

明他“与空宗密意有相通处”①。但是另一方面，物质宇宙却又是无可呵毁的，“因为我们纯从宇宙论的观点来看，便见得一切行，都无自体。实际上这一切行，只是在那极生动的、极活泼的、不断的变化的过程中。这种不断的变化，我们说为大用流行，这是无可呵毁的。我们依据这种宇宙观来决定我们的人生态度，只有精进和向上，其于诸行，无所厌舍，亦无所谓染着了”，所以，熊十力又说“本书的意义，毕竟有和旧学天壤悬隔的地方，就是旧师于一切行而说无常，隐存呵毁，本书却绝无这种意思”。② 在真谛与俗谛二分的前提下，熊十力认为“我们还可以假施设一外在世界或经验界，不属玄学领域，在这里对于情见或知识，不妨承认其有相当的价值”，“如此便有宇宙论可讲，亦可予科学知识以安足处”，“俗情于此，庶几无怖也欤”。③

但若仅仅到此为止，还只是表现了大用流行的一个方面，由这一方面并不能即用显体，因为，翕虽亦属用，且为即用显体所必需的资具，但根本上却是近于物化而背反本体自性的。熊十力说：“翕自是用，此何待言？但是本体之现为功用时，必起一种反的作用，即所谓翕者。以有此翕，乃得为辟的势用所依据以显发焉，于是而翕乃物化，疑于不成为用矣。我们只好于辟上识得大用。易言之，即唯辟可正名为用，而翕虽亦是用，但从其物化之一点而言，几可不名为用矣。……必有辟故方见大用流行，亦即于流行而识得主宰。”④ 这就在遮拨翕的同时，点明

① 《熊十力全集》第三卷，第150页。熊先生又说：“本书谈转变，即于一切行，都不看作为实有的东西。就这点意思说，便和旧说诸行无常的旨趣是很相通的了。”见同卷，第86页。

② 《熊十力全集》第三卷，第86—87页；另见同卷，第170—178页。

③ 《熊十力全集》第三卷，第163、242、367—368页。熊先生说：“实则，物界本依俗谛施设。（自注：世俗共许为实有者，曰俗谛。亦云世谛。随情安立故。）于真谛中，本无有物。（自注：超越世间情计，契应真理者，曰真谛。）……我们谈到小一，却是依据真谛以假设俗谛。故乃权宜方便，显示真体成用，其健进也，必有所凝敛，而始资之以显健德，不凝敛则大用之行亦浮游无据，无以成其健进矣。唯凝敛，乃成为无量的小一，而群有遂兆于兹。此俗谛所以不妨施设。”见同卷，第295—296页。

④ 《熊十力全集》第三卷，第104页。

了即用显体唯有通过大用流行之另一方面亦即辟的势用才可达成。熊十力阐释体、翕、辟的关系说：“依恒转故，而有所谓翕。才有翕，便有辟。唯其有对，所以成变，否则无变化可说了。恒转是一，恒转之现为翕，而几至不守自性，此翕便是二，所谓一生二是也。然恒转毕竟常如其性，决不会物化的。所以，当其翕时，即有辟的势用俱起，这一辟，就名为三，所谓二生三是也。……一只是表示体之将现为用的符号，二和三都是表示用的符号，则以翕和辟，均是克就用上而目之故也。就一言之，于此尚不足以识全体大用，因为说个一，只是虚拟体之将现为用。就二言之，于此亦不足以识全体大用，因为说个二，只是表示大用之流行不能没有内在的矛盾，决不是单纯的，因此有个近于物化的翕。这个翕，似是大用的流行须自现为似物的式样来作自己运转的工具，才有这一翕，所以就翕上看，便近于物化，难得于此而识全体大用了。只有三，（自注：即是辟的势用。）既是依据一而有的，却又与二相反，而即以反乎二之故，乃能显发三的力用，得以转二使之从己。据此说来，三是包含一和二的。只于此，才识大用流行。也只于此，可以即用而识体。申言之，就是于三而识全体大用。我们即于三而说之为体，也是可以的。假若离了三，便无可见体。我们即于三之不可物化处，便识得这种势用虽是变动的，而其本体元是不变的。三之不可物化，就因为他底本体是如此的。换句话说，恒转之常如其性，即可于此而知了。”① 这就清楚表达了体辟一如、即辟显体的意思。

那么即辟显体是如何实现的呢？此中蕴奥在于，依据本体而起的、为本体自性之显现的辟因与翕共同包含于每一个分殊的功能之中，且自为主宰而转翕从己，② 所以，由这种功能所凝成的宇宙万物以及人本身便无不具有辟的势用，从而无不表现出合乎本体的倾向，由人物之辟发方面所显之大用流行也就无非本体的朗现了。熊十力说：“自然或一

---

① 《熊十力全集》第三卷，第 99—100 页。

② 关于辟“依据本体而起、为本体自性之显现”，见《熊十力全集》第三卷，第 99、100、104、114 页；关于辟“自为主宰而转翕从己”，见同卷，第 99、101、104、112—113 页。

切物并非真个是拘碍的东西。他们（自注：一切物。）内部确有一种向上而不物化的势用即所谓辟潜存着。”① “所谓物者，只是收凝的势用即翕之所诈现，并非有实在的物质，但因其现似质碍的东西，却又不妨名之为物。然复须知，所谓物，也就如其所现的样子。至于包涵此物与渗透和运行此物之中者，别有所谓刚健的、开发的、不物化的一种势用，即所谓辟，这个决定不是从物的自身中产生出来的，而是与现似物相的收凝的势用即所谓翕同时俱显而不可剖分的。……须知刚健的不物化的势用即辟，是遍涵一切物而无所不包，是遍在一切物而无所不入。这种势用，虽与翕而成形的物同为恒转的显现，而辟确是不失恒转的自性。所以，于此而识得本体，亦即于此而可说为本原的。”② “即于生生不息而见为至诚，（自注：至诚，亦实体之别名。此非超越生生不息的万象而独在，故于生生不息的万象，直作至诚观，便于相对中见绝对。）于流行而识得主宰。……灭故所以生新，大化无有穷尽，森然万象，皆一真的显现也。（自注：一真即谓本体。）”③

需要说明的是，辟与翕虽然共同包含于每一个分殊的功能之中，但由于辟乃如本体自性之呈显，因而辟在实际上乃是浑全的、无对的、无封畛的、无差别的。熊十力说：“每一个翕既似形成一极小圈子，若有粒子性者然。（自注：注意似字及若有等字，非实成粒子故。）因此，则运于翕中之辟的势用，也就和此翕同一小圈子，而这个圈子其实也只是一个动圈。如此一翕一辟之和合而成一圈者，假说为一个功能，亦得谓之一单位。无量的功能，每个都是如上所说。我们应知，功能所以非一合相者，其妙就存乎翕。有翕便有分化，才不是一合相。假使没有所谓翕就无从显出对待，无有万殊可言。据此，则翕是分化的，每一个翕，是自成一极小圈子。今试克就辟言，此辟是否真个随翕而分成各个的圈

① 《熊十力全集》第三卷，第 109 页。

② 《熊十力全集》第三卷，第 113—114 页。

③ 《熊十力全集》第三卷，第 135 页。熊先生释“大化”曰“犹言大用”，见同卷，第 300 页。

呢？应知，辟的势用虽运于一切翕之中，恒随各个的翕而分成各圈，但辟的本身确是浑一的。可分与不可分，于此都不妨说。（自注：辟的势用既不同实物，不妨说不可分。他是随一切翕而皆运乎其间的，亦不妨说可分。）……统一的辟即是随各个翕而成为各圈的辟，各圈的辟也即是统一的辟，岂其有二？”① 之所以如此，乃是“因为小一即是大一之凝以成多。而大一本来力用周流遍运于其所内含的无量小一中者，虽随小一成多，即于全中有分，然大一自身毕竟无有封畛，无有限量。故全不碍分，而分即是全。一不碍多，而多即是一”②。因此，辟既殊异于分化的相对的翕，又有别于整全的绝对的体，而为翕与体之中介，以其刚健的力用转翕从己以至复归于体。

熊十力又将辟称为心，他说：“恒转现为动的势用，是一翕一辟的，并不是单纯的。翕的势用是凝聚的，是有成为形质的趋势的，即依翕故，假说为物，亦云物行。辟的势用是刚健的，是运行于翕之中，而能转翕从己的，即依辟故，假说为心，亦云心行。”③ “实则所谓心者，确是依着向上的、开发的、不肯物化的、刚健的一种势用即所谓辟，而说名为心。若离开这种势用，还有什么叫作心呢？……我以为流行无碍而不可剖析的和刚健的与向上的势用，即所谓辟，这才可说名心。”④ 包括人身在内的一切物都具有辟的势用，因而也都具有心，所以辟可谓“宇宙的心”。⑤ 熊十力说：“辟或心是到有机物发展的阶段才日益显著，却不能因此便怀疑有机物未出现以前，就没有辟或心这种势用的潜存。一颗电子的振动，并不是循一定的规律的。电子总是在许多轨道中跳来跳去，他一忽儿在此一轨道上消失，一忽儿在另一轨道又产生，也不是

---

① 《熊十力全集》第三卷，第 255—256 页；另见同卷，第 373 页。

② 《熊十力全集》第三卷，第 305 页。小一即物质宇宙基本单位的别名之一，已见上文；大一即辟，观熊先生在相同意义上使用“至健至神的力用”“健进”“辟”“大用”“浑全”“大一”等词语可证。见同卷，第 304 页。

③ 《熊十力全集》第三卷，第 101 页。

④ 《熊十力全集》第三卷，第 110 页。

⑤ 见《熊十力全集》第三卷，第 109、110、112 页。

有外力使之然的，这就是由他内部具有辟或心这种势用为之主宰。不过，这种势用潜存乎一切物之中，而不易察见耳。……应知，辟或心的势用，当其潜存的时候，如于有机物未出现，我们无从甄明他辟或心的时候，他确实普遍周浃于翕而将形的一切物，而无所不在。只是他的表现之资具如有机体尚未构成，所以不曾显发出来，因此，说名宇宙的心。……一一物各具之心，即是宇宙的心；宇宙的心，即是一一物各具之心。"① "无机物非无心灵。……无机物资于翕故，凝为形体。亦资于辟故，含有精英。（自注：此中精英一词，即谓心灵。然不直曰心灵者，盖在无机物中，心数未得光显发皇，只是可说为一种微妙的力用，故名以精英而已。）故谓其无心灵者，甚不应理。"② 无机物如此，有机物更不待言，"不要说动物，就是在植物中已可甄明这种势用，如倾向日光及吸收养料等等，都可据以测验植物具有暧昧的心理状态。植物的心，实隐然主宰其形干，而营适当的生活，这是无可否认的"③，概括地说，"如生物的发展，由低等生物而至高尚的人类，我们可以见到辟的势用逐渐伸张，而能宰制乎翕的一切物了"④。

当然，如上可见，辟的势用或曰宇宙的心在宇宙万物以及人那里的表现又是有差等的，"这种势用要显发他自己，是要经过相当的困难。当有机物如动物和人类尚未出现以前，这种势用，好似潜伏在万仞的深渊里，是隐而未现的，好像没有他了。及到有机物发展的阶段，这种势用便盛显起来，才见他是主宰乎物的"⑤，"无机物之结构未免钝浊。极简单而无精微灵巧之组织，曰钝。粗笨而不足为心灵发抒之具，曰浊。

---

① 《熊十力全集》第三卷，第 109—110 页。按前句"一一物各具之心"之"各"误作"名"，径改。顺便指出，由熊先生所举的电子运动的例子，可知他对现代西方物理学的不确定性原理有所了解。《新唯识论》以及熊先生的其他著述中还涉及不少现代科学问题，表明他对现代科学的关注。当然，他对现代科学的解释则是基于他的哲学观而作出的。

② 《熊十力全集》第三卷，第 346—347 页。

③ 《熊十力全集》第三卷，第 109 页。

④ 《熊十力全集》第三卷，第 104 页。

⑤ 《熊十力全集》第三卷，第 109 页。

故虽本具心灵，终亦不得显发，而疑于无”①，“夫自无机物而至有机物与人类，始显心灵，乃不容已之真所必至者”②，“唯人类心灵特著，充其智，扩其量，毕竟足以官天地，府万物。……故人类之在天地万物中也，殆犹大脑之在人体内，独为神明之司，感应无穷之总会焉。自然界之发展，至人类而益精粹，心灵于是乎昭现”③。即是说，辟的势用或宇宙的心在无机物和有机物中的植物以及除人以外的动物那里，或是潜存的、不曾显发的、不易察见的，或是隐然、暧昧的，总之都是不能完全主宰物的方面因而不免陷于物化的；唯有人类心灵能够完全彰显辟的势用亦即宇宙的心，从而能够主宰包括自身形躯在内的由翕势凝成的一切物，而免于物化之虞。正因为人类心灵能够完全彰显辟的势用，而辟乃如本体自性之呈显，故作为即用显体之集中体现的即辟显体，又可进一步归结为即人心而呈显本体，熊十力说：“夫心者，以宰物为功，此固是用。而即于用识体，以离用不可得体故。是故克就吾人而显示其浑然与宇宙万有同具之本体，则确然直指本心。人人可以反求自识，而无事乎向外追索矣。”④ 亦因此，所谓体用不二，极而言之也就是本体与人心无二无别。⑤ 正是在这一意义上，熊十力《新唯识论》开宗明义即曰：“今造此论，为欲悟诸究玄学者，令知一切物的本体，非是离自心外在境界，及非知识所行境界，唯是反求实证相应故。”⑥由此，熊十力便将把握难以言表的本体的门径最终落实于人心之中，“新唯识论”的本体宇宙论也就由此转入了心性论。

---

① 《熊十力全集》第三卷，第347页。

② 《熊十力全集》第三卷，第344页。

③ 《熊十力全集》第三卷，第345—346页。

④ 《熊十力全集》第三卷，第378页。

⑤ 熊先生说：“吾心与万物本体，无二无别，其又奚疑?”见《熊十力全集》第三卷，第20页。在《新唯识论》中，熊先生多处强调人心与本体的同一性，略见同卷，第18、21、181、344、377、410、416、417、418、427、429页。

⑥ 《熊十力全集》第三卷，第13页。熊先生又说：“设有问言：‘既体非外在，当于何求?’应答彼言：求诸己而已矣。求诸己者，反之于心而即是。岂远乎哉?”见同卷，第18页。

第二节 转习归本的心性工夫论

虽然本体与人心无二无别，即用显体或即辟显体可以归结为即人心而呈显本体，但是，呈显本体的人心却并不是常人惯习之心。① 常人惯习之心非但不能呈显本体，反而恰恰障蔽本体。呈显本体之心乃是人的真心或曰本心，而障蔽本体之心则为人之妄心或曰习心。熊十力说："提到一心字，应知有本心习心之分。唯吾人的本心，才是吾身与天地万物所同具的本体，不可认习心作真宰也。（自注：真宰者，本心之异名。）"②

关于习心的性质，熊十力指出："故习心，物化者也，与凡物皆相待相需，非能超物而为御物之主也，此后起之妄也。""一切坏的惯习的势力现起，名为习心。""有取之心，谓习心也。习心常有所追求，常有所执着，故云。"③ 习心又与习气相关联，"习心，则习气之现起者也。其潜伏而不现起时，但名习气"，"习心，即染污习气之现起者是"。④ 此染污习气亦即染习"恒有使吾人生活日究乎污下的倾向"⑤，其主要表现为贪、嗔、痴，"贪者，染着相，谓于自身及一切所追求境，皆深染着，不能荡然无系故。嗔者，憎恚相，谓于他有情不能容受故，每怀憎恶故。痴者，迷暗相，谓于真理无证解故，即于宇宙本原或人生真性曾不自识故，于一切事不明析故，于诸所作任倒见故。此三本惑，（自注：三者又通名为惑，是一切惑之根本，故云本惑。）一切染业，依之得起。……要之，此三都非本来清净性海中所固有，只因拘于形骸而始有的。易言之，即吾人的生命缠锢于物质中，而吾人只是顽然一物，所以无端而起种种惑相。物交物，故染着生；（自注：吾人拘于形，故自成为一物，以此物与他物交，则有染着，如颜料之于丝然，欲免于染不

① 熊先生所谓"惯习"例见《熊十力全集》第三卷，第48页。

② 《熊十力全集》第三卷，第18页。

③ 《熊十力全集》第三卷，第20、72、195页；另见同卷，第382、428页。

④ 《熊十力全集》第三卷，第374、426页；另见同卷，第376页。

⑤ 《熊十力全集》第三卷，第263页。

得也。）物相排拒，故憎恚生；物本拘碍，故迷暗生。总之，吾人受拘形骸，或沦溺物质生活中，（自注：物质生活无可归咎，只沦溺便成大咎。）才有一切惑业，成为惑习。（自注：即染习。）惑习潜存，复乘机现起而为新的业，则惑益增盛。此人生所以陷于物化之惨，无由复其性也”①。当然，习气也有净习，“如儒者所谓操存涵养，或居敬思诚种种工夫，皆是净习。生命之显发，必由乎是”，“如操存涵养等工夫，此类作业所成习气，（自注：操存涵养等工夫，好是吾人自己努力向上的一种作业，其萌于意与发于身语者，无非清净。这种作业的余势潜存者，是为净习。）无障染性故，其潜力恒使吾人生活日益向上故，吾人本来的生命，恒赖有此净习而后得显发”。② 但是，即使净习也依然不是本心，而对本心的呈显仍有所障碍，熊十力说：“然凡习（自注：凡者，通染净言之。）要皆于生命为资具，染习只是不良的资具而已。但人生的通患，常是把资具当作了本来的生命，不独染习乘权，是取生命而代之的，即净习用事，亦是以人力来妨碍天机，（自注：人力，谓净习。天机，谓生命。）以后起的东西（自注：谓净习。）误认为本来面目，（自注：谓生命。）人生之丧其真也久矣。所以前哲用功，染习固克治务净，即净习亦终归浑化。程子说：‘明得尽时，渣滓便浑化。’此间极深微。净习者，所仗以达于本体呈露之地也。本体呈露方是明，必使本体毫无蔽障方是明得尽。至此，则净习亦浑融无迹，即习乃转化而成性也。程子所谓渣滓，即指习言。习虽净，若未浑化，犹是渣滓也。”③

① 《熊十力全集》第三卷，第 266—267 页；另见同卷，第 445—452 页，该处更列出无明（即痴）、贪、嗔、慢、恶见五者为染习的主要表现。

② 《熊十力全集》第三卷，第 259、262 页。

③ 《熊十力全集》第三卷，第 263 页。熊先生另有数处谈及净习，或曰“一旦功行纯熟，则业或习乃浑化而与性为一矣”（同卷，第 268 页）；或曰“习气毕竟与功能不似也，功能则决不可计为断故”，而“习气者，非定不断，亦非定断”（同卷，第 273 页）；或曰“净习毕竟不可断。不断故，恒与根同行，与心相应。故未有心得孤起而无习与俱者也”（同卷，第 392 页）；或曰“盖人生本来之性，必资后起净法，始得显现”（同卷，第 462 页）；或曰“人能自创净习，以显发天性”（同卷，第 465 页），似乎在净习浑化或断灭方能完全呈露本心与本心呈露必待净习之资方能实现这两种观点之间游移。

更何况人们连这种净习也很难获得，“不幸人生恒与坏习为缘，当陷入可悲之境”，“众生只任有漏习气作主，故习气便成为生命，而本来的生命反被侵蚀了”，“一般人大抵都为无量无边的习气所缠缚固结，而习气直成为吾人的生命。易言之，即纯任习心趣境，而不自识何者为其自家宝藏或本来的心”，① 可见实际生活中的常人惯习之心，无非由习气现起之习心而已。

那么人的本心为什么会转变为习气或习心呢？熊十力解释其机理说：“习心亦云量智，此心虽依本心的力用故有，（自注：习心非本心，而依本心之作用故有，譬如浮云非太空，要依太空故有。）而不即是本心，毕竟自成为一种东西。原夫此心虽以固有的灵明为自动因，（自注：固有的灵明，犹言本心的力用。）但因依根取境，而易乖其本。根者，即佛家所谓眼等五根是也。此根乃心所凭以发现之具，而不即是心，亦不即是顽钝的物质。今推演其旨，盖即有机物所持有之最微妙的生活机能。其发现于眼处，谓之眼根；发现于耳处，谓之耳根；乃至发现于身处，谓之身根。身处，略当今云神经系。故根者，非即是眼等官体或神经系，但为运于眼等官体或神经系中最微妙的机能而已。此种机能，科学家无可质测。然以理推之，应说为有。此心必凭借乎根而始发现，故云依根。取者，追求与构画等义。境者，具云境界。凡为心之所追求与所思构，通名为境。原夫本心之发现，既不能不依借乎根，则根便自有其权能，即假心之力用而自逞，以迷逐于物。故本心之流行乎根门，每失其本然之明。是心借根为资具，乃反为资具所用也。而吾人亦因此不易反识自心，或且以心灵为物理的作用而已。心理学家每从生理的基础如神经系等来说明心，或径以心理作物理观，亦自有故。夫根既假本心力用为己有，而迷以逐物。即此逐物之心，习久日深，已成为根之用，确与其固有灵明不相似。而人顾皆认此为心，实则此非本心，乃已物化者也。此心既成为一物，而其所交接之一切境，又莫非物也。故孟子有物交物之言，是其反观深彻至极，非大乘菩萨不堪了此。夫心已物化，

① 《熊十力全集》第三卷，第259、272、379页。

而失其本。孟子既名之以物，而不谓之心。然是物也，势用特殊。虽才起即灭，而有余势流转，如瀑流然，不常亦不断。不常不断者，谓其为物，是个生灭灭生相续不绝的。如前刹那方灭，后刹那即紧相接续而生。刹那刹那，前前灭尽故不常，后后相续生故不断。此不常不断的物事，实为潜在于吾人生活的内部之千条万绪互相结合之丛聚体，是故喻如瀑流。此纷纭复杂，各不相乱，而又交相涉入，以形成浩大势用的瀑流，当其潜伏于吾人内在的深渊里，如千波万涛鼓涌冥壑者，则谓之习气。即此无量习气有乘机现起者，乃名习心。……习心既异本心，因此其在生活方面，常有追逐外物而不得餍足之苦。"① 于是人的本心乃物化，人因而成为私意、私欲、惑障、染污的存在，② "只徇形骸之私，便成乎恶，王阳明先生所谓'随顺躯壳起念'是也"③，人类社会也就充斥着非道德、反道德或无道德现象，心之本体当然也被完全障蔽了。

不过，虽然人类从无始时来，个体则自形生神发开始，便往往为无量无边的习气所缠缚固结，④ 但是，"从人生的本性来说，毕竟是不堕于形气的，是敻然超脱的。因为本性上毫无障染，（自注：譬如太阳，虽有云雾起为障染，而其赫然光明之体，恒自若也。云雾何曾障碍得他，染污得他。本性无障染，义亦犹是。）毫无滞碍，毫无亏欠，所以可形容之，而说为吾人固有的活力。这种活力是精刚勇悍能主宰形气，而不拘于形气的。吾人具大有的无尽藏，而无待求足于外者，就是这种活力"⑤；"妄缘虽障碍心性，而心性恒自如故，不可变易，即是不随妄

① 《熊十力全集》第三卷，第 375—376 页；另见同卷，第 20、25、56、385—389、392、426—428 页，其中第 385—387 页对佛家关于根或根身之说作了比较详细的解说，第 426—427 页表明熊先生对根的理解不同于佛家本义。

② 见《熊十力全集》第三卷，第 383 页。

③ 《熊十力全集》第三卷，第 266 页。

④ 熊先生解释"由生化而有的附赘物"说："附赘物，谓众生从无始来所有迷执的习气。"见《熊十力全集》第三卷，第 189 页。又说"习气无论为好为坏，都是自形生神发而始起的"。见同卷，第 261 页。又说"吾人生活内容，莫非习气。吾人日常宇宙，亦莫非习气，则谓习气即生命可也"。见同卷，第 271—272 页。

⑤ 《熊十力全集》第三卷，第 260—261 页；另见同卷，第 453 页。

缘迁改，所谓无染是也。譬如客尘，障于明镜，而明镜自体，恒自如故，不受客尘污玷。故拂拭客尘，还复朗鉴。心性亦尔，但舍离妄缘，即还复本来明觉”①。只是人的本来心性或固有活力尽管恒常自在，却并不能于习气习心之中轻易显发。“人生梏于形气，缚于习染，欲其涤除情见，此极难能，矧欲涤除尽净，谈何容易哉？（自注：情见，即缘形气与习染而始有。）”② 所以，人若要于习气习心之中显发本来心性或固有活力，“一视其有无涤除情见工夫，及其用功纯一与否以为断”③，由此，熊十力将心性论导向工夫论。

熊十力说：“夫神明冲寂，（自注：神明，谓本心。）而惑染每为之障。（自注：惑染无本根，而足以障碍本心。如浮云无根，而能障日。）真宰无为，（自注：真宰，谓本心。）而显发恒资保任。严矣哉保任也。真宰不为惑染所障而得以显发者，则以吾人自有保任一段工夫故耳。保者保持，任者任持。保任约有三义：一、保任此本心，而不使惑染得障之也。二、保任的工夫，只是随顺本心而存养之。即日常生活，一切任本心作主，却非别用一心来保任此本心也。三、保任的工夫，既是随顺本心，即任此心自然之运，不可更起意来把捉此心。程子所谓未尝致纤毫之力是也。若起意，则是妄念或习心窃发，而本心已放失矣。善夫阳明学派之言曰‘即工夫即本体’，一言而抉天人之蕴。东土诸哲，（自注：如儒与佛及老聃派。）传心之要皆不外此旨也。工夫则万行之都称。行者，修行，亦云进修。吾人日常生活中，不论闲静时，或动作万端时，总期念念之间，恒由本心为主，毋任惑染起而间之。然欲致此者，要当有不断的努力，非废然纵任而可至也。此云不断的努力者，即修行或进修之谓。行而曰万者，修行非一端而已。人各因其所偏失而期以自克焉。故修行不泥于一轨也。如佛家有六度，乃至十地等无量行。儒者于人伦日用之地，或以居敬为要，或以主忠信为先，乃至种种，亦非孤

① 《熊十力全集》第三卷，第 383 页，熊先生自注曰：“习气者，妄缘也。”另见同卷，第 273、389 页。

②③ 《熊十力全集》第三卷，第 197 页。

尚一行以为法程也。工夫诚至，即本体呈显。若日用间工夫全不得力，则染习炽，邪妄作，斯以障碍本体而丧其真矣。（自注：真谓本体。）故曰‘即工夫即本体’，此尽人合天之极则也。工夫只是保任，（自注：无量的工夫，无非保任此本心而已。）原非于本体有所增益。但勿为染习所缚，勿顺躯壳起念，（自注：人只为染习所缚，即顺躯壳起念，而本心乃梏亡矣。王阳明教学者，每于此处提醒。）而使本心恒为主于中，（自注：恒字吃紧。有不恒时，即本心放失，便无主人公也。）则大明朗乎无极，性海渊兮绝待。（自注：本心即是吾人与万物同具的本体，故说为性海。）斯以静涵万理，（自注：静谓泯绝外感时。）动应万变。（自注：动谓事物纷然交感时。）动应则神不可测，静涵则虚而不屈。是为动静一原。（自注：吾人日用间，不论静时动时，通是本体浑然流行。故静涵万理者，静时是本体实现故；动应万变者，动时是本体实现故。此缘一向工夫没有松懈，所以本体呈露，有动静一原之妙。若工夫不得力，即染习乘机而起，静时便昏沉，无从发现涵万理的本体；动时便浮乱，无从发现应万变的本体。王学末流，或高谈本体，而忽略工夫，却成巨谬。）”① 这就将工夫对于转习（习气习心）归本（本心本体）的作用、工夫的方法、工夫与本体的关系、废弃工夫的危害以及工夫诚至所达到的境界揭示出来。

熊十力反对以轻率的态度对待心性工夫，他引述明儒史玉池之言

---

① 《熊十力全集》第三卷，第 395—396 页。此段主要标举保任方法；熊先生言及保任方法者还见于同卷，第 9、195、264、303、380、389、392、397、404、415、417、460 页。另外他还言及存养（如同卷，第 56 页）、破除见网（如同卷，第 189 页）、克治情见（如同卷，第 199 页）、克己、断惑、破执（如同卷，第 259 页）、收心（如同卷，第 380 页）、存持（如同卷，第 385 页）、守护根门、不走作（如同卷，第 389 页）、深造自得、居安资深、左右逢原（如同卷，第 393 页）、反身而诚（如同卷，第 413 页）、强恕而行（如同卷，第 414 页）等工夫方法，这些工夫方法归根到底也都是保任本心。保任也就是孟子所谓“勿忘勿助长”，“孟子云勿忘勿助长者，谓吾人涵养的工夫，必于本心念念保任之，勿令放失，故云勿忘。又保任之功，须随顺本心昭灵自在之用，不可着意把持，而欲助其长盛。如欲助长，则是自家习气用事，斯时本心已被障碍，而不得显发矣”。见同卷，第 263—264 页。

曰："今时讲学者，率以当下指点学人，此是最亲切语。及叩其所以，却说饥来吃饭困来眠，都是很自然的，全不费工夫。见学者用工夫，便说本体原不如此，却一味任其自然，纵情纵欲去了，是当下反是陷人的深坑。不知本体、工夫是分不开的。有本体自有工夫，无工夫即无本体。试看樊迟问仁，是未识自家仁体而兴问。夫子却教他做工夫，曰：'居处恭，执事敬，与人忠。'凡是人，于日用间总不外居处、执事、与人这些生活情况。居处时便恭，执事时便敬，与人时便忠，此本体即工夫。学者求仁，居处而恭，仁就在居处；执事而敬，仁就在执事；与人而忠，仁就在与人，此工夫即本体。仁体与恭、敬、忠分析不开。此方是真当下，方是真自然。若饥食困眠，禽兽都是这等的，以此为当下，便同于禽兽，岂不是陷人的深坑。且当下全要在关头上得力。今人当居常处顺时，也能恭敬自持，也能推诚相与。及到利害的关头，荣辱的关头，毁誉的关头，生死的关头，便都差了。则平常恭、敬、忠，都不是真工夫。不用真工夫，却没有真本体。故夫子指点不处不去的仁体，却从富贵贫贱关头。孟子指点不受不屑的本心，却从得生失死关头。故富贵不淫，贫贱不移，威武不屈，造次颠沛必于是，舍生取义，杀身成仁，都是关头时的当下。此时能不走作，才是真工夫，才是真本体，才是真自然，才是真当下。"① 熊十力赞道："玉池这段话，确极真切……皆不失孔孟精神也。玉池谓有本体自有工夫，无工夫即无本体，此是的然见道语。"②

在熊十力看来，心性工夫必须精进以求，"精进数者，对治诸惑故，令心勇悍故，故名精进。由如理作意力故，有勇悍势用俱起，而叶合于心同所行转。凡人不精进者，即役于形，锢于惑，而无所堪任。是放其心以亡其生理者也。精进者，自强不息。体至刚而涵万有，（自注：人

① 《熊十力全集》第三卷，第402—404页。按熊先生引文与《明儒学案·东林学案·太常史玉池先生孟麟》原文颇有差异，但大意无违。史孟麟字际明，号玉池，宜兴人，万历癸未（1583）进士，官至太常寺少卿。

② 《熊十力全集》第三卷，第404页。

性本来刚大，而役于形，锢于惑者，则失其性。故必发起精进，以体合乎本来刚大之性。夫性唯刚大，故为万化之原。）立至诚以宰百为。（自注：诚者，真实无妄，亦言乎性也。立诚即尽性也。百为一主乎诚，即所为无不顺性，一切真实而无虚伪。故是精进。）日新而不用其故，（自注：唯其刚健诚实，故恒创新而不守故。）进进而无所于止。故在心为勇悍之相焉。……孔子曰：'我学不厌，而诲不倦也。'又曰：'发愤忘食，乐以忘忧，不知老之将至云尔。'又曰：'忘身之老也，不知年数之不足也。俛焉日有孳孳，毙而后已。'此皆自道其精进之概。总之，人生唯于精进见生命，一息不精进，即成乎死物。故精进终无足也"[①]。所谓"精进终无足"，乃是针对"学者或以悟入冥寂自性，（自注：即本体。）便安于寂，而为止境"的陷身惰性、故步自封、停滞不前状况而言。熊十力痛斥这种状况说："孰谓一旦悟入自性，便可安享现成，无所事事哉！明季王学末流之弊，甚可戒也。（自注：一旦有悟，便安享现成，流入猖狂一路。晚明王学，全失阳明本旨，为世诟病。夫阳明自龙场悟后，用功日益严密，擒宸濠时，兵事危急，绝不动心，此是何等本领！然及其临殁，犹曰："吾学问才做得数分。"后学空谈本体，非阳明之罪人哉！）"[②] 与这种状况相反，熊十力认为心性工夫应是人生终生不辍的事业，其曰："至神无相者，虽主乎吾之一身，而吾不能曰反求而得其至足者，更无所事事也。识得本体已，不可便安于寂。要须恒不违真，（自注：恒字吃紧。真谓本心或本体。）勇悍精进，如箭射空，箭箭相承，上达穹霄，终无殒退。如是精进不已，是谓创新不已。如是创新不已，实即本体呈露，其德用流出，无有穷极。故修为进进，（自注：进而不已，曰进进，即精进义。）即是本体显发无穷。妙用自然，不涉为作，又乌有不寂者乎？是故返本之学，初则以人顺天而自强，（自注：人，谓修为的工夫。天者，本体之代词。工夫实即本体德用之

---

① 《熊十力全集》第三卷，第 459—460 页。

② 《熊十力全集》第三卷，第 419—420 页。

显发。自强，谓吾人精进不息也。吾人不息的工夫，实即本体德用显发无穷。人能皆本天性故。）久则即人而天，纯亦不已。（自注：初时工夫犹未纯，久则纯熟，天理全显，斯是即人即天。纯亦不已者，天德至纯、无杂染故。不已者，天之德用，无穷尽故，无止境故。）不已者，彰其刚健。纯者，显其寂寂。然则吾人以知本而创新，创新而返本。到得返本，亦刚健，亦寂寂。何至有陷身惰性之事乎！其陷于惰，必未真证本体者也。"① 只有通过终生不辍的精进工夫，人生才可能转习归本，尽人合天，以虚寂明觉的本心呈显至无妙有、至寂神化、赅备万德、具足众理的本体；② 同时也才可能主宰翕聚的形躯，控驭逐物的官能，止息利害的计较，超脱外物的拘牵，突破生命的险陷，"染污不得为碍，戏论于兹永熄，是盛德之至也"，成为熊十力所称的"无寄真人"或"大自在者"。③ 实际上，将人生导向这种盛德之至的境界，正是熊十力"新唯识论"哲学体系的旨归，其《新论》九章，由《明宗》、《唯识》上下、《转变》、《功能》上下、《成物》而结穴于《明心》二章，可以为证；其自谓"三十左右，因奔走西南，念党人竞权争利，革命终无善果，又目击万里朱殷，时或独自登高，苍茫望天，泪盈盈雨下，以为祸乱起于众昏无知，欲专力于学术，导人群以正见"④，更是明证。

---

① 《熊十力全集》第三卷，第 418—419 页。"至神无相者"谓本体，熊先生说"夫本体至神而无相"，见同页。熊先生《复吕澂》（一九四三年四月十八日）一函中有大致相同的文字，见《熊十力全集》第八卷，第 442—443 页。《尊闻录》有一段记述熊先生关于自创人能的工夫论，极好言语，可与此处相参发明，见《熊十力全集》第一卷，第 605—608 页。

② 关于本心义相，见《熊十力全集》第三卷，第 18 页。关于本体性德，见本章第二节。

③ 见《熊十力全集》第三卷，第 370 页。

④ 《熊十力全集》第一卷，第 659 页。关于熊十力"新唯识论"哲学体系的旨归，见胡治洪：《辛亥革命与熊十力的哲学创构》，《深圳大学学报（人文社会科学版）》2012 年第 3 期。

第三节 尊崇性智而不遗量智的认识论[①]

熊十力说："本心亦云性智，（自注：从人生论与心理学的观点而言，则名以本心。从量论的观点而言，则名为性智。）是吾人与万物所同具之本性。……习心亦云量智。"[②] 即是说，从心性工夫论方面而言的本心习心，从量论[③]（亦即认识论。）方面来说则为性智量智，这两个论域的共同旨归都是要将人生导致冥应本体，[④] 但前者主要论述人生冥应本体的修为工夫，而后者主要论述人生冥应本体的认识途径；前者重在行，后者重在知，知行合一，庶几乎得之。

至迟从 1923 年起，熊十力就有心写作《量论》，在当年出版的《唯识学概论》书首弁言中，他说："此书区为二部：部甲，《境论》。法相法性目之为境，是所知故。部乙，《量论》。量者量度，知之异名，虽谈所知，知义未详，故《量论》次焉。"[⑤] 但实际上该书内容唯有"部甲境论"之"识相篇"，并无"部乙量论"，熊十力在此只是为作为《唯识学概论》之组成部分的《量论》预留位置而已。在 1926 年出版的第二种《唯识学概论》绪言中，熊十力又说："此书凡为二论：曰境论、量论。境论有二：一、法相篇，二、法性篇。量论有二：一、分别篇，二、正智篇。（自注：俗言理智，略当分别。正智者，证体之智。）观境

---

① 熊先生说："《新论》救后儒之弊，尊性智而未尝遗量智。"见《熊十力全集》第四卷，第 12 页。

② 《熊十力全集》第三卷，第 374—375 页。另见同卷，第 12、16、454、490、528 页；第八卷，第 415 页。

③ 熊先生说："量论，相当俗云知识论或认识论。量者，知之异名。佛家有证量及比量等，即关于知识之辨析也。"见《熊十力全集》第三卷，第 6 页；另见第四卷，第 397 页；第五卷，第 512、661 页。

④ 关于心性工夫论旨在将人生导致冥应本体，具见本章第三节。关于量论旨归，熊先生说："我们正以未得证体，才研究知识论。"见《熊十力全集》第三卷，第 17 页。可见量论亦是冥应本体的手段。

⑤ 《熊十力全集》第一卷，第 45 页。

诚妄，率视其量。故此二论，绮互作焉。”[①] 但此书内容也只有“境论一”之“法相篇”，既无“法性篇”，更无“量论”。1930 年出版的《唯识论》之导言，基本上重复第二种《唯识学概论》绪言的说法，[②] 而该书内容同样只有“境论一”之“法相篇”而无“法性篇”和“量论”。至 1932 年熊十力完成彻底超脱唯识旧学的《新唯识论》文言本，其结构却仍然承续以往各著，“拟为二部，部甲曰《境论》。……部乙曰《量论》”，只不过“本书才成《境论》，而《量论》尚付阙如”。[③] 但此后熊十力对《量论》的安排有了新的考虑，在 1934—1935 年间的一篇书札中，他说：“病躯如得渐添生意，将来起草《新论》部乙之《量论》，即当试用新文体。惟文体既变更，则其书成，当离《新论》而别为单行本，即书之题名，亦俟届时拟定。此意经多番审虑而后决。”[④] 1942 年《新唯识论》语体本之《初印上中卷序言》进一步表达了《量论》独立成书的意思，其曰：“原本拟为二部，曰《境论》，曰《量论》。只成《境论》一部分，《量论》犹未及作。今本则不欲承原本之规画，如将来得成《量论》时，即别为单行本，故今本亦不存《境论》之目。以《境》《量》二论相待立名，今《量论》既不属本书组织之内，则《境论》之名亦不容孤立故。”[⑤] 在熊十力关于唯识旧学和新论的一系列著作中，至此不再以“境论”“量论”两个部分来设置全书结构，而专属“境论”的《新唯识论》语体本已自成一部完整的著作。由此体现的熊十力的隐衷似乎是，《量论》能够完成当然更好，即或不然，亦不致影响《新唯识论》的完整性，其中透露出熊十力对于写作《量论》的诸多无奈，观其慨叹“不卜将有作者起而弥吾缺憾否耶”、“来者悠悠，将有

---

① 《熊十力全集》第一卷，第 413 页。

② 见《熊十力全集》第一卷，第 497 页。

③ 见《熊十力全集》第二卷，第 8—9 页。

④ 《熊十力全集》第二卷，第 273 页。此札收入《十力论学语辑略》之“甲乙录（甲戌、乙亥合编）”，甲戌、乙亥当为 1934—1935 年。

⑤ 《熊十力全集》第三卷，第 6 页。

成吾愿者乎”可知。[①] 在《新唯识论》语体本（1944）以及后来的《读经示要》（1945）、《十力语要》（1947）、《读智论钞》（1947—1948）、《十力语要初续》（1949）、《摧惑显宗记》（1950）、《论六经》（1951）等著作以及一些函札中，熊十力反反复复表达了写作《量论》的志愿，不胜枚举。但这一绵延了近三十年的志愿却并未实现，熊十力最终也没有写出《量论》。

熊十力为什么未能写出《量论》？他自己道出了诸多原因，如谓“世变日亟，疾病交摧。（自注：十年来，患脑病、胃坠，常漏髓，背脊苦虚，近方有转机。）《量论》欲赓续成之，亦大不易”[②]，“吾欲《量论》中详谈理。老当昏世，恐未能也”[③]，“颇欲于《量论》中详认理智，老来精力乏，未知能否执笔耳”[④]，“吾三十年来含蓄许多意思，欲俟《量论》畅发。而以神经衰弱，为漏髓病所苦，一旦凝思构文，此病辄发，便不可支，此苦非旁人可喻。……《量论》之所以难以写出者，自度精气只如此，欲本不苟之心作去，乃大不易耳”[⑤]，“然以暮境而际明夷，《量论》且未知能作否”[⑥]，“余拟于《新论》外，更作《量论》，与《新论》相辅而行。老当衰乱，竟未得执笔”[⑦]，“《新论》刊行之一部分只是谈体，但此书孤行，读者总多隔阂，诚如来函，须完成《量论》为佳。然衰世百艰，又且忽焉老至，精力实不堪用，此诚无可如何”[⑧]，“诚欲别写一部《量论》，恐环境益厄，精力日差，终是难写出也”[⑨]，“超知与反知截然不相似，余本欲于为《量论》时畅发之，惜遭

① 《熊十力全集》第三卷，第528、798页。
② 《熊十力全集》第二卷，第9页。
③ 《熊十力全集》第三卷，第280页。
④ 《熊十力全集》第三卷，第429页。
⑤ 《熊十力全集》第三卷，第526—528页。
⑥ 《熊十力全集》第三卷，第760页。
⑦ 《熊十力全集》第四卷，第12页。
⑧ 《熊十力全集》第四卷，第195页。
⑨ 《熊十力全集》第四卷，第295页。

时昏乱，不暇及也”①，“世乱方殷，老怀愁惨，《量论》未能作，又何堪及此乎”②，“余尝欲通究华、梵、西洋三方思想，别异同，衡得失，以衷诸至当而造《量论》一书。抗战入川，不遑从事，今衰矣，恐难果此愿也”③，“因二十年来，每思为《量论》，将取西洋知识论与佛氏《大般若》、儒家《大易》参研并究，而会归通衢。此业极艰巨，未可粗疏着手。从前大病十余年，继以国难十年，民劳国瘁之感，碍吾昭旷深密之思，《量论》竟不获作，何能别有所事”④，“吾欲出入华、梵、西洋而为《量论》，胸中已有一规模，然非精神饱满、兴会时发，断不能提笔。人或劝余急写一纲要，其实纲要二字谈何容易。真正著述确是不堪苟且，老而愈不敢苟也。纲要如能作，亦决不同于西洋知识论之内容与体式，自别是一种作意，然暮年意兴消沮，恐终不能作也”⑤ 云云。凡此均将不能写作《量论》的原因归诸世道乱离、疾病折磨以及年老神衰。这些当然都是不能写作《量论》的原因，但似乎并非主要原因，因为同样在世道乱离、疾病折磨以及年老神衰的条件下，熊十力却也写出了《佛家名相通释》《中国历史讲话》《读经示要》《中国哲学与西洋科学》等著作，其中不乏鸿篇巨制；且 1949 年以后，在社会环境相对安定但疾病更甚、年事愈高的情况下，他还完成了《原儒》《体用论》《明心篇》《乾坤衍》等著作，因此，不能写作《量论》的主要原因就不在于世道、疾病和年岁方面。

熊十力另有一段话涉及不能写作《量论》的原因，他说：“弟常欲

① 《熊十力全集》第四卷，第 377 页。

② 《熊十力全集》第五卷，第 57 页。

③ 《熊十力全集》第五卷，第 545 页。

④ 《熊十力全集》第五卷，第 660 页。

⑤ 《熊十力全集》第五卷，第 662 页。刘虎生等撰《印行十力丛书记》曰：“先生原拟为《量论》，（自注：即知识论。）以西洋尚理智思辨，印度佛家虽任思辨，而要归禅定止观，中国则于实践中体现真理，三方各有其特到之精神，当析其异，而会其通，毋拘一隅之见。此书若成，则于未来新哲学之发生，所关极巨。先生辄叹老当衰乱，未遑执笔。吾侪犹望杖履余闲，略提纲领。”（见《熊十力全集》第四卷，第 24 页。）此或即熊先生所谓“人或劝余急写一纲要”的原由。

别为一书，以相辅翼，总苦精力不给。大抵此等处最感困难者，为科学知识之缺乏。吾侪不幸少年无治科学机缘，今已老大，夫复何言？每有思维所及，自惊神解，却未能搜检各种科学上之材料以为推证之助。即令笔述所怀，反惧单词奥义，无以取信于人，故提笔而又辍者屡然也。”① 此所谓“科学知识”或“科学”，大致就是西方学术文化之代称，观其所谓“西洋之学科学为主”②，及其自陈“我相信，我如生在西洋，或少时喝了洋水，我有科学上的许多材料，哲学上有许多问题和理论，我敢断言，我出入百家，一定要本诸优厚的凭借，而发出万丈的光芒”③，“我所以常恨少年时未得出洋，我所差的是科学。若得出洋，我自信要开一道光明”④，都是将“西洋”与“科学”相挂搭，可以为证。熊十力对中国传统知行论及印度佛家量论都有极高造诣，这两方面的学思准备，对于写作《量论》是不成问题的。对于西方认识论，他借助于译著，也确实达到了相当精深的解悟。⑤ 不过，如果要撰写一部“通究华、梵、西洋三方思想，别异同，衡得失，以衷诸至当”的体系化的《量论》，仅靠对于西方认识论的这种解悟，而没有对于西方认识论的直接、全面、系统、深入的研究，无疑还是难以完成的。熊十力所缺乏的正是对于西方认识论的直接、全面、系统、深入的研究，这应该是他不能写作《量论》的主要原因。

体系化的《量论》诚然没有写出，但熊十力关于量论的论说却大量散见于他的多种著作之中，如其所说：“《量论》虽未及作，而吾之意思于《新论》及《语要》中时有散见，若细心人自可看出。”⑥ 其实不止

---

① 《熊十力全集》第四卷，第 182 页。此段话为熊先生与满莘畬讨论《新唯识论》所发，熊先生所谓“常欲别为一书，以相辅翼”，虽未点明书名，但当指《量论》无疑。

② 《熊十力全集》第八卷，第 753 页。

③ 《熊十力全集》第八卷，第 759 页。

④ 《熊十力全集》第八卷，第 765 页。

⑤ 熊先生说：“西洋知识论，吾未能直阅外籍，然佛氏有言‘于一毫端见三千大千世界’，吾就译本而穷其所据，察其所持，推其论之所必至，亦可以控其要而知其所抵之域矣。”见《熊十力全集》第五卷，第 662 页。

⑥ 《熊十力全集》第五卷，第 205 页。

《新唯识论》和《十力语要》，在《佛家名相通释》《读经示要》《中国哲学与西洋科学》《十力语要初续》《摧惑显宗记》《论六经》等著作中也都有关于量论的论说，这些论说主要包括量智论和性智论。

量智亦即理智、思量、思辨、思议、知识、知见、情见、情识、推度等，熊十力说："量智，是思量和推度，或明辨事物之理则，及于所行所历，简择得失等等的作用故，故说名量智，亦名理智。……（自注：宗门所谓情见或情识与知见等者，皆属量智）"，"思议是发自量智"，"此中量智，谓理智作用，或知识，亦即是情见"，"凡吾所云理智者，即克就思辨或推度的作用而目之。《新论》亦谓之量智，他只是作用，而不是体"。① 由于量智亦即习心，故其来源也就如同习心源自本心一样，乃是等同于本心的性智之发用，熊十力说："吾人承认有本来固具的性智，则说理智亦是性智的发用，但他是流行于官体中而易为官能假之以自逞，又有习染之杂。他毕竟不即是性智，这是不可混淆的。……须知，妄识亦依性智故有，譬如浮云虽无根底，亦依太空故有，所谓依真起妄者是也。""此智，元是性智的发用，而卒别于性智者，因为性智作用，依官能而发现，即官能得假之以自用。易言之，官能可假性智作用以成为官能之作用，迷以逐物，而妄见有外，由此成习。而习之既成，则且潜伏不测之渊，常乘机现起，益以障碍性用，而使其成为官能作用。则习与官能作用，恒叶合为一，以追逐境物，极虚妄分别之能事，外驰而不反，是则谓之量智。故量智者，虽原本性智，而终自成为一种势用，迥异其本。"② 量智之根源虽然在于性智的发用，但其发展以至盛大，却是由于物质世界的经验所得，熊十力说："元来吾人底理智，虽一方面是依着固有的东西而起之作用，（自注：此中固有的东西，即谓心体，亦即《新论》所谓智。）但其发展，确是从实际生活里面滋长出来的。他虽有迹先的根据，而毕竟是迹后的东西，（自注：迹先迹后，犹云先

① 《熊十力全集》第三卷，第16、144、188、548页。

② 《熊十力全集》第三卷，第12、16页。

天后天。）所以可与知识一例看，而不能说他即是《新论》所谓智。”① 又说：“所谓量智者，本是从向外看物而发展的。因为吾人在日常生活的宇宙里，把官能所感摄的都看作自心以外的实在境物，从而辨识他、处理他。量智就是如此而发展来。所以量智，只是一种向外求理的工具。”②

熊十力对量智的作用作了充分的肯定，他说：“然玄学要不可遮拨量智者，见体以后大有事在。若谓直透本原便已千了百当，以此为学，终是沦空滞寂，隳废大用，毕竟与本体不相应。譬之游断航绝港而蕲至于海，何其谬耶？大人之学，由修养以几于见道，（自注：见道，即见体之谓。）唯保任固有性智，而无以染习障之，无以私意乱之，使真宰恒时昭然于中，不昏不昧，只此是万化根原，通物我为一，阳明咏良知诗‘无声无臭独知时，此是乾坤万有基’，实了义语也。此种境地，岂可由量智入手得来？然到此境地却又不可废量智。须知：量智云者，一切行乎日用，辨物析理，极思察推征之能事，而不容废绝者也。……然若谓见体便游乎绝待，可以废绝量智；抑或看轻量智，以格物致知之学为俗学，无与于大道，此则前贤所常蹈其弊，而吾侪不可复以之自误而误人也。”③ 又说：“极万有之散殊，而尽异可以观同；察众理之通贯，而执简可以御繁；研天下之几微，而测其将巨；穷天下之幽深，而推其将著。思议的能事，是不可胜言的。并且思议之术日益求精。稽证验以观设臆之然否，求轨范以定抉择之顺违，其错误亦将逐渐减少，我们如何可废思议？”④ 对于量智所成就的科学知识，熊十力评价甚高，其曰：“自科学发明以来，其方法与结论，使人类智识日益增进，即人类对于生命之价值，亦大有新意义。略言之：如古代人类对于自然势力之控制与危害吾人者，唯有仰其崇伟，而莫敢谁何。科学精，而后人有勘天之

---

① 《熊十力全集》第二卷，第 337 页。

② 《熊十力全集》第三卷，第 22 页；另见同卷，第 144、163、164、294 页。

③ 《熊十力全集》第三卷，第 529—530 页。

④ 《熊十力全集》第三卷，第 146 页。

胜能，可以控制自然，解其危害，而利用之以厚吾生者，犹日进未已。人类知识之权能日高，遂得昂首于大自然之表，取精多，用物宏，其生命力得以发舒，无复窘束之患。此科学之厚惠一也。古代社会，有治人者，治于人者，及贫富与男女间种种之大不平，几视为定分而不可易。自科学兴，而注重分观宇宙，（自注：即于宇宙万象，而分析研究之。）与实事求是之精神。于是对于社会上种种大不平，能析观以周知各方之利害，综核以确定改造之方针。向之大不平者，渐有以除其偏敝，而纳之均平。人道变动光明，已远过古昔。此科学之厚惠二也。古代人类常屈伏于神权之下，如蚕作茧自缚。科学进步，已不限于实用，而常为纯理之探求。见理明，而迷信自熄。人生得解脱神权之束缚，而自任其优越之理性。此科学之厚惠三也。略说此三，而科学之重要已可知。"①基于对量智的这种认识，故当有人怀疑熊十力轻视量智时，他断然反驳道"若疑吾有轻量智之嫌，则或于吾书有未子细看也"②。

熊十力诚然充分肯定量智的作用和成就，但这种肯定却是有限度的。量智的限度就在于不可能把握本体，"本体唯是实证相应，不是用量智可以推求得到的。因为量智起时，总是要当作外在的物事去推度，如此，便已离异了本体而无可冥然自证矣"，"所以我们主张量智的效用是有限的。量智只能行于物质的宇宙，而不可以实证本体"，"量智只是推度。推度作用起时，便与所推度为二，而已离自本体矣。量智之效能，自有限度。未可以此证得本体也"。③ 若以量智构画本体，必然导致将本体视为寻常物事，从而"着物"，因为量智"是从历练于事物方面而发展的。因此，本量智以穷究道理时，总不免依据物理界的经验去

① 《熊十力全集》第三卷，第724—725页。另见第一卷，第600页；第二卷，第313页。

② 《熊十力全集》第三卷，第526页。熊先生肯定量智的言论所在多有，见第一卷，第596—600、604—605页；第二卷，第314页；第三卷，第200、242、526、580、673页；第四卷，第12、150、200—201、336—337、377、439页；第五卷，第10页；第八卷，第164页。

③ 《熊十力全集》第三卷，第21、22—23、752页；另见同卷，第200页。

推索。而于理之极至，本不可当作一物事以推之者，彼亦以物推观。此之谓着物”①。如此构画的所谓“本体”无一不是荒谬的，熊十力斥之为“戏论”，嘲之以“如蛛结网”“盲人摸象”“贫子说金”，其曰：“因为吾人的理智作用，是从日常实际生活里面，习于向外找东西的缘故，而渐渐的发展得来。因此，理智便成了一种病态的发展，常有向外取物的执着相。于是对于真理的探求，也使用他的惯技，把真理当作外在的物事而猜度之。结果便生出种种戏论。（自注：古今哲学家，一人一义，十人十义，百人百义，其不为戏论者有几?）”②“哲学家谈本体者，皆任理智去构画。易言之，即皆以思维，造作如彼如彼义相，说为本体。其实，此等皆是戏论。本体离一切相，意想所构相，决不与实体相应。故非破相，无以显体。”③“世之言哲学者，不求自明，不知反己，唯任理智思构，或知见卜度，只是向外寻求，寻求愈深，去真理愈远。构画愈精，迷谬愈甚。（自注：哲学家各有一套理论，如蛛结网，自缚其中而不悟。）”④“若夫恃理智或知识，而期有以见体者，此如盲人摸象，只是误猜。贫子说金，不可得饱。古今堕此陷阱者不少，而终不一悟何耶?”⑤ 正因为量智不可能把握本体，所以量智虽然能够得到现象界的真实，却不可能获具本体之真善全德，熊十力说：“（由量智成就的）科学所求者，即日常经验的宇宙或现象界之真。易言之，即一切事物相互间之法则。如凡物皆下坠，凡人皆有生必有死，地球绕日而转，此等法则，即事物之真，即现象界的实在。科学所求之真即此。但此所谓真，只对吾人分辨事物底知识的错误而言。发见事物间必然的或概然的法则，即得事物底真相，没有以己意造作，变乱事物底真相，即没有错误，故谓之真。是所谓真底意义，本无所谓善不善。此真既不含有善的

---

① 《熊十力全集》第三卷，第 294 页。此所谓“理之极至”即本体之异名。

② 《熊十力全集》第三卷，第 78—79 页。此所谓“真理”即本体之异名。

③ 《熊十力全集》第二卷，第 797 页。

④ 《熊十力全集》第三卷，第 633 页；另见同卷，第 548 页。

⑤ 《熊十力全集》第三卷，第 729 页；另见第二卷，第 309 页；第四卷，第 361、574 页。

意义，故可与善分别而说。”然而“哲学所求之真，乃即日常经验的宇宙所以形成的原理，或实相之真。（自注：实相犹言实体。）此所谓真，是绝待的，是无垢的，是从本已来自性清净，故即真即善。……绝对的真实故，无有不善；绝对的纯善故，无有不真。真善如何分得开？真正见到宇宙人生底实相的哲学家，必不同科学家一般见地把真和善分作两片说去”①。总之，量智终究只能缠缚于物质世界而不得超脱，如此，“若性智障蔽不显，则所有量智唯是迷妄逐物，纵或偶有一隙之明，要不足恃。人生唯沦溺于现实生活中，丧其神明以成乎顽然之一物，是可哀可惨之极也”，“夫人生不得超脱有限以离系而冥于真极，此人生之至惨也”!②“人生毕竟在迷妄中过活，始终不见自性，始终向外狂驰，由此等人生态度而发展其知识技能，外驰不反，欲人类毋自相残杀而何可得耶？”③

至于性智，则与量智既有关联，但又迥然不同。二者的关联在于，性智并不弃绝感官经验，因而性智也包具量智的作用，或者说量智就是性智的发用，熊十力说：“《新论》以量智为性智之发用，此义深微。……应知性智者，斥体立名，是克就其超物的意义上说；量智是作用之名，而作用虽云即是本智流行，但其发现也，不能不以形躯或五根为工具，因此便有为工具所累虞。又此作用之发，恒有无量习气乘机跃现与之缘附若一，故此作用依五根、缘习气而发，乃易违其本体，可以成为另一物事，而不即是性智也。但若以之与性智截离，如佛氏所谓后得对根本，似无融会处者，则期期以为不可。只要性智得恒为主于中，其发而为量智也，虽依根而不随根转，能断染习而不受杂染，则量智即是性智之流行，体用异故，称名不一，（自注：依本体而名以性智，依本体之发用而缘虑于事物，乃名以量智。）而实非二物也。”④又说：“性智者，即是真的自己底觉悟。……此具足圆满的明净的觉悟的真的

① 《熊十力全集》第二卷，第307—308页。
② 《熊十力全集》第三卷，第529、729页。
③ 《熊十力全集》第四卷，第353—354页。
④ 《熊十力全集》第五卷，第37—38页。

自己，本来是独立无匹的。以故这种觉悟虽不离感官经验，要是不滞于感官经验而恒自在离系的。他元是自明自觉，虚灵无碍，圆满无缺，虽寂寞无形，而秩然众理已毕具，能为一切知识底根源的。”① 又说：“性智，即仁体也；证量，即由不违仁，而后得此也；思辨，即性智之发用，周通乎万事万物，万理昭著。”② 而二者的迥异之处则在于，性智能够把握量智所绝不可能把握的本体，熊十力说：“我们须知道，真理唯在反求。我们只要保任着固有的性智，即由性智的自明自识，而发见吾人生活的源泉。这个在我底生活的源泉，至广无际，至大无外，至深不测所底，至寂而无昏扰，含藏万有，无所亏欠，也就是生天生地和发生无量事物的根源。因为我人的生命，与宇宙的大生命原来不二，所以，我们凭着性智的自明自识才能实证本体，才自信真理不待外求，才自觉生活有无穷无尽的宝藏。若是不求诸自家本有的自明自识的性智，而只任量智，把本体当作外在的物事去猜度，或则凭臆想建立某种本体，或则任妄见否认了本体，这都是自绝于真理的。”③ 又说：“故玄学见体，唯是性智，不兼量智，是义决定，不应狐疑。”④ 从根本上说，性智就是本体，熊十力说：“性智者，即是真的自己底觉悟。此中真的自己一词，即谓本体。在宇宙论中，赅万有而言其本原，则云本体。即此本体，以其为吾人所以生之理而言，则亦名真的自己。即此真己，在量论中说名觉悟，即所谓性智。”⑤ 又说：“《新论》却破除能所对待观念，乃即吾人与天地万物所共有之性海而言，则曰真如；克就其在己而

---

① 《熊十力全集》第三卷，第 15—16 页。

② 《熊十力全集》第四卷，第 12 页。熊先生还说：“经学毕竟可以融摄科学，元不相忤。”此所谓“经学”即指性智，“科学”即指量智，其意乃谓性智“虽以涵养本体为宗极”，但却包具量智的作用，“而于发展人类之理性或知识，固未尝忽视也”。见《熊十力全集》第三卷，第 673 页。

③ 《熊十力全集》第三卷，第 22 页。

④ 《熊十力全集》第三卷，第 528—529 页。熊先生还说：“夫冥极实体，廓然无物，此盖明智之极诣，决非知识所臻。”见《熊十力全集》第一卷，第 597 页。此所谓“明智”即性智之义，而“知识”亦即量智之义。

⑤ 《熊十力全集》第三卷，第 15 页。

言，亦曰自性；更就其主乎己之身而言，复曰本心。即此本心，元是圆明昭彻、无有倒妄，又曰性智。……故智即是如，如即是智，非可以智为能、如为所，而判之为二也。”① 至所谓“性智是本心之异名，亦即是本体之异名”、“本体在人，亦云性智，纯净圆明，而备万理，是为一切知识之源”、“性智，即本体之名”，② 此类论说在熊十力著述中所在多有。③ 一旦克尽己私或障染，使心灵得以净化，性智也就能够显发出来，“非克己或断障至尽，则性智不显，不得有体认也”④；一旦性智显发，人生便与本体合一，臻于至真至善的境界，熊十力说：“本体就是吾人固有的性智。吾人必须内部生活净化和发展时，这个智才显发的。到了性智显发的时候，自然内外浑融，冥冥自证，无对待相，即依靠着这个智的作用去察别事物，也觉得现前一切物莫非至真至善。”⑤

熊十力肯定量智和性智皆为人类所共同具有，其曰：“量智云者，一切行乎日用，辨物析理，极思察推征之能事，而不容废绝者也。”⑥ 又曰：“性智是人人本来同具的。虽情见锢蔽，要不无智光微露时。”⑦ 此即其所谓“人类思想大致不甚相远，所贵察其异而能会其通也”⑧。不过他又认为，从主导方面来看，西方人毕竟偏重量智，而以儒佛为代表的东方人（主要落实于中国人）则既不废量智（但或不免有所轻视量智）而又归本于性智，由此形成东西（中西）文化的基本差异。他说：“哲学，大别有两个路向：一个是知识的，一个是超知识的。……西洋哲学，大概属前者。中国与印度哲学，大概属后者。前者从科学出发，他所发见的真实，只是物理世界底真实，而本体世界底真实，他毕竟无

---

① 《熊十力全集》第三卷，第490页。

② 《熊十力全集》第三卷，第528页；第四卷，第7、15页。

③ 如谓“原来所谓明智，就是个证体之智，换句话说，智即本体”，见《熊十力全集》第一卷，第597页。“明智”即性智之义。

④ 《熊十力全集》第四卷，第15页。

⑤ 《熊十力全集》第三卷，第23页。

⑥ 《熊十力全集》第三卷，第529页。

⑦ 《熊十力全集》第三卷，第198页。

⑧ 《熊十力全集》第五卷，第11页。

从证会或体认得到。后者寻着哲学本身底出发点而努力，他于科学知识亦自有相当的基础。（自注：如此土先哲于物理人事亦有相当甄验。）而他所以证会或体认到本体世界底真实，是直接本诸他底明智之灯，易言之，这个是自明理，不倚感官的经验而得，亦不由推论而得，所以是超知识的。”① 又说：“中学以发明心地为一大事，（自注：借用宗门语，心地谓性智。）西学大概是量智的发展……若肯承认吾前文所说之不谬，即中学归极见体，易言之，唯任性智，从修养而入，则西学是否同此蹊径，似不待申辩而知其判然矣。夫体认之境，至难言也。由修养深纯、涤除情识而得到之体认，此天人合一之境地，（自注：实则即人即天，合一犹是费词。）中土哲人所为至卓绝也。西学一向尚思维，其所任之量智，非必为性智显发而后起之量智也，何者？反求本心，吾似未闻西哲有以此为学者也。夫思想之用，推至其极，不眩则穷。穷与眩异者，眩则思之多端，杂乱而成惑；穷者，思能循律而极明利，然终止乎其不可思，故穷也。思至于穷，则休乎无思，而若于理道有遇焉。此任量智之学者所自以为体认之候也，西哲所有者当不外此，而格以吾先哲之体认，则似之而非也。非从修养入手，则情识未净。乘思之穷，而瞥尔似有默遇焉，非果与真理为一也。要之，此事难言，必其从事于儒道佛诸氏之学，而非但以见闻知解或考核为务者，有以真知前哲之用心，然后知西哲自有不得同乎此者。……如贤者所说：西哲自昔即有言体认者，然此必非西洋哲学界中主要潮流。犹如晚周名家，似亦偏尚量智，然在中土哲学界终不生影响，可以存而不论。”② 东西（中西）文化的这种差异各有其长短，“中国人在哲学上，是真能证见实相。所以，他总在人伦日用间致力，即由实践以得到真理的实现。如此，则理性、知能、真理、实相、生命，直是同一物事而异其名。中人在这方面有特别成功，因此却偏于留神践履之间，如吾兄所谓本身底修养，便不能发展科

---

① 《熊十力全集》第一卷，第 601 页。

② 《熊十力全集》第三卷，第 530—531 页。按此所谓贤者指谢幼伟。

学”①，而“西洋哲学，其发源即富于科学精神，故能基实测以游玄，庶无空幻之患；由解析而会通，方免粗疏之失。西学之长不可掩，吾人尽量吸收，犹恐不及，孰谓可一切拒之以自安固陋哉”②，但“西洋之学，辨物析理极多精辟。然本原莫究，逞臆割裂宇宙，唯心唯物各执一端，余未敢苟同也”③，总之，“如上所说，可见中西学问底不同，只是一方在知识上偏着重一点，就成功了科学，一方在修养上偏着重一点，就成功了哲学。中人得其浑全，故修之于身而万物备，真理元无内外。西人长于分析，故承认有外界，即理在外物，而穷理必用纯客观的方法”④。因此熊十力主张东西（中西）会通，他说：“中国哲学于实践中体现真理，故不尚思辨。西洋哲学唯任理智思维，而能本之征验，避免空幻，但其探求本体则亦以向外找东西的态度去穷索，乃自远于真理而终不悟也。印度佛家，其功修吃紧，只是止观。其极乎空脱而造乎幽玄，终以般若为至。盖止观双运至般若观空，而后穷于赞叹矣。今后言哲学，必于上述三方互融其长而去其短。”⑤“今谓中西人生态度须及时予以调和，始得免于缺憾。中土圣哲反己之学，足以尽性至命，斯道如日月经天，何容轻议？至于物理世界，则格物之学，西人所发皇者，正吾人今日所当挹取，又何可忽乎？今日文化上最大问题，即在中西之辨。能观异以会其通，庶几内外交养而人道亨、治道具矣。吾人于西学，当虚怀容纳，以详其得失；于先哲之典，尤须布之遐陬，使得息其臆测，睹其本然。融会之业，此为首基。”⑥

东西（中西）会通当然是人类文化的理想取向，但克就这两种各有

① 《熊十力全集》第二卷，第 308 页。按此所谓吾兄指张东荪。

② 《熊十力全集》第三卷，第 725 页。

③ 《熊十力全集》第二卷，第 608 页；另见第二卷，第 297 页。

④ 《熊十力全集》第二卷，第 310 页。

⑤ 《熊十力全集》第三卷，第 798 页。

⑥ 《熊十力全集》第四卷，第 439 页；另见第二卷，第 310 页；第三卷，第 530、629、729—730、735—736、857 页；第四卷，第 356、361、566、584 页；第八卷，第 648 页。

长短的文化比较而言，熊十力认为东方或中国的性智文化要优越于西方的量智文化，这是因为性智能够把握量智所绝不可能把握的本体，从而提升人生道德境界而避免量智所导致的人生因逐物而堕于物化的后果。他说："西洋人大抵向外发展之念重，努力于物质与社会等方面生活资具之创新，其神明全外驰。夫人之神明，炯然不昧，卓尔无倚，儒者所谓独体是也。今一意向外驰求，而不务凝然内敛，默然自识，以泯绝外驰之纷，则神明恒与物对而不获伸，即失其卓尔无倚之独体。是则驰外之所获者虽多，（自注：如自然界之所发见及一切创造。）而神明毕竟物化。（自注：神明亦成为一物也。）人生不得离有对而入无待，故曰其失也物，此西洋人所不自知其失者也。……然必有象山所谓'先立乎其大'一段工夫，使独体呈露，自尔随机通感，智周万物，毕竟左右逢原，如此乃为极则。"① "若性智障蔽不显，则所有量智唯是迷妄逐物，纵或偶有一隙之明，要不足恃。人生唯沦溺于现实生活中，丧其神明以成乎顽然之一物，是可哀可惨之极也。若修养不懈，性智显发，则日用间一任性智流行于万物交错、万感纷纶之际，而无遗物以耽空、屏事以溺寂。至静之中，神思渊然，于物无遗，而于物无滞，是所谓性智流行者，亦即是量智。但此云量智，乃性智之发用，与前云性智障蔽不显时之量智，绝非同物。从上圣哲为一大事因缘出世，兢兢于明体立极之学，岂无故哉！得此学者，方成乎人，方善其生；否则丧其生而不人矣。"② "中夏圣贤之学与西学判天壤者，即圣学是从大体之学，而西洋哲学虽谈宇宙论，亦只是各弄一套空理论，与自家履践处无丝毫关系。从大体之意义，西洋学人根本梦想不到。"③ 因此，熊十力所主张的东西（中西）会通，就不是双方对等拼合，而是有主有从的，其曰："今日言哲学，宜向西洋理智、思辨路数多用功夫，然后荡之以佛老，严之

① 《熊十力全集》第三卷，第 579—580 页。

② 《熊十力全集》第三卷，第 529—530 页。

③ 《熊十力全集》第八卷，第 752 页。

以宋明儒，要归于乾元行建、富有日新、扩充无已之盛。”① “西哲之学终须更进，而会吾《大易》忘象忘言之旨。即二氏于此之所获，其足为西学对治锢蔽者，正不浅耳。”② 即是说，西方文化固然有其可取之处，但必须提升至以儒道佛为核心的东方文化精神，而归极于儒家《大易》，才是人类文化的正道。

与熊十力的期望相反，近现代以来人类文化的趋向不是西方文化向着东方文化的提升，而是东方文化向着西方文化的沉沦，西方量智文化极度扩张，“发展小体到极大极高，无有已至。因为自恃小体之知能可以征服大自然，操纵大自然，改造大自然。知能即是权力。小体有此无限的权力，纵横于宇宙中，此西洋自希腊而后，到近四百余年来小体发展之运会也”③，受此影响，“归本躬行”的东方学术因“欧风东渐”而不免于“此意荡然”，④ 克就中国而言，“自西洋科学思想输入中国以后，中国人皆倾向科学，一切信赖客观方法，只知向外求理而不知吾生与天地万物所本具之理元来无外。中国哲学究极的意思，今日之中国人已完全忽视而不求了解”⑤，“吾国后生，习于西学，亦早丧失固有精神，无可与言矣”⑥，“今后生谈哲学者，崇西洋而贱其所固有，苟以稗贩知识资玩弄，至将学问与生活分离，仁学绝而人道灭矣”⑦！这种席卷全球的量智文化已经造成极其严重的弊害，对于人生来说，“近世学术，重客观而黜反观，虽于物理多所甄明，而于宇宙真理、人生真性之体验，恐日益疏隔而陷于迷离状态矣”⑧，“人类由科学之道，终不能穷极性命宝藏，即不能浚发与含养其德慧，不能有天地万物一体之量，不

① 《熊十力全集》第四卷，第150页。
② 《熊十力全集》第四卷，第574页。
③ 《熊十力全集》第八卷，第753页。
④ 见《熊十力全集》第二卷，第222页。
⑤ 《熊十力全集》第四卷，第202页。
⑥ 《熊十力全集》第八卷，第752页。
⑦ 《熊十力全集》第四卷，第576—577页。
⑧ 《熊十力全集》第四卷，第167页。

悟性分自足，无待于外之乐。如是，则人类终困于嗜欲无餍之狂驰，其祸或较抑遏嗜欲而尤烈”①，“人生毕竟在迷妄中过活，始终不见自性，始终向外狂驰，由此等人生态度而发展其知识技能，外驰不反，欲人类毋自相残杀而何可得耶”②；对于社会来说，“西洋自科学发达以来，社会与政治上之各种组织日益严密。……然组织不可过分严密，至流于机械化，使个人在社会中思想与言论等一切无自由分。个人失其思想等自由，即个人全被毁坏。此于社会亦至不利。个人之在社会，如四肢之在全身。四肢有一部失其活动力而全身不利。个人不得自由发展，而社会又何利之有？尤复当知，集团之组织如过分严密，则将有枭桀之富于野心者出于其间，且利用此等组织，视群众如机械而唯其所驱动。将以侵略之雄图扰乱天下，毁灭人类，而不虑自身与族类亦必与之俱殉。若希特勒之所为是其征也”③，“西学精神唯在向外追求，其人生态度即如此。……由向外追求，而其生命完全殉没于财富与权力之中。国内则剥削贫民，国外则侵略弱小，狼贪虎噬犹不足喻其残酷，使人兴天地不仁之感。受压迫者一旦反抗，则其报之亦有加无已”④，“若夫西人之治，奖欲尚斗，长此不变，人道其绝矣”⑤，“近世科学技术发展，人类驱于欲望，而机械大备，又不得不用之以求一逞。于是相率趋于争斗，而兵器之穷凶极惨，且未知所底”⑥，“大战之一再爆发，而犹未知所底，是其征也”⑦；对于自然界来说，“西洋人承希腊哲人之精神，努力向外追求，如猎者强力奔逐，不有所猎获不止。其精神常猛厉辟发，如炸弹爆裂，其威势甚大，于其所及之处，固有洞穿堡垒之效。……然西洋人虽有洞穿大自然堡垒之伟绩，而其全副精神外驰，不务反己收敛以体认天

① 《熊十力全集》第三卷，第 735 页。
② 《熊十力全集》第四卷，第 353—354 页。
③ 《熊十力全集》第四卷，第 577 页。
④ 《熊十力全集》第四卷，第 574 页。
⑤ 《熊十力全集》第三卷，第 629 页。
⑥ 《熊十力全集》第三卷，第 733 页。
⑦ 《熊十力全集》第三卷，第 735 页。

道不言而时行物生之妙，不能超越形限而直与造物者游，其生命毕竟有物化之伤。西洋人固自演悲剧而犹不悟也”①。总之，量智文化片面地极度发展，已将人类导入断潢绝港，“今日人类渐入自毁之途，此为科学文明一意向外追逐、不知反本求己、不知自适天性所必有之结果”②，这就是近现代以来人类的深刻危机。

熊十力认为，当今之世，“欲救人类，非昌明东方学术不可”③，进而认为“非讲明经学，何以挽物竞之横流哉”④，“人生如欲超脱有限，离系，而冥真极，则舍六经所云德行修养之功，终无他术”⑤，最终将救世的希望寄托于儒家教旨。针对作为量智文化之集中表现的科学，他说：“科学自身元是知能的。而运用此知能者，必须有更高之一种学术。此更高之学术似非求之儒家《大易》不可。略言其故。《大易》双阐变易不易二义。自变易言，宇宙万有皆变动不居，科学所究者固在此方面。自不易言，则太极为变易之实体。而吾夫子于《乾》卦，即用显体，直令人反求自得者，曰仁而已矣。仁，本心也。其视天地万物，皆吾一体。……吾人必须识得仁体，好自保任此真源，不使见役于形气。易言之，吾人日常生活能自超脱于小己躯壳之拘碍，而使吾之性分得以通畅，自然与天下群生同其忧乐，生心动念，举手下足，总不离天地万物一体之爱。人类必到此境地，而后能运用科学知能以增进群生福利，不至向自毁之途妄造业也。夫求仁之学，源出《大易》。《论语》全部，苟得其意，不外言仁。宋明诸师犹承此心传。老持慈宝，佛蓄大悲。真理所在，千圣同归，非独儒家以此为学也。”⑥ “科学虽于人道多所发明，然终不涉及本体。其所任者理智，其方法为外求。至于反求诸己而自得其万化之源、万善之宗、真实弥满而发以不容已者，此则经学之所

① 《熊十力全集》第四卷，第570—571页。
②③ 《熊十力全集》第四卷，第294页。
④ 《熊十力全集》第三卷，第629页。
⑤ 《熊十力全集》第三卷，第729页。
⑥ 《熊十力全集》第四卷，第575—576页。

发明，而非科学之所过问。”① “孔子《大易》之道，强于智周万物，备物致用，而必归于继善成性，反本立极，辨小而究于物则，默说而全其天性，科学知能与哲学智慧之修养二者并进，本末兼赅，源流共贯。此《易》道之所以大中至正而无弊也。”② “颇闻人言，科学似不当向人类自毁之方向努力，此意甚善。然如何转移方向，则非识仁不可，非通隐不可。今后世界学术当本《易》学之隐，以融西学推显之长，而益发挥本隐之显之妙。”③ 这显然是在肯定科学亦即量智地位、主张东西（中西）会通的基础上，强调东方特别是中国又特别是儒家性智文化的正当性、至上性和主导性，观熊十力所谓“吾以儒学为哲学之极旨，天下有识，当不河汉斯言。……西洋哲学，纷无定论，当折衷于吾儒。此可百世以俟而不惑也”④，可以为证。也正是由于熊十力对于儒家文化之正当性、至上性和主导性的信念，从而贞定了他的现代新儒家立场。

第四节　扬弃固有与会通多元的文化哲学

作为本体论哲学家的熊十力，对于人类文化特别是 19 世纪末叶以降日益受到中国社会广泛关注并且日益具有世界意义的中西文化问题也具有许多睿见卓识，由此构成其文化哲学理论。

何谓文化？熊十力说：“夫言一国底文化，则其所包络者，广漠无垠。一砖一石，亦莫非其文化的表现。”⑤ 这显然是持大文化观，即以一切人化的对象皆作为文化的内容。而所谓一国者，当然可以推扩至所有国族社群亦即整个人类社会。因而此语虽简，却可视为熊十力关于文化的一般定义。不过熊十力又补充说明文化的内容道：“然究其根荄，

---

① 《熊十力全集》第三卷，第 734—735 页。
② 《熊十力全集》第四卷，第 571 页。
③ 《熊十力全集》第四卷，第 584 页。
④ 《熊十力全集》第三卷，第 752—753 页。
⑤ 《熊十力全集》第二卷，第 300 页。

要必在哲学思想方面。”① 表明文化的内容虽然包罗至广至繁，而其核心则在于作为人类精神文化之精华的哲学思想。

关于人类文化发展的一般规律，熊十力特别强调以积累、继承为前提的创新，自20世纪30年代至20世纪50年代20多年间，他反复陈说：“须知创新者，不是舍除其所本有，而向外移来人家底物事。移与创分明不是一回事。故为全盘外化之说者，是太消灭自家创造力，自暴自弃之徒也。创新者，更不是从无生有，如魏晋人误解老子哲学之所云也。创新必依据其所本有，否即空无不能创。”② “一个有高深文化之国家，历史悠久，自有其特殊精神，此等精神之表现固在其民群生活种种方面，难以概述，而凡一有文化之国家，其哲学思想界之主流尤为其特殊精神之宝藏。此等宝藏可以随时演变与扩充，断无可根本遗弃之理。若根本遗弃，即无所据以为演变，无所据以为扩充。譬如园夫接木，必厚培其根本，而后可以他木之枝接纳于此木之茎，使之吸收异质，发荣滋长，别成一新物事，未闻此木根本摧残无余而可接纳他枝以自活也。”③ “新必依故方生，非前不有故而后忽有新也。顿变还从渐变积久而后有此一顿。譬如酪相顿起，实从乳相经过无量刹那渐变，始顿现酪相。设以暴力将乳相毁灭尽净，无有少分余乳，后时得有酪相顿起否耶？立国精神有新生与扩充而不容斩绝，理亦犹是。总之，凡国有文化或学术思想，断无可容大毁灭之理。设不幸而至于大毁灭，则其国人虽幸存，而亦失其独立开创之胜能矣。”④ “欧化东来，吾固有学术思想似日就湮废，余常设想今当舍旧图新，不守其故而新生，则诚然矣，不用其故而新生，恐不应理。不守故而新生者，如米变为粥，米故也，粥新也，米守故而不变，则新粥不生矣，是知新生由不守故。然复须知新生之粥却是用已故之米方变得来，如将故米毁尽，欲新粥生，其可得乎？

①② 《熊十力全集》第二卷，第300页。
③ 《熊十力全集》第五卷，第209页。
④ 《熊十力全集》第五卷，第569—570页。

知用故与守故不可并为一谈，则留心国故，不为浪耗心力。”① “凡新故替代之际，新者必一面检过去之短而舍弃之，一面又必因过去之长而发挥光大之。新者利用过去之长而凭借自厚，力量益大，过去之长经新生力融化，其质与量皆不同已往，自不待言。佛氏有云‘因赅果海，果彻因源’，斯言可玩。万有虽皆变动不居，然后之变承前而起，应说前为后作因，后望前而名果，因方在前，固非已有后果，然后果之可能性则因中确已赅备，故曰‘因赅果海’也。果变后起，虽与前不为同物，然此广大之变，要不无因于前，故由后望前，决非中断而不可上通也，是云‘果彻因源’。明夫前因后果连续，无有中断，则前法不可一刀斩绝。”② “学术发展决不偶然，后圣伟大之创获，恒由前圣之积累导其开悟，为其造端。孔子尝曰‘温故知新’，此其经验语也。（自注：余平生服膺孔子温故知新之训，常以为学穷今古而时觉古之所谓大道者，今犹不见其可易。今之所发见为新理者，初未尝谋之于古，然试以稽之于古，则又未尝于古义绝无合处。若乃宇宙万变，人类之经验日益丰富，学术日益精密，新理之发见日益广博，其为古学所不及窥者何限，然试寻其源，则古学往往有造端之功也。）……非温故无以知新，惟好古乃能创作。”③ 一言以蔽之，若无本有文化的积累继承，就根本不可能创新，由此表明了守成与创新的辩证关系。

熊十力另一个深刻观点是，文化创新并不是全盘弃旧图新，而是在持守核心精神前提下的因革损益。他说：“古今万国任何高深文化及伟大学派，其内容恒有不易、变易之两部分。不易者，谓其所得真常之理与其立国之优良精神。……大学派必含有不易之部分，即其有得于真常理是也。此理超时空无有改易，故大学派不可轻毁。至于文明悠久之国，必有其立国之优良精神，此等精神，即由其国人自先民以来，从日常实践中有所体会于真常理而成为其对自己、对团体之若干信念。易言

① 《熊十力全集》第五卷，第771页。
② 《熊十力全集》第五卷，第773页。
③ 《熊十力全集》第六卷，第652—654页。

之，即此若干信念便为其生活之源泉。一国之人以此互相影响，遂成立国精神。此等精神虽难称举，然在其国之哲学、文学与历史等方面最易理会，此精神界可以随时吸收新资粮。……上来言不易之部分，次谈变易。凡一大学派之体系中，必含有许多可以变易之部分者。如在古代所认为人伦中当然之则者，后来随时多有变易。在古代观察事物而依据有限之经验以确定其所循之则律为如是如是者，后来经验日广，始发见错误而改定其则律。又有凭空想或臆想而虚妄安立之理论，后有智者视之，必以为当斩之葛藤。大凡人智日进，则古代大学派中可以变易之部分自然随时划除，又不待以强力大事毁灭也。是故文化界与学术思想界之积累至可宝贵，其长处宜随时发挥光大，其短处可以供人随时参考修正。一旦大毁灭，是使人返于鄙暴无知之原人时代也。”① 这是指出文化包含常道与变道，变道随时世以俱化，常道则经历代而恒存。尤可注意者，熊十力认为即使是文化的变易部分，也应该任其自然划除，而不当以人为强力大事毁灭，这种温和的演进方式当为人类文化发展的正道和常态，唯此方有文化的积累、继承乃至创新。

熊十力进一步指出：“通古今之变，乃见夫理之随时地而异者，非理之至普遍者也。若夫至普遍之理，则行之一时行之万世而皆准，推之西海推之东海而无不合，是乃于万变中见贞常也。”② 这是说，不仅一种文化的变易部分不是普遍真理，甚至其不易部分也不一定是普遍真理；唯有在整个人类历史中对一切人类社会无不适用的常道，方为普遍真理，由此表现了熊十力对于普世伦理的预期。不过，被熊十力作为普遍真理例证的仍是《易传》所谓“穷则变，变则通，通则久”和《大学》所谓“生财有大道：生之者众，食之者寡；为之者疾，用之者舒，则财恒足矣”，③ 由此仍然反映了他的民族文化立场。

对于由作为文化之核心的哲学所反映的中印西三大文化特别是中西文化的特质，熊十力也有大量精辟论述。关于中印西文化的特质，熊

① 《熊十力全集》第五卷，第568—570页。

②③ 《熊十力全集》第六卷，第653页。

十力说：“余通玩佛家大旨，约有三义是其超越古今处：一、于人生惑染方面深观洞照，详悉说与人看，好令自反。孔子不訾毁人生，不肯从这方面说，佛家偏要揭穿，虽不无短，却亦是万不可少的说话。吾以为人生惑染方面识得最透者，自有天地以来恐无过佛家者。二、佛家书形容一真法界空寂、清净、真实，远离一切倒妄或戏论，无上庄严，真令人有颜子欲从末由之感。吾于此直是穷于赞叹，人生不识此味，极可惜。孔子于此方面只是引而不发，大概恐人作光景玩弄，欲人深造自得之。孔子甚切实，但有佛家说一番却好。三、佛家书破除知见或情识处，直是古今中外无量哲人罕有如斯深远。老庄虽反知，迹其言说，犹未臻妙境，其境界自不及佛家之高。欧西哲人大抵不出思议窠臼，更难望老庄矣！孔子境界高，却不肯向这方面说话，应有佛家一说。”① “中国哲学于实践中体现真理，故不尚思辨。西洋哲学唯任理智思维，而能本之征验，避免空幻，但其探求本体则亦以向外找东西的态度去穷索，乃自远于真理而终不悟也。印度佛家，其功修吃紧，只是止观。其极乎空脱而造乎幽玄，终以般若为至。盖止观双运至般若观空，而后穷于赞叹矣。”② “就学术言，华梵哲学与西洋科学原自分途，东学（自注：赅华梵哲学言。）必待反求内证，舍此无他术矣。科学纯恃客观的方法，又何消说得？（自注：西洋哲学与其科学，大概同其路向。明儒所谓“向外求理”是也。西洋思想与东方接近者恐甚少。）”③ “若夫哲学有国民性，凡有高深文化之民族，其哲学上家派纵多，而其一国家或一族类特有之精神必彼此不约而皆能尽量表现之，此之谓国民性。例如印度佛家谈本体，究极空寂，中国道家谈本体，证会虚静，表面看来似相近也；然印度人有出世思想，中国人不尔。故老氏言道，曰‘无为而无不为’，佛氏谈体，则只曰无为而已，决不于真常体上说无为而无不为也。此例不胜举。道家无出世主张，故自老庄迄宋明之为道者，多攻独裁、

① 《熊十力全集》第三卷，第525页。
② 《熊十力全集》第三卷，第798页。
③ 《熊十力全集》第四卷，第250页。

倡自由……哲学不宜失国民性，于此可见。”① “致良知是立大本工夫，而格物正是致良知工夫吃紧处。道家致虚，（自注：老子曰致虚极，守静笃。庄子及他道家皆不外此。）佛氏归寂，（自注：佛家三法印，而涅槃寂静一印，实前二印所会归处，此其无上了义也，大小乘皆于此印定。）同一反求自性，而不免遗物，其流皆有反知之弊。（自注：佛家虽尚理智分析，然实以为修法空观之方便，与《大学》格物主张确不同。）《大学》特归重致知在格物与物格而后知至二语，此实圣学与二氏天壤悬隔处。至西洋学术精于格物，却又不务致良知，便是大本不立。陆子教学者先立乎其大，阳明云学问须识得头脑，不可仅以求知识为能事也。《大学》之教，方无流弊。”② 凡此大概表明中国文化重在践履，印度文化重在定慧，西方文化重在认知；中印文化皆重在反求内证，西方文化则重在向外求理；而中国文化又有明体达用的特点，以此区别于印度文化的执体弃用。凡此乃中印西文化之大别。

关于中西文化的特质，由于是更为迫切的时代课题，所以熊十力的论述也更加丰富与充分，他说：

> 西洋人自始即走科学的路向，其真善分说，在科学之观点上，固无可议。然在哲学之观点上亦如之，则有如佛家所斥为非了义者，此不可不辨也。……中国人在哲学上，是真能证见实相。所以，他总在人伦日用间致力，即由实践以得到真理的实现。如此，则理性、知能、真理、实相、生命，直是同一物事而异其名。中人在这方面有特别成功，因此却偏于留神践履之间，如吾兄所谓本身底修养，便不能发展科学。……中人学问起初只是因注重修养，把知识看得稍轻，结果便似屏除知识而没有科学了。西人学问起初只因注重知识，所以一直去探求外界的事物之理。他也非是绝不知道本身和修养，只因对于外物的实测工夫特别着重，遂不知不觉的以

① 《熊十力全集》第五卷，第207页。

② 《熊十力全集》第八卷，第300页。

此种态度与方法用之于哲学，他遂不能证得实相，而陷于盲人摸象的戏论。因此，他底修养只是在日常生活间，即人与人相与之际，有其妥当的法则，此正孟子所讥为“外铄”，告子“义外”之旨即此。后儒所谓行不著，习不察，亦谓此等。中人底修养是从其自本自根，自明自了，灼然天理流行，即实相显现。而五常百行，一切皆是真实。散殊的即是本原的，日用的即是真常的。如此，则所谓人与人相与之际有其妥当的法则者，这个法则底本身，元是真真实实沦洽于事物之间的。可以说事物就是由他形成的，若反把他看作是从人与人底关联中构成的，那法则便是一种空虚的形式，这等“义外”之论，是不应真理的，所以言修养者，如果不证实相，其修养工夫终是“外铄”。所以，站在东方哲学底立场，可以说西人的修养工夫还够不上说修养，只是用科学的知识来支配他底生活，以由“外铄”故。或谓康德一流人，其言道德似亦不是“外铄”的，可谓同于东方哲人的修养否？此则不敢轻断。然康德在谈道德方面，亦承认神的存在，此为沿袭宗教思想，且与科学计度外界同其思路，斯与东方哲学复不相类。总之，西人学问纵不无少数比较接近东方者，然从大体说来，西人毕竟偏于知识的路向，而距东方哲人所谓修养不啻万里矣。……如上所说，可见中西学问底不同，只是一方在知识上偏着重一点，就成功了科学，一方在修养上偏着重一点，就成功了哲学。中人得其浑全，故修之于身而万物备，真理元无内外。西人长于分析，故承认有外界，即理在外物，而穷理必用纯客观的方法。中西学问不同，举要言之，亦不过如此。弟数十年来，感于国人新旧之争，常苦心探索其异处。常闻明季哲人方密之遗书，谓“中学长于通几，西学长于质测”，通几由修养而得，质测乃知识所事，其与吾侪今日之论，犹一辙也。①

① 《熊十力全集》第二卷，第308—310页。“吾兄”指张东荪。

西洋哲学书，大抵以辨物析理、条分件系、繁称博说为务。中国哲学书则称引不越人事，文辞浑约而意理渊广，欲使读者会心于文言之外，可以涉众事，历万物，而毕达其原也。故以读西书眼光而读吾先哲书，如不能得先哲意，则必轻之矣。①

西洋人谈博爱，是外铄之爱；此方圣哲谈孝乃出乎本心，为内发之爱。……常谓西洋伦理由男女之恋爱发端，吾人伦理由亲子之慈孝发端，此是东西根本异处。②

西洋人尝有一种猛厉辟发之力，随在发见，若不可御者，与吾人性情大有不同之处，且自古已然。往岁曾见希腊人物画及吾西汉人物画像，较其气象，吾信中西人由来便异。希腊像为人踞地作势，纵身欲前，如鸷鸟之将举，猛兽之思搏，其活泼泼地，富有生气，生龙活虎犹难喻之也。西汉造像若昂首天外，挺然独立，此种超然岸然之风度亦自可贵，而绝不现猛兽鸷鸟气象，此其异西人处也。③

西洋人承希腊哲人之精神，努力向外追求，如猎者强力奔逐，不有所猎获不止。其精神常猛厉辟发，如炸弹爆裂，其威势甚大，于其所及之处，固有洞穿堡垒之效。西洋科学精神实在此，吾人今日固宜戒委靡而急起直追。然西洋人虽有洞穿大自然堡垒之伟绩，而其全副精神外驰，不务反己收敛以体认天道不言而时行物生之妙，不能超越形限而直与造物者游，（自注：形限者，形谓躯体，此为有限之物。吾人若只是沦溺现实世界，即精神坠堕，不得超越形限之表。造物者非谓神帝，乃用为天道或本体之形容词。游字亦况喻词，言其备天道于己也。）其生命毕竟有物化之伤。（自注：物化者，言其生命坠退，而直成为一物，不得复其所禀于天道之本

① 《熊十力全集》第二卷，第676页。
② 《熊十力全集》第四卷，第368—369页。
③ 《熊十力全集》第四卷，第439页。

然。）西洋人固自演悲剧而犹不悟也。①

西人言治，从欲上立基；经学言治术，则从性上立基，此皆见底之言，不易之论。②

中西学术思想之异，如宗教思想发达与否，哲学路向同否，科学思想发达与否，即此三大端，中西显然不同。此其不同之点，吾以为就知的方面说，西人勇于向外追求，而中人特重反求自得；就情的方面言，西人大概富于高度的坚执之情，而中人则务以调节情感以归中和。（自注：不独儒者如此，道家更务克治其情以归恬淡。）西人由知的勇追与情之坚执，其在宗教上追求全知全能的大神之超越感特别强盛，稍易其向，便由自我之发见而放弃神的观念，即可以坚持自己知识即权力，而有征服自然、建立天国于人间之企图。西人宗教与科学形式虽异，而其根本精神未尝不一也。中国人非无宗教思想，庶民有五祀与祖先，即多神教，上层人物亦有天地之观念，即一神教，但因其知力不甚喜向外追逐，而情感又戒其坚执，故天帝之观念渐以无形转化而成为内在的自本自根之本体或主宰，无复有客观的大神，即在下层社会祭五祀与祖先，亦渐变为行其心之所安的报恩主义，而不必真有多神存在，故“祭如在”之说，实中国上下一致之心理也。中国人唯反求诸己而透悟自家生命与宇宙元来不二。孔子赞《易》，首明乾元统天。乾元仁也，仁者本心也，即吾人与万物同具之生生不息的本体，无量诸天皆此仁体之显现，故曰统天。夫天且为其所统，而况物之细者乎？是乃体物而不遗也。孟子本之以言“万物皆备于我”，庄生本之以言“独与天地精神往来”，灼然物我同体之实，此所以不成宗教。而哲学上会物归己，（自注：用僧肇语。陆子静言“宇宙不外吾心”，亦深透。于己自识，即大本立，此中己字非小己之谓，识得真己即是大本，岂待外求宇宙之原哉？）此已超越知识境界而臻实证，远离

① 《熊十力全集》第四卷，第570—571页。
② 《熊十力全集》第五卷，第55页。

一切戏论，是梵方与远西言宗教及哲学者所不容忽视也。中国哲学，归极证会，证会则知不外驰，（自注：外驰，即妄计有客观独存的物事，何能自证?）情无僻执，（自注：僻执，即起见倒，支离滋甚，无由反己。）要须涵养积渐而至，此与西人用力不必同而所成就亦各异。……中国古代，一般人嗜好科学知识不必如希腊人之烈，古代儒家反己之学，自孔子集二帝三王之大成以来，素为中国学术思想界之正统派，道家思想复与儒术并行，由此以观，正可见中国人知不外驰、情无僻执，乃是中国文化从晚周发原便与希腊异趣之故。希腊人爱好知识，向外追求，其勇往无前的气概与活泼泼地的生趣，固为科学思想所由发展之根本条件，而其情感上之坚执不舍，复是其用力追求之所以欲罢不能者。此知与情之两种特点如何养成？吾以为环境之关系最大。希腊人海洋生活，其智力以习于活动而自易活跃，其情感则饱历波涛汹涌而无所震慑，故养成坚执不移之操。中国乃大陆之国，神州浩博，绿野青天浑沦无间，生息其间者上下与天地同流，神妙万物，无知而无不知，（自注：妙万物者，谓其智周万物而实不滞于物也。不琐碎以逐物求知，故曰无知；洞彻万物之原，故曰无不知。）彼且超越知识境界，而何事匆遽外求、侈小知以自丧其浑全哉?①

大抵东方哲学与西洋科学，各有范围，各有方法，并行则不悖，相诋终陷一偏。科学以由感官所得经验为依据，非用客观的方法不可。哲学所穷了者为本体，而宇宙本体实即吾人所以生之理，斯非反求与内证不为功。故东方之学终非科学所能打倒。②

中夏圣贤之学与西学判天壤者，即圣学是从大体之学，而西洋哲学虽谈宇宙论，亦只是各弄一套空理论，与自家履践处无丝毫关系。从大体之意义，西洋学人根本梦想不到。……西洋之学，科学为主，发展小体到极大极高，无有已至。因为自恃小体之知能可以

---

① 《熊十力全集》第五卷，第58—61页。

② 《熊十力全集》第八卷，第117页。

征服大自然，操纵大自然，改造大自然。知能即是权力。小体有此无限的权力，纵横于宇宙中，此西洋自希腊而后，到近四百余年来小体发展之运会也。①

概括而言，熊十力认为，西方求知而不见体，中国修德而一天人；西方长于分析，中国重于浑全；西方人情由于外铄，中国仁爱发乎本心；西方习于进取攫夺，中国安于超然物外；西方治术唯在放纵人欲，中国政道则在护持天性；西人勇于向外追求，富于坚执之情，中人特重反求自得，情感归于中和；西方重在感官经验和客观方法，中国重在反求内证以冥契本体。

熊十力认为，相较于西方文化，中国传统确有其不足，与浑沦、超然、自得、随顺等特质之偏至相关，“中国人缺乏虚怀、深虑、热诚三大善根。不虚怀，则难舍己私以从是，难破锢习以求真。不深虑，则易浮动于浅薄之论，易被劫于时风众势之所势，蚁智羊膻投其好而煽之也易，治其病而诏之以真理之所在与至计之所存，则群昏弗辨也。无热诚，则陷于私而闻公道不欣，安于小而赴公义不勇，狃于近而遇公利公害均不之省”②，所以熊十力敦促“吾人今日固宜戒委靡而急起直追”!

然而反观其时如日中天的西方文化又如何呢？熊十力指出：“西洋现代的国家，对内则常为一特殊阶级操持的工具，以镇压其他阶级；对外则常为抢夺他国他族的工具。他们的国家是这样的恶东西，列强之间，彼此都持着这样的恶东西相对待，不知将来如何得了!”③“夫西人言治者，大抵因人之欲而为之法纪度制以调节之，将使人得各遂所欲而已。然欲则向外追逐无餍，非可自外调节者也，故其驰逞，卒成滔天之势。资本家之专利，帝国主义者之横暴，皆欲壑难填，而罔恤其他。甚

① 《熊十力全集》第八卷，第752—753页。
② 《熊十力全集》第五卷，第36页。
③ 《熊十力全集》第二卷，第647—648页。

至颠狂之独裁，束其国人如机械，而用之以狼奔虎逐于天下，恣其凶噬。遂使坤舆之内，鸟毙于空，鱼烂于泽，腥闻于天，帝阍难诉，则人道至此而穷矣。”① “晚世列强之政，使其民逞嗜欲而习争噬，将使人道毁绝。”② “西人狃于物竞之习，始终未离兽性。夫人与动物，其本虽不异，但人既进化而能发展其秉彝之良，则恶可不致力于性分之涵养，而偏逞其种种侵略之兽性耶？”③ “西洋人无证会之旨，故其智能无论若何精深，而智慧蔽塞，胸量毕竟不能广大，物我对峙是其生活中之极大缺憾。西洋人不能会万物为一己，颇欲伸张其自我于宇宙之上，常有宰制万物之思。不知者以此为西洋人之大处，而知者则谓无宁以此为西洋人之小处。以己胜物，终限于有对，何大之有？西洋人常富于种界划界之狭隘观念，以侵略为雄，其学术思想素误也。”④ “西学精神唯在向外追求，其人生态度即如此。论其功效，如在物质宇宙之开辟与社会政治之各种改造，所获实多。然其受病之深，似远过其所获之利。由向外追求，而其生命完全殉没于财富与权力之中。国内则剥削贫民，国外则侵略弱小，狼贪虎噬犹不足喻其残酷，使人兴天地不仁之感。受压迫者一旦反抗，则其报之亦有加无已。”⑤ “或问：西方文化无病麇乎？答曰：西洋人如终不由中哲反己一路，即终不得实证天地万物一体之真，终不识自性，外驰而不反，（自注：只向外求知而不务反求诸己，知识愈多而于人生本性日益茫然。）长沦于有取，以丧其真。如知识方面之追求，则以理为外在而努力向外穷索，如猎者之疲于奔逐而其神明恒无超脱之一境，卒不得默识本原，是有取之害也。欲望方面之追求，则凡名利权力种种，皆其所贪得无餍而盲目以追逐之者，甚至为一己之野心与偏见及为一国家一民族之私利而追求不已，构成滔天大祸，卒以毁人者自

① 《熊十力全集》第三卷，第585—586页。

② 《熊十力全集》第三卷，第868页。

③ 《熊十力全集》第四卷，第231页。

④ 《熊十力全集》第四卷，第566页。

⑤ 《熊十力全集》第四卷，第574页。按“似远过其所获之利”一句之“远”字原文误作“达”，径改。

毁，此又有取之巨害也。是焉得无病麋乎？”[①] “西方文化之优质既已显著，然率人类而唯贪嗔痴是肆，唯取之以，而无餍足，（自注：取者，向外追求。）杀机充大宇，既造之，而亦畏之，既畏之，而又力造之，飞蛾投火，猛虎奔阱，犹曰无毒质也，自非小知溺俗，其谁肯信？”[②] 一言以蔽之，近代以来极度暴发的西方文化因张扬兽性、放纵贪欲、求索无餍、作恶多端，致使人类社会灾难滔天，自然生态濒于破毁，整个宇宙充斥杀机！这种迥异于西化潮流的见解是非常深刻而精当的！

正是基于对西方文化严重弊害的深刻精当见解，熊十力从20世纪20年代中期以至20世纪50年代末，对现代中国流行的震慑或惊羡西方文化而诬蔑甚至鄙弃固有文化的全盘西化、全盘反传统思潮进行了持续的大量的批判、抨击乃至痛斥，如谓：

> 乃近日欧风东来，旧有之道德信条，国人视之废然无足重，遂使不肖者有所借口，公然冒大不韪而不顾，是其不敢之情绝。浸假习伪以为正，而贤者不忍之心亦将窳乎无存，樊篱决而人欲肆，天下滔滔，日趋于禽兽而不知，可无痛乎！[③]
>
> 余见清季以来名士，首以浮辞哗世，侮圣人，毁经籍，一世士习从风而靡，故今人心目中颓然无有归敬，其精神日益堕没，其志气日益消散，枵腹哆口而谈西化，西化终移植不来，国危而族类相煎不知所届。凡衰世之风，必侮贤圣、毁道德，中外皆然。[④]
>
> 今后生无知，妄曰吃人的礼教而必欲打倒之，是既昧其原，又不知其用也，是将同人道于禽兽也，恶乎可！[⑤]

---

① 《熊十力全集》第五卷，第62—63页。

② 《熊十力全集》第八卷，第112页。

③ 《熊十力全集》第一卷，第586页。以下独立引文不依《熊十力全集》卷帙页码排序，而按熊先生发表言论的时间先后列举。

④ 《熊十力全集》第五卷，第351页。

⑤ 《熊十力全集》第二卷，第243页。

民国以来教育，对于固有的学术思想与道德信条等等，一切以为旧的，腐的，而尽唾弃之，却又无法凭空产生信条与新的道德，而哲学上又没有新的中心思想，因此没有维持身心的东西，所以社会上表现一种猖狂与混乱的现象。一切人的内心里面，好似空虚腐烂，无有一毫生气，譬如空心一般。由此纵欲、贪淫，一切所作所为，虚浮诳伪，全无实际。中国民族到今日，可说危险万分，而士大夫犹不觉悟。因为民初以来的教育，把固有的东西抛弃尽净，今日也无法自觉了。①

今之后生，稍涉世智，则鄙弃六籍，量小而贵时行，识卑而暗于大道也。②

清末以来，朝野日以模仿西洋为务。举西洋所有之新思潮，（自注：学术上之各派哲学与文学，政治社会方面，自民主至于共产等思想，无不袭来。）好制度，（自注：政制，自总统制、内阁制乃至委员制，三十年来无不袭而行之。其效如何，吾不忍言。）好名词，（自注：国人惯用极好听之名词，而所行适得其反。）无不尽量输入。学子且高呼完全西化，线装书投厕所之论，倡自海内闻人，腾之著名杂志。（自注：经籍即线装书。）西化气焰极高，而政教乃日坏，士习乃日偷。民初迄今，文理各科之学人，真能在艰苦中朴实头地去下困功，极深研几，而不肯浅尝辄止、得少为足者，吾实罕闻其人。至于悠悠多士，蚁聚市朝，蜂呼论坛，学识不殖，情思都尽。清末民初诸名士，今日且求之不可得。人才每况愈下，岂天运欤？毋亦教养之非其道欤？况复青衿甫入庠序，姓名已挂党籍。学业既旷，机械早熟。人则断送，国又何依？……吾愿今之士君子，各自勤求己过，尽所长，去所短，世道人心，庶几一变。夫量宏而后可蓄德，志正而后可虚心，识远而后可强学，勇沉而后可有为，二三子勉之哉！慎勿轻言西化也。凡人绝无自存自立之道，

① 《熊十力全集》第二卷，第624页。

② 《熊十力全集》第三卷，第629页。

而欲以东施效西子之颦，则未有不败者也。吾自少至老，眼见清末以来，国人一意自卑，而自毁其固有。六经既视同粪土，而吾民族数千年来依据经学所建立之一切信条，皆破坏尽净。西化之真，无从移植得来；固有之长，早已舍弃无余。人皆以其浮浅杂乱之知识高自矜炫，莫肯反省为切己之学，何以维系身心？何以充实生活？而举世习焉安之，曾不一悟。贪污、昏暗、猜忍、谄曲、卑靡、偷贱之风日益炽盛，而不成为人。抗战逾七年，曾无深思远虑与自存自立之道。学校无士气，社会无生机，世其滔滔，天其梦梦，何竟如斯？老怀沉痛，无欲无言。寇陷长衡，悲不可抑。吾愿世人复求诸吾之所固有，本自知之明，坚自信之志，毋先业，而后新猷克振。勿弃己长，乃可择人之善。古之建言，苟非其人，道不虚行。人不成人，胡言西化？作人之道，孰切于经训，胡不服膺，而弃若粪溷。天人之奥，造化之原，六籍发挥，既明且备，参研西籍，益见圣言不虚妄耳。治道、群化，经学见得远大，西学析入精详，温故知新，不迷举措，何用标榜西化，将先圣贤精神遗产一切扫荡哉？吾非不注重吸收西学者，但固有经学必须尊重。区区此心，未知当世果有察纳者否？①

今后生薄其固有，而习为种种浮妄混乱之谈，以诳青年，诱流俗，使民智日趋卑下，尤有族类危亡之惧也。②

清末以来，谈新知者，无一不附会，如以格物致知引归科学态度，以考据家重在明征定保引归科学方法，以孟子民贵及《周官》义符合民治精神，此皆无害。若乃探穷中土哲学思想而亦袭取西洋皮毛，以相牵合，则彼己两方根本精神俱失，而其害有不可胜言者矣。③

今后生谈哲学者，崇西洋而贱其所固有，苟以稗贩知识资玩

① 《熊十力全集》第三卷，第737—739页。按“毋先业”一语疑有脱误。

② 《熊十力全集》第三卷，第1102页。

③ 《熊十力全集》第四卷，第393页。

弄，至将学问与生活分离，仁学绝而人道灭矣！吾方欲进西人于仁学，而族间犹自难为。悲夫悲夫！吾谁与归？①

今当衰危之运，欧化侵凌，吾固有精神荡然泯绝，人习于自卑自暴自弃，一切向外剽窃而无以自树，《新论》固不得不出。②

清之末叶，西化东渐，挟荡海排山之力以临疲敝之族，群情骤愤，清以不支，帝制更，而昏乱滋甚，祸患可以更端迭出，而创新无望也。北大诸青年教授，骤欲破除痼疾，效法西洋，一时热情锐气，颇有揭天地以趋新、负山岳而舍故之概，漪欤盛哉！然而黄炎贵胄经二千年之停滞不进，今不务掘发其固有宝藏、涵养其自尊自信之毅力，而徒以一切扫荡是务，譬彼久病之夫，良医必谨其攻伐而善护其元气，政治适度，足以消其郁滞而止，则锢疾自除，而生命力乃日益充沛而不自知矣，若遇医师缺经验者，将横施攻泄，大伤根柢，病夫立毙，可哀孰甚！吾于五四运动以后菲薄固有、完全西化之倾向，窃有所未安焉！……三十余年来，六经四子几投厕所，或则当作考古资料而玩弄之，畴昔以经籍为常道所寄、崇信而不敢轻叛之观念，迄今荡然无存，学者各习一部门知识或且稍涉杂乱见闻，而无经籍起其信守，无大道可为依归，身心无与维系，生活力如何充实？……哲学有国民性，诸子之绪，当发其微，若一意袭外人肤表以乱吾之真，将使民性毁弃，绝无独立研究与自由发展之真精神，率一世之青年以追随外人时下浅薄风会，人虽不自爱，何可暴弃如斯？分析名词与考核之业，只是哲学家之余事，万不可仅以此当作哲学。哲学家不是钻研某一家派之说，而当上下古今观其会通；不仅是翻弄名词，而当深穷真理；不仅是依据科学，而当领导科学，使科学知识得哲学之启示与批判而涉入宇宙真相；不仅是解释宇宙，而当改造宇宙；不仅是思辨，而当如《礼经》所云博学、审问、慎思、明辨、笃行，王阳明所谓知行合一之学。变更人

① 《熊十力全集》第四卷，第576—577页。

② 《熊十力全集》第五卷，第8—9页。

类思想，激扬时代精神，涵养特殊人才，此等大责任全在哲学。……清季迄今，学人尽弃固有宝藏不屑探究，而于西学亦不穷其根柢，徒以涉猎所得若干肤泛知解妄自矜炫。凭其浅衷而逞臆想，何关理道？集其浮词而名著作，有甚意义？以此率天下而同为无本之学，思想失自主，精神失独立，生心害政，而欲国之不依于人，种之不奴于人，奚可得哉？天积众刚以自强，世界积无量强有力分子以成至治。有依人者，始有宰制此依者。有奴于人者，始有鞭笞此奴者。至治恶可得乎？吾国人今日所急需要者，思想独立，学术独立，精神独立，一切依自不依他，高视阔步而游乎广天博地之间，空诸倚傍，自诚自明，以此自树，将为世界文化开发新生命，岂惟自救而已哉！……世乱日深，需哲学也日亟，而哲学家不足语于己立立人、己达达人也，乃益增浩叹！……今之学者，似于一己之地位与温饱外，无四海困穷之实感，无虚怀纳善之真诚，无遁世无闷精进不已之大勇，其外日侈，其内日亏，其于小己得丧计较甚，其于大道无可入，精神堕落莫甚于今之人！①

今海内为哲学者，于本国学术既贱视之若无物，不知古人著书虽无体系，而其思想囊括大宇，穷深极幽，决非零碎感想也。善学者由其散著之文以会其无尽之意，而因以自窥天地之纯全，则道备于己，官天地，府万物，富有日新而无穷尽，孰是有知而谓无物哉！今学子都不肯虚心求固有学术，本根尽剥而唐慕外人。诚使有深造于外人，若玄奘于无著世亲学，吾犹俯首称庆；不幸今人于外学绝不深求，甚至于中外均无所究，而急欲以逻辑自标、以论道自贵，吾恐大道非浅薄可窥，逻辑亦不当如彼琐碎。……今人只钻琐碎，无有远旨，学不宏通，思苦狭陋，故知任何学术，不窥古人堂奥，难启新猷。后生崇尚浮虚，弗求深造，视名声易得、学问易谈，古人暗然日章之业永绝于今世，岂不悲哉！各上庠名教授，以

① 《熊十力全集》第五卷，第22—26页。按“清之末叶”原文误作“清之末弃”，“负山岳而舍故”原文误作“负出岳而舍故”，均径改。“政治适度”一语亦疑有误。

哲学称家者，孰是中外之学真正虚怀诚意朴实头地下过工夫？吾年向衰，丁兹衰乱，实不忍媚世。浮浅混乱，无如哲学界，盲以导盲，醉以扶醉，中心思想从何得有？国民性焉得不斫丧以尽？人才从何养得？危亡虽不一因，而此则其主因也。……今人之智不及园夫，妄欲完全毁弃其所固有，而唯学东施效西子之颦，自清末废科举、设学校以来，于今五十余年，步步趋入全盘西化之路，实则西洋人之精神与学术思想及其行动，皆非今日拥上庠称名流者所得有其分毫，而固有之积累，则不分好坏而一切唾弃，乃至扫荡以尽矣，而国人独不自省何耶？①

余年四十后，深感民国以来唾弃固有学术思想，壹意妄自菲薄，甚非自立之道。……民国近四十年，谈哲学者只知有西洋而不知有中国，学者或自况于旧瓶新酒，然瓶固此方之旧，酒非今时自造之新，正恐犹是他方旧沙砾耳！②

清季迄民国，后生游海外者，其议国学之根本缺点略有三：一曰无科学思想。西洋科学源出希腊，而吾晚周儒学以及百家，不见有关于科学知识之载籍，是一缺点。二曰无民主思想。六经及法家言皆拥护君统，道家虽恶专制，奖自由，亦未尝昌言民主，是二缺点。三曰持论无系统。西洋著述贵乎理论宏密，一本众干，枝叶扶疏，说理详明，启人思路；中国古籍或微言而不尽意，或众义杂集纷然无有体系，难以导人造于精思之境，是三缺点。此等议论吾侪当清季已熟闻，且与之同调，及余年四十以后，始自悔其浅妄。③

吾国后生，习于西学，亦早丧失固有精神，无可与言矣。④

近世西洋格物之学东来，中国人惊羡知识，而复不知有智，圣学之本绝矣。⑤

---

① 《熊十力全集》第五卷，第 207—209 页。
② 《熊十力全集》第五卷，第 763—764 页。
③ 《熊十力全集》第六卷，第 329—330 页。
④ 《熊十力全集》第八卷，第 752 页。
⑤ 《熊十力全集》第七卷，第 248 页。

凡此皆透露出对于近现代中国甚嚣尘上的全盘西化、全盘反传统思潮的种种怪异表现及其已经并将继续产生的恶果的沉痛、愤慨和忧惧！与此同时，熊十力还对作为反传统思潮之重要一翼的疑古思潮予以分析批判。他说："自然科学可资实测，以救主观之偏蔽。社会科学则非能先去其主观之偏蔽者，必不能选择适当之材料以为证据，而将任意取材，以成其僻执之论。今人疑古，其不挟偏见以取材者几何。真考据家亦须有治心一段工夫，特难为今人言耳。"① "今日学子，好立异以为高，不惜矫诬古籍，变乱事实，乃至摧毁民族数千年信仰所集之标的，毫无畏惮。此为可痛之现象。闻有以大禹为虫，而无其人矣；有谓屈原无其人矣；有谓墨子非中国种矣；有谓唐太宗为胡产矣。种种怪妄，不可究诘。"② "今人不信古书，不知脉络分明，乌容抹煞。以疑古炫俗，何其忍心害理耶？……不信古今有德人，不信古今有美事，以此败坏青年心术，最堪痛恨。"③ "今世后生言古事者，好背六经而逞邪怪臆说。凡战国诸子书中，所有掺杂诬妄之词，与后世浮浅而妄疑古籍之说，最为流行。此乃学风大弊，君子所深忧也。"④ "今吾国人对先辈一概抹煞，或谓黄帝、大禹等为无其人，或唱打倒孔家店，或以卫、霍安边之功只是帝王走狗。种种怪妄，不可胜举。寇患相乘，岂曰无因！吾愿青年有以自觉也。昔战国末叶，六国之士非尧舜、薄汤武成为风尚，六国遂以崩亡。而吾民族衰象，便伏于此时矣。可不鉴哉！"⑤ "吾国近来治古学者，好逞臆见，而轻翻前人成案，异乎宣圣好古之风。夫义理无穷，前人亦有见不到处，后人尽可补救与发明。至于古人学问渊源脉络，自有庐山真面，治古学者不可以己意为之曲解也。"⑥ "后生不究大

---

① 《熊十力全集》第八卷，第 118 页。本段引文不依《熊十力全集》卷帙页码排序，而按熊先生发表言论的时间先后列举。

② 《熊十力全集》第二卷，第 659 页。

③ 《熊十力全集》第二卷，第 668—669 页。

④ 《熊十力全集》第二卷，第 672 页。

⑤ 《熊十力全集》第二卷，第 730 页。

⑥ 《熊十力全集》第三卷，第 515 页。

义，轻遮古史实录，妄疑先圣制作，经教亡而民性日偷，国胡与立？浮气之相乘已久，其亦可以反矣。”① “今人论古书真伪，辄曰辨抉其文，何言之易乎？胸无义解与容蓄者，眼光浮短，焉得上下古今、论文章得失乎？海上逐臭，其不以金玉为瓦釜者希矣。”② 显而易见，这是斥责由胡适和钱玄同等人撑腰打气、以顾颉刚为代表的古史辨派通过窜乱中国历史而对中华民族归依感和凝聚力的严重破坏！

针对近现代中国全盘西化、全盘反传统思潮以及疑古思潮，熊十力在扬弃的前提下对中国传统文化特别是儒家文化作了中肯定位和高度评价，表达了充分的文化自信。他对中国传统文化定位道：“私怀尝谓中国他无所见长，唯有哲学比于西人独为知本。诚当舍己之短，求人之长，抑宜以己之长，救人之短。”③ “中国与西洋两方文化，毕竟各是一种路向，各是一种面目。执西方之所有以衡中国，而一概卑陋视之，吾未见其可也。”④ “现代所谓文明人者，皆失其本心，而习于向外骋逞，纵欲殉物，因不得不出于抢夺，而陷于人类自毁之途。将图所以救之，非导之于中国文化，终不可得救也。吾确信中国文化不可亡。但吾国人努力于文化之发扬，亦必吸收西洋现代文化，以增加新的原素，而有所改造。不可令成一种惰性。”⑤ “余愿国人认识固有根基甚美，不宜妄自菲薄。（自注：天下未有妄自菲薄而可以学人之长者也。清末迄今，终未收西化之效，可不自反哉？五四运动时，梁漱溟先生讲演东西文化，其持论虽不必与吾同意，然其于时贤不求了解中国所固有而妄自菲薄之恶习，则中流砥柱矣。）”⑥ “哲学有国民性。治哲学者，自当以本国思想为根底，以外国思想为资助，吸收外人之长，以去吾固有之短，亦当考察外人之短，而发挥吾固有之长，供其借鉴。学术者天下之公器

---

① 《熊十力全集》第三卷，第 868 页。
② 《熊十力全集》第三卷，第 1106 页。
③ 《熊十力全集》第一卷，第 616 页。
④ 《熊十力全集》第二卷，第 674—675 页。
⑤ 《熊十力全集》第二卷，第 728 页。按“惰性”原文作“堕性”，径改。
⑥ 《熊十力全集》第三卷，第 756 页。

也，容不得一毫自私也，更容不得一毫自薄心。”① “中夏圣贤之学与西学判天壤者，即圣学是从大体之学，而西洋哲学虽谈宇宙论，亦只是各弄一套空理论，与自家履践处无丝毫关系。从大体之意义，西洋学人根本梦想不到。”② 他表达对于中国传统文化特别是儒家文化的高度评价和充分自信说：“今日全世界人类，斗争与骗诈之祸，将趋于自毁，尤非孔学不救！我们要阐明孔子的思想，不仅是救中国民族的。”③ “我国人向来爱和平，贵礼让，不肯使用凶蛮手段。无阶级于内，无抢夺于外，就因为他常有维持最高文化团体的观念，这便是他的国家观念。由中国人这种观念扩充出去，人类都依着至诚、至信、至公、至善的方向去努力，可使全世界成一个最高的文化团体，岂不大美，岂不大乐？无如今日列强不悟，大家甘心要做强盗、凶猘、抢夺、残杀的事情。”④ “中国文化，至高尚，至幽深。……广乎漠乎，上际于天而不可测其高也，下彻乎地而不可测其深也。体穷神知化之妙于人伦日用之中，所以酬酢万物、纲维万事者，其道无在而无所不在。事物灿殊，无非天则著见。人生日用，一皆天理自然。得乎此，而后知人道之至尊至乐也。世固有纵心外驰、逐物求理、逞欲无餍者，其事吾亦不谓无有是处，但有辨物析理之长，而无归根复命之道，是溯流而忘其源也。”⑤ “中国的文化方面，如哲学思想的无神论与心物不分的观念，与世界观念及实践观念等等，均是极高尚宏博纯粹而无可菲薄的。艺术思想的优越，更是中外公认的。道德方面的宽博态度，更不可求之今日西洋社会。（自注：西洋人遇异国之民，便有猜防。中国人遇外人，则坦怀相与。）其他风俗方面，今日虽敝，然过去优尚之点甚多。兹不暇论。若以中国社会强判为属于未进化的卑陋阶段中，吾诚未知其可。”⑥ “中国哲学由道德实

① 《熊十力全集》第五卷，第 764 页。
② 《熊十力全集》第八卷，第 752 页。
③ 《熊十力全集》第二卷，第 625 页。
④ 《熊十力全集》第二卷，第 648 页。
⑤ 《熊十力全集》第二卷，第 727 页。按“纲维”原文误作“网维”，径改。
⑥ 《熊十力全集》第二卷，第 731 页。

践而证得真体，异乎西洋学者之挦量构画而无实得，复与佛氏之毕竟归寂者有殊。且学者诚志乎此学，则可以解脱于形累之中，而获得大生命，通天地万物为一体。今后人类之需要此等哲学，殆如饥渴之于饮食，否则人道熄，而其类将绝矣。”① “中国哲学明‘天地万物一体’之义，已普遍浸渍于中华民族之心髓。曾闻犹太人来吾国者云，若适欧洲诸国，则常有异国孤羁、时见猜防之感。若入德国，此感尤甚。即至东方之日本，其猜防多忌，亦甚于德人。独至中国则如久客还乡，爰得我所，交其人，如饮醇酒，使人之意也消。犹太人此言，确足证明吾华人博大含宏之德量，实由其哲学思想所陶育而成。”② “孔子《大易》之道，强于智周万物，备物致用，而必归于继善成性，反本立极，辨小而究于物则，默说而全其天性，科学知能与哲学智慧之修养二者并进，本末兼赅，源流共贯。此《易》道之所以大中至正而无弊也。”③ “晚世科学猛进，技术益精，杀人利器供侵略者之用，大有人类自毁之忧。论者或不满科学，其实科学不任过也。科学自身元是知能的。而运用此知能者，必须有更高之一种学术。此更高之学术似非求之儒家《大易》不可。”④ “吾国自唐虞以迄晚周，有悠久高深之文化。《易》《春秋》二经，通天化、物理、人事，观变动不居而随时以各协于中道，下推之治理，极于位天地、育万物之盛。……儒者之道，含弘万有，究其极，不外中道而已。人类如有趣向太平之几，必待儒学昌明而后可，此余所断然不疑者。……圣人吉凶与民同患，（自注：佛氏大悲，亦同此精神。）故裁成天地之道，辅相万物之宜，以左右民，此与西洋人主张征服自然、纯为功利动机者，截然异旨。吾先哲为学之精神与蕲向，超脱小己与功利之私，此等血脉，万不可失。哲学无此血脉，不成哲学；科学无此血脉，且将以其知能供野心家之利用，而人类有自毁之忧。吾人今日

① 《熊十力全集》第三卷，第666页。
② 《熊十力全集》第四卷，第231—232页。
③ 《熊十力全集》第四卷，第571页。
④ 《熊十力全集》第四卷，第574—575页。

必延续此血脉以为群生所托命，哲学固应发挥吾固有伟大精神，科学尤须本吾伟大精神发展去。体现真理，担当世运，恐非西洋人识量所及，吾黄农虞夏之胄，不能不勇于自任也。”① 凡此无疑表达了熊十力的中国文化或儒家文化本位立场，但这却决不仅仅只是基于文化本位立场的言说，而是对于陷溺或执迷于西方启蒙心态之中的整个现代人类需待中国文化或儒家文化加以拯拔这一应然取向的上哲洞见！

归根结底，熊十力向往人类各大文化的会通，以期为中国和世界新创一种综各家之长而弃其短的普适性文化。何谓会通（或曰融通、融会）？熊十力说：“夫取精用弘，学问斯贵；博览遍观，唯虞孤陋。吾友马湛翁与人书曰：‘耻为一往之谈，贵通天下之志。’此言若近，而有远旨。……自昔有三教融通之谈，吾亦唾之夙矣。其所谓融通，非融通也，直拉杂耳，比附耳。习比附者，绝望于悬解；喜拉杂者，长陷于横通。今古学人，免此者寡。如斯之流，公所弗尚，吾何取焉？若乃上智旷观百家之虑，虽各有条例，各成系统，而如其分理，不齐斯齐，会其玄极，同于大通。故乃涵万象而为宰，（自注：遍征群虑而自有宗主，否则与拉杂比附何异?）鼓鸿炉而造化；（自注：所以异乎拉杂比附者，为其融会贯穿，新有所创，成为化学的变化故也。）同归尽自殊途，百虑何妨一致？斯固小知之所骇怪，一察之所不喻。宜其等华梵于天渊，比内外于矛盾，道隐小成，明穷户牖，其所患岂浅耶？……夫学必析异以尽其偏曲，必一贯以睹其大纯；知异而不知同，非所以为学也。”② “融会者，非于二者之中择其有可类比之语句以相附会之谓也。附会则是拉杂，无可言学术。融会之业，必自有宗主而遍征百氏，集思广益，取人所长，违人所短，以恢宏大道而无碍通途者也。”③ “自己无有根据、无有统类，比附杂糅而谈合一，是混乱也，会通之旨则异是。体真

---

① 《熊十力全集》第五卷，第 23—26 页。

② 《熊十力全集》第二卷，第 158 页。马湛翁即马一浮，公者乃指熊先生其时过汉上所遇之人。

③ 《熊十力全集》第五卷，第 458 页。

极而辨众义，辨众义而会真极，根据强而统类明，是故谓之会通。混乱者，寻摘文句而求其似，此不知学者所为耳。会通则必自有正见，乃可以综众家而辨其各是处，即由其各是处以会其通。夫穷理之事，析异难矣，而会通尤难。析异在周以察物，小知可能也。会通必其神智不滞于物，非小知可能也。私门户而薄会通，大道所由塞也，学术所由废也，时俗固可与言学乎？"① 这是说，会通绝非拉杂比附，而是基于大中至正之道而博采诸家之长，化合而成一种优质文化。

如上所说，熊十力向往人类各大文化的会通，他说："理无穷尽，一派或一门之学可有窥于斯理之一方而未可得其全也。故必各除偏见，暌而观其通，异而知其类，乃于分殊而睹大全，亦于大全而见分殊，然后知各执分殊者，无当于穷理也。譬如人各以管窥天，而各以为天乃如其所窥也，非迷谬之甚乎！"② "将来世界大同，犹赖各种文化系统各自发挥其长处，以便互相比较、互相观摩、互相取舍、互相融和，方有大同之福，否则人类精神界将有颓废之忧，岂明哲所希愿哉？"③ 着眼于中国的传统和现实，熊十力更多注重中印西特别是中西文化的会通，他说："揆之往事，中人融会印度佛家思想，常因缘会多违而未善其用。今自西洋文化东来，而吾科学未兴，物质未启，顾乃猖狂从欲，自取覆亡。使吾果怀自存，而且为全人类幸福计者，则导欲从理，而情莫不畅；本心宰物，而用无不利。异生皆适于性海，人类各足于分愿，其必有待中、印、西洋三方思想之调和，而为未来世界新文化植其根。"④ "中国哲学于实践中体现真理，故不尚思辨。西洋哲学唯任理智思维，而能本之征验，避免空幻，但其探求本体则亦以向外找东西的态度去穷索，乃自远于真理而终不悟也。印度佛家，其功修吃紧，只是止观。其极乎空脱而造乎幽玄，终以般若为至。盖止观双运至般若观空，而后穷

---

① 《熊十力全集》第六卷，第129—130页。
② 《熊十力全集》第五卷，第17页。
③ 《熊十力全集》第五卷，第764页。
④ 《熊十力全集》第二卷，第347页。

于赞叹矣。今后言哲学，必于上述三方互融其长而去其短。”① “夫学兼内外，欧梵可一炉而冶。（自注：印度之学，于吾儒内圣方面足资参证。欧西之学，于吾儒外王方面亦堪摄取。）……夫思辨精密，莫善于西洋。极论空有，荡除知见，莫妙于印度佛法。尽人合天，体神化不测之妙于人伦日用之中，莫美于中国。游乎西洋，慎思明辨。游乎印度佛法，荡一切执。归乎吾儒，默与道契。三方者备，而学乃大成。”② 此乃阐明中印西文化会通之理。熊十力还说：“弟唯见到中西之异，因主张观其会通，而不容偏废。”③ “汉人的理想高，眼光大，故其学问偏长于哲学方面，唯其心思不屑于琐碎处用功，所以对于物理界的知识不免疏略，因此不能发展科学，此其所短。今后当吸收西洋人的科学，但当阐扬其固有的哲学思想，以为做人的根本，立国的精神。”④ “余以为科学与经学两相需而不可偏废。欲使科学方法与工程技术纯为人类之福而不至为祸，则非谋经学科学二者精神之相贯不可。经学于宇宙，明其本源。科学于宇宙，析其分殊。（自注：宇宙一词，本总括人类与万有而言。本源谓本体。分殊谓各部分的现象。）二者相互发明，万殊原于一本，一本现为万殊，岂有隔绝不通之理？……科学上之发见与经学究极义，元不相违，何须相伐？经学如不有科学为羽翼，则尚德慧而轻知识，固不免以空疏无用贻讥。科学如不有经学为归宿，则且有以知识而破碎大道之憾。”⑤ “今谓中西人生态度须及时予以调和，始得免于缺憾。中土圣哲反己之学，足以尽性至命，斯道如日月经天，何容轻议？至于物理世界，则格物之学，西人所发皇者，正吾人今日所当挹取，又何可忽乎？今日文化上最大问题，即在中西之辨。能观异以会其通，庶几内外交养而人道亨、治道具矣。吾人于西学，当虚怀容纳，以详其得失；于

---

① 《熊十力全集》第三卷，第 798 页。
② 《熊十力全集》第四卷，第 586—587 页。
③ 《熊十力全集》第二卷，第 310 页。
④ 《熊十力全集》第二卷，第 624 页。
⑤ 《熊十力全集》第三卷，第 735—736 页。

先哲之典，尤须布之遐陬，使得息其臆测，睹其本然。融会之业，此为首基。（自注：《大易》正是融会中西之学。）"[①] "西哲精于思辨，而中哲于此颇忽之，今宜取益西学。中哲归诸体认，（自注：即证会。）而西哲于此亦所未喻，必须趣向中哲，方离戏论，而证实际理地。……通中西之邮，思辨而必归证会，证会而不废思辨，其庶几乎?"[②] "今后世界学术当本《易》学之隐，以融西学推显之长，而益发挥本隐之显之妙。依西学之显，以求《易》学本隐之蕴，而益尽其推显至隐之功，庶几形下之学（自注：科学。）不滞于粗迹，形上之学不遗于器理。上下交符，大道不伤于破碎，宇宙乃复浑全，人生始得依归，甚盛哉！吾人当竟此奇功，而未可以无所堪任自馁也。中西学术，离之两伤，通之两美。"[③] "中西文化宜互相融和，以反己之学立本，则努力求知乃依自性而起大用，无逐末之患也。并心外驰，知见纷杂，而不见本原，无有归宿，则其害有不可胜言者矣。中西学术，合之两美，离则两伤。"[④] 这则反复强调了中西文化会通的必要性，其中或隐或显地表达了以天人物我贯通包容的中国文化控驭诛求无餍的西方文化的深思。

至于文化会通的方法或途径，熊十力于 1947 年《与柏特教授论哲学之综合书》有谓："既曰融通，则凡治哲学者，必不可仅治一派一门之学，而必博治各派各门之学。虽云群书难尽读，而各大派之根本巨典，苟为力之所可及者，要不可不通及也。若学之不博，则于异派思想全没了解，何以融通？夏虫不可语冰，井蛙不可语海。故博文至要。……博文而能约礼，即是博治乎百氏之学而一皆运之以敬慎之思，于彼于此各求其真是真非，而后乃于彼此之是是非非，可任其各止一隅，而大通之道自见。是故博文必归约礼，而后可语融通之业，否则以轻心泛涉众

① 《熊十力全集》第四卷，第 439 页。
② 《熊十力全集》第四卷，第 566 页。
③ 《熊十力全集》第四卷，第 584 页。
④ 《熊十力全集》第五卷，第 63 页。

学，欲免于耳剽目窃，杂乱比附，其可得乎?”① 要之即以敬慎明察之心而为泛观博览之业，庶几乎成就文化会通之功。

熊十力关于文化的论说几无专门著述，更没有体系的经营，他大多是结合特定的文化类型，随机地阐论文化的承积与创新、文化的常经与变道、文化的特点与差异、文化的优长与缺失、文化的固有与移植、文化的本位与参鉴、文化的主体与他者以及文化的多元与会通。不过将所有这些论说加以勾稽整理架构，亦可概见熊十力文化哲学的逻辑脉络。熊十力以体用不二、天人合一、德智一如为终极标准对儒家思想的至上肯定及其相应地对印度、西方思想的下位判断，确立了中国文化自信自尊自爱的根据。熊十力对国内全盘反传统、全盘西化人物因无知、隔膜而鄙弃固有文化之言行的批评和斥责，表达了对于固有文化抱持理智上的“了解之同情”和情感与意志上的“温情与敬意”的重要性。熊十力强调在传承积累的前提下对固有文化进行因革损益，指明了文化守成与创新的倚伏关系。熊十力基于对儒道佛以及中印西诸文化系统的精深把握，通过多方面度长较短，轩轻优劣，揭示了人类各种文化参鉴会通的必要性。要之，熊十力的文化哲学对于处在传统与现代、地方性与全球化双向深入开展的当代中国和当今世界，具有重要的认识作用和启示意义。

---

① 《熊十力全集》第八卷，第302—303页。又见第五卷，第18—19页，题为《与美国柏特教授》。

第三章　内圣外王，六经宗纲
——熊十力的经学思想

熊十力的哲学归本于《大易》，对于《易经》的研究乃是其哲学创构的基础。由于“群经一贯”①，故研究《易经》必然兼涉诸经。通过对诸经持久深入的研究，熊十力形成了他的经学思想，诸如诸经的承传、存佚及真伪，经典本义的诠解，经典的地位与作用等，这类思想散见于他平生的诸多著述，而集中体现在《读经示要》《论六经》《原儒》《乾坤衍》几部专著中。②

第一节　诸经真伪论

从战国及西汉文献可以证实先秦时期存在六经，如《庄子》之《天下篇》谓“《诗》以道志，《书》以道事，《礼》以道行，《乐》以道和，《易》以道阴阳，《春秋》以道名分”，《天运篇》假托孔子之言曰“丘治《诗》《书》《礼》《乐》《易》《春秋》六经，自以为久矣”，《礼记·经解》谓“温柔敦厚，《诗》教也；疏通知远，《书》教也；广博易良，《乐》教也；絜静精微，《易》教也；恭俭庄敬，《礼》教也；属辞比事，《春秋》教也”云云。《史记·孔子世家》进一步载明六经皆经孔子编

---

① 《熊十力全集》第五卷，第689页。熊先生还说“六经本一贯”，见第七卷，第334页。

② 熊先生说：“余之一生，于吾国学术思想确曾用过苦功。”（见《熊十力全集》第五卷，第771页。）这应该主要指他对经子之学下过功夫。当然熊先生也说过“吾于经史实亦说不上有何渊博工夫，平生为学，好为遐思与超悟”（见《熊十力全集》第八卷，第462页），但这并不是说他的经学水平肤浅，而是说相对于哲学成就而言，他的经学造诣尚在其次。

纂，其曰："孔子之时，周室微而礼乐废，诗书缺。追迹三代之礼，序书传，上纪唐虞之际，下至秦缪，编次其事。……故《书传》《礼记》自孔氏。孔子语鲁大师：'乐其可知也，始作翕如，纵之纯如、皦如、绎如也，以成。吾自卫反鲁，然后乐正，雅颂各得其所。'古者诗三千余篇，及至孔子去其重，取可施于礼义，上采契、后稷，中述殷、周之盛，至幽、厉之缺，始于衽席，故曰《关雎》之乱以为风始，《鹿鸣》为小雅始，《文王》为大雅始，《清庙》为颂始。三百五篇孔子皆弦歌之，以求合韶武雅颂之音。礼乐自此可得而述，以备王道，成六艺。孔子晚而喜《易》，序《彖》《系》《象》《说卦》《文言》，读《易》韦编三绝。……乃因史记作《春秋》，上至隐公，下讫哀公十四年，十二公。据鲁，亲周，故殷，运之三代。"①

熊十力显然同意上述说法，他说："六经皆孔子创作，其体裁虽不一致，而亦有其大同。大同者，如《易经》之卦辞、爻辞大概为上古卜辞，孔子乃别为《彖》《象》《文言》《系辞传》《说卦》《序卦》等，以发挥己之哲学思想，如是则卦辞、爻辞完全改变古代卜辞之意味，而另赋以新义，则卦爻辞已成为孔子之自作，不得视为占卜家遗文也。又如《春秋》，其经文则鲁史之文，其事则鲁国与列国之大事皆载焉，孔子则借鲁史所记之事而发挥自己对于政治社会之高远理想，如是则《春秋》已不是史，而实为孔子创作。""《周官》一经盖孔子于《春秋》外，更发明升平世之治道，以为太平开基。""《尚书》一经，盖借古帝王之行事，以发挥其所怀抱之理想，故孔子删定之书是经而非史。""《诗经》，孔子依古诗三千余篇而删定之，凡三百五篇。（自注：参考《史记·孔子世家》。）""《乐经》汉以来不见单行本。……孔子既作《礼经》，（自注：即《周官》。）亦应有说乐之专经。"② 由此可见熊十力认定六经大

---

① 《郭店楚墓竹简·六德》曰："观诸《诗》《书》则亦在矣，观诸《礼》《乐》则亦在矣，观诸《易》《春秋》则亦在矣。"（《郭店楚墓竹简》，文物出版社1998年版，第188页。）按郭店楚简下葬于战国中晚期，由其中《六德》之言，更可确凿证明先秦时期存在六经。

② 《熊十力全集》第六卷，第394、395、401、404、407—408页。

备于春秋之世孔子之手。当然，熊十力也肯定孔子创作六经利用了古诗古书之记载，参考了五帝三代之世一切教令与行事之资料，并非凭空虚构，不过孔子的创作与先世的资料具有本质的区别，“盖孔子删定《诗》《书》，不是整理史籍之谓，而是利用古诗古书之记载，以发明其对于群制群俗与治道教化之最高理想。故孔子少年所读之诗书是孔子以前之古典，孔子晚年删定之《诗》《书》则是孔子发明其哲学思想，不可视同考古家整理故籍之作”①，“五帝与三代之世，当然只有一切教令与行事之记载而已，谓其足为后圣发明学术之参考资料则可，尊之为经则未合，且古时亦无此称。伏羲八卦，后圣推明之，始承认其有哲学思想耳。（自注：后圣谓孔子。）孔子《周易》未作以前，八卦只供占卜家利用，何得有经之称乎？《春秋》，鲁史记之名也。孔子《春秋》未作以前，鲁史得有经之称乎？《仪礼》，周公之教条也。孔子未作《礼运》《周官》二经以前，《仪礼》得有经之称乎？诗三百篇大部分为小民怨忿王侯大夫侵虐之哀声也，孔子特为删定，而寄以改造社会之最高理想，始称为经耳。孔子未删诗以前，古诗三千余篇，多是下民无有聊赖之呻吟，何得有经之称乎”②？即是说，只是在经过孔子编纂之后，先世的资料才升华为哲学，上古文献才成为不刊之经典。

熊十力虽然肯定先秦时期存在孔子六经，但他对于后世流传的诸经是否为孔子原本却常持或信或疑的态度，而且他的怀疑态度还有逐渐加重的趋势。大致在20世纪40年代及其前，熊十力对于传世诸经是基本相信的。在1933年发表的《杂感》一文中，他曾说：“吾国最古之史莫如六经，社会政治之原理于是焉求，哲学思想更须追索于是。凡欲明了吾之民族精神与国民性及夫文化根原，殆舍六经莫由。此等传世悠久之宝典，乃吾民族生命所寄，如之何其可忽耶？”③ 在1945年出版的《读经示要》中，熊十力更是从总体上高度评价六经，他说：

---

① 《熊十力全集》第七卷，第384页。

② 《熊十力全集》第七卷，第397—398页。

③ 《熊十力全集》第八卷，第46页。

> 六经究万有之原而言天道。天道真常，在人为性，在物为命。性命之理明，而人生不陷于虚妄矣。顺常道而起治化，则群变万端，毕竟不失贞常。知变而不知常，人类无宁日也。《大学》三纲八目，总括群经。《儒行》十有五儒，归本仁道。凡此皆为第一讲所提揭，经为常道，庶几无疑。夫常道者，万变所自出也。天地密移矣，而所以成其清宁者，未有改移也。人事屡迁矣，而干济必本公诚焉，无可苟渝也。死生诚大变矣，而存顺殁宁之理，谁云可变？是故学术千途万辙，必会归常道而后为至。知不极乎知常，只是知识，而不足言一切智智。老氏曰："不知常，妄作凶。"斯笃论也。夫不悟常道，则万物何由始，人极何由立，万事何由贞，皆其智之所不及也。学不究其原，理不穷其至，知不会其通，则未能立大本以宰百为，体大常而御万变，欲免于妄作之凶，其可得乎？第一讲直明经为常道，无时可离，无地可离，无人可离！①

也是在这一时期，熊十力反复批评疑经惑古风气，如谓"今人疑古，其不挟偏见以取材者几何。真考据家亦须有治心一段工夫，特难为今人言耳"②，"晚世学人，好为异论。……舍古籍不信，而尚臆说，未知其可也"，"近世后生浮薄，好为异论，轻疑古籍，真可痛惜"，"今日学子，好立异以为高，不惜矫诬古籍，变乱事实，乃至摧毁民族数千年信仰所集之标的，毫无畏惮。此为可痛之现象"，"今人不信古书，不知脉络分明，乌容抹煞。以疑古炫俗，何其忍心害理耶"，"今世后生言古事者，好背六经而逞邪怪臆说。凡战国诸子书中，所有掺杂诬妄之词，与后世浮浅而妄疑古籍之说，最为流行。此乃学风大弊，君子所深忧

---

① 《熊十力全集》第三卷，第554—556页。

② 《熊十力全集》第八卷，第118页。语见1936年3月《文哲月刊》第一卷第六期所载《关于宋明理学之性质》一文。

也”,[①]“古之学者，于六经共相尊信，其或有妄疑者，盖极少数耳，如宋时欧阳修疑《系辞》，苏轼兄弟毁《周礼》，李觏、司马光疑《孟子》，此皆智小而不足以通微，识短而不足以见大，故妄疑耳。今之学者，以疑古为名高，其于六经，大抵视为汉人所揉集，更不必深究其有何义蕴”[②]，这些言论无疑表现出熊十力对于传世经典的相信。

约自20世纪50年代初起，熊十力对传世经典的信任感骤减，但此时他一方面断定传世经典确非孔子原本，另一方面却又认为舍传世经典无从追索孔子原本，故对传世经典采取了一种虽疑而信、疑中求信的态度，这集中反映在他1951年撰写的《论六经》之中，观其所谓“汉人所传六经，确非孔门真本。然求孔子之道，要不能舍汉儒窜易之伪本而别有所考”,“余以为孔子所修之六经无非微言，及吕政焚坑惨祸，汉儒怀戒心，始改窜孔经，而以伪本行世，护持帝制，然仍隐寓孔子微言于其中，以待后之能读者，此汉儒苦心也”，“六经虽不全，其根底可究，其体系可寻，虽汉儒多所窜易，然每根据孔子以前旧义，亦可为稽古之助。茫然废经，未知其可也”,[③] 可以为证。至20世纪50年代中期以后，熊十力对传世经典的怀疑进一步发展为否定。在1954年写作的《原儒》上卷中，他说：“然汉人尊孔，乃以窜乱之经书及其伪说，假借孔子以达其拥护皇帝之私图，自是伪儒学兴，而孔门相传之真儒学不可睹矣。”[④] 这是说汉代的经典已是伪经。在同书中，他又说：“六经窜乱当不始于汉初，战国时儒生或已有窜易处。韩非云：‘孔墨之后，儒分为八，墨离为三，取舍相反不同，而皆自谓真孔墨。’据此则七十子及其后学分派，各自谓真孔，而各派对于孔子之六经必各以己意增窜，明其所承为真孔之证。且窜乱之必不能免者，莫如安现状而惮急

① 《熊十力全集》第二卷，第638、642、659、668、672页。语见1938年所著《中国历史讲话》。

② 《熊十力全集》第三卷，第693页。语见1945年所著《读经示要》。

③ 《熊十力全集》第五卷，第659、660、754页。

④ 《熊十力全集》第六卷，第347页。

进。孔子作《春秋》，张三世义，要在离据乱，以进升平、太平，非以据乱世之度制为可久也。七十子后学多无远略，每迁就当时社会现状，弥缝缺失。此派犹笃守宗法社会之德律，虽曾闻孔子《春秋》，明知民贵君轻，而不欲遽废君主制度，常思依附王侯以行仁政，如孟子游齐梁，荀卿仕于楚，皆为畏惮大变革之迂想所误也。此派虽宗六经，其于先师原本决不无窜乱。"[1] 这则是说孔子及门弟子及其后学如孟子、荀子早在战国已改窜真经，而不待秦火方乱，汉儒始伪。在1955年写作的《六经是孔子晚年定论》中，熊十力说："孔子没后，儒学发展甚盛，其分派当极多，然总括其分歧之最大处，要不外如上述大道、小康两派。""六经真本，大道派之学者自当世守。而小康派之学者既不敢否认先师之六经，即不得不取六经而改窜之，以维持其本宗之说。六国时，小康学派已盛，秦汉间儒生，小康学运动益烈，吾人可推想小康派改窜之经本散在民间者必多。吕政焚坑之祸后，大道之学当无继人，六经真本秦火后必难得也。""汉人传至今日之六经，自是采用小康派之经本而更加窜乱。""汉人传来之经，保存大道者犹不少，惜乎汉宋群儒传注一致本大义以为说，而大道遂隐。"[2] 这是说孔子六经迭经及门弟子中的小康派、战国时的小康派传人、秦火、汉儒乃至宋儒的窜乱或禁毁，乃是乱上加乱，伪而更伪。在1961年印行的《乾坤衍》中，熊十力说："孔子六经皆为小儒所改窜变乱，汉儒传至今日之五经，皆非孔子原本。""孔子六经无有一经不遭改窜，改窜之祸，非独不始于汉初，亦不始于吕秦之世，盖始于六国之儒。""汉人传来之伪五经，决定不是孔子的六经。孔子六经，决定不是伪五经。""孔子知俗之难挽，故其创造六经，皆托古以申义。《周易》托于伏羲八卦，而其义旨则于伏羲实无关系。《春秋》托于鲁史，而其义旨则于鲁史绝无关系。《周官经》托于周朝官制，而其义旨则与文、武、周公稳定统治阶层之密意根本反对。《书经》托于古代帝王

---

① 《熊十力全集》第六卷，第388页。
② 《熊十力全集》第六卷，第783页。

历史，而其义旨则于古帝王言行无甚相关。”① 在1963年写作的《存斋随笔》中，熊十力说：“自六国时小儒改窜孔子六经而造伪五经，仍假托于孔子，汉唐诸儒生一致宗主小儒之伪五经，而六经真相遂掩。”② 这是重申《乾坤衍》的观点，断定传世经典为伪经。③ 对传世经典从基本相信到信疑参半再到根本否定，构成熊十力经学史观的全貌。需要指出的是，熊十力最终否定传世经典之后，却仍然不得不从传世经典中勾稽他所认定的孔子真经，这使他对待传世经典的态度多少存在抵牾；而他据以判断真经的标准就是倡导革命、消灭阶级、经济公有、政治平等，这是与他早年革命思想以及晚年所理解的新社会的意识形态相一致的。

与上述经学史观基本一致，熊十力对于诸经传世本的看法大都也是从相信到怀疑再到最终否定。

一、《周易》

熊十力反复说“《易》为群经之母”，“《易经》广大，虽内外皆备，而内圣为宗，五经同出于斯”，“《大易》一经是五经根本”；而《易经》之外，他认为“《春秋》最要”，“《春秋经》继《易》而作，成万物者王道，虽以圣学立本，而王道特详”；《春秋》之次则求《礼经》，“《周官》与《礼运》皆自《春秋》出，三经本一贯”，“两《礼经》则与《春秋经》一贯，缺一不可也（两《礼经》者，《周官》与《礼运》也）”；再次才是《诗》《书》《乐》为《春秋》之羽翼。④ 他总括道：“唐虞三代之政教化理深入于中国社会，使人人沦肌浃髓，转相传续，而成为中国人之特殊精神者，盖已久矣。至孔子本此精神而演为学术，其广大渊深微妙之蕴首在于《易》，次则《春秋》，又次则《诗》《书》《礼》《乐》

① 《熊十力全集》第七卷，第334、340、436、463页。

② 《熊十力全集》第七卷，第759页。

③ 熊先生在20世纪50年代中期以后称传世经典为“伪五经”的说法比比皆是，例见《熊十力全集》第七卷，第399、431、436、447、479、499、759页。

④ 见《熊十力全集》第三卷，第664页；第七卷，第337—338、344、351、427页。

诸经。”① “六艺之文，繁然浩博，粲然深美，而《诗》《书》《礼》《乐》统于《春秋》，《春秋》统于《易》。《易》之为书，自宇宙万有之原至于天化物理人事罔不该贯，而其于人事也独详。盖圣人内之所以穷理尽性，外之所以趋时应变，其道具于是矣。大哉《易》也！如天之无不覆，广大悉备，夫孰得而言焉！”②

关于《易经》，熊十力曾认为传世本大体上是对孔子《易传》的继承。在1935年印行的《十力论学语辑略》中，他说：“《易十翼》与《礼记》《周礼》，自是孔子底大义微言，七十子后学转相传授，疑汉儒伪托，便非。”不过鉴于《周易》传世本的复杂情况，熊十力对自己的论断又留有余地，他补充说：“大抵晚周故籍，秦汉间人不免多所搀杂。”③ 在1945年出版的《读经示要》中，熊十力对传世《周易》的真伪又作了一番辨析和限定，他说：“盖汉世《易》家大都承术数家之遗绪，即田何后学号为正传，实与孔子之《易》无甚关系也。孔子《易》学，在两汉犹存一线者，幸有费氏。……班氏称其徒以《彖》、《象》、《系辞》十篇、《文言》解说上下经，足征专守孔子之义。……后儒唯王辅嗣一人确承费氏家法。”④ 这是说西汉以降《周易》原本已多被窜伪，然端赖费直、王弼而仍得以一脉相传。在1947年编定的《十力语要》中，熊十力对《周易》传世本真伪问题的说法更加模棱两可，他说：“《易》之为书，固孔子之大义微言，而七十子后学展转传授，其文字虽不必皆由孔子亲手写定，而其义理固孔子所创发也。”⑤ 这既可将《周易》传世本理解为并非孔子原本，又可理解为是对孔子本义的继承。不过，直到20世纪50年代初，熊十力还是相信“今存《周易》当是孔子依据文王，并融会夏、殷二《易》而成此书”⑥。

---

① 《熊十力全集》第五卷，第664页。
② 《熊十力全集》第八卷，第23页。
③ 《熊十力全集》第二卷，第225页。
④ 《熊十力全集》第三卷，第879—882页。
⑤ 《熊十力全集》第四卷，第223页。
⑥ 《熊十力全集》第六卷，第14页。

至20世纪50年代中期，熊十力对《周易》传世本将信将疑的言论更多，如1954年写作的《原儒》上卷既谓“汉人传来之六经，唯《易》《春秋》并称出于孔子。汉初去孔子年代未远，其说自有据，何用狐疑”，却又说“余以为《易经》被窜乱处当较少，而亦非绝无秦汉间人窜乱者。《系辞传》宏阔深远，而宋人颇于其中有疑，但所疑皆碎义，无关弘旨。余窃怪《系辞传》开宗明义云‘天尊地卑，乾坤定矣。卑高以陈，贵贱位矣。动静有常，刚柔断矣’，此数语者，显然背叛《易》义。古之术数家以天或君皆为乾之象，地或臣民皆为坤之象。其言天尊地卑者，即谓君居上位为至尊，而臣民卑下也，此必非圣人之言。《论语·里仁篇》：‘定公问君使臣，臣事君，如之何？孔子对曰：君使臣以礼，臣事君以忠。’详玩孔子之意，则君与臣在人格与道义上纯属平等。君不以礼使臣，则臣当反抗无道之君，不以奴颜婢膝为忠也，何至以君尊臣卑为一定之分乎？且《革卦》明明主张革命，若尊卑有定分，臣民可行革命之事而弑其君乎？故知其背叛《易》义也”①。又如1956年写成的《原儒》下卷说“伏羲之《易》，春秋而后盖已不可得而征。孔子《周易》，汉人传来者或非其原本；差幸有此，可依之以深玩其要旨”②。这些言论都是在疑信之间游移。迨及1961年所著《乾坤衍》和1963年所著《存斋随笔》，熊十力便断然将《周易》传世本指为伪书，“伪《周易》”“伪《大传》”“伪《系辞》”“伪《文言》”之类的贬称比比皆是。③ 他论述自战国末年以迄清代《周易》传世本之伪曰：

> 吕政将吞六国之时，天下祸乱甚惨。诸子百家向来无革命思想，儒家大道学派其势已式微，九州儒生鲜不趋于小康派上，复古之焰方炽矣。世乱则人情惶惑，术数盛行，孔子之《周易》盖早已

---

① 《熊十力全集》第六卷，第409—410页。

② 《熊十力全集》第六卷，第685页。

③ 例见《熊十力全集》第七卷，第413、464、467、468、469、470、482、484、496、517、523、532、533、536、538、540、606、648、655、759页，不胜枚举。

湮绝。古史称“吕政焚书，惟《易》以卜筮之书得不焚”云云。余按古史所称《易》者，当是小儒所改变之伪《周易经》，决非孔子之《周易经》原本也。汉兴，《易》学早失传。田何以田齐遗民徙长安，始以《易》授来学者。田何在六国时学《易》，本术数之《易》也。马迁之父谈是田何三传弟子，谈之所学于田何者，虽无著作可考，而由迁之说《易》，可以推知其父谈所承于田何之学果为何物。马迁作《史记·田敬仲完世家》云“孔子晚而喜《易》，（自注：中略。）周太史之卦田敬仲完，占至十世之后”云云，据此可见六国时小儒早已将孔子之《易》混合于上古传来术数家之《易》，习非成是，莫知分辨。（自注：习非成是者，非谓非理。小儒主张复古，遂改变孔子之《易经》以成伪《易经》，而祖述上古术数，更诡称伪《易经》即是孔子之真《易经》，于是孔子之《易》竟成为古术数之《易》，而孔子之真《易经》乃消灭。小儒之所为甚非理也，但世人习闻其说，久而众口皆同，竟承认小儒之所宣传者是事实，此谓习非成是。）田何受学于六国末世，当时通行之经典，早为田何以前之诸老辈所改变，都不是孔子原本，故田何本学术数之《易》，而乃妄信为是孔子之《易》。田何既自信其所学之《易》上承孔子，授诸子弟，皆如此说。马迁从其父谈习闻田何《易》说，遂以为孔子之《易》即是术数家占卜之《易》，因举周太史之卦，为田敬仲完占至十世之后有齐国，其卦竟验。马迁迷信占卜，以为《易》之理深远微妙，其术神奇，孔子晚而好《易》，诚有以也。马迁之意如此。余谓马迁此段文中，种种迷谬。彼以为孔子之《易》即是占卜之《易》，是乃根本迷谬，甚可惜。且“孔子晚而喜《易》”之“易”字，须有分别。孔子初读伏羲之八卦，伏羲无术数之迷，余已说在前，未可以八卦混同占卜之《易》也。迁于《世家》中称孔子有《彖》《系》《象》等之作，是已承认有孔子之《易》。孔子之《易》是创明内圣外王大道之学，今与卜卦之术混成一团，迁乃无知至此乎？且田氏谋篡齐而诡称周太史之卦，以诱惑齐国民众，使其戴己耳。迁莫辨其奸，又从而称之，岂得为良史乎？总之，自六国至于汉世，天下儒生一致宗古帝王小康之教。田何小儒也。司马谈、迁父子皆学道论，而兼习小儒之业，宗古帝王而不通大道，厌闻革命者也。其以孔子之《易》混同于卜卦之术，诚无足怪。田何授《易》于汉初，天下人学《易》者皆原本田何，流传至于近世，凡学《易》者未有出于田何范围之外。清世有汉学、宋学之争，其实术数之《易》有两大本。两大本者何？一、信有天帝。（自注：此与孔子《周易》之内圣学相反。）二、拥护统治。（自注：即保持君主制度，而希望圣王出世。此与孔子《周易》之外王学相反。）汉《易》家固坚守两大本。宋《易》同宗程伊川《易传》，程《传》开卷释《乾》曰“以形体言，谓之天；以主宰言，谓之帝”云云，又曰“乾为父为君”云云，余不知宋《易》何异乎汉《易》也。汉宋之分，只是细人之无知而多事耳！①

这就对秦汉以至清代流传两千多年的《周易》作了彻底否定，如其所谓“汉宋群儒以《易》学名家者，无一不是伪学”②。但是，由于传世本《周易》仅此一种，若彻底否定，不止是秦汉以降的《易》学将被消解，所谓孔子原本也无从探求。为了解决这一困难，熊十力又反复声言“伪《周易》”中还是保存着孔子本旨。他说：“伪《周易》全部，唯《乾》《坤》二卦保留原经文义较多。（自注：原经指孔子之《周易经》。）而《乾》《坤》二卦中，小儒改变处仍不少。唯《乾卦·彖辞》《坤卦·彖辞》，可谓全存孔子之本旨。”③ 又说：“《大传》说乾是大生之强盛势力，此乃《易大传》原本记载孔子之说，而小儒伪《传》幸保存未削也。（自注：原本是孔门大道学派所辑成。小儒改变原本而为伪

① 《熊十力全集》第七卷，第470—472页。
② 《熊十力全集》第七卷，第344页。
③ 《熊十力全集》第七卷，第496页。

《传》，其于原本所载孔子义偶有保存。）”① 又说：“余始从伪经考辨孔子《周易》本义之仅存者，多在《乾》《坤》二卦中，（自注：伪经指伪《周易》。）伪《大传》亦幸存数条，如乾为生命和心灵，坤为质和能，皆孔子《周易》创发之义，不必与伏羲有关也。”② 又说：“《乾》《坤》二卦皆有《文言》，共二篇。……小儒伪经犹载此二篇，而改窜太多，失其真相，但圣言犹有保存，须善抉择。”③ 一边斥为“伪经”，一边又说其中保存着孔子原本，这类言论无论如何使人感到不无抵牾。熊十力还根据其立论所需，将凡是合用的《周易》文辞都指为孔子原本所有，这一点从上引诸说已可看出，此外他还将《屯象》“雷雨之动满盈”、《系辞》“坤作成物”“乾坤其易之缊耶”“乾坤其易之门耶”“言天下之至赜而不可恶也”“言天下之至动而不可乱也”“变动不居”“日新之谓盛德”等也说成“孔子原文之仅存者”“孔子之言而小儒偶存之耳”“《大传》原本所载圣文，小儒伪经幸存而未削”“圣人本义之偶存者”；④ 他甚至多处直接以信从态度引用《周易》经传文辞，如引《乾》上爻辞“亢龙有悔”，《坤》五爻辞“黄裳元吉”及其《象》辞“黄裳元吉，文在中也”，《坤·文言》“君子黄中通理”云云，⑤ 这就使人难以确知他所谓的偶存圣人本义的“伪《周易》”究竟哪些为伪哪些为真，从而不能不感到他的辨伪工作过于随意。实际上当时就有人质疑他说“公之言辨矣，然说经至不当意处，便谓秦汉间儒生改窜可乎”⑥？

与传世本《周易》真伪问题直接或间接相关，熊十力还论析了《易》学史上的诸多问题。

---

① 《熊十力全集》第七卷，第 538 页。

② 《熊十力全集》第七卷，第 540 页。

③ 《熊十力全集》第七卷，第 606 页。相同说法又见同卷第 648 页。

④ 见《熊十力全集》第七卷，第 552、588、655、748、749、750、759 页。按熊先生将“雷雨之动满盈”误为《震》卦之辞，将“坤作成物”误为“坤化成物”，均径改。又，“言天下之至动而不可乱也”之“面”当为“而”之误，亦径改。

⑤ 《熊十力全集》第七卷，第 634—637 页。

⑥ 《熊十力全集》第五卷，第 714—715 页。

其一，伏羲、文王、周公与孔子《周易》的关系。在1913年所作《证人学会启》中，熊十力肯定“伏羲画卦，文周演辞，孔子系传”[①]，乃沿袭传统说法而以《周易》由伏羲、文王、周公、孔子一脉相承而来。至1934年，他的说法已不如以前那么确切，其曰：“画卦本出上古，实由占卦与神道思想而兴。首画八卦与重为六十四者，今皆难得考定为何人。其首画者与重卦者，想是当时随机触感，便自画出，数千年后之人又何苦苦臆测？《周易》辞义，虽因卦爻而立，想文王、孔子诸圣（自注：姑假定为文、孔。）亦不过移托古代秘文，以发抒其神解已耳。”[②] 这就将画卦、重卦者归于不可知，而文王演辞、孔子系传也成为一种假说。到1945年写作《读经示要》时，熊十力对于《周易》形成脉络的看法又有了变化，他认为伏羲画八卦即因而重之为六十四卦，并非文王重卦；且文王并未作卦爻辞，以爻辞为周公所作也是误说，所谓“卦爻辞”即《史记·孔子世家》所称之“系辞”，乃孔子所作，而传世本《周易》中的《系辞》古为《系辞传》，乃孔子弟子承先师口义复加以推演而成；文王的贡献只在于改变夏《连山》、殷《归藏》以七八为占的占法而新创以九六为占的占法，由此三百八十四爻无异为文王所创，遂有文王重卦之说，[③] 这又回到了《周易》“人更三圣，世历三古”的传统看法，不过对于“三圣”各自所作的贡献提出了新的观点，弱化了文王的作用，否定了周公的参与，而提升了孔子的地位。不过同书中又说“文王演《易》，《史记》有明文。武王、周公并承家学。

---

① 《熊十力全集》第八卷，第1页。

② 《熊十力全集》第八卷，第77页。

③ 见《熊十力全集》第三卷，第862—868页；另见同卷，第910页。熊先生后来提出卦爻辞为孔子所作的证据是：“《史记·蔡泽传》，（蔡泽）对秦应侯云，‘圣人曰“飞龙在天，利见大人”“不义而富且贵于我如浮云”’。详蔡泽所称飞龙云云，见《易·乾卦》；不义云云，见《论语·述而篇》。泽以此二文联属之而总称圣人曰，可见战国时皆以圣人尊孔子。其联缀《易》与《论语》之文总称圣人曰，则可证战国时盛行之《易》书，即是孔子所作之《易》，而非孔子以前之古《易》。”“《史记·蔡泽传》，泽以《乾卦》爻辞与《论语·述而篇》语合引之，而称圣人曰。圣人，谓孔子也，可证爻辞亦孔子作。旧以为周公作者皆瞽说耳。”见《熊十力全集》第六卷，第342、754页。

《中庸》称孔子宪章文武，则孔子之《易》学必受文、周影响，断无可疑”[①]，是又突出文王作用，且将武王、周公纳入谱系，给人以反复其说的印象，似乎熊十力自己对《周易》形成脉络的看法尚未底定。1952年《新唯识论语体文本壬辰删定记》仍说“文王在羑里演《易》确有其事，故孔子遭厄而引之以自况。又可见孔子实有作《易》之事，曰‘文王既没，文不在兹乎’云云，是明明以继文王而作《易》自任”[②]。1956年熊十力写成《原儒》下卷，其中仍以伏羲画八卦并一气呵成为六十四卦；文王并未重卦及作卦爻辞，但当有羑里演《易》之事；周公亦与爻辞无关；卦爻辞和十翼乃全为孔子所作，亦即《周易》文本完全为孔子创作；批评汉人仅以十翼为孔子所作而将卦爻辞归于文王或周公乃是无据而造谣。[③] 1961年所写《乾坤衍》对伏羲的地位作了前所未有的贬低，而相应地进一步突出了孔子的天纵之圣。熊十力说：“伏羲远在太古，经验有限。八卦虽美，犹是造端。当时术数家犹资八卦以为占卜之用，并未成为哲学思想界之大典。孔子读八卦，虽有所引发，而孔子之思想毕竟是自发自动，是本其弘博丰富的经验而始有广大深远之创见，是自成宏伟周密的体系，何可以孔子创作之《周易》为伏羲八卦之注疏乎？”[④] 另外就是几乎完全否定文王与《周易》相关，说是“小儒破坏《周易》一经，无端虚造文王作《易》之事，上掩伏羲，下抑孔子”，乃至说“吾断定文王无作《易》事”。[⑤] 对于他所认为窜乱孔

① 《熊十力全集》第三卷，第1099页。

② 《熊十力全集》第六卷，第14页。

③ 见《熊十力全集》第六卷，第605—615页。熊先生在同书中又重申：“汉人言《易》者，以伏羲只画八卦，文王重卦，作卦辞爻辞，复有夺爻辞以予周公，孔子只作《十翼》，于是《易》有四圣之学。余惟伏羲画八卦，自古无异说。（自注：言八卦者，总略之辞耳，非待文王重之也。）文王拘于羑而演《易》，见《史记》。演《易》二字太含胡，马迁本疏于考核，两汉儒生遂逞臆妄言文王重卦，作卦爻辞，又加入周公，绝无依据，但不敢完全埋没孔子之《周易》，乃妄分《十翼》以归之。汉人好变乱孔子六经，吾不知其是何心也？”见《熊十力全集》第六卷，第683—684页。

④ 《熊十力全集》第七卷，第430—431页。

⑤ 《熊十力全集》第七卷，第468、466页。

子《周易》的小儒，熊十力的抨击也更加猛烈，如谓：

> 余考六国时小儒竭力拥护君主制度，（自注：用今通行语，即是拥护统治。）其理想在得圣人为天子，遂举文王为君主之模范人物。（自注：孟子与伪《中庸》等皆有此意。）度其赞扬文王之用意，当不外此。古《易》曾见重于孔子，六国小儒遂造文王代伏羲重卦之谣，庶几文王道术上与古圣争烈。（自注：古圣指伏羲。）余自信此种推想颇切近事实。六国小儒一方固守其小康思想，而自负为真孔；一方又不满于孔子晚年造六经、倡大道而排复古，所以抬出文王以临于孔子之上，且暗示孔子之《易》学源出文王，此六国小儒之诡计也。《易大传》称"《易》之兴也，其当殷之末世周之盛德耶？当文王与纣之事耶？是故其辞危"云云，此乃六国小儒为文王而增入之也。孔子曰："吉凶与民同患。"此孔子《周易》所由作也。若殷纣、周文同是统治阶层，此起彼仆，徒苦天下大多数庶民耳。当时大思想家夷、齐兄弟便有以暴易暴之叹。《易》之学若兴于"文王与纣之事"，尚成何学术乎？甚矣小儒之蠢也！六国小儒伪造文王演《易》事，其心计颇复杂，根本是小儒向大道学派进攻之一大暗潮。①

这样，从信从成说到学术探讨再到阶级判断，熊十力最终基本或根本否定了文王、周公与《周易》的关系，将文王重卦并作卦爻辞或周公作爻辞之说视为小儒谣言，当作辨析《周易》传世本真伪的标准之一；将伏羲也只作为《周易》原始素材的制作者；而以孔子为《周易》主要甚至是唯一的创作者。当然，在熊十力看来，孔子《周易》并不是经六国和西汉小儒改窜的传世本《周易》。

其二，《连山》《归藏》与孔子《周易》的关系。在1945年所作《读经示要》中，熊十力肯定夏、殷二代实有《连山》《归藏》，直至汉

① 《熊十力全集》第七卷，第412页。

代其书尚存，故不可云伪。[①] 他指出传统看法以《连山》为伏羲所造而夏因之，《归藏》为黄帝所造而殷因之，但他对这种看法予以辩驳，认为《连山》《归藏》都是伏羲之卦的别种义序，其曰："伏羲通神明之德，类万物之情，以乾坤为首而序六十四卦，无可移者也。取八卦以属八方，即以属四时；又取十二卦以属十二月，以为消息。于重卦序卦之外，别一取义，以始艮终艮而目之为《连山》，以始坤终坤而目之为《归藏》，与五运六气之说相为表里，后世谶纬术数之家多本之。"又曰："伏羲之卦，明人道者也。《连山》《归藏》，明术数者也。郑康成云：殷阴阳之书，存者有《归藏》。谓之阴阳之书，则阴阳五行家言也。大幽堪舆之属，托诸神农、黄帝，《连山》《归藏》盖即其类。其始本不与设卦观象之意相混淆，而自为用。夏殷以来术士之说行，而伏羲之卦象渐失其本。殷人尚鬼，盖更有甚者。其季世之人，第知六十四卦为占验灾祥之用，而不知其为天道人伦之学。"[②] 这是说，伏羲之卦存在着开启人文和术数等不同路向的可能性，由其卦序变化所形成的《连山》《归藏》正是被术数家所利用，从而与《周易》分道扬镳。1952 年《新唯识论语体文本壬辰删定记》仍认为夏《连山》、殷《归藏》不伪，且以之为孔子《周易》的前源，熊十力说："然《周易》自有渊源，不容忽而不考。夏《易》、殷《易》为《周易》所从出。……古称三《易》：夏《易》曰《连山》，昔人多以《连山》本伏羲而夏因之；殷《易》曰《归藏》，昔人多以《归藏》本黄帝而殷因之；《周易》则古籍称文王在羑里演《易》，当是孔子作《易》之所根据。……二代之《易》，昔人多疑为后世伪托，此乃误疑。桓谭《新论》称《连山》八万言，《归藏》四千三百万言；郑氏《礼运注》云'殷阴阳之书，存者有《归藏》'，可见二《易》后汉时犹存，其佚文可考者，《连山易》以《艮》为首，《归藏》以《坤》为首，二《易》与《周易》首《乾》互不同。余以为三《易》首卦不同，不独是吾国《易》学上一大问题，而确是世界哲学思想史上

① 见《熊十力全集》第三卷，第 863 页。

② 《熊十力全集》第三卷，第 869 页。

一大问题。二《易》首卦之说尚存，最可宝贵，吾人因此可考见孔子作《周易》实融会二《易》。孟轲赞孔子集大成之言足征不妄。”[1] 到 1956 年写作《原儒》下卷时，熊十力上述观点有同有变，其曰：“汉时有殷《易》曰《归藏》，郑玄曰：殷阴阳之书，存者有《归藏》。焦循曰：谓之阴阳之书，则阴阳五行家言也，（自注：《汉书・艺文志》有“阴阳五行家皆术数也”。）此说当不误，（自注：郑玄亲见其书，而不曰古之《易》书也。）然亦是《易》家之支流耳。”[2] 此言仅及《归藏》，肯定殷商以迄东汉实有其书，但属阴阳五行术数家言，既非《周易》前源，亦非《易》学正宗。其时与以往观点不同之处还在于断定《连山》为伪，其曰：“汉人相传夏《易》曰《连山》，号为伏羲之《易》，夏人因之，而有首《艮》之说。……其为战国时术数家所伪托，不待言矣。……余昔未欲决定夏《易》为伪托，近始断言其伪。”[3] 迨及 1961 年所作《乾坤衍》，熊十力则一并疑及《连山》《归藏》，其曰：“汉世虽有《连山》《归藏》与《周易》并称三《易》之说，其书在汉世已少人道及，是否真有其书，颇难断定。若汉时果有《连山》《归藏》二《易》，吾推定当是六国时好事者所为，而伪称夏《易》、殷《易》耳。”[4] 不过无论以《连山》《归藏》为真为伪，熊十力都一以贯之地认为其乃术数之源而与孔子《周易》判然两途，所以在《乾坤衍》中他仍说：“《易》学始于上古伏羲作八卦，术数家即宗之，以为占卜之经典。至孔子作《易》，则依伏羲八卦而发明自己独创之义。”[5] 由此可见，熊十力基本上以《连山》《归藏》与孔子《周易》为伏羲八卦所衍生的两条不同脉络，他认为古术数乃至汉世以降象数《易》学肇始于前者，一度认为以宋学为代表的义理《易》学承传了后者，但最终认为宋学与象数《易》学同样没

---

① 《熊十力全集》第六卷，第 13—14 页。
② 《熊十力全集》第六卷，第 611 页。
③ 《熊十力全集》第六卷，第 613 页。
④ 《熊十力全集》第七卷，第 473 页。
⑤ 《熊十力全集》第七卷，第 475 页。

有接续孔子《周易》。①

其三，《易纬》。熊十力对羽翼诸经的谶纬有所辨析，他说："顾纬非谶比，持有微言大义，足资深究，盖《十翼》之支流。谶则纯为诬妄。"②"余以为纬书文义多不雅驯者，盖秦汉间儒生以焚坑为戒，乃故意如此，以免触忌。唯其中有孔子微言，至可宝贵！"③ 基于这种认识，熊十力一直对《易纬》抱持肯定态度，不过后来有所保留与分析。在1945年《读经示要》中，他说："初学读《易》，且先治《易纬》。《纬书》当是商瞿后学之传，不可与谶并论。《易》之原始思想多存于《纬》，孔子大义亦有可征于《纬》者，弥足珍贵。古说散亡，尚赖有此耳。""《易纬》当是七十子后学所传，其说多依据卦爻辞及《彖》《象》《系辞传》等。"④ 将《易纬》视作孔子《周易》之正传，初学入门之津梁，可谓评价极高。至1947年《十力语要》，熊十力稍变其说曰："《纬书》，先儒多不取。吾于谶则绝斥之，然《纬书》当是七十子后学流传，其义之是非当折衷于圣。"⑤ 一面仍然肯定《纬书》传自孔子后学，一面指出其义旨之是非有待于依据圣言而后判定，并不一概认为弥足珍贵了。及至1956年《原儒》下卷，熊十力虽然还是肯定"《易纬》颇存孔门精义"，但已不再认定其为七十子后学所传，而以为"《纬书》本秦汉间儒生杂集而成"，其中"杂乱之说被收入者亦多"，故"不可不严于简择"。⑥ 他还一面引用《易纬乾凿度》"太初""太始""太素"三始说阐发孔子《周易》"坤作成物"的意涵，一面批评其"太易"说曰："《乾凿度》于三始之前有太易，其说曰'太易者，未见气也'。（自注：郑玄

---

① 见《熊十力全集》第三卷，第915页；第六卷，第611页；第七卷，第472、474—475、482页；第八卷，第270—271页。

② 《熊十力全集》第八卷，第270页。此语另见第四卷，第139页，唯"持有"作"时有"。

③ 《熊十力全集》第五卷，第743页。

④ 《熊十力全集》第三卷，第915、977页。

⑤ 《熊十力全集》第四卷，第344页。

⑥ 《熊十力全集》第六卷，第694页。

云：以其寂然无物，故名之为太易。按未见气者，言太易之中，气尚未现也，郑云寂然无物是也。）据此所云，则是以太易为寂然虚无之本体。气且未现，则形与质俱未现更不待言。如其说，则本体是超脱乎三始之外而独在，明明与《周易》体用不二义大相违反，此乃六国或汉初儒生杂于道家言或天帝之说者所增窜，（自注：虚寂近于道家。而亦有说太易为太一者，则是北辰之神名，便杂入天帝之说。）决不可信为孔门之传。太易本不见于《易大传》，吾昔时曾妄信为太极之别名，今断定其伪。"[①] 由此，熊十力最终将《易纬》乃至《纬书》定为真伪掺杂、既不能全取但也不能全弃的经学文献。

二、《春秋》

熊十力反复引述孟子、董仲舒、司马迁、刘向、郑玄、范宁等历代学者的言论，确凿肯定孔子作《春秋》。[②] 至于后世"释《春秋》经者"，他认为"最古厥惟三传，曰《公羊传》，曰《穀梁传》，曰《左氏传》"。[③]《春秋》三传之中，熊十力重视《公羊传》而不看重《穀梁传》和《左氏传》，其曰："余谓《春秋》家言不可胜穷，但当以何邵公所述之三世义为主。"[④] "三传当以《公羊》为主，孔子大义微言，惟

---

① 《熊十力全集》第六卷，第 698—699 页。

② 熊先生曾认为孔子《春秋》只有口义而无文本，其曰"孔子作《春秋》，其说既不便于当时天子诸侯，故不著竹帛，而口授七十子。公羊高亲受之子夏，世传口义，至玄孙寿乃与弟子胡毋生著于竹帛"（《熊十力全集》第三卷，第 1011 页），但后来又改说"孔子之《春秋》不是仅凭口说流传，必已写出为书，由子夏传之公羊高，高传其子以及后嗣。经秦火之惨，久秘而未公之于世，故是秘文。及公羊寿师弟以小康曲说私作《春秋传》，而假称为孔子之口说，不肯承认其先人有受于子夏之秘文。汉以来言《公羊》者皆笃信其家传只有口说，是为公羊寿师弟所欺蔽也"（《熊十力全集》第七卷，第 340 页。另见第六卷，第 419 页；第七卷，第 367 页）。在熊先生看来，无论只有口义还是实有文本，都可肯定孔子曾作《春秋》；也无论是口义还是文本，孔子《春秋》在汉代以后都已亡佚。

③ 见《熊十力全集》第三卷，第 998—1002 页。

④ 《熊十力全集》第二卷，第 680 页。

《公羊》能传之。《穀梁》，昔人以为小书，于大义颇有得，而不足发微言。《左氏》则记事之史耳。汉博士谓其不传《春秋》，诚然。”① 比较而言，他最轻视《穀梁传》，指其“不能会孔子微言之旨，而不究乎元矣”，“尽弃孔子之微言，但作史评而已”，甚至斥之为“陋史之文”，② 因此他很少论及《穀梁传》。对于《左氏传》，他并不忽略其史料价值，不时加以引用，《读经示要》《原儒》等著述中每每可见；但他却决不承认《左氏传》传承孔子《春秋》，所谓“《左氏》不传《春秋》”之语屡

① 《熊十力全集》第三卷，第1002—1003页。“大义微言”语出刘歆《移书让太常博士》所谓“及夫子没而微言绝，七十子卒而大义乖”，班固《汉书·艺文志》袭用此语曰“昔仲尼没而微言绝，七十子丧而大义乖”。熊先生对此语含义反复加以解释，在1945年《读经示要》中，他说：“其于当时行事得失，一断以礼义，是谓大义；若三世义，则微言也。”“大义者，如于当时行事一裁之以礼义。……微言者，即夫子所以制万世法而不便于时主者也。”（《熊十力全集》第三卷，第1002—1003、1011—1012页。）在1951年《论六经》中，他说：“汉人言孔子六经有大义，有微言。按微言有二：一者，理究其极，所谓无上甚深微妙之蕴，六经时引而不发，是微言也；二者，于群化政制不主故常，示人以立本造时通变之宜，如《春秋》为万世致太平之道，必为据乱世专制之主所不能容，故孔子曰‘罪我者唯《春秋》’，其与弟子口相传者，亦微言也。大义者，随顺时主，明尊卑贵贱之等，张名分以定民志，如今云封建思想是也。”“微言者，孔子为万世制法之高远理想，不便著书而口授七十子者，是为微言。”（《熊十力全集》第五卷，第659—660、742页。）在1956年《原儒》中，他说：“夫大义者，扼要言之，即维护统治；微言者，扼要言之，即首出庶物，消灭统治。”（《熊十力全集》第六卷，第774页。）在1961年《乾坤衍》中，他说：“（刘）歆所云微言者，实指孔子晚年大道之学；所云大义者，实指孔子早年称述古帝王小康之道。”（《熊十力全集》第七卷，第360—361页。）概括而言，熊先生以“大义”为拥护或顺从当世政治的言论；而以“微言”为深奥的哲理或超越时代局限性的高远社会理想，特别侧重于后一种含义。不过熊先生有时也笼统使用“大义微言”一语，如谓“《易十翼》与《礼记》《周礼》，自是孔子底大义微言”（《熊十力全集》第二卷，第225页），“大小《戴礼》与《周官》皆孔子微言大义”（《熊十力全集》第三卷，第584页），“大小《戴记》当有战国及汉初儒者增窜之说，然其中大义微言，必出夫子传授”（《熊十力全集》第三卷，第1107页），“《易》之为书，固孔子之大义微言”（《熊十力全集》第四卷，第223页），“余谓大小《戴记》与荀书皆七十子后学述孔子之大义微言”（《熊十力全集》第五卷，第674页）。

② 见《熊十力全集》第三卷，第1021、1046页；第六卷，第414页。

见而不一见,[1] 且他将《左氏传》与《穀梁传》一样斥为"陋史之文",[2] 从而也基本上排除了《左氏传》在《春秋》学史上的地位。他曾坦言"余今兹所讲唯据《公羊》,而于《左》《穀》不欲及之"[3]。

熊十力虽然独重《公羊传》,但也并非始终认定其承传了孔子《春秋》。他对《公羊传》的信从大致只在1945年写作《读经示要》前后,其时以为"孔子作《春秋》,其说既不便于当时天子诸侯,故不著竹帛,而口授七十子。公羊高亲受之子夏,世传口义,至玄孙寿乃与弟子胡毋生著于竹帛"[4],又说"孔子特欲假借之,以明其作《春秋》之义,使后之读《春秋》者晓然知其大义所在,较之徒托空言而未能征实者,不益深切而著明乎?三《传》惟公羊家能明此旨"[5],凡此表明孔子《春秋》与公羊寿之《传》乃是一脉相传,且唯《公羊传》能够体贴《春秋》经义。他当时甚至高度推尊《公羊传》说:"若《公羊》确是借事明义,其字里行间实含蕴有极高远幽深之政治哲理,而足以范围天地,曲成万物,尽未来际,无有能外之者!"[6] 不过也是在当时,他已指出《公羊传》对孔子《春秋》有所改易,其曰:"昔孔子成《春秋》,制万世法,对于君权时代之乱制力主改革,故有知我罪我之叹。孟子言周制不可详,由诸侯恶其害己而皆去其籍。秦政时,儒生复经焚坑之祸,公羊传亲受经子夏,世传口义而不敢著于竹帛,至四世孙寿乃与弟子胡毋生共著竹帛,可见当时儒者避祸之心理。寿与胡毋生以口义笔之收册,必多所变易,而其微言之大者,又不可尽没而无传也,于是投好时主,托为为汉制法。"[7]

---

① 除上引《熊十力全集》第三卷,第1002—1003页之外,另外例见同卷,第1011、1017、1046页;第六卷,第414页;第七卷,第377页。

② 见《熊十力全集》第六卷,第414页。

③ 《熊十力全集》第三卷,第1012页。

④ 《熊十力全集》第三卷,第1011页。

⑤ 《熊十力全集》第三卷,第1016页。

⑥ 《熊十力全集》第三卷,第1046页。

⑦ 《熊十力全集》第三卷,第1013页。按"收册"似不通,但原文如此。

从1951年《论六经》开始，熊十力便不再相信《公羊传》传承孔子《春秋》，他的怀疑不断加深，终于完全否定《公羊传》与原经的关系。在《论六经》中，他说："盖汉初公羊家以吕政之祸为戒，因造纬书，诡称孔子为汉制法，冀以免害。据此可见公羊寿与弟子胡毋生当汉景帝时所写出之《春秋》，必非其先世口传《春秋》真相，而寿与弟子改写之伪本，凡所为变易以求合于为汉制法之意者，不外拥护统治阶层而已。然有万不可忽者，寿等伪本并未将孔子本义完全毁绝，只是于伪本中略寓微言。"① 尚许《公羊传》存有一些可信成分。至1961年所写《乾坤衍》，他便说："公羊寿、胡毋师弟对于孔子《春秋》，直是完全反叛，而自作一书，假托为孔子之口说，如此险毒，六国时小康之儒确未至乎是！……余平常每言小儒改窜六经，此实修辞不谨。如伪《公羊传》只可谓其伪造，不可说为改窜也。凡言改窜者，必于原书主旨或纲要多少有所留存，庶几同时及后世之读者可于改本中窥得原本主要的意思，方可发见改本是给予原本以无理的改易和混乱，所以说为改窜。今审核伪《公羊传》，其主旨是为汉制法，是拥护皇帝以天下为私有之乱制，此与孔子创发大道之行天下为公之学说，两相对照，根本不可相容，而彼乃诡称子夏传来之口义，今始著竹帛，是为孔子《春秋》，如此险恶，何可无辨？伪《公羊传》只是凭空伪造，与孔子经传本无关，不得谓之改窜。以伪《传》诡托于孔子，遂废孔子之经，是诚篡夺之阴谋，其罪亦甚于改窜！"② 这就确凿无疑地彻底否定了《公羊传》与孔子《春秋》的关系。

然则彻底否定《公羊传》，孔子《春秋》本旨又从何得见呢？熊十力认为只见于董仲舒口授司马迁而被司马迁记于《史记·太史公自序》的"贬天子，退诸侯，讨大夫，以达王事""拨乱世反之正"寥寥数语以及何休《春秋公羊传解诂》以据乱、升平、太平解说所传闻、所闻、所见三世义，而董、何之说则本自公羊氏世代私下口传而终不敢著于竹

① 《熊十力全集》第五卷，第657—658页。

② 《熊十力全集》第七卷，第376页。

帛的子夏口义亦即孔子本旨，其曰“董生受《春秋》于公羊寿，公羊寿之先世公羊高亲受《春秋》于子夏，而其子以下世相传，至寿已五世矣。董生从公羊寿得悉孔子《春秋》之真实底蕴，盖与马迁私言之”，又曰“余考定何休所述《春秋》三世义是公羊高所受于子夏而传之其子以及后嗣，世守未坠者，此确是孔子之《春秋》”。① 之所以说董仲舒与司马迁之私言是孔子《春秋》真实底蕴，熊十力认为乃因“《春秋》拨乱世而反之正，贬天子、退诸侯、讨大夫，曰贬、曰退、曰讨，则革命之事，所以离据乱而进升平，以几于太平者，非革命，其可坐而致乎”②，“王不谓君主也，王者往义，天下人所共向往之最高理想与最适于共存共荣而极美备之法纪制度，是《春秋》之所谓王事也”③。而以何休所说三世义确为孔子《春秋》本旨，则因“何休注三世：一、据乱世者，万国庶民在久受压迫与侵削之中奋起革命，消灭统治，拨乱世而反之正。二、升平世者，革命初成，乱制已革（乱制者，古《春秋》说少数人统治大多数人，即是造乱的制度），更须领导新建设，国家将改正旧日之国界恶习，而变为文化团体，但在万国未能遽行统一以前，国家仍保持独立的规模与军事之设备，其对外则防御列国中或有反动分子阴蓄异国；其对内则土地国有，一切生产事业国营，乃至万物聚散与人民享受等业务，莫不由国家经理（以上皆根据《周官经》而言。聚谓国内各地各种物资之统购；散谓分配物资于各地各项职业之人，平价出售，供其食用等需要），此举其大略也。三、太平世者，国界、种界一切化除，天下一家，人各自主而皆平等互助，无彼我分别，《易》云‘群龙无首’是也”④。熊十力认为这正是根本区别于“以拥护皇帝、稳固统治阶层为主旨”的《公羊传》的孔子为万世开太平的本义，亦即在整个中国古代社会都不被人接受的“非常异义可怪之论”。⑤

---

① 《熊十力全集》第七卷，第 338—339 页。

② 《熊十力全集》第五卷，第 667 页。

③ 《熊十力全集》第五卷，第 296 页。

④ 《熊十力全集》第七卷，第 339—340 页。

⑤ 见《熊十力全集》第六卷，第 423 页。

熊十力虽然肯定董仲舒、何休的言说传达了孔子《春秋》本旨，但也并不认为他们真正理解或服膺孔子为万世开太平的思想。他说：“孔子《春秋》之旨在消灭阶级，不许有君主、贵族统治天下庶民，此非无据之臆说，当于《原外王》中举其证。董仲舒受学公羊氏，深知此为根本大义，而其所撰《春秋繁露》一书，正与此义极端相反。……《繁露》之说三世纯是统治阶级之史法，其与何休三世义，相去岂止天渊？……董生《繁露》名为说《春秋》，而实建立事天之教。……董生托于《春秋》以树己义，其背叛孔子远在公羊寿及胡毋以上，何休故不取之也。”① 此处否定董仲舒但尚且肯定何休。熊十力又说：“何《序》首引《孝经》，决不敢推翻君统，其为《公羊传》作解诂，又何至反《传》乎？然何氏有以平口说家之忿而息其酿嘲者，即在其能明三世义，以稍存孔《传》几分真意，救《公羊传》为汉制法之失。”② 此处则对何休一贬一褒，褒其稍存孔子《春秋》几分真意，贬其决不敢推翻君统。至谓“其实何休还是维持公羊寿伪学，并非有意保存孔子《春秋》也”，“何休为伪《传》作《解诂》，因采纳民间流行之孔子三世义增入伪《传》中，以调和民间学者之暗潮，而其用意实在维护伪《传》”，③ 这就基本上否定了何休。熊十力还论及后世《公羊》学者，如宋代孙复针对《公羊传》文公十八年所载“莒弑其君庶其”而曰“称国以弑，国人皆可杀也”，熊十力痛斥“此为大不道之言，实《公羊传》启之也”！④ 大致可以说，熊十力最终对汉代以降的《公羊》学作了全面否定，唯独依据他所抉发阐释的董仲舒、何休言说而肯定了不复存在的孔子《春秋》。

三、《礼经》

关于《周礼》《仪礼》《礼记》即所谓“三《礼》”，熊十力一向认

---

① 《熊十力全集》第六卷，第423—428页。另见第六卷，第481、484页；第七卷，第338—339、367页，对董仲舒的批评不一而足。

② 《熊十力全集》第六卷，第426页。

③ 《熊十力全集》第七卷，第344、377页。

④ 《熊十力全集》第六卷，第505页。

为《仪礼》与孔子无关。在1945年《读经示要》中，他说：“《仪礼》自是周代旧典，不必为夫子所删定，但为孔门之所传习则无疑。”① 尊《仪礼》为孔子以前的古典，但尚未坐实其作者。在1951年《论六经》中他又说：“愚谓《仪礼》非孔子所定也，盖始制自周公，而两周后王或有增入，但所增者必于周公之本义有所因。故求周公制礼之意者，当以《仪礼》为信据，（自注：《仪礼》文字质直简古，故信而可据。）此经不必于孔子有关。”② 从此肯定《仪礼》为周公始制而后王有所增益。1954年所写《原儒》上卷除了反复重申《论六经》的说法，还进一步强调“若论孔子六经中之《礼经》，则《仪礼》自当别出为一书，不容淆乱六经”③，更加明确地将《仪礼》排除在孔子六经之外，不过其时毕竟尚无贬斥之意。至1961年《乾坤衍》，熊十力就对《仪礼》的思想内容予以批判了，他说：“《仪礼》十七篇，与孔子无关，当是周公旧典，后王或不无变易，此六国时小儒所传也。”④ 此语的意思是说《仪礼》大体上确实是真古典，但却是维护君主统治因而被小康派所尊奉传授的古典，也是孔子大道思想所摒弃的古典。⑤ 总之，《仪礼》是被熊十力排除在孔子六经之《礼经》范围以外的。

与对《仪礼》的看法相反，熊十力始终认定《周礼》出自孔子。早在1938年《中国历史讲话》中他就说《周礼》“确出孔子传授无疑”，

---

① 《熊十力全集》第三卷，第1107页。

② 《熊十力全集》第五卷，第674页。

③ 《熊十力全集》第六卷，第395页；另见同卷，第335页。

④ 《熊十力全集》第七卷，第437页。

⑤ 熊先生认为，孔子一生思想以五十学《易》为界而分为两大阶段，前段崇奉并传授拥护君统的小康礼教，后段则崇奉并传授天下为公的大道思想；大道思想方为孔子晚年定论，而小康礼教则为孔子晚年所极力反对者。由孔子思想的两大阶段发展出小康、大道两个学派，小康派亦称顽固派、小康之儒、小人儒、小儒等，因其维持阶级、拥护君主、主张私有而为世运之逆流；大道派亦称狂简派、革命之儒、君子儒、大儒等，因其倡导通过革命消灭阶级、进而实行公有经济和民主政治而代表历史进步方向。可惜秦汉之际大道派完全灭绝，孔子六经遂被小康派窜乱或伪造成为伪五经，孔子大道思想也就隐而不彰了。熊先生对小康派或小儒的批评斥责所在多有。主要参见《乾坤衍·第一分辨伪》，载《熊十力全集》第七卷，第335—496页。

“决定是孔子口说流传下来，其后学记录成书，大概在孔子没后五六十年间，不能再向后说去”。① 此后1945年《读经示要》说《周礼》“决是孔子之政治思想，七十子承受口义，转相传授，不知何时始著竹帛，但战国时儒者当有增窜”②，1951年《论六经》说“《周官》不必为孔子手撰，而其高远之识、深密之思，非大圣不克逮此。余以为此经大旨必孔子口授之七十子，其成书至迟在战国初期”③，1954年《原儒》上卷说“《周官》，余认为孔子所创，盖与《春秋》相发明”，“《周官》本孔子所作，以为《春秋》羽翼”，“《周官》为孔子所作，非后人所得伪造”，④ 1961年《乾坤衍》说“惟《周官经》为万世开太平，最广大深远，非孔子莫能作，虽小儒改窜颇多，而孔子真相最易发见，此真幸事”，“《周官经》确是孔子作，与《春秋经》一贯。……余决定《周官》作于孔子，但六国时小儒当有改窜，然孔子真象犹可考见。……由刘歆传至郑玄以至今世之本，当初或有刘歆增窜处，然大体犹存孔子本旨”，⑤ 可见熊十力乃以传世本《周礼》基本上为孔子真经。不过也就是在《乾坤衍》中，熊十力却又有“伪《周官经》成而孔子之《周官经》毁”的异说，他紧接此说而阐述道：“《周官经》出现于汉武帝时，未许通行。刘歆始表章之。康有为疑刘歆伪造。有为无知，妄信伪《公羊传》为孔子之《春秋》，故不能了解《周官经》是据乱世革命初步完成，领导庶民努力一切新建设事业之伟大经典也，刘歆何能造得出《周官》来？何休说是六国时人阴谋之书，此大谬误！《周官经》本孔子所作，六国时小儒改变之，多削去孔子精详之制，而胡乱增入者不少，但原书大规模犹可见，革命精神未失。”⑥ 这又不啻是否定了他所谓的“伪《周官经》成而孔子之《周官经》毁”的说法。

① 《熊十力全集》第二卷，第678页。
② 《熊十力全集》第三卷，第1108页。
③ 《熊十力全集》第五卷，第733页。
④ 《熊十力全集》第六卷，第335、395、517页。
⑤ 《熊十力全集》第七卷，第345、380—381页。
⑥ 《熊十力全集》第七卷，第499页。

熊十力为了确立《周礼》出自孔子的观点，对历来否定孔子作《周礼》而以之为周公、西周时人、六国时人乃至刘歆所造的纷纭众说进行了反复辩驳。他在1945年《读经示要》中说《周礼》“若以为刘歆伪托，则是知见太短，未足窥此经之蕴，遂推崇刘歆，而不自知其陷于愚妄也”①；在1951年《论六经》中说“《周官》之社会主义与民主思想本与《春秋》同一体系，而汉以来今古文家并是考据之技，不能究此经义蕴，或信为周公手订，或诋为刘歆伪造，而不悟此经与《春秋》同是孔子为万世开太平之书，则两家迷谬相等，无长幼可分也”②，又说“《周官经》，古称为周公作，汉以来疑之者则谓为出于六国时人，（自注：何休首持此说。）抑之者且诋为刘歆伪作，皆不深思之过也。此书囊括大宇，经纬万端，非圣智出类而有为万世开太平之弘愿者不能为。刘歆才则考据，行则党奸，何能创作此经？歆校理秘书而表章此经，盖以其为古籍而有取焉耳。当时共排之者，以己未得见而故与歆立异，则竖儒之污习耳。此经亦决非周公作。昔人之论，或以为周公创制而未实行，或以为此经于成周之制亦有合者，二说皆陋。创制不出一人，亦自有相合处，要当从其思想体系与根底而别同异，后说不究乎此。周公生商周之际，为周代创业垂统之人，而春秋时代学术思想之盛，更非周公之世所得有，今如臆度周公能有余力遐想，特造此经，不实行于当时而愿遗之万世，未免妄猜太过，故二说皆陋也。何休以为出于六国时人，而不信其出于孔子，则又大错特错”③；在1954年《原儒》上卷中说“日本汉学家林泰辅以此经（按指《周礼》）多用古字及古官名等，因判为西周人之作，王国维氏颇赞其说。余谓林说非是。后人理想之政制，其官名参用古名，此乃极寻常事，使用古字更不足奇。孔子自谓信而好古与温故知新，其因卦爻之象而演《易》，因鲁史而作《春秋》，皆托古也。安得以《周官经》有古字、古官名，遂疑非孔子作而断为西周

① 《熊十力全集》第三卷，第1108页。
② 《熊十力全集》第五卷，第658页。
③ 《熊十力全集》第五卷，第732—733页。

人作乎”①；在1961年《乾坤衍》中说《周礼》“刘歆说周公作，盖以媚王莽。郑玄承歆说而不知改正。近人康有为以《周官》为刘歆伪造，有为于《春秋》《周官》《礼运》三经均无所知，其狂吠不足辨”②。凡此皆通过破斥异说而认定《周礼》为孔子真经。

熊十力虽然认定《周礼》为孔子真经，但对《周礼》六官之《冬官》亡佚而以《考工记》补充的成说亦表同意，他说：“《冬官》亡失是最不幸事，汉人以《考工记》补之，殊不类。……《冬官》虽亡，而其职则在富邦国、养万民、生百物，此十二字至可宝贵。……吾意工商矿诸事业必特详于《冬官》，惜其制度与策划及技术等今皆无可考矣。科学知识与新器物之奖励亦当在《冬官》。”③ 又说：“《考工记》虽非《周官》之篇，而其思想确属《周官》统系，其最有价值者，莫如篇首一段文字，盖发明《周官》之大旨，而以平等与分职为社会组织之两大原则。（自注：平等即破除阶级，分职则社会所由发达。）”④ 一则以为《考工记》无法弥补《冬官》之失，一则肯定《考工记》亦属难能可贵。熊十力推究《冬官》亡失的原因说：“（《周礼》）此经在汉武帝时由民间献出，武帝诋为渎乱不经之书，藏之秘府，不令通行。何休詈为阴谋之书。其后竟缺《冬官》。冬官职掌百工之事，必有弘远规划或非常异义，此必汉朝博士所毁弃，至可惜也。其未毁者，博士亦必有改窜。刘歆在朝掌校书，见此经于秘府，甚好之。然歆辅王莽篡帝位，其于此经亦必承用博士窜乱之伪本，而或以己意有所增损，故此经真相毕竟不可睹。”⑤ 这也是从大道与小康对峙的视角作出的论断。

对于《礼记》，熊十力基本上是并大小《戴记》而言之，甚至长时间认为《荀子》也应该包括在其中。他在1945年《读经示要》中说：

---

① 《熊十力全集》第六卷，第397—398页。

② 《熊十力全集》第七卷，第380页。

③ 《熊十力全集》第五卷，第688页。按“十二字”指《周礼》原文所谓“以富邦国，以养万民，以生百物”。

④ 《熊十力全集》第五卷，第693页。

⑤ 《熊十力全集》第七卷，第632页。

“余以为孙卿书当与大小《戴记》并称《礼经》，而于二《戴记》中寻孔子说礼之本原处，别集为一篇；其大小戴所集后儒说，或不必合于孔子之旨者，亦别集成编；孙卿之义，条举其纲要而别为篇。如是总为一书，附于大小《戴记》及孙卿书之后，使言礼治者足资考正焉。”① 这是欲将大小《戴记》及《荀子》合成一部《礼经》，而将二《戴记》中的孔子言教、后儒阐说以及《荀子》中的礼论纲要分别结集，附于原书以发明经义。在 1951 年《论六经》中，熊十力也说：“《礼记》有大小《戴记》，复有荀卿之书。汉以来，小《戴记》久尊为经，而降荀卿于诸子。余谓大小《戴记》与荀书皆七十子后学述孔子之大义微言，而不无附益，当并称《礼记》，并尊为经，庶几《仪礼》还周公，而三《礼》仍备其数。”② 这是在排除《仪礼》之后，欲将《荀子》与《周礼》和大小《戴记》并称为三《礼》。《论六经》还说：“郑玄以《周官》为经，《礼记》为记，其说甚是。……《周官》为经，郑说不可易。大小戴两《记》与《荀子》俱宜删定为传，附之《周官》，但原本皆不可废。”③ 近似说法亦见于 1954 年《原儒》上卷，熊十力说：“荀卿书虽别为诸子类，而在记礼说之诸家中确与曾、孟等孝治论迥异其旨，此当列在《礼经》无疑。……《周官》为经，郑说不可易，两《戴记》与《荀子》俱宜删定为传，附《周官》以行，但原本皆不可废。”④ 不仅继续肯定《荀子》与两《戴记》俱为经传，而且将荀子礼论置于高出曾子、孟子相关思想的地位。

大致在 1951 年至 1954 年间，熊十力对《礼记》的态度由先前的基本相信转变为后来的怀疑和否定。在 1935 年《十力论学语辑略》中，熊十力说：“《易十翼》与《礼记》《周礼》，自是孔子底大义微言，七十子后学转相传授，疑汉儒伪托，便非。此须别论。（自注：大抵晚周故

---

① 《熊十力全集》第三卷，第 1108 页。

② 《熊十力全集》第五卷，第 674 页。

③ 《熊十力全集》第五卷，第 738 页。

④ 《熊十力全集》第六卷，第 400—401 页。

籍，秦汉间人不免多所搀杂。）”[1] 1938年《中国历史讲话》说：“《礼记》，汉儒辑录之书，其或旁采晚周杂家材料，不纯为七十子传授之辞，亦间有谬说浅语为辑者所妄附，然大体自属尼山传授，无可疑也。”[2] 1945年《读经示要》说：“大小《戴礼》与《周官》皆孔子微言大义，七十子后学传授不绝，秦汉间儒者容有增窜耳。”[3] 又说“大小《戴记》当有战国及汉初儒者增窜之说，然其中大义微言，必出夫子传授，七十子后学相承未坠，最可宝贵。余以为孔子之礼说，当于大小《戴记》求之。但后儒增窜，不可不辨”[4]。1951年《论六经》中说：“《礼经》有大小《戴记》，其间多鸿篇奥义，明天人之际，通古今之变，可谓广大悉备，为尼山遗教无疑，然杂入封建思想亦不少，必两戴所增也。”[5] 乃至1954年《原儒》上卷中说：“大小《戴记》却是七十子后学展转传授，其中多记孔子口义，亦有杂采古礼籍者，其由记述者以己意增益处当复不少。”[6] 这都是说《礼记》虽有战国秦汉小儒的增窜，但基本上却承传了孔子的礼制思想。这一时期，熊十力对他所特别看重的《礼记》之《大学》《中庸》《儒行》《礼运》诸篇也持信从态度，他说：“《大学》《中庸》为孔家哲学底总纲，盖七十子后学所述，汉儒亦有搀杂。”[7] “今后生或谓《中庸》汉儒作，无关孔子，此妄见也。……《礼经》为孔门六艺之一，《中庸》则《礼经》之一篇，而谓与孔子无关哉?”[8] “《大学》传于宣圣无疑矣。”[9] “此篇囊括万有，广大悉备，非孔子不能说，非亲承一贯之旨者不能记。……可知《大学》之传，出于

① 《熊十力全集》第二卷，第225页。
② 《熊十力全集》第二卷，第677页。
③ 《熊十力全集》第三卷，第584页。
④ 《熊十力全集》第三卷，第1107页。
⑤ 《熊十力全集》第五卷，第658页。
⑥ 《熊十力全集》第六卷，第335页。
⑦ 《熊十力全集》第二卷，第225页。
⑧ 《熊十力全集》第三卷，第584页。
⑨ 《熊十力全集》第三卷，第643页。

孔子无疑。"① "有谓《儒行》只是条列各种行谊，殊无宗旨者，此甚妄！此篇结尾明明以百行一本于仁，与《论语》相印证，孰谓无宗旨乎?"② "案《礼运》此文，盖《春秋》太平之义，经七十子后学传授，而戴氏录之于此。《论语·公冶长篇》子路曰：'愿闻子之志。'子曰：'老者安之，朋友信之，少者怀之。'详此所云，与《礼运》之理想适合，但辞稍略耳。又子路曰：'愿车马衣轻裘与朋友共，敝之而无憾。'即货不必藏于己意思。颜渊曰：'愿无伐善，无施劳。'即力不必为己意思。"③ 显然肯定诸篇与孔子有关。

但是，也就在《论六经》和《原儒》上卷中，熊十力逐渐加深了怀疑甚至否定《礼记》及其《大学》《中庸》《儒行》《礼运》诸篇的程度。在《论六经》中，他说："两戴礼书，杂宗法社会思想殊不少。盖秦汉间帝制已定，宗法思想盛行，两戴多取之，以与七十子所传夫子口义混杂成书也，今后研礼者须简别。"④ 在《原儒》上卷中，他说："今观此篇（按指《礼运》），从六君子谨于礼，用致小康，以逮篇终，殆将孔门记述原文完全改易，以拥护君主专政之乱制。其十义中'君仁臣忠'之云，明明保持大人世及以为礼，此与天下为公之道，孰得孰失不待辨而明。……今观此篇，仅首节略存大同义数条，其后文乃极意敷陈小康礼教，显然与大同义旨极端反对，可见此篇原文经后仓、小戴辈削改殆尽。"⑤ "余谓今《礼记》之《中庸》当是后仓等削改《汉志》中之《中庸》二篇而成者也，惜原书早亡，不可校勘。大概《礼记》中收入他书而改窜以成篇者，当不少也。"⑥ "今本《中庸》盖是孟荀一派之后学改窜古本而为此。孟荀诸儒实不能承受孔子之外王学，虽主张诛戮暴君，毕竟不反对君主制度，此非孔子嫡嗣也。……（自注：《汉·艺文志》

① 《熊十力全集》第三卷，第 674 页。
② 《熊十力全集》第三卷，第 690 页。
③ 《熊十力全集》第三卷，第 1060 页。
④ 《熊十力全集》第五卷，第 679—680 页。
⑤ 《熊十力全集》第六卷，第 446—447 页。
⑥ 《熊十力全集》第六卷，第 449 页。

礼家有“《中庸》说二篇”。颜师古注曰：“今《礼记》有《中庸》一篇，盖此之流。”余以为《礼记》之《中庸》一篇，盖由改窜二篇之《中庸》说而成，故以《礼记》中之一篇为今本，而《志》所载之二篇为古本。今本行而古本亡，必是古本之内容不合于君主制度，故无传也。）”[①]“今《礼记》中《礼运篇》说大同、小康两段文自是《礼运》原书之文，惟篇首‘孔子曰大道之行也’下，有‘与三代之英’五字，决为后人窜入，已屡辨于前。‘是谓小康’以下，其文甚长，从‘言偃复问曰如此乎礼之急也’起，直至结处，完全抛弃大同义不复谈，却专说小康礼教，其文句多从故籍杂集来，可见此篇必是后人将《礼运》原书改窜，而仍以《礼运》名篇。”[②] 及至 1961 年写作《乾坤衍》，熊十力对《礼记》诸篇就完全否定了，他说：“《礼记》一书是汉人辑录六国以来小康派之说，后人尊为一经。”“直取《礼记》一读，又见其不外宗主古帝王之教令而尽力发挥，窃叹六国时小康之儒，思想顽鄙固陋，其流毒深远，诚可痛也。”[③]“《礼记》中之《中庸》一篇，确为六国时小儒治礼者所作，其本旨在表章古帝王之礼教，以反对孔子《礼运》《周官》二经之新礼学，好为空阔之大言，亦窃取大道学说而变其本义，以成己说。”[④]“《礼记·儒行篇》，郑玄注析为十五儒，余详究之，其间十四儒皆六国时小康之儒也。”“十五儒中，惟革命之儒是大道学派，其余十四儒，大概在乱世能修其德业，对世事亦不忘怀，遇邦君与长吏，可与言即陈得失，不可则止，要归于穷则独善其身。此皆小儒之行也。作者于小儒特详，当是小康学派。”[⑤]“惜乎《礼运》一经，后人削除之殆尽，今无可考矣。（自注：《礼运》是孔子所作新礼经之一。六国时小康礼教最盛行，必首先改窜此经。汉初儒生又更乱之，列入《礼记》为一篇。）”“今小儒改变孔子之《礼运经》而别成《礼运篇》，乃伪托孔

---

① 《熊十力全集》第六卷，第 493 页。

② 《熊十力全集》第六卷，第 516 页。

③ 《熊十力全集》第七卷，第 341、342 页。

④ 《熊十力全集》第七卷，第 404 页。

⑤ 《熊十力全集》第七卷，第 376、380 页。

子自称，以大道与三代之英俱为其志之所在，厚诬圣人，何其无忌惮哉!"① 至于"伪《中庸》""伪《礼运》"之类的贬称，更是比比皆是。

通过排除《仪礼》、肯定《周礼》、否定《礼记》，熊十力最终提出了不同于传统"三《礼》"说的"孔子新礼经"（或"新礼学"）说。熊十力开始提出"新礼经"之称，大约在1954年写作《原儒》上卷时，至1961年《乾坤衍》，"新礼经"之称就屡屡可见了。所谓"新礼经"，乃是相对于古礼而言，熊十力说："孔子雅言礼，或时称说古礼，或时开演己之新礼学。"② 此所谓古礼，熊十力认为即《汉书·艺文志》所载"礼古经"，"《志》称'礼古经'者，《志》载书目须分部，礼之部有古经，故称'礼古经'"；那么"礼古经"究指何书呢？熊十力认定"《仪礼》是《艺文志》所称'礼古经'"；这就是说，孔子言礼，既一度承续"礼古经"亦即周公《仪礼》，更最终在批判"礼古经"的前提下自创"新礼经"，"余称孔子之礼书为'新礼经'者，则就学术言，孔子之礼学，反对古礼故也"，"古《礼经》不推翻，世运永远是统治层货力为己及以功为己之局，万物皆不得其所，是可忍乎"!③ 关于"孔子新礼经"的内容，熊十力认定厥为《周官》和《礼运》二经，他说："《礼经》之为孔子创作者，惟《礼运》《周官》二经，此余所往复详究，而后敢作此判定也。"④ "孔子之新礼经（自注：即《礼运》《周官》二经。）并继《易》《春秋》而作。"⑤ "礼有古经，则孔子之《周官》《礼运》二经皆为新经可知已。"⑥ "孔子作《礼经》，今有目可考者，惟《礼运》与《周官》二经。"⑦ "孔子新礼经"之《周官经》，无疑即传世

① 《熊十力全集》第七卷，第337、406—407页。
② 《熊十力全集》第六卷，第335页。
③ 《熊十力全集》第七卷，第345、348页；另见第六卷，第750页。
④ 《熊十力全集》第六卷，第750页。
⑤ 《熊十力全集》第七卷，第343页。
⑥ 《熊十力全集》第七卷，第348页。
⑦ 《熊十力全集》第七卷，第629页。

之《周礼》，但《礼运经》却并非今本《礼记》中的《礼运篇》。熊十力说："（《礼运》）此篇元来决是单行本，其篇幅不必过多，亦决不至太少。……其原本决不同于今《礼记》中之《礼运篇》。……今之《礼运篇》，当是后仓、小戴师弟取《礼运》原本而削改之，因辑入《礼记》中，不复为单行本。"① "余向时颇信《礼运》为《礼记》中之一篇，近来细思《礼运》原书自是别为一经，与《周官》同其尊重。"② "《礼记》中《礼运篇》，当是六国时小儒将孔子《礼运经》改窜而为此，惟其删削原经殆尽，而改窜本亦未成巨册，汉人收入《礼记》中。后人或疑其原经非独立之一经，（自注：原经谓孔子之《礼运经》。）此乃后人之陋耳。"③ "余在《原儒》断定《礼运》是孔子所作《礼经》之一，原为单行本，后由小儒改窜，列入《礼记》中为一篇。"④ 无论孔子是否著述不同于《礼记·礼运篇》的《礼运经》，可以确定的是，这部"经典"自孔子以来是并不存在的，这样，在排除《仪礼》、否定《礼记》之后，熊十力最终提出的"孔子新礼经"一说实际上只是基本肯定了《周礼》。

四、《诗经》

熊十力肯定传世《诗经》确为孔子对古诗三千余篇的删定，在1951年《论六经》中，他说："古者三千余篇，孔子去其重，取可施于礼义，即是删诗。"⑤ 1954年《原儒》上卷说"《诗经》，孔子依古诗三千余篇而删定之，凡三百五篇"⑥。直至1961年《乾坤衍》还说"《诗经》唯三百篇尚存"⑦。因此他一直以信从态度引述《诗经》篇章，诸

① 《熊十力全集》第六卷，第448—449页。
② 《熊十力全集》第六卷，第517页。
③ 《熊十力全集》第七卷，第345页。
④ 《熊十力全集》第七卷，第629页。
⑤ 《熊十力全集》第五卷，第739页。
⑥ 《熊十力全集》第六卷，第404页。
⑦ 《熊十力全集》第七卷，第401页。

如《周南·关雎》《周南·葛覃》《周南·兔罝》《周南·汉广》《召南·采蘋》《魏风·伐檀》《小雅·正月》《小雅·小宛》《小雅·蓼莪》《小雅·大东》《小雅·车舝》《小雅·鱼藻》《小雅·苕之华》《大雅·文王》《大雅·大明》《大雅·思齐》《大雅·皇矣》《大雅·烝民》《周颂·清庙》《周颂·维天之命》《周颂·昊天有成命》《鲁颂·駉》等，其中不少篇章多次引述。他还高度评价《诗经》，如谓“三百篇是中国先民底思想的表现，都是人生的，现世的，无有迷于神道者”①，“三百篇皆直抒性情，无有矫揉造作，情深而文明，如天地自然之美，一真之流行故耳”②，“试读《葛覃》《采蘋》诸诗，潜深玩味，便见他在日常生活里，自有一种欣悦和适勤勉温柔敦厚庄敬日强等的意趣，现前具足，用不着天国与涅槃来安慰。我们读二南，可以识得人生的意义与价值，大步走上人生的坦途，直前努力，再不至于面墙了”③。

不过熊十力又认为，“三百篇皆来自民间，今所谓大众文学是也”，若孔子对这些大众文学所做的“只是董理之业”，则“何足尊尚”？故“《诗》自孔子删定为三百篇后，而尊之为经，亦必有孔子创发之义”④，此所谓创发者就是当有而实不可见的孔子《诗传》。熊十力推论道“孔子六经原本皆有经有传”⑤，“五经皆有传，《诗经》无传，断无此事”⑥，所以“《诗》三百篇，孔子既删定之，必作传以发其旨。三百篇及《诗传》，皆孔子之《诗经》也”⑦。熊十力以《论语》之《为政》《八佾》《阳货》诸篇所载孔子论《诗》之语，以及郑玄《六艺论》引《春秋纬·演孔图》说“《诗》含五际”、《诗纬·氾历枢》说“午亥之际

① 《熊十力全集》第一卷，第627—628页。
② 《熊十力全集》第四卷，第284页。
③ 《熊十力全集》第八卷，第108页。
④ 《熊十力全集》第五卷，第740—742页。
⑤ 《熊十力全集》第五卷，第742页。
⑥ 《熊十力全集》第七卷，第413页。
⑦ 《熊十力全集》第七卷，第338页。

为革命”等语，作为孔子曾作《诗传》的零星证据，[①] 而全部孔子《诗传》，他则认为“惜遭秦火，无复可考”，“亡失殆尽”，“或六国时小儒已废绝之”。[②] 这样，在熊十力看来，传世《诗经》就只是一部残缺不全的经典；如果如其所说“孔子未删诗以前，古诗三千余篇，多是下民无有聊赖之呻吟，何得有经之称乎”[③]，即是将孔子对古诗的删定和阐释看得比原诗更为重要，那么传世《诗经》就更是一部只存留了不是最重要部分的残缺经典。

五、《尚书》

今传《尚书》五十八篇，特别是其中被认作《古文尚书》的二十五篇，自南宋以降便成为疑诋的对象，至清初阎若璩《尚书古文疏证》出，今传《尚书》特别是其中的古文篇章为汉晋士人伪造的说法俨然成为定谳，其疑经惑古的流风余韵至今未泯。[④] 不过，大概直至 1945 年写作《读经示要》以前，熊十力并未随顺疑《书》思潮，而对今传《尚书》却是采取信从态度的。在 1913 年发表的《翊经录绪言》中，他说：“尧舜氏作，尽反黄帝之说，本天征人，以十六字心传相授受，为后世儒学之祖。”[⑤] 在 1933 年发表的《杂感》中，他说：“《尚书》论治，以正德利用厚生为常经，此实千古不磨之训。”[⑥] 在 1938 年写作的《中国历史讲话》中，他说：“据《尚书·大禹谟》，帝舜以有苗弗率，命禹徂

---

① 见《熊十力全集》第五卷，第 739、741—743 页；第六卷，第 405—407 页；第七卷，第 413—414 页。上海古籍出版社 2001 年出版《上海博物馆藏战国楚竹书（一）》所收《孔子诗论》，为战国晚期随葬文献，当可进一步证明熊先生关于孔子必有《诗传》的断言。

② 《熊十力全集》第五卷，第 742 页；第六卷，第 405 页；第七卷，第 414 页。

③ 《熊十力全集》第七卷，第 397—398 页。

④ 见胡治洪：《〈尚书〉真伪问题之由来与重辨》，《江苏师范大学学报（哲学社会科学版）》2014 年第 1 期；人大复印资料《中国哲学》2014 年第 4 期全文转载。

⑤ 《熊十力全集》第八卷，第 20 页。

⑥ 《熊十力全集》第八卷，第 47 页。

征。禹纳益之谏，不果用兵。帝舜乃诞修文德，七旬，有苗格。想是有苗国君被流放之后，苗民不无怀旧之思，犹未服王命，舜复命禹伐之。益谏禹，有满招损、谦受益之言，盖谓既流其君，又伐其国人，是中朝将以满盛招损，不如修德以来之。禹与帝舜竟能兵修文德，而苗民遂来格焉，内部由此无不顺于教化者。可见统一之功，不当恃武力。又禹誓师之辞曰'蠢兹有苗，昏迷不恭，侮慢自贤'云。"① 所有这些引述都出自被历来疑《书》者们作为集矢之的的《古文尚书》之《大禹谟篇》，但熊十力却是径用不疑。

这一时期，熊十力还推断孔子未曾删定《尚书》，他说："古代正史，当推《尚书》。而《尚书》托始于尧，尧以前便不载。后儒或谓孔子删《诗》《书》，如果是真的，那尧以前事便是孔子删去了。然删《诗》《书》的话毕竟不足信，将什么作标准去删呢？若如晚世《史记精华录》《古诗选》这一类的删法，便无甚意义了。我想，孔子本人未必删《诗》《书》，但孔子的政治思想确是取法尧舜的。观《论语》中推尊尧舜，有曰'巍巍乎唯天为大，唯尧则之。荡荡乎民无能名焉'，又曰'无为而治者，其舜也欤'，即此可见其受尧舜遗教的影响不浅。《中庸》曰'仲尼祖述尧舜，宪章文武'，孟子学孔而言尧舜，学脉相承，的然可见。七十子后学或因独宗尧舜之故，就于《尚书》全部之中特别提出尧舜以下的篇章来教学子，转相诵习，那原本日就湮灭了。因为古代尚不知造纸，更没有雕版印刷等术，书籍之保存与流传都很不易，那不常诵习的书既已失掉，唯尧舜以下的篇章尚为儒生所日用不离，因此误传为孔子删《书》。……余谓孔子时，《书》有亡阙，自不待言，然独尧以前完全亡缺而无一篇之存，此恐未然。吾意孔子根本未曾删过《书》，亦不是因尧以前的《书》全缺才从尧序起。据《论语》说孔子雅言诗书艺礼，大约尧舜以下，孔子所雅言就流传下来，既非孔子对于《书》的简篇有所去取，亦不是尧以前的记载当孔子时便全亡缺至一篇没有。孔子于尧舜以下，是所雅言，试征之《论语》便可见。《论语》记孔子称

① 《熊十力全集》第二卷，第664—665页。

述尧、舜、禹、汤、文、武、周公的话都非常扼要，当时雅言所及，自不止此，然即此已可窥见孔子精神所寄与其思想渊源。然则二典与商周书略有存者，只因七十子后学宗主师说而常传诵之故，其他便不幸散失了。"[1] 这是说，古书之流传于后世者，乃因孔门师弟特重而诵习之，其不被孔门师弟所重者便湮灭了，并不是孔子专门对古书作过删定。

迨及 1945 年写作《读经示要》，熊十力关于《尚书》的观点便开始逆转。经过几年游移，[2] 迄于 1951 年《论六经》，他从此认定《尚书》由孔子删定，而经秦火以后所出之《书》几乎无一不伪。他说：

> 古者书三千二百四十篇，孔子删定，断从《帝典》始。……然儒学渊源固当求之《书》，而散失殆尽，伪造迭出，难可追寻者，亦莫苦于《书》。《史记·儒林传》及至秦焚书，《书》散亡益多。至作伪者，则汉成帝时张霸已空造百两篇，不止东晋梅赜献《古文尚书》《孔安国传》为伪也。《后汉书·杜林传》："林于西州得漆书《古文尚书》一卷，常宝爱之，虽遭难困，握持不离身。传之卫宏、徐巡，于是遂行。"马、郑本之以作传注，世或以漆书为杜林伪作。近人以伏生所传今文二十九篇为不伪，余谓伏生所传是否为孔子手定之篇，犹复难知。《秦誓》必秦时博士增入。《春秋》斥秦楚为夷狄，何至以《秦誓》继典谟乎？……伪孔《古文尚书》"人心惟危"四句，（自注：见伪《大禹谟》。）为宋儒所宗。宋儒虽已疑其伪，而卒不肯直斥之。清人始明断其伪，遂谓宋学所宗者已失其

---

① 《熊十力全集》第二卷，第 650—652 页。按熊先生将《论语·述而篇》"子所雅言，诗书执礼"之"执"解为"艺"，乃根据方以智《通雅》之说："诗书执礼，四者平列，不可以执字作执守解。执与艺古可通用，此中执字当作艺读。"见《熊十力全集》第六卷，第 334 页。

② 例如 1945 年《读经示要》引述正德利用厚生三事，乃称其被伪《古文尚书》杂引入《大禹谟》（见《熊十力全集》第三卷，第 590—591 页）；然 1949 年改定的《韩非子评论》却又径引三事而未作辨伪之说（见《熊十力全集》第五卷，第 352 页），可见这几年间熊先生对《尚书》真伪问题尚持游移态度。

据，不知伪书依执中一词而采道书之言，以相发挥，辞有增入而义无诬妄也。伪书其可轻排乎？……（自注：孔子删定之书与未删之书自有别。孔子之书，经而非史，盖推明二帝三王相传心要，以为后世法也。其未删之书，则史而非经，古所称三千二百四十篇，当与孔子之书并行，汉初或有存者。张霸造伪，必有所取材。伏生所传是否不杂未删之书，亦复难知。）①

又说：

古者书，三千二百四十篇。孔子所删定之《书》，据《汉书·艺文志》，凡百篇。《尚书璇玑钤》曰："孔子求书，定可以为世法者百二十篇。"（自注：案所求之书，即古书三千余篇也。百二十篇，则孔子所删定也。据此则《艺文志》言百篇者，举成数耳。）汉初距吕政焚书时甚近，其传说必无讹误。吕政焚书，济南人伏生，故秦博士，传《书》二十九篇。汉以来治《尚书》者，皆以伏生二十九篇为真。至张霸百两之篇，在汉时已辨其伪。马、郑古文《尚书》出于杜林者，世亦不信其为孔壁真古文。（自注：马、郑之书，唐世已亡。）而东晋梅赜献古文《尚书》纯属伪造，则自宋儒迄清人已成定谳。愚案伏生所传二十九篇，如信为孔子所删定之《书》，亦未免轻信。古书三千余篇，其为孔子之《书》所未取者，当亦流传人间。伏生故秦博士，以《尚书》名家，必于孔子《书》及古书三千余篇，皆所博观并究。至晁错往受书时，伏生年九十余，已垂死，气索而神弗完矣，焉得于模糊记忆中，将古书三千篇中未为孔子所取者决不混入孔《书》之内哉？近人皮锡瑞确信伏生二十九篇为孔子所定《书》，予未敢苟同也。伏生之《书》以《秦誓》终，决非孔子手定。齐桓、晋文并有高功，《论语》更以正而不谲许桓，楚庄德量甚宏，尤未易及，此三公者，皆非秦穆所敢

① 《熊十力全集》第三卷，第1094—1102页。

望，而二十九篇不载其事，独以《秦誓》侪于二帝三王典诰之列，有是理乎？伏生为秦博士，此必伏生所增窜也。……古《尚书》三千余篇，是古史；孔子删定之《尚书》百余篇，则是经而非史，此不可不辨也。……孔子之《书》必终于周公成王时事者，以三义推知之。一、《礼运》谈小康，专举三代之英，所谓六君子是也。故知周公摄王位，立成周一代之典礼，开八百年之基，而《书》即以是终。二、《论语》称古帝王之德，唯尧舜禹汤文武周公是子所雅言，此与《书》之始终相应。三、《诗》首《关雎》，刺康王之衰也。家天下与封建制度，自禹始奠之，至成王周公而盛已极，极则不可以不革也，故《书》终于周公成王，而《诗》始康王，发抒革命思想，《诗》《书》二经终始之脉络可寻也。①

又说：

六经唯《尚书》亡失颇怪，造伪最显。汉初，伏生传二十九篇，其真伪且不深论。河间献王得古文先秦旧书，内有《尚书》。《汉·艺文志》称武帝末，鲁共王坏孔子宅，得《古文尚书》。据上述二事，可见孔子《古文尚书》在汉武时，其真本确已出现于世。《论衡·正说篇》谓孔壁之书武帝遣使者取视，莫能读者，遂秘于中，外不得见。至孝成时，东海张霸案百篇之序，空造百两之篇，献之成帝，帝出所秘百篇以校之，皆不相应，于是下霸于吏，帝惜其文而不灭，故百两篇传在世间云云。又马、郑注古文《尚书》十六篇，或以为孔壁真古文，或谓其绝无师说，真伪难明。又后汉杜林于西州得漆书《古文尚书》一卷，传之卫宏、徐巡，世儒亦多疑漆书为杜林伪作。至东晋有伪孔古文，唐宋皆盛行。《尚书》之多伪造甚显明可考。而事之最可怪者，孔壁《古文尚书》藏于中秘，刘向曾以之校三家经文，成帝以之校张霸书，可见《古文尚书》真

① 《熊十力全集》第五卷，第749—751页。

> 本自西汉武帝时藏于中秘，未曾散失。东汉未亡之前，孔壁真本当犹存，何以两汉治《尚书》者，不闻有诵习孔壁《古文尚书》真本，更不闻有写以今文，流通于世者乎？自汉迄今，二千数百年，无人发此疑问，不谓之大怪事不得也。王充言武帝遣使取视，莫能读者，遂秘于中，外不得见云云，余由此推知，孔壁《古文尚书》之内容必于皇帝大有妨害，故武帝不许流通耳，此与其以《周官》入秘府之事同一阴毒。王充言莫能读者遂秘于中，此乃心存忌讳，不敢直言武帝禁孔子之书耳。武帝初即位，汉兴才六十余年，老儒能读古文者决不少，何至因莫有读者，遂秘于中乎？其后刘向犹以此秘本校三家，成帝犹以此秘本校张霸书，皆可反证武帝时决无莫能读者之事。吾由此而推定，伏生之二十九篇是秦时伪书，决非孔子《古文尚书》真本。皮锡瑞坚信伏生所传为真，乃大谬也。伏生所传而外，无一不伪，又不待言。古者书三千二百四十篇，孔子删为百篇。孔子未删之书，先秦必流通未泯。凡造伪书者，大抵取材古书，而托之孔子耳。当知孔子删定之书是孔子自发表其哲学思想之创作，是经典，非历史。古书则是古史而已。二者不容混也。①

综括而言，熊十力认为孔子删定的《尚书》经秦火而复出者，诸如伏生二十九篇、张霸百两篇、杜林漆书一卷乃至梅赜所献五十八篇，无一不伪；河间献王书下落不详；马融、郑玄注本来历不明；唯有鲁共王坏孔子旧宅所得《古文尚书》亦即孔壁书为真本。但这个真本又并非如《汉书·艺文志》所载为孔安国所得，熊十力说："《志》称安国所献之经传，当是安国与诸博士之徒所伪造，向、歆父子或亦不无增订，其材料当采集孔子所未修之古书。……与伏生之二十九篇同一性质，其与孔子之书绝无关系可断言也。"② 他根据王充《论衡·正说篇》关于孔壁书的说法而加以发挥道：

---

① 《熊十力全集》第六卷，第401—403页。
② 《熊十力全集》第六卷，第788页。

> 《尚书》，汉武帝时出于孔氏壁中者，定是孔子原本，而武帝匿之于秘室，始终不许流行，卒致毁灭，此必有大不利于皇帝也。《艺文志》称“武帝末，鲁共王坏孔子宅，而得《古文尚书》。孔安国者，孔子后也，得其书，以考二十九篇，得多十六篇。安国献之，遭巫蛊事，未列于学官”云云。余考王充《论衡》说及《尚书》，则与《艺文志》完全相反，真是怪事。《论衡·正说篇》云“盖《尚书》本百篇，孔子所授也。（自注：中略。）至孝景帝时，鲁共王坏孔子教授堂以为殿，得百篇于墙壁中。武帝使使者取视，莫能读者，遂秘于中，外不得见”云云。《论衡》所说与《艺文志》完全不符，余确定《论衡》之说是当时事实，不可信《艺文志》而疑《论衡》。班固作《艺文志》，本遵依向、歆父子之说。汉儒一致祖述六国时小儒，欲变孔子为继承古帝王小康礼教之大师，以此拥护皇帝。且武帝时，正利用孔子，定为一尊，若其《书经》反对皇帝，则武帝自不得不匿之秘室，以渐毁灭，此当时国策之必然也。①

这样一来，唯一真实的孔壁书早于汉代便湮灭于皇家秘室，唯一流传至今的梅赜五十八篇又铁定为伪书，熊十力也就基本上否定了传世《尚书》的真实性。不过，值得注意的是，熊十力虽然确定传世《尚书》为伪，但还是肯认伪书亦有所本及其价值，这一观点不仅见于上引《读经示要》“伪书其可轻排乎”一语，而且在《乾坤衍》中也被反复申述，所谓“正德见《古文尚书》，此书虽伪，而其材料采于古籍”“伏生所传《尚书》，本非孔子《书经》，但其所载事迹，则必采之古史”“《大禹谟》虽今文所无，然于古史必有取材，如‘水火金木土谷惟修，正德利用厚生惟和’等语，必古史之遗文也”云云，② 以至在 1965 年所写的最后

① 《熊十力全集》第七卷，第 363—364 页。

② 《熊十力全集》第七卷，第 351、356 页。

的著述《先世述要》中，熊十力还依据传世《尚书》之二典三谟阐发儒家政治思想。①

六、《乐经》

今文学家认为本来就无《乐经》，古文学家则认为《乐经》亡于秦火，一般采信古文学家的说法，认为《乐经》亡于秦汉之际，这成为经学史上的共识。以经学史上的共识为参照，熊十力关于《乐经》的看法存在着与之始异终同的转变。在 1945 年《读经示要》中，熊十力说："或疑《乐经》亡失，然《礼记》中《乐记》一篇，则《乐经》也。旧说汉武帝时，河间献王好博古，与诸生等共采《周官》及诸子言乐事者，以作《乐经》，此说不足据。《乐记》义旨深远，决非杂凑之文，此必孔子传授，七十子后学记载。"② 在 1951 年《论六经》中，他也说："《乐经》未全亡，《乐记》即《乐经》也。"③ "昔孔子修六经，而《乐经》居一焉。汉以来不见《乐经》有单行本，疑《乐经》独亡。愚谓《礼记》中有《乐记》一篇，即是《乐经》。其文虽不多，然经之为经，固不在文广也。佛经大部多至千百万言，小经或数百字，所谓以少文而摄无量义也。《乐记》大概二千字以上，不得云少。其文当是七十子后学所记述，亦犹释迦殁后弟子传其说结集《阿含》等经耳。愚案《乐记》宏阔深远，究天人之际，著万物之理，非圣人不能作也。"④ 这是认定《乐经》并未亡佚，《礼记·乐记》就是《乐经》。

至 1954 年《原儒》上卷，熊十力关于《乐经》的看法发生了变化，他说："《乐经》汉以来不见单行本。汉文帝时，有窦公者，年百八十岁，六国时魏文侯之乐人也。文帝召见之，窦公献其书，乃《周官经·大宗伯》之《大司乐》章也。后儒以《大司乐》章为《乐经》，此章自六国魏文侯时

---

① 见《熊十力全集》第八卷，第 884—896 页。

② 《熊十力全集》第三卷，第 1105 页；另见同卷，第 1015 页。

③ 《熊十力全集》第五卷，第 664 页。

④ 《熊十力全集》第五卷，第 670 页。

已由乐人从《周官经》抽出别行，自是《乐经》之一种。……孔子既作《礼经》，（自注：即《周官》。）亦应有说乐之专经，《大司乐》章仅是《礼经》之涉及乐教而已。又《礼记》中有《乐记》一篇，甚多宏大深微之义，后人或莫能省悟，当与《大司乐》章并行。"① 这段话的意思不甚清晰，似乎说《大司乐》章乃为《乐经》之一种；又似说孔子当有专门的《乐经》，因而《周礼》中的《大司乐》章并非《乐经》的内容。其意之明白无误的是，《礼记·乐记》不再被作为《乐经》，而只是可与《大司乐》章并行的涉及乐教的文献而已。这种情况似乎反映出其时熊十力在《乐经》存佚问题上莫衷一是。

到 1961 年《乾坤衍》，熊十力就完全否定《乐经》的存在了。他说："《乐经》主和，其本在仁，扬太和之声，畅生人之性，汉初已不传。六国乱亡，秦人昏暴，《乐经》散失，当在秦火以前。《周官经》与《礼记》所存说乐之文，皆不足以当《乐经》也。"② 又说："孔子六经，《乐》居其一，必是独成一部。《周官·大司乐》章不足以当《乐经》。《礼记》中之《乐记》更非《乐经》。《艺文志》称常山王禹献《乐记》二十四卷；刘向校书，得《乐记》二十三篇，与禹不同，此皆六国时儒生杂说耳，故《乐经》全亡。"③ 至此，熊十力对《乐经》存佚的看法与经学史上的共识基本达成了一致。

综上所述，熊十力对传世诸经的态度几乎都有一个从信到疑再到最终否定的过程，信疑转变的节点大致都在 20 世纪 50 年代初期，作为判断诸经真伪的标准则为是否主张通过革命铲平阶级、在经济上实行公有制、在政治上实行民主制。这些标准确有熊十力早年革命民主思想的背景，但更为直接的成因当是熊十力与他所理解的新中国的指导思想和社会制度的努力契合。熊十力曾经严厉批评疑经惑古思潮，在 1938 年《中国历史讲话》、1944 年《新唯识论》语体本、1945 年《读

① 《熊十力全集》第六卷，第 407—408 页。

② 《熊十力全集》第七卷，第 338 页。

③ 《熊十力全集》第七卷，第 358 页。

经示要》乃至1949年《韩非子评论》等诸多论著中比比可见，但他最终基于自己的思想观点而对诸经作了相当彻底的否定，这实在是学术思想史上的一个吊诡。

第二节　经义说

无论是相信传世六经主体上为孔子真本，还是否定其为孔子真本而只认为其中保存了一些孔子微言，熊十力都始终一贯地认定六经的内容不外乎内圣与外王两个方面。他说："《大学》三纲八目，总括群经。……（自注：立内圣外王之极则，由此而体道，由此而修学，由此而致治，由此而位天地、育万物、赞化育，此便是当然，不可异此而别有道。）"① 这是说《大学》一篇作为六经之要最，以三纲八目彰显了内圣外王之道。他又说："孔子之道，内圣外王，其说具在《易》《春秋》二经。余经（自注：《诗经》《书经》《礼经》《乐经》。）皆此二经之羽翼。《易经》备明内圣之道，而外王赅焉。《春秋》备明外王之道，而内圣赅焉。"② 这则是说，领率群经的《易》与《春秋》皆兼赅内圣外王之道而各有倚重。他又说："孔子六经虽遭窜乱，然由《大易》《春秋》《周官》三经，参以《礼记》诸经，谨于抉择，犹可窥见内圣外王之大体。"③ 乃进一步以为《大易》《春秋》《周官》《礼记》均深蕴内圣外王意涵。他还说"是故通六经之旨，体道以立人极，官天地，府万物，成天下之大业，极富有以无穷，恒日新而不用其故，何假趣寂以近于鬼，自逆性真为哉！道得于己之谓德，则备万物而非为物役，本无物化之患，斯无往而不逍遥矣。是故究其玄，则极于无声无臭，未尝不空，然与耽空者毕竟殊趣；显诸用，则曲成万物而不遗，未尝不有，然非执有者所可托。至哉六经之道！大中至正。遍诸天，历万劫，而斯道

① 《熊十力全集》第三卷，第554—555页。

② 《熊十力全集》第三卷，第1015页。

③ 《熊十力全集》第六卷，第332页。

无可易也”[①]，“夫经学者，旧云圣学。其为道也，以见自性为极，以会物归己为本，以反身而诚、乐无不备为功修之实，以己立立人、己达达人、极乎裁成辅相、参赞位育为功修之盛”[②]，乃至所谓“六经为内圣外王之学”[③]，“六经发明内圣外王之道，本来一贯，宜观其会通也”[④]，这就径以内圣外王作为全部六经的根本内容了。

内圣外王语出《庄子·天下篇》，其曰：“天下大乱，贤圣不明，道德不一，天下多得一察焉以自好，譬如耳目鼻口皆有所明，不能相通。犹百家众技也，皆有所长，时有所用，虽然，不该不遍，一曲之士也。判天地之美，析万物之理，察古人之全，寡能备于天地之美，称神明之容。是故内圣外王之道暗而不明，郁而不发，天下之人各为其所欲焉以自为方。”郭庆藩引成玄英疏曰：“玄圣素王，内也。飞龙九五，外也。既而百家竞起，各私所见，是非淆乱，彼我纷纭，遂使出处之道暗塞而不明，郁闭而不泄也。”[⑤] 虽然点出了内圣外王立德立功的含义，但直将其解作出处之道。熊十力对内圣外王的看法，上文所引诸语业已略明，而他还有更加清楚的解释说：“成己说为内，成物说为外。其实成物即是成己，本无内外可分，而复言内外者，乃随俗假设耳。（自注：世俗皆以己为内，以天地万物为外在，故不得不随俗假说内外。）圣者，智仁勇诸德皆备之称。王者往义，物皆向往太平，其愿望无已止也。”[⑥] 可见内圣意谓主体成就自己的德性，外王则意谓主体辅赞万物之向往太平的取向。熊十力又说“六经为内圣外王之学，内圣则以天地万物一体为宗，以成己成物为用；外王则以天下为公为宗，以人代天工为

① 《熊十力全集》第三卷，第580—581页。
② 《熊十力全集》第三卷，第710页。
③ 《熊十力全集》第六卷，第457页。
④ 《熊十力全集》第七卷，第447页。
⑤ 郭庆藩撰，王孝鱼点校：《庄子集释》，中华书局1961年版，第1071—1072页。
⑥ 《熊十力全集》第六卷，第342页。

用”①，“仁智交修，谓之内圣学，若采用今世通行之名，亦不妨称哲学”②，“外王学是关于政治社会诸大问题之探索与解决”③，“内圣学解决宇宙人生诸大问题，《中庸》所谓成己之学在是也。外王学解决社会政治诸大问题，《中庸》所谓成物之学在是也”④，更点明了内圣学涉及道德的本原及其实现亦即本体宇宙论和人生工夫论；外王学则涉及维系人类社会的多方面问题，诸如经济、社会、政治、国际、生态以及科技等。至于内圣外王的各自地位及其相互关系，熊十力认为“内圣外王，元是一贯。而不明儒家之本体论者，即未足与言儒家之政治理想”⑤，“且外王骨髓在内圣，不解内圣休谈外王。……圣学归根，在天地万物一体处立命，外王学之骨髓在此”⑥，“圣人作《易》创明内圣外王之道，而内圣实为外王之本”⑦，“实则外王本诸内圣，孔子《周易》一经，虽内圣外王皆备，究以内圣为外王之原”⑧，“可见内圣学是外王之本，而外王与内圣又确为一贯”⑨，这都表明内圣外王一体贯通，但究极而言则以内圣居于根本地位。

一、内圣说

内圣为外王之根本，而宇宙本体又为内圣之根本，亦即道德之本原。⑩ 熊十力认为，六经对本体论多有发明。针对唐玄奘鄙薄儒学“六爻深赜，拘于生灭之场；百物正名，未涉真如之境”亦即以为儒家不见

① 《熊十力全集》第六卷，第 457—458 页。

② 《熊十力全集》第七卷，第 271 页。

③ 《熊十力全集》第七卷，第 427 页。

④ 《熊十力全集》第七卷，第 676 页。

⑤ 《熊十力全集》第三卷，第 1031 页。

⑥ 《熊十力全集》第六卷，第 345—346 页。

⑦ 《熊十力全集》第六卷，第 556 页。

⑧ 《熊十力全集》第七卷，第 448 页。

⑨ 《熊十力全集》第七卷，第 461 页。

⑩ 宇宙本体实为包括人类在内的万物的本原，由于此处克就内圣语境而言，故单指宇宙本体为道德的本原。

体的说法，他反质道："孔子系《易》，曰'易有太极'，六十四卦之义，皆此一极之散著，又无不会归此一极，谓《易》不见体可乎？《春秋》本元以明化，董子《繁露·重政》云'元犹原也'，此则与《易》义相会。《易》曰'大哉乾元，万物资始'，《春秋》建元即本斯旨，一家之学，宗要无殊。《春秋》正人心之隐慝，顺群化以推移，其义据则一本于元，（自注：元者，万物之本真，纯粹至善者也。其在于人则为本心，而抉择是非或善恶者，即此本心为内在的权度。）谓《春秋》不见体可乎？"① 他还说"《易》为义海，六十四卦显无量义，要归'易有太极'一语，谓《易》无本体论可乎"②，"乾元者，物之本体，岂可云无"③，"《春秋》与《大易》相表里，《易》首建乾元，明万化之原也，而《春秋》以元统天，与《易》同旨"④，"原夫《大易》言天道者，即哲学上之本体论"⑤，反复强调《大易》的首要内容就是本体论。由于"《易》为五经之原"，"五经根本大义皆在于《易》"⑥，于是熊十力乃径言"夫六经广大，无所不包通，而穷极万化真源"⑦，"六经之学虽不主反知，不遗物理，而毕竟归于见道"⑧，"六经明万化之大源，人生之真性"⑨，此所谓万化真源、道、万化之大源、人生之真性云云，皆为本体之别称，可见熊十力终归以为六经无不见体。

熊十力依据《大易》《春秋》诸经，抉发本体法尔充周之仁、健、

---

① 《熊十力全集》第三卷，第 180—181 页。相近文字又见 1953 年《新唯识论》（删定本），其中在"孔子系《易》曰'易有太极'"一语下自注曰"太极即本体之名"，见《熊十力全集》第六卷，第 121 页。相近文字还见于 1958 年《体用论》，见《熊十力全集》第七卷，第 54 页。

② 《熊十力全集》第三卷，第 503 页。

③ 《熊十力全集》第三卷，第 933 页。

④ 《熊十力全集》第三卷，第 1019 页。

⑤ 《熊十力全集》第五卷，第 677 页。

⑥ 《熊十力全集》第三卷，第 880、881 页。

⑦ 《熊十力全集》第三卷，第 691 页。

⑧ 《熊十力全集》第三卷，第 729 页。

⑨ 《熊十力全集》第三卷，第 762 页。

诚、觉、大明、虚灵、纯粹、通畅、谐和、正固等德性，但无论如何罗列显然都不足以穷尽本体无量至善之德，故熊十力又往往概称本体“涵万理，备万善”“备万理，含众善”或“备万理，含万德”,① 他说：“《易》赞乾元曰‘元者善之长也’，此善字义广，乃包含万德万理而为言。长字读掌。长者，统摄义。万德万理之端皆乾元性海之所统摄。(自注：乾元即是本体之名。以乾元之在人而言，则名之曰性。以乾元统含万德万理之端则譬之曰海，海至深广，宝藏富故。）故曰元者善之长也。(自注：元之为言，明其为万德万理一切善端之统摄者也。本体如不具善端，即是空空洞洞，本无所有，何得为宇宙之原乎?）所以知乾元为善之长者，人道范围天地，曲成万物，无有不循乎理而可行，无有不据于德而可久。德理者，人道之大纲也，失其纲则人道无与立。人道之有是理与是德也，非由意想安立，非从无中生有，乾元性海实乃固有此万德万理之端，其肇万化而成万物万事者，何处不是其理之散著、德之攸凝?（自注：本体是含有万理之端，其肇始变化而成一切物事，皆理之散著耳。……本体必具无量盛德乃得成为万物之本体，如刚健也，生生也，诚也，常恒也，皆本体所固有，乃至众德不可胜举者，莫非本体潜伏其端。是故《大易》《中庸》并有天德之言，而天则与天理亦见于《易》及《礼记》。）惟人也，能即物以穷理，(自注：理虽散著乎庶物，而会通与主领之者则心也。）反己以据德，(自注：蓄德在反己，而施之于物则须格物。）而总持之，(自注：德理双持，缺一即亏其本。）以实现天道于己身，而成人道，立人极。此其所以范围天地之化而不过，惟有理以利于行；(自注：天地谓大自然。明于庶物之理，故能以人工操纵与利用自然，专以兴利，使自然效其用而无过差。）曲成万物而不遗，惟有德以善其守。(自注：人类以德相孚，故能互相辅导，贤能则彼此相勖而俱进，其于不材者则扶之以进于材。因其人之资性而委曲成全曰曲成，无有一人被遗弃者故曰不遗。人类能守德而不偷薄，故相辅如是之固也。）是故征验之人道，而知万德万理之端，一皆乾元

① 《熊十力全集》第三卷，第917、947页；第五卷，第308页。

性海所固有，易言之，即天道所本具。《易》赞乾元曰‘善之长也’，非洞彻天人之故者，能言及此哉？”① 这就表明本体乃众善之长、万德之源，同时也表明包括人类在内的万物皆由本体造化从而皆秉至善本性。

关于本体化生万物以及人类并赋予人物以至善本性的契悟，熊十力认为诸经多有表现。他说：“夫《易》之乾元，即是仁体，万物所资始也。《春秋》以元统天，与《易》同旨。（自注：成形之大者为诸天，皆乾元仁体之凝成也。举天则赅万有可知。）”② “六经究万有之原而言天道。天道真常，在人为性，在物为命。（自注：物禀天道而生，即一一物皆天道呈显，不可说天道超脱万有而独在也。此中言物亦摄人，言命亦即性。命以所受言，性谓人物所以生之理，言异而其实一也。）性命之理明，而人生不陷于虚妄矣。”③ “《论语》《大易》《大戴礼》《中庸》之言道，互相证明。而《春秋》之元，亦同此旨。夫道，生生也。生天生地生人，只是此道。……至哉道也！生生不息，真常维极。反己自识则万化在我，万物同体。（自注：道者，吾人禀之以有生，万物禀之而成形，故人与万物同体，无二本故也。）仁覆天下而我无功名，本性自足而脱然离系。（自注：体道者，则大生广生之实，官天地府万物之富有，反之自性而得矣。）”④ “《易·无妄》之《彖》曰‘动而健’，此全《易》主旨也，天道人事于此得其贯通。……夫动而健者，天之化道也，而人体之以自强，所谓尽人合天是也。”⑤ “大哉乾元，赞乾元始万物之道大也。……万物资始者，仁体生生不息，万物所资之以始。（自注：先儒云：生天生地，生人生物，只是此个仁体。）”⑥ “爱者，仁体之流行，非有所为而为之也。生天生地生人生物，同此爱种，（自

① 《熊十力全集》第六卷，第567—568页。

② 《熊十力全集》第三卷，第400页。

③ 《熊十力全集》第三卷，第554页。

④ 《熊十力全集》第三卷，第576—577页。熊先生说：“夫道者，宇宙本体之目。”“道者，本体之异名。”均见《熊十力全集》第三卷，第729页。

⑤ 《熊十力全集》第三卷，第917页。

⑥ 《熊十力全集》第三卷，第947页。

注：爱种谓仁体。）如何遏绝得？”[1] “性善之性则指吾人所得于天命以有生者，是乃至善无恶也。夫无声无臭、备万理、含万德而为万有之原者，是谓之天；即于天之流行不息，名之以命；天命名二而实一也。吾人禀天命以有生，即于天命在人而言，则名曰性，故性即命也、即天也。《中庸》曰‘天命之谓性’，之谓二字宜深玩。只天命在人谓之性，非性与天命有层级之分、内外之判也。故性者即万理万德咸备之实体，不可疑其有恶根也。”[2] “《易》曰‘乾知大始’，此言乾元有虚灵之德，故能大始万物也。知者虚灵无垢义，非知识之知，乾以其虚灵无垢而为万物所资始，孰谓物以惑始耶？万物同资始于乾元而各正性命，以其本无惑性故。证真之言莫如《易》，斯其至矣！是故于此心识得吾人真性，亦即于此心识得天地万物本体。”[3] 如此等等，不遑缕述。

不过，熊十力指出，诸经虽然肯定本体化生的万物及人类皆秉至善本性，却并不承认人物可以无差别地显发其本性。他说：“《蒙卦》明物之性犹未得遽显，如无机物始成，只是顽然一物质宇宙耳；及植物始生，则生命渐著，即乾元之性若将显而犹未也；至动物虽有心灵，而心为形役，其性终不克显，此正《屯卦》所云难也；唯至人类则阴闭之势将解，即其形已改造，而大脑发达，迥别于动物，故云阴闭之势将解。形属阴也，夫形者，心灵之工具也，工具改进，而心灵乃得利用之以发展，于是而性有全显之可能。”[4] 又说：“《易》明乾元始万物，故曰万物各正性命。……万物之本性皆是乾元。……乾元即仁，亦即良知，可见仁或良知即是万物或一切法共有的本性，（自注：言万物而人类在其中。）岂唯人类独有之乎？……夫仁或良知虽一切法同有，而植物及无生物则不能显发之……但动物虽有此端倪，而毕竟甚暧昧，未能显发；能显发之者，厥唯人类。故从万物本性上说，任何物通有仁或良知，不

① 《熊十力全集》第四卷，第 575 页。
② 《熊十力全集》第五卷，第 308 页。
③ 《熊十力全集》第六卷，第 31 页。
④ 《熊十力全集》第三卷，第 933—934 页。

唯人类有之而已。从万物不免受形气之限而言，则唯人类能显发其仁或良知，而可以谓之特殊。”[①] 这就确切表明无生物、植物以及人类之外的其他动物都根本上或基本上不能显发本体赋予的本性，只有人类因其身心构造而为万物之中唯一可能显发至善本性的特殊者。

那么是不是说人类无论何时何地都必然显发至善本性呢？熊十力认为诸经持论不仅决非如此，而且恰恰相反！“吾人常易为形骸所役，以殉乎私欲，则未能尽吾之性，而吾且成为顽然之一物，乃将天赋本命完全障碍，从此陨坠日深，欲还复天命，得其本体，良非易至”[②]，这是《周易·系辞》期以“穷理尽性至命”加以疗救的人病。“人固常有心为形役之患，而易为鸟兽之归。心为形役即阳被阴锢，蒙昧之象也”[③]，这是《周易·蒙卦》对人生愚暗的揭露。“然而人之生也，便成为形气之个别物事，俗云我者是也，此我乃与我以外之人或物对峙，且不能不迫于实际生活，于是挟自为之私而处处计利，因此难全其天命之本然，人生有失其本性而物化之虞，有堕没之险”[④]，这是《周易·震卦》告诫“君子以恐惧修省”的原因。质言之，人类的至善本性往往因如王阳明所谓“随顺躯壳起念”而被形体感官所锢蔽，被私心物欲所惑乱，遂使“人可以放失其良知，人可以丧亡其本性，人可以造罪恶”[⑤]！人决不因禀受天赋善性就一定能够将其显发出来，也决不会是现成圣贤，[⑥] 实际上“人之作恶犯罪者确尔不为少数”[⑦]！所以，人若有志于克服锢蔽与惑乱而显发至善本性，唯有惺惺不昧、终生不辍地进行心性修养，所谓“《易》曰‘君子惧以终始’，人生无一息而自放逸也”[⑧]。

---

① 《熊十力全集》第五卷，第468页。

② 《熊十力全集》第三卷，第732页。

③ 《熊十力全集》第三卷，第933页。

④ 《熊十力全集》第五卷，第308页。

⑤ 《熊十力全集》第七卷，第269页。

⑥ 熊先生反对“人也该不待用力而皆为圣人”的说法，斥之曰“此大错误”，见《熊十力全集》第八卷，第519页。

⑦ 《熊十力全集》第七卷，第269—270页。

⑧ 《熊十力全集》第三卷，第429页。

而心性工夫论正是诸经最为丰富的内容，“圣贤垂训，莫非教人去人欲而存天理之方，若五经四书是已”①，熊十力对之作了大量阐发。

熊十力所阐发的诸经心性工夫论，如谓“在《易》乾为天道，坤为人道。坤以顺承天故，为善继乾健之德。（自注：《坤卦》表示后起底物事，吾人自创净习，以引发天性，即坤法天之象。）是故学者继善之事，及其成也性焉。《论语》曰‘人能弘道，非道弘人’。《论语》言道，当此所谓性。人能自创净习，以显发天性，是人能弘大其道也。人不知尽性，即化于物，而性有不存者矣，故云非道弘人”②，以乾坤之道表明继善成性之理；“恕者，推己及人，即于己之所欲，而知人之所欲亦如己，必须兼顾。己所不欲，勿施于人。所恶于左，无以交于右；所恶于右，无以交于左。人人能推此心，而天下之人各得其所，天地位，万物育。曾子曰：‘夫子之道，忠恕而已矣。’孟子曰：‘强恕而行，求仁莫近焉。’《大学》言平天下本之絜矩；絜矩，恕也，言恕而以天下为量”③，以恕道成就一体之仁；“诚者，忠信之谓。忠信是真实无妄义，诚亦真实无妄义。《易》曰‘忠信所以进德也’。《论语》言‘主忠信’。忠信是工夫，亦即是本体。天地万物元从一个真实无妄的至道发现，即此至道名为万物本体。（自注：言万物而人与天地在其中也。）吾人能持忠信于日用践履之间，即日用践履莫非真实无妄至道之昭著，故曰工夫即本体。孔子在《论语》及《易》言忠信，而于《中庸》演《易》之旨则言诚，其义一也。……《中庸》曰：‘诚者天之道也，诚之者人之道也。’上句克就本体言，下句约工夫言。尽人所以合天，合天即超越小己，而会万物为一体。何以知然？未能合天，则执形而昧其性，即有小己与万物对立。能合天矣，即彻悟万物与我同性，故不见有小己，而万物皆吾一体，见性则亡形碍故也。然则离有对而入无待者，其至诚之谓欤？游无待者，无有我与物对，无有物与我对，彻体真实，灵通无间，

① 《熊十力全集》第三卷，第695页。
② 《熊十力全集》第三卷，第465页。
③ 《熊十力全集》第三卷，第583页。

是以成己成物，己立立人，己达达人，无有一物在己性外故也”①，以至诚忠信作为尽人合天的通途；“《中庸》曰‘知耻近乎勇’，盖言知耻则自尊自贵，不肯为污贱之行，而后能勇于为善也”②，以知耻为勇于为善之端；“《礼运篇》曰：‘不能反躬，天理灭矣。’郑玄注：‘反躬犹言反己。’按反己二字，确是孔孟最上一着工夫。……天下之理得者，言自反而识得吾生之真。则万化之源，万物之本，无待外寻。吾与天地万物非有二本故，此就源头上立言也”③，以反己为知性知天的源头；“君子以自强不息者，此言人当体乾元之健德，尽其在己而无所亏也。……人道当体天德之健而实现之，积至刚以持之终身。百年之内，万变之繁，无一息不在强毅奋发之中。智周万物，而不敢安于偷以自固。道济天下，而不敢溺于近以自私。立成器以为天下利，其勇于创作也。洗心退藏于密，其严于自修也。此所以体乾之由初至上，潜见跃飞，积健不已，尽人道而合天德，故曰君子以自强不息也”④，以强毅奋发而成己成物；“吾人必须识得仁体，好自保任此真源，不使见役于形气。易言之，吾人日常生活能自超脱于小己躯壳之拘碍，而使吾之性分得以通畅，（自注：性分即谓仁体。）自然与天下群生同其忧乐，生心动念，举手下足，总不离天地万物一体之爱。……夫求仁之学，源出《大易》。《论语》全部，苟得其意，不外言仁”⑤，以保任真源而仁民爱物；“夫礼之为学，其要在行。知而不行，未证所知；行而弗力，无所得果。三《礼》精神，只一行字，因行制礼，从礼起行”⑥，以力行而证知得果；“唯有尽性工夫不容稍懈，尽者，吾人以精进力（自注：《易》曰“自强不息”。）显发自性固有之无穷德用，毫无亏欠，故说为尽。尽之工夫，正是无尽。《大般若经》有善譬，如箭射空，箭箭相承而上，永不退坠，如此

① 《熊十力全集》第三卷，第 584—585 页。
② 《熊十力全集》第三卷，第 598 页。
③ 《熊十力全集》第三卷，第 812—813 页。
④ 《熊十力全集》第三卷，第 953—954 页。
⑤ 《熊十力全集》第四卷，第 576 页。
⑥ 《熊十力全集》第五卷，第 675 页。

方是尽”①，以勇猛精进显发本性全德；“礼者，敬以持己而不敢偷，敬以待人而不敢侮，修于外以养其内也。乐者，冲和而不倚，同物而无己，诚于中以形诸外也。礼乐交修，则和与敬之德本醇固（自注：和与敬皆万德之本。）”②，以礼乐涵养道德根本；“吾注重良知主宰是要‘致’，即推扩工夫之谓。推扩工夫即顺良知主宰而着人力，人能弘道以此也。顺着主宰而推扩去，才无自欺，故曰欲诚意者先致其知也。不能顺良知主宰而努力推扩，鲜不陷于自欺者。《新论·明心章》特提揭即工夫即本体，此予苦心处。若无推扩之人工，主宰只是无为，将被私欲隔碍以至善善不能行，恶恶不能去，非道弘人故也”③，以人力推扩良知主宰；“《大学》者，大人之学，根本就已立志者说，故于诚意处单刀直入而言毋自欺，此亲切至极也。余以为志者，天人之枢纽。人之得以复其天，而不至流于物化者，志为之也。志不立，则人之于天直是枢断纽绝，将成乎顽物，何可复其天乎？孔子自言十五志学。《孟子·养气章》说‘志，气之帅也’。有志以为气之帅，则人之所以通乎天之枢纽在是。循此枢纽而动用一顺乎天，久之则人即天而天即人”④，以立志为即人即天之枢纽。此类论说，在熊十力著述之中不遑缕述。

熊十力对诸经心性工夫论的阐发，基本上贯穿着一个思路，即人类本性诚然秉具宇宙本体的万德万善，但至善本性却因时时处处被形体锢蔽和外物引诱以至萎缩或梏亡，所以若要护持并彰显本性之德，就必须以强力奋斗的方式实行心性修养，以上引文所谓“自创净习”“强恕而行”“尽人合天”“勇于为善”“至刚持身”“强毅奋发”“亲知力行”“勇猛精进”“着力推扩”“立志复天”等，都表明这一思路，熊十力更有集中论述说：

① 《熊十力全集》第六卷，第344页。
② 《熊十力全集》第六卷，第461页。
③ 《熊十力全集》第八卷，第526页。
④ 《熊十力全集》第八卷，第528—529页。

《易》曰“圣人成能”，这个意义非常重要。人只要自成其为人之能，不可说天性具足，只一意拨除障蔽就够了。先儒以为良知本来自足，但把后天底染污涤尽，而其本体之明自然显现。（自注：宋明儒者都是偏于这般主张，此与晚周儒大不同处，当别论。）我也承认天性是具足的，是无亏欠的，无奈人之生也，形器限之，他既限于形，就难把他具足的性显现出来。你看自然界从无机物到生物，乃至从动物到人类，从人类到其间底圣智，一步一步渐渐改造他底形，解放他底形之限，完成他自己底能，才得显现他底性。如果没有成能工夫，从何处见性来？老实说，成能才是成性。性之显乎人者具足与否，就看其人成能之小大强弱。成能小而弱者，其性分便亏损。成能大而强者，其性分便充实。（自注：此中言强者，不是强暴之强，乃日进于高明而不退坠之谓。若强暴之强，正是颠倒退坠，正是弱也。）这是从自然界底进化可征明的。先儒多半过恃天性，所以他底方法只是减。明道说：“学者今日无可添，只有可减，减尽便没事。”此虽明道一人之言，实则宋明儒大概都作这种工夫。他们以为只把后天底染污减尽，天性自然显现，这天性不是由人创出来。若如我说，成能才是成性，这成的意义就是创，而所谓天性者，恰是由人创出来。此非我之私见，上稽晚周故籍，《易》曰“圣人成能”，又曰“成之者性也”，又曰“成性存存，道义之门”，乃至孟子言性善而主扩充，荀卿言性而曰善者伪也，（自注：伪，为也，非虚伪。）都可与吾说相印证。夫天性是固有的，何可说由人创得？且是具足的，又何待人创得？不知固有具足云者，原夫人之所以生之理，初非有待于外，而诱焉自生，不谓之固有具足焉不得也。若乃当其有生而即性以成形，形既成矣，而日趋于凝固，性且受范于其所成之形，而流行或滞，则形有余而性若不足矣。况复人有是形，而其惑也忽与形俱起，则又听役于形体，以与物相靡。目靡于色，耳靡于声，口靡于味，意念靡于货财等等，由此化于物，将他固有具足的天性剥丧了。虽剥未至尽，也不过保留一线残余，如草木摧折之余，仅有一点萌蘖。所以《大易》立乾坤，以阳显天性，以阴显形体，阳数奇，阴数偶，阳少阴多。盖人生总受限于形体，形累日甚，结果把他所以成是形者之天性剥丧到最少，甚或等于零了，人只有一副顽固的形，他底天性、本心、明智不过是残余的萌蘖，吾人若不积极地利用这点萌蘖去努力创生，若火始燃，若泉始达，而徒消极地减去染污之足为害者，则安可望此萌蘖之滋长盛大，若火势燎原，若泉流洋溢成江海乎？减的工夫亦不可少，然一味注意减则不可。或问：宋明诸大师岂徒用力于减而不知创者乎？曰：此固难言。若全不解创，他如何生活得下去。即以其文言考之，自有时说到创的意思。不过他们底根本主张总是偏于减的，所以他们的末流，不免空虚迂固，抑或狂废，绝少活气。吾侪今日求为己之学，只有下创的工夫。凡言创者，皆有所依据凭借以为创也，不是突然凭空撰出甚物事而始谓之创也。汝自有残余的天性底萌蘖，幸未斩绝，此便是汝所可依据凭借以为创者。这个萌蘖如丝之端绪，握着这端绪，便创出无限经纶来。若不去创，则端绪虽具，也没有经纶。创只要不懈怠。若问何得不懈怠，且思如何是懈怠。当知懈怠即无心也。才觉得心亡失，没感发，没新机，即已化于物而邻乎槁死，便努力振作，直从枯木生华、死灰发燃一般，将令新新不竭，有施于四体不言而喻之乐矣。故夫人之有是天性也，本心也，明智也，自人创之而已。若过恃固有具足，而徒以减除物欲为功，则夫物欲者亦斯人生生之具，岂其皆恶害而皆可减哉？纵减到至处，亦将明于天而蔽于人矣。故吾之为学也，主创而已，此乃吾所切验而亦征之孔孟遗训以得其符者也。①

熊十力又说：

君子实用自力，以修其所固有之天德，非可曰天德在我，不假

① 《熊十力全集》第一卷，第605—608页。

> 修为也。夫人禀天德以生，既生则形气限之，而天德难显也，若非人能奋其自力，以修养所性之德，则将蔽于形气，而不得显发内在宝藏，（自注：所性之德者，此天德乃为吾人所禀之以为性者，故云。内在宝藏亦谓天德。）此人道所以常陷于险阻也。《坎卦》之象，其取义极深远，而忧虞已切矣。《论语》“人能弘道，非道弘人”，道犹此云天德也。道者，人所固有，故人能强于自修，以弘大其道也。然道虽在人，而人若不能自强以体道，即心为形役，而人乃丧道以成为顽物，故非道可以弘大其人也。①

熊十力阐发的诸经之刚健有为、精进无已的心性工夫论，为人类超脱躯壳锢蔽及外物诱惑而显发至善本性，从而首出庶物、成圣成贤、与天合德，指点了一条直截了当的途径。在他看来，诸经内圣学之结穴正在于此。

显而易见，熊十力从本体宇宙论和心性工夫论方面对诸经内圣学的梳理，与他的“新唯识论”哲学体系甚相契合，他自己对这一点也坦言直认，他说：“议者或谓余实以《新论》说经，（自注：《新论》具云《新唯识论》。）是固然矣。……余非敢以己意说经，实以所悟，证之于经而无不合，岂忍自陷诬经谤圣之罪哉！”② 这是说，他以诸经内圣学确证他的哲学，同时也就是以他的哲学发挥诸经内圣学。诸经内圣学是他的哲学基础，他的哲学是基于诸经内圣学的建构；诸经内圣学是他的哲学思想资源，他的哲学思想是对诸经内圣学的阐发；诸经内圣学是他的理论框架，他的理论是对诸经内圣学的充实。一言以蔽之，熊十力的经学思想与其哲学思想是析言有别而浑言无异、融会贯通而相得益彰的。

---

① 《熊十力全集》第三卷，第954页。

② 《熊十力全集》第三卷，第556—557页。

二、外王说

外王是内圣在社会政治乃至宇宙生态领域中的实现。由于内圣在历史情境中或者归于无从确证的传说，或者处于圣、王分离的状况，所以儒家外王说基本上不是对社会历史实际的记述，而是关于社会政治和宇宙生态的理想表达或制度设想，其不朽意义在于为人类提供了批判现实、改良社会的参照指标。

熊十力一生对诸经外王说作了大量阐发。在经济方面，他指出"《易·序卦》曰：'物不可不养也，故受之以需。需者，饮食之道也。'此义宏通，深得治母。未有民困至不给于食饮而可为治也"①，表明诸经以物质生活或经济利益为一切政治的根本前提，所以熊十力又说"《周礼》于经济问题已盛有发明；《大学》言理财归之平天下……《易》之《乾》曰'利者义之和'，尤为精义；《尚书》论治，以正德利用厚生为常经，此实千古不磨之训。何尝有如后世小儒空谈仁义而讳言利者乎"②，由此确证圣贤不仅不讳言利，而且重视经济问题。不过诸经虽然不讳言利，但却反对不公平地攫取占有经济利益，而主张均平大公之道，"《大学》言平天下而本之絜矩。（自注：絜矩，所以求平也。只计及我一方面的利害而不顾他方面，即非絜矩之道，即无以求平。）《周礼》立政，唯本均平。将来世界人类而有自觉之一日也，舍平等执中之道，而何以焉"③，"《论语》'不患寡而患不均'，《大学》以理财归之平天下。而官吏不许与民争利，《礼》有明文，不独防商贾垄断而已。《易》之《损》《益》二卦，明两利为真利。损己益人，非利也。损人益己，亦非利。损上益下，非利也。损下益上，亦非利。国家与人民之利益，必斟酌以得其平。一国与他国之利益，必斟酌以得其平。此损益之宏旨。通古今万国经济学说、经济政策，格以吾群经均平之大义，而其

① 《熊十力全集》第五卷，第680页。按"物不可不养也"当作"物稚不可不养也"。

② 《熊十力全集》第八卷，第47页。

③ 《熊十力全集》第二卷，第668页。

得失可知也”①，“是故吾古昔圣帝明王以礼让化民，使人皆知让而无相侵。其有不率教者，则又本礼让之意以制法。故豪强占田多者有禁，均田限田之议不绝于士大夫之口，工商垄断货利者有禁，自周、汉以来，历世承此政策。又以行法自在位始，《春秋》之义，君子不尽利以遗民，《诗》云‘彼有遗秉，此有不敛穧，伊寡妇之利’，故君子仕则不稼，田则不渔，食时不力珍，大夫不坐羊，士不坐犬。天不重与，有角不得有上齿，故已有大者，不得有小者，天数也。故圣明象天所为，为制度，使诸有大奉禄，亦皆不得兼小利，与民争利业，乃天理也”②，“《公羊春秋》与《礼运》皆除私有财产之弊，使民习于群体生活，而勉进大公之道”③，“《大学》盖孔门之学规，文虽简寡，而义则总括六经。其言天下大同之道，特揭示一条根本原则，曰平而已。平无私也，平无偏也，平无诈也。天下者，天下人共有之天下，彼此同恪守大平至平之原则，一切图谋、一切事业、一切建设皆从大平至平而发出，自然天下一家。反乎平，则大乱之道也”④。由均平大公之主张，体现出诸经的社会主义取向，“《易》言开物成务，裁成天地，辅相万物。而《论语》言治，既庶必富，（自注：富归众庶，不可专之一人或一阶级也。）既富必教；其答子贡问政曰‘足食，足兵，民信之矣’，皆通于《易》。足食、足兵、民信三者，是言立政规模，其实施之曲制法度，要在因时制宜，故不虚拟也。足食之原则云何？证以《论语》‘患不均’之言及一部《周官》大意，则孔子注重社会主义及生产发达可见，此与《易》之开物成务等意思正合”⑤，“孔子明其所志曰‘老者安之，少者怀之’，明是社会主义，以养老、育幼由公共团体负责，与《礼运》不独亲亲子子适合”⑥，“唯《地官》有保息六法，以养万民，可略窥其社会政策。保

① 《熊十力全集》第三卷，第 583 页。
② 《熊十力全集》第三卷，第 595—596 页。
③ 《熊十力全集》第三卷，第 614 页。
④ 《熊十力全集》第七卷，第 634 页。
⑤ 《熊十力全集》第三卷，第 867 页。
⑥ 《熊十力全集》第五卷，第 678 页。

息六者：一曰慈幼，二曰养老，三曰振穷，四曰恤贫，五曰宽疾，六曰安富。愚按此六法甚切要。《周官》为社会主义，其振兴产业既以国营为主，人民私营之业当受限制，如此则家庭组织必缩至极小，否则不能化家庭为社会，不能化私为公，故慈幼养老必须由公家负责。至于纯粹共产制，当难一蹴而几，私有制仍为有限度之保留，而人民之体力、脑力不必同等，则其自营之能力有小大，穷者、贫者、疾者皆社会所必不能无，故疾有宽，贫有恤，穷有振，亦公家之任也。唯民之能自致于富者，在私有制之限度内，公家当平其徭役，不可苛取于富民，使民安享其富，于社会繁荣大有裨益也，安富一条即为保护私营之原则”①，“《大易》有《比》与《同人》，（自注：比者，比辅义。伊川《比卦》传曰万物以互相比而生。《同人》之卦亦与《比卦》互相发明。）社会主义原于此也”②，“《周官》建国之理想在成立社会主义之民主国，以农工为主体，此非附会之词。细考《地官》乡遂之大多数农民与各种职工互相联系，或直接参预国营事业，或选举代表，及国有大故，得出席全国会议之类，可为农工居主体地位之确证”③。而唯有以均平大公为原则的社会主义，使“天下之利归之天下之人人，而无有一夫得自私者”，才可能臻于“至均而太和”的太平世界，④ 熊十力认定“治今日之中国，道必由是；为人类开万世太平之基，道必由是”⑤！至若“西人言治者，大抵因人之欲而为之法纪度制以调节之，将使人得各遂所欲而已。然欲则向外追逐无餍，非可自外调节者也，故其驰逞，卒成滔天之势。资本家之专利，帝国主义者之横暴，皆欲壑难填，而罔恤其他。甚至颠狂之独裁，束其国人如机械，而用之以狼奔虎逐于天下，恣其凶噬。遂使坤舆之内，鸟毙于空，鱼烂于泽，腥闻于天，帝阍难诉，则人

---

① 《熊十力全集》第五卷，第691—692页。
② 《熊十力全集》第五卷，第701页。
③ 《熊十力全集》第五卷，第729页。
④ 《熊十力全集》第三卷，第1068页。
⑤ 《熊十力全集》第四卷，第262页。

道至此而穷矣”①，“近世帝国主义者，内则庇护资产阶级以剥削劳苦众庶，外则侵略弱小之国，其祸患既大且深，而极难挽矣！……全世界人类所以陷于自毁者，则以强者拥有天下之财权而不恤弱小之怨恶，以为其怨恶无足重轻，吾可弗虑也，不知天下之势，屈伸恒相报，伸之已甚而其势终穷，屈之既久则其势已郁积甚深，将一发而不可御”②，“帝国主义国家对内则剥削大多数劳动人民，对外则侵略弱小的众国，人间世根本找不出一个平字，此真人道之忧也”③，即是说，以私有制为基础的现代资本主义帝国主义必将刺激人类最恶劣的私心与贪欲，不公平的财富拥有状况则必将导致阶级之间、国族之间的无尽冲突，致使人类永无宁日甚至争斗毁灭，熊十力因而慨叹“惜其不闻圣学也”④！

关于人在社会中的存在状态，熊十力指出诸经是主张人应该自由平等的，“中土圣哲是主张人生有自由，如《易》与《中庸》说圣人范围天地、曲成万物及位育参赞等功用，你看他主张个人自由的力量多么大”⑤，“人各自治而亦互相为理也，人各自尊而亦互不相慢也，人各自主而亦互相联系也，人各独立而亦互相增上也，（自注：增上者，扶助义，借用佛典名词。）人皆平等而实互敦伦序也，全人类和谐若一体，无有逞野志、挟强权以劫制众庶者，此亦群龙无首之众”⑥，“《春秋》之道，归于去尊以伸齐民（自注：贬天子，退诸侯，讨大夫，是不容有统治阶级也，人民皆得自治自由自尊自主，所以致太平。）”⑦，“就万物各具辟之全以言，则万物平等一味。《大易》‘群龙无首’，庄生‘太山非大，秋毫非小’，皆此意也。若推此意以言治化，则当不毁自由，

---

① 《熊十力全集》第三卷，第585—586页。熊先生还说：“晚世列强之政，使其民逞嗜欲而习争噬，将使人道毁绝。”见同卷，第868页。

② 《熊十力全集》第五卷，第689—690页。

③ 《熊十力全集》第七卷，第634页。

④ 《熊十力全集》第三卷，第868页。

⑤ 《熊十力全集》第一卷，第590页。

⑥ 《熊十力全集》第三卷，第946—947页。

⑦ 《熊十力全集》第三卷，第1014—1015页。

任物各畅其性。各畅者，以并育不相害为原则”①，“古者儒家政治理想，本为极高尚之自由主义，以个人之尊严为基础而互相协和，以成群体，期于天下之人人各得自主而亦互相联属也，各得自治而亦互相比辅也。《春秋》太平之旨在此”②，“夫子于《春秋》著三世义，将使民众各得自主自治自由自立，任大公而废统治”③，“《大易》之社会政治理想，依据其玄学上‘群龙无首’之宇宙观，必以辅赞各个人之自主、自治为主旨，而成立共同生活之结构。如《礼运》之大同规画即依据此义，其中最要者，如‘不独亲其亲，不独子其子’与‘货不必藏于己，力不必为己’诸条，皆所以导扬其协和精神，去个人自营之私，以适宜于集体生活。然于思想及言论等，均无有纳于一轨、冶于一炉之规定。此所以辅赞个人自主自治之权能，而成天下为公之盛治也。《中庸》申《大易》之旨曰‘万物并育而不相害’‘道并行而不相悖’，此为太平自由之极则”④，熊十力此类阐述尚且多多。不过熊十力又抉发了诸经关于自由平等不是无条件的而是有条件的这一思想，其条件就是德性，他说：“故平等者，发于本心之不容已也，天性也。天性本来自在，本来洒脱，于一切时，于一切处，无有屈挠，是谓自由，自由正是天性，不待防检。盖自由与放纵异，才放纵时，便违天性，便已不是自由也。西谚曰，人得自由，而必以他人之自由为界，此非真知自由义者。真正自由唯是天性流行，自然恰到好处，何至侵犯他人？天性上本无物我分之，自然泛爱万物，故博爱者，本心之不容已也，天性也。”⑤ 这是说，真正的自由平等以及博爱当是本体赋予主体的至善本性的称体发用，任何违反本性的防检和放纵都不是自由平等。由此，熊十力反复申说“《春秋》太平世，人人有士君子之行，是为众阳，是为群龙。无首者，

① 《熊十力全集》第四卷，第13页。
② 《熊十力全集》第四卷，第148页。
③ 《熊十力全集》第四卷，第293页。
④ 《熊十力全集》第四卷，第577—578页。
⑤ 《熊十力全集》第二卷，第662—663页。

至治之隆，无种界，无国界，人各自由，人皆平等，无有操政柄以临于众庶之上者，故云无首”①，“仁以贞天下之志，礼以通天下之情，天下自消其险阻，而游于大同之宇（自注：大同之世，人各自由而互不相碍也，人各自治而亦互相助也，不相碍而互助，亦自有组织与经纶大业。）”②，“《易·乾卦》曰群龙，所以比喻太平世全球大同、全人类皆有圣人之行也。故其时之人在共同生活之结构内，各各皆得自主自由，互相比辅，至赜而不乱，无有野心家敢挟私侮众者，故不须首长，故曰无首”③，“‘群龙’者，全人类之道德、智慧以至知识、才能皆发展到极盛，是谓群龙。古代以龙为至灵至贵之物，全人类皆圣明，故取譬于群龙也。是时人类皆平等，无有领导与被领导之分别，故云无首”④，“《春秋经》言太平世，天下之人人皆有士君子之行。士君子者，道德、智慧、材能三者莫不淳备也。天下之人人皆成士君子，即皆有纯健之德，（自注：天下者，谓普天之下，犹言全世界。人人者，则总括全人类而言之也。）正符合于《乾卦》六爻皆阳之象。全人类无有一个不是健者，即人人各各自主自治而未尝不同群合作，人人各各自由而未尝不各循规矩，人人皆务变化日新而无或偷安守故。至此则人类一齐纯健，都不需要领导，亦无敢以领导者自居。《乾卦》‘用九，见群龙无首，吉’，乃此象也。此为《春秋》太平世之极轨”⑤，乃以“天下之人人皆有士君子之行”“全人类皆有圣人之行”“全人类皆圣明”亦即道德的普遍实现作为真正自由平等的前提条件。但是反观由西方价值主导的现代世界，熊十力慨叹“此学此理在今日无可与人说，今人精神完全向外追逐，其为学又纯恃客观方法，不知有反求内证之功，故于此学竟成隔膜，其闻天性二字，且不知作何感想也。总之，道德有其内在的源泉，即本心不容已处是也，即天性是也。若不于此处用力，只在伦类间的关

---

① 《熊十力全集》第三卷，第 618 页。

② 《熊十力全集》第三卷，第 967 页。

③ 《熊十力全集》第五卷，第 683 页。

④ 《熊十力全集》第七卷，第 571 页。

⑤ 《熊十力全集》第七卷，第 632—633 页。

系上讲求种种规范，谓之道德，仍是外面强作安排，非真道德也。人类终古不得复其天性中自然之善，而互相攻夺，无可幸免，终必自毁而已矣!”① 他比较儒家传统自由理想与现代西方社会现实说：“《中庸》申《大易》之旨曰‘万物并育而不相害，道并行而不相悖’，此为太平自由之极则。西洋之治，去此远甚。（自注：有谓民主之治颇合于“群龙无首”义者，此说未允。今之民主国家，劳资尚未跻于平等，对外亦难言放弃宰割也。）”② 显然将儒家自由理想作为人类的归宿。

在政治方面，熊十力肯定诸经乃以民主政治为社会理想，他说：“夫民主之法治，必于个人自由与群体生活二者之间斟酌其平，吾儒《礼经·中庸》一篇明其原则曰‘万物并育而不相害，道并行而不相悖’。并行并育，则注重群体可知；不相悖害，则不妨碍个人自由可知。圣言高远，所以为万世准也。”③ “《春秋》于升平世为虚君共和之治。《周官》之王，虚位而已。虚君制不必可实现于后世，然《周官》要旨在发扬民主之治，犹是《春秋》升平之境，其去群龙无首、天下为公之盛犹迢乎远矣。故国界未泯，暂存虚君，其势然也，但在实际上确是民主。”④ 熊十力着眼于《周官》治起于下、人民选举、全民参政、穷民之法、三询之制等制度设计，论证“《周官》之政治思想，推翻统治，纯为民主，使其融己入群，会群为己，（自注：《周官》之乡遂政制，其精神即在不许小己得孤立，必融合于大群之中。）故其经济制度与政策完全化私为公，（自注：《礼运》主张天下为公。）而小己在大群中，乃得各尽所能，各足所需，以成大均至均之治，此《周官》全经宗趣也。……《周官》之政制，已推翻王权而为民主共和政体，此民主政体之经济制度则破除私有制而为群众共同生活之均产制，是乃以经济与政治互相联系、互相促进，但其间主动力却在政治为民主”⑤。不过，与对自由平等的看

① 《熊十力全集》第二卷，第 663 页。
② 《熊十力全集》第四卷，第 578 页。
③ 《熊十力全集》第五卷，第 295—296 页。
④ 《熊十力全集》第五卷，第 682—683 页。
⑤ 《熊十力全集》第五卷，第 708 页，并参见同卷，第 695—708 页。

法相似，熊十力认为民主的实现也是有条件的，其条件仍然在于道德。他说："儒者本以王道寓其至治之理想，必人人皆有王德，然后天下可言太平大同。"① "盖治道必以真正民主自由为极则，《春秋》太平大同之隆，由此道也。然真正民主自由，必如《春秋》所谓天下之人人皆有士君子之行而后可获致，谈何容易哉！"② 在《读经示要》中，熊十力将群经之言治者归纳为"仁以为体""格物为用""诚恕均平为经""随时更化为权""利用厚生本之正德""道政齐刑归于礼让""始乎以人治人""极于万物各得其所"，结穴方为"终之以群龙无首"，显然将民主的实现建基于社会道德的充实浃洽之上，所以他说"治道必极乎万物得所，而蕲向群龙无首之盛者，则亦仁体自然不容已之几也"。③ 而在社会道德未臻充实浃洽之前，熊十力指出诸经主张实行保育主义，他有一段极其精彩的言论曰：

> 儒家经籍中，有一极精警之语曰"未有学养子而后嫁者也"。夫女子未嫁时，从不学养子之术，及已嫁而有子，则其养子之术至繁琐、至周密、至微妙，皆不学而自能者，何耶？彼不知其子与己为二也，彼之爱护其子者，一出于诚而不自知所以也，诚之至而术自出，无事于学也。儒家经典谓"王者为民之父母"，（自注：天下之所归往曰王，圣人领导天下，故称王，非必以为君主方谓之王。）此中意义深远，惜从来学者作平常语句，轻忽过去。父母于子无彼我之分，爱护之如其自护自爱也，唯然，故父母教养其子，尽心调顺扶导，（自注：调顺一词，意义无穷。佛度众生，特注重调顺，亦取法父母之道。扶者扶助，导者引导。）时或不便调柔，不堪随顺，则严加禁戒，纳之正道。其子苟非生而气质顽劣特甚者，当其

---

① 《熊十力全集》第二卷，第225页。按熊先生每以《周易》所谓"群龙无首"、《春秋》所谓"太平"、《礼运》所谓"大同"指称社会政治之至善境界，亦即德性民主之实现。

② 《熊十力全集》第五卷，第332页。

③ 《熊十力全集》第三卷，第624—625页；另见同卷，第581—621页。

受戒，立即感悟。子既长成，巍然独立，秩然自由，完其天赋之良知良能，一切不曾受损，一切无所阻遏。其所以如此者，则父母于子无有我与非我之对峙观念，非若霸者视天下群众为自我以外之物也。既无我、非我对峙，即无自视为统治者之观念；无自视为统治者之观念，即无宰制其子之观念；无宰制其子之观念，故有调柔随顺，有扶持引导，皆所以养成其子之独立自由与发展其子之天赋良知良能；即或严加禁戒，亦所以养成其子之独立自由与发展其子之天赋良知良能，何则？父母之禁戒其子，本于一体不容已之爱护，非有宰割劫制之意欲存于其间，故其子于精神物质任何方面不唯无压抑之感，而只觉严父慈母春温秋肃气象，其感发兴起于无形，不能自明所以。如人不谢覆载于乾坤而以七尺昂然挺立，实由乾坤浩荡，覆而无已，载而不有，故人得昂然其间而相忘于无何有之乡也。圣人责长民者以父母之道，此为真民主自由之法治，人类如不自毁，必由此道无疑。真民主自由，今之英美何堪语是？《读经示要》第一讲以九义明治化，未可忽而不究。欲达到真民主自由，必如《春秋经》所谓天下人人有士君子之行，谈何容易哉？方其未至天下人人有士君子之行，则对于民群保育之功万不可无。而一言保育，则唯取法父母之道方不伤害人民之天赋良知良能与其独立自由，天地可毁，此理不可易！①

从圣贤主导的保育主义渐进至人各自治的群龙无首，这才是实现社会道德浃洽的民主政治的正确途径。若社会道德缺失，则根本不可能有真正的民主。正是基于这一认识，熊十力才说“真民主自由，今之英美何堪语是”！他强烈批评标榜为民主政体而耽溺嗜欲、贪利无义、率天下而食人的现代西方社会，其曰：“西人言治者，大抵因人之欲而为之法纪度制以调节之，将使人得各遂所欲而已。然欲则向外追逐无餍，非可自外调节者也，故其驰逞，卒成滔天之势。资本家之专利，帝国主

① 《熊十力全集》第五卷，第330—331页。

义者之横暴，皆欲壑难填，而罔恤其他。甚至颠狂之独裁，束其国人如机械，而用之以狼奔虎逐于天下，恣其凶噬。遂使坤舆之内，鸟毙于空，鱼烂于泽，腥闻于天，帝阍难诉，则人道至此而穷矣。”① “近世列强之治，皆以利用厚生为本。吾先哲经义，何尝不注重于此。然有根本不同者，则利用厚生必以正德为本也。……若唯以利用厚生为本，则率亿兆之众共趋功利之途而竞富强之效，行之一国纵可遂志，然已使其国人唯嗜欲之殉，乐杀尚斗以为能，则生人之理已绝矣。且功利之习大开，富强之图过甚，必求逞志于他国，其终必毙人以自毙，断然无疑矣。”② “今世所谓文明国者，其为治也，绝不知治道在使群生咸畅其性，咸遂其生；绝不知人类生活内容实超越形限而为全体性，常创新而富有，扩大而深厚，决非如草木之拘碍于蕞尔之顽形。申言之，西人唯拘于七尺之形，而不获自识性分之至足至乐，故私其七尺，而向外争夺不已。今战祸既烈，识者亦凛然知人类自毁之可忧!”③ 面对现代西方政治大行于世的局面，熊十力痛言“圣学不修，人极不立，吾于斯世，有余恫焉”④，于严斥西化狂潮的同时表达了经学救世的信念。

关于国际规则或世界秩序，熊十力主要依据《大易》《春秋》《礼运》《中庸》，指出诸经皆以比助、太平、大同、尊亲为旨归。他说：“比道大明，而后世界大同可期。建万国，亲诸侯，即联合世界上一切国家，而为统一之结构，此大同初步也。《春秋》太平之治，于斯肇端。”⑤ “夫三世本为一事。一事者，拨乱世反之正也。拨乱世者，革命之事；反之于正者，明天下为公之道，创天下一家之规，为全人类开万世太平之治，《易》云‘开物成务’‘先天而天弗违’是也。……故大地

① 《熊十力全集》第三卷，第585—586页。
② 《熊十力全集》第三卷，第591页。
③ 《熊十力全集》第三卷，第597—598页。
④ 《熊十力全集》第三卷，第1056页。
⑤ 《熊十力全集》第三卷，第987页。按此语是对《周易·比卦》的阐发。

人类无有距离远近之分隔，无有曩昔大国小国之差异，乃浑然若一体也。”①“若夫世界大同，此在将来为势所必至，无容疑者。……圣人为全人类计，必首破种界国界，以进于大同，使强无凌弱，众无暴寡，智无诈愚，勇无侵怯。其时社会组织，必迥异乎种与种争、国与国竞之世，而与大同治道相应。”②“《礼记·礼运》孔子曰：‘大道之行也，天下为公。’案此言天下为一家，全人类若一体，故一切共同生活之组织，皆本天下人之公共意力以为之，无有一人得参私意于其间者。……又世至大同，交通尽利，远近若一，其时全球之上无量治区共讲信义，互修睦亲，而无量治区之间又必有联合之总机构，庶几全世界融通为一体，无麻木不仁之患。”③“《中庸》一书本为《易》《春秋》二经之会要，惜乎秦汉间人多所改窜，而精义微言犹复不少。如今本《中庸》三十一章云‘舟车所至，人力所通，天之所覆，地之所载，日月所照，霜露所坠，凡有血气者，莫不尊亲’，（自注：言全人类莫不互相尊，莫不互相亲也。）此章从‘舟车所至’迄‘莫不尊亲’，在古本《中庸》说，当是另为一章，其上下文句今无从考，然玩此数语，确是太平世天下远近小大若一之义。”④ 这些论述都表达了诸经蕴含的圣人为万世开太平的高远理想。但是，现实与理想却有着天壤之别，“今世列强，社会与政治上之改革与机械之发明可谓变动不居矣，然人类日习于凶残狡诈，强者吞弱，智者侵愚，杀机日炽，将有人类自毁之忧。而昏乱之群复不思自存自立之道，且以其私图而自伤同气，尤为可悯。盖今之人皆习于不仁，即失其所以为人之常道，宜其相残无已也”⑤，“侵略他人或他群之

① 《熊十力全集》第六卷，第490—492页。按此语是对何休《春秋公羊经传解诂》所说三世义的阐发，熊先生认为何休此说“独传孔子之真”。所谓三世，即“所传闻之世见治起于衰乱之中”“所闻之世见治升平”“所见之世著治太平”。见同卷，第485页。

② 《熊十力全集》第三卷，第619页。按此语是对《礼记·礼运》的阐发。

③ 《熊十力全集》第三卷，第1056—1057页。

④ 《熊十力全集》第六卷，第492页。

⑤ 《熊十力全集》第三卷，第554页。

财富与领土者，均谓之盗窃。逞兽欲、运奸谋而祸天下者，均谓之乱贼。今德、倭虽败，而天下之为盗窃乱贼者，犹实繁有徒也，太平未卜何时也”①，熊十力认为这样的世界就相当于《春秋》据乱世。② 按照《春秋公羊传》何休解诂所谓据乱世“内其国而外诸夏”乃至升平世尚须“内诸夏而外夷狄”，③ 故处在这样的世界就必须秉持国家主义和民族主义，熊十力说：

> 《春秋》三世义归趣太平，国界种界终于泯除，人类一切平等，互相生养，犹如一体，无有相陵夺相侵害者。然在未入太平之前，则国家思想、民族思想必须涵养肫挚，不容舍弃。但其所谓民族，亦以同一国土、能敦义礼而认为同一族类，并非狭隘之血统观念，此所以为人道之隆也。国各自爱自立，族各自爱自立，则无强凌弱、智欺愚、众暴寡之事，而世界乃大同，人类始太平。倘有一国一族不自爱不自立者，则人间世无可望平等，而弱者必见夺于强，愚者必见害于智，寡者必见侮于众，世界恶乎大同？人道恶乎太平？《春秋》最高之蕲向在太平，而必以国家民族思想为达到太平之阶梯，此义无可易也。但国族思想不容狭隘，自爱其国而不可侵他国，自爱其族而不可侵他族，若怀侵略之志，如今帝国主义者所为，则世界终无由大同，而人类将趋于自毁。《春秋》于侵略者斥之以夷狄，等之于鸟兽，其诛绝之严如此，圣人重人道而忧天下来世也无已，其仁矣哉！④

---

① 《熊十力全集》第三卷，第 1059—1060 页。

② 熊先生概述据乱世说：“夫世方据乱，列国各有向外扩张之欲，亦各有对外抗拒之志，抗拒力大者存且强，抗拒力小者弱以亡，故抗拒之志不可无也。若乃导国者怀扩张之欲，虽并民力以向外，可收一时之效，而隐患亦萌于此矣。”（《熊十力全集》第六卷，第 487 页。）与他所处的时代社会状况颇为符合。

③ 《十三经注疏·春秋公羊传注疏》卷一，中华书局 1980 年版，第 2200 页。

④ 《熊十力全集》第五卷，第 212—213 页。

又说：

> 《春秋》三世义，由国家思想、民族思想而进入大同思想，此圣人权衡之妙。霸者利用人民之国族思想以发展野心，而逞侵略雄图，则斥之为夷狄，等之于鸟兽，必诛绝之，不容存在，此圣人之秉大义以大雄无畏也。愚贱之徒剥丧人民之国族思想，甘为牛马，效顺于侵略者，亦等之于兽类。如《定四年经》："夏四月庚辰，蔡公孙归姓帅师灭沈，以沈子嘉归，杀之。"沈子嘉平日无国族之爱，故政乱而不足自存，为蔡公孙归姓所灭。书曰以归杀之，犹曰猎得一兽，以兽归杀之云尔。以者，贱极之辞也。此特一例，圣人于无国族思想者嫉且贱之如此其甚，何耶？如有甘为奴，方有奴人者，而世界无可大同，人类无可平等也。有甘受侵略，方有侵略者，而世界无可大同，人类无可平等也。此圣人所以于受侵略及侵略者与为奴及奴人者两皆鸟兽之、诛绝之，两皆不许存在，是圣人权衡至当也。圣人之仁义惠爱于万物也，欲全人类共存共荣也，欲全人类同得平等自由也。有为奴与奴人者两阶级存在，即无平等自由可言，即无共存共荣可言。圣人削除此两阶级，欲人各自爱自立，而后世界大同也，此圣人之仁义惠爱也。①

这些言论虽也反对囿于血缘观念和昧于私利贪欲的狭隘民族主义，但要在痛斥面对强敌而自行泯灭民族国家思想的愚贱之徒，等之于兽类！熊十力依据《春秋》经义反复申述据乱之世国际关系准则道："自古有国者，虚内而结好于外，将恃以不亡，则其亡可立而待也。恃人者，无论恃一二强国，或结好于数强之间，要皆速其亡。惟卓然求内有以自恃，而不予人以可乘之隙，国权所在，据理力争，争之不得，终不献赂；彼侵略者虽强力侵夺，亦必犯世界之忌，而有多行不义必自毙之日

① 《熊十力全集》第五卷，第368—369页。

矣。”①“升平将进、据乱未离之际，夷狄方以凶狡横行，危害人类，诸夏之族若非互相结合，以强大武力制止夷狄之行，则夷狄兽欲未有餍足，人相食之祸无已止也。故诸夏驭夷狄，不宜退让，而当持霸权以威服之。”②“弱小自暴自弃，其离人道而即禽兽，使枭桀得纵其欲，罪不下于侵略者，则论者不可不察也。夫国虽小，苟能愤发图强，内修善政，外联与国，虽有大邦，不敢启戎心也。小国而不自立，则授人以可攻之隙，罪不可逭也！若乃国大民众而积弱不振，其群偷涣无深虑，其持柄者暗而自私，专而无耻，则其国有危亡之祸，乃自作孽不可活，非不幸也。……夫国于大地之上者，倘皆有以自立，虽或有枭桀之材，亦当消其野心而归于逊顺，侵夺息而太平之瑞至矣。唯有不自立者，而后强者肆志。故《春秋》诛侵略者，而于不求自立之弱小亦诛而无赦，此其用法所以为平且明也。”③ 表明据乱之世各国都须自主自立、愤发图强、振武禁暴，而不可虚己恃人、自暴自弃、畏葸屈服。唯其如此，才可能“由国家思想、民族思想以渐开化夷狄，使其进于文明礼让，而后乃归趣太平”！④

外王之极致在于宇宙万物各得其所，各遂其性，生生不已，可大可久；而人类则应当亲合、爱惜、辅助、尊重宇宙万物，成就天人和谐的生态环境。熊十力勾稽了诸经关于这一方面的许多精彩表达，如谓“《乐记篇》有曰：‘及夫礼乐之极乎天而蟠乎地，行乎阴阳而通乎鬼神，穷高极远而测深厚。’又曰：‘天地将为昭焉！天地䜣合，阴阳相得，煦妪覆育万物，然后草木茂，区萌达，羽翼奋，角觡生，蛰虫昭苏，羽者妪伏，毛者孕鬻，胎生者不殰，而卵生者不殈。’《祭义篇》曰：‘树木

① 《熊十力全集》第三卷，第 1065 页。

② 《熊十力全集》第三卷，第 1075 页。

③ 《熊十力全集》第三卷，第 1090—1093 页。

④ 《熊十力全集》第八卷，第 283 页。熊先生反复指出《春秋》所谓“夷狄”“不以种类为分别，而实以文野为分别”；而“文者文明”，又“非徒以其知能大进、富于政治与文化各方面优越之创造已尔，而其特长在有礼义”，表明“夷狄”不是一个种族范畴，甚至不仅是一个文化范畴，而主要是一个道德范畴。见《熊十力全集》第三卷，第 1068—1070 页；另见第六卷，第 485、488、493 页。

以时伐焉，禽兽以时杀焉。夫子曰：“断一树，杀一兽，不以其时，非孝也!”’《论语》：‘子钓而不纲，弋不射宿。’物茂卿《论语征》云：‘天子诸侯为祭及宾客则狩，岂无虞人之供？而躬自为之，所以敬也。狩之事大，而非士所得为，故为祭及宾客则钓弋，盖在礼所必然焉。天子诸侯田则三驱，士则不纲。不射宿，不欲必获，所以惜物。上考《王制》言田狩之礼，天子不合围，诸侯不掩群；獭祭鱼然后虞人入泽梁；豺祭兽然后田猎；鸠化为鹰然后设罻罗；草木零落然后入山林；昆虫未蛰，不以火田，不麛不卵，不杀胎，不殀夭，不覆巢。’《公羊春秋》主三时田。《说苑》曰：‘夏不田何也？曰：天地阴阳盛长之时，猛兽不攫，鸷鸟不搏，蝮蛇不螫。鸟兽虫蛇且知应天，而况人乎哉?’何氏《公羊解诂》曰：‘不以夏田者，《春秋》制也。以为飞鸟未去于巢，走兽不离于穴，恐伤害于幼稚，故于苑囿中取之。’（自注：《礼经》言治，期于草木鸟兽咸遂其生，故不许轻损物命。中国数千年来服习礼教，民食以五谷为主，极少用肉食者。海通以来，渐染西俗，肉食之风顿盛。礼失而物之受祸烈矣!）如上所述，可见礼治期于万物皆得其所，一物失所，便非善治。《中庸》云‘天地位，万物育’，以是为治道之极则”①，“夫法天地之化者，法其因物付物而无私意私欲与其间也；无私意私欲与于其间，故不张己而轻万物；不张己而轻万物，故可类通万物之情；类通万物之情，则于物之倾者覆之，栽者培之，皆因物自然也。其于万物并育而不相害、道并行而不相悖者，天亦因物自然而未尝有爱憎于其间也”②，“儒者言治，极于草木鸟兽虫鱼各遂其生，各得其所，人之于物，不可非礼暴杀，此类章则，《礼经》详载。近儒曾涤生犹言‘一物未康，即亏吾性’，尚承经义”③，“自然虽为无穷无尽之大宝藏，然自然界之万物不是为吾人而生，吾人却资万物以遂其生。人之资取于自然也，时有不获满足其欲求之患。自然之发展本未尝为人谋，人固取

---

① 《熊十力全集》第三卷，第616—617页。

② 《熊十力全集》第五卷，第360页。

③ 《熊十力全集》第五卷，第369页。所引曾国藩（涤生）语，见氏撰《罗忠节公神道碑铭》。

给于自然，而自然不必供人之求，甚至予吾人以危害者尤不可胜言，故吾人与自然之间确有巨大矛盾存在。然则化除矛盾为吾人不容放弃之权责，固已甚明而无待论矣。矛盾如何化除？则在吾人对于大自然尽裁成之道、有辅相之宜而已耳。自然不曾留意于吾人，吾人要不得不关心自然。人道统天，毋自隳其主动之心也。……自然力量虽有丰富雄厚、无穷无尽之储藏，终赖吾人辅相，而后睹其发展之盛，此辅相所为不可已也”①。凡此诸经体现的宇宙生态伦理原则和规范，熊十力预言乃是“将来人类所当取法者也”②。

熊十力还阐发了诸经所述之实现外王的手段，主要就是科学与革命。③ 他说：

> 吾《易》言大有，有而大者，富有而日新，此与西洋似同而实不同。夫人之所茂者神明也，神明独运，如日之升，光辉盛大，是谓生命创新。若夫资生之具，人生不可或无，则备物致用尚焉。求丰于神而不惜绝物，少数人以是孤修则可，率群众为之，则贫于物者将累其神。吾《易》已知此，而以制器尚象则物用不匮，而群生亦得有开通神智之余裕。《易》之言大有者，崇神而备物，物备则众人之神得伸，故备物所以全神也，惜后儒未能衍其绪耳。西洋人大抵向外发展之念重，努力于物质与社会等方面生活资具之创新，其神明全外驰。夫人之神明，炯然不昧，卓尔无倚，儒者所谓独体是也。今一意向外驰求，而不务凝然内敛，默然自识，以泯绝外驰之纷，则神明恒与物对而不获伸，即失其卓尔无倚之独体。是则驰外之所获者虽多，（自注：如自然界之所发见及一切创造。）而神明毕竟物化。（自注：神明亦成为一物也。）人生不得离有对而入无待，故曰其失也物，此西洋人所不自知其失者也。然则外驰之用可

---

① 《熊十力全集》第六卷，第494—495页。

② 《熊十力全集》第三卷，第617页。

③ 此所谓科学，大体包括认识世界、发明创造、利用厚生等意义。

废乎？曰：否否！人生不能离万物而生活，申言之，人生有实际生活，即不能不设定有外界，而对于外界之了解与改造之希求，自为所不容已者，云何可废外驰之用？夫外驰而不迷于物则者，斯亦神明遍照之功也，又何可废？①

此语虽也批评一意外驰、神明物化之弊，但更明确肯定了解外界、制器尚象、备物致用一类科学活动乃是人类社会生活趋于健全的必要资具。熊十力还说“六艺皆实用之学，其在今日，相当于科学知识。利用厚生必讲求科学而后可期，此固近代思想所专注，而经义实已包举之”②，“《礼·祭法》曰‘黄帝正名百物’，《论语》曰‘名不正则言不顺，言不顺则事不成’，《春秋繁露》‘《春秋》辨物之理，以正其名。名物如其真，不失秋毫之末’云云。夫名学者，本为研究思想轨范与论议律则之学，而施诸有政，则正名甚为切要。名不正而可以立事者，古及今未尝有也”③，“夫经学之于科学，本有可融摄而不待强为凑合者。《大学》之教注重格物，其源甚古。《易》之为书，名数为经，质力为纬，自然科学靡不包通；而制器尚象，则工程技术于是造端；穷变通久，裁成辅相，其道与《春秋》《周官》《尚书》诸经相表里；通群变之万殊而驭之有则，究治制之得失而损益随时，均平以定天下之计，（自注：计者，犹言经济。世界经济问题，必依均平之原则而解决之。）公诚以开百代之治，（自注：治道唯公而无私，诚而无伪，可使万物得所，人各足其分愿。）大哉《易》也！政治社会之理想宏富无匹。《春秋》改制，《周官》法度，皆自《易》出，治社会科学者何可不取则于斯”④，表明诸经皆以为科学思维、科学知识、科学发明与社会经济、政治之良善密切相关。不过，熊十力也反复陈述诸经对于科学的制约态度，他

① 《熊十力全集》第三卷，第579—580页。
② 《熊十力全集》第三卷，第591页。
③ 《熊十力全集》第三卷，第598页。
④ 《熊十力全集》第三卷，第726—727页。

说："人类如只注重科学知识，而不求尽性，则将丧其生命。而有《礼经》所谓人化物也之叹，此人生之至不幸也。"① "由孔子之道，科学发明唯用于生产工具之改进，不得为帝者奴役，造作杀人利器。儒者以正德为利用厚生之本，与近世帝国主义之文明相较，其骨髓自迥别。位天地、育万物，不由儒氏之道而何由哉？"② 他指出诸经关于科学与道德之关系的观点是二者并重而究以道德为本，其曰："《中庸》演《易》之书也，首以性道教，即证体工夫也。然必极之于位育，则以离用无体，故必有位育工夫，即始用而发展其本体。《大学》以明明语始，而必极之于修齐治平诚正格致，其义与《中庸》同。不见体而格物，道德无根，认识无内在之源，自反无基。忽视格物之学而高谈证体，即以万德皆自性具足，其实遗下实物，德于何有？根本或良知唯说成大圆镜，而不去格物，如何得发展其知？"③ 此言科学与道德并重。又曰："近世列强之治，皆以利用厚生为本。吾先哲经义，何尝不注重于此。然有根本不同者，则利用厚生必以正德为本也。……然经以六德六行居六艺之先，则仍以正德为本。会群经之通旨，亦无往不是归本德治，所以立人极而臻上理者，诚无逾于此。"④ 此则显然以道德为科学之本。熊十力对诸经关于科学与道德关系之观点的阐发，与他尊崇性智而不遗量智的量论思想是一致的，也与他对宋明以降朱子（学派）与阳明（学派）关于《大学》格物致知的论争的双向扬弃是一致的。⑤

至于诸经论述革命对于社会的作用，熊十力说："《春秋》拨乱世而反之正，贬天子、退诸侯、讨大夫，曰贬、曰退、曰讨，则革命之事，所以离据乱而进升平，以几于太平者，非革命，其可坐而致乎？"⑥ "庶

---

① 《熊十力全集》第三卷，第673页。

② 《熊十力全集》第五卷，第669页。

③ 《熊十力全集》第八卷，第644—645页。

④ 《熊十力全集》第三卷，第591页。

⑤ 见胡治洪：《〈大学〉朱王之争与熊十力的评论》，《贵阳学院学报（社会科学版）》2016年第6期。

⑥ 《熊十力全集》第五卷，第667页。

人久受统治阶层之压抑与侵削，今始出而革命，故曰‘首出庶物’。万国庶民以共同的意力共理天下事，故咸宁!”① “《易经》是思想革命之宝典，开体用不二之洪宗，而天帝废，人道立，上古术数之迷失其据，统天之义为科学思想导先路。……‘群龙无首’与‘首出庶物’诸义，则《春秋》废统治、张三世与《礼运》之反对小康思想皆自《易》出，而为政治革命、社会革命之先声。《周官》一切生产事业国营，发动人民合作，为生产革命之开端。”② “夫革命开始，消灭统治，是乃无首之初步，而非真无首也。《周官经》之制度，确是革命进程中之领导制，然王为虚位，六卿联合领导；天官以六卿之一，兼领冢宰，听众议而裁决，不为专断；三公参预大政，而持地方众志以监之，则其集众思，广众益之宏规，诚哉远大矣！及天下庶民飞跃进上，达乎全人类纯健之极顶，领导自然消失，是乃真正无首也。”③ 表明唯有通过革命，方才可能进于三世太平，实现万国咸宁，涤除迷信思想，趋向富有日新，终至真正自由平等社会。

熊十力从以科学和革命为手段最终实现经济均平、社会自由、人际平等、政治民主、世界大同、宇宙和谐的角度抉发诸经外王思想（实际上他最终也是以此作为判断诸经真伪的依据），无疑体现了他对现代性的追求。而他一贯强调每个人或一切人的道德品质乃是经济均平、社会自由、人际平等、政治民主、世界大同、宇宙和谐以至科学手段得以实现的根本，则确凿表明他的儒家立场。熊十力对诸经抱有至高无上的信仰，他反复说：“至哉六经之道！大中至正。遍诸天，历万劫，而斯道无可易也。”④ “呜乎！是道也，岂唯吾地球人类所不容自外，使金星火星之上而或有人焉，其弗可自外于斯道也夫。”⑤ “呜呼！经学者，仁学也；其言治，仁术也，吾故曰常道也。常道者，天地以之始，生民以之

① 《熊十力全集》第六卷，第754页。
② 《熊十力全集》第七卷，第383—384页。
③ 《熊十力全集》第七卷，第633页。按原文“冢宰”误为“冢军”，径改。
④ 《熊十力全集》第三卷，第581页。
⑤ 《熊十力全集》第三卷，第618页。

生，无时可舍，无地可易也。而况经学之在中国也，真所谓日月经天，山河行地，其明训大义，数千年来浸渍于吾国人者至深且远。凡所以治身心、立人纪、建化本、张国维者，何一不原于经？则谓吾民族生命为经义之所滋润焉孵育焉可也。"① "夫六经广大，无所不包通，而穷极万化真源，则人道恒常，人生不可不实体之也。若乃群变无常，敷宣治理，莫妙于经。……故经者常道，不可不读。人生一方固须从事知识之学以通万变，一方尤须从事超知之学，（自注：经学不限于知识之域，而给人以参造化、究天人之广大智慧，故是超知的学问。）以于万变中而见常道。人生如不闻常道，则其生活纯为流转，绝无可据之实；其行事恒随利害易向，而不以公正为权衡，此古今所以治日少、乱日多也。"② "圣学广大悉备，未始遗知能而实超过知能之境，此其所以别于宗教，（自注：宗教尚信仰而不任知能，求主宰于外而不见自性。）而为哲学之极诣。（自注：哲学家尚知能，驰思辨，未能返己而证物我同体，未能遗知而冥于无待，此哲学家之自画也。儒者六经之道，方是哲学究极境地。）甚深难穷哉！圣学也！"③ 由此可见，无论如何认可现代理念，熊十力终以儒家经典作为普遍的至上价值，如其所谓"人类如有趣向太平之几，必待儒学昌明而后可，此余所断然不疑者"④，这也正是他的经学思想的旨归。

---

① 《熊十力全集》第三卷，第 626 页。

② 《熊十力全集》第三卷，第 691—692 页。

③ 《熊十力全集》第三卷，第 710 页。

④ 《熊十力全集》第五卷，第 23 页。

第四章　入室操矛，取精用宏
——熊十力的佛学思想

1963年所撰《存斋随笔》当是熊十力最后一部佛学著述，在此著中，熊十力夹叙夹议道：“郑玄答何休之文出，休见而叹曰‘康成入吾室，操吾矛，以伐我乎’云云，余甚服其言。夫批判古今学术，未可轻易也。不真入其室，而可妄操矛乎？”① 熊十力所述何休与郑玄故事，出于《后汉书·郑玄列传》：“时任城何休好《公羊》学，遂著《公羊墨守》《左氏膏肓》《穀梁废疾》；玄乃发《墨守》，针《膏肓》，起《废疾》。休见而叹曰：‘康成入吾室，操吾矛，以伐我乎！’”② 后世遂以“入室操矛”比喻基于完全透彻的了解而对于对方观点的内在批评。熊十力与佛学的关系，大致正是这样一种状况。他中年学佛，造诣匪浅，终生对于佛理保持着相当高度的服膺；但也是从中年开始，他又愈益深入地对佛学作了持续的、不乏严厉的批评。他欣赏何休的喟叹，或因其言恰可形容他与佛学的关系，既表明他与佛家的分歧，又肯定他对佛学的把握。所有这些把握与分歧，构成熊十力的佛学思想。

第一节　佛学之扬弃

熊十力早岁发蒙虽然受到的是儒学熏陶，由此构成他的思想底色，但而立之年所拳拳服膺的却是佛教唯识学。在1916年所作《船山学自记》中，熊十力说：“余曩治船山学，颇好之，近读余杭章先生《建立

① 《熊十力全集》第七卷，第715页。

② 《后汉书》（第五册），中华书局1965年版，第1207—1208页。康成乃郑玄之字。

宗教论》，闻三性三无性义，益进讨竺坟，始知船山甚浅。”① 将使其“得悟道器一元，幽明一物。全道全器，原一诚而无幻；即幽即明，本一贯而何断？天在人，不遗人以同天；道在我，赖有我以凝道”② 的船山学竟幡然视为“甚浅”而“进讨竺坟”亦即转研佛典，可见其时熊十力思想转变之巨及其对佛学尊仰之崇和用功之勤。在 1917 年所作《问津学会启》中，熊十力也说“夫古今言哲理者，最精莫如佛，而教外别传之旨，尤为卓绝”③，进一步表明他对佛学特别是禅宗的高度赞同。正因为服膺佛学，所以其时熊十力笃信死生轮回之道，在《张翊辰李专遗事》一文中，熊十力说：

按《八识颂》曰：“受熏持种根身器，去后来先作主公。”是投胎不自产时也。内典说“产时投生者为夺胎生”云。颜之推曰：“形体虽死，精神犹存，人生在世，望于后身，似不相属，及其没后，则与前身，似犹老少朝夕耳。凡夫蒙蔽，不见未来，故言彼生与今，非一体也。若有天眼，鉴其念念随灭，生生不断，岂可不怖畏耶？”（自注：无生居士言：“学佛者当自信轮回始，此处信不及，则佛之教义全盘推翻。”月霞比丘亦云然。蒋智由观云尝谓：“佛氏既言轮回，又明无我，无我则谁为轮回之主体？”不知《八识颂》明言“去后来先作主公”矣！余杭章先生则谓：“唯其无我，所以轮回。”此义甚深，学者宜细参之。真理不明，人心靡所皈依。世变愈亟，人欲横流，不知为自作自受，良可悼悯。近者，伍秩庸先生尝自述与幽灵交通事，盖非诬妄之谈。余恐世人信心未牢，故记张翊辰、李专事为劝诱耳。）④

---

① 《熊十力全集》第一卷，第 6 页。
② 《熊十力全集》第一卷，第 5 页。
③ 《熊十力全集》第一卷，第 23 页。
④ 《熊十力全集》第一卷，第 33—34 页。

直到回归儒家之后，熊十力还长时期在信从、否定或存疑轮回说之间游移，例如由弟子高赞非所记熊十力于1924年至1928年间的一段言论说：

先生自言，始为轮回论者之信徒，其初所作《唯识书》，虽于护法诸师之理论多所破斥，而对于佛家根本观念，即轮回观念，固与护法同其宗主而莫之相悖也。《唯识书》第三稿中，有一段首揭此义云：窃有古今之一大谜焉，不可不先扬榷之者，曰：诸有生物，其生也，原各各独化，都无终始，不随形以俱尽乎？抑宇宙有大生焉，肇基大化，品物流形，故生物禀此成形，其形尽而生即尽乎？由前之说，则生界为交遍；由后之说，则生界为同源。由前之说，则有生皆无待而自足；由后之说，则有生将外藉而凭虚。前说佛家主之，后说世间多持之。吾尝徘徊两说之间，累然而不释也。转复宁息推求，旷然自喻，吾生之富有，奚由外铄？息骑驴觅驴之妄，悟悬的投矢之非，遂乃印持前说，略无犹豫。事不可以物征，理实在乎自信。据此，则先生对于轮回说之坚持可见矣。一日，忽毁其稿，怅然曰：吾书又须改作矣。时居北京西郊万寿山大有庄，脑病已剧，值寒雪，驱车入城就医，余随侍。林宰翁来视。先生曰：吾打破轮回观念矣。宰翁曰：尊书那段文字，说得恁地好，如何又打破了？先生怫然曰：且莫说闲话，吾急待商量。今若依据佛家而言生命，则一切有情之生命，各各无始无终，即各各有迥脱形骸之神识，轮回之义，以此建立。若诚尔者，则植物与下等动物将有神识焉否耶？设计有者，则复生现象如何解释？（自注：复生者，谓如某种生物，若切断其体为数段，则每段皆成独立之机体，此名复生。）何者？一物之生命既无始无终，即有独立之神识，则将其机体割去一部时，其所割去之部，应不得自成一生机体，以每一物之神识，必不随机体割裂而分化故。设云无量神识，遍满宇宙，当将某物之机体割去一部，即时另有神识附着其间，故仍别成一生机

> 体者，此则视神识之发现过于忽然，诚难印许。佛家虽不许植物有神识，然其谓胎卵湿化四生皆为有情，则固许下等动物有神识也。既许下等动物有神识，则下等动物中有复生现象，将如何解释耶？吾以此对于轮回之信仰，完全失其所据。①

这段言论表明熊十力于20世纪20年代中后期逐渐否定轮回说。但是，在1947年所撰《读智论钞》中，熊十力于叙述佛陀先世为大身多力鹿之后说："有人难言，佛先世为鹿事，此未足信。余曰：轮回问题，未可以理智解决，信者自信，不信者无可强。然汝于此，不须疑佛有无先世为鹿事，当信佛度众生悲愿，决不徒托空言。又有人言，佛先世为鹿，只是示现为鹿身耳，与众生堕轮回者自不同。余曰：依教义自如是，但轮回之事如无有，则佛亦无先世可说也。众生有轮回，故可随俗说佛有先世。"② 此说虽似疑信两可，但采信轮回说的思想倾向却是清晰可见的。大概迟至1963年写作《存斋随笔》期间，熊十力才最终否弃了轮回说，观其所谓"吾国人之学佛者，多迷信轮回，而欲为冥冥不可见之神我，希求来生福果。自私自利之根，尚欲留存于死后，不亦愚而可悯欤？余于佛教之神我、轮回说，决定存而不论，惟笃信先圣'人能弘道'云云，广大深远，难为不知者言。……学佛人倘因信有神我轮回而修行，正是培养自私自利一大恶根，可不畏哉"③，"神我轮回，理论难成，事实无征（自注：如轮回之说可信，则宇宙间之神我，当有定数，永远是若干神我。初受某种众生身而生于世间，未几死，然死者其身耳，神我实不死，又受某种众生身生于世间。神我只有换身，不会死。轮回确是佛教笃信笃信而坚决不疑的主张。）"④，"佛教之盛行于中国，不独其文学有播扬之力，而轮回之迷情，动人甚易也。但中国之

---

① 《熊十力全集》第一卷，第566—567页。

② 《熊十力全集》第四卷，第648—649页。

③ 《熊十力全集》第七卷，第765—766页。

④ 《熊十力全集》第七卷，第835页。

多数凡夫，其迷信轮回甚违反释迦本旨，而特别产生一种愚暗卑劣之重大流弊。释迦信有神我轮转苦海，无拔出之期，故教众生修清净行，断绝种种惑毒，拔去一切杂染。惑绝，染拔，方能灭除染性之神我，出离苦海，而别有净性之神我出生，投入于不生不灭法界，与之合一。后来大乘所称大我是也。佛教之所趣求者在此。不幸中国多数凡夫迷信轮回，其愿望不在灭神我，熄轮回，而正欲修小善以求福报，感今生已矣，来世再受人身，得大福利。此辈痴痴，方欲于轮回中，为未来世自私自利之计。丧生命，失人道，岂不悲哉"①，无论如何区别世俗轮回观与佛家神我说的不同，总而言之熊十力于此否弃了轮回说则是没有问题的。

1920 年秋后，经梁漱溟介绍，熊十力进入南京金陵刻经处研究部(该部于 1922 年 7 月组建为支那内学院)，跟从欧阳竟无大师研习法相唯识学，至 1922 年冬方离内院转赴北京大学任教。1923 年由北京大学印制的《唯识学概论》，反映了到那时为止熊十力在佛学主要是唯识学方面的造诣，其要点可以归纳为识即真如、法无自性、万法唯识、摄法归识、境不离识、识由种生、种现相熏诸义，大体上只是系统转述唯识学理论，因此这部著述受到支那内学院师友的接纳，在该院所办刊物《内学》上连载，编者附识曰："学友熊十力君近在北大讲学，编《唯识学概论》，每段稿成，辄邮寄共赏。其论三境一章尤饶创解，不厌寻研。爰为节载于此，并录编者解带质境之说于末，以质读者。别有关于大造之讨论，则更后出之。"② 显而易见，编者附识既肯定《唯识学概论》对佛学的阐发，又对其中某些理解提出商榷，此乃佛家内部的辩难砥砺；结合行文用语称熊十力为"学友"和"君"来看，此附识似非欧阳竟无大师不克为之。

其时熊十力对迄于法相唯识宗形成为止的佛教流变史的把握也已臻于精到，其曰：

---

① 《熊十力全集》第七卷，第 868—869 页。

② 《熊十力全集》第一卷，第 249 页。

在昔释迦崛兴天竺，兴感夫生死，而归趣于菩提。既豁然彻悟，以其悲愿，化道群伦，遂为内学开山。迹厥声教，本无殊趣。闻者机感不齐，斯有大小乘异。小乘之学，发展先于大乘。言其流别，则自大天判为二：一、大众部，二、上座部。（自注：大天之世约当佛灭后百余年间。）大众部复分为九，上座部析为十一，合二十部。（自注：诸部繁衍，约当佛灭后四百年间。参考《异部宗轮论》。）其间持论虽纷，而通执法有。后龙猛（自注：或译龙树。）菩萨兴于南天竺，（自注：约当佛灭后六百年顷。）造《大智度》等论，宣说法空，是为大乘。其弟子提婆菩萨造《百论》等，宏阐旨要，然末流沉空，将资矫正。北天竺有无著菩萨者，（自注：当佛灭后九百年间出世。）旁治小教，董理大乘，以其对治空见，世遂目其学为有宗，即法相宗。而区龙猛提婆之学为空宗，即法性宗。自是大乘乃分为二。无著弟世亲（自注：或译天亲。）有部出家，广造小论，闻《十地经》，悔小悟大，涕泣谢过。无著因造《摄大乘》授之。《摄大乘》者，于法相中独提一品以谈，即唯识学也。世亲既为作释，更造《唯识二十论》《唯识三十颂》。《三十颂》乃世亲晚年所作，释文未竟而卒。十大论师继起，法海波澜，至为壮阔。（自注：十师者：亲胜、火辨、难佗、德慧、安慧、净月、护法、胜友、胜子、智月是也。亲胜、火辨当佛灭后九百年间，盖与世亲同时。余八论师，约当佛灭千一百年后。）其间护法、安慧，声德尤振。安慧原本空宗，树义多偏。护法吸纳众流，折衷至允。校其名实，则护法宜称今学，安慧厥号古师。逮我玄奘大师西度，研治此学，独宗护法，授意弟子窥基错综群言，译成《成唯识论》。基师更辅以《述记》，网罗宏富，自是此学东被，蔚为大观。[①]

---

① 《熊十力全集》第一卷，第45—47页。按原文“逐为内学开山”之“逐”当为“遂”之误，径改。熊先生对佛教史的概述，另见同卷，第60—61、413—418、497—501页；第二卷，第250—252、277—278页。

虽然熊十力在1923年《唯识学概论》作成之后不久便开始盛疑唯识旧学，[1] 走上弃佛归儒的学思道路，但此后直到晚年他仍有多种著述正面阐发佛学义理，表明他对佛学的特殊眷顾和独到造诣。1926年由商务印书馆出版的《因明大疏删注》对佛学量论的体系、内涵、作用及其来龙去脉作了比较全面、集中、简要的表述，紧扣现量五识、比量三术、二喻即因等要点展论以因明学所包括的佛家认识论和方法论。此著与陈那《因明正理门论》、天主（商羯罗主）《因明入正理论》、窥基《因明入正理论疏》（即《大疏》）一脉相承，所谓"陈那、天主、玄奘、窥基，薪火无间，遗文足征，胜范鸿征，于焉倾取"[2]。不过此著又有其独到之处，也就是其存在的特殊价值，熊十力自陈道：

> 吾尝以为治法相典籍，当理大端，捐其苛节。（自注：苛节者，谓悬空或琐碎之推析。）盖有宗末流往往铺陈名相，辨析繁琐，将令学者浮虚破碎，莫究其原。自非神勇睿智，阔斧大刀，纵横破阵，便当陷没，出拔无期。（自注：吾尝言：读相宗一本十支，正如披沙拣金，披沙愈多愈深，而得金愈乐愈妙。读世间哲学或宗教典籍，只可披沙得沙耳。然或者以为佛书字字皆金，则是谤佛，必

---

① 熊先生说："《境论》初稿，实宗护法。民十一授于北庠，才及半部。翌年，而余忽盛疑旧学，于所宗信极不自安。乃举前稿尽毁之，而《新论》始草创焉。"（见《熊十力全集》第二卷，第9页。）此所谓"境论"即《唯识学概论》，"新论"即《新唯识论》。熊先生又说："余初服膺无著、世亲之学，尝据其义以造论。潜思既久，渐启疑端。民国十一年，讲世亲唯识之论于北庠，忽不自安，遂辍讲。翌年，改造《新论》。"（见《熊十力全集》第三卷，第466页。）又说："余初叩佛学即专攻唯识论，追寻玄奘、窥基宣扬之业，从护法诸师以上索无著、世亲，悉其渊源，通其脉络，综其体系，控其纲要，遂成《唯识学概论》一书。壬戌讲授北庠，即此书节本。癸亥岁，余于世亲迄十师之学，已甚厌其悬空构画，而基师揉译《成论》，独崇护法以抑安慧，余更不敢苟同。奘师俯从基意，亦堪骇叹。甲子季秋，始取旧著《概论》稿悉焚去，屏弃夙习所有知见，旷然无系，神解透脱，时于动中观测物理，时于静中反己体认，久之新悟日多，是年冬已创草《新论》，随时以草稿为诸生讲说。"（见《熊十力全集》第六卷，第5页。）

② 《熊十力全集》第一卷，第276页。

未曾得全者也。)《大疏》虽备三善，然舛词碎义时复错见，学者病焉。若豁神思，必应删削。唯是临笔，辄求语意贯穿易晓，遂有改易原文，颇属创例。……凡斯删定，备有权衡。乃若注释，复尝难阻。触及例证，义涉各宗。征引繁博，固嫌支蔓。训释过简，又惧奄昧。综练显了，其事已难。疏文质直，绝少虚字。属辞比事，复务周纳，体制违俗，以故难了。援笔为注，词义斟酌，几经往返，恒难畅意。间遇险涩，不过数字，一发全身，竟日短趣。注之为事，不便驰骤，此复干枯，又且增苦，是则删非得已，注亦愈艰。千载而下，《大疏》可读。方鲁胜之订《墨辩》，意实同符；拟稷若之读《仪礼》，敢为导窾。①

由此可见，熊十力自许《因明大疏删注》相比前贤诸著不啻为创作，对于佛学量论的流传具有兴微继绝、疏通导引的作用；而对唯识旧学悬空、破碎、繁琐、浮虚之弊的批评也是坦言直指。正是有惩于“有宗末流往往铺陈名相，辨析繁琐，将令学者浮虚破碎，莫究其原”的弊病，熊十力于1937年又编撰了一部具有解疑释惑作用的《佛家名相通释》，所谓“疏释名相，提挈纲纪，使玄关有钥，而智炬增明”②。在此著卷首《撰述大意》中，熊十力剖陈编撰缘由曰：

坊间故有《唯识开蒙》与《相宗纲要》一类书籍，皆为初学津梁而出。然尝闻学者持此等书反复览观，卒无一径可通。甚矣，其劳而无功也。缘此等书全无意匠经营，只是粗列若干条目，而卤莽灭裂，杂取经论疏记等陈语分缀之。夫经论本文自有条贯，而学者犹不能通。况割裂其词，缀为单条，既非释辞之编，又异成章之论。将欲始学之徒，阶此而究圣言，是何异教孺子学步而务絷其足耶？

① 《熊十力全集》第一卷，第276—277页。

② 《熊十力全集》第二卷，第343页。

然则佛学自昔已无门径书欤？是事不然。如《五蕴论》则法相门径书也，如《百法论》则唯识门径书也。既有门径，应由之而得矣。然虽综举众名，根极理要，顾其名相辞义，略无训释，绝不可通。初学开卷，茫然面墙，其将奈何？教学以来，极感此困。顷乃就《五蕴》《百法》等论，抉择旨归，搜寻义蕴，分条析理，而为叙述。名相为经，众义为纬。纯本哲学之观点，力避空想之浮辞，（自注：佛家自释迦《阿含》以后，大小乘师皆好为悬空与繁琐的分析，而有宗尤甚。即如《唯识述记》一书，本佛家哲学方面之巨典，然每闻治西洋哲学者读之，总觉满纸是废话。盖其玄微深远之旨，辄为繁琐浮词所掩，非精鉴者则莫能有得。）根底无易其故，（自注：治古学不可变乱其本旨。）裁断必出于己。（自注：治古学者，贵其能得古人之精神与其思想脉络，而于其持说可加以裁断。故于稽古之中而自成其学。否则记诵而已，抄胥而已，无关学问。）品阶既详，统系斯整。虽尔释辞之书，何殊专著之绩。规矩固踵乎《五蕴》《百法》，义旨实通于群经诸论。后有达者，览而鉴诸。①

这是说，已有的法相唯识学通俗入门读物多属捋扯拼凑、粗制滥造，而专门经论又过于奥折，使初学者难以理解，因此而有此著之作；② 且此著虽遵佛法本义，却又每出己见，故不仅为编撰，亦可视为专门著作。至于既称“佛家名相通释”，却为何专以法相唯识学的四十余条主要名词术语为诠释对象，熊十力解释说：

疏释名相，只取唯识、法相，何耶？佛家宗派虽多，总其大别，不外空有两轮。诸小宗谈空者纷然矣，至龙树、提婆，谈空究

① 《熊十力全集》第二卷，第345—346页。

② 熊先生还说：“本书所由作，实因授《新论》时，诸生以参读旧籍为难，而友人汤锡予适主哲系，亦谓佛学无门径书，不可无作，兼有他缘，率尔起草。”见《熊十力全集》第二卷，第353页。

竟，是为大乘空宗。诸小宗谈有者纷然矣，至无著、世亲，谈有善巧，是为大乘有宗。（自注：大乘有宗虽亦未尽善巧，然比较小乘则不能不谓之善巧。如以赖耶代替外道神我说，又破实极微，而仍不妨假说极微，皆较小乘为善巧，此例不胜举也。）若严核之，法相是无著学，唯识是世亲学。疏释名相，何故取此二师学耶？二师成立大有，（自注：对小宗执有者而曰大有。）资于小有，（自注：小乘诸部执有者曰小有。）鉴于小空，（自注：小乘诸部执空者曰小空。）又对大空（自注：龙树谈空，超过小师，始称大乘，是谓大空。）而成大有。破人法二我故，不同小有。遮恶取空故，即救大空末流之弊。（自注：恶取空者，谓执一切皆空，于俗谛中不施设有，于真谛中，真理亦无，如此沉空，便为恶取。）故唯识法相，渊源广远，资藉博厚。而其为书也，又条件分明，（自注：如法相书。）统系严整。（自注：如唯识书。）佛家哲学方面名词，盖亦大备于唯识法相诸要典，撮要而释之，则可以读其书而通其学。大有之学既通，而诸小有、小空，爰及大空，一切经论，无不可读。筑室有基，操舟有楫。治斯学者，讵可无依？①

这则是说，法相唯识学总括佛家小大空有诸宗诸派义理而形成完备体系，如果把握了法相唯识学的要领，则于佛学将豁然贯通，一往无碍。综上可见，熊十力对法相唯识学既有严厉批评，又有高度推尊。事实上，基于对儒家的终极认同而贬抑佛学，但在思想内容和学理方法上又始终服膺并有取于佛学，乃是几乎贯穿熊十力后半生的学思张力，这从他在 1947 年所撰《读智论钞》乃至 1963 年所撰《存斋随笔》等著述中还可以得到证明。

《读智论钞》是熊十力研读龙树菩萨《大智度论》所作的札记，内容包括原文撮抄以及熊十力所作的按语和夹注。凡撮抄之原文率皆熊十力读之而有心得者，按语则为其剖陈心得、表明依违的文字，夹注则

---

① 《熊十力全集》第二卷，第 344—345 页。

主要是对佛学名理的解释；其中按语最能体现熊十力在尊信佛理、会通儒佛的同时而又抑佛崇儒乃至弃佛归儒的学思张力。例如原文卷三“是中有富那罗等六师”条按语曰：“佛必与外道大论议师或怨家同处，此佛法之所以成其无上。毒草生处，必有良药，此义深远。大智慧人，必不因邪宗竞煽，异论嚣张，而为避人避世避地之计，如吾国隐逸之所为。隐逸者存退怯心，将孤陋自甘，其道不广，且使人间世遍植毒草，而良药将绝种也。”① 卷四“如虚空性常清净”条按语曰：“阴曀本无损于虚空之本净。淫欲嗔恚等曀，实无损于心性本净。学者但务去曀而已。孟子性善之旨，与般若根本不异。”② 卷六“无量清净有二种”条按语曰：“菩萨舍肉身云云，不必谓舍离此肉身也。于此肉身无有染着，便说为舍。孟子所云践形，正符此义。”③ 卷九“法身佛常放光明”条按语曰：“法身佛者，犹云宇宙本体。克就其在人言之，即《论语》所言仁，孟子所云本心，宋儒云德性之知，阳明云良知，吾《新论》云性智，皆指目此也。佛家亦谓之法性心。”④ 卷十“诸佛恭敬法故供养于法”条按语曰：“此言诸法实相者，即前云法身佛是。师不待外求，求诸己而已。实相即真己也，是为清净智，万化自此兴，万善自此出，舍此将何师？孟子谓曹交曰：‘子归而求之，有余师。’亦此意。”⑤ 同卷“如佛在时有一盲比丘眼无所见而以手缝衣”条按语曰：“佛为教弟子作功德故，而赞功德，作功德。此意深远极矣！人生不作功德，便日趋于恶，可不畏哉？”⑥ 同卷“如《说阿婆檀那经》中佛在祇洹住”条按语曰：“儒者以天地万物为一体，佛言众生同体，理实如是。古今来见得此理者，亦非无其人。然虽见此理，而不得使物与我无间者，则三毒习气未尽耳。有一分毒习在，即物不得无猜于我。可畏也哉！”⑦ 卷十三

①② 《熊十力全集》第四卷，第 594 页。

③ 《熊十力全集》第四卷，第 595 页。

④ 《熊十力全集》第四卷，第 596—597 页。

⑤ 《熊十力全集》第四卷，第 597 页。

⑥ 《熊十力全集》第四卷，第 598 页。

⑦ 《熊十力全集》第四卷，第 599 页。

"若人求大善利当坚持戒"条按语曰："此云戒实相，义极深广。《论语》言不违仁工夫，造次颠沛必于是。孟子言收放心，言勿忘勿助。宋明诸师言涵养本原，言操存与保任，言慎独。此皆于实相而不舍其戒也。一息无戒，便违实相。"① 卷十六"菩萨精进不为财利富贵力势"条按语曰："为私利而勤力者，正是惑染结使，非精进也。精进为利益众生，大悲为首，此与儒者言智仁勇三德，义相和会。仁者以万物为一体，即大悲所由起；智者不惑，即无自为之私；勇者刚悍不退，正是精进相。"② 卷二十三"十一智者"条按语曰："或问：尽智，知一切法无所有，此殆出世法，作如是观，似非正智。答曰：出世思想，自是佛家人生态度有失当处，然以毁尽智则不可。众生坚执有物质宇宙。自物理学日益进步，已破除实质的观念。菩萨尽智，观照更深，并电子或能力等相，亦复遣除。一切法毕竟无所有，理实如是，何庸妄执？儒者无所谓出世，然《易·系传》曰：神无方，易无体。易即神也，神即易也。无方无体，乃无滞而神，无碍而易。理无不备，德无不全，所以为众妙之门也。执有之迷情，不可以体神居易，是自绝于真理也。"③ 同卷"有觉有观地者"条按语曰："有人问云：禅定必离觉观，是唯出世法所必修，吾人不取出世思想，何须用是？答曰：不然。出世为另一问题，而禅定工夫，确为人生所不可少。《大学》'知止而后能定'一节，何尝不是禅定境界？定静安虑，功候浅深，亦自井然。《论语》'仁者乐山'，山者，澄定至极，绝无摇动，此大定之相也。人生如全失禅定，即其生活浮昏，如浮尘野马，飘荡空中，全无人性，是可哀之极也。原夫无对之真，显为大用流行，于是而人得天以生焉。（自注：天者，本体之名，即无对之真也。得者，人皆得天以生，即天在人也。）故人生真性，本来无对，本来清净圆明。但吾人若不能于流行中识取本来真性，而把握着清净圆明之本然，以立于无对，则人生将堕落而失去根蒂，飘如陌上

① 《熊十力全集》第四卷，第600—601页。

② 《熊十力全集》第四卷，第602页。

③ 《熊十力全集》第四卷，第633页。

尘，古诗所以致慨，非偶然也。把握之功，即是禅定。精神凝敛，由有觉有观，至无觉有观，极于无觉无观，炯然恒寂，则无声无臭之天，当下即是。即流行识主宰，即相对是绝对，斯乃天人合一之道也。”① 同卷“未知欲知根名诸法实相”条按语曰：“《论》云：菩萨以信根力故，能受。学者宜念念服膺此语。孔子曰：君子可大受，而不可小知也。小人可小知，而不可大受也。其所以不可大受者，实由缺乏信根故耳。信根深厚，即心无浑浊，生命力充实，趣向远大，不安卑近，虚怀纳善，无有滞碍，勤求真理，荡尽俗情，此其所以可大受也。吾国学子最缺乏信根，所宜自省。”② 卷二十四“是人可度”条按语曰：“佛法求无上智慧，归本十力，此与《易》言‘天行健，君子自强不息’，《论语》‘吾未见刚者’之叹，同一意思。”③ 凡此均见熊十力对佛理的尊崇以及对儒佛的会通。

但是，卷十六“问曰诸法实相无为无作”条按语曰：“佛氏谈本体，（自注：一云实相。）只是无为无作，不许说无为而无不为。《新论》驳其析体用为二，岂曰横诬？《论语》赞天道不言而时行物生。天道亦本体之名。不言者，形容其冲寂也，亦含无为无作意义。然时行物生，则无为而有为，无作而有作矣。佛氏于本体，只见是无为无作，却不悟是无为而为，无作而作。此是儒佛天壤悬隔处。良由佛氏在求度脱，故其证体，偏滞于寂耳。《新论》所以不得不作也。”④ 卷十七“声闻禅中慈悲薄”条按语曰：“菩萨以净智慧，深穷诸法实相，即知众生本吾一体，故兴悲愿，不忍独善也。儒者上达天道，（自注：天道，即目宇宙本体，与佛言实相，所指则同。）便悟天地万物皆吾一体，而恻隐发于不容已。两家根底不必异。但佛氏视世间为生死海，为火宅，为苦聚，必欲与众生同度脱。儒者不毁世间，故说形色即天性，而尽其位育参赞之功，无

① 《熊十力全集》第四卷，第636—637页。

② 《熊十力全集》第四卷，第640页。

③ 《熊十力全集》第四卷，第644页。

④ 《熊十力全集》第四卷，第602页。按“《新论》驳其析体用为二”之“析”原文误作“折”，“此是儒佛天壤悬隔处”之“壤”原文误作“壞”，均径改。

所谓度脱也。儒佛同于穷至实相，同以万物或众生为一体，而两家人生观不同，故一则于实相，但体会空寂，而求度脱；（自注：佛家。）一则于实相，体会其空寂而生生不息之健，（自注：《中庸》言无声无臭，亦空寂义。然空寂故生生，则与佛氏只见为空寂者迥异。）两家毕竟殊途也。”① 卷十九“菩萨虽久住生死中亦应知实道非实道”条按语曰：“大乘法，说世间即是涅槃，似已倾向儒家之人生观与世界观，然出发点不同，自须有辨。儒者直从乾道流行，（自注：乾道，即谓本体。）万物各正性命处，见形色即天性。（自注：万物各得大正之道，即所谓乾道者，以为其性命。故一一物，皆是乾道，无有虚妄。形色即天性，本孟子。与佛言世间即涅槃，义相合会。）佛氏却以十二缘生说人生，明人生始于迷暗，沦溺生死海，纯大苦聚。故小乘不说世间即是涅槃。大乘不舍众生故，以般若波罗蜜力，转世间为涅槃，即以智慧力，观诸法空，空故不可取，不可取相是涅槃。此则运智慧力，从世间之本为迷暗所堕之阱，或流转之苦海中，而转化为涅槃。后来无著世亲兄弟《唯识论》，其境随心转之大义，实与此通。此等转化观，以视儒者直下透彻乾道流行，即识得一一物莫非乾道显现，人生本不由迷暗而生，亦无所谓生死苦海，世间即一诚，又何须转？具佛氏根底，究与儒宗不似也。《新论》始援佛入儒。”② 同卷“观身五种不净相”条按语曰：“佛氏以世间为浊恶，为苦聚，为火宅，因立大愿，众生可愍，我当拔出，著无为处。余尝谓其为反人生的思想，而佛教徒每欲曲解顺俗，自乱本宗，诚可惜也。佛家初发心，必毁责人生，作种种厌离想，而以清净法身为蕲向。若出世信念真切，竭诚修行，以趣寂灭，虽非人道之常，而能脱离尘世一切系缚与浊恶，吾犹当尊之为独往之人。如其未能出世，而徒闻佛说人生如何丑陋不堪，世间如何浊恶可怖，即丧失人道尊严崇高之美感与现实生活之乐趣，而复不能自拔于生死海，贪处生贪，瞋处生瞋，痴处

---

① 《熊十力全集》第四卷，第 604 页。

② 《熊十力全集》第四卷，第 615—616 页。按“其境随心转之大义”之“其”原文误作“共”，径改。

生痴，人生堕没之惨，未有甚于斯也。儒者之学，即人道而显天德，克治小己之私，而实体夫所以生之理，万物皆以一诚，而成始成终，何所谓不净？何所谓无常、苦、空？何所谓不自在？其见为不净、无常、苦、空、不自在者，皆由滞于分形而迷执小己，缘此忽起妄情，拣别秽净、苦乐、常无常等。若乃即形而识性，则一诚周遍，敻然绝待，浑全而无畛，明净而无染，德盛化神，生生而不容已，新新而不匮竭。实证乎此者，小己之相泯，形气之累亡，则不净、无常、苦空等妄见，何自而起乎？总之，滞形而迷性，则物皆相待，而善恶、好丑，一切不齐。即形而识性，则至诚无对，显成大用，其善恶、好丑乃至一切不齐之情，皆于性分上无预也。'梃与楹，厉与西施，恢诡谲怪，道通为一'，庄生盖就性分言之耳。知此，则不净等观，将以遗形，而实已有滞形之患，何如圣人直示人以践形之功乎？践形，则形即性也，不净、无常、苦、空等观不起，即无滞形之患可知。……或复有言，佛家不净、无常、苦空等观，所以訾形，正欲对治惑染，方可见性耳，非是滞于形也。答曰：此说吾非不知，然訾形以尊性，舍此以趣彼，终有裂痕在，何得云不滞于形乎？即形而识性，不訾形而性尽。尽性即践形，何须求性而訾形？性即形也，形即性也，一直向上，本自圆成，浩然无碍，至矣儒宗，《新论》所为援佛以同归也。"① 卷二十二"问曰何等是佛法印"条按语曰："佛家显体，究归于寂，不涉生化，此其究竟宗趣，须认清也。（自注：只见本体为寂静的，而不悟其亦是生生化化、刚健而不可穷屈的。）《新论》融般若之空与《易》之健以动，（自注：《易·无妄》卦象曰健以动，全经可蔽以此言。健动即生化不测。）而显即寂即生，始救偏于趣寂之失。……《新论》依本体流行，说为翕辟成变。复明翕辟皆刹那顿现，无暂住时，以此见真体成用，新新而不用其故，进进而未尝有穷，德盛化神，富有无极，神哉神哉！由大用流行，无有如世间所计实物故，亦可云空。然而即流行识本体，一切真实，又如实非空。此视印度佛氏于无常法观空意义，完全变更，斯乃如理如量，不以

① 《熊十力全集》第四卷，第618—622页。

厌苦度脱之情，猜卜真理故也。此吾《新论》所为与印度诸佛异也。”①凡此又可见熊十力对佛学的贬抑，对儒学的标举乃至服膺。

《存斋随笔》当是未竟之著，从此篇仅有卷一“略释十二缘生”一个部分可知。所谓十二缘生亦名十二支，乃是《杂阿含经》所载释迦牟尼首唱的宇宙论和人生论，其要义在于认定“宇宙从迷暗而开发，人生从迷暗而肇有”②，“人生始于迷暗，沦溺生死海，纯大苦聚”③。熊十力开篇即对这一观点提出批评，他说：“释迦氏倡导出世法，盖未认识生命之本性，而以迷暗势力当作生命。”④ 下文对于佛学的批评匪止一端，比比皆是，如谓“生灭法如幻，本无实体，而佛氏乃逞空想，建立一种不生不灭法，说为生灭法之实体。余谓佛氏此说，乃宗教迷情之幻想耳。生灭法与不生不灭法既划分为两重世界，互不可相通，互不可融合，云何妄说不生不灭法可为生灭法之实体？譬如说大沙漠可变成无量众沤，有是事乎？佛氏说诸行是缘生法，是生灭法，是幻有而非真；真如是不生不灭法，是无为、无造、无作、无生法，是真实不虚妄法，是心和物诸现象之实体。综前所说，释迦氏之宇宙论，实逞其空想或幻想，以构造两重世界。彼所谓生灭法本来真实，而彼乃视为虚妄，犹如梦境幻境，是不悟生灭法之本真，而纯由空想构成别一世界，所谓如梦境、幻境者是也，此为佛氏主观构造之一重虚妄世界。又彼所谓不生不灭法，号为心和物诸现象之实体者，是乃一真无对，兀然超脱乎现象而独存。佛氏厌离人间世，乃于现前生生不已、发展无竭的宇宙，不承认其为真实，而视为如梦如幻之虚妄世界，岂不怪哉！佛氏既睹现前生生与发展的宇宙，而错认为梦境、幻境，如此则佛氏之出世法，颇有同于空见外道之嫌。佛氏亦虑及此，于是纵其幻想，以为虚伪世界所谓生灭法以外，别有真实世界所谓不生不灭法在焉，此出世法之所以绝不同于

① 《熊十力全集》第四卷，第628—630页。
② 《熊十力全集》第五卷，第515页。
③ 《熊十力全集》第四卷，第615页。
④ 《熊十力全集》第七卷，第687页。

空见外道也。要而论之，佛氏划分梦幻与真实之两重世界，纯由幻想而来”[①]，“余谓佛氏反人生、毁宇宙，确甚错误。……自江左以至近世，佛法在中国实无好影响。五代以后，儒林染佛氏之教外别传而变为理学，学术思想日益闭塞，人才衰敝，族类式微，其原因虽不一端，而出世法之传染于思想界者，其遗毒不浅也”[②]，“如释迦氏于生灭法自身以外，又别建立不生不灭法，而说为生灭法之实体，此是根本错误。我相信，实体是真实有，但决定不肯承认生灭法自身以外，别有不生不灭法可以说为生灭法之实体。我敢断言，如佛氏所说之实体，是其空想所造，当属诸无法之列，不得以无为有。凡推论之术，必以感官的经验为根据，而后其推理不至陷于迷谬。佛教之学风，其高材莫不擅长冥想，辨析则条分缕细，不惮繁杂；睿照则穷大极深，超越寻思。余窃叹佛氏辨析虽精，而甚背实事求是之常道；智慧虽超出尘凡，而其以宇宙人生皆如梦如幻，则不谓之倒见不得也”[③]，“佛氏出世法，其病根在于任迷情而逞空想。佛教自释迦氏开山，以至后来小大各宗之巨子，莫不专竭其力，以从事于空想、幻想，而即以其空与幻之想建立宇宙，芒然自信为理实如是，强横独断。释迦虽开其端，而大空大有两宗诸大菩萨，皆好名太过，好胜太过，人人喜著书以开厥宗，家家务造论以张其军，而托于大悲与大菩提，居之不疑”[④]，“余谓释迦大误矣。彼不正视当前真真实实、源源不竭、活活跃跃、变动不居、健健进进的宇宙，而乃迷信有神我轮回、漂流苦海无尽期，由是发生出世思想，而有消灭人生、毁弃世界之猛志。其《五蕴》《缘生》两论，既不承认人我为实有，更妄说色和心两类法皆如幻，皆是空，芒然以其幻想，成立完全违反实事实理之戏论，岂不怪哉”[⑤]，“宇宙人生，本来共有真真实实、健健进进、

① 《熊十力全集》第七卷，第732—736页。
② 《熊十力全集》第七卷，第760—761页。
③ 《熊十力全集》第七卷，第762页。
④ 《熊十力全集》第七卷，第806—807页。
⑤ 《熊十力全集》第七卷，第850—851页。

活活跃跃、丰富不竭、炤明无暗的大生命。佛氏乃逞其空想与幻想，必将一切作如幻观，岂不迷乱太甚乎？吾说至此，则佛氏猜想色和心诸法集聚为一团，破析之便无所有，欲以是破独立体者，此甚迷谬。夫独立体所由成，乃一元内含乾坤两性，相反相成，而乾为主宰，坤实承化，是为乾坤合一。此义深远，佛氏莫悟。……总之，佛氏于生命绝无体认。古代印度人迷妄之情太重，建宗教之壁垒者拥护天帝，开哲学之门户者固执神我。释迦氏与其后学小大诸宗之巨子，后先戮力宏扬出世法，以毁绝人生、消灭世界为主旨，其理论本难成立"①，诸如此类批评佛学的言论散见全篇，不遑尽述。

然而，也就是在熊十力早已"归本于《大易》"② 之后于晚年所撰的这部《存斋随笔》中，在对佛学进行批评的基调中，却仍然不乏对于佛学和佛家的赞扬，诸如"如上十二支，成立缘生义，以此说明人生所由生，宇宙所由始，反对大自在天造成万物之谬说。释迦氏天才卓然，于斯可见。若其观察人生坏的方面，至为深透，足资猛省也"③，"其思想未免过偏而失正，索隐而反常。然大雄无畏，实修其所持，人天向化，真诚之感也。大哉菩萨道！自有不可背者存也"④，"人类常颠倒于迷暗之长途中，得佛氏揭其丑恶，庶几有省而返求其本性之所安，又何可弃之而不肯究欤"⑤，"余尝言，出世法本旨，实在对于万物大生、广生之洪流，毅然逆而阻之，将令其断灭。佛氏确是反人生、毁宇宙，而敢于抗拒造化，其自称大雄无畏，诚哉然也。余虽不敢苟同于出世法，而人类有此一派思想，亦可为人间世贪痴、凶残之徒给以大棒大喝。世人诋余毁佛，非独不知余，又何所知于佛乎"⑥，"佛氏缘生法即是空之

---

① 《熊十力全集》第七卷，第 867—868 页。

② 熊先生自承"余之学，自是归本于《大易》"，见《熊十力全集》第七卷，第 800 页。

③ 《熊十力全集》第七卷，第 690 页。

④ 《熊十力全集》第七卷，第 710 页。

⑤ 《熊十力全集》第七卷，第 730 页。

⑥ 《熊十力全集》第七卷，第 755—756 页。

论，余诚不敢苟同。然佛氏必将宇宙人生说成空幻，以明造化可对抗，大生广生之洪流可遏绝，生死海可枯竭，成其大雄无畏之壮论。人类思想史上有此一派思潮，当然是有最高智慧者，烛照尘浮生活梏亡灵性，不堪大苦，于是浩然有度尽一切众生，粉碎太空无量诸天，寂灭为乐之高愿。大哉佛法，岂可与中外哲学史上下劣之厌世思想同年而语哉”①，“吾于释尊及其后学中大师有实修者，皆怀敬恭之忱。佛法偏而失正是另一事，其大悲众生之愿，余不敢不服膺”②，此类言论也是所在多有。综上所述，完全可以说，熊十力中年以后入出佛家，决不只是单一的服膺或离弃，而是在根本斥弃与多有赞取之间周旋。他在泛滥佛学之后毫无疑义地归宗于儒家，但是他的心理结构中又积淀了很多的佛家影响，这成为他中年以后大半生学思生涯的重要底色或曰参照系。

第二节　佛义之辩驳

尽管熊十力中年归宗儒家以后对于佛学的态度是周旋于斥弃与赞取之间，但他对佛学的斥弃毕竟难为僧徒、居士以及某些学人所容忍或认可，因此在民国时期曾经引发长达十多年的此伏彼起的僧徒、居士以及某些学人对他的批驳。这些批驳大概有刘定权 1932 年发表的《破新唯识论》，太虚 1933 年发表的《略评新唯识论》、1942 年发表的《〈新唯识论〉语体文本再略评》，周叔迦 1933 年出版的《新唯识三论判》(此著一并批驳熊十力《新唯识论》、刘定权《破新唯识论》和熊十力《破破新唯识论》，貌似公允，但批驳刘著的篇幅仅有十分之一左右，绝大部分是逐条批驳熊著)，欧阳渐 1937 年所撰《答熊子真书》、1939 年所撰《答陈真如书》及《再答陈真如书》，巨赞 1937 年发表的《评熊十

---

① 《熊十力全集》第七卷，第 765 页。按“生死海可枯竭”之“竭”原文误作“渴”，径改。

② 《熊十力全集》第七卷，第 835—836 页。

力所著书》，方东美1938年所撰《与熊子贞先生论佛学书》，吕澂1943年回复熊十力的七通论学信札，王恩洋1945年发表的《评〈新唯识论〉者之思想》，子韬1947年发表的《读〈读智论钞〉》，印顺1948年发表的《评熊十力的〈新唯识论〉》，其中受到熊十力认真回应的有刘定权《破新唯识论》、吕澂论学信札以及印顺《评熊十力的〈新唯识论〉》，所有这些构成中国现代佛学史上的几段公案，也进一步呈现了熊十力的佛学思想。

一、刘定权的《破新唯识论》与熊十力的《破破新唯识论》

1932年10月，熊十力弃佛返儒的《新唯识论》文言文本印行。同年12月，支那内学院欧阳大师的弟子刘定权即作《破新唯识论》予以批驳。① 从欧阳大师为之作序来看，刘文显然经过欧阳大师阅定。欧阳大师序曰：

> 三年之丧，不肖者仰而及，贤者俯而就，此圣言量之所以须要也，方便之所以为究竟也。心精飙举，驰骋风云，岂不逞快一时。而堤决垣逾，滔天靡极，遂使乳臭牖窥，惟非尧舜薄汤武是事，大道绝径，谁之咎欤？六十年来阅人多矣，愈聪明者愈逞才智，愈弃道远，过犹不及，贤者昧之。而过之至于灭弃圣言量者，惟子真为尤。衡如驳之甚是，应降心猛省以相从。割舌之诫证明得定，执见之舍皆大涅槃。呜呼子真！其犹在古人后哉？②

这篇序文与其说是批驳，不如说是斥骂，甚至是诅咒，用语极重，可见欧阳大师、当然也包括内院同人对熊十力背弃教门的极端愤怒。但

① 刘定权（1900—1987），字衡如，四川邛崃人，早年为欧阳竟无大师弟子，佛学家，中医学家，中华人民共和国成立后曾任中央文史研究馆馆员，事见《中央文史研究馆馆员传略》，中华书局2001年版，第257—259页。

② 《熊十力全集》附卷（上），第3页。

是情绪不能折服熊十力，也不能服众，所以刘定权当是秉承欧阳大师旨意，从理论上对《新唯识论》进行破斥。刘文分“征宗”“破计”“释难”三部分。第一部分“征宗”从总体上指责熊十力乖离宗极、参稽外道、杂取多家，这是将熊十力仍然视为教内之人从而谳定他背叛本宗，其曰：

熊君自当以诸佛为宗矣。然三性之说，佛口亲宣，诸经备载。今谈三性，则存善恶而废无记，任情取舍，非所谓不乖宗极也。四智之说，佛所证得。今熊君挟私逞妄，于净位中不许有四，是其自待已贤于释迦矣，尚曰不乖宗极，其谁欺乎？业报不虚，佛所建立，既言不乖宗极，即应净信无疑。今谓业力不随形尽，理亦或然。或之云者，犹豫之辞。然则熊君此言，不唯自乖宗极，在己实无定解，以此未能自信之说，立论诏人，宁非巨谬。佛说积集名心，《深密经》中具有明文。而熊君任臆斥破，另加诠解，是已显与佛说剌谬，而尚以不乖宗极表襮于人，试问必如何乃谓之乖于宗极耶？熊君又云：“昔者印人言世界缘起，约有二说。一转变说，如数论是。二集聚说，如胜论是。学者参稽二说，而观物以会其理焉可也。”是则熊君所谓创作，不过参稽二说；所谓实证，无非观物会理。夫诸佛如来，必得正智，亲证真如，乃能如实无倒，说法度人。今熊君以参稽外论为创作，以观物会理为实证，其果于自信，殊堪骇诧。熊君书中又杂引《易》、《老》、《庄》、宋明诸儒之语，虽未显标为宗，迹其义趣，于彼尤近。若诚如是，则熊君之过矣。彼盖杂取中土儒道两家之义，又旁采印度外道之谈，悬揣佛法，臆当亦尔，遂摭拾唯识师义，用庄严其说，自如凿枘之不相入。①

① 《熊十力全集》附卷（上），第4页。

第二部分“破计”又分为甲乙丙丁戊己庚辛八节，从“一元之体”“众生同源”“宇宙一体”“反求实证”“真如为体”“种子为体”“一翕一辟”“能习差违”诸方面具体批驳熊十力。

“一元之体”一节指出熊十力的两个自我矛盾，其一是自己既主张“功能之一元”，却又将他人所持一元二元多元之论一概斥为“驰逞戏论”，“是忽不自知早堕入一元论中而他人是哀也，斯真所谓谲怪之极哉”；① 其二是基于染净、常无常、展转相待、作具的两难推理否定“作者”（按即上帝一类造物主）的存有，从而主张万物为功能（按即宇宙本体）所成就，但功能同样可以基于染净、常无常、展转相待、作具的两难推理予以否定，“以子之矛攻子之盾，试问熊君将何为答”。刘定权最终归结到否定一元本体论，其曰：“三藏十二部经中，固未尝有以众生为同源宇宙为一体之说也。”②

“众生同源”一节质疑熊十力主张的“功能之一元”“何以天得之但以成天而不成地与人物”“何以物得之但以成物而不成天地与人”；且“既成天矣，何以又能成地与人物”，“既成物矣，何以又能成天地与人”，凡此种种，刘定权认为“真所谓莫名其妙者矣”。③

“宇宙一体”一节归谬熊十力“宇宙一体之计”曰：“推其设义，应无渐次可行大地之理，应一下足至一切处故。又应同时于此处于彼处无至不至之理，为此一物在一时不应有得未得之异义故。又此一义其体浑然，不应于一方处两物中间有间隙事。此处有一亦即有余，云何此彼有差别之辨？如何可于此一处有至有不至，于其中间见有空处？又此一义亦应无大小物之别，水虫细物与彼粗物同在一处量应等故。若谓此彼之别但由相故，则定应许此差别物展转分析成多极微。此相有方分故，故彼所执一体不成。”④ 接着更对熊十力证成宇宙一体的七点义据逐一驳

① 《熊十力全集》附卷（上），第 5、6 页。

② 《熊十力全集》附卷（上），第 6 页。

③ 《熊十力全集》附卷（上），第 6—7 页。

④ 《熊十力全集》附卷（上），第 7 页。

斥。其一驳“交遍义为一体”所举“交光相网”和“我汝不一”之喻曰“夫光纵相网，而灯则非一，岂非异义成，非一义不必成乎？况律以近世光粒之说，一灯之光固非真遍一室，余灯之光遂可参入其间，彼诸光粒亦如多马，一处并不容也。故此譬喻，为证不成。又我汝不一之言，自注：‘不一者，我之宇宙，汝不得入；汝之宇宙，我亦不得入。如我与汝群盗同在北京，实则我也，汝群盗也，乃人人各一北京。……’观此人人各一北京之言，明明说非一体，而又谓宇宙真为一体者何耶”①。其二驳“圆满义为一体”所举药丸之喻曰“夫药丸之味味具足，由先混合各味而成。岂大化亦先混合万有而成者欤？岂万有在先，大化在后欤？又医病制丸，非止制一，丸中纵具众味，而此丸犹异彼丸也。故此所云，非真一体”②。其三驳“全分义为一体”曰“然全分之义，实不足以证成一体。因全即一体之异名，一体既待成立，则全亦非极成。全不成故，分亦不成。况熊君自注云：‘万物有和同而相取者，有逆异而相攻者，作用诡异，要以会成全体之妙。’夫万物至于逆异相攻，无论如何诡异，其非真为一体，亦可知矣”③。其四驳“中心义为一体”所举“万方中枢”之喻曰“案彼万方中枢之言，明明非一，而谓一体，不解何谓。又熊君下文即云：‘夫身器相连属而为全体，此前所已明者。然使见于其全而忽于其分，则近取诸身之谓何？顾可于此不察乎？盖一身虽通于大全，而身固分化也，分化则独也。’案彼身器之大全，独身之分化，明明自说非一，而又自说一体，不解何谓”④。其五驳“增上义为一体”曰“熊君自谓增上缘义最精，吾人率此道，常能由一知二，由甲知乙，则宇宙是增上，非一体，又明明自说非一。而又自说一体，不解何谓？世亲、护法源本圣教，显示缘起，就中增上缘义至为宽广，则又何尝如熊君所诬，以诸法为各各孤立之断片？但不应执着诸法实为

---

① 《熊十力全集》附卷（上），第8—9页。

② 《熊十力全集》附卷（上），第9页。

③ 《熊十力全集》附卷（上），第9—10页。

④ 《熊十力全集》附卷（上），第10页。

一体而已”[1]。其六驳“仁爱义为一体”曰“案彼所计，但说疾痛相连，不说肥瘠无关，则明明非一矣。数视侄疾，返辄安眠，虽贤者不能免。世间幸灾乐祸、投井下石者，又比比皆是也，乌足以证成众人之心即一人之心乎？若众人之心即一人之心，则《新唯识论》之书大可不作。盖当熊君止观双运本智反求时，十方三世一切众生皆已体认悬解故也”[2]。其七驳“唯识义为一体”曰“然唯识言，非唯一识。若唯一识，宁有十方凡圣尊卑因果等别？谁为谁说？何法何求？一作业时，一切应作；一受果时，一切应受；一得解脱时，一切应解脱，便成大过。复次，熊君既‘知聪明觉了者心也’，遂用以证成‘此心乃体物而不遗’，亦已足矣，又何必于心之上更增益一宇宙生生不容已之大流哉？熊君虽诃‘大乘诸师成立唯识，全用形式逻辑，空洞论调嫌多，颇近诡辩’，然熊君当成立唯识时，仍不能不依据旧师，遂又不能不赞其‘辩证精严名理斐然’矣。及至证成‘妄境唯依妄识故有’之后，又谓‘妄识亦依真心故有，而实乖真’，‘若以妄识认为真心，计此不空，是认贼作子，过莫大焉’，而‘真心依本体得名’，虽‘亦可说心即本体’，而‘此中直指心为体却是权说’‘心非即本体也’。今应问彼，云何证知有此本体？熊君曰‘自性觉故’‘内自识故’，是本体自觉自识也。夫本体而能自觉自识，即谓之心可也，何必更在此心之上增益一本体哉？远西学者多假唯心论以证成其上帝，如巴克烈以存在即被知之义证成唯心以后，终乃增益一上帝之心。东方学者则假唯心论以证成其所谓本体。虽一为神学，一为玄学，而其说不平等因为增益执则无以异。皆须所谓屋干剃刀者一一铲除之也”[3]。

“反求实证”一节讥刺熊十力既“以物顺天则生理流行，方为止观双运，方为实证本体”，却又诉说“方今‘世变日亟’‘北京群盗喧恼逼

---

① 《熊十力全集》附卷（上），第 10 页。

② 《熊十力全集》附卷（上），第 11 页。

③ 《熊十力全集》附卷（上），第 12—13 页。按巴克烈即 18 世纪爱尔兰哲学家贝克莱（George Berkeley），屋干即 14 世纪英格兰哲学家奥卡姆（William of Occam）。

热’‘疾病交摧’，虽‘近有转机’，而‘十年来患脑病，胃坠，常漏髓，背脊苦虚’”，如此等等，“是岂非自认物之未顺天则，生理之未流行欤？是则熊君是否已止观双运实证本体者，岂非尚未能有以见信于世欤？何以遽言有所开发创新而不为物化欤？既不能创新而不为物化，而嘐嘐作《新唯识论》，大言欺世，复何解欤”？本节还反驳熊十力“反诸内心，自他无间”说道：“依据圣言，无论何人，无论修何止观，无论如何反求，终不能亲缘他心。此亦事理之无可疑者，如何可言自他无间，满座之人之心即是一人之心耶？”①

“真如为体”一节反诘熊十力“以一翕一辟变成天地人物之功能为本体，是则以一翕一辟为真如也。试问凡读佛书者，有此种一翕一辟之真如乎？以予所据思唯如性之圣言，则所谓如性者，即如所有性。《经》云：如所有性者，谓即一切染净法中所有真如，是名此中所有性。此复七种。……案此七种真如，无非显示诸行无先后，显示二无我，显示唯识，及显示四谛。而熊君一切不知何耶”②？

“种子为体”一节直斥熊十力“计有恒转实体，不从因生，能生万有，违佛缘起性空之理，已同外道胜性邪说矣。不明立种深意，于是缘起之义遂昧。缘起之理不彰，于是外道之说斯起。一误现界以种子为体，二误现界以真如为体，三误两体对待有若何关系。三误蔽于中，妄言作于外”③。以下逐层批驳熊十力“体用之旨不明，无怪第一误也”，“真如无为之义不明，无怪第二误也”，“护法动依缘起说诸法无自性，而熊君必务以一法为先物之实体，邪正之不侔，又无怪其第三误也”，甚至詈骂熊十力“多所言说，亦野狐之鸣鸣乱鸣而已”！④

“一翕一辟”一节鄙薄熊十力“以自性为辟为心，以显自性之资具为翕为色，皆恒转所幻者，详其由来，与《太极图说》相似，而岂涉唯

① 《熊十力全集》附卷（上），第13—14页。
② 《熊十力全集》附卷（上），第14—15页。
③ 《熊十力全集》附卷（上），第16页。
④ 《熊十力全集》附卷（上），第17—18页。

识之梦哉！昔人考《太极图说》，道家授受之物，与孔《易》大不相侔。《系辞》易有太极一段，误解者皆道家之流也，而熊君袭之。其恒转云云者，即无极而太极句意也。其辟云云者，即太极动而生阳句意也。其翕云云者，即动极而静静而生阴句意也。其翕辟云云者，即一动一静互为其根分阴分阳句意也。不过熊君以翕显辟为稍异耳。熊君辟义，尚不足孔家妙义，况唯识家言哉！偷袭后世方士之一二，遂乃称雄于古往今来，一切不顾，多见其太不知量也。又翕色辟心之义，不外袭横渠《正蒙》之余唾”①。又指责熊十力言论之抵牾说“案熊君以乖本成物为翕，以如性成心为辟，心转物而不为物转为辟之战胜于翕者。胜败之数，视转与被转，更视其数之多寡。熊君以矿物植物动物及大多数之人类为被转，其为转者不过人类中极少数之出类拔萃者，多寡之数较然矣，判之为战败可也，而谓战胜，谁欺！熊君既主张‘辟以胜翕’，却又教人‘法坤’。既信奉‘生物进化’，却又教人‘复初’。既说‘浑然一体’，却又说‘分化以显’。既说‘分化以显’，却又责人‘不说一体’。既说‘不能以求之人者概之于物’，却又说‘一人一物之心即是天地万物之心’。处处犯自语相违过”，以至于咒骂熊十力“失心疯言已童竖戏也”！②

“能习差违”一节继续攻讦熊十力立论悖谬，凡有七点，其一曰“原夫功能、习气、种子，此三名词，原无差别。论言种子者本识中亲生自果之功能，则功能即种子也。论言种子既是习气异名，则习气又即种子也。熊君强分习气与功能为二，是立敌所用之名不极成，而有所云云，过尤丛集”③。其二曰“熊君既言‘吾人有生以来经无量劫，业势等流。其徇形躯之私而起者，必皆有遗痕，成有漏习。其循理而动者，必皆有遗痕，成无漏习’，是以决定决定说习气矣。然何以又说‘有情业力不随形尽，理亦或然’？或然即必然耶？必然即或然耶？何其自语

① 《熊十力全集》附卷（上），第19—20页。

② 《熊十力全集》附卷（上），第20—21页。

③ 《熊十力全集》附卷（上），第21页。

相违若是耶”[1]？其三曰“熊君又言‘成形禀气之始，忽执形器而昧其本来面目者，是之谓惑。本来面目是不落形气的，是无私的，是无所染执的’。案成形禀气之言，不过为此一期最初之时也，然熊君前云‘有生以来经无量劫’，则此所云本来面目者，不仅在一期初生之时，而实在无量劫先人且未生之前。是则所谓本来面目者，熊君果证见之耶？是则今之熊君乃是无量劫先人且未生之前之人？人耶？非人耶？若言是人，人且未生！若言非人，明明熊君”[2]！其四曰“熊君又言‘习气后起，不可混同功能。能习有天人之辨。众生储留其无始来之成能，以自造为一己之生命者，谓之为人。功能者，天事也。习气者，人能也。以人混天，则将蔽于形气而昧厥本来。悠悠千祀，迷谬相承，良殷悼叹’。案此明明以生命力为人矣。何以又谓‘斯人性具生命力。性具者，谓先天之禀’。所谓以人混天之迷谬，实在熊君。良殷悼叹之言，非指千祀，实自写照也”[3]！其五曰“熊君之言曰‘心者即性，是本来故。心所即习，是后起故。本来任运，后起有为。本来纯净无染，后起便通善染’。又曰‘性即是凝成此气质者。但气质之凝成，变化万殊，难以齐一。且既已凝成，亦自有权能。虽为本性表现之资具，而不能无偏，固不得悉如其性矣’。今应问彼：何以纯净无染之性凝成气质，乃有万殊难齐甚美不美之分？且既凝成，何以又自有权能，乃至‘习伐其性’？是等论调，岂非福音之再见乎？万能仁慈之上帝既造众人，又造群魔而降伏之，以显上帝之威力。但群魔既被造成，即亦自有权能，不唯诱惑众人，甚至侵伐上帝！其为不通，亦此之类也”[4]！其六曰“熊君又言‘习气虽属后起，而恒展转随增，力用盛大。吾人生活内容莫非习气，吾人日常宇宙亦莫非习气。若舍习而谈，此处有如是案乎，无如是案乎，便有许多疑问在’。案熊君既谓宇宙人生莫非习气，则又何必于习

---

① 《熊十力全集》附卷（上），第21—22页。

②③ 《熊十力全集》附卷（上），第22页。

④ 《熊十力全集》附卷（上），第22—23页。

气之外，增益其所谓功能？又谓舍习而谈，便有许多疑问。熊君既谓疑为别境心所是习气之一，既舍习矣，许多疑问又何从而有哉”[①]？其七曰“熊君言心所中之最谬者，莫如将本惑之疑移入别境，盖承西哲笛卡儿之谬，所谓以怀疑态度治学者是也。不知吾人治学之始，凡遇一义，不当不加抉择漫然从之，应以胜慧于所观境简择推求，于是德失俱非明白决定；或有当存而不论者，不知为不知，是知也，非疑也。而疑数者，于诸谛理犹豫为性，既不能简择推求，故于德失俱非皆不敢加以决断，徘徊瞻顾，莫决从违。故有疑者不唯不生胜慧，反能令慧不决，诸圣教中但说能障善品，未闻为悟之几。观信数之为善，则疑数之为惑可知矣。今熊君偶拾以疑治学之俗说，漫然不加抉择而从之，又非真能实行其所谓以疑治学者矣”[②]！

第三部分“释难”乃为受到熊十力攻难的佛事佛理进行开释，并对熊十力关于佛事佛理的独特解说予以驳诘甚至斥骂，实际上还是指陈熊十力言论的谬误。针对熊十力攻难“八识之谈，大乘初兴便已首唱，本不始于无著，但其为说以识与诸法平列”，刘文开释道：“今应问彼，所谓大乘初兴首唱八识与诸法平列之说者，指世尊所说之经耶？抑指菩萨所造之论耶？若指世尊所说之经，则三乘圣教皆佛所说，所谓大乘初兴之言为无意义。《阿毗达磨》本声闻一切智义，详叙诸法种种说蕴处界三科；而至《华严》唯心所现之言，《深密》唯识所现之训，则抉择唯识特列以立义，又曷尝与诸法平列耶？若指菩萨所造之论，则除《起信》等伪书外，大乘初兴时龙树菩萨等所造论中，固亦未见有首唱八识与诸法平列之说也。”[③] 针对熊十力解说“逮于无著始成第八识，引世亲舍小入大，此为接引初机，固犹未堪深议”，刘文提出一连串反诘道：“夫八识之谈不始无著，君有明言，乃又谓逮于无著始成第八识，不知君之密意云何？意者大乘初兴但唱而未成，必逮于无著始克成之欤？但

① 《熊十力全集》附卷（上），第 23 页。

② 《熊十力全集》附卷（上），第 23—24 页。

③ 《熊十力全集》附卷（上），第 24 页。

唱成之义两不孤立，不成如何能唱？古德岂亦但悬无因之虚宗以立言，如后世臆说乱想家想到那里说到那里耶？至于接引初机之说，当年世亲位证明得尚是初机，未知今世谁为超过世亲之熟机？熊君乃不惜以其超过八识之义所谓最上了义者广为之宣说耶？但熊君以第八识之说为接引初机者，不知其何以解于《阿毗达磨经》中一切种子识胜者我开示，及《深密经》中阿陀那识甚深细我于凡愚不开演之说耶？”① 针对熊十力解说“盖世亲以前诸大乘师，将识与诸法一例认为无自性，即是看作皆空。到世亲成立唯识，以识统摄诸法，则将识之一法看得较实，且据彼种子义而推之，识既从种生，则识为有自性之实法矣”，刘文斥骂并开释道：“案此当面造谣，闭眼乱说，岂谓古人已死无对证耶！古人不在，古书具在。即如熊君所举之《百法明门论》，开卷标宗明明引如世尊言一切法无我，全书始终明明皆释此一义，则世亲明明如以前诸大乘师将识与诸法一例认为无自性也。世亲又不但说识从种生，并说一切有为法如色声等皆从种生，皆是缘起，是故皆无自性。今熊君何以但就识从种生以推，又何以从种生故即可推得为自性之实法？真所谓邪谬不堪究诘者矣！”② 针对熊十力攻难“护法建立八识，又各分心所，而于每一心每一心所皆析以三分。彼唯用分析之术，乃不能不陷于有所谓已成之断片相状”，刘文征引《成唯识论》《集量论》《楞伽经》予以反驳，并斥骂道：“详此所引诸说，则妄诃护法唯持分析法创设心心所异及三分异者，直是黑胆包天昏眼迷地矣！”③ 针对熊十力攻难“分析之能事，虽或有见于散殊，然致曲之过，其弊为计”，刘文反驳道：“分析之为用大矣哉！世尊一代设教，破外为多，破外之具首凭分析，是善巧方便之极，所谓方便为究竟是也。”④ 针对熊十力阐发“夫心即性也，以其为吾一身之主宰，则对身而名心焉。然心体万物而无不在，本不限于一身

① 《熊十力全集》附卷（上），第24—25页。

② 《熊十力全集》附卷（上），第25页。

③ 《熊十力全集》附卷（上），第25—26页。

④ 《熊十力全集》附卷（上），第26页。

也。不限于一身者，谓在我者亦在天地万物也。今反求其在我者，乃渊然恒有定向，于此言之则谓之意矣。定向云何？谓恒顺其生生不息之本性以发展，而不肯物化者是也。故此有定向者，即生命也，即独体也。依此而立自我，虽万变而贞于一，有主宰之谓也”，刘文反驳道：“呜呼！熊君名称唯识学者，奈何竟立主宰之自我者乎？夫计有主宰之自我者，是我执也。计有一法为我及天地万物之所资始者，是法执也。既为二执所缚，则以世尊之方便为戏论，亦势所必至矣。”① 针对熊十力既称“原夫无量种界，势用诡异，隐现倏忽，其变多端。每一念心起，俱时必有多数之同一联系者，从潜伏中倏尔现起，而与心相应，以显发其种种势用。即依如是种种势用，析其名状，说为一一心所法”云云，又说“迹护法功能又名种子，析为个别，摄以赖耶。不悟种子取义既有拟物之失，又亦与极微论者隐相符顺。外道小宗计有实微，其数众多；此亦计有实种，数复无量。宇宙岂微分之合？人生讵多元之聚？故彼功能终成戏论”，刘文讽之曰：“不知熊君何以自解？熊君书中言有所谓‘感情逻辑’者，熊君殆亦用感情逻辑者欤？”② 针对熊十力所谓“意识作用不唯外缘，而亦返缘。返缘略说以一二者于外缘时，自知知故。如万缘色，而识自知知色之知故”，刘文反诘道：“熊君既许识有自知知色之知，是则色者相分，知者见分，自知者自证分也。又何以不许就此三体无别中，以理推征说有三分耶？”③ 针对熊十力既说“聪明觉了者心也，此心乃体物而不遗”，又说“以本体言心，简异知觉运动非即心故”，刘文诘且讥曰：“觉了之觉，知觉之觉，等一觉字，何以悬绝不同？又何以聪明觉了为心，而知觉运动为非心？殆又用所谓感情逻辑者欤？”④ 针对熊十力解说“种子现起而为心所之部分，与其未现起而仍潜伏为种之部分，只有隐显之殊，自无层级之隔。或计种子潜伏，宜若与彼现起为心所者，当有上下层级之分，此甚误也。无量习心行相恒自平铺，其现

---

① 《熊十力全集》附卷（上），第 27 页。

② 《熊十力全集》附卷（上），第 27—28 页。

③④ 《熊十力全集》附卷（上），第 28 页。

起之部分，则因实际生活需要与偏于或种趋向之故，而此部分特别增盛，与识俱转。自余部分则沉隐而不显发”，刘文驳诘道：“案经论中未尝见有将种子现行显为上下层级之分者。然即为此分别，亦不过状其隐显之义，而非甚误也。熊君于上下之义既斥之矣，然又何以作升沉之言？升非上沉非下耶？止许自家说升沉，而不许人说上下何耶？”① 针对熊十力解说大乘之旨“赖耶深细，藏密而不显；前六则粗显极矣，疑于表里隔绝，故应建立第七末那以介于其间。《大论》五十一说，由有本识，故有末那，其义可玩已”，刘文反诘斥骂道：“五（按指眼识耳识鼻识舌识身识）以各自根为根依，六（按指意识）以七（按指末那识）为根依，七以八（按指阿赖耶识）为根依也，且五六七皆以八为根本依，又安有表里隔绝之言耶？反复论义，是立七识无表里隔绝介于其间之邪谬！读书不清而乱说，何耶？”② 针对熊十力《新唯识论》体例有“承旧名而变其义”一条，刘文斥曰“其所谓变者，变他义而显自义也。若非显己而但叙他，而亦辄变改其言，是直造谣而已！是直诬谤而已”！针对熊十力解说“大乘所立八识，约分三重。初重为六识；次重为末那识；三重为赖耶，受熏持种，动而无为”，刘文驳诘道：“案诸经论，赖耶有为法，绝无动而无为之理！既已无为，则无生灭，又何能动，而云动而无为？此虽略涉内典亦皆了解斯义，不解熊君何反不知？”③ 针对熊十力解说“无量种子各有恒性，各有缘用，又各以气类相从，以功用相需，而形成许多不同之联系。即此许多不同之联系更互相依持，自不期而具有统一之形式。古大乘师所谓赖耶末那，或即缘此假立”，刘文驳斥道：“案此以种子联系统一为七八建立之由来，诬为古大乘义，不知其据古大乘师何部论中而谈？大乘书在，未见有如是谬论也！盖以种子联系统一说赖耶，犹依稀仿佛可言也。以说末那，则相去天渊，直是

---

① 《熊十力全集》附卷（上），第 28—29 页。

② 《熊十力全集》附卷（上），第 29—30 页。

③ 《熊十力全集》附卷（上），第 30 页。

乱谈！”① 刘定权最终论定“熊君于唯识学几于全无所晓”，“亦不读书而徒逞臆见粗辟犷野之为害也”，他告诫熊十力“诚能以十年著书之功，易为十年读书，穷研旧学，倘得索其条贯，识其旨归，方了然于新义之所以不当立”！②

《破新唯识论》于1932年12月在支那内学院编印的《内学》第六辑发表后，引起熊十力的高度重视，他迅即于1933年2月出版《破破新唯识论》，以超过《破新唯识论》一倍多的篇幅予以驳正。在引言中，熊十力记述道：“客曰：‘宇宙至大，狂蜂有息，微蚁有声，何况于人，焉得一一喻以吾意？’余曰：‘子之言达已，而疑于玩世。孟氏有言：“予岂好辨哉？予不得已也！”此不得已之心，是何心欤？此不得已之辨，是何辨欤？以不得已之心，行不得已之辨，不容加上一毫作意，是则吾之所以自省。’”③ 由此可见熊十力对于《破新唯识论》的不已于言之情，当然归根结底乃是对其《新唯识论》的坚执之心；唯有反驳《破新唯识论》，方能挺立《新唯识论》。

在体例上，《破破新唯识论》（以下省称《破破论》）采取与《破新唯识论》（以下省称《破论》）针锋相对的形式。《破论》分“征宗”“破计”“释难”三部分，《破破论》也就分为“破征宗”“破破计”“破释难”三部分。第一部分“破征宗”开篇统斥之曰：

初阅“征宗”之目，方冀于吾立论宗旨有所赐正。言有宗，事有君；无君不成乎事，无宗不成乎言，固也。不求其是，不体其真，入主出奴，以为宗君。如是而事，无乃偾事？如是而言，无乃妄言？吾于此凛之久矣！故破者“征宗”果中吾失，不惮馨香以承雅命。乃阅《破》文，竟于吾书纲领旨趣全无所触，遑论是非，而

① 《熊十力全集》附卷（上），第30页。

② 《熊十力全集》附卷（上），第30—31页。

③ 《熊十力全集》第二卷，第153页。

徒寻章摘句，拣取枝节，不深维义理得失，轻肆诋諆，此何与于征宗事耶？审破者所陈辞义，本不须驳，然愍其迷执，仍复相酬。[1]

接下来，针对《破论》所谓“今谈三性，则存善恶而废无记，任情取舍，非所谓不乖宗极”的指责，熊十力驳曰：“凡经论言三性者，皆就习心言，无有于本性上说善恶无记之三者。如不了此义而自称佛家正统，终是谤佛，此甚可惧也。吾所异夫旧说者，唯不许有无记耳。盖非善非恶，方名无记。吾意此或诸佛菩萨顺俗之谈，未为了义。须知习心动处，不善即恶，未有善恶两非之境。曾涤生言‘不为圣贤，便为禽兽’，此盖本之孟子。孟子曰‘庶民去之，君子存之’，如彼之意，庶民去此‘几希’，即是禽兽，实无有介于圣贤禽兽之间者。不善即恶，势无中立，所谓‘道二，仁与不仁而已’。孟子于人生参透深切，自非真志乎为己之学者，何足以语此！……此理须于自身求之，宗佛与否，吾何问哉？”[2] 不仅坚持否定佛家三性说，而且表明并不将佛家奉为宗极。针对《破论》所谓“四智之说，佛所证得。今熊君挟私逞妄，于净位中不许有四，是其自待已贤于释迦”的指责，熊十力驳曰：“大乘诸经虽言四智，读者切须荡涤胸怀，于言外会意。……须知经所言智，即汝本心。此心至明，发之于五官取境，不蒙昧，不倒妄，名‘成所作智’；发之于意识思维，于一切法称实而知，如理如量，名‘妙观察智’；不妄计我、我所故，名‘平等性智’；远离无始戏论言说习气故，名‘大圆镜智’。如是言四，但依义理分际差别立名，而智体实非有四。如许有四，即汝本心亦是分子集聚而成，宁非戏论？世亲、护法诸师于染位中妄分八识为各各独立之体，故于净位亦析智成四。其立说系统虽复井然，而违真害理，则无可为讳。”[3] 这是通过经典诠解而申论智体唯一而非有四，由此批评了唯识诸师分析术的荒谬。针对《破论》指责以

① 《熊十力全集》第二卷，第153—154页。

② 《熊十力全集》第二卷，第154—155页。

③ 《熊十力全集》第二卷，第155—156页。

“或然”犹豫之词评论佛家业报之说为“巨谬”，熊十力驳曰：“夫业力不坏之义，吾固经几度疑情，然最后则自信我愿无尽，吾生无尽。但此理终存于信念上，而理论上则无法证成。以取必于人之共信，故宁或之，以冀人之自行起信而已。自问真实坦白，不作欺人之谈。今请诘难我者反躬自诘，其果于人生曾发深省欤？其果能笃信业报欤？即其言而察其心之所存，是如何根器，不必能瞒得过明眼人也！宣圣曰：‘吾谁欺？欺天乎？’”① 揭露《破论》作者对待业报的态度乃是自欺欺人。针对《破论》指责“任臆斥破另加诠解”佛家心说为“剌谬”，熊十力驳曰：“佛说在当年原是随机，吾侪生于佛灭后数千年，由经文而会其妙义之存可也，若必字字曲与执着，则乃前喻所谓痴童观指不观月也。”② 反讥《破论》作者拘于文句而不通经旨。针对《破论》所谓“以参稽外论为创作，以观物会理为实证”的指责，熊十力驳曰：“吾人于器界，如何不要观物会理？即依佛说，后得智缘诸事境，一切如量，又岂不观物会理耶？……至若截取一节文字中‘参稽二说’之语，以诋全书，尤属无谓。稍读书知学问者，何至作是语？”③ 据佛说以及学理证己是而彼非。针对《破论》所谓“杂取中土儒道两家之义，又旁采印度外道之谈，悬揣佛法，臆当亦尔，遂摭拾唯识师义，用庄严其说，自如凿枘之不相入”的指责，熊十力驳曰：“夫取精用弘，学问斯贵；博览遍观，唯虞孤陋。……融摄诸家，讵为吾病？……若乃上智旷观百家之虑，虽各有条例，各成系统，而如其分理，不齐斯齐，会其玄极，同于大通。故乃涵万象而为宰，鼓鸿炉而造化；同归尽自殊途，百虑何妨一致？斯固小知之所骇怪，一察之所不喻。宜其等华梵于天渊，比内外于矛盾。道隐小成，明穷户牖，其所患岂浅耶？”④ 最终谳定《破论》作者为一察之小知。

① 《熊十力全集》第二卷，第 156 页。

② 《熊十力全集》第二卷，第 156—157 页。按“痴童观指不观月”之喻出于《楞伽经》“如愚见指月，观指不观月。计著名字者，不见我真实”。

③ 《熊十力全集》第二卷，第 157 页。

④ 《熊十力全集》第二卷，第 158 页。

第二部分“破破计”将《破论》之“破计”部分所分八节归并为子丑寅卯辰巳六节加以反驳。第一节（子项）反驳《破论》之“破计”部分的第一二三节（甲乙丙）。针对《破论》对“一元之体”的否定，熊十力说：“本书《明宗章》，首明玄学所穷究之本体，元非可看作客观独存之境界而寻索之，道在反求实证，故不以哲学家之构画抟量虚妄安立为然。其与哲学上一元论之不同，乃根本精神互异，读者苟虚心详玩吾书全体意思，甚为彰著。至《功能章》显神用之不测，而说万有资始乎一元，此即《瑜伽》说圆成实性譬如无尽大宝藏之意。彰其无待，假说为一。明其体物不遗，假说为元。此即方便显示总相，何至误会为与哲学上一元论同其旨趣耶？如徒截取‘一元’二字而为武断，则经论处处皆明无我，而涅槃四德乃曰‘常乐我净’，如破者解，此所言‘我’，不亦陷于外道计我之见乎？”① 针对《破论》对“众生同源”的否定，熊十力说：“夫言乎习气流转，则众生咸其自己，宇宙亦由其自业发现，固也。若论到众生本性，则同此一极如如，焉得妄为差别？众生性体既无差别，即‘心同分、法同分’义成，又安得谓宇宙本来隔截互异哉？……破者不主众生同源，《经》说‘法身诸佛共有，遍一切法’，此作何解？又言‘云何自证法’，谓‘诸佛所证，我亦同证，不增不减’，如非众生与诸佛同体，（自注：同源即谓同体。）何得成佛有同证事？破者若必以极端个人主义推之于玄学领域，而谓众生本源各别，则是本体界元属众多分子孤立，为有数量？为无数量？若言无者，犯无穷过；若言有者，既有定数，便是死局，而变化之道穷矣，此非以细人之衷测化者欤！须知人生限于形气，囿于熏习，虽若千差万别，而其恒性之大同者，终不容泯灭。佛说‘真如亦名遍行’，谓无有一法而不在故。儒先说‘不为尧存，不为桀亡’，亦符此旨。奚谓众生而不同源？斯理之昭，其可诬哉！”② 针对《破论》对“宇宙一体”的否定，熊十力说：“吾所谓‘宇宙一体’者，则乃融俗入真，亦得云‘即俗诠真’，现前即是无

① 《熊十力全集》第二卷，第162—163页。

② 《熊十力全集》第二卷，第163—164页。

差别相，何事横生对碍？此天地万物一体之说，与不坏假名而说实相之旨，并是称理极谈，不必妄分同异于其间也。然破者又否认绝对之'一'，有'既言绝对，即不可谓之为一'之语，此病乃极不细。所谓一真法界之'一'，破者将作何解耶？智虑短浅，而敢于轻议，窃为破者惜之。"①

"破破计"第二节（丑项）反驳《破论》之"破计"部分的第四节（丁）。针对《破论》对"反求实证"的否定，熊十力说："若说到本心，此即自性流行，元无自他间隔，所谓'心、佛、众生，三无差别'是也。……《明宗章》谈本心，即显体上无差别。故就本体流行处，如所谓'一人向隅，满座不乐'者，征明座中众人之心即是向隅之一人之心，元来无二无别。……须知众人之心即是一人之心，无二无别，此实待反求而后见，不反求则终不得见。"熊十力认为"此义终非破者可喻"，"直令人怜其暗昧而末可如何"！②

"破破计"第三节（寅项）反驳《破论》之"破计"部分的第五节（戊）。针对《破论》对"一翕一辟为真如"的否定，熊十力说："一翕一辟所以成变，此即流行之妙也，即神用之不测也。然但曰一翕一辟，则未可名'如'。唯夫恒转之一翕一辟，而翕若故反，以成乎物，疑于恒转不守自性。然同时则有辟之力以战翕而胜之，即辟以其至健，运乎翕而使之随转，是则翕非果与辟反，而适以成其辟。于此可见，辟者为恒转自性力之显发，而终不物化以失其自性。此足征恒转之常如其性，亦即于变易中见不变易。故吾书实未尝即以一翕一辟名'如'，唯于一翕一辟之中，辟恒运翕而常不失其恒转之自性，即流行即主宰，是乃所谓'如'也。"③

"破破计"第四节（卯项）反驳《破论》之"破计"部分的第六节（己）。针对《破论》所谓"计有恒转实体，不从因生，能生万有，违佛

① 《熊十力全集》第二卷，第 165 页。
② 《熊十力全集》第二卷，第 169—170 页。
③ 《熊十力全集》第二卷，第 172—173 页。

缘起性空之理，已同外道胜性邪说”的指责，熊十力说：“此则完全不了我义。吾假说恒转，以方便显示本体之流行，此与数论胜性有何相似？彼实有所建立，此则但是假说。彼立胜性，是妄构一恒常法为根柢，以说明变化；此则于流行识体，绝非悬空妄构。两义判别，奚啻天壤！而破者乃一例诋为邪说，恶乎可哉？至云‘违佛缘起性空之理’，尤所未喻。诸佛菩萨说缘起者，在当时元是应机说法，若其真实义趣，只欲明诸行性空，令证实相而已。识得此意，即不沿用缘起说，而但无背于诸行性空之理，则不得谓之违佛非法。”① 又针对《破论》所谓“一误现界以种子为体，二误现界以真如为体，三误两体对待有若何关系。三误蔽于中，妄言作于外”的指责，熊十力依次辩驳道：“吾书就护法‘种起现行’之一问题中而判决之。彼于此，的是以功能为现界本根，字曰‘因缘’；（自注：彼之功能即其种子异名。）的是以功能为能生之因，现界为所生之果。故如彼计，即现界以种子为体，是义决定。破者援引彼义，明明曰‘种起现行’，试问现行既因种起，则种子非现行界之本体而何?”② “来破第二谓余‘误计现界以真如为体’，而妄断吾书‘以一翕一辟为真如’，此实不解我义。既已酬正如前，兹可勿赘。但现界之实体即如，（自注：具云“真如”。）此义如何可说为误？想破者实隐持种为现体之邪见耶?”③ “来破第三谓余‘误计两体对待有若何关系’，护法明明说真如即是识之实性，而又立种为现之体，真俗条然，无可融释，云何不应问彼两体对待若何关系耶?”④

“破破计”第五节（辰项）反驳《破论》之“破计”部分的第七节（庚）。针对《破论》鄙薄《新唯识论》恒转翕辟之说乃剽袭道家方士《太极图说》以及张载《正蒙》，熊十力驳曰：“破者若了《图说》，则何至妄诬吾之翕辟义与彼有关耶？吾书《转变章》谈翕辟一段文中有重要义，破者须明。盖首言翕辟只是动力之殊势。翕似幻成乎物，而实无

① 《熊十力全集》第二卷，第180—181页。

② 《熊十力全集》第二卷，第183页。

③④ 《熊十力全集》第二卷，第190页。

物，故不能作静象观，此与《图说》言‘静而生阴’者，根本异旨。次则吾言翕辟两种动势却是同时，若不同时俱有，便是孤独成变，无有此理。此与《图说》绝对无可牵附。……不知彼以阴阳分属动静，而吾之翕辟则皆就动言，何可拉杂而谈？彼明明曰‘动极而静，静极复动’，其动静阴阳确不同时，与吾言翕辟为同时以反而相成者，义旨自绝不相侔。又彼动静异时，不独孤阴孤阳难以语变，就令主张以前后相反而成变，而其前之孤行也既逞极端，其后之反而孤行也，必将为其已甚。此于人事中固事之，而以此测大化之流行，则是众生颠倒见也。以颠倒见测化理，益执为固然，斯颠倒无已时也。吾以翕辟同时言变，辟必备翕，若令故反；翕实顺辟，而非果反，如是成变，是于法尔道理如实观察而后敢言，此岂可以《图说》‘动极而静，静极复动，分阴分阳’者诬之耶？稍有智者，而肯如此妄语耶？……至云‘翕色辟心，袭《正蒙》余唾’，尤为狂谬！破者既未明征《正蒙》何意，横诬袭唾，此不成语。横渠精思固足多，然其虑封于有取，论堕于支离，与吾翕辟义元无合处。夫理在目前，往往不容倘获；学期征实，每每积累有得。吾于翕辟义，固非率尔偶立。”① 又针对《破论》所谓“处处犯自语相违过”的指责，熊十力辩言：“且佛说众生皆有佛性，而又说众生颠倒，由破者见地言之，不亦佛语自冲突耶？”②

“破破计”第六节（巳项）反驳《破论》之“破计”部分的第八节（辛）。《破论》此节分七点进行攻讦，熊十力也就相应分七点予以辩驳。第一点辩驳“强分习气与功能为二，是立敌所用之名不极成”曰：“如数论立‘我是思’，此其宗中有法‘我’，名词与旨义在数论固极成，而敌者佛家能极成否？……至如习气，则我亦许有，但谓习气自为习气，不宜混称功能。”③ 第二点辩驳“业为或然又为定论”乃“自语相违”曰：“吾人一切造作，（自注：造作者即业之异名。）必皆有余势续流，

---

① 《熊十力全集》第二卷，第 192—194 页。

② 《熊十力全集》第二卷，第 197 页。

③ 《熊十力全集》第二卷，第 199—200 页。

名为习气，而幻成一团势力，乃至不随形骸同尽，此固理之所可信者。然必下断定之词以诏人，则又无可取证，何如稍存谨慎态度之为愈耶?"[①] 第三点辩驳"本来面目"在"一期初生之时"与在"无量劫先人且未生之前"是否凿枘不合曰："即汝当此一期现生之时，元是刹那生死，岂不经无量劫耶？汝读佛书，犹未了刹那生死义耶？'本来面目'是何等义？岂可向'无量劫先人且未生前'索耶？此岂有时间性耶？汝若当下虚心，自知己过，便是汝本来面目呈显，否则汝本来面目剥丧尽矣!"[②] 第四点辩驳习气既为人能又为天禀是否"以人混天之迷谬"曰："须知吾人生命，本即固有功能，所谓天性是也。然人既有生，则遂有自成之能，而其所成之能，点点滴滴，储留不散，乃即利用之以益扩其自造之能，实即以此为其一己之生命，所谓'习气'是也。习气本非生命，而乃说为生命者，则以其势用盛大，能于吾人本来生命，或为顺承，或为侵蚀。吾人乃恒迷失其本来生命，而即以染污习气为其生命。故于此说习为生命者，正毁责之词。文旨甚明，何乃误会为以习与本来生命相混，而谓之'以人混天'耶？此理须于自家生活上切实理会，在文字上诤论无益。"[③] 第五点辩驳"何以纯净无染之性凝成气质，乃有万殊难齐甚美不美之分"曰："夫气质无自体，其体即性，故说气质所以凝成之理即谓之性，所谓形色即天性是也。此乃了义之谈，而破者竟诋为神教，何乃无知至是！'性即是凝成此气质者'一语，正显性即气质实体，非气质与性为二物。有如海沤举体即大海水，非沤与大海水可别为二。然气质既已凝成，即自有权能，固不得悉如其性，此理却须虚怀理会。无已，仍前喻显。如沤流动有为，岂得悉如其停畜之本体耶？故气质尽有变化万殊，而其本性则恒自如如。此若沤相流动万变，而其本体即大海水恒如其性。理实如是，何所骇怪？破者难闻胜义，竟有

---

① 《熊十力全集》第二卷，第200—201页。
② 《熊十力全集》第二卷，第201—202页。
③ 《熊十力全集》第二卷，第202—203页。

‘上帝造群魔’等譬说，不知于此有何相涉也？”① 第六点辩驳“舍习之疑”曰：“岂舍习之言，便谓舍一切习，而将疑心所亦舍掉耶？然则经论所谓断有漏种者，应初地即断一切，何须十地乎？破者愚昧至此，吾虽欲答汝何故于习气外更说功能，亦既无可谈之机。吾但诘破者：玩诸经论，一方面说宇宙人生皆是虚妄，一方面又说一切真实，是否于虚妄法外增益真实耶？此处若乱猜，罪该万死！”② 第七点辩驳“疑数为惑”曰：“夫疑果可一切说为本惑乎？释尊始从外道出家，若一往信彼而自不知疑，又焉得自证菩提而成佛耶？”③

第三部分“破释难”导语曰：“‘释难’之目，自是破者为旧师解释妨难，然观所陈述，乃甚杂碎而无关宏旨，所谓‘碎义逃难’是也。此本无须答破，故略酬之。”④ 以下对应《破论》之“释难”部分十三事逐一反驳。其一反驳八识与诸法并非平列之说曰：“如说五蕴，则识蕴与色蕴等平列。说十八界，则六识界与六根六尘诸界平列。此中文意本谓最初大乘师虽于小宗六识外更说以二，而为八识，但确不曾组成为有系统之唯识论，故识与诸法平列而谈。如破者所举《阿毗达磨》说蕴处界三科，于五蕴中，岂不以识与余四蕴平列耶？乃至于十八界中，岂不以识界与根尘诸界平列耶？曷尝以识统摄诸法耶？《华严》《深密》《楞伽》诸经，虽皆有‘唯心’之言，要只可视为唯识论之导源而已。诸经皆广说法要，随说随遣，不立定准。若谓其建立唯识，则谤经亦已甚矣。至龙树菩萨等所造诸论，直显诸行无自性，岂更说识名唯？若乃法相诸要典，自《大论》迄于《中边》《杂集》乃至《五蕴》，皆以识与诸法平列而谈，未尝独尊识之一法以统摄诸法。”⑤ 其二反驳唱成之义两不孤立之说曰：“八识之谈，不始无著。无著于他种著作中亦非不及八识，要至作《摄论》授世亲，则特举第八识为殊胜义，自是八识义益

① 《熊十力全集》第二卷，第 203—204 页。

②③ 《熊十力全集》第二卷，第 205 页。

④ 《熊十力全集》第二卷，第 205—206 页。

⑤ 《熊十力全集》第二卷，第 206—207 页。

坚，种子六义亦决定，遂开世亲建立唯识之先河，故说无著始成第八识，此征诸唯识说演进之史实，无可矫乱。《摄论》已前，无论小宗只说六识，大乘增说八识，要之皆不特尊识以统摄诸法，不曾组成有系统之唯识论。则谓‘但唱而未成’也固然。汝云‘不成如何能唱’，不知小宗二十部，大乘空有诸宗，其所成之说，皆推本释尊。谓释尊有唱于先而诸师成之于后可也。”① 其三反驳识与诸法一例无自性之说曰：“吾言世亲成立唯识，以识统摄诸法，将识之一法看得较实者，此中‘较实’二字，甚当注意。虽略不及色声等法，而实已影显色声等法，在世亲亦认为实有，特其视识之一法，乃较色声等法更为实在耳。何以言之？据世亲义，识为能变，色声等法是识所变。所变法者，非遍计所执，即是实有。其义如此，故较实之言，影显色声等法实有；又正显识法独尊，较色声等法更属实中之实，是能变故。此等词语包含多义，破者全不求解，恶乎可哉？……据彼种子义而推之，识既从种生，则识为有自性之实法矣。……夫识既从种生，即种是识之体，如何可说识无自性？”② 其四反驳以分析咎责护法为非是之说曰：“据世亲、护法义，本说一切心心所各各有自种子。既已析成碎片，而又称述经旨，以不一不异掩其支离，此实自为矛盾耳。”③ 其五反驳分析大用善巧方便之说曰：“夫分析法解析事相，曲尽隐微，精检疑似，画而不浑，事端易见，此其所长。但分析不可以证体，以其术终不外计度，外观散殊，纵云如量，而当外向计度时，便已离本体矣。证体则外缘不起，如体而住，湛寂无功，（自注：无作用曰无功。）自证离言，（自注：恒自识故曰自证，离分别故曰离言。）此谓反证。（自注：亦云体认。）故在玄学，反证法与非反证法直须分用，而不可缺一。此义当详量论。吾不主张专恃分析法以为唯一之利器者，其理由在是。”④ 其六反驳立主宰之自我是堕二

① 《熊十力全集》第二卷，第 207—208 页。
② 《熊十力全集》第二卷，第 208—209 页。
③ 《熊十力全集》第二卷，第 209—210 页。
④ 《熊十力全集》第二卷，第 210 页。

执之说曰："须知生命不是机械性，而确有定向。定向者，自在义，（自注：自在犹言自由，而不曰自由者，自在义更深故。）恒不舍自性故，恒不物化故。定向者，活义，恒无堕没故，恒奋进向上故。应知所云定向，即是生命，若无定向，便无生命可说故。外道迷妄之我执，在所必破。若除彼迷妄，依于自性假说为我，理不应遮。（自注：此中自性，即上所谓生命。）"① 其七反驳既许无量种子却又以护法种子说为戏论的诘难曰："吾与护法虽均言种，而种义则彼此根本不同。……设有难大乘曰：'汝既遮外小极微，而仍析色至微何耶？'则其愚不可解，必当受棒无疑矣。至如心所法者，即是习气现起之名。护法心所，亦即是用，与我义迥别。用则流行无间，不可分为多体，故彼说心所法各各独立，便有大过。习气者，即串习余势，类聚而成为联系以现起，非即非离，不可说为各各独立之体，亦不可说是一相，是故无过。"② 其八反驳以理推征之相分、见分、自证分实乃三体无别之说曰："旧师三分义，明明说作三分，能量所量，不为一体。（自注：如相分为所量，见分为能量；而见分望自证分又为所量，自证分望见分乃为能量。能所分得明白，如何说是无别？）"③ 其九反驳既以觉了为心却又指知觉非心的诘难曰："破者此所设难，深堪悼惜。汝既治佛学，何乃无知一至此极耶？如来藏心之'心'字与赖耶以集起名心之'心'字，岂不等一'心'字，而胡为悬绝不同耶？此等字例，非独在佛书中不可胜举，即世典中又可胜举耶？达磨说作用见性，故聪明觉了，可说为心。然在凡夫，不能护持正念，守护根门，则其发为知觉运动者，皆杂染习气之顺形而转，不可谓之心也。"④ 其十反驳既斥上下之义却又作升沉之言的诘难曰："破者此中，又显其断字取义之本领。吾文中明明未有以种与心所为升沉相对之词，但说种为沉隐而不显发。夫沉隐而不显发一词，何至便是对升上而言耶？如吾案中各种书籍，本是平列，无分案上案下。然

① 《熊十力全集》第二卷，第 213 页。
② 《熊十力全集》第二卷，第 214—215 页。
③④ 《熊十力全集》第二卷，第 215 页。

吾顷忆陶诗，则陶诗遂现起眼前，余籍便沉隐不显，岂是余籍置案下耶？又岂是陶诗从案下而升至案上耶？陶诗与余籍，其始终平列此案间，自若也，特隐显异耳。”① 其十一反驳八识无表里隔绝之说曰：“破者此中所云，由其平日读书，寻行数墨，不通神旨。前六粗动，第八深细，表里本自悬绝。如不建立第七，一方为第八根依，一方为意识根依，则表里何由通达耶？”② 其十二反驳赖耶有为而非动而无为之说曰：“破者此中所举，见吾书六十六叶《明心》上章。其文明明曰：受熏持种，动而无为。下更有注云：恒转如流，是动也。惟受惟持，何为乎？此中词义，本自明白，而破者乃以‘无为则无生灭’相难，岂不怪哉？断取‘无为’二字，而置‘动’字不顾，动非生灭而何？况注释动曰恒转如流，非生灭而何？至无为一言，则申明惟受惟持之旨，显第八自身无所造作，不同前七有能熏势用，能引果。故破者谓此乖大乘旨，诚所未喻。”③ 其十三反驳末那、赖耶由来不同之说曰：“须知旧说赖耶与末那互为根依，六识不现行时，赖耶、末那互相依住。若无末那，又焉有赖耶相可说耶？”④

至于刘定权在《破论》末尾鄙薄熊十力不读经书、不懂佛学，并责备其不当另立新论，熊十力一则质之曰“佛家大小乘，派别纷歧，不可纪极，其互相乖违之处真不止千节万目。然则自佛灭后数千年间，大小宗派无一而不乖宗者，其将一切不许为佛家耶”⑤，此乃表明佛学并不为某家某派所独擅；继则贬之曰“核破者此中议论，竟于吾书字句不能通晓，由其全无哲学的常识，故迷谬至此”⑥，这则指出刘定权学思欠甚；终乃斥之曰“《新论》（自注：具云《新唯识论》。）义幽而文简，理博而辞约，读者若以粗心承之，必漠然一无所获。夫村竖睹众宝而不知

① 《熊十力全集》第二卷，第216页。
② 《熊十力全集》第二卷，第216—217页。
③④ 《熊十力全集》第二卷，第217页。
⑤ 《熊十力全集》第二卷，第159页。
⑥ 《熊十力全集》第二卷，第160页。

其为宝者，无辨识之素养故也。即在具神鉴者，得宝物而率尔忽视，略不留玩，亦将失宝。况夫预存偏见、乐崇素守而深恶人之违己，兼鄙无闻而不信愚者有得，则将冀其共投于真理之怀抱而欣合无间者，固必不可得之数矣”①，由此更将刘定权置于无识且偏执之流，当然也就全面彻底否定了《破新唯识论》。

二、熊十力与吕澂论学信札

1943年2月23日，欧阳竟无大师病逝于因战事而迁驻四川江津的支那内学院蜀院，时居重庆北碚的熊十力前往吊唁。3月10日，熊十力致信欧阳大师高足吕澂，② 劝勉吕氏鼎力主持院务，生活不要过于清苦，抓紧培养后继人才，可谓情真意切。信中谈到为欧阳大师编辑纪念册之事，当是吕澂向熊十力邀稿，熊十力乃坦言“吾侍师之日浅，又思想不纯为佛家，此明白彰著之事。即为师作文，恐难尽合”③，信末更附“与梁漱溟论宜黄大师”一信，其中评论欧阳大师曰：“竟师愿力甚大，惜其原本有宗，从闻熏入手。有宗本主多闻熏习也。从闻熏而入者，虽发大心，而不如反在自心恻隐一机扩充去，无资外铄也。竟师一生鄙宋明儒，实则宋明诸师所谓学要鞭辟近里切着己，正竟师所用得着也。竟师亦间谈禅家公案，而似未去发现自家宝藏。禅家机锋神俊，多玄词妙语，人所爱好。恐竟师谈禅，不必真得力于禅也。竟师气魄甚伟，若心地更加拓开，真亘古罕有之奇杰也，不至以经师终也。……竟师气魄伟大，最可敬可爱。惜乎以闻熏入手，内里有我执与近名许多夹杂，胸怀不得廓然空旷，神智犹有所囿也。因此而气偏胜，不免稍杂伯

---

① 《熊十力全集》第二卷，第217—218页。

② 吕澂（1896—1989），字秋逸，江苏丹阳人，居士，佛学家。1914年入金陵刻经处研究部从欧阳竟无大师学佛，1922年支那内学院成立即任学务处主任，1943年欧阳大师去世后继任支那内学院院长，迄于1950年内学院停办，1956年起任中国科学院哲学社会科学部委员及哲学研究所研究员。

③ 《熊十力全集》第八卷，第421页。

气。其文章时有雄笔，总有故作姿势痕迹，不是自然浪漫之致也。其文字雄奇，而于雄奇中乏宽衍，亦是不自然也。凡此皆见伯气。”① 这显然是指欧阳大师骛外而失内，貌宽而心小，驳杂而拘囿，矫揉而造作，终其一生不过为经师而已。熊十力更强调这些看法乃是“对师直抒吾所感”，“吾所见实如是，非敢故逞僭妄也”。② 3 月 16 日，熊十力又给吕澂追发一信，虽然悔称“附上论及师座语，旋知僭妄，幸勿示人”，但接着便斥言“吾极不喜有宗，总觉其未见道，故于师门，亦有不能全契也。……闻熏一义，力不赞成，未知左右对此云何？吾侪均到老境，急宜反求自家宝藏。吾非反对多闻，要须识得自家宝藏，然后一切闻见，皆此心之发用。若于自家宝藏信不及，专靠外来闻见熏生，此孟子所谓舍其田而芸人之田也”③，不仅继续批评欧阳大师乃至整个有宗，而且就教理问题直接向吕澂发起挑战。

4 月 2 日，吕澂回复寥寥数语道：“来教不满意闻熏，未详何指。《瑜伽论》说净种习成，不过增上，大有异乎外铄。至于归趣，以般若为实相，本非外求，但唐贤传习，晦其真意耳。尊论完全从性觉（自注：与性寂相反。）立说，与中土一切伪经伪论同一鼻孔出气，安得据以衡量佛法？若求一真是真非，窃谓尚应商量也。”④ 这是说唯识宗所持净种本来就是不假外缘而自我增上，其终极归依亦在于空寂而非有取于外，这就完全否定了熊十力对欧阳大师乃至有宗的批评，实质上指斥熊十力误解唯识，不懂佛理。

4 月 7 日，熊十力回复吕澂，大致有三层意思：其一，坚持认为唯识宗之种子为外铄，种子与般若实相凿枘难合，空有二宗不当遽然融通，其曰：“尊论欲融法相唯识以入般若，谓不外求。然力之意，则谓必须识得实相，然后一切净习皆依自性发生，始非外铄。今人手不见般

① 《熊十力全集》第八卷，第 422 页。欧阳竟无为江西宜黄人，故亦称宜黄大师。
② 《熊十力全集》第八卷，第 421 页。
③ 《熊十力全集》第八卷，第 423 页。
④ 《熊十力全集》第八卷，第 424 页。

若实相，而云净种习成，以为增上，此净种明是后起，非自实相生，焉得曰非外铄耶？净种增上矣，而后归之般若实相，得非实相本有所不足耶？又由净种增上，得归实相，是实相为偶然之获也。何者？净种本不自实相生，即与实相无干；本不相干，而可引归实相，非偶然而何？然则欲融空有，而终有所难通。旧说空有为二宗，吾人似不宜遽反之也。”① 其二，怀疑实际上也就是否定所谓伪经伪论出于中土，其曰："力则以为今所谓伪经如《楞伽》《圆觉》等等，是否中土所伪，犹难遽断。伪论如《起信》，其中义理，是否无本于梵方大乘，尤复难言。”② 其三，主张性寂性觉乃一体两面，不可剖分，其曰："般若实相，岂是寂而不觉者耶？如只是寂，不可言觉，则实相亦数论之暗也。佛家原期断尽无明，今冥然不觉之寂，非无明耶？而乃谓自性如是，毋乃违自宗乎？吾以为性觉性寂实不可分，言性觉而寂在其中矣，言性寂而觉在其中矣。性体原是真寂真觉，易言之，即觉即寂，即寂即觉。二亡，则不见性也。主性觉而恶言性寂，是以乱识为自性也。主性寂而恶言性觉，是以无明为自性也；即曰非无明，亦是枯寂之寂，堕断见也。何可曰性觉与性寂相反耶？……从宇宙论的观点而谈法性，只见为空寂，而不知空寂即是生化者，是证到一分，未识性体之全也。《新论》语体本中篇备发此意，贵乎观儒佛之通也。必谓佛氏至高无上，不究吾人有所窥，何须如是耶？此理不许吾人得具耶？从发明心地的观点而谈自性，只见性寂而恶言性觉，其失又不待言。觉者，仁也。仁，生化也。滞寂而不仁，断性种矣。”③ 这显然是以寂觉不分的话语阐发《新唯识论》体用不二之旨，其自信见道之明，乃至于竟欲与释尊一比高下！

4 月 12 日，吕澂扎扎实实回复熊十力一通长信，起首便训斥熊十力“七日惠复，写示尊见甚详，但丝毫未得鄙意，此可见足下反己工夫犹未免浮泛也”，又盛气凌人地说：“论齿兄则十年以长，论学弟实涉历

①② 《熊十力全集》第八卷，第 425 页。

③ 《熊十力全集》第八卷，第 425—426 页。

较多。……弟切实所得处，殆兄所未及知。而据弟所谓切实反观尊论，称心之谈，亦只时文滥调而已!”① 以下先分五点指责熊十力，一曰“俗见本不足为学，尊论却曲意顺从，如玄哲学、本体论、宇宙论等云云，不过西欧学人据其所有者分判，逾从范围，宁即无学可以自存，而必推孔、佛之言入其陷阱？此发轫即错者也”②，这是反对以西学范畴分割限定中国固有学术；二曰“道一而已，而尊论动辄立异，谈师则与师异，说佛则与佛异，涉及龙树、无著又与龙树、无著异，无往不异，天壤间宁有此理乎？认真讲学，只有是非，不慊于师说、圣说、佛说，一概非之可也。不敢非而又欲异，是诚何心哉”③，这是鄙薄熊十力标新立异却不辨是非；三曰“尊论谈空说有，亦甚纵横自在矣，然浮光掠影，全按不得实在。佛宗大小之派分离合，一系于一切说与分别说，岂徒谓空有哉？而尊论颇惑之，此乃全为章疏家所蔽，充其量不过以清辨旁宗上逆《般若》，测、基途说臆解《瑜伽》，真有真空，果如是耶”④，这当然是坐实熊十力对空有一概茫然，于佛学完全不通；四曰“胜义而可言诠，自是工夫上著论，而尊论于此极欠分明，如云‘须识得实相，然后净种从自性发生’，又云‘入手不见实相，则净种非自实相生’，此识此见，从何而来？前后引生，如何绾合？此等毫无着落，则非薄闻熏，亦唯空说而已”⑤，这是将熊十力关于实相与发生净种的自性一体不二的观点指为毫无根据；五曰“尊论谓所见如是，所信如是，似矣，其实则自信未彻。设真有所得于己者，即当智照湛然，物来顺应，何以一闻破的之谈，即酬对周章，自乱步武？既不能辨自说之不同伪书，又不敢断伪书之果不伪，更不审鄙意与尊见究竟异同，荧惑游移，所守者

①② 《熊十力全集》第八卷，第427页。

③ 《熊十力全集》第八卷，第427—428页。

④ 《熊十力全集》第八卷，第428页。

⑤ 《熊十力全集》第八卷，第428页。按“而尊论于此极欠分明”一语之“于”原文误作“如”，径改。

何在欤”①，这是揭露熊十力貌似强烈自信而实则极不自信。接着以一长段专门讨论性寂性觉问题，有谓：

> 前函揭橥性寂与性觉两词，乃直截指出西方佛说与中土伪说根本不同之辨，一在根据自性涅槃（自注：即性寂），一在根据自性菩提（自注：即性觉）。由前立论，乃重视所缘境界依。由后立论，乃重视因缘种子依。能所异位，功行全殊，一则革新，一则返本，故谓之相反也。说相反而独以性觉为伪者，由西方教义证之，心性本净一义为佛学本源。性寂乃心性本净之正解；性觉亦从心性本净来，而望文生义，圣教无征，讹传而已。讹传之说而谓能巧合于真理，则盲龟木孔应为世间最相契者矣。中土伪书由《起信》而《占察》，而《金刚三昧》，而《圆觉》，而《楞严》，一脉相承，无不从此讹传而出。流毒所至，混同能所，致趋净而无门；不辨转依，遂终安于堕落。慧命为之芟夷，圣言因而晦塞，是欲沉沦此世于黑暗深渊万劫不复者也！稍有人心而忍不深恶痛绝之哉？尊论不期与伪说合辙，当然有其缘由。学问所贵乎反已者，以圣佛之心为心，理同心同，而心又不可以分分析之也。尊论反已，独异乎此。谓以圣说印心，有同不同，未应舍己，是则无心同之可言，不过以凡心格量圣说而已，是心果何心哉？索处冥思，见闻所及，无非依稀仿佛之谈，讹传伪说。自易入之。由是铸一成见，谓之曰吾心，则得此心之所同者，自惟有讹传伪说矣。此所以尊论与伪说二而一也。故尊论说到一究竟处，不过一血气心知之性，而开口说仁，闭口曰仁，正是刍狗万物，天地之大不仁。此明眼人一目了然者，又岂缀拾佛言，浓妆艳抹，遂可自矜新异乎？由足下之工夫，而闻鄙说性寂性觉，宜其牵合寂而常照、照而常寂一类滥调文章，纠葛而不可解，试问与鄙意有一丝一毫相干耶？……足下工夫，向未涉此

---

① 《熊十力全集》第八卷，第428页。

> 樊篱，宜其一闻般若，即会牵扯到融通性相一类腐烂陈言，试问又与鄙意何干？然鄙意说到此等处，不过由闻熏议论引发而来，其实佛教真命脉，尚别有所在，实相证知已落第三四层。（自注：但尊论或以为究竟矣。）此义精微，未容以口头禅了之，姑置不论。总之，弟所得者，心教交参，千锤百炼，绝非如兄想象“治经论”三字便可了事也。尊论向自矜异，难得此番虚怀容纳，大事究明。又吾师新逝，不忍见异说之踵兴，疑斯文之遂丧，故竭疲惫精神以呈其意。有益于高明者几何，则不敢知矣。①

这是以性寂为佛学之本源正解，而以性觉为伪书讹传；根本否定寂觉不分、一体两面之说，斥之为纠葛不解的滥调文章；对熊十力及其《新唯识论》的鄙夷之情溢于言表，归根结底还是认定熊十力不懂佛学。次日，吕澂意犹未尽，又对“革新”与“返本”两种功行的天渊之别严加分判，而将熊十力归于“返本”一类，其曰：“唯其返本，故才起具足于已之心，便已毕生委身情性，纵有安排，无非节文损益而已。等而下之，至禅悦飘零，暗滋鄙吝，则其道亦既穷矣。近见师友通讯，载足下教人之语，卑之已甚，全无向上转机，非其验耶？”② 几乎将熊十力的人品学品一概否定。

4 月 17、18 两日，熊十力接连回复吕澂两信，总篇幅超过吕澂两通来信的两倍多。前信回应吕澂 12 日信。针对吕澂鄙薄本体论、宇宙论等西学范畴为俗见，熊十力辩称：

> 西人治学，析类为精，玄哲与科学，不容漫无分别，未可以俗见薄之也。且言在应机，何可自立一种名言，为世人之所不可共喻？世人计有万象森罗，说名宇宙，吾欲与之说明是事是否如世人

---

① 《熊十力全集》第八卷，第 428—430 页。

② 《熊十力全集》第八卷，第 431 页。按第八卷第 439 页和 441 页熊先生引述吕澂此语，将“情性”改为“堕性”和“惰性”，似均可通。

之所计者，则不得不用宇宙论一词。世人推原宇宙而谈本体，吾人与之说明是事是否如世人之所见，则不得不用本体论一词。如不察吾之所以言，而第以名言之有从时俗者，责以时文滥调，试问佛书中果不用当时外道之名言否？亦将受责否？犹复须知，本体论、宇宙论等名词，儒佛书中虽不见，而不能谓其无此等意义。即如宇宙论一词，若不包含本体论在内，则只是对于万象界予以解说而已。大地古今，任何哲人，当其发心求悟之后，对于世所共见为有的万象界，当然要发生问题。此问题发生，即是他的宇宙论已开端。及其有悟之后，垂说示人，自无可抛开他对于宇宙论方面的见地而不言。佛家除唯识论外，其解析诸行或一切有为法，不承认有所谓宇宙，却正是他对于宇宙论方面的一种见地。至无著《摄论》成立赖耶，含藏种子，以说明一切相见，（自注：相见即相当于俗云万象。）分明是有了宇宙论。更核实言之，他明明以赖耶中种子说明根身、器界，如何否认他有宇宙论？且就无著《摄论》言之，他评判外道小宗为诸行（自注：即万象。）寻找外因，或计无因，种种之论，而后揭出其赖耶中种子，如何不是宇宙论方面的说法耶？儒家有其宇宙论方面的见地，此不待言。总之，古今中外，凡是穷探真理的哲人，总有其关于宇宙论方面的见地。若以此为俗见，吾不知何者为超俗之见也。本体论一词，不容不立，准上谈宇宙论一词而可知。从来哲学家谈本体者，其自明所见，尽有各不相同，然而都以穷究宇宙本体为学，（自注：如说宇宙本体一词是从俗，试依佛说，则云真如为万法实体，此语有过否？宇宙即万法之都称，实体亦本体之异语。）则本体论一词，如何用不得？①

针对吕澂讥刺熊十力标新立异却不辨是非，熊十力辩称：

① 《熊十力全集》第八卷，第432—433页。

夫道理无穷尽也，人之禀赋至不一，其所值之时与地及其所素习又至不一。人各本其一生之经验以体究道理，则宜其所见有不能无异者矣。然自性涅槃，众生共有，则宜其所见有不能无同者矣。有异则相非，不非无由见异。来书责以不敢非，是迂拙未尝立异也，何乃以此见责耶？然迂拙之于先哲，只有所不可非，无所谓不敢非。平生为学，常欲防一己之偏与蔽，因主出入各家，析其违而观其通。各家等量齐观，则短长易见。而其各有所见之真是处，自尔道通为一，如何更可相非？①

针对吕澂贬斥熊十力对小大空有诸派义理茫然不通，熊十力辩称：

敝书谈空，所以特引《心经》者，正虑有以臆测相诋者耳。此外有所申说，皆引《大般若》中明文为证。谈空具依《般若》，何尝惑于清辨邪宗？至叙论有宗处，本多据《摄大乘》及《成唯识》等论，《解深密》等经。尊见既不满窥基、圆测，亦复欲抑《成唯识论》，似谓有异《瑜伽》。但《成唯识论》之八识种现说与三性中不遣依他之旨，无一义不于《瑜伽》见其根据。吾虽寡学，亦未尝不涉《瑜伽》也。来教既未详所以，则亦无须深论。②

针对吕澂认定熊十力关于实相与发生净种的自性一体不二的观点为毫无根据，熊十力辩称：

若问此识此见从何而来，识本心的，即是本心自识，别无他心来识本心；见本心的，即是本心自见，别无他心来见本心。离却工夫，不可得本心，那有前后？本心与工夫非是二物，如何说关合？此事反求即得，云何无着落？③

---

① 《熊十力全集》第八卷，第434页。
② 《熊十力全集》第八卷，第435页。
③ 《熊十力全集》第八卷，第436页。

针对吕澂直指熊十力以强烈自信掩盖极不自信，熊十力辩称：

夫迂陋平生所学，有《新论》在，其与伪书全无关系，乃极明著之事，何须作辨？前书谈及《楞严》《起信》，以一二语了却。一生意趣，本不属考据方面。并非谓此项学问不应作，只是各人生性爱走某种路向，即行走去。人生哪得如上帝全能，遍走许多路向邪！伪书之伪不伪，向来疑者有人，断者亦不乏人，付之自尔。若谓吾不能断，便是酬对周章，自乱步武，此则百思不可得解。此于吾之所见所信有甚关系耶？①

此信最后一段也辨析性寂性觉问题，熊十力说：

自性涅槃，自性菩提，如定要分作能所会去，定要分作所缘缘境界依、因缘种子依会去，是自性可分为二也，岂不是将自性当作外在的物事看去？迂陋之见以为，说自性涅槃者，只形容自性之寂的方面；说自性菩提者，只形容自性之觉的方面，断不可因此硬分能所也。拙著《新论》每谈到证量处，只说是性体呈露时，他（自注：性体。）会自明自了，就怕分成二片，此岂是迷妄谈耶？前函说性体原是真寂真觉云云，如何可当作滥调？若如宗门所云见自本心，当不以此为浮谈也。此等境界，至少须有日月至之功，才得发现，不是浮光掠影得来也。②

由此可见熊十力仍然坚持认为寂觉不分、一体两面、自性一如，与《新唯识论》体用不二之旨一脉相通。

熊十力 4 月 18 日信回应吕澂 13 日信，其中针对吕氏所谓“唯其返

① 《熊十力全集》第八卷，第 436—437 页。

② 《熊十力全集》第八卷，第 437—438 页。

本，故才起具足于己之心，便已毕生委身情性”① 辩驳道：

吾以为讲返本之学而不免陷身堕性者，此必其未能证得本体者也。《新论》讲本体，原是举体成用，即用见体，故体用不二。此根本义，须先识得。夫本体具备万法，含藏万化，本无所不足者也，故夐然绝待。然体虽无待，而成为用，则有分殊，分殊即是相待。故体之成用，是由无待而现为相待。于此相待，便唤作一切物。（自注：人亦物也。）此一切物，随举其一，皆具有大全的本体。但本体举其自身现为相待的一切物以后，而从每个物或个人分上来说，他虽是具有全体，虽性分上无所不足，然他毕竟成为有限的，不能把他的自性（自注：即本体。）完全显发出来。他很容易为他的形躯所使，而动念即违真，以障碍其全性。由障碍故，他本性虽至足，只是潜伏着。而从其自家生活的方面来说，却常时感得不足，并且不足之感极迫切，因此便有一个极大的危机，就是要向外追求。追求略判以二：曰向下，即物欲的追求是；曰向上，如祈依神帝（自注：宗教），注想真极（自注：哲学家向外觅本体者皆是。）及来教所谓鹄悬法界，皆是也。上下虽殊，向外则一，外则离本。虽存乎上，而浮虚无实，与下同归。故吾《新论》独持返本之学，唯求见自性。（自注：即本心或本体。）须知个物或个人的自性虽一向被障碍，而毕竟无有减损，时常在障碍中流露一些机芽。只要保住此机芽，令其扩充不已。这些机芽原是内在的大本之流露，识得自有的大本，才仗着他来破除障碍，而把自性中潜伏的和无所不足的德用源源的显发出来。这种显发，就个物或个人分上言，他是破除障碍而不断地创新，其实正是返本，因为个物或个人的生活日益创新而愈丰富者，都是其自性的德用不匮的发现。所以有本才得创新，创新亦是返本。这个道理，真是妙极。夫本体至神

① 熊先生引述吕澂此说作“以其返本，才起自足于己之心，便已毕生陷其惰性”，虽与吕澂原文略有出入，但于义可通。见本书第 240 页注②。

而无相，若不现为物，则无资具以自显。及其现为物也，则物自有权。而至神无相之体，所以成物而即运行与主宰乎其间者，便有受拘于物的形躯之势。而必待物之能听命于己，以起修为，（自注：此中己者，设为本体之自谓。）乃得以自显发。（自注：工夫即本体之义，须于此参悟。）否则物乘其权以自逞，而锢其神（自注：神谓本体），则本体终不得自显。《论语》曰“人能弘道，非道弘人”，其义蕴盖在此。苟深见此义，则知至神无相者虽主乎吾之一身，而吾不能曰：反求而得其至足者，更无所事事也。识得本体已，不可便安于寂，要须不违真宰，（自注：谓本心或本体。）勇悍精进，如箭射，箭箭相承，上达云霄，终无殒退。如是精进不已，是谓创新不已。如是创新不已，实即本体呈露，其德用流出，无有穷极。故修为进进，即是本体显发，无穷妙用自然，又恶有不寂者乎？是故返本之学，初则以人顺天而自强，久则即人而天，刚健复寂寂，寂寂复刚健。吾人以知本而创新，创新而返本。到得返本，恒是刚健寂寂，何至有陷身堕性之事乎？其陷于堕，必未真证本体者也。①

此乃借返本之学的话头，将一部《新唯识论》的本体宇宙论和心性工夫论作了概要的阐述，表明返本非但不至于陷入惰性，反而必将自始至终精进以求。至于吕氏鄙薄熊十力“教人之语，卑之已甚”云云，熊十力反讥并自剖道：“高明以此见责，而蒙开示向上一着，却是鹄悬法界，穷际追求云云，窃恐此正是一向好高所致。吾内自省，一向没有下学工夫，玄思妙悟，只以粉饰胸间杂染，转增罪过。年垂六十，如何再不回头？外观当世士习，几不见有生人之气，尤伤族类将危。吾老矣，念挽此危，唯有对人向日用践履处提撕，使之敛其心于切近，养其气于平常，从下学立得根基住，久之，资美者自悟胜远事，而何待予为之强聒耶？”②

① 《熊十力全集》第八卷，第441—443页。
② 《熊十力全集》第八卷，第443—444页。

4月22日，吕澂复一短函，略辩“鹄悬法界”并非外求，“委身情性”不是“惰性”，性寂性觉真伪判然，西人亦能想象本体，本体之论确为俗见，所持观点均与熊十力对反；而主要攻讦熊十力不当据《新唯识论》立说，其曰：“叠来两复，颇涉支离。前以虚怀欲究大事，故略贡所知，意本欲取准佛说也。尊论乃一转而为依据《新论》云云，此则《新论》已自解决，何待究明耶？可勿再谈。（自注：弟函所举尊论，皆指前后来信，原来未管《新论》间事。尊函所谓视《新论》如无物，诚是也。）”① 吕氏意为，除却佛理，其他一切不值一谈，《新唯识论》更不在话下，其自信自矜之情溢于言表。

5月21日，在迁延匝月之后，熊十力再复吕澂，起首解释原因道：“月来多乱心之事，（自注：故乡被寇一遭始得信。）前函久未复者以此。”接下来条辩吕氏诸说，其一曰：“来教有取准佛说语，却与下怀相左。此意真难言，实无从说起。我于佛说，始终作为一种参考而已，完全取准，问之于心，确不能承受。”其二曰：“来教又云：西人谈小乘佛学者，常谓其不涉宇宙本体论，却不以为不能想象云云。实则本体云者，即佛书中所云法性耳。忆《唯识述记》中讲无余涅槃处，分别法、法性，法性非本体而何？若谓小乘全不见法性，吾不敢作此说。西人之心习而治佛学，恐未可据。”其三曰：“来教云：自佛学见地言，本体等论不谓之俗见，难道还称真见云云。我以为自学术见地言，本体论无所谓俗与不俗。吾人若不能苟同于科学万能之俗见，而期于反证斯人之真性、万物之本命，则此等学只合名之为本体论。本体一词非近世译名，宋明儒已盛言之。实性、实相，佛典屡见，得曰非本体的意义耶？若必谓佛书名词全与世间无相通处，恐不必也。但名词是同，解释却异。如桌子一名词，俗说中与科学中及哲学中，莫不同也。但俗说以为固定的东西，科学说为是许多电子元子，哲学更有许多说法。解释尽可各不同，而同是对于所谓桌子而下解释，则莫有对于桌子一词而起诤论，说为俗与不俗者。以此类推，则本体论一词，又何须见斥耶？”其四曰：

① 《熊十力全集》第八卷，第444页。

"你说《新论》无物，我还发现不出是无物。我不是游移恍惚，却信得过道理是如此。"其五曰："惰性字，前纸确是惰字，非情字，当时见者非一人，惜因天花板崩下，案中书物多损坏，不然则可检也。吾似不至不识一情字，且非止我一人看过也。"其六曰："又云性寂性觉，明说对于心性本净一语之两种解释，一真一伪，各有其整个意义，毫无欠缺，岂即是一心二门，但约一门云云。来教所谓一真一伪之云，岂以寂是真、觉是伪耶？说寂说觉，是对于心性本净一语之两种解释，此则无疑，而有一真一伪之分，何耶？"① 凡此实乃愈辩愈细，几无可观者。

5月25日，吕澂作复，也是断断致辩于应否取准佛说、西人所论小乘、法性非同本体、寂觉功行悬殊乃至何方文字讹误等琐屑问题，不足深论，所当注意者在于此信意气更盛，鄙薄熊十力更加不留余地，如谓"兄所知佛说太少，又久习于空疏，恐区区文字之真，亦唐劳笔札，而终无益于介甫也"，"以一见佛字，即避之若浼，以自绝于入德之门，此可谓大惑也"，"足下浅尝佛说，真伪不明，乃即本体揣摩以迎时好，此尚非曲学乎"，"前后来信，强不知以为知，其处亦太多矣"，"尊论漫谓佛家见寂而不见化，此咬文嚼字之谈，岂值识者一笑。足下乃即凭此等肤见，横生议论，侈言会通，瞎马深池，其危孰甚"，甚至说"如真不欲以玄思妙悟自饰过非，则欣死朝闻，契心真实，亦大丈夫本分事也。戋戋《新论》，能博得身后几许浮名，敝屣弃之，又何恋恋哉"，② 竟然敦促熊十力废弃《新唯识论》并以生命为佛家殉道，诅咒之意昭然若揭！

6月3日，熊十力回复吕澂曰："你读书诚多于我，但吾于此理自有真见处，岂无以自信者耶？足下既自视太高，吾自无如何，然至理所在，要不能无辨也。日来已将前各信一一清理出，凡来教中字字句句均不敢删，以存真面。如吾所答诚无理，有识者亦自见得出。人皆有佛性，不能谓绝无知斯事者也。吾欲整理笔札，集入《语要》篇三，故此

---

① 以上引文均见《熊十力全集》第八卷，第445—446页。

② 以上引文均见《熊十力全集》第八卷，第447—449页。

次各函，亦欲存入。……所以必存者，能所之分与性寂性觉之辨，吾实视为至要，不可不存此一段公案，非有若何私意也。”① 可见熊十力也生激愤之情，且对自己的哲学观点坚信不移，不过毕竟承认吕澂在佛学造诣方面更胜一筹。

6月12日吕澂作复，似乎对熊十力声言要将往复各函编入《语要》颇感不安，一则劝阻“足下前来各信，对鄙说委实未曾理会，大可不必编入《语要》”，再则警告“如欲编入，亦请仍用原来信稿，并附录拙函全文，以昭真象，万勿作伪，自欺欺友并欺世人”，三则晓喻“足下原来各信，力期心意之平，觉愚说过分处，皆轻轻带过。又自表白昔日玄思粉饰之非，态度之佳，为数十年来所未见。愚方赞佩不已，何意足下一转念之间，又走入魔道，只求为《新论》作虚伪宣传，不惜将真诚流露处一概抹煞，用心之曲，有不忍言者”，四则感召“嗟乎子真！相识数十年，乃不能开诚相见，一至于斯耶”，由此反映吕氏自知其各函意气太盛，言语过分，恐怕流传坊间有损自己形象。不过此信指出“往复诸信皆由足下妄议先师偏重有宗闻熏一义而起”，② 也就是说是熊十力挑起了这场笔仗，倒是事实。

6月21日，熊十力再答吕澂，所辩仍在梵文“明净”与中译“清净”之词义异同、“改头换面”及“自欺欺友欺世人”之罪名当否、“割截首尾意义不明”之指责是否为事实等无关宏旨的问题，但此信新意在于表现了熊十力隐忍多时之后，对吕澂的态度加以清算，也对自己一再退让的原因作了说明，其曰：“竟师新逝，知足下悲苦中，故于来函之骄横无理，一概避让，不愿针锋相对，冀足下稍悟也。矜心胜心，皆所谓杂染，潜玩玄文，而未离此杂染，乃何哀之甚也！前自抒所感，亦冀足下有同感也。人生已至五十、六十，更有许多岁月？何苦如斯？足下骄傲之气，溢于文墨而不自觉。盖天下地上，唯我独尊，其养之有素，

① 《熊十力全集》第八卷，第449—450页。

② 以上引文均见《熊十力全集》第八卷，第450—451页。

则不自觉也，宜矣!”①

7月2日，吕澂再复熊十力，首先自辩道：“前寄各书有激切处，大抵出于孤愤之怀。十余年间，自视欿然，不敢于佛学着一字，复何所骄于故人哉？内法东来千载，只余伪说横行，流毒无尽。自审良心犹在，不忍恝然。偶触尊函，抒其愤慨，岂以虚矜求胜于足下乎？惠复云云，似未知我也。”这番话当然也有绵里藏针、冷嘲热讽的意思。接下来便转为攻讦道：“月前尊函意有未尽，本可续详，乃必饰事改文，以图眩俗，总觉着意太深，形同作伪。寄示承认，又与指鹿为马何殊？友道固不应尔，故力劝足下改之，非苛责也。惠复既从其议，可置勿谈。唯改作函稿，益见空疏，足下亦应自知。”② 吕澂列举了一系列“益见”熊十力“空疏”的例证，如以“此方最备”的小乘典籍为“鳞爪未完”，将“后先融贯”的龙树、无著之学“强分空有”，认为兼主《华严》的龙树单宗《般若》，认为通宗《般若》《宝积》的无著专主《六经》，不明白一切说与分别说为大小乘的实质区别，将“原同考老转注”的性相附会于本体与宇宙，无著之境论备在《显扬》却漫谓详见于《摄论》《唯识》，《摄论》《唯识》本依于《毗昙》却误以为悉据《瑜伽》，窥基、圆测淆乱《成唯识论》却误信两师解说有据，玄奘以晚说改易旧文而以为未便致疑，一见“般若”即目为空宗之说，等等，③ 凡此倒确为佛家学术问题，但前函既不曾见加以讨论，此函对之亦未展开阐述，而终归于是己责人曰：“足下自是热情利智，乃毕生旋转于相似法中，不得一睹真实，未免太成辜负。故为足下累牍言之，不觉其冗长也。”④

7月19日，熊十力回复吕澂，除了承认以《般若》为根本的龙树

---

① 《熊十力全集》第八卷，第451—452页。在1943年8月3日致朱孟实（光潜）、叶石荪（麐）的信中，熊先生也说：“今春内院吕秋逸先生对于《新论》语体本曾大肆攻诋。吾以欧阳翁新逝，初不欲与深辨，后愈来愈凶，吾乃作答。”并说“吕量狭”。见《熊十力全集》第八卷，第467—468页。

② 以上引文均见《熊十力全集》第八卷，第453页。

③ 见《熊十力全集》第八卷，第453—456页。

④ 《熊十力全集》第八卷，第456页。

也兼主《华严》这一点，对于吕澂指为“空疏”的各点一概否定，最终归结道：“总之，佛家之学，毛病甚多，我愿你照他的真相讲明算了，不必有意为他回护。佛家尽有高深而不可颠仆处，但以吾所见，其妄诞处实不少，而无著之徒为尤甚。印度人最喜弄名词，许多地方弄得甚好，其弄得不好者也不少。中国先哲最不肯弄名词，其长在是，其短亦在是。我对于佛，根本不是完全相信的，因此对于伪不伪的问题都无所谓。我还是反在自身来找真理。”① 这就明确划分了熊吕二人对于佛学的态度，一则参酌佛理建构自己的哲学体系，一则谨守佛教维护自己的终极信仰。因此，吕澂指责熊十力误解佛学之处，可能恰恰是熊十力的理论创造；而作为哲学家的熊十力企图寻求作为居士的吕澂的理解或认可，当然也是缘木求鱼了。长达四个多月的熊吕笔战到此结束。

自熊吕笔战结束直至熊十力去世，二十五年间不见二人再有直接交往，不过彼此都曾评论对方。1947 年刘虎生等所撰《印行十力丛书记》载：“有问吕澂居士与先生异同者，则欣然曰：‘彼自与吾异趣，然佛门中何可无此人哉？’”② 惺惺相惜之情溢于言表。1951 年熊十力撰《论六经》长文致林伯渠、董必武、郭沫若并请代呈毛泽东，其中建议：“欧翁虽下世，而其弟子吕秋逸居士克宏前业，当请政务院函商南京省市政府觅一房屋为内学院院址，邀秋逸主持，暂聚生徒数名，由公家维持其生活，以后徐图扩充。”③ 为人请命之忱尽显公忠。而吕澂在熊十力去世十五年后对人发表的一番谈话中则说：“另有熊十力，他不是内学院的人，但却由人介绍住在内学院里面，经常问学于欧阳先生。他的《新唯识论》就是住在内学院时期写的。我们当时曾开玩笑叫他是‘外道’。”④ 轻蔑峻拒之态却也的然可见。

---

① 《熊十力全集》第八卷，第 467 页。

② 《熊十力全集》第四卷，第 23 页。

③ 《熊十力全集》第五卷，第 774 页。

④ 高山杉：《一份新发现的佛学家吕澂的谈话记录》，载 2017 年 5 月 21 日《南方都市报》。

三、印顺的《评熊十力的〈新唯识论〉》与署名黄艮庸的《摧惑显宗记》

1948年夏，僧人印顺发表《评熊十力的〈新唯识论〉》，[①] 全文约2.5万字，分“引言”及“佛法与玄学”“入世与出世”“融会与附会”“空宗与有宗”“性相与体用”“心与物”“相似证与颠倒说”七节正文。“引言”似褒实贬道：“熊十力先生的《新唯识论》，属于玄学的唯心论，发挥即寂即仁的体用无碍说，诱导学者去反求自证，识自本心，在玄学的领域里，自有他的独到处。辨理相当精细融通，特别是文章的宛转，如走马灯，如万花筒，不惜絮絮的重说，满纸的恳到语，激发语，自称自赞语，确乎是‘苦心所寄’!”[②] 而以下各节对《新唯识论》的评论批驳，就不乏激切甚至刻薄言语了。

针对《新唯识论》的本体论，印顺说：“《新论》‘体用说’的根本假定，根源于满足求知的愿欲，为了给宇宙以说明。然而，释迦说法不是为了如何说明宇宙，如何满足求知者的愿欲，相反的，遇到了这样的玄学者，照例是默然不答——‘无记’，让他反躬自省去!”“佛法的根本体系，即依缘起因果以明现象，也依之以开显实相；依之以成立世间的增进行，也依之以成立出世的正觉行。如离此缘起中道的教说，即难免与神学同化。然《新论》并不知此，离开了因果缘起，说本体，说势用，说转变，说生灭，以为‘不可以常途的因果观念应用于玄学中’。……《新论》只是神学式的从超越时空数量的‘神化’说体，说用，说变，说心，用‘至神至怪’‘玄之又玄’等动人的词句去摹拟他，使人于‘恍恍惚惚’中迷头认影。”“《新论》的本体，自以为不是猜度的，是

---

① 印顺（1906—2005），俗名张鹿芹，浙江海宁人。1930年出家，追随太虚大师投身于中国近现代佛教复兴运动。1949年赴香港，1952年转赴台湾。1965年受聘为“中国文化大学”哲学系教授。1973年以《中国禅宗史》一书获日本大正大学博士学位。一生提倡“人间佛教”。

② 《熊十力全集》附卷（上），第213页。

‘反求实证相应的’，与一般玄学者‘只其介然之明，不胜其情见之蔽，终自组成一套戏论’大有不同；自以为‘具眼的人，自当承认我这种看法是没有错误的’。但依佛法看来，作为万化根源而能给宇宙以说明的本体，不管是向内的，向外的，一切都是情见戏论的产物——神之变形。”① 这就根本否定本体论与佛法有任何相关性，认定佛法仅仅以缘起观为枢纽去把握宇宙现象与实相，而一切本体论都是神学或玄学的情见和戏论。

针对《新论》“不满于佛家的出世人生观”，印顺说：“佛家的出世不是出家，多少在家的佛弟子，有家庭，有职业，凡有所证会的，不一样就是出世吗？也不是到天国，乘桴浮于海，解脱的圣者，还是在这人间的。也不是死后，是现‘身作证’的。所以，出世并不如《新论》所想象的。是以信、戒为基，正觉甚深缘起，不但通达因果的秩然有序——法住智，而且悟入缘起的性自寂灭。由于正觉现前，情见与业习的治灭，开拓出明净心地，不为世法——苦乐等——所惑乱。有此正觉，行于世间，才能释迦那样的如莲华而不染，迦叶那样的如虚空而不著。如此的出世，似乎不可以呵毁，否则《新论》所标揭的‘自证相应’先该自动取消！不是这番出世的人生观，《新论》从那里去发见空空寂寂的穷于赞叹！儒家能有此一着吗？”“《新论》以‘出世’为错谬，而不知大乘的不同儒家，即以出世的空慧，扫尽世欲仁爱的情见，而使之化为不碍真智的大悲。《新论》也知道‘谈生生真几，恶知其不以惑取势力为生命耶’，但自以为儒家的‘仁’即是空空寂寂的，无需乎出世空慧的融冶。其实儒家何处说仁是空寂的？赞美空寂而怕说出世，即是《新论》的根本情见！空寂在《新论》中不过是点缀儒门，庄严玄学，何曾理会空寂来！”② 这是指斥熊十力完全误解了佛家的出世思想。

针对熊十力轻视天台、华严二宗，印顺说：“有人问到台、贤，他以为‘至其支流，可置勿论’，而且‘天台、华严等，其渊源所自，能

① 《熊十力全集》附卷（上），第214—216页。

② 《熊十力全集》附卷（上），第221—223页。

外于大空大有乎’？这似乎说，台、贤不出于大空大有，所以无须再说。然而《新论》是不会误认台、贤为同于大空大有的，《新论》是有所取于台、贤的，轻轻的避开去，不是掠美，便是藏拙！……台、贤、禅所说性体——或心体——的能生、能起、能现，大有接近《新论》处，与《新论》所说的大有大空，那里会无所外呢？又如《新论》即体即用的玄学，虽或依据理学者的成说，但这种思想从何得来？我们知道，《新论》所说的‘举体为用，即用为体’‘称体起用，即用显体’‘全性起修，全修在性’‘小大无碍’‘主伴互融’‘一多相涉’等，以及‘海沤’‘冰水’‘药丸’等比喻，在台、贤学者甚至北朝地论学者，早已成为公式了。《新论》果真无所取于台、贤吗？台、贤果真不出大空大有吗？……《新论》近于此系，也大量的融摄，然而不但默然的不加说明，还故意的抹煞，似乎有所不可！”① 揭破熊十力口头上不屑于留意天台、华严而实际上有取于两家义理。

针对熊十力以佛益儒却反而扬儒抑佛，印顺说：“掠取佛教皮毛，作为自家的创见，附会到儒家的古典里。然而，如《新论》所会通的般若空寂、破除情见等，到底是儒家没有什么说明的。《新论》即以‘莫须有’的辩论法来掩饰。关于仁体的空寂，《新论》说：‘虽复谈到空寂，却“不愿”在此处多所发挥，“或者”是预防耽空滞寂的流弊亦未可知。’‘儒者在此，只是“引而未发”。’‘孔子于此方面，只是“引而未发”，“大概”恐人作光景玩弄。’‘孔子于门弟子问仁者……不曾克就仁体上形容是如何如何……一则此非言说所及；二则强形容，亦恐人作光景玩弄。孔子苦心处，后人固不识也。’关于毁訾生死，《新论》以为‘孔子“不肯”从这方面说，佛家偏要揭穿’。关于破除情见，《新论》说：‘孔子境界高，“不肯”向这方面说，应有佛家说。’《新论》的‘莫须有’论法，真是妙绝千古！似是而非的片言只句，称之为‘引而未发’，推想为‘大概’‘或者’‘亦未可知’。毫无文证的，如以仁为体等，解说为‘不肯说’‘不愿说’。玄学家的会通，妙哉妙哉！不过，

① 《熊十力全集》附卷（上），第225—226页。

‘大概’‘或者’仅是《新论》的推想，古人何尝如此?《新论》何以知道境界高而不肯说、恐人玩弄光景而不愿说，不是在情见中头出头没、境界低而不会说、不发明此事而不知道说?老实说，不说就是不说，就是没有说过!让孔老夫子没有说过吧!莫替死人作主!”① 这是讥刺熊十力在儒佛高下的问题上曲护儒家，用语相当尖锐辛辣!

针对《新论》立意平章空有二宗，印顺说:“《新论》既然平章空有，对于空有的是否了解，了解到什么程度，佛门弟子是有权加以检讨的，总不能谈空说有而不知空有是何事!”他指出:“《新论》以空宗是‘破相’的，以为‘空宗是要遮拨一切法’‘空宗荡除一切法相，即是遮拨现象’。遮拨现象，这那里是空宗面目!这是破坏因果的恶取空者!……《新论》以空宗为破相，可说全盘误解。所以虽赞成空宗遮诠的方式，空宗却不愿接受这番歪曲的同情。”“《新论》以空宗为‘破相显性’，即‘遮拨现象以显实体’。说‘般若无量言说，只是发明生灭如幻本空’，‘岂可误会实体亦空’，‘空宗的密意，本在显性’。然而‘不可误会’即是《新论》的误会处;‘密意’即是《新论》的曲解处!试问《新论》:《般若经》何处说实性不空?《新论》以为‘计法性亦空，则是空宗外道矣’，所以要误会、曲解，代为《般若经》辩护。但《般若经》自有非《新论》所知的独到体系，一再明确地说道:‘为久学者说生灭不生灭——不但是生灭如幻——一切如化’，‘真如非有性’，‘涅槃亦复如幻如化’。《般若经》并非形而上的实在论，说一切法性空，并非误会，不需要《新论》代为曲解。……如《新论》以为法性空是空见，那末《新论》有反对的自由。如误解《般若》，以空宗为破相，以空宗为有实性可显，莫名其妙地赞成一番，辩护一番，又反对一番，这是不可以的!‘不知为不知’，《新论》还是莫谈般若好!”“《新论》误解般若为‘只是发明生灭如幻’，以为必须有一不空非幻的实体，这并非《新论》的体验超过了般若，这不过是众生无始以来的‘有见根深’，浅尝初学。佛为根性钝劣者，也曾方便作如此说，如《般若经》说:‘为初学者，说

① 《熊十力全集》附卷(上)，第228页。

生灭如化（虚妄空寂），不生不灭不如化（真实不空）；为久学者，说生灭不生灭一切如化。’所以《新论》如要论究般若空宗，还得请进一步！”至于《新论》对有宗的批评，“如唯识家的种子与现行，《新论》以为犯‘两重世界’的过失。其实《成唯识论》说得明白：‘此（种子）与本识及所生果，不一不异，体（指藏识）用、因果，理应尔故。’从种子与所依本识现行说，从种子与所生现行果事说，不一不异，唯识家是不承认为隔别对立的。在种子生现行时，‘因果俱有’，《新论》即断为‘种现对立’，这决非唯识的本意。……至于说唯识家的种子与真如犯‘两重本体’的过失，那更为荒谬！种子，唯识家是作为‘潜能’去理解的。此‘潜能’与‘现行’是互为因果的，是种子生现行、现行熏种子的，是无始以来种现法尔而有的，种子如何可以称为本体？‘两重本体’，这是本体成见在作怪”！① 凡此意在表明熊十力对于空有二宗特别是对于空宗根本不懂！

针对《新论》贬抑佛家法相“就是斥指已成物象而名之”因而“不满佛法的申明性相而别说体用”，印顺说：“佛法的‘相’，依缘起的幻现说，约幻现的情执、智证说等，何曾‘就是斥指已成物象而名之’？《新论》的不愿说‘法相’而说‘用’，不过是杯弓蛇影的庸人自扰！”“佛法的不坏假名而说实相，不坏世俗而显胜义，与《新论》不同。《新论》不知幻相宛然的不可遮拨，想象那‘至神至怪’，称为‘神化’的一辟一翕之用，大谈‘即用显体’，不知道佛法不是玄学，不是遮拨现象而谈‘即用显体’，是不拨现象的‘即俗而真’。”“《新论》那种玄学式的‘用依体现，体待用存’，凡是纯正的佛家，是决不赞同的。因为此种‘神化’之用，是离开‘常途的因果观’的，不能随顺世俗，也不能开显胜义。离开相依相待的缘起观——《新论》不知一翕一辟即缘起相待性的通相，因此冥想无物（相）之先的妙用——是不能净息众生的爱见戏论而现觉的。即使有所证验，也不出无明坑，不外乎神的别名。

① 《熊十力全集》附卷（上），第229—236页。

超越的离用得体，内在的助用显体，在自性妄执中，并无多大差别。”① 这是说，佛家之“相”亦幻亦实，亦俗亦真，即相即性，不可遮拨，并非熊十力所认为的滞碍之物，故不须熊十力以“体用”置换“性相”。

针对《新论》标榜“解析色心，只是平列而谈，并未以色摄属于心”，“我之所谓唯心，只是着重心之方面的意思”，印顺反驳道：“《新论》的本体显现说，虽一翕一辟而似心物二相，但物相是反本体的，虽从本体显现而几乎可以不称之为用的；唯有心才是本体的自性显现，才真是本体的大用流行。这样，《新论》是从重心轻物，到达唯心非物的本体论。‘故说物质宇宙本来是无，是如实说’，《新论》的玄学体系，岂但是着重心而已。从现象的重心轻物，到达本体的唯心非物，原是宗教及神学式的玄学的老调。如耶和华上帝创造一切——心与色，但‘上帝是灵’，人类的灵性也是从上帝那里来的。如婆罗门教的梵我论，虽为万化的本原，显现一切，但‘不可认识的认识者即真我’，与大梵是同质，也有说是同量的。如笛卡儿在心物二元上有上帝，而心是更近于上帝的。类似的意义多得很。《新论》的唯心论实在庸俗得可以！与其说融会儒佛，倒不如说融会神学更为恰当！”② 这是揭穿《新论》并非心物并重而仅以心为殊特，而是宗教神学唯心论而已。

针对《新论》以性智为万化的根源、真我与本心，印顺批曰：“这显然与一般神学及玄学者同一路数，如印度的婆罗门教，佛教末流——佛梵同化与儒佛一家者，大抵如此。”“《新论》典型的真心论，偏执‘相即’，将心境理智搅成一团，不知‘如实’的真意，以理去说智，以即理的智去说心，于是乎在众生的流转中，幻想真我与本心的‘虚灵无碍，圆融无缺’。由此，在修持的体验上，只是破除障碍而使本心显现，只是保任此本心，不违此本心，不能正解闻思修慧的无边功德，于本有、始起的缘起正义毫无认识，而说‘不断的创新，其实正是反本’。

① 《熊十力全集》附卷（上），第237—240页。按此节“就是斥指已成物象而名之”一语两见，前一处“斥指”作“指斥”，误，径改。

② 《熊十力全集》附卷（上），第243—244页。

反本！反本！一切是本具的，反也本具，创也本具，一切都圆满无缺了，还反什么，创什么？劝《新论》者歇歇去！”[①] 这是斥责熊十力重内轻外，以反为创，无知自满，愤激情绪溢于言表。

印顺最后说：“《新论》者不仅是体验者，而且在内学院学过唯识，在大学中讲过唯识，想成为‘新的佛家’。大概《新论》者过于求于自己，所以对法界等流的佛法，常是错乱得可笑，有点新而忘本！”[②] 一言以蔽之，如同刘定权和吕澂一样，印顺仍然认定熊十力根本不懂佛学。

就在印顺发表其文当年的秋季，熊十力移居弟子黄艮庸的家乡广东番禺。其时黄艮庸接获友人寄来的印顺之文，遂请于先生曰“僧人诬乱佛法，妄议儒学，似宜驳正”，但熊十力却完全失去了当年与刘定权论战的意趣，叹曰“真理自在天地间，能悟者自悟，不悟者亦无可如何，是恶足辨”！由于黄艮庸坚请回应，熊十力遂通融道“吾子好自为之可也，倘虑有失吾旨，随时面决”，于是便有了黄艮庸依照熊十力思想观点撰述、最终由熊十力改定的长达八万余言的《申述新论旨要平章儒佛摧惑显宗记》（省称《摧惑显宗记》），[③] “显宗者，显明《新论》本宗旨要；摧惑者，破凡愚之迷乱。此文不以答僧人题名者，意在申正义，不在对人故”[④]。

《摧惑显宗记》引言有曰：“今僧人不解儒而毁儒，不了佛而诬佛，将使先圣遗传宝物变成瓦砾，是可忍也，孰不可忍！兹将僧人文字逐段阅览，其浮乱之言，绝无意思者，只合舍置；其言中颇表示一种意思者，虽至无理，亦必直录原辞，不惮审正。至于《新论》旨要，亦随文发挥。是篇之文，约为四分，系依僧人文字章段以次驳斥，故无义例可

---

① 《熊十力全集》附卷（上），第251—253页。

② 《熊十力全集》附卷（上），第253页。

③ 见《熊十力全集》第五卷，第396页。黄艮庸记曰：“立义则时禀于函丈，而文字亦蒙鉴定。”见同卷，第407页。

④ 《熊十力全集》第五卷，第400页。

言。”① 此所谓“僧人”即指印顺，引言直斥其既不解儒，亦不了佛，当然表明熊十力才是兼通儒佛。而所谓“四分”则说明本文结构分为四节。

《摧惑显宗记》第一分回应印顺文之“佛法与玄学”和“入世与出世”亦即其第二、三两节，第二分回应印顺文之“融会与附会”亦即其第四节，第三分回应印顺文之“空宗与有宗”亦即其第五节，第四分回应印顺文之“性相与体用”“心与物”“相似证与颠倒说”亦即其第六、七、八三节。行文之中随处展开阐述《新唯识论》思想内容以及儒学和佛学义理，该文篇幅浩大之原因盖由于此。克就针对印顺之文的反驳而言，该文主要有以下论说。

针对印顺所谓“《新论》体用说的根本假定，根源于满足求知的愿欲”云云，驳曰：“评者不通玩全书根本精神，而但摘一二语，谓其只是根源于满足求知的愿欲，如此轻率，殊可惜。又复应知，学者所以己达达人与成己成物也。佛氏亦云自度他度，因明则云自悟悟他。试问他度与悟他是否宜因众生求知之愿欲而随机开悟？如佛法完全斥绝知识，则浩浩三藏皆众生不可以知识去理会者，而诸佛菩萨果何所谓而说法乎？须知《新论》已明示本体非是知识所行境界，而欲众生之反求实证到此，则必随顺众生求知之愿欲而随机开悟，即因众生所有之知识而方便善巧，以祛其迷而使之悟。……玄学上超知之诣，毕竟须从知识方面种种遮拨，种种开诱，而后有上达之几。若一往反知，何由趣入超知境地？”② 一方面否定《新论》根本假定根源于满足求知的愿欲；另一方面却也肯定求知愿欲乃是上达超知境地的津梁，即使佛教也不能完全遮拨之。

针对印顺指斥熊十力误解佛家解脱出世思想乃至鄙夷儒家绝无勘破惑乱的空寂正觉，驳曰：“佛氏发心是对众生沦溺生死海苦起大悲心，而其究极之希愿，仍在度脱众生尽离火宅而趣寂灭海。所谓度脱，即

① 《熊十力全集》第五卷，第400页。
② 《熊十力全集》第五卷，第408页。

《阿含》所云‘不受后有’，非谓既得明净心在世间而不染便是出世。倘佛之出世果如评者所云，则诸佛菩萨何故有厌离生死海等胡乱语，岂非自暴露其心地染污，竟于世间妄诟为生死海耶？若止在世不染即名出世，更无出世法者，则程子‘廓然大公，物来顺应’二语，（自注：廓然大公，非如虚空而不着乎？物来顺应，非如莲花而不染乎？）已足抵消佛家三藏十二部经。而佛氏无量无边说法，直可以老氏所云‘多言数穷’者讥之，即付之秦火，无不痛快，恶用是纷纷者为耶？佛家十二部经与儒者六经四子，两相比较，其于真理之无穷无尽各有证会独深处；吾人若求融会贯通，自别为一事，但两家骨子里不同处，究不可乱：一为出世之教，一为融贯天人之学，（自注：天人不二自无所谓出世。）须各存其精神与面目。”① “儒者实现天德于人间世，故不似佛氏以无明为导首来说人生，以赖耶染污来说人生，亦不以世间为罪恶稠林、为火宅、为生死海、为大苦聚、为如露如电如幻如化。体天德而成人能，即人道而实现天德，故曰极高明而道中庸。佛氏终不免舍人道而索天德于寂灭之乡，虽复对彼众生从无始来锢于形、囿于习而不克显其天德者，可以破其缠缚，而衡以天人不二之旨，则失之远矣。”② “评者自承佛家出世，而诋儒者无出世想，及核评者之言，则以在世不染名出世，乃欲阴托于儒，以变乱佛家本义。又不悟儒者尽人道而合天德，其于世间有经纶之盛而一本天德之流行，元来不存世间想，即无所谓人，更何所谓出？六经四子中寻不着入世一词，大可玩味。”③ 坚信对于佛家出世观并无误解，推尊儒家天人不二的人生观方为不偏不倚的大中至正之道。

针对印顺攻讦熊十力为掠美或藏拙而有取于台贤却隐瞒不言，驳曰：“此不独有意横诬，而亦太不了解学问之事。……评者必谓《新论》有合于台贤即是有取于台贤，而又坐以取则掠美、未取而不言即是藏拙云云，试问《新论》之体系果与台贤同否？……主伴互融、一多相摄等

① 《熊十力全集》第五卷，第439页。
② 《熊十力全集》第五卷，第444页。
③ 《熊十力全集》第五卷，第447页。

义，华严家实自卦爻中体玩得之。然西洋哲学家亦多能言及，何用少见多怪，以为华严独发之秘乎？海沤等喻，既是譬喻，亦何足言！即物游玄，便自见得，心同理同，互不相袭，此皆枝节，无关根底。若云袭取，则佛教自其肇创，以至后来小宗大乘之发展，随时皆有所取资于外道，而乃破斥外道不遗余力，然世未有以此议佛氏者何耶？老子后于孔，今人考据，殆无异议。儒言道，老亦言道；儒言阴阳，老亦言阴阳，此乃根本大义相同，非枝节之合而已。然老攻击儒家甚厉，从来未有诋老氏学非自得，亦未有疑其袭儒言而反抹煞之者何耶？良知始见孟子，而阳明自谓其发明良知为千古之一快，世未有疑阳明袭孟子者何耶？张人李人，五官百体无不似也，而世不谓张人即是李人何耶？伯乐相马，得之于牝牡骊黄之外，得其精气蕴藏故也。牝牡骊黄，天下之马无弗同也，而马各自有其精气蕴藏。则不得而强同也。岂唯相马，读书者若只求之于文句或理论之间，而不了解其中之所蕴藏，徒妄生异同，妄为是非，则与著者本旨无干，亦无所损，只自误而已矣。”① 这是含蓄承认《新唯识论》借鉴了天台、华严的义理词章，但更强调《新唯识论》的根本旨趣与天台、华严迥然相异，故对于天台、华严无所谓掠美或藏拙。

针对印顺讥刺熊十力在儒佛高下的问题上曲护儒家，驳曰：“论学术，求至道，无分于夷夏，外国有圣贤，吾人当敬奉，本国有圣贤，奈何欲鄙视？释尊与宣圣，虽各有特异处，而必谓一在人乘，一高出三界之外，此有何种尺度可以量度？龙树、提婆、无著、世亲诸菩萨与程、朱、陆、王诸大哲，所学不必同而互有短长，亦有何种尺度可判其高下？吾侪当以平等心敬礼中外圣贤，而学理异同与得失，则一衡以公明之心。”“至理无穷无尽，中外古今乃至未来，任何上圣，其学之所造总有异点，总有同点，乃至同中有异，异中有同，大同大异，小同小异，互相对待，纷纭复杂，妙不可诘，唯无门户见而善观会通者，乃可渐近于真理。”“宋明儒病在拘碍，颇欠活泼，此意难言。吾人宜承其志愿以

① 《熊十力全集》第五卷，第462—465页。

上追孔门。据此可见评者议《新论》承理学传统，太隔阂在。”① 剖陈对于中外学术乃平等看待，了无偏执；对于儒家缺失亦如实批评，并不回护。

针对印顺鄙薄熊十力对于空有二宗一概不懂，驳其空宗论曰：“评者只欲反对《新论》以破相显性言空宗，于是不承有实体，而不承有实体又不好自圆其说，遂以空寂的胜义加入缘起法上，而曰‘即缘起空寂为本性，但本性不是万有实体，即此缘起的空性’云云，如此适以自陷。余初审正评文，至谈缘生义，有为无为不分，生死涅槃无辨，已甚诧异；今阅至此，乃知评者迷谬所在。评者若自讲其缘起论，而声明不同佛教之旧，亦可不乱佛法；但必以己意说空宗，且自负为空宗之解人，则佛菩萨有知，自不免心戚也。”“空宗《大般若经》，《大智》《中》《百》《十二门》四论，凡稍有头脑者读之，当知空宗一切扫荡而实非空见，实非空见而一切扫荡。空宗根本意思是欲令众生见性，方不堕颠倒虚妄法中。然欲见性，即非破相不可。譬如无知之孩只执取绳相，必不能于绳而见其只是麻，成年人欲晓之，必示以绳相是依人工、时日、资具、造作等缘而幻现其相，无实自性，方令彼孩即于绳相而顿悟是麻。绳相不破，麻性不显。诸法之相不破，即不能见诸法实性。此义不悟，便如长夜昏眠。此义说穿，确是家常便饭，元无奇特。《心经》是《大般若》之撮要，开首便空五蕴，非破相乎？破相非以显性乎？《新论》已释得明明白白，而评者毫不求解，横持己见，不知果何所谓？”“评者因不解《般若》，而误想空宗是无体论，遂以空寂一词视为与虚妄同其含义，不独毁坏《大经》，而佛教根本归宿处乃完全推翻矣。《般若》是群经之王，诸佛之母，果是持无体论而安住颠倒虚妄中者乎？龙树菩萨果如此，倘在吾前，当一棒打杀与狗吃！若不如此，此罪在谁？《经》云‘为初学者，说生灭如化’，即《中论·观法品》说一切不实义；其云‘不生不灭不如化’，即《观法品》说一切实义；又云‘为久学者，

① 《熊十力全集》第五卷，第471—472页。

说生灭不生灭一切如化'，即《观法品》非实非不实义。此在前文已解释明白。评者竟误会经文为久学者说生灭不生灭一切如化句，遂妄主张空宗果是无体论，是一切如化论者，谬解经义，稍有识者当能辨之。"一言以蔽之："《新论》衡空宗，洞见本源，字字不虚不妄，未容轻议。"① 又驳其有宗论曰："评者如知相即依他，唯是有为，则何至有'破相显性是空宗敌者有宗'之梦语？须知依他即缘起义，他谓缘，依他众缘而起，曰依他起，故依他即缘起之别名。有宗经论有那一部曾如《中论·观因缘品》之破斥四缘乎？稍有头脑者，读几部有宗书，当不至痴想有宗曾破缘起义也。评者自居佛弟子，我慢异常，而于佛书字句竟不子细理会，出家一场，何苦如此？评文言有宗有两种类型：其一虚妄为本的唯识论，如无著世亲学云云。如此妄诬菩萨，毫不畏罪可乎？无著世亲何至以虚妄为本而造论乎？以此自害害人，当堕地狱，尚足为菩萨乎？唯识之论，明明归于转识成智。转有二义：转舍，转得；谓转舍杂染，转得清净。故虚妄是其所必舍，而谓其以虚妄为本，二菩萨受此不白之冤，于汝安乎？无著世亲学只矫空教末流之弊，其骨髓仍在《大经》四论。《成论》'归无所得'，犹《般若》密意也。为唯识正名，当曰明妄趣真宗，不可诬以虚妄为本也。评者以空实性而不空颠倒虚诳法之痴想诬堕空宗，并复诬及有宗，今日佛教虽衰，而中国之大，贤比丘犹当不少，岂尽受汝诳乎？"② 综而言之："评者于空有两无所知，并于一极重要之相字尚未知是指目甚么，岂不哀哉！"③ 这就将印顺的鄙薄不折不扣归还给印顺了。

针对印顺反对熊十力以"体用"置换"性相"，驳曰："《新论》体用二词，须从《新论》之整个体系中求解释，此与佛书及他书中有时用体用二词者不必同，稍有头脑者读《新论》，决不至误会。……若以《新论》体用义准诸佛法，则《新论》所云体者，相当佛家之法性、真

① 《熊十力全集》第五卷，第478、481、484—485、491页。

② 《熊十力全集》第五卷，第494—495页。

③ 《熊十力全集》第五卷，第494页。

如，但弗说为不生灭或无为法；所云用者，略当佛家之生灭法，（自注：亦名有为法。）此中略字注意。佛家生灭即缘起法，是染污性，彼不说体现为用，其缘起法非真如现为，故与《新论》所云用者异义。《新论》用由体现，即非染污；染污则是人生后起恶习，与用无干。据此，则《新论》用义似与佛谈生灭法迥异，而复云略当者何耶？应知《新论》于用上施设宇宙；佛家缘起法，俗谛实有，亦即于此说宇宙万象，（自注：缘起法者，即色心诸行，俗云宇宙，即色心诸行之都称。）故云略相当也。”表明佛家性相割裂而《新论》体用不二，“《新论》明由体现用，而即于用上立一切法，大乘空有二轮未竟之绪，至《新论》而始完成”，① 所以自当以“体用”置换“性相”。

针对印顺认定“新唯识论”是宗教神学唯心论，驳曰：“《新论》自是唯心论，但融儒佛于一炉，即以空寂而有生生化化不息之健者是诸行实性，名为本心。《新论·明心章》融通仁寂而谈，此乃从来所未有，惜乎今人以驰逞杂乱闻见为学而不务反己，难悟此理趣耳!”“神者，不测之称。穷理至极，心行路绝，语言道断，故言不测，故说为神。《新论》神义是否宗教家拟人之神，稍有头脑者自知。”② 此谓《新唯识论》乃是空寂与生化并重而归本于心，亦即心物并重而以心为殊特；其所谓“神”则不过指目不可思议的无上甚深理境，与宗教信仰的人格神了不相涉。

针对印顺排斥性智，驳曰：“评者极力反对廓然离系、显发性智、契会本体，以此为一般神学及玄学者同一路数，如印度婆罗门教及佛教末流，佛梵同化与儒佛一家者大抵如此云云。余以为诸大学派虽各各有互异处，然同归于廓然离系、显发性智、契会本体，此根本处不容有异；唯各各所造有浅深、偏全与实证、相似之分。诸大学派间所以有异同或诤论，即因浅深、偏全与实证、相似等不齐而起，但于根本处决无异论，因此诸派学者有互相商讨及攻难之余地。今评者极力反对廓然离

① 《熊十力全集》第五卷，第 513、518 页。

② 《熊十力全集》第五卷，第 521—522 页。

系、显发性智、契会本体，已将根本处推翻，还有甚么深远道理可说？（自注：理之极处，至大无外。极高无上曰远，幽奥难穷曰深。凡愚不得攀援及此。民国以来学子有打倒玄学鬼之声，无怪其然。）舍此根本而言学，唯依乱识寻求世智，（自注：乱识一词见《摄论》等。凡夫杂染或散乱之心，名为乱识。世智亦佛书屡见之名词。凡世间知识技能之学，通名世智。即凡为知识之学者，其知识不成体系，技能未有专长，但务肤杂见闻者，亦世智所摄。）自不感触禅定重要。"① 这是坚持推尊性智的崇高地位，而贬斥印顺与肤浅的科学万能论者一样仅仅具有一些乱识和世智。

综上所述，刘定权、吕澂、印顺对熊十力的批评虽然林林总总，但有一个共同点就是认定熊十力不懂佛学；而熊十力则反复表明自己对佛学具有精当把握，反指对方误解其本宗教旨。直至 1963 年写作《存斋随笔》，熊十力仍然信誓旦旦地说："余谈佛法，何可由吾创解，以窜乱佛家本义？""余潜究佛法之日颇久，先从了解名词入手，而后详其理论，寻底蕴，析条理，综体系，审归宿，乃断定佛氏毕竟以宇宙人生为空幻，必毁坏之，而栖神于不生不灭之乡。"② 这是坚称自己忠实于佛理而了无别解。刘定权、吕澂、印顺与熊十力究竟何者确凿忠实于佛理，这是须由佛学专家研判的问题，在此不拟置喙。退一万步说，即使刘定权、吕澂、印顺对于佛理的把握千真万确，也不过是信徒谨守教义；而熊十力却是基于缘起性空的佛理，归本《大易》生生之仁精神，创构了一个体用不二、翕辟成变、成物明心、转习归本、尽人合天的本体宇宙论和心性工夫论哲学体系。谨守教义与创构体系的区异，大概就是导致刘定权、吕澂、印顺等人与熊十力诤论的原因所在。

---

① 《熊十力全集》第五卷，第 525 页。

② 《熊十力全集》第七卷，第 755、801 页。

第五章　博究诸子，平章众家
——熊十力的子学思想

《庄子·天下》曰：“配神明，醇天地，育万物，和天下，泽及百姓，明于本数，系于末度，六通四辟，小大精粗，其运无乎不在。其明而在数度者，旧法世传之史尚多有之。其在于《诗》《书》《礼》《乐》者，邹鲁之士、搢绅先生多能明之。《诗》以道志，《书》以道事，《礼》以道行，《乐》以道和，《易》以道阴阳，《春秋》以道名分。其数散于天下而设于中国者，百家之学时或称而道之。天下大乱，贤圣不明，道德不一，天下多得一察焉以自好。譬如耳目鼻口，皆有所明，不能相通。犹百家众技也，皆有所长，时有所用。虽然，不该不遍，一曲之士也。判天地之美，析万物之理，察古人之全，寡能备于天地之美，称神明之容。是故内圣外王之道暗而不明，郁而不发，天下之人各为其所欲焉以自为方。悲夫！百家往而不反，必不合矣！后世之学者，不幸不见天地之纯，古人之大体。道术将为天下裂。”① 下文分述墨翟、禽滑厘、宋钘、尹文、彭蒙、田骈、慎到、关尹、老聃、庄周、惠施、桓团、公孙龙、黄缭之学，显然表明诸子学说皆出于六经而复与六经存在着偏全之异，这大概是最先提出的经子相分的观点，但却了未涉及儒家与六经和诸子的关系，似乎认为儒家亦即所谓邹鲁之士的学说与六经混融一体而不与诸子并列。至司马谈《论六家要旨》，一面肯定“夫儒者以六艺为法”，一面指出“夫阴阳、儒、墨、名、法、道德，此务为治者也，直所从言之异路，有省不省耳”，② 乃将儒家视为以执守六经为特点而与诸子并列之一家。班固《汉书·艺文志》沿袭刘向歆父子《别录》

---

① 《中国哲学史资料选辑·先秦之部》，中华书局 1964 年版，第 581 页。

② 《中国哲学史资料选辑·两汉之部》，中华书局 1960 年版，第 173、172 页。

《七略》，于《六艺略》之外立《诸子略》，以儒、道、阴阳、法、名、墨、纵横、杂、农、小说为“诸子十家”，虽然特别强调儒家“游文于六经之中，留意于仁义之际，祖述尧舜，宪章文武，宗师仲尼，以重其言，于道最为高”，① 说明儒家是六经正传，且在诸子之中居于首位；但将儒家与诸子并列这一点却是与司马谈一致无二的。迨及作为中国传统学术分类之总结性著述的《四库全书总目》，也于经部之外另立子部，《四库全书总目·子部总叙》曰：“自六经以外立说者，皆子书也。……儒家之外有兵家，有法家，有农家，有医家，有天文算法，有术数，有艺术，有谱录，有杂家，有类书，有小说家，其别教则有释家，有道家，叙而次之，凡十四类。……然儒家本六艺之支流，虽其间依草附木，不能免门户之私，而数大儒明道立言，炳然具在，要可与经史旁参。其余虽真伪相杂，醇疵互见，然凡能自名一家者，必有一节之足以自立。即其不合于圣人者，存之亦可为鉴戒。虽有丝麻，无弃菅蒯。狂夫之言，圣人择焉。在博收而慎取之尔。”② 这也是在肯定儒家与六经的特殊关系的前提下，将儒家归于诸子一类。从司马谈、班固以迄《四库全书总目》对于经子之学的分判，正是熊十力进行包括儒家在内的诸子之学研究的根据，故其言曰：“四科之学，无一不原本六经。如义理一科，自两汉经师之言礼，迄宋明诸师言心性，皆宗六经不待言。老庄言道，亦《易》之别派。《墨子·天志》，则从《诗》《书》中敬天与昭事上帝之观念而来；兼爱兼利，亦自《春秋》太平大同与《论语》泛爱众之义而出。法家谈法治，其说不涉及义理，然其崇法之观念实本《春秋》；但《春秋》不徒恃法，而本于仁，依于礼，以法为辅，以德为归，所以为人道之极也，法家狭小，乃欲偏尚法以为治，则不善学《春秋》之过。要其为说，未尝不本于经。故诸子之学，其根底皆在

---

① 《汉书》，中华书局1962年版，第1746、1728页。颜师古注曰：“六艺，六经也。”见同书，第1702页。

② 《四库全书总目》，中华书局1965年版，第769页。

经也。”①

第一节　儒家

克就儒家来说，其作为子学而与经学的初始分际当断自何时？熊十力对此作了诸多论说。他提出一个“晚周九流之儒”② 的说法，表明他认为春秋战国之世儒家就已成为诸子之一。那么“晚周九流之儒”又所指为何呢？熊十力说：“夫六经，上明天道，下详人事物理，所谓六通四辟，小大精粗，其运无乎不在者也。孔子殁后，七十子后学发明经义，各有创获，虽俱号儒家，而实派别支分，不相沿袭。……盖儒学自孔子承古代圣帝明王展转传授之学脉而发挥光大之，结集六经，永为宝典。诸子百家俱从经出，而各有创获，各立宗门，皆别异儒家，相与对抗。于是三千七十之枝流余裔，亦不得不奋起以与诸子百家争鸣。当时儒家各派学说，自是方方面面，博极其博，精极其精。”③ “夫《易》书至《十翼》而始备，《十翼》义理则孔子所发明也。故言作《易》者，必归之孔子。微孔子，则《易》犹滥于占卜，而焉得为哲学界万世永赖之根本大典耶？孔子即作《易》，七十子后学递相传述，遂为儒者宗。”④ “孟子言王道，始不免迂阔。汉以后之儒皆近孟氏。《周官》发明王道，绝不迂阔，盖《大易》《春秋》为一贯，其源出孔子无疑也。孟子之学源出曾子而稍参《公羊》，于内圣有本原，于外王终不足。其学自战国迄今影响颇大，亦足异也。”⑤ “中国学术导源鸿古，至春秋时代，孔子集众圣之大成，巍然为儒学定宏基。春秋战国之际，诸子百家蜂起，如十日曜天，九州布地，繁赜极矣！而儒学实为正统派，乃任异

---

① 《熊十力全集》第三卷，第 560 页。

② 《熊十力全集》第三卷，第 638 页。

③ 《熊十力全集》第三卷，第 756—758 页。

④ 《熊十力全集》第四卷，第 139 页。

⑤ 《熊十力全集》第五卷，第 719 页。

部争鸣无息，旁行不离，如太阳居中，八纬外绕也，皇矣大哉!”① “孔子之所承藉者极其宏博，其所开创者极其广远，巍然儒学宗师，自春秋战国久为华夏学术思想界之正统，诸子百家靡不为其枝流余裔，譬如太阳居中，众星外绕矣。……上索春秋战国之际哲学派别，其最伟大者当推六家：曰儒，曰墨，曰道，曰名，曰农，曰法。儒家宗孔子，为正统派，自余五家其源皆出于儒。”② “《春秋》窜乱不始于汉，七十子后学如曾、孟派之孝治思想早已改窜《春秋》。”③ “六经是孔子晚年定论，七十子多有不能承受者，如曾子后学之孝治论，实为小康礼教之大宗，孟轲盖此宗一巨子也。荀卿以养欲给求言礼，虽与孟氏富于宗法思想者有殊，而亦只有革暴君，决无废除君主制度之思想，则与孝治派无不同者。”④ “孔子六经无有一经不遭改窜，改窜之祸，非独不始于汉初，亦不始于吕秦之世，盖始于六国之儒。”⑤ “汉人传来之伪五经，决定不是孔子的六经。孔子六经，决定不是伪五经。传六经者是大道之儒。变乱与改易六经以成为小康礼教之伪五经者，是复古之小儒。伪五经皆出于六国小儒之手。”⑥ 由此可见，熊十力所谓“晚周九流之儒”乃指七十子后学或六国小儒，因此，他显然将作为子学的儒学与经学的初始分际断于孔子与其及门弟子之间；孔子作为儒家的开山，是经学的集大成者，但也是终结者，其后的儒家学者则皆为与诸子并列的人物，只不过较多承传了孔子学脉而在诸子之中居于正统地位而已。对于这个出乎孔子而又异乎孔子、自春秋战国一直延续至清末的学派，熊十力作了大量评论，由此形成他的儒学观。⑦

---

① 《熊十力全集》第六卷，第 332—333 页。

② 《熊十力全集》第六卷，第 347 页。

③ 《熊十力全集》第六卷，第 429 页。

④ 《熊十力全集》第六卷，第 506 页。

⑤ 《熊十力全集》第七卷，第 340 页。

⑥ 《熊十力全集》第七卷，第 436 页。

⑦ 熊先生说：“晚周群儒及诸子无不继承《大易》，深究体用，大概儒家未甚离孔子本旨。（自注：亦未能不离也。）” 见《熊十力全集》第七卷，第 5 页。

一、总论

总体上看，熊十力对于儒学的评价大致呈现出由批评到肯定再到批评的曲折流变，这一起伏过程与客观时势移易和熊氏本人学思转化颇相关联。

1900 年以迄 1918 年前后，受维新以及革命思潮影响，并因几度躬与革命活动，此间熊十力对于在他当时看来偏重保守的儒家持严厉批评态度，这种态度在此后多年间还曾偶或表露。1918 年《张纯一存稿序》曰："中国，数千年儒教之国也。儒术为世主所熹，遂屈老墨而成一尊，以其言政教合一，干禄之学、功利之说争相缘附，役斯民于权利之壑，至今洪流横决，其祸滔天。"① 1945 年《读经示要》曰："诸子百家之绝，人见其书不传也而知之。六经则汉以来犹立学官，经师共所传习训释，朝廷用以取士，于是群相颂美，以为儒学甚盛，而不知儒学之名存而实亡也久矣。……人之为学，不知于天道、人事、物理等无穷理道处用心，却耽溺浮虚，玩弄无谓之琐碎字句，不知何为至此！盖汉以来之学风，大概如是。孰谓汉以来尚有儒学哉？……夫工具之业，诚为学术界所不可少，而二千余年来，竟以业此者尸大儒之名，以为儒者学术果在乎是，圣经之道果在乎是，则不率黄农之胄而悉为蔽聪塞明，以成乎无头脑、绝智慧之顽物者，其有几何哉？"② "二千余年学术，名为宗孔，而实沿秦汉术数之陋，中帝者专制之毒。"③ 1946 年《中国哲学与西洋科学》曰："古代学术思想所由废绝，非偶然也，秦以后大一统之环境固有以致是。而此环境中之大不幸，即儒家哲学思想实失其传。《大易》刚健、创进、日新之宇宙观、人生观，经儒考据之业已莫之省。……故'智周万物'与'裁成天地''辅相万物''备物致用''立

---

① 《熊十力全集》第一卷，第 7—8 页。

② 《熊十力全集》第三卷，第 756—764 页。

③ 《熊十力全集》第三卷，第 996 页。

成器以为天下利’之大义，后儒但识文句而已，不求其义。”① “汉以后经师死守章句，宋明理家偏重反求，（自注：反求吃紧，但偏重便有弊。）皆失却羲皇为学精神。科学不发达，职此之由。”② 凡此几乎是对儒家的全盘否定。而1924年弟子高赞非记语曰：“儒者亦有把人欲看作是天理之敌人而必欲克去之者，此亦大错。夫欲曰人欲，则亦是人之欲也。人之欲，其可尽去乎？使人之欲而可尽去，除非人不生也。人既有生，便不能无人欲，如何尽去得？”③ “先儒处处有减的精神，所以对于气质偏处，要克要矫，这样极有弊。”④ 1945年《读经示要》曰：“世儒性恶及善恶混之论，则误以材性为天命之性，而不悟大道者也。”⑤ 这些则是限定于对儒家某些学派某些观点的批评。

不过，显而易见的是，自1918年绝意仕途而专心学术，特别是1923年弃佛归儒直至1949年前后，在此三十年左右熊十力对儒家基本上是肯定的。著录1924年至1928年间熊十力言论的《尊闻录》记载熊氏言曰：“儒家有两个优点：一是大中至正，上之极广大高明而不溺于空无，下之极切实有用而不流于功利。二是富于容纳性，他底眼光透得远大，思想放得开阔，立极以不易为则，应用主顺变精义。规模极宏，方面尽多，善于采纳异派底长处而不专固，不倾轧。他对道家、法家等都有相当的摄受，这也是不可及处。”⑥ “我觉得晚周儒家底思想，应该发明而使之普及世界。宋明儒在形而上学底成绩，确有补助晚周儒家的功劳，也当采取。”⑦ 著录1934年至1935年熊十力言论的《十力论学语辑略》之“甲乙录”记载熊氏肯定儒家的五点优长为“儒家底宇宙观、人生观可谓离虚妄分别而得到真实的了解”，“儒家规模大，其在一

① 《熊十力全集》第四卷，第560页。
② 《熊十力全集》第四卷，第563页。
③ 《熊十力全集》第一卷，第582页。
④ 《熊十力全集》第一卷，第613页。
⑤ 《熊十力全集》第三卷，第600—601页。
⑥ 《熊十力全集》第一卷，第623页。
⑦ 《熊十力全集》第一卷，第631页。

般的哲学方面，对于以前固有的学术，能容纳异派而冶之一炉”，“儒家不反对知识，此等精神根本与科学相得”，“儒家言正德利用厚生……此等精神与科学不相违戾”，“儒家言经济，《论语》则有‘不患寡而患不均’之义，《大学》言理财归之平天下。言伦理，孔子则由孝弟而推之为泛爱众，又曰‘老者安之，少者怀之，朋友信之’，先儒谓是天地万物一体气象。……其化育之功神矣，此正为今后世界所要求者”。① 1936 年著《佛家名相通释》曰：“中国哲学，儒家为正统派。儒学以体用不二为宗极，故弘纲方举，万目已张，心物似分而未尝不一，天人似分而未尝不一，道器似分而未尝不一，理想与实行似分而未尝不一，道德与知识似分而未尝不一，小己与天地万物似分而未尝不一，成己成物似分而未尝不一。知成己成物为一事，则知人道之大，莫至哉孔子之道！由知周乎万物而裁成天地辅相万物，致广大，尽精微，极高明，道中庸，无得而称焉。”② 同年致张东荪书曰：“儒者的然实证本体而不务议论，专在人生日用间提撕人，令其身体力行而自至于知性知天。故儒家之学，自表面观之，似只是伦理学，而不必谓之玄学。实则儒家伦理悉根据其玄学，非真实了解儒家之宇宙观涵本体论，则于儒家伦理观念必隔膜而难通。”③ 1945 年著《读经示要》曰：“儒学至汉，定为一尊，自是二千余年，儒统罔替。……是故儒学渊源，本远自历代圣明。而儒学完成，则又确始于孔子。但孔子既远承历代圣帝明王之精神遗产，则亦可于儒学而甄明中华民族之特性。何以故？以儒学思想为中夏累世圣明无间传来，非偶然发生故。由此可见儒学在中国思想界元居正统地位，不自汉始。吕政凶暴，儒生独守道以与之抗，取焚坑之祸而不悔。汉兴，儒生犹有能诵持遗经于穷荒僻壤者。儒学不绝实由民族特性之所存，自然不绝也。……大哉儒学，诸子之王，百家之母也。”④ 1947 年

① 《熊十力全集》第二卷，第 301—304 页。

② 《熊十力全集》第二卷，第 609 页。此条主要赞扬孔子六经，但亦当包括了作为孔子嫡传的儒家学派。

③ 《熊十力全集》第八卷，第 120 页。

④ 《熊十力全集》第三卷，第 747—749 页。

刊行《十力语要》载熊氏言曰："儒家祖述尧舜，宪章文武，其道之大，则'范围天地之化而不过，曲成万物而不遗'，所谓'致广大而尽精微，极高明而道中庸'。又诸子百家所自出，本为中华民族的中心思想，今诚宜发皇光大。"① 1949 年著《韩非子评论》曰："儒者之道，顺人之性而为政教，故礼乐以养德，政刑以辅德化之所不逮，常因人之善端而扶勉之，使自由发展而无所禁锢、无所折挠，将令人皆由小我而会入大己，故不遗实际生活而自超脱于实际生活，以发扬灵性生活，此人生之大乐，人道之至尊也。"② 凸显了儒家中正、包容、超越、真实、重智、正德、均平、泛爱、广大、精微、高明、中庸等高尚品格。

1949 年中华人民共和国成立，经济上实行社会主义公有制，政治上实行人民民主专政，思想上涵纳五四新文化而更以马列主义毛泽东思想为指导。面对这种新情势，熊十力一面重新诠解孔子六经，以所谓"真经"与"伪经"这两个范畴将孔子与后儒相区分，并力图将孔子"真经"与现实制度及其观念相接洽；另一面则对奉持与现实制度及其观念格格不入的"伪经"的后儒进行了愈益激烈的批判。1950 年《摧惑显宗记》曰："汉唐迄清，注疏之儒，名儒而实无预于儒也。宋以来义理之儒，则杂于佛与道，大概偏从虚寂测天命，其得孔孟之意者寡矣。"③ 同年《与友人论张江陵》曰："夫秦以后二千数百年间，儒学名存而实亡久矣，诸子百家俱废绝矣。汉唐经师考据之业，于儒学精神不相涉也。宋儒振之以理学，严于治心而疏于格物，不悟心物非二片也。遗物而徒事于心，则心失其活泼流通之用，是死心者也。……宋儒宗孟而变其质，杂于禅老而多得二氏之似，不必存儒之真也。虽其学不尽可非，究未免拘碍偏枯，末流更不胜其弊。至明中叶，阳明起而救其支离，大本虽立，规模虽具，而后学不堪继述，谈本体者近狂禅，谈工夫

① 《熊十力全集》第四卷，第 334 页。
② 《熊十力全集》第五卷，第 310 页。
③ 《熊十力全集》第五卷，第 436 页。

者或未免乡愿一路。至其空疏无实，执意见而不通事理，则两派所同也。"① 1951 年《论六经》批评汉宋诸儒不能理解《关雎》"乐而不淫，哀而不伤"旨意曰："愚于汉宋诸儒疑一心中哀乐不并，而窃叹儒学精神丧亡殆尽，不独考据家亡之，即理学家言涵养者，吾不知其养个甚么?"② 至 1956 年《原儒》和 1961 年《乾坤衍》两部著作，更几乎通篇斥责后儒，如谓："唯汉以来经生多注重家法及今古文之争，赵宋以下更有汉宋之争，此皆奴儒或迂儒以钻鼠穴为辽阔，而不睹天地之广大也。"③"总之，两汉以来儒生皆以皇帝专制之理论曲解经文，侮圣言而误来学，甚可闵伤。"④ "《大易》一经是五经根本，汉宋群儒以《易》学名家者，无一不是伪学。其遗毒甚深，直令夏族委靡莫振。"⑤"儒家小康派始终不脱上古迷信天帝之教，程朱犹承其统，陆王便有唯心之嫌。"⑥"汉《易》纯以占卜家言妄作解释，完全背叛孔子本义。宋明人于古术数及孔子思想两无所知。"⑦ 而"奴儒""迂儒""竖儒""小儒""伪儒"之类詈语，在这两部著作中更是屡屡可见。

综上所述，可以说，熊十力一生对于孔子以后作为诸子之一的儒家基本上持批评态度，这样说不仅是因为他早期和后期批评儒家的时间总计比中期肯定儒家的时间更长，而且因为他中期对儒家的肯定实质上多是对孔子六经精神的肯定，而并非完全是对晚周、汉唐、宋明以及清儒的肯定。因此也可以说，批评儒家乃是熊十力儒学观的主要方面。

二、断代论

对于孔子以后两千五百年左右的儒学史，熊十力也有许多评论，这

① 《熊十力全集》第五卷，第 566 页。
② 《熊十力全集》第五卷，第 744 页。
③ 《熊十力全集》第六卷，第 332 页。
④ 《熊十力全集》第六卷，第 544 页。
⑤ 《熊十力全集》第七卷，第 344 页。
⑥ 《熊十力全集》第七卷，第 462 页。
⑦ 《熊十力全集》第七卷，第 663 页。

些评论大致可以归纳为汉唐、宋明、清代三个部分。

(一) 汉唐

对于汉唐儒学，熊十力基本上始终抱持批评态度。1923 年《唯识学概论》曰："汉儒《中庸》以鸢飞鱼跃形容道妙，与柏格森言流转同一邪计。"① 1945 年《读经示要》曰："汉唐经师只是注疏之业，根本不知儒者精神。"② "方汉室肇兴，当亡秦绝学之余，搜求经籍，振起儒学。自是二千年来，中国思想界一统于儒家，于是论者以为儒学独盛矣。其实儒学绝于秦，至汉而终不可振，则论者所不察也。汉兴，六经先后出屋壁，朝廷立学官以专其业。未几经师渐兴，聚徒教授，或众至千万人。然《汉书·儒林传赞》已云'禄利之路然也'，此与晚周学者慕道之诚，爱智之趣，一由衷出，而无所外诱者，其相去何止天渊。"③ "至汉则儒生治经，唯以烦琐之考据为务，训诂、名物等注释工夫，便为其平生大业，上不究于天道，（自注：六经明万化之大源，人生之真性，而考据家皆不是究。）次不察于群化，（自注：考据家对于社会政治诸大问题皆不措意，唯服习于统治阶级之规制教令，认为天经地义而不可易。六经明仁道，显天地万物一体之实，以抑己私而归大公，福利全群，为治道之极，故群制与法度，随时更张，不狃故常。而考据家游心琐碎，乃于此冥然不省。）又复不稽于物理，（自注：《易系传》言："昔者圣人之作《易》也，仰以观于天，俯以察于地，近取诸身，远取诸物。"可见儒者之学注重格物。今晚周群儒之籍，虽亡失无征，而《大戴礼·曾子天员篇》已有地圆之说。《汉志》儒家《曾子》十八篇，今存十篇于《大戴礼》中，即此十篇，亦皆残帙，使全书可征，必于物理多有创发。使儒家众派之书皆在，则其中当不少奇异之发见。汉以后考据之儒，只拘守书册中之训诂名物，而不复探索自然，科学无从产生者以此。）而圣学之全体大用，一无所窥，唯作书蠹生活。古灵禅师云：

① 《熊十力全集》第一卷，第 54 页。
② 《熊十力全集》第三卷，第 690 页。
③ 《熊十力全集》第三卷，第 760—761 页。

‘世界如此广大，只钻故纸，驴年出。’……此则深中汉以后儒者专务考据之失。《汉书·艺文志》曰：‘古之学者耕且养，二年而通一艺，（自注：按六经亦云六艺。）存其大体，玩经文而已，是故用日少而畜德多，三十而五经立也。后世经传既已乖离，博学者又不思多闻阙疑之义，而务碎义逃难，便辞巧说，破坏形体。说五字之文，至于二三万言。后进弥以驰逐，故幼童而守一义，白首而后能言。安其所习，毁所不见，终以自蔽，此学者之大患也。’据此则汉儒治经，已习为碎义逃难，便辞巧说，与今日学子业考据者正同。桓谭《新论》云：‘秦近君能说《尧典》篇目，两字之谊，至十余万言。但说“曰若稽古”，三万言。夫研经而为此无谓之疏说，视饱食终日无所用心者，贤不肖之相去，其间不能以寸。’此等风习，自汉迄今，二千余年而有加无已。”① “汉学全是注疏之业，盖释经之儒耳。……夫汉学但治文籍，而搜集其有关之材料已耳。……汉之所考核者果为何事？其空虚不又甚乎？”② 1951年《论六经》曰：“汉以来儒者，以宗法思想高谈孝弟，为忠君作陪衬，使人知有家庭而不知有社会与国家，且令孝弟之教义为朝廷所利用，引起种种虚伪，而孝弟之实亡。”③ “余谓汉以来经师皆以帝制厚诬经文，其邪谬随在可见也。”④ “汉儒于孔子之《易》既用古占卜之象数以为说而弃其本义；于《春秋》虽传口义而不敢著竹帛，卒至亡失；他经残缺改窜，更不待言。其尤可痛者，汉儒注经，皆本封建社会思想以垂训，为帝制作护符。……文、景、武三朝，众儒畏祸，不敢存孔子六经真本，残缺之外，又加窜易，及为传注，复以拥护帝制为根本。……西京诸儒犹有存孔门古义者，东京之儒则为纲常名教所束缚。党人习于气矜而无实行、无正见，浮华脆弱……刘季祖孙承吕政之策而变其术，伪儒学既定为一尊，诸子坠绪，百家遗业，不待厉禁而自绝。六经原本既窜乱，

---

① 《熊十力全集》第三卷，第762—763页。

② 《熊十力全集》第三卷，第812—813页。

③ 《熊十力全集》第五卷，第707—708页。

④ 《熊十力全集》第五卷，第711页。

诸儒注经又皆以护持帝制为本，中国学术思想绝于秦汉，至可痛也！社会停滞于封建之局，帝制延数千年而不变，岂偶然乎?”[①] 1956 年《原儒》曰：“两汉以来儒生皆以皇帝专制之理论曲解经文，侮圣言而误来学，甚可闵伤。”[②] 1961 年《乾坤衍》曰：“公羊寿等，汉人也。汉人别是一种污风，寿等险曲无所不至。仲舒受学于寿，亦不足责。总观西汉一代，在文化学术界最有领导权威者，厥唯三家。三家者，一、司马迁与其父谈，由前代至汉，累世史官，博学多闻，卓然有风概，朝廷所重，草野学人所向也。惜乎其父子皆不悟大道，盛弘小康礼教。迁博览而少精，实守其父谈之志。谈习道论于黄生。黄生以汤武弑君非受命媚汉景帝，受《易》于杨何。杨何是田何再传弟子。田何，术数家也，其为小康之学无疑，学《天官》于唐都。唐都业《天官》，当深于古帝王之礼。谈、迁父子笃守小康，风动天下，有由来矣。二、公羊寿、胡毋、董仲舒师弟。寿之先人公羊高，亲受孔子之《春秋》于子夏，传之子孙，至寿五世。齐鲁自昔以文献名于天下，寿之家五世传经，齐鲁高才皆出其门。寿与其弟子造伪《春秋》，背圣叛祖，而假图谶以取信于朝野，影响甚大。三、刘向与其子歆，两世掌校群书。向既笃古，歆亦有才。一时在朝老宿虽不喜歆，要皆惮之。自新莽世以至东京之季，歆之流风弗衰。其所崇重之《周官》《左传》，后汉皆盛行。郑氏一门传《周官》，承歆伪说，妄谓周公所作。大道之旨，晦而不明，歆之罪也。贾逵扬《左》，称其义深君父，小康教条，歆实传之。”[③] 可见熊十力自早期以至晚年对汉儒的思想观点、专业领域、治学方法、胆识意趣及其历史影响一概予以批评。

当然，熊十力对于汉儒也有一些肯定，如谓“汉世经师博大诚挚处，决非清儒所敢几及者”[④]，“汉学毕竟是学术界万不可少之工作。凡

---

① 《熊十力全集》第五卷，第 757—761 页。

② 《熊十力全集》第六卷，第 544 页。

③ 《熊十力全集》第七卷，第 437—438 页。

④ 《熊十力全集》第二卷，第 675 页。

读古书者，于其训诂名物度数等等，若茫然不知，则与不曾读书者何异？如此则古人之精神遗产，吾实未能承受之，是自处于孤穷也，不智孰甚？……汉世经师约有数善。一、保存古义，功不可没。二、服膺经训，确立信条，躬行甚笃。如孝弟力田等信条，汉人特别提倡，一切道德均依此根本信条发生。孝弟为万德之萌芽，力田即注重勤劳与自食其力。故汉人笃实，无侥幸之风。但至东京，此意渐衰。三、通经致用，非徒侈博闻、事笺注。……然昔儒能留心当世之务，大而宰天下，小而一官一邑，一旦居职，能切实奏效。汉世公卿与循吏，至今为美谈。四、西汉之儒，其尊信经义，期见之实行，至有犯死而不安含默者，如眭孟、盖宽饶等欲实行经说中天下为公之旨，乃悍然据经义，上书皇帝，请其退位。当昭、宣之世，朝无莽、操，野乏伏戎，其本人又无私党，而纯以崇信经义之故，遂以求贤禅位责天子，至杀身不悔，此等精神至为伟大。……汉学有四善，今之学者所宜恭敬奉持。……汉时经儒立朝者，于国计民生确能熟筹利病而施诸有政，可见汉儒通经致用，实堪担当世事。汉治之贤于后世者不一端。……汉儒严守信条，躬行朴实”①，“汉学非清儒所可貌袭也。西汉经师，其长略说以四。一、于义理虽无所发挥，而保存古义确属不少。二、诸经儒之于古义也，非但为供训说而已，而确见之身体力行，皆有敦庞朴重之风。三、通经致用为诸师一贯精神，朝廷政令及疑狱，多以经义折衷，故公卿、循吏无不深于经术者。四、经师有实行经说中天下为公之旨，于君权极盛时代，悍然据经义上书皇帝，请其退位，如眭孟、盖宽饶等当昭、宣之世，朝无莽、操，野乏伏戎，其人又本无私党，而执经义，以求贤禅位责天子，至杀身而不悔。以上四端，皆可证汉师非如清儒只事考据而已，其精神特别注重在服膺经义而实践之，内以立己，外以治世，无不由乎经义，此岂清儒所得有者乎”②。值得注意的是，熊十力对于汉儒的肯定，多是在与清儒对比的语境中作出的；他对清儒的评价更低，所以比较而言

① 《熊十力全集》第三卷，第813—817页。

② 《熊十力全集》第四卷，第340—341页。

就给予汉儒以某些肯定。

熊十力很少言及唐代儒学，偶或言及则持严厉批评态度，如谓："吾尝以为中土学术思想，自唐已下，日就堙塞。推求其故，虽不一端，而文体劣陋，实乃最大之因。语曰：工欲善事，必先利器。文字者，发表学思之利器也。累世之人相习于油腔滑调之古文，词无容纳，议乏条贯；方其举笔，不必平日夙有问题，实事求是，精以周察，广以总揽，深以达微；率尔吐词，缴绕字句之间，足以尸文宗，传后世，夫谁不愿为如此者乎？故古文风行，而晚周六代盛唐学术思想之盛，旷乎其不可闻焉。（自注：盛唐儒家无人，而佛家乃如日中天。）"① 此所谓"盛唐学术思想"乃指如日中天之佛学，而儒学无与焉。又有谓"唐人释经，辞烦而鲜要义"②，一语而将唐儒经学成果几乎全盘否定。

（二）宋明

熊十力对于宋明儒学也以批评为主，其言论似有自相抵牾之处，如既批评宋明儒深受佛老影响，又批评宋明儒力排二氏，但这实际上是揭示了宋明儒思想的复杂性，一如他自己中年以后既批评佛学，又始终参稽佛理一样。熊十力批评宋明儒的哲学观说："宋儒说理不离乎气，亦不杂乎气，是直以理气为两物，但以不离不杂明其关系耳，此说已甚误。明儒则或以气为实在的物事，而以理为气之条理，则理且无实，益成谬论。后之谈理气者，其支离又不可究诘。余以为理者，斥体立名，至真至实。理之流行，斯名为用，亦可云气。故气者，理之显现；而理者，气之本体也，焉得判之为二乎？"③ "宋明诸老先生以人欲与天理分开，朱子遂有'人欲尽净，天理流行'之说。（自注：天理即天性也。朱子此语，后儒一致尊崇，等于佛家之圣言量，阳明、船山亦然。船山《读四书大全说》时见称引。）殊不知欲者，天理动发之几也。克就欲上

① 《熊十力全集》第一卷，第 654 页。
② 《熊十力全集》第三卷，第 763 页。
③ 《熊十力全集》第三卷，第 367 页。

言，何有非天理者乎？"① "宋明儒以仁为本体，甚失孔子之旨。仁是用，究不即是体。谓于用而识体可也，谓仁即是本体则未可。又复当知，仁心只是万德之端。程子言天理，则以为只须诚敬存之。阳明言良知，则以为良知无所不知，而改变《大学》格物之本义。殊不知民智未进时，即缺乏格物之知，其所谓道德者常是大不道。"②

对于宋明儒的工夫理论及其实践，熊十力更有大量批评，他说："明道说：'学者今日无可添，只有可减，减尽便没事。'此虽明道一人之言，实则宋明儒大概都作这种工夫。他们以为只把后天底染污减尽，天性自然显现，这天性不是由人创出来。若如我说，成能才是成性，这成的意义就是创，而所谓天性者，恰是由人创出来。此非我之私见，上稽晚周故籍，《易》曰'圣人成能'，又曰'成之者性也'，又曰'成性存存，道义之门'，乃至孟子言性善而主扩充，荀卿言性而曰善者伪也，都可与吾说相印证。……或问：宋明诸大师岂徒用力于减而不知创者乎？曰：此固难言。若全不解创，他如何生活得下去。即以其文言考之，自有时说到创的意思。不过他们底根本主张总是偏于减的，所以他们的末流，不免空虚迂固，抑或狂废，绝少活气。"③ "他们涵养本原的工夫，虽说绍述孔氏，却受佛家禅宗影响太深，不免带有几分绝欲的意思。实则欲亦依性故有，不一定是坏的东西，只要导之于正便得。如孟子教齐宣王好色好货，都可推己及人，使天下无旷夫无怨女，及使百姓同利，这欲何尝不可推扩去做好的？如果要做绝欲工夫，必弄得人生无活气，却是根本错误。……所以他们虽复高唱格物致知，而其弟子已沈禅悦而惮于求知。他们虽复不忘经世致用，而卒以养成固陋偷敝的士习。因为他们把主静造成普遍的学风，其流弊必至委靡不振，这个是不期然而然的。……总之，周程诸儒虽复树立儒家赤帜，而实受禅宗影响太深，未能完全承续儒家精神。虽则学术不能不受时代化，亦不能不容

① 《熊十力全集》第六卷，第 666 页。

② 《熊十力全集》第七卷，第 274 页。

③ 《熊十力全集》第一卷，第 606—607 页。

纳异派底思想，而他们却于儒家有未认清处，所以骨子里还是禅的气味多。他们主静和绝欲底主张，都从禅家出来的，这两个主张遗害社会却不小。因为群众是要靠士大夫领导的，而当时士大夫都去做绝欲和主静底工夫，玩心无形之表，用超世的眼光看他，诚然超越人天，大可敬服；用世间的眼光看他，不能不说是近于枯槁了。”① “孔孟都没有教人绝欲。孔子举‘克己复礼’之目，曰‘非礼勿视，非礼勿听，非礼勿言，非礼勿动’，只是教颜子在视听言动间操存此心，不流入非礼处去便是了，这工夫何等切近，何等活泼！而伊川、元晦却要把克字训为克杀之克，说克己是克尽己私，却要瞑目内观去搜索己私的根苗来把他克杀净尽了，不知《论语》原文尽明白，何尝说到这个意思？至于孟子教人集义以养浩然之气，分明不是离事物而孤求之心。只集义养气，则欲不待绝而自无违理之欲了。所以我觉得宋明儒底方法不对，还是上求之孔孟为好。”② “宋学注重体认，于人生日用践履间，修养工夫最紧切。修养深而私欲尽，真体现，即真理不待外索而迥然自识。孔子谓之默识，宋儒说为体认，佛氏亦云自证。余尝谓先哲尚体认，而西哲精思辨。体认自是哲学之极诣，然若忽略思辨，则不得无病。宋学终不免拘滞偏枯等病，由于忽略思辨工夫，而其道未宏也。”③ “惜乎宋儒识量太隘，只高谈心性，而不知心性非离身家国天下与万物而独存。博文之功，何可不注重？……宋儒固非全无博文之功，但其精神只专注在人伦日用间如何存养此心此性而已，博文工夫终非其所注重。……直到宋儒，别有一种意味难说，大概学孟子未得，却受佛教影响，夹杂许多宗教气味，大概少生气。宋儒此等态度，于博文工夫最妨碍。”④ “宋儒受佛氏禅宗影响，守静之意深，而健动之力似疏于培养；寡欲之功密，而致用之道终有所未宏。……佛氏出世之道以寂静为主，宋以后儒者顿染

① 《熊十力全集》第一卷，第 629—631 页。

② 《熊十力全集》第一卷，第 631—632 页。

③ 《熊十力全集》第三卷，第 556—557 页。

④ 《熊十力全集》第三卷，第 803—804 页。这段文字另见第六卷第 433—434 页，两处略有不同。

其风，而误解周子主静之说，不免厌动喜静。故言进修，则难语于有本有末。言治化，则不足以备物致用。进退之节虽严，而胸怀拘隘，气魄薄弱，不能勇往以当改造宇宙之任。盖厌动喜静者，必流于颓废而不自知也。”[①]　“智周万物至洗心退藏，皆本《系传》，此君子自强之实也。……宋学只道洗心退藏，而参以禅师宗教气味，又多失孔门渊泉时出意思。”[②]“宋明诸师以存养仁体为学，其用力不为不深，然不免杂于释道，寂静之意深，而生生健动之几殆于遏绝。（自注：程子《识仁篇》，宋明诸儒所宗也，然玩其大旨，毕竟归寂之意味深。）”[③]“理学究是禅与老气味重，栖神虚寂，而难语于孔子乾元行健、富有日新及孟子扩充之妙。其思想方面亦往往过拘于身心之间，而于《易》所云仰观于天、俯察于地、近取诸身、远取诸物数语，则只有近取诸身一句，而失先圣知周万物之神。”[④]“人伦日用间，随处致力于涵养本源，省察得失，使隐微之地无纤芥染污之根，将神明日盛，而本体彰显，始悟神化之妙皆自性出生，此儒家根本精神，无待别求途径者。宋明儒犹秉此心传而时杂禅机，不免滞寂。其流至于委靡无生气，此所当矫正也。”[⑤]“（两宋诸大师）其道嫌不广，敬慎于人伦日用之际甚是，而过于拘束便非，其流则模拟前贤行迹，循途守辙，甚少开拓气象。”[⑥]“朱子以柔言仁，由其学夹杂道家禅家成分太多，只向寂静处理会，却不曾于寂静中识生生不息之健，故误以柔为仁。柔者，寂静相。明道《识仁篇》所谓‘以诚敬存之，存久自明’云云，亦只认取寂静相为仁体。宋明理学家皆同此失，不独朱子也。阳明虽亦识得生生不息真几，然终着重寂静方面，取其全集而通观之自见。专从寂静处认取仁体，则遗其生生与健动

---

① 《熊十力全集》第三卷，第 916—917 页。

② 《熊十力全集》第三卷，第 954 页。

③ 《熊十力全集》第三卷，第 1021—1022 页。

④ 《熊十力全集》第四卷，第 150 页。按“知周万物”之“知”原文误作“至”，径改。

⑤ 《熊十力全集》第四卷，第 435 页。

⑥ 《熊十力全集》第五卷，第 8 页。

之盛德大用，宋明理学之末流至于空疏、迂拘、萎靡不振，非无故也。"① "宋儒自谓涵养本原，而实专注于一己动静语默间，求寡过，无忤于物而已，毕竟未能体物，未能成物。"② "试详玩后儒（自注：宋明儒。）语录，大抵以为知体或本心是本来具足，（自注：吾亦承认本来具足，但是具有无限的可能，而禅与理家不必同此。）本来现成。故其谈工夫，总不外保任的意义为多。（自注：程朱居敬工夫，只是保任，不独明儒昌言保任也。）单提保任，则可以忽略推扩义，以为现成具足之体无事于推扩也。明道《识仁篇》云：此理不须穷索，以诚敬存之，存久自明。（自注：存，即保任义。）格以经文致知之致字，即推扩义者，乃见明道纯是道家之徒。（自注：道家不言推扩，其旨与佛氏为近。）宋明儒始终奉《识仁篇》为宝训，其于仁体（自注：仁体，亦即知体。仁与知非二也，特所从言之方面不同。）实只有保任，而无推扩工夫。充其保任之功，到极好处，终近于守寂，而失其固有活跃开辟的天性。其下流归于委靡不振，而百弊生。宋明以来，贤儒之鲜有大造于世运，亦由儒学多失其真故也。故言推扩而保任义自在其中，单提保任则可以忽略推扩工夫，而其弊有不可胜言者。"③ "理学家于立体工夫未尝无，而有欠缺，于致用更缺，以其不务推致良知于事事物物上去，即无格物工夫，所以没有作用。夫用亏即体亦亏，故云立体工夫有欠缺也。"④ "至宋而有理学之儒，以反己为宗，排二氏之虚寂，救考核之支离，自是而儒有汉宋之分。然宋学之异于汉者，只是存养心性一着耳，其于汉儒之天人交感、阴阳五行诸论及纲常名教大义，不惟全盘承受，且奉持益严也。宋学严于治心，自不得不疏于治物。……然学者惟保任虚灵不昧者以为主公，而不务知周万物，则其道拘促，其生命有枯窘之虞，其生活内容不能扩大，不能充养深厚，理学家往往束身寡过，而难语于富有日

① 《熊十力全集》第五卷，第 53 页。
② 《熊十力全集》第六卷，第 400 页。
③ 《熊十力全集》第八卷，第 295 页。
④ 《熊十力全集》第五卷，第 601 页。

新盛德大业。……诸老先生皆杂染禅法道论，究非尼山嫡嗣也。”[①]

熊十力批评宋明儒的学术观说：“宋明诸师于大乘学都不研究，若惧其洗我然，即晚周诸子亦无弗摈斥，其思想已狭隘矣，虽稍参禅理，而亦未能虚怀以究其旨。诸师皆谓禅家以作用为性，不知作用见性一见字甚不可忽，前文已辨正。若如诸师所诋，则禅家为无本之学矣。（自注：作用为性，即不曾识性，故云无本。）诸师所得之禅，正是其意见耳，实非禅也。以是而言融通，恶乎可？”[②] “宋明诸师于老庄本非完全排斥，但亦不肯虚怀深究，每以老与佛并斥为异端，或云二氏，而于佛氏则斥绝尤严，此乃诸儒所以自画。”[③] “两宋诸儒崛起，始上追孔孟，以排斥佛法，其愿力不可谓不宏，其气魄不可谓不大，独惜其见地有所未宏，规模失于不广，而其所造就者，终不免偏枯之病耳。诸儒之世，正当对晚周学术思想之全体作一复兴运动。孔子六经，诸子百家之渊源也。今宗孔而不究诸子百家，何以见孔子之大乎？”[④] “今宋儒所严守者四书，四书诚精要，而宋儒则以己意解四书，不必尽合四书本旨也。宋儒研六经，亦以研四书者研之。诸子百家，佚文碎义，尚可考者，宋儒预怀屏斥异端之成见，都不省览。或稍涉猎及之，亦弗肯虚怀深究其得失也。宋儒大抵任胸臆过重，而以博稽众说为外驰，将无益身心，此其识量所由隘也。”[⑤] “至若甄验物理人事足以利用，则晚周儒生之学所为广博而不偏于玄学一途，宋明儒则不免疏于实用，亦参融禅学之过也。陆王之徒既反对程朱《大学》格物之训，而程朱以即物穷理言格物，又但有主张而未尝详究方法，其平居体验人事物理，盖不外暗中摸索与凭颖悟所倘获，既无精核之方法，则虽明物察伦，亦往往冥会其通，而未尝解析部分，明征定保，以构成某一部门系统的知识，此科学所由不发

① 《熊十力全集》第六卷，第 432—433 页。
② 《熊十力全集》第三卷，第 408 页。
③ 《熊十力全集》第三卷，第 785 页。
④ 《熊十力全集》第三卷，第 799—800 页。
⑤ 《熊十力全集》第三卷，第 805 页。

达也。”① “专道学而轻一时之事功，宋学所以未宏，民族所以不可振也。……若轻视一时事功，将使有识者皆高坐而谈道，置四海困穷、大地陆沉而不问，此是道否？宋学之迂拘在此，而当今之世，忍更扬其波耶？”② “宋明诸老先生孤据其所涉于禅宗者以攻佛法，卒于禅学多误诋，于佛法得失处殊不相干，此亦言学者之殷鉴也。”③ “程朱诸老先生始倡理学以掊击禅宗，顾于大小乘学理绝不问津，且戒门人勿阅佛书，恐阅之为其所引，闭门谢寇，其不坐困者几何！夫畏佛书而不敢阅，其视儒籍不足比于佛典明矣，诚如是，何须拒佛？实则儒者内圣外王合一之学，其根柢在《大易》，佛氏无此境界，惜乎宋明诸师于儒学广大悉备处似窥测不及，故自信力尚不足。理学虽鞭辟近里切己，终未免拘碍，上追孔门遗绪，究不相似。余诚不敢妄议前贤，顾自今以往，倘有守先待后之儒，规模不可不宏大。程朱自有可法，要不可泥守也。”④ “宋明理学家言天理，而未尝用心于格物，其为老与禅之支流明矣。”⑤

熊十力批评宋明儒的社会政治思想及其表现说：“《春秋》著攘夷之义，《论语》大管仲之功，孟子有民贵之论，此皆诸儒所朝夕讽味者，而乃安于现状，一无省发何耶？孙复鄙陋，托《春秋》而张尊君之邪说，邪说既昌……戮辱兆庶而干天位，则尊之亲之；盗贼以鸟兽行，戮辱兆庶而干天位，则尊之亲之。乾坤毁，人道灭，可痛孰甚！《春秋》书弑君之事，称国以弑，明君无道，国民当行革命也。而复乃释曰：称国以弑，举国之众皆可诛。以鄙夫之心厚诬圣文，逆天理，祸生民，周程诸老先生不能正其谬，崇其邪说，流毒千年。……复仇者，为赵氏复仇，仍本孙复尊君之旨。赵氏之为德于兆庶者几何？而可生其同仇之志

---

① 《熊十力全集》第四卷，第 169 页。
② 《熊十力全集》第五卷，第 39—40 页。
③ 《熊十力全集》第六卷，第 7 页。
④ 《熊十力全集》第六卷，第 12—13 页。
⑤ 《熊十力全集》第七卷，第 607 页。

哉？《春秋》内诸夏而外夷狄，即阐明古代民族思想。楚虽强大，而中原之民随桓、文以捍患者，有以固其志也。胡氏卒不悟此，孙复蔽之也。……宋学短处，在以忠君为天经地义，不可侵犯。（自注：始于汉，至宋而孙复益张之。）"①“宋儒虽谈政事，大抵食古不化。二程、朱子委之吏事，不患无济，唯其能以诚心作实事故也，但欲其翻天动地，创制易俗，开物成务，以前民用，则其学与识皆不足，何以故？其精神所注终不在此。……宋儒反身工夫甚密，其于察世变皆极肤也，至今诵其政谈，鲜不感其迂钝。有一王荆公较为奇特，而不能容。温公执拗无识，尤为可笑。二程、朱子皆不满荆公，其识不足以及之故也。周元公尝曰天下势而已矣，可谓精识，然而其精神不属于世务方面，故于群理终无所发抒。永嘉诸人虽谈经制，抗程朱，然其细已甚，不能博以察物而穷其原，不能密以综事而通其变，徒矜矜焉以事功虚侈于当世。同甫虽狂，犹复天真可爱。陈傅良自视甚高，徒见其小耳。水心聪明，亦不奈伊小何。其他更何足论。永嘉本理学派之反动，原动力欠活跃，反动力亦纤弱也。象山兄弟天才卓越，颇有民治思想，惜其精神亦不属此，终无所发明也。宋儒于事功方面自是无足称者。”②

不过，比较汉唐和清代而言，熊十力给予宋明儒学的肯定最多，评价也最高。这方面言论与批评宋明儒学的言论似乎也多有抵牾，如既批评宋明儒非孔子嫡传，又肯定其绍宣圣学脉，但这同样表明了宋明儒家学思的复杂性。熊十力说：

> 北宋中兴儒家思想底大人物，首推周程（自注：二程。）张四先生。四先生底人格都伟大，思想都宏深。他们为学，壹是归于涵养本原，而极尽其明庶物、察人伦底功用，直是本末交修。这种为学底态度，我以为一切人应该取法的。他们努力于文化底精神，我们应该继续不懈的。……自周张二程诸儒崛兴，绍宣圣之绪，而后

① 《熊十力全集》第三卷，第824—830页。

② 《熊十力全集》第四卷，第268—269页。

知人生之尊严而不可亵侮也，人生之真实而不为幻化也，人生之至善而不为秽浊也，人生之富有而无所亏欠也。故鬼神既远，人性获伸，这是诸儒莫大的功劳。①

（宋明）诸师学在反己，其精神上继孔门，于大本大源处确有体认，不可薄也。②

要之，宋学自是哲学，本非以注释经书为务者。宗经之儒，古有孟、孙诸贤，后世则宋学家亦其流类。……其学主反己而天下之理得。《礼运篇》曰："不能反躬，天理灭矣。"郑玄注："反躬犹言反己。"按反己二字，确是孔孟最上一着工夫。宋学能寻此血脉，而勿失之。工夫是否做到好处，乃别一问题。其认定此项工夫去努力，则不容忽视。天下之理得者，言自反而识得吾生之真。则万化之源，万物之本，无待外寻。吾与天地万物非有二本故，此就源头上立言也。由实践以契真源，（自注：宋学精神在此。）其所自得者深，岂为注疏之业者可测其中藏哉？汉学家每以空虚薄宋学，其实程朱陆王诸大师探造化之微，究天人之故，其思理深邃，其生活充实，庶几宗庙百官之美富，空虚云乎哉？……虽宋学未识先圣之全体大用，而于本原处，要自有所认识，未可薄也。闻今人谈学术史，有欲泯汉、宋之界者，不知汉学仅为治经之工具，（自注：此种工具为宋学家所必须留意不待言。）宋学才是一种学术，（自注：即是哲学。）实乃宗经而特有创发，二者不容混视，何须深论。……夫宋儒心性之学，远承孔孟。周子以主静立人极，而于静字下自注无欲故静，则此静非与动相对之静也，而以停止之静讥之可乎？立人极三字，的是尼山宗旨。明道《识仁篇》证之《大易》《论语》及群经孔子之学，归本求仁，盖无疑义。伊川、朱子之学，居敬为先，敬则彻动静，而一于仁矣。此以心之应接事物时名动，物感不交时名静。敬只是心不散乱，动时尽自澄明，泛应曲当；静时炯

① 《熊十力全集》第一卷，第627—629页。

② 《熊十力全集》第三卷，第408页。

然，毋有昏昧。动静一于敬，即动静皆不违仁体。《论语》及六经大都言敬，此是孔门心法，与禅家习静工夫迥别。伊川、朱子皆有见乎此，虽不免有拘执之病，未得如孔门之自然，学者但知其病处，即不至误学，而何可根本排斥之乎？陆子之学以先立乎其大为宗，大者谓本心也，仁体也。《论语》所云“三月不违”与“日月至者”皆此而已。日月至者，知及乎此而未能立也；三月不违则几于立矣。陆学远绍孔门，复何疑。阳明言致良知，《易》曰乾知大始，又曰乾以易知，是良知即乾元也。乾元亦说为仁，良知与仁非二也。宋学确承孔门心法，而言其受禅家影响者，只以其熏染宗教气味，工夫把持甚紧，故本非禅而又不免似禅耳。……宋学虽不免有几分耽寂意味，然事上磨练一语，却是宋学共同主张，程朱陆王皆然，此其所以异于禅也。宋儒失处不妨弹正，而绝不可一味轻薄，一概屏斥。……夫六经广大，无所不赅，而言其根极，必归之心性。自汉以后，此意久绝，宋学确能续此血脉，何忍轻毁！又何可轻毁！心性之学，所以明天人之故、究造化之原、彰道德之广崇、通治乱之条贯者也。此等高深学术，云何可毁？人生如果完全缺乏此等学术之涵养，则其生活无有根源，而一切向外追求之私，芒然纷然，莫知所止，人生永无合理之生活，不亦悲乎！……宋代实承衰运，何云至宋始衰乎？谓宋学不能大挽衰运，吾固相当赞成。谓宋学绝无所补于衰运，余又何忍苟同！……北宋诸师崛起而上追孔孟，精思力践，特立独行，绍心性之传，察理欲之几，严义利之辨，使人皆有以识人道之尊崇与人生职分之所当尽，而更深切了解吾民族自尧舜以迄孔孟数千年文化之美与道统之重，卓然继天立极，而生其自尊自信之心，自知为神明之胄，而有以别于夷狄鸟兽。故宋儒在当时虽未倡导民族思想，而其学说之影响所及，则民族思想乃不期而自然发生。……宋学功绩之伟大，何可湮没！北宋君臣皆无雄才大略，周程诸儒讲学未久而大命已倾，此未可以急效责之也。南宋则赵构昏庸而私，开基太坏。孟子云虽与之天下，不可一朝居，此其时矣。幸而二程门人后学，或参朝列与权奸力抗，或在野讲学，日以义理浸渍人心，朱子、张钦夫、吕伯恭尤为圣学与国命所寄托。南宋无明主，而以杭州一隅，系二帝三王正朔之传者百五十年，非理学之效而谁之力欤？……而其侵宋，犹苦战累年，至殒一大汗于蜀土，当日宋人之抵抗可谓不弱。少帝覆于海上，不及百年而鄂之徐寿辉、陈友谅、明玉珍诸帝首举义旗，明太祖继起，遂光复中夏。太祖所赖以定天下者，刘、宋、章、陶四公也。四公者，皆产浙闽理学盛行之地，而服膺程朱者也。方正学《逊志斋集》时称说宋时社会风俗之美，外人游记亦然。明朝以三江为根据而光复神州，则因三江之地，南宋理学诸儒遗教所被最广最深，故光复之功基于此也。……夫自东汉至于炎宋，吾族类之衰已久矣。两宋诸儒始上复孔孟以心性之学，义理之教，含茹斯民数百年，革鸟兽之习，又拔之寂灭之乡。阳明先生益发挥光大，而后吾民之智德力猛进，以启大明之盛，犹春草方滋未已。吾谓宋学有保固中夏之功者正在此。……宋学自其初创以至完成，其最大之功绩，略言之：（一）自魏晋以来……人道灭绝之余，印度佛化乘机侵略。诸师始表章六经，寻尧舜禹汤以至孔孟之绪，明道统之传……吾人自尊自信之潜力，宋学养之已深也。（二）六经浩博，汉唐以来经师考据之业，于六经之大道，茫然无所究明。诸师始教人反求之心性，而又特标四子书，以明六经宗趣，于是圣学的然可寻，人皆知心性之学当实践于人伦日用之地，而耽空溺寂之教异乎圣道。……晚明诸子……乃奋起而致力于学术思想之改造。是期之学者大抵反阳明，而于程朱心性学之根本精神则确守而益加虔，以矫王学末流狂放之弊。然诸儒皆严毅而不至拘碍，广博而备极深厚，崇高而不失恺弟，是其矫枉而无或过正，所以为美。……故船山、亭林、习斋诸儒之学皆注重实用，其为学态度皆尚经验，言治化得失必征诸当代实情，而复考历史以推古今之变，穷义理之奥妙必本诸躬行实践而力戒逞臆谈玄。诸儒注重实用与实测，乃王学之反响。……明季诸子始盛扬民族思想，在其前者虽有郑所南《心史》、王洙《宋史质》，而均无人注意。及至王船山、吕晚村、顾亭林诸儒，则发挥光大，千载久阏之义，一旦赫然，如日中天。晚村在当时宣传最力。船山著书极多……其书字字句句皆悲心流露，直至咸同间始由曾涤生刊行，而影响于清末之革命思想盖甚大云。……亭林、船山同注重学风士习，此实民治根源也。中国而欲转危为安也，王、顾诸儒之学，其可不急讲乎？黄梨洲《明夷待访录》，亦言民治，颜习斋四存之论，尤为民治本根。……大功未集，乃从事学术思想之改造，期于唤起群众，此等伟大精神，真足挥落日，转大地。使清世儒生能继诸子之志与业，中国何至有今日哉？宋学经一再变，始有上复晚周之机。由今而论，中西文化融通，亦于晚明之新宋学可见其端。余每以晚明为汉以后学术史上最光辉时代，倘亦有识所公认也。①

夫孔曰“求己”，曰“默识”；孟曰“反身”，曰“思诚”；宋明儒方法皆根据于是，虽于佛家禅宗有所参稽兼摄，要非于孔孟无所本而全由葱岭带来也。……宋明之世，佛家禅宗思想已盛行，诸儒不能不受其影响，亦何足怪？实则宋明儒于孔孟之形而上学方面确属深造自得，而有伟大之成绩，其思想皆自成体系，但散见语录，非深心体玩则莫之能知耳。②

须知宋学上承孔孟，于天人之故、造化之原、万事万物之理则，皆文理密察而会归有极。浅者无所窥，乃以格言视之耳。夫斯学必归本身心修养，吾何间然？若只视为有关修养之格言，则对牛鼓簧，昔人叹之久矣！③

明世，阳明先生令人反求固有无尽宝藏，自本自根，自信自足，自发自辟，以此激引群伦，可谓理性最开放时期，濂洛关闽未

① 《熊十力全集》第三卷，第812—845页。
② 《熊十力全集》第四卷，第168—169页。
③ 《熊十力全集》第四卷，第324页。

竟之绪，至此蔚然可观。梨洲称明之理学远过两汉唐宋，有识之言也。及明之季，王顾颜黄诸大儒辈出，其思想多与西洋接近，在当时虽矫王学末流之弊，而实承王学根本精神，则不容否认也。①

宋儒于衰绝之余提倡孔孟，躬行力践，拔人于鸟兽之中，使民族精神团聚，外有强夷，内无叛变，其功不可谓不大。②

凡此皆对宋明儒的人格、气节、学思、修为、教化、成就、贡献、影响各方面作了充分肯定和高度评价，不过这些肯定评价相对于孔子六经显然是处于下位的。

(三) 清代

至于清代儒学，熊十力除有寥寥数语对其考据之业、搜求之功以及偏奇之术略表同情理解之外，其余则给予全盘否定乃至严厉斥责。

熊十力对清儒的同情理解之言有曰："然清儒旁搜博考之勤，亦有足称者，由治经以及于天文算学乃至子史。逮清末而诸子思想渐昌，得与西洋思想相接纳，如严复评点《老子》，颇与西学相发明；章炳麟表章《墨辩》；梁启超等提倡荀子。诸人虽无所发挥，然已引起学者注意，足以开郁滞而起求知之欲，乃可吸收西学也。千载歇绝之佛家相宗亦乘运而兴。晚明王船山首研相宗，而后无继者。至清末，杨仁山学佛虽宗贤首，而于相宗极提倡。其弟子欧阳竟无遂盛弘斯学，几越唐贤。章炳麟于此宗致力亦勤。语言文字之学更蔚为大观。金石文字之研究，为近日发掘工作之先导，大有助于古史。"③ "然清儒董理经籍，其成绩有足多者，吾侪读经，犹当参考，不可因其所短，遂弃其所长也。"④ 此类有所保留的肯定清儒的言论在熊十力著述中实在不可多得。

而熊十力否定斥责清儒的言论则比比皆是，如谓：

① 《熊十力全集》第五卷，第 22 页。
② 《熊十力全集》第八卷，第 162 页。
③ 《熊十力全集》第三卷，第 815—816 页。
④ 《熊十力全集》第三卷，第 854—855 页。

昔托许、郑，今更托西洋，而汉学之帜，则且托科学方法以益固，此固实斋所不见，而清儒为厉之阶，可谓深矣。夫标榜甚者，内力弱之征也。内力弱则无以自树立。无以自树立则益思有托于外。由清儒之风而必至于今日，浮偷无可自立，盖无可挽之势也。夫有清二百余年之学术，不过拘束于偏枯之考据，于六经之全体大用毫无所窥。其量既狭碍，其识不宏通，其气则浮虚，其力则退缩。及清之末世，外患交迫，国中学子虽激而思变，然识者已忧其不为春笋生长，将为细麋潜滋。盖学绝道丧之余，欲得一二敦大宽博、朴实雄厚、真知实见之儒以导引新兴之社会，而端其趣，定其向，使无盲人瞎马夜半深池之患，是固不可得也。……清世经学已亡，士之慧敏者，或以考核名专家，或以文辞称巨子，而大儒竟不可得。国学建而无师，乃必然之势也。①

清儒虽以汉学自标榜，然从许、郑入手，只以博闻是尚，于西汉经儒之整个精神全无所感。清人托于汉学，实已丧尽汉学血脉也。……清儒为学之动机，无非为名为利，乐受豢养而已。清世名儒，在京师则交接王室与公卿，在外则投封疆大吏幕府，乃至州县衙署亦畜佳宾。江藩《汉学师承记》首列无耻之阎若璩一代衣钵之传，实在乎是。清儒以名利之私鼓其中，而聪明亦足供博览之用，以宋学之不便于己也，则大踣击之，而以无用之考据自逞。汉儒尚能讲求当世之务，清儒无是也。……清儒之流毒最甚者，莫如排击高深学术一事。……清儒徒以考据之业，不知天地间更有甚理道，遂乃悍然诋侮宋学，若非灭绝之不可者。夫六经广大，无所不赅，而言其根极，必归之心性。自汉以后，此意久绝，宋学确能续此血脉，何忍轻毁！又何可轻毁！心性之学，所以明天人之故、究造化之原、彰道德之广崇、通治乱之条贯者也。此等高深学术，云何可毁？人生如果完全缺乏此等学术之涵养，则其生活无有根源，而一

① 《熊十力全集》第三卷，第567—568页。

切向外追求之私，茫然纷然，莫知所止，人生永无合理之生活，不亦悲乎！清儒反对高深学术，而徒以考据之琐碎知识是尚，将何以维系其身心？何以充实其生活？民质不良，至清世而已极。士习于浮浅，无深远之虑；逞于侥幸，无坚卓之志；安于自私，无公正之抱；偷取浮名，无久大之业；苟图嚣动，无建树之计；轻易流转，无固执之操。……人材衰敝，乃至如斯。盖自晚明诸子之没，将三百年，而士之所学，唯是琐碎无用之考据，人皆终其身而无有玩心高明之一几，学则卑琐，志则卑琐，人则卑琐，习于是者，且三百年，其不足以应付现代潮流而措置裕如，固其势也。严又陵尝曰学术之敝至于亡国，吾于清代汉学风会有余恫焉。此等风会，于今尤烈。国内各大学文学院及文科研究所，本当为高深思想之发生地，而今则大都以无聊之考据为事。士之狃于俗尚，而无独立创辟之智与勇，非三百年来汉学积习锢之者深欤？夫汉学家，大多数与朝贵为缘。故思想不得开拓，而以无用取容，儒学精神至此剥丧殆尽，而可与欧洲文艺复兴时代相比拟耶？晚世学人好为影响之谈，理不求其真，事不究其实，此可戒也！凡考古之学与夫古籍训诂名物等之考核，在学术界中本应有一种人为之，其有助于吾人稽古之需，功自不可没，然万不可谓此种工作便是学术，且踣击一切高深学术，而欲率天下后世聪明材智之士共趋于此一途。锢生人之智慧，陷族类于衰微，三百年汉学之毒，罪浮于吕政，而至今犹不悟，岂不痛哉！①

明代国力之盛与学术思想之趋于日新及人才之奇特，皆汉以后所未有也，唐视之犹远不及，只太宗一世故也。若就思想论，汉人守文而已，犹不如明也。孰谓明朝可薄乎？清儒……以宋明纯是理学时代，而以考据受豢养者，必反对宋明。吾民族之复反于衰，实自清始，此不可不察也。夫明代之盛，由理学诸师在野讲学之效，本非帝王之力也，然明之诸帝亦有未可厚非者，此姑不论。明

① 《熊十力全集》第三卷，第815—822页。

季不幸误于忠君思想而致亡，当时学者甚众，皆窜伏田野，力图革命，最著者，如亭林之赴陕，船山之奔走梧溪、郴州、耒阳、涟邵间，皆欲图大事。至势无可为，则著书以诏后人。使清儒能继续其业……以无用之考据取容，则光复之速，必更倍于元季，何至摧残三百年，以成今日之局哉？呜呼！学绝道废，人心死，人气尽，人理亡，国以不振，族类式微，皆清代汉学家之罪也，而可诬诋宋学哉？①

若璩以康熙元年游燕京，投降臣龚鼎孳，为之延誉，后雍正甚宠之。胡渭游徐乾学之门颇久，康熙南巡，渭献《平成颂》，无耻至极！徐乾学……网罗诸名士，罪不下于李光地辈。……自群奸效顺，而天下皆知清廷意向所在，始相率俯首就范，不敢运其耳目心思之力于当用之地，而王、顾、黄诸大儒之学术思想遂乃相戒而不敢过问。久之习非成是，则且以其业为时主之所奖，王公疆帅牧令之所尚，乃忘其为一技之长，竟以学术自负，而上托汉氏，标帜汉学，天下之蔽聪塞明而同出于此一途者三百年。②

余于考据之学绝不排斥，而所恶乎清代汉学家者，为其斩晚明新宋学之绪，而单以考核一技倡为风气，将率天下后世而同为无肝胆、无气力、无高深理解、无实用本领之人，此其流风遗毒不可不矫正。③

清世所称经学大师，皆抄胥之业，《清经解》具存，有目者当能辨之。清人考据本承宋儒遗绪，但宋儒义理，若辈卑陋，不肯希求，则无忌惮而抹煞之，以汉学自标榜。夫汉学非孔子之真，余已言之矣。然西汉诸儒尚有苦心护持古义者。（自注：古义谓孔子微言。）清儒则于明季大儒船山、亭林、青主、习斋、梨洲、晚村诸老之劲节宏愿与其民主思想、民族思想及不专靠读书而注重明物

① 《熊十力全集》第三卷，第 831 页。
② 《熊十力全集》第三卷，第 845—846 页。
③ 《熊十力全集》第三卷，第 854 页。

析理之精神皆不惜斩绝尽净。假令此曹当汉初，其肯密传《春秋》口义延至东京而后绝乎？其肯存《礼运》大同小康之文乎？其肯不将《周官》毁尽乎？清儒自称汉学，可谓无耻极矣！且西汉之儒尚有笃信经义至以身殉之者，如眭孟、盖宽饶诸公欲实行天下为公之道，乃悍然据经义上书皇帝，请其退位，至死不悔，此等伟大精神，清儒污贱，决不起丝毫感触，而犹自托汉学可乎？……吾觉汉唐诸儒犹有可取，唯清儒奴化最深，无正义感。谓其考据之勤于治古籍者有助，余亦何尝没其功？若许其于学问有得力处，至拟之欧洲文艺复兴，自非浅识，何忍妄言惑世！①

余尝涉猎清人书，见其于考核经书中名物而外，不知果有何物。直取《礼记》一读，又见其不外宗主古帝王之教令而尽力发挥，窃叹六国时小康之儒，思想顽鄙固陋，其流毒深远，诚可痛也。②

一言以蔽之，熊十力认定清儒人格卑劣，学品低劣，流风恶劣，不唯难望宋明儒之项背，甚至与其所标榜服膺的汉儒也不若远甚。复当注意，熊十力虽然对汉唐、宋明和清代儒家的评价高低不一，但基本态度则是以批评为主，这与他对孔子以后作为诸子之一的儒家的总体看法是一致的。

三、个论

熊十力还对孟子以下以迄晚清两千多年间的百余位儒家人物作了评论，这些评论更进一步具体表现了他的儒学观。

(一) 先秦

1. 孟子。熊十力自1918年绝政从学以迄于晚岁，四五十年间对孟

① 《熊十力全集》第五卷，第765—766页。

② 《熊十力全集》第七卷，第342页。

子的评论多为正面的。他标举孟子本体论说："孟子曰：'君子深造之以道，欲其自得之也。自得之则居之安，居之安则资之深，资之深则取之左右逢其原。'孟子此言，深得理要。夫资乎内者，深远不可竭。故随其取给，或左或右，靡不逢原。原者，万有之本，万德之基，万行之宗。资者，资此者也。居者，居此者也。自得者，得此者也。深造者，造此者也。是乃所谓道也。日用之间，随所取给，左之右之，莫不逢此真实本原。起想动念，举足下足，随在皆是道体发现，焉往而不逢之哉？"① "须知若不见体，则所谓道德法则便纯由外铄而无内在的权度，此告子义外之论，所以见斥于孟子也。唯见体故，斯有道德之法则可言。孟子所谓居安资深、取之左右逢源者，乃无往不是天则，无时无在而非当下合理。……儒者的然实证本体，而不务论议，专在人生日用间提撕人，令其身体力行，而自至于知性知天。（自注：知性知天即证体之异语。）"② "孟子'形色天性也'一语，直含佛氏《大般若》无量甚深微妙义，有其长处而无其流弊。《般若》破相以显性，何如不破相而直于相显性？破之固以遮执，而亦易流于耽空，且有性相不得融一之过，故孟子语更妙也。诚知形色即天性，即于世间直证为天性流行，岂复有世间相乎？于一一物象或器界直认为天性显现，岂复有物象或器界相乎？于小己直证入天性，岂复有小己相乎？孟子即相显性，则不待破相而相缚已无。……孟子此言，盖从乾元始物与万物各正性命处体认得来，一言而发《大易》之蕴，盖孔门之嫡嗣，儒学之大宗也。识得形色即天性，则尽性所以践形，践形即是尽性。"③

他推崇孟子心性工夫论和天理性欲论说："孟子悯战国之驰功利而引于物，故直指心性以立教，乃至悟彻万物皆备之真我，已近七识境界矣。当时功利权谋之术，污浊之风，孟氏独力矫之。必如孟氏而后可谓

① 《熊十力全集》第三卷，第393页。
② 《熊十力全集》第四卷，第172页。
③ 《熊十力全集》第五卷，第435—436页。

知言养气也。”[①] “夫根既假本心力用为己有，而迷以逐物。即此逐物之心，习久日深，已成为根之用，确与其固有灵明不相似。而人顾皆认此为心，实则此非本心，乃已物化者也。此心既成为一物，而其所交接之一切境，又莫非物也。故孟子有物交物之言，是其反观深彻至极，非大乘菩萨不堪了此。夫心已物化，而失其本。孟子既名之以物，而不谓之心。”[②] “真宰常昭，诸惑永伏，是孟子所云尽心也。尽者，言心之德用显发，无有亏欠。心即是性，亦即是天，故尽心即已知性知天。”[③] “自形言之，我与天地万物固是各别。自性言之，我与天地万物元是同体。故孟子言‘万物皆备于我’，乃见性之谈。”[④] “孟子云‘反身而诚，乐莫大焉’。反己求诚，是尽性者也。自性涵万德，备万理，藏万化。唯反身而诚，则率性而行，无私欲为之障，故自性显发，无稍亏蔽，而谓之尽也。乐者，本性具足，廓然无待，故见性则无羡欲之累，无纷驰之惑，无挂碍，无恐怖，而至乐备于已矣。”[⑤] “孟子云上下同流者，己之心与天地之心本不二故，故曰由内达外者，源在内也。得此真源，即通内外为一。……孟子云学问之道无他，求其放心而已矣。此心字亦指本心。人皆有本心，而不自识，即其心便放失，将任私意私欲作主于内，而一切闻见莫非意欲之私，妄生分别，妄起执着，云何而非蔽塞？若本心呈露，即一切闻见之知皆是本心发用，故得此心者，便一以贯之。”[⑥] “且养心之功，孟氏言之尽矣，曰必有事焉；曰勿忘勿助；曰养浩然之气；曰明于庶物察于人伦；曰以不忍人之心行不忍人之政；曰好色与民同之，不使天下有怨女旷夫也；曰好货与民同之，必禁垄断也，必使天下人皆有恒产以养恒心也；曰与民同好恶也，是岂遗事物、远民群而孤

---

① 《熊十力全集》第一卷，第 22 页。
② 《熊十力全集》第三卷，第 376 页。
③ 《熊十力全集》第三卷，第 640 页。
④ 《熊十力全集》第三卷，第 708 页。
⑤ 《熊十力全集》第三卷，第 710 页。
⑥ 《熊十力全集》第三卷，第 852—853 页。

事于心者乎？”① “孟子曰：‘学问之道无他，求其放心而已矣。’吾人本心放失，即自舍严师。心不放，即师在。孟子语曹交曰：‘子归而求之，有余师。’交自有师，惜乎其不知求也。”② “问如何是仁？答《孟子》书中有两处亲切指示。其一曰‘上下与天地同流’，此言心是虚明健动，自然与上天下地流通无隔绝，此际正是仁。才起一毫私意，忽尔杂染一团，便觉天地闭，此际之心即违于仁。其二曰‘万物皆备于我矣’，此可就彼书中举例。如彼言好色与民同之，不使天下有怨女旷夫，是能摄受天下无量男女，若手足之备于吾身也。否则视天下男女之旷怨与我无相干，即将天下男女屏诸我以外，而可言备于我乎？彼又言好货与民同之，不使天下有饥溺者，其义同前。孟子于仁确能反己体认。余尝谓其于内圣学有得者，以此。”③ “孟子言欲有见得甚好处，如其曰：‘鱼，我所欲也；熊掌，亦我所欲也，二者不可得兼，舍鱼而取熊掌者也。生，我所欲也；义，亦我所欲也，二者不可得兼，舍生而取义者也。’案前之一说，鱼与熊掌均是生存之所必需，然二者同时不可得兼，则舍鱼而取熊掌，何尝不是性之欲？何尝不是天理之动？如舍熊掌而取鱼，便未免矫情，矫情即非天理也。后之一说，生与义不可得兼，则舍生而取义，其为天理之动，为性之欲，更不待言。夫生，固我所欲也，然失正义而偷生，则丧其生之本，不如舍生而取义也。生存之所必需，本不限于实利，而生存之意义与价值，尤为必需之至高无上、至贵无匹也。性之欲在此种必需不可获之下，恒动舍生之欲，一发而不可御也。如古今志士为正义而舍生者，可胜数乎？盖虽舍生，而其至大至刚、丰富无量的意义与崇高的价值，永在天壤间，谓之永生可也。”④ “人最灵，欲亦最大。唯欲其所可欲，而无昏狂以逞，即欲皆理也，孟子云‘可欲之

① 《熊十力全集》第五卷，第 566 页。
② 《熊十力全集》第五卷，第 572 页。
③ 《熊十力全集》第六卷，第 496 页。
④ 《熊十力全集》第六卷，第 668 页。

谓善’是也。道家去欲，佛氏断欲，是绝众生，毁器世间，以非道为道也。孔子《大学》之教曰‘古之欲明明德于天下者’云云，是乃至大之善欲。孟子善欲之说本于此。善欲愈大者，将改造万物与器世间，日进于善美。”①

他赞扬孟子社会政治论说：“子舆论政，重教养，贵民。以学者为社会之中坚，而惧夫生心害政。故游说横议，诸持浅薄之论及挟异端者，皆与之力辩。（自注：以公孙衍、张仪为妾妇之道，谓“善战者服上刑”，又以杨墨为禽兽，唯攻墨为过。）识卓哉！当乱世，阅历人事至深，斯言之切也。”② “传孔子学者，夙推孟氏。孟子首明民贵之义。论选贤，必国人皆曰贤。论刑，必国人皆曰可杀。论经济，必民皆有恒产。其他胜义无穷，要皆发挥《春秋》由升平进太平义也。其原本性善，则从形而上学中，人性的认识，以树立其太平理论的基础。博大精深哉，孟氏学也。”③ “自春秋迄于战国，列国竞争日亟，群变已极而穷矣，穷则不能不胎新几也。孟子于此盖有知矣，其曰‘天下定于一’，知封建不可复为也；曰‘民为贵’，曰‘闻诛一夫纣矣，未闻臣弑君也’，知民主思想当实现而统治阶级当芟除也；欲修井田，正经界，贱商人垄断，知非均产不足以遂民生也；又言瞽叟杀人，不得以子为天子而蔑视法律，其尊重民主法治之精神可见也；又言井田规制，曰‘出入相友守望相助’云云，其主张集体生活可知也；其非五伯则恶其外冒美名而内实侵略，所以杜奸诈而扶正义也；其贬墨氏则以伦理思想不合，故拒之甚力，然犹称其摩顶放踵以利天下，则尊之至也；其詈杨氏为我，鄙之曰‘拔一毛而利天下不为也’，则痛绝之固宜；孟子于墨非全斥绝之，于杨墨外，当时诸子百家之学皆无所抵拒，其主思想自由可

① 《熊十力全集》第七卷，第783—784页。

② 《熊十力全集》第一卷，第28页。按原文“持”误作“待”，径改。

③ 《熊十力全集》第二卷，第681页。按此条亦涉及孟子学思渊源及其哲学基础。熊先生还说：“孟子善《春秋》，与公羊家传授不异；七篇虽不明言《易》，而实深于《易》；故能上承孔氏，下启宋儒以逮阳明也。”（见第三卷，第1030—1031页。）

知也。”①

他称许孟子法治思想说：“《孟子》曰‘徒善不足以为政’，则已兼采法家思想。然又曰‘徒法不能以自行’，则儒家主张毕竟有不可颠扑者。”②“孟子言舜为天子，瞽叟杀人，舜本大孝，而当此之时只有窃负而逃，不能用天子之威枉法以赦其父，儒家重法之精神如此。”③“如孟子重法守，至言瞽瞍杀人，舜为天子，不得拒捕，只有窃负而逃，以全恩谊；桀纣之诛，是诛独夫，不为弑君。此皆孟子融摄法家义也。”④

他服膺孟子既反对战争而又鼓励自立的观点说：“《孟子·离娄篇》曰‘故善战者服上刑’，此《春秋》大义也。……孟子明春秋无义战，而主张以上刑处善战者，此乃惩恶劝善之微权，所以复人性而致太平也。”⑤“《孟子》曰‘人必自侮而后人侮之，家必自毁而后人毁之，国必自伐而后人伐之’，即申《春秋》义也。夫国于大地之上者，倘皆有以自立，虽或有枭桀之材，亦当消其野心而归于逊顺，侵夺息而太平之瑞至矣。唯有不自立者，而后强者肆志。故《春秋》诛侵略者，而于不求自立之弱小亦诛而勿赦。”⑥“昔者孟子生当战国，愤秦人以暴力图霸，乃盛倡贱霸之论，所以改革名分，振弱小之余气，扶人道于将倾，功亦巨哉！孟子，公羊《春秋》学也，故能知孔子笔削之意。”⑦

他认同孟子道统观说：“孟子在战国叙学统、道统，从尧舜三王直到孔子，吾以此为定论。”⑧

---

① 《熊十力全集》第五卷，第 361 页。按此条综括孟子经济、政治、法治、社会、伦理、学术等多方面思想观点。

② 《熊十力全集》第四卷，第 334 页。

③ 《熊十力全集》第五卷，第 717 页。

④ 《熊十力全集》第八卷，第 104 页。

⑤ 《熊十力全集》第三卷，第 1084—1085 页。

⑥ 《熊十力全集》第三卷，第 1092—1093 页。

⑦ 《熊十力全集》第五卷，第 668 页。

⑧ 《熊十力全集》第八卷，第 650 页。

不过，熊十力对于孟子也有持续的批评，特别是新中国成立之后，因应新的社会形势，他对孟子的一些批评甚至十分严厉。如1951年著《论六经》曰："孟氏民主意义固多，如曰'民为贵'，曰'闻诛一夫纣矣，未闻弑君也'，大义炳如日星矣。但宗法社会思想亦甚深，如曰'学则三代共之，皆所以明人伦也'，曰'尧舜之道，孝弟而已矣'。其明人伦，即以孝弟为德之基，宋明儒所宗主者在是。然专以孝弟言教言治，终不无偏。学校之教，自当以《学》《庸》二篇之旨为不可易。《中庸》智仁勇并重；《大学》言修齐必归治平，言诚意正心必不遗格物。孟氏似未免为宗法社会之道德训条所拘束，守其义而莫能推，则家庭私恩过重而泛爱众之普感易受阻遏。孟氏极反墨翟兼爱，实则人鲜能兼爱也，而更反之，其忍乎？孝弟诚不可薄，而格物之学不讲，兼爱兼利之道未宏，则新社会制度将莫由创建，民主政治何可企及？孟氏似未免为宗法所拘也。"① "孟子言王道，始不免迂阔。……孟子之学源出曾子而稍参《公羊》，于内圣有本原，于外王终不足。"② "至孟子言孔子'圣之时'，乃专以其一身之仕止久速言，如此则孔子个人进退诚有余裕，而社会何赖有孔子其人乎？孔子明明曰'天下有道，丘不与易也'，孔子欲易天下之弘愿，岂为个人进退计乎？孔子本圣之时，当就其'先天弗违''开物成务''参赞化育'等大机大用处见。孟氏乃专就个人进退言，后儒皆取法乎是，无肯以其身蒙垢犯难以任天下之重，汉以后衰运，此亦一因也。"③ 同年致刘静窗信曰："孝弟当从人之性情处启发，不可牵入政治意义与名分观念。汉以来……帝者皆利用儒生，演孟子之义，而有以孝治天下与移孝作忠等训，以支持帝制，奴化斯民，使中国将三千年而不振。试详玩汉以来之历史，斯民之能保其父子兄弟者能几何日，还空谈孝弟乎？伦理与政治毕竟宜分开来讲。《尧典》的地平天成之业，《舜典》明四目、达四聪，此是何等政治？孟子于此等大经纶

---

① 《熊十力全集》第五卷，第680—681页。

② 《熊十力全集》第五卷，第719页。

③ 《熊十力全集》第五卷，第748页。

不注意，后儒宗之，所由衰也。”① 1956年著《原儒》曰：“《春秋》窜乱不始于汉，七十子后学如曾、孟派之孝治思想早已改窜《春秋》。……孟氏不深研《春秋》，乃妄诬孔子欲诛乱贼，以拥护君主制度，是未能学孔也。《春秋》本为贬天子之事，而孟子乃误解为孔子是窃天子职权，以诛乱贼之事。其误解孔子之言，以为孔子虑人之将罪我者，为其窃天子职权也。孟子竟以迂想妄测圣心，亦足惊异。”② “孟子盖尝闻《春秋》，然终守小康礼教，不欲消灭阶级。孟子迂陋，非圣人之徒也。”③ “马迁叙述孔子作《春秋》之意，与孟子恰相符合。孟子为七十子后学中孝治派大师。马迁所据必六国时孝治派迂儒，以其小康尊君大义而说《春秋》，实非孔子《春秋经》之本旨也。”④ 1961年著《乾坤衍》曰：“孟子之《春秋》说，正是以拥护统治之小康礼教，而完全改去孔子之《春秋》真髓。即此可证改窜孔子之《春秋》者，自六国时之孟子已开其端。”⑤ “孟氏读过孔子《春秋》，而乃明目张胆叛孔子之大道，竟以小康忠君大义伪称孔子《春秋》，此为公羊寿导先路也。……（自注：孟子将孔子《春秋》完全变易，识卑胸狭。）”⑥ 凡此所谓宗法局限、外王迂阔、拥护帝制、奴化斯民、窜乱经典、背叛圣人乃至导致中国自汉以后衰落不振等，皆为严重错谬或极恶罪名，因此实质上对孟子作了基本否定。然而，熊十力关于孟子的这些看法是否成立，评价是否妥当，都是可以重新讨论的。

2. 荀子。熊十力关于荀子的评论，大体上肯定其科学认识论和社会政治论，而批评其本体论和人性论。熊十力说：“荀卿主张勘天而胜之，制天而用之，便与西洋科学思想所谓征服自然及利用之者同。”⑦

---

① 《熊十力全集》第八卷，第671—672页。

② 《熊十力全集》第六卷，第429页。

③ 《熊十力全集》第六卷，第479页。

④ 《熊十力全集》第六卷，第759页。按马迁即司马迁。

⑤ 《熊十力全集》第七卷，第402页。

⑥ 《熊十力全集》第七卷，第436—437页。

⑦ 《熊十力全集》第三卷，第602页。

“孙卿《天论》之言，与其主张礼治之意，盖本《大易》裁成天地、辅相万物意思，益加推阐。”① “孙卿已豫防后儒重私恩与情胜之弊，而特明人生在群、群贵有分之义。分者，人在群中，各有其应尽之责任，而不可相诿也；各有其应得之权益，而不可相侵也。此则以礼治兼融法治，为据乱升平之际所宜取则。”② “荀卿曰‘民生在群’，此语至精。人在群中，犹四肢之在身也。将善吾之生，莫急于善吾之群。”③ “《大易》《春秋》皆倡导格物之学，七十子之徒当有承其洪绪者，惜乎故籍散亡，今惟荀卿书中略可征。《荀子·天论篇》曰：‘大天而思之，孰与物畜而制之。从天而颂之，孰与制天命而用之。望时而待之，孰与应时而使之。因物而多之，孰与骋能而化之。思物而物之，孰与理物而勿失之也。愿于物之所以生，孰与有物之所以成。故错人而思天，则失万物之情。’详荀子所云，盖发挥《大易》知周万物、范围天地、开物备物、成器利用、富有日新诸义。是故从帝尧人代天工之训，至孔子以逮荀卿，倡导科学之精神后先一贯。”④ 凡此皆为对荀子科学认识论和社会政治论的肯定。也正是在这两个论域，熊十力往往褒扬荀子而贬抑孟子，他说：“孟子大体见得好，而不及孙卿活泼。孙卿却与现代思想多吻合。……余以明儒直接孙卿者，如海公及王、顾、黄诸儒，皆有改造社会废除专制思想，与孙卿‘杀然后仁，夺然后义，上下易位然后贞’之论可相遥契。”⑤ “荀卿主礼治，其书宏大深邃，虽承孔门遗教，而自有发挥，成一家言。其最要者，特以‘养人之欲，给人之求’为建立礼治基本，此演《大易·需卦》之义，远于迂阔。《易·序卦》曰：‘物不可不养也，故受之以需。需者，饮食之道也。’此义宏通，深得治母。未有民困至不给于食饮而可为治也。孟子主张寡欲，其语梁惠王曰：‘亦有仁义而已矣，何必曰利。’持论过高，而不悟人类未可饿毙以为

① 《熊十力全集》第三卷，第871页。
② 《熊十力全集》第三卷，第1107页。
③ 《熊十力全集》第五卷，第736页。
④ 《熊十力全集》第六卷，第468—469页。
⑤ 《熊十力全集》第三卷，第856—857页。

仁义也。……荀卿昌言‘上下易位然后贞’，非无民主理想，然当七雄战争至烈时，颇思用世，故欲法后王以图强，其学终不免拘于现实。惟其言民生在群与养欲给求诸义，即注重社会生活。由其说而推之，将可创建群众共同生活制度，不与民主趣向相违，荀学不可磨灭在此也。”①

对于荀子的本体论和人性论，熊十力则批评道：“荀卿不见本体，其所谓性，非真性也，乃后儒所谓气质之性耳。”②“荀卿未闻道，其言礼，却从养欲给求处，见得须有一种礼制以调节之，却不悟礼者元是天理，便只从外面安立，已近于法治，此其差谬。然作用处，亦不甚悖于圣人。”③“中国晚周荀子倡性恶之论，而卒归于为善以去恶。不独荀子如是，从来言性恶者，皆未有以作恶为人道之当然也。大地上凡有文化之民族，其文史诗歌之所表现，莫不悲悯黑暗而蕲向光明，此亦性善之征矣。人性无恶根，是义决定。”④ 在这两个论域，熊十力则多褒扬孟子而贬抑荀子，他说：“此性字即目本体，与《新论》所言性者同义。材性之性，实非此之所谓性也。……从来言性者，不辨天性与材性……荀卿、董仲舒诸儒之言性，都只说得材性。孟子灼然见到天性，故直道一善字。”⑤“孙卿确不见本原，非孔门正统。由孟子而上追孔门，得其本矣。”⑥“孟子言性，超脱形与习而言，适见为万善之源；荀卿误从形与习上认性，所以说性恶，而以善属人为。……荀卿以善属人为，固是；但不见真性，则内无众善之源，理不可通。”⑦“孟子言性善，就吾人与天地万物共同之真源而言也，（自注：真源谓宇宙本体。）真源无有不善。荀卿言性恶，就吾人有生以后妄执小己而言也。真源之流不得不分

① 《熊十力全集》第五卷，第680页。
② 《熊十力全集》第三卷，第474页。另见第八卷，第185页。
③ 《熊十力全集》第三卷，第593页。
④ 《熊十力全集》第七卷，第270页。
⑤ 《熊十力全集》第三卷，第488页。另见第八卷，第197—198页。
⑥ 《熊十力全集》第三卷，第856页。
⑦ 《熊十力全集》第五卷，第524页。

化，分化故有小己。小己不得无欲，欲动而徇于小己之私，且狂迷不反者，其变也。小己之私欲狂逞不反即障蔽真性，此所以成乎矛盾也。然复须知，小己之私欲虽足以障蔽真性，而真性毕竟不坏灭，譬如浮云虽能蔽日而日光未尝不在，浮云消散则大明遍照无穷矣。……故性恶论者虽足以纠正性善论之忽视矛盾，而性善论究不因有矛盾而失其据。且凡言性恶者无有肯许恶行为人生之当然，仍归本于为善去恶，是则因去恶之勇而益见吾人固有善根之发展不容已。善恶适以反而相成，故曰善统治恶。"① "据体用不二而谈，人生之本性即是乾元实体，故斯人本性皆有炤明纯粹诸德，（自注：此皆乾德，万物皆禀受乾德以为其性命。）不可说人生从痴惑而生也。孟子昌言'性善'，其根据在《大易》，汉人称孟子通《易》。荀、杨性善恶混、性恶诸说，皆未达本原，不足攻孟。"②

然复应知，熊十力晚年终于对孟荀一概予以否定，其言曰："孟荀虽并言革命，而只谓暴君可革，却不言君主制度可废，非真正革命论也。惟《礼运》言'天下为公，选贤与能'，而深嫉夫当时之大人世及以为礼，此乃革命真义，孟荀短识，犹不敢承受也。"③ "如曾子后学之孝治论，实为小康礼教之大宗，孟轲盖此宗一巨子也。荀卿以养欲给求言礼，虽与孟氏富于宗法思想者有殊，而亦只有革暴君，决无废除君主制度之思想，则与孝治派无不同者。"④ "孟子主张以孝治天下，故曰'尧舜之道，孝弟而已矣'，曰'人人亲其亲长其长而天下平'，此其骨子也。荀子主张养人之欲，给人之求，虽与孟子不必同，然孟荀皆传小康礼教则无疑。"⑤ "小康派大师如孟荀辈，虽有暴君可革之论，然其思想根底毕竟保持统治阶层。孟轲游齐梁为客卿，门下随于后车以就食者甚众。荀卿仕楚为兰陵令，其弟子李斯用事于秦，韩非不幸遭谗死，否

① 《熊十力全集》第六卷，第322—323页。
② 《熊十力全集》第七卷，第187—188页。
③ 《熊十力全集》第六卷，第449页。
④ 《熊十力全集》第六卷，第506页。
⑤ 《熊十力全集》第六卷，第757页。

则亦暴秦之辅臣耳。故知怀抱小康思想者，终不能革命。”① 熊十力的这些观点当然也是可以重新研讨的。

（二）汉唐

熊十力对汉唐之世的费直、京房、孟喜、公羊寿、胡毋生、董仲舒、刘向歆父子、扬雄、桓谭、王充、张衡、王符、陈寔、郭泰、何休、郑玄、荀爽、应劭、虞翻、王肃、荀顗、钟会、王弼、韩康伯、范宁、阮孝绪等儒家人物曾给予关注或作过评论，其中对董仲舒、刘向歆父子、扬雄、王充、郑玄、王弼着笔较多，余则泛泛而论或一笔带过。

1. 董仲舒。熊十力对于董仲舒也是贬多褒少。他肯定董仲舒的言论集中见于 1945 年所著《读经示要》一书，此后的褒语则寥寥无几。就肯定方面来看，熊十力称赞董仲舒的人品说：“武帝用董生之言，独尊孔子。董生醇正，固本其所见，非有逢君之私。”② “孟子之后，董仲舒为醇儒。”③ 熊十力阐扬董仲舒的学理说：“董子云‘天积众刚以自强’，可谓达于天化。”④ “董子《繁露》说太空诸天体运行之健，而阐其义曰‘天积众刚以自强’云云。余按‘积众刚’三字大有意义。”⑤ 又说：“孔子作《春秋》，其说既不便于当时天子诸侯，故不著竹帛，而口授七十子。公羊高亲受之子夏，世传口义，至玄孙寿乃与弟子胡毋生著于竹帛。同时董仲舒著《春秋繁露》，广大精微，盛弘《公羊》。其后何休作《解诂》，虽云依胡毋生条例，而义据亦大同《繁露》。故治《春秋》者，当本之董、何。左氏本不传《春秋》，《穀梁》实出《公羊》后。”⑥ “可见董子言《春秋》，首发明元义，以为此经之宗极，与《大易》首建乾元同旨，内圣外王之学，其源底在是也。”⑦ “案史公闻董子

① 《熊十力全集》第七卷，第 398 页。
② 《熊十力全集》第三卷，第 761 页。
③ 《熊十力全集》第三卷，第 1000 页。
④ 《熊十力全集》第三卷，第 953 页。
⑤ 《熊十力全集》第七卷，第 805 页。
⑥ 《熊十力全集》第三卷，第 1011 页。
⑦ 《熊十力全集》第三卷，第 1021 页。

之学，故于义利之辨甚严。前乎董子而深辨义利者，莫如孟子。可见公羊之学与孟子同出孔门。”① “董子作《春秋繁露》，张《公羊》义，以阐发民主思想。”② 又说：“至董生之言凡号，似属公名，而实亦兼摄玄名。若其言同而通理，动而相益，顺而相受，此三者实为逻辑上甚深宏大之义。晚近言名理者，亦多能征详此义。”③ “董子《繁露》，根本《易》《春秋》以明逻辑旨要，有曰：‘物莫不有凡号，号莫不有散名，是故事各顺于名，名各顺于天，天人之际，合而为一，同而通理，动而相益，顺而相受，谓之德道。’详此云事各顺于名、名各顺于天与同而通理、动而相益、顺而相受，皆逻辑上甚深宏大之义，中外谈逻辑者，莫能外也。”④ “平常所谓思想乃原于量智之努力，（自注：量智犹云理智。）前儒所谓强探力索是也。此种思想之轨范，则董子《繁露》‘同而通理，动而相益，顺而相受’三语可谓尽之矣。依于散殊而求其统类，观其会通，是谓同而通理；先物而起判断，征之动用而效益不爽，是谓动而相益；各个命题于其全体系中互相顺成而无违反，是谓顺而相受。（自注：晚世各派逻辑，董子三语殆无不包通。）”⑤ 凡此对董仲舒的宇宙观、《春秋》学、社会政治思想和逻辑理论都作了高度评价。

但也恰恰是在人品和学理方面，熊十力却又对董仲舒作了长期的大量的严厉批评。

对于董仲舒人品学品的批评，熊十力有谓：“自武帝、董仲舒出，始定一尊于儒，而毒流后世。……仲舒迂怪，其细已甚，不足道，然其衣钵不绝于今，何哉？”⑥ “儒家若董生，虽多守古义，而杂以怪迂。”⑦ “汉武与董仲舒定孔子为一尊，实则其所尊者非真孔学，乃以禄利诱一

① 《熊十力全集》第三卷，第 1036 页。
② 《熊十力全集》第五卷，第 388 页。
③ 《熊十力全集》第三卷，第 1019 页。
④ 《熊十力全集》第五卷，第 208 页。
⑤ 《熊十力全集》第五卷，第 724 页。
⑥ 《熊十力全集》第一卷，第 38 页。
⑦ 《熊十力全集》第二卷，第 688 页。

世之儒生，尽力发扬封建思想与拥护君主统治之邪说，而托于孔子以便号召，故汉儒所弘宣之六艺经传实非孔门真本。易言之，孔门真本汉廷必废弃之，方可售其伪也。朝臣与博士之徒既如此，则草野之士揣摩风会，欲其钻研真孔学必不可得也。晚周一切故籍无不灭绝，职此之由。”① “及至汉武、董生定孔子为一尊，罢黜众家之说，勿使并进，实则窜乱六经，假托孔子以护帝制，不独诸子百家并废，而儒学亦变其质、绝其传矣。”②

对于董仲舒本体观和宇宙观的批评，熊十力有谓：“董生虽为《公羊春秋》之学，而于《春秋》之元犹未能反己实体之，殆以万有之大源为外在者耳。董生与孙卿皆非真见本原。”③ “董子曰‘天不变，道不变’。其言道不变是也，（自注：道者，本体之名。本体具常德云不变。）天不变一语却非。所以者何？孔孟言天，每用为道之异语，如《论语》‘天道’合用为复词；孟云‘知性之天’，此天字，即目道体也。今仲舒别天于道之外，则所谓天者，乃目彼苍之天，易言之，即太空诸星体也，诸天体毕竟非恒存者，何云不变？诸天体运行之轨则亦不得言不变，如其彼此相互间之关系一旦有变，则今之太阳东出西落者，异时安知不西出东落耶？又如诸天体消散时，亦无运行规则可言，遑言天不变乎？唯大道真不变耳！”④

对于董仲舒人性论的批评，熊十力有谓：“来函云董仲舒未见性，自是确论。仲舒言天，颇有宗教家味。其谈性，则犹秉荀卿也。……仲舒与荀卿，同反对孟子性善之论。实则董、荀皆未得孟子意。孟子所谓性，董、荀未及见也。董、荀所谓性，实非孟子之所谓性也。性之同，而两性字之所指目，确不为一事，此其争辩所以无当也。夫孟子所谓性者，天命之谓性也。天命之谓性一语，始见于《中庸》，朱注未妥，宜

---

① 《熊十力全集》第六卷，第 329 页。按“弘宣”原文误作“弘宜”，径改。

② 《熊十力全集》第六卷，第 438—439 页。

③ 《熊十力全集》第三卷，第 1039 页。

④ 《熊十力全集》第五卷，第 39—40 页。

依阳明意思解之为是。天、命、性，此三名者，其所指目则一。……万化之大原，万物之本体，非有二也。以其无声无臭，无所待而然，则谓之天。以其流行不已，则谓之命。以其为吾人所以生之理，则谓之性。故三名所指目者，实无异体，只是随义而殊其名耳。……人生不是如空华，天命之谓性，此个真实源头，如何道他不是至善至美。孟子言性善，其性是天命之谓性也。其所言善，则赅真与美也，广矣，大矣，深矣，远矣！孟子性善说，其可非乎？若人妄谤真理，当堕无间狱，可不畏哉！董、荀所谓性，非是天命之谓性也。吾为之核实而定其名，则当曰材性之性耳。宋儒所云气质之性，义与此通。仲舒云'性之名非生欤'，'如其生之自然之资谓之性'，此则明就材性言之也。材性一词，难以简单词语解释，无已，而姑简言之。其所别于天命之谓性者，彼义（自注：指天命之谓性。）则克就斯人所以有生的真实源头而言，此义（自注：材性。）则克就斯人受生之初，肇形之际，合下形成某种气质而言。（自注：如或通或塞，或清或浊。）此气质既成，即其所禀赋之真实源头（自注：天命性。）或精神，（自注：真实源头之在人，便为一身之主，是谓精神，亦云本心。）亦不能不受此气质之影响。盖气质虽从真实源头发现，（自注：非气质别有本原故。）而气质既成，则自有权能。易言之，真实源头之流行，既现为气质，以为自己表现的工具，而工具已成，则自任其权能，而真实源头之运行于气质中者，遂有反为工具所使之憾。……仲舒未见性，只是混材质与天命之谓性为一，故未见性耳。"①

对于董仲舒《春秋》学和社会政治思想的批评，熊十力有谓："孔子《春秋》之旨在消灭阶级，不许有君主、贵族统治天下庶民，此非无据之臆说，当于《原外王》中举其证。董仲舒受学公羊氏，深知此为根本大义，而其所撰《春秋繁露》一书，正与此义极端相反。……据此，则《繁露》之说三世纯是统治阶级之史法，其与何休三世义，相去岂止

---

① 《熊十力全集》第八卷，第 244—247 页。按"则自有权能"一语，原文"则"误作"别"，径改。相同论述另见《熊十力全集》第四卷，第 379、382—384 页。

天渊？……案其言‘人伦、道理、政治、教化、习俗、文义尽如故，亦何改哉’，董生顽固至此，真不可解也！人伦无改，亦看如何说法。君臣一伦，则孔子作《春秋》明言贬天子、退诸侯、讨大夫，董生亲受口说于公羊氏，以语马迁，今言无改，不亦丧其所学乎？父子之伦不可改，然子于父母有干蛊之道，有以顺亲之过为尽伦，孔子《易经》所明示也。道理乃至文义一切无改，此其说之迷谬，可置勿论。马迁称汉兴以来，惟董仲舒名为明于《春秋》，而其持说若此，岂不怪哉！汉朝君臣所需要者，正是董生之学说，此其所以享盛名也。宋儒犹称董生醇正，可见其影响于后世者深也。……董生托于《春秋》以树己义，其背叛孔子远在公羊寿及胡毋以上，何休故不取之也。”① “董仲舒闻《春秋》于公羊寿，而乃倡事天之教，谓‘道之大原出于天，天不变，道亦不变’，以种种顽陋不堪之论迎合皇帝，明明背叛《大易》《春秋》。”② “董生受《春秋》于公羊寿，公羊寿之先世公羊高亲受《春秋》于子夏，而其子以下世相传，至寿已五世矣。董生从公羊寿得悉孔子《春秋》之真实底蕴，盖与马迁私言之。而董生自己著《春秋繁露》一书，则确是小康派之顽陋思想，完全背叛孔子《大易》《春秋》诸经本旨。”③ “公羊寿家藏之孔子《春秋经传》，在寿与胡毋作伪传时，或未遽忍毁灭。董仲舒当于寿处读过孔子《春秋经传》。何以知之？仲舒私语马迁曰‘《春秋》贬天子，退诸侯，讨大夫’云云，此在当时确是非常异义可怪之论，仲舒如未读《春秋》，如何道得出？然仲舒自造《春秋繁露》，便纯粹是古帝王之道，乃六国小康派之余裔也，贬天子之弘大理论，在仲舒脑中似未有一毫影响，岂不怪哉！”④ 综上所述，熊十力对于董仲舒抱持基本否定的态度，然而熊十力的评论特别是关于《春秋》经传之真伪及其与董仲舒之关系问题的看法是否确当，应该是值得商榷的。

---

① 《熊十力全集》第六卷，第423—428页。

② 《熊十力全集》第六卷，第455页。

③ 《熊十力全集》第七卷，第338—339页。

④ 《熊十力全集》第七卷，第367页。

2. 刘向歆父子。对于刘向歆父子，熊十力几乎完全未作正面评论，而是一概予以批评。他指责刘向以术数邪说曲解经典曰：“汉人不独改窜经文，即经之原文未改者，而亦必变其解释，不惜牵经文以就己意，曲附邪说。如《尚书·洪范》为殷先王之政典，孔子删书当存此篇，但其传义则不可考耳。今睹《洪范》言五行，本以为民生日用必需之物资，与术数家邪说绝无关系。而刘向领校五经秘书时，乃云向见《尚书·洪范》箕子为武王陈五行阴阳休咎之应，向乃集合上古以来，历春秋六国至秦汉，符瑞灾异之记，推迹行事，连傅祸福，著其占验，比类相从，各有条目，凡十一篇，号曰《洪范五行传》。据此则以五行阴阳推卜休咎，而托于《尚书·洪范》，以为箕子所陈之于武王者，盖自刘向始。”① 他贬责刘歆“才则考核，行则党奸”②，痛斥刘歆尊《左氏》而毁《公羊》、绝微言且丧大义曰：“刘歆訾《公羊》晚出，就寿与胡毋之《公羊传》而言，其说非无故。然歆挟党莽尊《左》之私，遂至不肯承认孔子作《春秋》及子夏授公羊高之事，所以为学术界之罪人也。《艺文志》伪造孔子‘以鲁周公之国，礼文备物，史官有法’云云，杜预乃本此文，以《左氏》上接周公。歆与班固之奸言，开毁经之源，可恶也！”③ “刘歆等谓‘仲尼殁而微言绝’，直不承认六经尚存微言；谓‘七十子丧而大义乖’，则是孔子所授于七十子者只有大义，及七十子丧而大义亦乖矣；然则六经尚何有乎？……刘歆生汉世，亲校六籍，乃避经义而不谈，妄谓仲尼生前只有隐微不显之言，垂殁而绝，其丧心病狂，竟至此极！”④ “甚哉刘歆之污贱也！自刘歆唱大义微言之伪说，汉以来因之，至清季康有为言《春秋》，复祖述刘歆，而六经之真相乃完

① 《熊十力全集》第六卷，第439页。

② 《熊十力全集》第六卷，第395页。

③ 《熊十力全集》第六卷，第428—429页。

④ 《熊十力全集》第六卷，第755页。熊先生解释大义微言曰：“其所谓大义者，即小康礼教，孟子言《春秋》诛乱臣贼子，公羊寿以所见等三世明君臣恩义，皆是也。其所谓微言者，《礼运》彰天下为公之大道，《春秋》以据乱等三世义明拨乱驯至太平，皆是也。”见同卷，同页。

全晦蔽，不可认识，岂不伤哉！据歆等之说，则是孔子平生教授三千七十之徒，惟是小康大义，而微言或偶有流露，七十子犹罕闻之，况三千乎？故六经只以大义为主，微言几乎无存。后之研六经者，亦研其大义而已。歆之作伪如是，而有不可掩者，即承认孔子于大义之外，犹有隐微不显之言，此隐微不显之言，固明明反大义也。”① 如果说熊十力指责刘向以谶言解经为误确有超越古人的见地，那么他基于今文经学立场和时代思潮影响而对刘歆《春秋》左氏学及其微言大义说的痛斥，则是需要重新审视的问题。

3. 扬雄。熊十力对扬雄的学术思想持肯定态度。他称赞扬雄著述曰：“西汉诸儒不为注疏之业而自成一家言者，尚得一人焉，扬雄子云是也。雄作《太玄》拟《易》，说者病其僭妄，然诚有见于道而后发言，则其言为载道之言，不谓之经不得也。雄虽未足语此，顾其覃思自得者亦多矣。张衡神悟超拔，精究历算，读《玄》而叹其妙极道数，使人难论阴阳之事，则《玄》之未容轻议可知。然雄之为《玄》，所准者卦气，未若费直超然独寻洙泗，但其创作之绩不可没。”② “汉扬雄字子云，作《太玄》以解《大易》；又仿《论语》而作《法言》，亦敷宣《易》义。”③ 可见评价甚高。熊十力更阐发扬雄天人观曰：“扬子曰：‘人不天不因，天不人不成。’何言乎人不天不因？人生非幻化，乃本乎一诚而立。诚者天道也，若不有天，则人将何所因而得生乎？故曰不天不因。何言乎天不人不成？天有其理，而充之自人，不有人充之，则理亦虚矣；天有其德，而体之自人，不有人体之，则德不流矣。然则天若不有人，其理虚，其德不流，是天犹未能成其为天也，故曰天不人不成。（自注：扬子此说，实本于《大易》“裁成天地，辅相万物”，《中庸》“位天地，育万物”，与《论语》“人能弘道”诸义。）”④ 实质上肯定扬

① 《熊十力全集》第六卷，第 758 页。

② 《熊十力全集》第三卷，第 885—886 页。

③ 《熊十力全集》第六卷，第 569 页。

④ 《熊十力全集》第六卷，第 569—570 页。

雄具有体用不二、即用见体的哲思。

4. 王充。王充之名世唯在一部《论衡》，而熊十力却对《论衡》大加贬抑，其曰："王充《论衡》虽时有善言，可以发时俗蒙蔽，然实肤杂无统纪，未可以名学术也。史家称其正时俗嫌疑，然未见其有何所持可以导人于一个新的方向，徒擅杂评，有何足贵！"① "王充《论衡》以开时俗壅蔽或有当处。要其自身无所建白，于至道更茫然，不得成为一家之学。此在今日，何容过分提倡耶？至云《论衡》杂儒道两家言，《问孔》《刺孟》不过摘其书中可议处，非根本反其主张也，斯亦谛论。然以《论衡》作学术讨论，究可不必。……通俗之学，驳杂之论，本无关于学术，唯其无可据之实，无自得之处，无经纶创造之本领，虽复涉猎百家，有所采获，有所主张，而一切都无深造，唯任浮泛的聪明，耳剽目窃，侈谈思想，抉择时俗得失，每有快语激动流俗心情，若为社会之前识者然，实则每倡一主义或论一事理，却不能穷原究委，极深研几，无可导人于正当之途。如此流辈，世世有之，且恒不少。王充在东京合入此类。是等著作，在历史家眼光，欲考察其时代思潮，不可不注意。学问家无妨浏览及之，要无可多留意处。人生无真实见地，辄被古今浅夫昏子欺弄，此甚可哀。"② 熊十力对王充的否定态度于斯可见。

5. 郑玄。熊十力引述郑玄疏释经典之语颇多，由此引发的评论也屡屡可见，但几乎没有正面的肯定。熊十力对郑玄的批评有谓："郑玄注六德，甚细碎浮泛，不见本根。如言智明于事，试问如何而得明于事耶？仁，爱人以及物，试问此爱缘何发出？岂是无本做得来？圣，通而先识，试问如何而得通？向下诸注，无一字不空泛。"③ "明明德，郑玄注'谓显明其至德也'，然何谓至德，玄似无实解。……据《诗》与《易》言明德者，并指目本心，故知《大学》明德亦是本心之目。郑玄释此，泛言至德，而不实指本心，将谓明德由修为所积至耶？则内无其源，

① 《熊十力全集》第二卷，第705页。
② 《熊十力全集》第四卷，第379—380页。
③ 《熊十力全集》第三卷，第593—594页。

而修为恶从起？孟子所以斥外铄之说也。"① "郑玄本考据之学，故其释《大学》明德，不知直指本心，第以空泛语蒙混过去，恶乎可！……宣圣大义微言，玄固未能理会也。是何足为礼宗乎？且玄实非谨于礼者，诗婢流风，已开魏晋名士之端。"② "郑玄注云：'知谓知善恶吉凶之所终始也。'其于下文格物注云：'格，来也。物犹事也。其知于善深则来善物，其知于恶深则来恶物。言事缘人所好来也。'郑玄竟以情见释此知。其曰'知善恶吉凶'，殆淫于谶术之邪妄，而以是说经，则下于朱子又远矣。夫玄所云知善恶吉凶之知既动乎情，则此知实非知也，乃私欲耳，此可为诚正之基乎？玄为学不见本原，其谬至此。"③ "郑注：'此兼上十有五儒，盖圣人之儒行也。孔子嫌若斥己，假仁以为说。仁，圣之次也。'愚谓郑注甚误。孔子以仁立教，《新唯识论》已言之。儒者之学，仁学也。故儒者百行，总归于仁。郑玄不了圣学宗要，乃曰假仁以为说，此乃以尊圣者毁圣也。"④ "郑玄论三传曰：'《左氏》善于礼，《公羊》善于谶，《穀梁》善于经。'此无识之言。朱子曰：'《左氏》说礼，皆是周末衰乱不经之礼，无足取者。'《公羊》实不言谶，汉儒以谶附《公羊》耳。《穀梁》于三世义全无所知，岂得为善于经乎？"⑤ "郑注妄以《周官》为周公作，便谓四夷八蛮等皆是周代所降服之国，后人皆从之，大谬。当知《周官》是孔子理想之书，不可作周代史事看。"⑥ "郑玄从刘歆以此经（按指《周官经》。）为周公作，时引周及殷代故事以说经，以孔子理想之书乱以古代典制，诬圣人，误后学，其过失不小也。"⑦ "《春官大司乐》'掌成均之法，以治建国之学政，而合国之子弟焉'，郑注公卿大夫之子弟当学者，谓之国子。案郑玄以拥护统治阶级

① 《熊十力全集》第三卷，第 629—630 页。
② 《熊十力全集》第三卷，第 638—639 页。
③ 《熊十力全集》第三卷，第 663 页。
④ 《熊十力全集》第三卷，第 689 页。
⑤ 《熊十力全集》第三卷，第 1009 页。
⑥ 《熊十力全集》第六卷，第 538 页。
⑦ 《熊十力全集》第六卷，第 542—543 页。

之思想而释经，故谓国子限于贵族，然经明明曰‘合国之子弟’，岂以公卿大夫之子弟为限乎？……总之，两汉以来儒生皆以皇帝专制之理论曲解经文，侮圣言而误来学，甚可闵伤。”① 由此可见熊十力对郑玄的学术思想基本上予以全面否定，终其一生对郑玄的正面评论似不过寥寥数语，如谓“郑玄明于礼，因去古未远，故其注经，于名物度数颇有传授，不似后人多所臆说”②，“按康成言太易虽含三始，而实无分判，此其超悟，有足多者”③。不过熊十力对郑玄学术思想的见解仅为一家之言，可供参酌而决非定论。至于熊十力指责郑玄“诗婢流风，已开魏晋名士之端”，于史无据，或为张冠李戴之误，致贻百密一疏之憾。

6. 王弼。王弼虽以玄学名世，但因三玄根底毕竟在于《大易》，故熊十力仍视其为儒者，而对其学思成就多有肯定，他说：“魏晋虽有玄学之名，其实唯王辅嗣一人可谓于玄理有所究明，向秀、郭象、张湛之徒以华辞自饰，而所得实少，其余诗文家间有妙语，要不足言学。当时清谈名士，虽伪托三玄，皆不曾问学，所谓鹦鹉能言，不离飞鸟也……昔人以魏晋清谈由光武表章名教，其反也，遂放诞无忌；又曹操父子败坏士风，颓波所至，无复人理；此则征实之谈。玄学在当时，不过一空名词耳。且玄学开山当推辅嗣。辅嗣于康成年辈较后。康成注经，杂揉今古，一变汉学专门之风。辅嗣言《易》而扫象，亦汉学之反动。两人治学精神固有相通者。”④ “后儒唯王辅嗣一人确承费氏家法，如‘乾元亨利贞’‘初九潜龙勿用’，辅嗣注云‘《文言》备矣’；‘九二见龙在田’，注云‘出潜离隐，故曰见龙。处于地上，故曰在田’，此即费氏以经解经之法，陈澧、皮锡瑞皆以此称辅嗣，可谓知言。”⑤ “王辅嗣《易略例》有云：‘物无妄然，必由其理。统之有宗，会之有元，故繁而不乱，众而不惑。故六爻相错，可举一以明也；刚柔相乘，可立主以定也。’

① 《熊十力全集》第六卷，第543—544页。
② 《熊十力全集》第三卷，第638—639页。
③ 《熊十力全集》第三卷，第925页。
④ 《熊十力全集》第三卷，第639页。
⑤ 《熊十力全集》第三卷，第881—882页。

辅嗣此言，洞明真极。”① “言义理而评判古学，不陷于曲解谬论者，若王辅嗣治《易》，通象而始扫象，可谓有考据工夫矣，伊川则未也。然辅嗣之于考据也，亦领其大体而已，若果困于此，用细碎工夫，则又何可成其为辅嗣耶?”② “王弼《易略例》有二语可采，曰‘异而知其类，睽而知其通’，此境界极高，难为不知者道也。”③ 凡此对王弼的哲学、易学、方法学造诣作了高度评价。当然熊十力对王弼也有批评，如曰“即就辅嗣辈而论，亦少惇大笃实气象”④。

熊十力对王弼的批评略有二端，一则曰“辅嗣谈道体，只是解悟及之，非实修所至。子曰‘知及之，仁不能守’，辅嗣之谓也”⑤，此乃责备王弼虽知性超悟而功修阙如，流于玩弄光景；二则曰“辅嗣不教下以革命，而冀居上怙势者将知止，是不可几也。……道家之学，以守静为极、放任为要，而无裁成天地、辅相万物之功，故其学虽源出《大易》，而偏于崇无，虽颂法《春秋》，而无力反帝，所以为儒氏之枝流，未足为继述之肖子也”⑥，这是指斥王弼偏离《大易》《春秋》刚健有为精神而附从老庄任运随化的处世之道。

（三）宋明

熊十力对宋明儒家关注最多，言及人物略有孙复、邵雍、周敦颐、刘敞、张载、吕大临、二程兄弟、谢良佐、胡安国胡宏父子、李侗、郑樵、朱子、陆象山、杨简、许衡、黄震、王应麟、金履祥、许谦、宋濂、刘基、方孝孺、曹端、吴与弼、陈献章、湛若水、王阳明、吕柟、王艮王襞父子、聂豹、陈建、罗洪先、王栋、罗汝芳、杨天游、耿定向、唐鹤征、邓以赞、史孟麟、刘宗周、恽日初、陈确、陈子龙、黄宗

---

① 《熊十力全集》第三卷，第 912 页。熊先生还说：“王辅嗣《易略例》云‘统之有宗，会之有元’，可谓深得《易》旨。”见《熊十力全集》第六卷，第 562 页。

② 《熊十力全集》第四卷，第 378 页。

③ 《熊十力全集》第七卷，第 276 页。

④ 《熊十力全集》第二卷，第 245 页。

⑤ 《熊十力全集》第三卷，第 781 页。

⑥ 《熊十力全集》第五卷，第 667—668 页。

羲、方以智、顾炎武、王夫之、李颙、吕留良、颜元、李塨等，其中展论较多或显为褒贬者有以下诸人。

1. 孙复。熊十力一口否定《春秋尊王发微》作者孙复道："孙复鄙陋，托《春秋》而张尊君之邪说，邪说既昌……乾坤毁，人道灭，可痛孰甚！《春秋》书弑君之事，称国以弑，明君无道，国民当行革命也。而复乃释曰：称国以释，举国之众皆可诛。以鄙夫之心厚诬圣文，逆天理，祸生民！"他连带批评胡安国《春秋传》道："胡氏……传《春秋》，力主复仇。复仇者，为赵氏复仇，仍本孙复尊君之旨。赵氏之为德于兆庶者几何？而可生其同仇之志哉？《春秋》内诸夏而外夷狄，即阐明古代民族思想。楚虽强大，而中原之民随桓、文以捍患者，有以固其志也。胡氏卒不悟此，孙复蔽之也。"① 可见熊十力强烈反对君主制以及对于君主的效忠。

2. 周敦颐。熊十力对于周敦颐毁誉参半，大致越至晚年越多批评。他早年曾盛赞周敦颐"实三代后圣人也，其学之大者，在以道器为一源，形上形下为一体，有无虚实聚散为一贯，昼夜古今为一致，平陂顺逆为一途，旁行而不倚，圆神而不流，所谓穷神知化，德之盛也，非天下之至精，奚足以语此"②，又说"濂溪先生冲和洒脱，毫无渣滓"③。熊十力推尊周敦颐的学术思想说："周濂溪说：'动而无静，静而无动，物也；动而无动，静而无静，神也。'这话极透。……濂溪意谓，物件是死的东西，如使他动时，他只是动，便没静；如使他静时，他只是静，便没动。至若动而无动，则是即动即静也；静而无静，则是即静即动也。此动静合一之妙，非可以物推测，乃神之不可度思者也。"④ "他底著述是以《周易》为根据，然唯《通书》深纯，明道之学自此出，而

---

① 《熊十力全集》第三卷，第 825 页。熊先生还斥责胡安国将《春秋》庄三十年"齐人伐山戎"一条释作"经书齐人为贬词，足为好武功之戒"乃是"宋人奴于夷者久，其无知宜然也"，见同卷，第 1076 页。

② 《熊十力全集》第八卷，第 23 页。

③ 《熊十力全集》第一卷，第 624 页。

④ 《熊十力全集》第一卷，第 612 页。

犹未尽其蕴。”① “《太极图说》立人极三字，确有无穷义蕴，真得六经之髓，学者不可忽也。”② “周子教学者寻孔颜乐处，与《智论》所说菩萨悲众生有极妙内乐舍之不求而求外乐，同一用心。”③ “周子曰：‘天下势而已矣。势，轻重也。’此二语，含义无量无边，史迁所谓‘通古今之变’者，乃可了此，非竖儒所悟也。”④

但也恰恰是对周敦颐的学术思想，熊十力作了许多批评。他批评《太极图说》及其“主静”之旨曰：“《太极图说》似无取，朱子虽尊之，比于六经，也是朱子底神秘罢了。”⑤ “宋儒自周濂溪以主静立人极，程朱诸老一脉相承，传世良久，罕有异论。至晚明而习斋、船山、亭林诸大师始盛张反对主静之帜，而习斋之论尤激，船山义旨较深远矣。夫吾人近之立己，远之则司造化，而官天地，府万物，其将宗濂溪从静中体认以上达于真静之原乎？（自注：原者，谓宇宙人生本原。以其至真至静，故云真静之原。）抑将从动中努力而持之静定，以行动磨炼于万物万事之蕃变中，握其轨范以参赞宇宙之大化，成位天地，育万物之洪业，尽人能而弘大天道乎？（自注：此则孔子肇开儒学之主旨也。）迂陋所归心，其在尼山一脉矣。濂溪之论本乎老聃者也。老曰‘致虚极，守静笃’，屏动而一主于静，其异于块土之钝然者几何？人能废而天道亦死矣。晚明诸子怀主动之意，以反宋儒之静，而不知孔子亦未尝不静也。但其静不离于动，而动不失其静，天道人道之大正，存乎动静合一之中。反乎此者，静则废，动则激，其何以为群生立命欤？圣学大处深处，汉以来学人都不究，可悲也矣!”⑥ “周子曰‘主静立人极’，又自注曰‘无欲故静’。余谓周子误矣。唯得仁方可立人极。无欲可以求仁，

① 《熊十力全集》第一卷，第624页。
② 《熊十力全集》第三卷，第779页。
③ 《熊十力全集》第四卷，第607页。
④ 《熊十力全集》第五卷，第663页。
⑤ 《熊十力全集》第一卷，第624页。
⑥ 《熊十力全集》第六卷，第674—675页。

而无欲未即是仁也。”① “周子《太极图说》，陆梭山、象山兄弟俱不取之，疑其非周子之作。朱子力攻二陆而尊《图说》。余谓二陆先生之所见甚卓，朱子攻之，正是朱子之短耳。《图说》是否为周子作可不论，而其说之不足取，余则以二陆之言为定案。但太极图与《图说》不可并为一谈。余以为太极图必传自古昔，图中表示太极本是无对的全体，而内含阴阳二性，正是乾坤二卦义。然周子传此图，则于太极图之上加一圆圈，空洞无所有，盖表示虚无，《图说》所云无极是也，此杂老氏之迷妄，宜削。太极图下复加五行及两圆圈，此甚可笑。五行首见《洪范》，古代生产大计，特重开发金木水火土，诚哉伟大。其后术士假托五行，诚当驳斥。唯太极图昭示实体内含阴阳，不是单纯性，深得乾坤之旨，何可轻断其非出孔门乎？至于《图说》则不论作者是否为周子，实无可取。朱子为《图说》作注，尊之如六经，甚矣其愚也。”② 从这些批评皆出自熊十力晚年来看，他最终对周敦颐是倾向于否定的。

3. 张载。熊十力对于张载的看法也是有褒有贬且愈益由褒转贬。他早年也称赞张载与周敦颐一样为“三代后圣人也”③。他对张载学术思想既有相当充分的肯定，又有委婉保留乃至严厉批评。他说：“张子厚先生，这是一位敦大笃实的学者，谦虚盛德，更不可及。二程门下都把他当作二程底弟子，后来朱元晦也跟着如此说，只合一笑。他倡地动说，在科学不发达的中国，可谓为一个大发明。他著底《正蒙》一书，确是有系统的著作，为汉已来所仅见。他底思想与二程绝对不同，因为他底形而上学是主张气为实体的，也可叫作气一元论。我尝说他是儒家底唯物论派，他确是有别致的。他底学说为二程所掩，没有人真识得，直至明末才得王船山先生算是他底私淑弟子。船山宗气一元论，推衍其说，以为神者气之灵，理者气之理，确是子厚先生底本旨。他两人虽以气为实体，却不看重气底本身，而偏看重气之灵和气之理。他们以为天

---

① 《熊十力全集》第七卷，第 276 页。

② 《熊十力全集》第七卷，第 509—510 页。

③ 《熊十力全集》第八卷，第 23 页。

之道、人之性就在这气之灵和气之理上说。这神和理虽即气之发现，而倒是主宰乎气的。若是气没有发现出这神和理来，他也就是顽冥的物事了。所以他们许这神和理是至诚的，是真实的，是人得之以成性的。如此说来，他们这唯物论，却不主张机械论，此又异乎西洋唯物论者矣。他们既许有气及气所发现的神和理是诚是实，便说佛家毕竟是沉空而极力反对，和他不并立了。（自注：也兼反对老氏之无。）"① "横渠'易道进进也'一语，极堪玩味。非刚健，则无以言进进也。孔孟之学皆以刚为主，《论语》'刚毅木讷近仁'，唯刚乃得为仁也。"② 这些是对张载学术思想的肯定。他又说："张横渠曰：'一故神，两故化。'此六字广大无边，深得《易》旨，惜《正蒙》之书未能善发此义。"③ "唯张横渠《正蒙》昌言气化，近世或以唯物称之，其实横渠未尝以气为元也。《太和篇》曰'太虚无形，气之本体'，又曰'由太虚，有天之名；由气化，有道之名；合虚与气，有性之名；合性与知觉，有心之名'，详此所云，固明明承前圣体用之分。太虚是气之本体，气是太虚之功用，何尝以气为元乎？独惜其虚与气未尝融而为一，即体非用之体，而用亦非体之用，是其体用互相离异，无可救也。横渠思想本出于老，亦与浑天说有关，而未悟老氏混成之旨，所以铸九州铁成此大错。后贤思构力毕竟远逊前哲，即此可见也。《太和篇》又曰：'太虚为精，清则无碍，无碍故神。'《大心篇》曰：'成吾身者，天之神也。'举此一二条，亦以神气俱依太虚而有，但不谓神气与虚混然为一，是其所以求异于老，而适乃自成其短也。"④ 这些是在肯定张载学术思想的同时又有所保留。熊十力还说："体用不二义，自《新唯识论》出，始圆融无碍。吾国先哲于此实欠明了，如横渠乾坤父母之说，则天地与其所生之人或物毕竟两相对待，非体用不二之旨也。"⑤ "唯总计无，即以为有所谓太

① 《熊十力全集》第一卷，第 626 页。
② 《熊十力全集》第四卷，第 434 页。
③ 《熊十力全集》第五卷，第 665 页。
④ 《熊十力全集》第六卷，第 630—631 页。
⑤ 《熊十力全集》第四卷，第 431 页。

虚，本来空洞无物，而从无生有之幻想每原于此，是乃妄情虚构，不得无辨。……（自注：张横渠以太虚名天，气化依之起，亦有生于无之论。）”① “按横渠之学本于老子，而所窥于老子者殊少。老子言神言气，皆以太虚为本，横渠粗识于老子者只此耳。……横渠学《易》而不识孔子之《易》，宗老子之《易》而又不深究老子，其学甚粗而极狭，王船山推崇太过。”② 这些则是对张载学术思想的批评；从其晚年所用“妄情虚构”“其学甚粗而极狭”等语来看，熊十力对张载的批评是愈趋严厉的。

4. 二程兄弟。熊十力对于二程的肯定远远少于否定。就其肯定方面来看，熊十力有谓：“大程只有语录笔札之属，然而他底《识仁篇》和答张子厚先生底《定性书》，字虽不多，却是有不废江河万古流的价值。孟子以‘万物皆备于我’言仁，《识仁篇》便从此发挥出来。此篇显示本体和存养的工夫，极明白透切，包含极大，钻研不尽。俗学无目，见他字句不多，随便看过，真是可惜！《定性书》比《识仁篇》更广大，因为所与言的是张子，心机触发处自是不同寻常。明道平生学术有这两篇短文，也发抒尽致了，并不须要大部著作。正叔先生除语录及杂文外，有《易传》一书，是他平生精力所萃。明道之学自孟子出。正叔得力于孟子者固深，而尤其服膺曾子甚切，他底‘涵养须用敬，进学在致知’底主张，却从曾子得来。正叔用功于四书甚深，他底《易传》大抵根据四书讲去。”③ “程伯子《识仁篇》云‘仁者浑然与物同体，义礼智信皆仁也’，此则直演孔子《大易》‘元者善之长也’意思。”④ “程子所言理者，乃本体之目，非由意见安立，以为行为之规范也。本体元是万理具备，其始万化、肇万物、成万事者，自是固有此理，非无能生有也。程子说个理字，与六经中道字可互相发明。”⑤ “伊川《易传》释

① 《熊十力全集》第六卷，第73页。
② 《熊十力全集》第七卷，第521—522页。
③ 《熊十力全集》第一卷，第624—625页。
④ 《熊十力全集》第三卷，第398页。
⑤ 《熊十力全集》第三卷，第575页。

《比卦》之义曰：'万物莫不互相比助而生。'叔子齐圣，发明斯义，功亦巨哉。"① 凡此皆对二程学术思想评价甚高。

然而就其否定方面来看，熊十力对二程的批评既多且严。他批评二程人格道："伯淳，自昔尊之同于仲尼。我觉得在《论语》中寻玩孔子底襟抱，只是一味老实，毫无矜尚，易言之，只是无我。伯淳胸中似隐伏着一个圣人。至于正叔先生，可以说是有教主的气味了。两程先生都好讲究气象，遂成为宋明已来儒者底一种流行，大家在威仪容止上检点，做些矫揉造作工夫。凡人饰于外者，愈亏于内，把元来充实活泼的力量阻遏住，不由他自由发泄，要在外面做个盛德之容，纵不入于虚伪，也要减少活气。我愿今人有志儒术者，不要学那般儒者气象。我以为人底气象最难能的是平易二字。平易无奇，只是自然。自然才是大气象。"② "伊川极狭小，用一孔之见衡人。孔子称管仲以仁，许齐桓以正，便是大气象。伊川又不取《礼记·儒行篇》，不知此正是儒者精神，所谓侠者即是儒之分派，伊川却要士大夫都奄奄无生气便好。"③ "北宋诸老先生竟未有表章《儒行》者，程伊川且甚排斥之。《遗书》卷十七云：'《儒行》之篇，全无义理，如后世游说之士，所谓夸大之说。观孔子平日语言，有如是者否？'伊川为宋学宗师，其斥《儒行》如此，宜乎理学末流貌为中庸而志行畏葸，识见浅近，且陷于乡愿而不自觉其恶也。"④ 对于二程学术思想，熊十力更是多方批评，且其用语日益严厉，他说：

伊川说体用一原，似欠妥。以体与用对举，而更云一原，岂别有为体用之原者耶？实则体即用之原，但体不在用外。⑤

伊川《易传》云："君子所行，柔顺而利且贞。"又曰："阴而

① 《熊十力全集》第三卷，第 594 页。
② 《熊十力全集》第一卷，第 624 页。
③ 《熊十力全集》第一卷，第 633 页。
④ 《熊十力全集》第三卷，第 675 页。
⑤ 《熊十力全集》第三卷，第 406 页。

先阳则为迷错，居后乃得其常也。”此仍承汉人之谬解，且与老氏之旨相类。……此与《乾卦》自强不息、《论语》见义勇为之说，明明相反，而以此释《易》可乎？①

程子《识仁篇》，宋明诸儒所宗也，然玩其大旨，毕竟归寂之意味深。②

明道《识仁篇》云：此理不须穷索，以诚敬存之，存久自明。（自注：存即保任义。）格以经文致知之“致”字，即推扩义者，乃见明道纯是道家之徒。（自注：道家不言推扩，其旨与佛氏为近。）宋明儒始终奉《识仁篇》为宝训，其于仁体实只有保任，而无推扩工夫。充其保任之功到极好处，终近于守寂，而失其固有活跃开辟的天性。其下流归于委靡不振而百弊生。宋明以来，贤儒之鲜有大造于世运，亦由儒学多失其真故也。③

秦以后儒生，遂失洙泗之绪，如明道《识仁篇》，只是得禅与老之似，而成其独善之学，不足为孔颜后裔也。④

明道《识仁》曰“以诚敬存之”“存久自明”，结语又曰“此理至约，唯患不能守”云云。程子此一短文，为理学诸儒所宗，其影响之大，殆掩六经。彼提出诚敬二字，名为承孔，今玩其全文意义，言存而遗感，言守而无为，其骨子里却是老聃致虚守静之旨，明明与孔子无关。⑤

宋儒程颢、程颐兄弟之“法言”曰：佛氏本心，吾儒本天。（自注：天者，天帝。程氏以为吾儒之学，则以天为万物万事万理之本也。程颐《易传·乾卦篇》首发斯旨，朱熹载入《近思录》首篇，垂训后世。）余按本天之教，兴于上古，盛行于汉以来之小儒。

---

① 《熊十力全集》第三卷，第962页。
② 《熊十力全集》第三卷，第1022页。
③ 《熊十力全集》第四卷，第402页。
④ 《熊十力全集》第六卷，第209—210页。
⑤ 《熊十力全集》第七卷，第221—222页。

孔子之《周易》，根本不容天帝存在。程氏泛称“吾儒本天”，似将孔子亦隐含于其言之中。自理学兴起，诸低能之徒诵法程朱，诬圣侮圣而不自知，顾乃傲然不许非程朱。①

程颐于象全不理会，其于古术数之《易》说，莫能辨其迷，于圣文之未毁尽者更不知择，其书难免空虚迂陋之讥。②

汉宋诸小儒能涤去神道思想者殊不多。程颐《易传》，无识者谓其反对汉《易》，实则程氏《乾卦》注，明明将天帝当作乾；其释坤也，直将地当作坤来说。昔人称伊川详于人事，实则拥护大君耳（自注：古以天子称大君）。③

“各正性命”一语，是《乾彖》第一义谛。二千余年来，号为经师者，其于此处无有解悟，即置之不问。更有以不解为解、不悟为悟、逞其迷妄、敢为胡说者，如程氏《易传》解此处云“乾道变化，生育万物，洪纤高下，各以其类，各正性命也。天所赋为命，物所受为性，保合太和，乃利贞”云云。余少年时，初览朱子《近思录》，开始便采录程氏《易传·乾卦篇》第一段注文，朱氏尊之，同于孔子六经。（自注：孔子六经，晚周六国时小儒已尽取而改窜之，朱子本无从见六经，只是汉代小儒传来之伪五经，当作孔子六经而竭诚尊重耳，其于二程亦尊之犹孔子也。）余于程注玩索再三，颇感一团混乱。其首曰“乾，天也”，又曰“以形体谓之天，以主宰谓之帝，以功用谓之鬼神”。程氏绍述古代事天之教，乃于注释各正性命处，妄将乾道改作天帝来说，直以天帝生育万物，或洪或纤，或高或下，各以其类，是为各正性命。如程氏此说，则物之洪大者如太空无量天体，纤细者如秋毫，巨细各以其类，便是各正性命。又有物之高者如崇山，下者如江海，高下各以其类，亦是各正性命。由此说而玩之，则是天帝之变化而造物也，殆预作安排，使

① 《熊十力全集》第七卷，第514—515页。

② 《熊十力全集》第七卷，第523页。

③ 《熊十力全集》第七卷，第592页。

万物之洪纤高下各以其类，庶几万物性命各得其正。程氏此说如可信乎，则万物惟有遵守天帝之安排，无可尽自力以致于进化，无可尽自力以致于发展，而万物皆成僵固之死物耳。程氏尊神道以黜万物，纯是上古宗教之信徒，岂不怪哉！尤可惜者，程氏以性命之学，自居孔子嫡嗣。孔子作《乾彖》，明明指出万物皆禀受乾道以成其性命，程氏于此处，竟于性命一词不曾切究着落，乃曰“乾道变化，生育万物，洪纤高下，各以其类，各正性命也”云云。程氏本以乾为上帝，遂以教徒之乱调变易圣言，迷惑来学。①

程颐不通孔子之《易》例，不通孔子之根本要旨，竟以含弘光大是形容坤道之四长，有此四者，故能成承天之功云云。程颐复兴上古宗教思想，以天为上帝，以地为地祇。其《易传》于此处有曰“地道顺承天施，以成其功”云云，而程并未说明施个甚么，或指天帝之命令乎？程云成承天之功者，谓地道以顺承天帝为功耳。其迷乱之谈，本不足辨，但向来尊信者众，障蔽圣学，又何忍不揭开烟幕。②

颐注曰“主利，利万物，则主于坤，生成皆地之功也。臣道亦然，君令臣行，劳于事者，臣之职也”云云。详程颐之意，盖以天尊地卑，故妄为主利之说曰“利万物，则主于坤”云云，盖以地承上天之命，专主生成万物，是对于上天而完成其主利万物之功也。下文曰“臣道亦然，君令臣行”云云，据此可见程颐纯以上古宗教思想曲解孔子之《易》。（自注：曲者，邪曲。程氏以邪曲之说解释孔子之《易》，可谓无忌惮。）……其愚而悍，不惜侮圣言以护其邪说。③

程颐愚陋，全无解悟，横以先民宗教思想曲解圣言，上诬先圣，下误来学。④

---

① 《熊十力全集》第七卷，第 614—616 页。
② 《熊十力全集》第七卷，第 643—644 页。
③ 《熊十力全集》第七卷，第 651—652 页。
④ 《熊十力全集》第七卷，第 654 页。

凡此几乎将二程的本体宇宙观、宗教观、人生观、工夫论、易学研究、政治思想甚至其儒家身份一概否定。至于这些否定是否中肯，当然也是颇值得商讨的问题。

5. 朱子。熊十力对于朱子的肯定与否定大致是同时展开，相须并进。如 1942 年批评朱子不能理解孔子的本体论说："孔子所云默识，从来注家均是肤解，虽朱子亦未得臻斯诣也。"① 1944 年却又称赞朱子的修养工夫说："昔朱子持心之功甚密，尝以走作为耻。"② 但同年又批评朱子不解仁之意涵说："上蔡以觉言仁，甚是。朱子非之，误矣。"③ 1945 年推尊朱子礼论说："朱子曰：'礼者，天理之节文，人事之仪则。'义极精审。……在心名天理节文，而发于外名人事仪则。礼主序，朱子深得此意。"④ 高度评价朱子的《大学》诠释说："《大学》一篇，总括六经之旨，而开端直曰'明明德'，又申之曰'自明也'。呜乎！此六经之心印也。汉唐诸儒，守文而已，知不及此。程朱诸师特表章此篇，列为四子书之一。朱子以'虚灵不昧'释明德，则已直指心地，异乎康成之空泛无着落，此圣学之绝而复续也。"⑤ 表扬朱子知识论说："朱子以致知之知为知识，虽不合《大学》本义，却极重视知识，而于魏晋谈玄者扬老庄反知之说及佛家偏重宗教精神，皆力矫其弊，且下启近世注重科学知识之风。""程朱说理在物，故不能不向外寻理，由其道，将有产生科学方法之可能。"⑥ 肯认朱子工夫论说："朱子与田子真书曰：'吾辈今日事事做不得，只有向里存心穷理，外人无交涉。然亦不免违条碍贯，看来无着力处，只有更攒近里面安身立命耳。不审比日何所用心，因书反之，深所欲闻也。'朱子所云'攒近里面安身立命'者，正是存主处着力，正是立得此志定。学者由是而学焉，彻上彻下，彻始

① 《熊十力全集》第八卷，第 166 页。
② 《熊十力全集》第三卷，第 389 页。
③ 《熊十力全集》第三卷，第 400 页。
④ 《熊十力全集》第三卷，第 593 页。
⑤ 《熊十力全集》第三卷，第 633 页。
⑥ 《熊十力全集》第三卷，第 666 页。

彻终，只此而已矣。反是而求成于学，吾恶知其所极哉!”[①] 赞美朱子的人格和成就说：“朱子平生信道笃，而自任过勇，故辟异端甚力。……先君其相公曰：‘朱子有必为圣人之志，以振起绝学、救天下万世为己任，此其不可及处。’斯百世公论也!”[②] “朱子生南宋，值理学被禁几绝，独起而弘扬之。北宋诸大师遗书，搜集编订，以授学者；又遍注群经，以及于史；历算等学，无不研寻，地质且有发明；考据之业，实导先路。朱子愿力甚宏，气魄甚大，治学方面颇广。其真诚之心与勇悍之气，可谓与天地同流。朝野奸邪构害虽烈，初不以死生易虑。宋学盖完成于朱子。”[③] 服膺朱子义利之辨说：“后来宋明诸师皆以义利为人禽之分，弃义而专私利者，是为禽兽；超乎利而笃于义者，乃克尽人道。朱子注《孟子·梁惠王》曰：‘仁义根于人心之固有，天理之公也；利心生于物我之相形，人欲之私也。循天理则不求利而自无不利，徇人欲则求利未得而害已随之。所谓毫厘之差。千里之谬。此《孟子》之书所以造端托始之深意。’朱子此解，判明义利，极深极微，善发《春秋》之蕴。学者非反己体会，则亦不能知其言之切也。”[④] 但与此同时又批评朱子对于圣经贤传的理解“犹有未彻处”[⑤]，对于知识的信赖“是否可推极以至无不尽，姑置勿论，而知识多者遂可诚意正心乎，此则吾所不敢苟同者”[⑥]，对于知的内涵“不悟致知之知是本体，而训为知识，此固其错误”[⑦]。1946 年更批评朱子违背圣经贤传而信从二氏说：“《论语》《大易》同以刚健言仁。《朱子语类》以柔训仁，便杂于佛老，失

① 《熊十力全集》第三卷，第 703—704 页。
② 《熊十力全集》第三卷，第 723—724 页。
③ 《熊十力全集》第三卷，第 832 页。
④ 《熊十力全集》第三卷，第 1036 页。
⑤ 《熊十力全集》第三卷，第 633 页。
⑥ 《熊十力全集》第三卷，第 663 页。
⑦ 《熊十力全集》第三卷，第 668 页。

《易》旨矣。”[①] 1947年批评朱子偏执格物。[②] 1948年批评朱子解释《大学》诚意一节“错得不堪，在意发处求诚，太不反省”[③]。但同年却又回护朱子说“余于《大学》格物，不取阳明，而取朱子，此即不主反知之明证”。[④] 1951年至1953年间则又批评朱子误解《论语》说：“朱子误解《论语》‘郑声淫’，遂于郑卫诗，每说为淫奔之辞。其实孔子言郑声淫者，谓其声淫，不涉其诗之本事也。……（自注：而朱子每以淫奔说郑卫诗，其错误不待言矣。且诗人多托意男女，寓情草木，朱子《楚词集注》已见及此，何独于《三百篇》而不之察乎？）”[⑤] “朱子《论语集注》解子张问十世章有曰‘愚按三纲五常，礼之大体，三代相继，皆因之而不能变’云云，此非朱子一人之见，实代表二千余年汉宋群儒之共同信守也。其实孔子说‘殷因于夏礼，所损益可知也。周因于殷礼，所损益可知也。其或继周者，虽百世可知也’，此段话本极圆活，不可以三纲五常填实因字中去。……详此章之义，本注重损益，而朱子填入三纲五常，便说成不损不益，此岂小过？……朱子与周程诸大师谈礼制或治道处则完全承汉儒奴化，或且变本加厉焉。”[⑥] “《论语》从来无善注，朱子固切实，吾嫌其迂滞，难达圣意，其他可勿论。”[⑦] 然而1953年也表彰“朱子云‘天地山川，非积小以高大也’（自注：《中庸章句》），是已窥到刹那生灭，非世儒所逮闻也”[⑧]。1956年进一步肯定“《大学》格物，程朱解为是，谓穷究物理”[⑨]，“《大学》格物之义，实

---

① 《熊十力全集》第四卷，第434页。
② 见《熊十力全集》第八卷，第298页。
③ 《熊十力全集》第八卷，第522页。
④ 《熊十力全集》第五卷，第11页；另见第八卷，第359页。
⑤ 《熊十力全集》第五卷，第739—740页。
⑥ 《熊十力全集》第五卷，第759—760页。
⑦ 《熊十力全集》第六卷，第202页。
⑧ 《熊十力全集》第六卷，第93页。
⑨ 《熊十力全集》第六卷，第327页。

从《易·系辞传》‘知周乎万物’而出，程朱以‘即物穷理’释之，甚是”①；但同时转而批评朱子“杂禅家风趣，乃谓三十有立便无事于志，四十不惑便无事于守，五十知命则不惑又不足言，此类语直教后学坠迷惘中”②。1958年再次表彰朱子所谓“天地山川，非积小以高大也”说：“朱子此语是否由信仰神力而出，吾不能知。然吾以刹那顿变义通之，则此语妙符真理，有至味也。”③ 1959年继续肯认“《大学》格物朱子《补传》，确不失圣人之意，陆王甚误”④，“格，至也。物，谓物质世界。格物者，言良知要推致到一切事物上来。朱子《格物补传》极是。象山倡异议，以格去物欲为释，却变乱圣言，大误后学”⑤；但旋即批评朱子说：“知字，阳明训为良知，极是。朱子训为知识，大误。”⑥“朱子说仁是柔嫩的意思，便以温情为仁，大有病在。仁固有温情，而温情不必是仁，甚至大违乎仁。仁德中包含刚健、炤明二德，岂迷惑的温情、姑息的柔嫩意思亦可谓仁乎？且仁德不容私欲私见等，非刚与明，何能去私？又仁是积极性，孔子许管仲匡正天下之功为仁，可见仁德广大。宋儒杂老庄之虚静以言仁，殊不知仁心未尝不虚静，而沦虚溺静却非仁。”⑦ 终至1961年批评朱子道：“周子《太极图说》，陆梭山、象山兄弟俱不取之，疑其非周子之作。朱子力攻二陆而尊《图说》。余谓二陆先生之所见甚卓，朱子攻之，正是朱子之短耳。《图说》是否为周子作可不论，而其说之不足取，余则以二陆之言为定案。但太极图与《图说》不可并为一谈。余以为太极图必传自古昔，图中表示太极本是无对的全体，而内含阴阳二性，正是乾坤二卦义。然周子传此图，则于太极图之上加一圆圈，空洞无所有，盖表示虚无，《图说》所云无极是

① 《熊十力全集》第六卷，第531页。
② 《熊十力全集》第六卷，第645页。
③ 《熊十力全集》第七卷，第29页
④ 《熊十力全集》第七卷，第176页。
⑤ 《熊十力全集》第七卷，第199—200页。
⑥ 《熊十力全集》第七卷，第199页。
⑦ 《熊十力全集》第七卷，第210页。

也。此杂老氏之迷妄，宜削。太极图下复加五行及两圆圈，此甚可笑。五行首见《洪范》，古代生产大计，特重开发金木水火土，诚哉伟大。其后术士假托五行，诚当驳斥。唯太极图昭示实体内含阴阳，不是单纯性，深得乾坤之旨，何可轻断其非出孔门乎？至于《图说》则不论作者是否为周子，实无可取。朱子为《图说》作注，尊之如六经，甚矣其愚也。”① 总的来看，熊十力否定朱子的言论更多，否定朱子的持续时间更长，因此大致可以说他对朱子持基本否定的态度。

6. 陆象山。熊十力有关陆象山的论说不多，其寥寥数论乃以肯定为主，如谓：“象山悟心外无宇宙，阳明亦云心外无物。此皆深穷实性，与梵方大乘若合符契。诸儒从自家生活里会得此理，不肯驰务论议。故非高材睿智，精思力践，罕能喻其神旨。末流之弊，耽空笼统，非其本师之过也。”② “始信象山‘心同理同’之说无可议。理有所不同者，非至理也。心有所不同者，非本心也。”③ “人生有实际生活，即不能不设定有外界，而对于外界之了解与改造之希求，自为所不容已者，云何可废外驰之用？夫外驰而不迷于物则者，斯亦神明遍照之功也，又何可废？然必有象山所谓‘先立乎其大’一段工夫，使独体呈露，自尔随机通感，智周万物，毕竟左右逢原，如此乃为极则。”④ “象山教学者先立乎其大，真千古明训也。”⑤ 熊十力对于陆象山的批评唯在以其误解《大学》格物所指示的知识论，他说：“格，至也。物，谓物质世界。格物者，言良知要推致到一切事物上来。朱子《格物补传》极是。象山倡异议，以格去物欲为释，却变乱圣言，大误后学。”⑥ 显而易见，熊十力对陆象山的肯定乃与其心本论哲学思想相一致，而其批评则体现了对于现代科学思潮的接纳。

---

① 《熊十力全集》第七卷，第509—510页。
② 《熊十力全集》第一卷，第517—518页。
③ 《熊十力全集》第三卷，第522页。
④ 《熊十力全集》第三卷，第580页。
⑤ 《熊十力全集》第三卷，第705页。
⑥ 《熊十力全集》第七卷，第199—200页。

7. 杨简。对于陆象山的弟子杨简，熊十力给予了较多关注。他称赞杨简天人一体之说曰："夫物皆互相依持，人类之在万物中也，浑然与万物同体。而惑者不知，反妄生区别，而离一己于天地万物之外，顾自视渺乎沧海之一粟也。善乎杨慈湖之说曰：'自生民以来，未有能识吾之全者，唯睹夫苍苍而清明而在上，始能言者名之曰天；又睹夫隤然而博厚而在下，又名之曰地。清明者，吾之清明；博厚者，吾之博厚，而人不自知也。人不自知，而相与指名曰彼天也，彼地也。如不自知其为我之手足，而曰彼手也，彼足也。如不自知其为己之耳目鼻口，而曰彼耳目也，彼鼻口也。是何惑乎！自生民以来，面墙者比比耶！'又曰：'不以天地万物万化万理为己，而唯执耳目鼻口四肢为己，是剖吾之全体而裂取分寸之肤也，是梏于血气而自私也，自小也，非吾之躯止于六尺七尺而已也。坐井而观天，不知天之大也。坐血气而观己，不知己之广也。'详此所云，甚有理致。"① 他反复肯认杨简的易学造诣及其由此形成的本体观说："《易》以乾元为万物之本体，坤元仍是乾元，非坤别有元也。杨慈湖深得此旨。"② "《大易》以乾为体，却是即用而显体，坤元即乾元，杨慈湖最说得透。"③ 他还极许杨简人品说："慈湖生平履践无一瑕玷，在暗室如临上帝，亹亹犹兢兢，未尝须臾放逸，其工夫严密如此。"④ 但另一方面熊十力也严厉批评杨简混淆本习，固步自封，他说："杨慈湖《家记》卷八：'孔子言操则存，舍则亡，出入无时，莫知其乡，惟心之谓欤？此言盖谓操持则在此，不操持而舍之则寂然无所有。忽焉而出，如思念外物外事，则远出直至于千万里之外，或穷九霄之上，或深及九地之下；又忽焉而入，如在乎吾身之中。然而心无形体，无形体则自然无方所，故曰"莫知其乡"，言实无乡域也。圣人此旨未尝贵操而贱舍。孟子误认其语，每每有存心之说，又有存神之说，

① 《熊十力全集》第三卷，第 345 页。
② 《熊十力全集》第三卷，第 398 页。
③ 《熊十力全集》第三卷，第 499 页。
④ 《熊十力全集》第五卷，第 221 页。

失之矣。使果有所存，则何以为神？’详慈湖所言出入之状，正是朱子所云荒忽无常，明是习心状态，而慈湖以此为本心，岂非认贼作子？至云‘圣人未尝贵操而贱舍’，且诋孟子操存之说为误，直堕罪恶丛中。慈湖误认荒忽无常之习心为本心，故欲纵任之，乃贵舍而贱操，以成其不起意之谬说。其实操存元非起意，只是任本心为主于中，而勿令习心或私意得起而障蔽之，是谓操存，并非另起一意以控制此心之谓也。……慈湖僻执不起意三字，妄谓圣人未尝贵操而贱舍，可谓无忌惮矣。舍与操存相反，即放纵之谓。一念才放，即习心或私意窃发，而本心已失，《大学》所云‘心不在焉’是也。孔子明戒舍则亡，而慈湖乃导人以舍，何耶？慈湖《家记》每妄诋前哲，其识解颇固陋而偏，虽不无妙悟处，而迷谬太多，学者不可为其所惑。”① “黄宗羲尝曰：象山以识得本体为始功，而慈湖以是为究竟，此慈湖之失其传也。……独其教人直下显体，以为不起意即无往非真体流行，不必更有所事，其实学者何堪语此？慈湖门下鲜有成才，正由其立教有失，不可无戒。”② 所有这些肯定或批评，显然也是以熊十力的哲学观为判断标准的。

8. 陈献章。熊十力欣赏陈献章的主动而贬抑其守静，有谓：“记得张东所叙陈白沙先生为学云：自见聘君归后，静坐一室，虽家人罕见其面，数年未之有得，于是迅扫夙习，或浩歌长林，或孤啸绝岛，或弄艇投竿于溪涯海曲，捐耳目，去心智，久之然后有得焉。盖主静而见大矣，白沙即于动中得静。”③ “陈白沙诗有句云‘斗大乾坤跌一交’，跌而奋跃，思齐乎上，岂不乐哉！”④ “白沙静中端倪，不必是真体呈露也。白沙有狂者胸抱，见真犹未也，虽洒脱而似失却仁。”⑤ 这些尚动黜静的论说与熊十力不辍于进取的人生观是相一致的。

---

① 《熊十力全集》第四卷，第 419—421 页。按“孔子言操则存舍则亡”一段见《孟子·告子上》。

② 《熊十力全集》第五卷，第 221 页。

③ 《熊十力全集》第一卷，第 613 页。

④ 《熊十力全集》第七卷，第 827 页。

⑤ 《熊十力全集》第八卷，第 518 页。

9. 王阳明。王阳明是熊十力最为服膺因而论述最多的先儒之一。熊十力对阳明的论述以肯定为主，但也不无批评；而对阳明后学则几乎完全给予否定。

熊十力肯认阳明对仁体本心的把握说："王阳明《大学问》发明仁体，罗念庵称其切要是也。"① "阳明诗指出无声无臭之独体是乾坤万有基，此乃于虚灵而识寂然无扰之真，方是证见本心，以视朱子止认取虚灵为真宰者，盖迥不同也。……朱注'明德者，人之所得乎天，而虚灵不昧，以具众理而应万事者也'，详此所云，其迥异后来阳明之说者，不唯虚灵不昧未即是本心而已，其甚相水火者。朱注云'具众理'，则心不即是理，但具有此理而已；阳明却云'心即理'，此为程朱后学与阳明聚讼最烈之一问题。余以为自玄学或心学言之，阳明之说是也。万化实体非是顽空，盖乃含藏万理、虚而不屈、动而愈出者也，故实体亦名真理。本心依实体得名，则于本心而云心即理，斯为诚谛，夫复何疑？程子曰'在物为理'，朱子云'心具众理'，夫理既在物，而非即心，则心如何得具有此理，程朱所不能说明也。"② "阳明彻悟本体，故将心与性、理、天、命、道等名词均说成一片，扫尽因名词而起之种种支离见解。而名词之所以不得不异，阳明亦疏抉明白，此其扶翼六经之功，极不可忘。"③ "唯王阳明《大学问》从恻隐之几指出天地万物一体之实，令人当下超脱小己，其于《易》《春秋》之元颇有契焉。"④ "阳明直就本心恻隐之端显示仁体，最极亲切。善发《易》《春秋》乾元之旨者，莫如阳明。"⑤ "阳明谈良知则非依据生理以言心，乃克就吾人与天地万物同体处说心，所谓本心是也。其咏良知诗曰：'无声无息独知时，此是乾坤万有基。抛却自家无尽藏，沿门持钵效贫儿。'此心乃科

① 《熊十力全集》第三卷，第 582 页。

② 《熊十力全集》第三卷，第 634—636 页。

③ 《熊十力全集》第三卷，第 840 页。

④ 《熊十力全集》第三卷，第 1022 页。

⑤ 《熊十力全集》第三卷，第 1030 页。

学所不容涉及者也。自此心而言，（自注：此心即良知或本心。）则知主行从，确无疑义。本心元自昭明，无有迷暗，万化之起，万物之生，万事之成，皆从昭明心地流出，非由盲目的冲动而然也。”① “孟子曰：‘学问之道无他，求其放心而已矣。’吾人本心放失，即自舍严师。心不放，即师在。孟子语曹交曰：‘子归而求之，有余师。’交自有师，惜乎其不知求也。阳明指出良知，直令学者当下自得师，犹孟氏之心印也。”② “阳明《大学问》始就吾心与天地万物痛痒相关处指示仁体，庶几孔颜遗意。”③ “阳明《语录》有曰：‘目无体，以万物之色为体；耳无体，以万物之声为体；鼻无体，以万物之臭为体；口无体，以万物之味为体；心无体，以天地万物感应之是非为体。’阳明此段语是其门人黄以方记，《明儒学案》亦采入。据此则心物本来俱有，而不可相无。心无形而体物，物凝质而从心。涵受乎心者物，引发乎心者物，从心之化裁而与之俱转者亦物。心则默运乎物，主领乎物，认识体察乎物，化裁改造乎物。二者相需以成用，不可相无。实则所云心物二者只是本体流行之两方面，此乃《大易》乾坤之奥义，而阳明子犹秉之弗失也。”④ “王阳明有言，即体而言用在体，即用而言体在用，此乃证真之谈。”⑤ “阳明倡良知说，其导引学人认识良知曰‘知善知恶是良知’，此其直捷亲切，吾何间然。（自注：阳明有时曰“知是知非是良知”，意亦同此。）良知元是本心一点明几，此一点明几，卷之则退藏于密，放之则弥六合，将从何处指示，使人知所奉持乎？阳明特提示‘知善知恶是良知’，可谓一针见血。”⑥ “王阳明诗云：‘个个人心有仲尼，自将闻见苦遮迷。而今说与真头面，只是良知更莫疑。’古代学人尊孔子者，多视为如天之不可升。阳明此诗便指出孔子真头面是一切人各自本有的，人皆可为

---

① 《熊十力全集》第四卷，第394页。
② 《熊十力全集》第五卷，第572页。
③ 《熊十力全集》第六卷，第210页。
④ 《熊十力全集》第六卷，第632—633页。
⑤ 《熊十力全集》第七卷，第53页。
⑥ 《熊十力全集》第七卷，第254—255页。

孔子，要在断尽俗根与自强不息而已。”① “唯阳明讲良知，特教学人从知是知非、知善知恶处认识本心，不失孔门规矩。”② “其实阳明自谓发明良知为千古之一快者，就于此得主宰故。阳明屡言心是身之主，而心是甚么？他解《大学》致知处，特指出良知才是心，从知是知非、知善知恶处认识他了，以至于无声无臭为万有基，这即《易》云‘乾知大始’之知。（自注：《新论》解云，以其知而大始万物也。）此知分明是主宰义。”③

熊十力称许阳明工夫理论及其实践说：“善夫阳明学派之言曰‘即工夫即本体’，一言而抉天人之蕴。东土诸哲，（自注：如儒与佛及老聃派。）传心之要皆不外此旨也。”④ “夫阳明自龙场悟后，用功日益严密，擒宸濠时，兵事危急，绝不动心，此是何等本领！然及其临殁，犹曰：‘吾学问才做得数分。’”⑤ “大人之学，由修养以几于见道，（自注：见道，即见体之谓。）唯保任固有性智，而无以染习障之，无以私意乱之，使真宰恒时昭然于中，不昏不昧，只此是万化根原，通物我为一，阳明咏良知诗‘无声无臭独知时，此是乾坤万有基’，实了义语也。此种境地，岂可由量智入手得来？”⑥ “人须有神味。如何是神味？须是将习心或意气、己见与好恶之私，一切一切剥落尽净。易言之，即想念不行，知虑都亡，而有一颗明珠灼然内在，这个却是不存而存，不识而识。到此境地，切勿滞寂而已，却要任他日用流行，自然物理人事一切昭彻，无僻固之弊。阳明先生其至乎此矣，朱子似未能也。”⑦ “阳明于推扩义极有见，《语录》有曰：‘我辈致知，只是各随分限所及。今日良知见在如此，只随今日所知扩充到底；明日良知又有开悟，便从明日所知扩充

① 《熊十力全集》第七卷，第 281—282 页。
② 《熊十力全集》第七卷，第 773 页。
③ 《熊十力全集》第八卷，第 517—518 页。
④ 《熊十力全集》第三卷，第 395 页。
⑤ 《熊十力全集》第三卷，第 420 页。
⑥ 《熊十力全集》第三卷，第 529 页。
⑦ 《熊十力全集》第四卷，第 363 页。

到底。如此方是精一工夫。’此段话好极，惜乎一向无人注意。诚深会于此者，当识得知体不可视犹明镜，而当喻如谷种，时在推扩发展中也。”① “阳明之造于道也，可谓宏大而亦密，（自注：就其知见言。）安安而不放矣。（自注：就其行持言。安安，重言之也。体道于躬，动静悉由乎天则，不待勉强，故曰安安。阳明擒宸濠时，端坐而发令遣将，绝不动心，然其存养之功，亦未尝松懈，是不放也。）……夫阳明固彰然谓心无自相，以天地万物感人之相为其自相，则心不可绝物而溺于寂静，更不可离物而驰空想或幻想，尤不可狃于故习，封于成见，安于偷惰，惮物理之无穷，而莫肯效惠子之强于物。心体物而心存，心绝物而心亦绝，此义昭然著明矣。……阳明安定西南功绩赫然，不格物而能之乎？阳明说《大学》之格物有曰：‘致吾心之天理于事事物物，是格物。’富哉斯言！深远哉斯言！夫唯心无私欲私意之累，而为纯乎天理之心，其神智清明，则其感通乎天地万物也，自能谨于操术，以求明了事物之规律，深彻事物之内蕴，不至失物之真，庶几知之明而行之利哉。此阳明之学所为以致良知立宗也。”② “《大学》曰‘致知在格物’，此‘知’字即《易》与《论语》之所谓‘智’，孟子、王阳明亦谓之‘良知’，是乃吾人本心天然之明，（自注：《易·乾卦》谓之“大明”。）不由外铄得来，不因学习始有。（自注：假若人心本无天然之明，便与土石一般，又何能学习？唯人心本明，故能学习。然本心亦只是灵明而已，却要学习而后显发其灵明之用。譬如刀锋甚锐，而藏其锋不以割物，则与无锋何异？）阳明重视此致字，吾极赞同。（自注：“致”字是启发灵智的工夫，汉以后群儒于“致”字不注意。）”③ “王阳明以人类之有同情，乃本乎一体之流露。其云一体，即全体之别称也。（自注：阳明说天地万物是一体，见《大学问》。此乃示门人之笔语，或不过百字。一者非算数之一，盖以生命不可分故，谓之一。即明示生命是全体性

① 《熊十力全集》第四卷，第 404 页。

② 《熊十力全集》第六卷，第 632—634 页。

③ 《熊十力全集》第七卷，第 239 页。

也。）阳明就人之同情，征明物我本来一体，自然痛痒相关。（自注：鸟兽亦有同情，阳明只就人说耳。）阳明以天地万物一体之论，揭示道德与事业之根柢，既不忍脱离群众忽视事功，更不忍学人之空谈道德而疏于实践，于是倡导知行合一，将道德、事业融成一贯。阳明以身作则，继述孔子《大易》之道也。”[①]“理学家真能涵养本心，在事物上磨练，运用不违物则而脱然自在，又无讲学家迂固之习，阳明先生一人而已。”[②]

熊十力激赏阳明切戒学人随顺躯壳起念，[③]他反复引述阳明此语，以为心性工夫论的禁止式表达。他说：“人只为染习所缚，即顺躯壳起念，而本心乃梏亡矣。王阳明教学者，每于此处提醒。”[④]“役于形者，阳明所云‘随躯壳起念’也。阳明此语甚深微。人生万恶，只是顺躯壳起念一语道破。”[⑤]“王阳明言一切之恶由顺躯壳起念。佛氏亦以身见为众惑之本。孟子以从小体为戒，小体即形骸也。”[⑥]“阳明诗云‘无声无臭独知时，此是乾坤万有基’，通中外古今哲学家，于此乾坤万有基，各任知解去抟量构画，戏论纷纷。阳明却反己，指出一个独知，教人当下觌体承当，何等易简！何等亲切！独知之体是汝自身天君，今乃亡失自己，而以好恶为天理，庄子哀心死，正为此辈。夫好恶者情也。好恶之情未便是善是正。好恶之得其正而善者，固是天理发用。好恶之失正

① 《熊十力全集》第七卷，第582—583页。按熊先生说《大学问》“或不过百字”，此说与《大学问》篇幅不符。

② 《熊十力全集》第七卷，第804页。

③ 阳明贬斥“从躯壳起念”之语，见《王阳明全集》，上海古籍出版社1992年版，第29页。按阳明此语显然与孟子所谓“体有贵贱，有小大。无以小害大，无以贱害贵。养其小者为小人，养其大者为大人”（《孟子·告子上》）一脉相承。阳明前辈学者陈献章《禽兽说》曰“人具七尺之躯，除了此心此理，便无可贵，浑是一包脓血裹着一大块骨头，饥能食，渴能饮，能着衣服，能行淫欲，贫贱而思富贵，富贵而贪权势，忿而争，忧而悲，穷则滥，乐则淫，凡百所为，一任血气，老死而后已，则命之曰禽兽可也”（《陈献章集》，中华书局1987年版，第61页），当亦秉承孟子大体小体思想。但阳明斥“从躯壳起念”与陈献章《禽兽说》有无相承关系，则因缺乏书证而难以断定。

④ 《熊十力全集》第三卷，第396页。

⑤ 《熊十力全集》第三卷，第655页。

⑥ 《熊十力全集》第三卷，第736页。

而不善者，则是顺躯壳起念之私情私欲，而其天理之心即所谓独知者，早已剥丧无余矣。”① “既随顺躯壳起念，即一切专为小己之私欲私意与私利上作计，人便为躯壳或小己所束缚，如蚕造茧自锢而殉没于其中，则其所禀受之乾道早已丧亡，人便变为无生命心灵之物，是可哀也。”② “凡暗室起意与触境生心及见诸行事者，一切皆以‘随顺躯壳起念’为大戒。（自注：“随顺躯壳起念”，此先哲王阳明先生语也。先生倡明良知之学，内省真切，此语甚深广大，是其平生真实得力处。）余以为人生丧失乾道，至于下坠或陷于滔天罪恶，而寻其恶根，无非‘随顺躯壳起念’而已。”③ “圣人之于坤阴有戒辞，王阳明先生得此意，教学者勿随顺躯壳起念。（自注：躯壳即坤质之凝成，阴暗性也，见利贪得，遇难欲避，乘权得势即逞野心，凡此皆随顺躯壳起念，以消减乾道之大明，凶征也。）”④

熊十力盛赞阳明对六经要旨的开显说：“《大学》一篇，总括六经之旨，而开端直曰‘明明德’，又申之曰‘自明也’。呜乎！此六经之心印也。汉唐诸儒，守文而已，知不及此。程朱诸师特表章此篇，列为四子书之一。朱子以‘虚灵不昧’释明德，则已直指心地，异乎康成之空泛无着落，此圣学之绝而复续也。然程朱犹有未彻处，要至阳明而后义解两无碍矣。启群迷而延圣慧，烈智炬以烛昏城，此恩巨可忘哉？”⑤ “至阳明子超然神悟，始发明心体即是良知，印之于经而无不合，于是专提致良知为宗旨。……阳明释经之致知为致良知，不唯深得本经之旨，盖六经宗要实在乎是。”⑥

熊十力高度评价阳明学术成就及其在学术史上的地位说：“阳明壁垒森严，虽不肯作理论的文字以发表其思想，而我们由他底语录中可考

① 《熊十力全集》第五卷，第 33 页。
② 《熊十力全集》第七卷，第 615 页。
③ 《熊十力全集》第七卷，第 624 页。
④ 《熊十力全集》第七卷，第 670 页。
⑤ 《熊十力全集》第三卷，第 633 页。
⑥ 《熊十力全集》第三卷，第 656 页。

见他底哲学是有精整伟大的系统的。他底学说虽不免有缺憾，而朱派的攻击都是胡涂地乱嚷，全不中他底病。”① “盖自阳明倡学南中，承朱子而去其短，宗象山而宏其规，洒脱而无滞碍，雄放而任自然，其后学多有擒生龙搏活虎手段，奇哉伟哉！宋学传至阳明乃别开生面。当此之时，君昏于上，学盛于下，自是而思想自由，人材众多。以逮晚明诸子，学不囿于一途，行各践其所知，庶几晚周之风，可谓盛矣！”② “程朱之学历宋元及明代，传习日久，大抵注重践履，守先师语录甚严，而于本原处无甚透悟，学日益隘，人日习于拘执。故阳明先生发明良知，令人反己，自发其内在无尽宝藏与固有无穷力用，廓然竖穷横遍，纵横自在，庄生所云自本自根，朱子咏塘水诗所谓为有源头活水来，差可形容。宋学至阳明，真上达矣！”③ “宋学自阳明初变，而心性学始上探孔孟之微。程朱派以阳明为禅，适得其反。禅家言心即是性，本有合于孔孟者。汉以来经师皆不悟心性之旨，守文而已。程朱始究心性，而所见犹未的当，至陆王乃彻悟。世儒不知禅之有合于儒，而疑陆王袭禅法，岂不诬哉！此中不及详论，须另为文言之。宋学至阳明，确为极大进步，及末流空疏，而晚明诸子又复再变。于是思想自由，更注重实用。民治论出，则数千年帝制将倾。民族义明，而文化优崇之族类方得独立自由。历算地理诸学，是时讲者亦众，科学已萌芽焉。诸子虽皆反阳明，然实受阳明之孕育而不自知耳。明世如无阳明学，则吾人之理性犹不得解放，而诸子之学术思想又何从产生乎？”④ “儒者之学，唯阳明善承孔孟。阳明以天也、命也、性也、心也、理也、知也（自注：良知之知，非知识之知）、物也打成一片，此宜深究。程朱支离，只在将心性分开，心与理又分开，心与物又分开。阳明大处深处，不独攻之者不识也，即宗之者又谁识其全耶？”⑤ “逮有明阳明先生兴，始揭出良知，令

① 《熊十力全集》第一卷，第602页。
② 《熊十力全集》第三卷，第830页。
③ 《熊十力全集》第三卷，第833页。
④ 《熊十力全集》第三卷，第844—845页。
⑤ 《熊十力全集》第四卷，第296页。

人掘发其内在无尽宝藏一直扩充去，自本自根，自信自肯，自发自辟，大洒脱，大自由，可谓理性大解放时期。（自注：理性即是良知之发用。）程朱未竟之功，至阳明而始著，此阳明之伟大也。”① “余以为千数百年来，真能学佛而不染教僻、不侈虚见、以佛精神实现之世间者，阳明子、江陵二人而已。二公皆以大儒而吸收佛法，不独释子远不逮，而儒之拘者更无可与语极则事也。”② “阳明子在明代说‘学问要识得头脑’，意义深远，百世无可弃也。”③ “晚周六国以后，二三千年间贤儒求仁而不背于孔子者，唯王阳明一人耳。”④ “孔门内圣之学，至阳明而直捷了当。……庄生以后慧高者，莫如阳明。若其直接孔门心髓，敦天地万物一体之仁，则非庄生所逮也。”⑤ “譬如孟子亦说到良知，要自阳明而后才发挥为一派之学，孟子说来却甚简约。”⑥

熊十力表扬阳明实事实功说：“唯皇明之世，阳明王子治西南夷，独注意教养，仁圣之用心，上契《春秋》新王之事，斯可贵也。”⑦ “明代哲人王阳明，能以所学见之事功，此可法也。”⑧

熊十力对阳明的肯定略如上述，而他对阳明的批评却也屡见而不一见。他批评阳明学术思想观点说：“在他底哲学上不许物离心独存，是当然的，但物只不离心而仍非无物。他底极端的‘心即理’说未免太过。没有心，固无以见物之理，然谓‘心即理’，则理绝不因乎物，如何得成种种分殊？即如见白不起红解，见红不作白了，草木不可谓动物，牛马不得名人类，这般无量的分殊，虽属心之裁别，固亦因物的方面有以使之不作如是裁别而不得者也。而阳明绝对的主张‘心即理’，

① 《熊十力全集》第五卷，第 8 页。

② 《熊十力全集》第五卷，第 644 页。江陵即明代隆庆、万历两朝重臣张居正。

③ 《熊十力全集》第七卷，第 140 页。

④ 《熊十力全集》第七卷，第 277 页。

⑤ 《熊十力全集》第八卷，第 263 页。

⑥ 《熊十力全集》第八卷，第 465 页。

⑦ 《熊十力全集》第三卷，第 1086 页。

⑧ 《熊十力全集》第七卷，第 276 页。

何其过耶？又讲哲学者，应该认定范围。物不离心独存，此在哲学另是一种观点。若依世间底经验说来，不妨承认物是离心独存的，同时不妨承认物自有理的。因为现前事物，既不能不假定为实有，那末，不能说他是诡怪不可把捉的，不能说他是杂乱无章的，他自有定律法则等等，令人可以摹准辨析的。即此定律法则等名之为理，所以物自有物之理，而非阳明所谓即心的。伊川'在物为理'之说，按之物理世界，极是极是，不须阳明于在字上添一心字，心不在，而此理自是在物的。阳明不守哲学范围，和朱派兴无谓之争，此又其短也。……主'心即理'者直从心上着工夫，而不得不趋于反知矣。主'理在物'者便不废致知之功，却须添居敬一段工夫，方返到心体上来。朱学以明体不能不有事于格物，主张甚是。王学力求易简直捷，在哲学上极有价值，惜不为科学留地位。"① "然阳明说《大学》格物，力反朱子，其工夫毕竟偏重向里，而外扩终嫌不足。……但阳明究是二氏之成分过多，故其后学走入狂禅去。"② "又如阳明云'心在物为理'，亦未安。此理之退藏于密者名心，其显为众形名物。物不离心外在，阳明所知也。然心物究是浑然一体流行不息之二方面，不可只许有心之一方面而否认物之方面，则阳明似未注意及此也。若如我义，理固即心，而亦即物，是以心知之行于物也，而见斯理之彻内外、通心物而无间焉。离心而言物，则此心何可寻物则耶？否认物而偏言理即心，则但冥心于无用之地，而万物之理不待推征而自著，是阳明后学所以见恶于晚明诸子也。"③ "中国自秦汉以来二三千年间，学人之大患，智与知识两皆湮塞。王阳明起而求智，惜为老与禅所误，反对格物，失孔子之本旨。"④ "然阳明反对格物，即排斥知识，则由其学杂老与禅，遂成此大错。"⑤ "独惜其杂染禅法，丧失

---

① 《熊十力全集》第一卷，第 602—603 页。
② 《熊十力全集》第五卷，第 8—9 页。
③ 《熊十力全集》第五卷，第 32 页。
④ 《熊十力全集》第七卷，第 247—248 页。
⑤ 《熊十力全集》第七卷，第 254 页。

孔子提倡格物之宏大规模，王学终无好影响，此阳明之巨谬也。”① “王阳明虽张天地万物一体之义，颇有得于孔子，而于裁辅之大用则茫然无体会。孔子内圣外王一贯之学，广大如天地，变通如四时。阳明当理学禅学交流之世，简单狭隘之唯心主义盛行于时，阳明受其影响，宜乎莫睹孔子之大也。至于良知之说，虽有符合于乾道，然乾道有元，阳明未究。又乾坤之义广大深远，阳明单提良知，亦未窥乾坤之蕴也。”②

熊十力还曾贬斥阳明人品说：“王守仁有术智，未能忘功名，而以圣自居，（自注：此即我执为无穷祸根。）故其党多气矜。观晚世予圣之士，其偏执妄逞，何尝不诵法姚江也。要之晚明士风近季汉，今不可取则。”③ 他甚至排斥阳明及其学派于儒家之外，其曰：“姚江一派阳儒阴释，既不自居于释，毕竟不可谓儒，故称为心学。”④ 不过这些极诋阳明的言论都发自熊十力早年，在他决志沉潜学术之后便再未见类似说法。

对于阳明后学，熊十力虽然对罗洪先、邓以赞、史孟麟等寥寥数人略有赞誉，⑤ 但总体上却是完全否定的。他说：“高言禅悦，猥以浮明，托于窃似，居以不疑，此晚世狂禅与陆王末流所以获罪而不自逭也。”⑥ “王学末流，或高谈本体，而忽略工夫，却成巨谬。”⑦ “阳明后学，或只求见本体，而疏于格物，不复注重知识之锻炼。晚明诸老如亭林、船山等病其空疏，亦有以也。”⑧ “王船山谓明季卖国者皆王学之徒，其言虽稍过，然杀熊襄愍及袁崇焕以亡天下者，固皆托于王学者也。”⑨ “以

---

① 《熊十力全集》第七卷，第 583 页。

② 《熊十力全集》第七卷，第 836—837 页。

③ 《熊十力全集》第一卷，第 40 页。

④ 《熊十力全集》第一卷，第 23 页。

⑤ 见《熊十力全集》第三卷，第 348、402—404、931 页；第四卷，第 262—263、438 页。

⑥ 《熊十力全集》第一卷，第 641 页。

⑦ 《熊十力全集》第三卷，第 396 页。

⑧ 《熊十力全集》第三卷，第 668 页。

⑨ 《熊十力全集》第三卷，第 671 页。

自性至大无外，而忘却形骸的小己虽本具有自性，亦可以坠退而障其自性，竟妄计自性至大无外，即是小己之至大无外，于是起大我慢，以为自性外无天无帝，无所严畏；以无所严畏故，卒陷迷妄，无所依归，如吾国明季王学末流'满街都是圣人'，正中此病。"[①] "见体以后，必依性智而起量智，即昔儒所谓不废格物穷理之功是也。此但为耽虚溺寂者防其流弊，如阳明后学盛谈本体，而于综事辨物之知则忽焉而不求，此可戒也。"[②] 关于阳明后学产生流弊的原因，熊十力有时归咎于阳明本人，如谓"王阳明《大学问》发明仁体，罗念庵称其切要是也；而反对程朱《大学格物补传》，则有体而无用，甚违经旨，其末流成为禅学，为世诟病，有以哉"[③]，"阳明后学多喜享用现成良知而忽视格物，适以自误，此亦阳明讲格物未善所至也"[④]，"阳明究是二氏之成分过多，故其后学走入狂禅去"[⑤]，"物不离心外在，阳明所知也。然心物究是浑然一体流行不息之二方面，不可只许有心之一方面而否认物之方面，则阳明似未注意及此也。……离心而言物，则此心何可寻物则耶？否认物而偏言理即心，则但冥心于无用之地，而万物之理不待推征而自著，是阳明后学所以见恶于晚明诸子也"[⑥]，"阳明本人尚于伦物处做扩充工夫，但其教人仍偏于立本与向里，故门下多入狂禅去"[⑦]。但有时熊十力又将阳明与其后学加以区分，为阳明辩护而认定后学流弊咸由其自己，如谓"明季王学末流之弊，甚可戒也（自注：一旦有悟，便安享现成，流入猖狂一路。晚明王学，全失阳明本旨，为世诟病。……后学空谈本体，非阳明之罪人哉！）"[⑧]，"阳明殁后，凡为致良知之学而至于不事

① 《熊十力全集》第五卷，第422页。
② 《熊十力全集》第八卷，第166页。
③ 《熊十力全集》第三卷，第582页。
④ 《熊十力全集》第四卷，第407页。
⑤ 《熊十力全集》第五卷，第9页。
⑥ 《熊十力全集》第五卷，第32页。
⑦ 《熊十力全集》第八卷，第517页。
⑧ 《熊十力全集》第三卷，第420页。

格物者，皆非阳明本旨也，而论者归咎阳明可乎？阳明安定西南功绩赫然，不格物而能之乎”①，“阳明曰‘良知是无知无不知’，此语极是。后学误解无不知三字，便以为不待向外求理，是乃空虚自误。实则无不知者，谓其有无限的可能而已。良知毕竟要格物才成就知识”②。凡此对阳明与其后学流弊之关系的相反评论，乃至对阳明人品学品的褒扬和贬责，当然不是熊十力的信口腾说，而是与其发论背景以及学思开展密切相关的。无论如何，熊十力对阳明的肯定性评论更多，因此可以说他对阳明基本上是抱持服膺态度的。

10. 罗洪先。熊十力对罗洪先略有批评而多所肯定。他批评罗洪先针对“只在发用处说良知者是直以作用为性体”而“救之以归寂”，乃是“于作用见性意思似亦不无稍阂”；在熊十力看来，“夫归寂诚是也，而寂然真体毕竟不离发用，如或屏用而求寂，其不为沦空之学者鲜矣，尚得谓之见性乎”③。显而易见，熊十力此处对罗洪先的批评乃是以肯定为前提的。除此之外，熊十力其他涉及罗洪先的言论几乎全为肯定，如谓“罗念庵主归寂，世或以禅议之，然念庵极表章《大学问》，终不失儒学根源”④，“罗念庵先生有云：近来见得吾之一身当以天下为己任，不论出与处，莫不皆然。真以天下为己任者，即分毫躲闪不得，亦分毫牵系不得。古人立志之初，便分蹊径。入此蹊径乃是圣学，不入此蹊径乃是异端。阳明公万物一体之论，亦是此胚胎。此方是天地同流，此方是为天地立心、生民立命，此方是天下皆吾度内，此方是仁体。孔门开口教人，从此立脚跟。后儒失之，只作得必信必果，硁硁小人之事，而圣学亡矣！（力案：此是念庵大眼孔处。）……念庵此一段话，至为警切，吾故举以示诸生。诸生能发心立志而公一己于天地万物，与为一体，如此方是尽人道也，亦必如此而后见得天下事皆己分内事，而任

① 《熊十力全集》第六卷，第 634 页。
② 《熊十力全集》第七卷，第 263 页。
③ 《熊十力全集》第三卷，第 391 页。
④ 《熊十力全集》第三卷，第 931 页。

事之勇自生”①，“私欲净尽，杂念不起，即见性之候。湛然虚明，乃是真体当下呈露，其生生不息与恻悱不容已之几，油然畅然。明儒罗念庵已近此境地矣”②。可以说，熊十力对罗洪先的评论以肯定为主且愈来愈高，这在他的儒学论说中是不多见的。

11. 刘宗周。熊十力对刘宗周几乎完全持否定态度，其曰：“夫心无定在，而无所不在，而曰人心径寸耳，则蕺山根本不识此心也。彼所谓径寸之物，乃心脏也，是物而非心也。至以虚生灵、灵生觉、觉有主言意，尤滋混乱。如彼所计，心脏径寸之物，即空中四达，其虚亦有限矣，如何生得灵来？更如何生得觉来？且云觉有主，此主为即觉耶？为非觉耶？即觉则不当更有主，非觉则此主何来？蕺山误处甚多，吾欲辨正之而未暇。其言意者，特其谬误之一耳。”③“念台言意有定向，不悟有定向者，乃良知之发用自然如是，非可于良知或心体之上别构一重意来说有定向也。念台曰‘《大学》之言心也，曰忿懥、恐惧、好乐、忧患而已，此四者，心之体也’，此言明明违背经文；经曰‘有所忿懥则不得其正’乃至‘有所忧患则不得其正’，今乃曰此四者心之体，此成何话？夫专以情言心体，则心乃佛氏所呵为无明之心也。《大易·乾卦》以仁显心体，而必曰大明，必曰知，岂有离知与明而言情可以指目心体者乎？念台此语已罪过无边！其下文即径接曰‘其言意也，则曰好好色、恶恶臭，好恶者，此心最初之几，即四者之所自来’，此语尤邪谬！夫善言此心最初之几者，孟子四端千的万当，以其于性之见端处言情，则情为随顺大明真体而显发之情，故此情即性，而非好好色、恶恶臭之情也。好好色、恶恶臭之情是与形骸俱起之习气所成，非真性也。此等好恶，无有大明或良知为之宰也，念台谓为忿懥等四者之所自来诚是也。《大学》说此四者令心不得其正，念台乃谓此四者来自此心最初之几，何其邪愚至是乎！以念台之说与孟子四端之说对照，稍有知者，孰

① 《熊十力全集》第四卷，第262—263页。

② 《熊十力全集》第四卷，第438页。

③ 《熊十力全集》第三卷，第655—656页。

忍朋念台而违孟子乎？念台又承上而言之曰‘故意蕴于心，非心之所发也’。彼既以忿懥等四者所自来之好恶之初几言意，又即以意蕴于心而非心之所发，是其为说明明将心与意区别两层来说，蕴于心者方是意，则意不即是心也明甚。其下又径接之曰‘又就意中指出最初之几，则仅有知善知恶之知而已，此即意之不可欺者也，故知藏于意，非意之所起也’云云。夫念台在上文明明诬《大学》而横计曰‘其言意也，则曰好好色、恶恶臭，好恶者，此心最初之几’云云，是明明以好恶之情言意，今却曰‘就意中指出最初之几，则仅有知善知恶之知而已’，夫好恶之情中而有知善知恶之知，则此知必是佛家随惑中所谓不正知，必非良知之知也。夫贞明而无障蔽者，心体也，《易》义如是，释与道亦同证及此，未有指好恶之情为心体者也。好恶之情，形而后有者也。若认贼作子，则本明之心既失，好恶如何得正乎？王学末流至于念台，不堪设想矣！今日尚可张此迷雾乎？其曰知非意之所起却是，曰知藏于意便大迷谬。念台所谓意者，好恶之情也。好恶不失其正者，固是良知发用，不当曰此知藏于好恶中也。好恶失其正时，良知早已被障，而谓良知藏于好恶中可乎？”①“意为主宰之说，始于泰州之徒王栋，念台实受影响，其弟子梨洲不讳言之也。此实胡说。……以之说《大学》，万不可。……若不关《大学》而别作义，则亦不通。……良知明明是主宰，今不自反，而妄想一个‘意’来做主宰，王栋固误，念台师弟更从而误。……念台思想混乱，彼为东林党魁，立身端谨，物望所归，梨洲又崇之，故为一代大宗，实则其于学术无甚真见。”②“若如念台主张在好恶之情中有知善知恶之知，则此知缘情而发，已蔽于情，而早违失其虚寂、明炤、健动之本体，欲其有正知而认清善恶，不至颠倒黑白、变乱是非者，断不可能！余非谓情可遏绝也，要在发见自家固有贞明之体，

---

① 《熊十力全集》第五卷，第 219—220 页。按“夫贞明而无障蔽者”之“夫”原文误作“失”，“今日尚可张此迷雾乎”之“今”原文误作“念”，均径改，见第八卷第 531 页可证。

② 《熊十力全集》第八卷，第 517—518 页。

方得情无迷乱，于是知善而必好、知恶而必恶者，一皆不失其理之大正。若不自识其内在固有贞明之主宰，而竟于好恶之情中求所谓知善知恶之知以为主宰，是率人类而任情灭性，将随好恶以乱善恶之真，而生人之祸亟矣！”[①] 凡此皆斥责刘宗周误解《大学》心、意、知之说而对儒家心学全无了解，下语极重。熊十力还说“念台，东林党魁也。东林在当时是非甚不明白，亡国之罪无可逭。抚今思昔，吾犹有痛也！……何怪东林党人变乱黑白，颠倒是非，非杀熊江夏拥王化贞，以亡尔国家奴尔种类乎？……在好恶之情中而言知善知恶，此正是今日人心陷溺所在，今人丧尽良心正在此，不谓念台衣钵流传至今？此吾所大痛也”[②]，直将明朝灭亡、世风日下、道德沦丧的原因归咎于刘宗周学术思想之误导！

12. 黄宗羲。熊十力一度不喜黄宗羲，鄙薄其人品曰：“宗羲最不光明，《原君篇》系窃人之说以为己说。”[③] 所谓“窃人之说”指黄宗羲《原君》剽袭宋元之际人物邓牧的《君道》《吏道》等文，所以熊十力又说“黄梨洲《原君》全本邓牧”[④]。熊十力并贬斥黄宗羲的思想观点说：“宋明末叶底理学家，都是好闹意见，至国亡而犹不悟。举一个例子，如吾家襄愍公，清乾隆帝常思之曰，明朝不杀熊廷弼，我家不得入关。可见襄愍在当时是关系中国存亡底一个人。而黄宗羲《明儒学案》上良知大家邹元标者，就是甘心亡国以杀害我襄愍公底主要犯。元标顽犭间不足责，宗羲以遗老自命，于此事亦为元标文其奸，可见宗羲把意见做天理了。”[⑤] 不过后来熊十力又连同明清之际诸儒一并赞扬黄宗羲的民族、民主、民治、科学诸观念，有谓：“亭林、船山同注重学风士习，此实民治根源也。中国而欲转危为安也，王、顾诸儒之学，其可不急讲乎？黄梨洲《明夷待访录》，亦言民治，颜习斋四存之论，尤为民治本

① 《熊十力全集》第八卷，第532—533页。
② 《熊十力全集》第八卷，第529—531页。
③ 《熊十力全集》第一卷，第631页。
④ 《熊十力全集》第三卷，第563页。
⑤ 《熊十力全集》第一卷，第631页。

根。"① "民治民族等思想，王、顾诸儒发明甚透，梨洲亦相羽翼。"② "晚明船山、亭林、习斋、梨洲、晚村诸子承宋学、王学之绪而发起新变化，《读经示要》曾略言之。（自注：旧作《示要》，未言及傅青主，此是一大疏脱。青主于民主思想、民族思想皆极真切，惜其微言以见志，人或不察。）诸子致力于学，颇注意观测事物，虽博极群书，而不谓读书即是学问，此与考据家死守书册者迥异，而理学家空谈心性者尤所不取。亭林、船山此种态度更显著，是为变化之最大者。民主思想、民族思想一向被奴儒埋没，无从启发，而诸子脱然超悟，此一变化更奇特。"③ "唯晚明顾亭林、王船山、黄宗羲，由治史而发生民主与民族思想，清人复斩其绪。"④ 当然熊十力并不认为黄宗羲以及明清之际诸儒完全超脱了时代局限，他说："独惜诸子虽反帝制而犹不能完全扫除汉宋以来根深蒂固之奴化，易言之，封建社会礼制与纲常名教之信条，诸子犹被牵缠，不能自拔。"⑤ 熊十力还一方面称赞黄宗羲注重观测外在事物，另一方面又称赞黄宗羲不满足于向外求理，他说："明儒黄梨洲讥世儒向外求理。然在科学，固贵外求。若就哲学言之，虽亦设定外界，不遗物理，但其究极，要在反己而识自本自根，非可向外觅本根也。……梨洲讥向外求理，若以对治西洋哲学，自是良药。"⑥ 这是对黄宗羲既接纳科学而又超越科学归本体认的认识论思想作了双向肯定。

13. 顾炎武。熊十力对顾炎武多推尊而少批评。他赞扬顾炎武"上溯晚周儒家思想，而不以宋明诸师底半倾佛化为然，这个精神极伟大"⑦，"其平生之学注重实用，孜孜以开万世之太平为己任，其愿力宏，其气魄大，其勇毅无所馁，庶几方正学笃信王道可行于后世之志

---

① 《熊十力全集》第三卷，第 838 页。
② 《熊十力全集》第三卷，第 856 页。
③ 《熊十力全集》第五卷，第 769—770 页。
④ 《熊十力全集》第六卷，第 393 页。
⑤ 《熊十力全集》第五卷，第 770 页。
⑥ 《熊十力全集》第三卷，第 732 页。
⑦ 《熊十力全集》第一卷，第 637 页。按此语一并赞扬王夫之和颜元。

矣，真仁人也”①，“遭亡国之运，虽未能以孤掌支大厦，而其不忍同类之戮辱，忧思人道之昏暗，与其为天地立心、为生民立命、为往圣继绝学、为万世开太平之悲怀弘愿，至今有识者读其书，犹感发兴起而不容已”②，“尚博物，而能念念不忘返已自治之功，敦仁发智，卓然匡宋明，超汉唐，虽承汉以来二千余年思想界锢闭之患，成就犹未如其所志，而其德量识量已远大矣”③。他称许顾炎武知耻之说曰：“顾亭林曰：‘自一身至于家国天下，皆有耻之事。’今所谓文明国之人，于日常小节处唯恐失礼，而于国交上，则自私自利，狡变万端，卑劣至极，是以为天下事可以无耻行之也，何其与亭林之言反耶？”④ 他标举顾炎武民治民主思想说：“顾亭林之民治思想，足与船山互相发明。……按今之言治者，辄曰中人主张治起于上，西人主张治起于下，其言中国者，徒知秦汉以后之事耳。《周官》之地方制度与管仲之治齐、蔿敖之治楚、子产之治郑，孰非主张治起于下者乎？柳宗元能识古之治道，唐以来儒生皆不识宗元意，唯亭林能发之。……亭林、船山同注重学风士习，此实民治根源也。中国而欲转危为安也，王、顾诸儒之学，其可不急讲乎？”⑤ “亭林尤朴厚，其学之方面极广，而所成就皆极伟，然主要者在政治哲学，《日知录》一书即发表其政治哲学者也。是书外表为一考据家之笔记，而内容博大深远，乃其政治思想之所寄，为极有体系之著作，如教化根原、学风士习污隆、社会习俗好坏、法纪度制得失、食货蓄耗乃至河渠道路兴废，皆征诸当世，而上下古今以推其变。根本主张厥唯民治，故于地方政制考证极详。废君权而行民主，亭林确有此意，比太冲《原君》尤明白彰著。”⑥

熊十力对顾炎武的批评集中于两个方面，一是哲学思想肤浅，如谓

---

① 《熊十力全集》第三卷，第1051页。

② 《熊十力全集》第五卷，第51页。

③ 《熊十力全集》第七卷，第272页。

④ 《熊十力全集》第三卷，第598页。

⑤ 《熊十力全集》第三卷，第836—838页。

⑥ 《熊十力全集》第三卷，第842页。

“亭林于本原处所造殊浅”①，“亭林先生博学，治史有感而创发民主思想，惜乎未达经义”②，“顾翁弘博，惜未闻道”③；二是社会政治观点尚欠通透，如谓“王船山、顾亭林皆不免程朱锢习，并于江陵不乐道之，不悟江陵政事明与商韩反，王顾殆以褊衷而未之考也”④，“西京诸儒犹有存孔门古义者，东京之儒则为纲常名教所束缚。党人习于气矜而无实行、无正见，浮华脆弱……顾亭林称美东京，何其识之下哉”。⑤

14. 王夫之。王夫之是熊十力继王阳明之后特别服膺因而论述特多的又一位先儒。随着学思的发展成熟，熊十力对王夫之的认识和评价发生很大的甚至是截然相反的转变。早年熊十力完全赞同王夫之的进化论历史观，对王夫之乾坤并建的哲学二元论也持基本肯定态度。1913年《健庵随笔》说：“道在器之中，有气则有理，有质则有神。神非离质而有，理非离气而有。形上形下，非截然为二。故天下未有有其器而无其道者也。如父子器也，有父子而有孝慈之道。弓矢车马器也，有弓矢车马而有射御之道。器演而日进，道即演而日进。是故洪荒无唐虞耕稼之道，夏商无秦汉郡县之道，唐宋元明无今日中外大通之道，则今日无后世之道多矣。……若夫以器为秕糠，求道于冥漠者，乌足以尽道哉！《易》以乾坤并建为宗，（自注：王船山曾言之。）故乾坤二卦明宇宙开发之故，曰‘大哉乾元，万物资始’‘至哉坤元，万物资生’，所谓二元说也。天下事势，恒以二端相待相反而成变化，此圣人所以执两用中乎？非知化者，不足以语之。《易》曰乾元坤元，为二元矣。《春秋》以元统天，元不言二，是一元也。《易·系传》曰‘易有太极’，太极者，乾坤细缊之实体未兆乎形者也。然则二元本乎一元矣。”⑥ 此处表

---

① 《熊十力全集》第三卷，第1051页。

② 《熊十力全集》第七卷，第616页。

③ 《熊十力全集》第七卷，第654页。

④ 《熊十力全集》第五卷，第581页。按江陵即张居正。

⑤ 《熊十力全集》第五卷，第761页。按西京东京即西汉东汉，典午乃两晋司马氏之隐语。

⑥ 《熊十力全集》第八卷，第14—15页。

达的先器后道、道随器进的观点显然秉承王夫之《周易外传·系辞上传第十二章》的言论①，而乾坤并建说也本于王夫之《周易内传·上经乾坤》的说法②。其时熊十力还盛赞王夫之"实三代后圣人也，其学之大者，在以道器为一源，形上形下为一体，有无虚实聚散为一贯，昼夜古今为一致，平陂顺逆为一途，旁行而不倚，圆神而不流，所谓穷神知化，德之盛也，非天下之至精，奚足以语此"③！此后十余年间，熊十力持续推尊王夫之的进化论思想，同时否定绝对恒常的一元本体，他说："衡阳王子之言性也，可谓深了生灭矣。……综前所述，则知性者即生灭不已之生力，而非可悬拟一恒常不变之理体以为性。此诚王子独到之解，为宋明诸儒所不能论，故表而出之。"④

但至"新唯识论"哲学体系完成，特别是1944年《新唯识论》语体本全部译出之后，熊十力逐渐对王夫之的进化论历史观和哲学二元论予以颠覆性否定。在《新唯识论》语体本中，熊十力说："船山说《易》，颇有二元论的意思。（自注：船山说《大易》乾坤并建，乾表神明，坤表形质。）本论所云体用之旨，盖非船山所及悟，故非真知变者也。"⑤"夫理无不备而用待以成，故用相之现也，乃即相即理。用相有所未现，而理体元无不备，则不可妄臆相方未生，即无有此理也。异哉王船山之说曰'天下唯器而已矣。道者，器之道也。无其道则无其器，人皆能言之。虽然，苟有其器矣，岂患无道哉？无其器则无其道，人鲜能言之，而固其诚然者也。洪荒无揖让之道，唐虞无吊伐之道，汉唐无今日之道，则今日无他年之道者多矣。未有弓矢而无射道，未有车马而无御道，未有牢醴璧币钟磬管弦而无礼乐之道，则未有子而无父道，未有弟而无兄道，道之可有而且无者多矣。故无其器则无其道，诚然之言也，而人特未之察耳'。详船山所谓道，相当吾所谓理。船山所谓器，

---

① 见《船山全书》第一册，岳麓书社1996年版，第1028页。

② 见《船山全书》第一册，第41页。

③ 《熊十力全集》第八卷，第23页。按此语一并盛赞周濂溪和张横渠。

④ 《熊十力全集》第一卷，第466—468页。

⑤ 《熊十力全集》第三卷，第356页。

相当吾所谓相。由船山之说，则理体非固有，非大备，非圆满无亏之全体，直须有如是相，而后有如是理。相方未现，即固无此理也。然则用固无体，凭空突起乎？如观海者不悟众沤以大海水为体而始起，乃直谓其凭空突起，则人无不笑其倒妄者，船山之见又何以异是？夫用则屡迁，而理唯法尔完具。人类未生时，而为父为兄之理固已先在。牢醴璧币钟磬管弦此等事物未出现时，而为礼为乐之理要皆先在。推之未有弓矢车马，而射御之理先在。及凡古今异宜之事，当其未现，而理自不无。夫理备而数立，相则理之乘乎数以动而始显。理数者，无假于相而固存，而相则依理数以显。但理之成乎相也，以其圆满大备之全体，深远无穷极，浩浩如渊泉而时出之。夫出者，渊泉之实现也。时时不已于出，则渊泉终不能举其自所固有者而完全实现之。有余故不竭也。理体现为用相，亦同此况。故相不即是理之全现，而理恒极备矣。”① “《易》家谈阴阳二气，有近二元论者，如王船山《易》内外传极多精义，然其言‘乾坤并建’，颇近二元，根本处却未透。”② “船山固宗《大易》者。《易》首乾坤，而曰‘大哉乾元，万物资始’‘至哉坤元，万物资生’，试问此是妄立一体否？《大易》开宗明义，若不立体，则《大易》还为言道之书否？《论语》首提出一学字，学者觉义，觉即心之本体；《大学》首提出‘明明德’；《中庸》首提出‘天命性道’，此皆妄立一体欤？……言道之书，原为显示本体，引人穷入无上实际理地，今乃诋以‘妄立一体’，此成何义？故从言道之宗趣而谈，船山似忘却玄学之所穷究者为何事。”③ 在1945年《读经示要》中，熊十力继续反复批评王夫之的本体观谬误，他说：“王船山妄驳二氏同人于天，遂以性与天道强分层级，此乃以褊心而误解圣言，不可从。……万物由道而成，譬如众沤由大海水而成，学者于此深心体玩，则知王船山以天道与性命分层级与大小之说，其为戏论不待言。船山平生痛诋姚江，以为淫于二氏。其实姚江于

① 《熊十力全集》第三卷，第362—364页。

② 《熊十力全集》第三卷，第495页。

③ 《熊十力全集》第三卷，第543—544页。

本原处确有悟，船山反之，适以自蔽耳。”① “船山于本原处不能无误，其言乾坤并建，盖未达体用不二之旨，遂有此失。坤元亦是乾元，非并立也。……船山未见本体，盖由反对阳明与佛老之成见误之也。”②“二千年来，《易》之大义湮绝已久，晚明王船山作《易外传》，欲振其绪，然于体用之义未融，情性之分莫究，天人之故犹未昭晰，羽翼《大易》疑于弗备。”③ “王船山《易传》主张乾坤并建，颇近二元论，此非孔子旨也。”④ 至1956年《原儒》以迄1961年《乾坤衍》，熊十力还喋喋批评“六十四卦以乾坤居首而建乾元，坤之元即是乾之元，本非二元，此七十子相传遗教，汉人犹存兹古义。王船山《易传》乾坤并建之说，殊未安”⑤，“乾坤名为二卦，实不可剖分为两体，故曰乾坤居首。王船山‘乾坤并建’之言便有病在”⑥，“坤之元即是乾之元，非坤别有元，此七十子传授先师遗说，而汉人犹存之者也。王船山《易》内外传不悟乾元坤元是以乾坤之本体而言，乃有乾坤并建之说，颇有二元论之嫌”⑦，“晚明王船山作《周易》内外传，倡乾坤并建之说，颇近于二元论。船山时有精思，而未识孔子之旨，则无可为之讳也”⑧，“乾元、坤元，唯是一元，不可误作二元。（自注：王船山《易传》便有二元之过。）克就乾而明示其元，则曰乾元。克就坤而明示其元，则曰坤元。实则元，一

---

① 《熊十力全集》第三卷，第570页。所谓“王船山以天道与性命分层级与大小”，熊先生另有述评曰：“王船山《读四书大全说》言‘天大而命小，命大而性小’，则有彼此之层级大小，实不悟天命性也。”（见《熊十力全集》第五卷，第425页。）“天道在人，即名为性，非性与天道为二也。记者下一与字者，盖言天道则无定在而无所不在，万物皆由天道而成也；言性则克就天道之在人而言，故举此二名，不得不用一与字，此文法当然耳。王船山遂因此与字，而将性与天道分层级。彼欲以层级思想反对佛教，实自陷于错误。”（见《熊十力全集》第六卷，第675—676页。）

② 《熊十力全集》第三卷，第839—840页。

③ 《熊十力全集》第三卷，第916页。

④ 《熊十力全集》第三卷，第963页。

⑤ 《熊十力全集》第六卷，第607页。

⑥ 《熊十力全集》第六卷，第613页。

⑦ 《熊十力全集》第六卷，第686—687页。

⑧ 《熊十力全集》第七卷，第517页。

而已，岂可曰乾坤各有本原乎”①，“王船山屏弃汉《易》之唯乾，而主张乾坤并建，又不免二元之失”②，“晚明王《传》，失在二元（自注：王船山有《周易内传》及《外传》，主乾坤并建，未免二元。）”③，“王船山不识乾元、坤元二名之义例而谬主二元，圣学湮绝久矣（自注：船山《易传》主张乾坤并建，成二元之论。）”④，“乾坤非各各独立之两物，故乾坤之实体是一元，定非二元。王船山乾坤并建之主张根本错误”⑤。至于贬斥王夫之“根本未彻”“不见本体”“本原有未透”“于本原处始终不透”“其学于本源殊未彻”“船山自命体用兼赅，而实不见体”云云，⑥ 也是所在多有，屡见而不一见。

除了批评王夫之的进化论历史观和哲学二元论，熊十力还批评王夫之“不了孔子意思，其《读四书大全说》直以天道为超脱吾人而外在者，迷谬殊甚。墨翟之言天，盖视为外界独存，以此矫异于儒，而适成其惑。船山反阳明，而卒陷于墨”⑦，“此书（按指《读四书大全说》。）谈心地工夫，于矫正阳明后学之误及狂禅之病未尝无当，然以攻阳明却是错误。其言存养诸义，又似于本体上欲有所增益，意在反阳明而实自误也”⑧，“船山挟一反对阳明之成见，故终不悟性，时而说得近是，时而又成差谬。既不见性矣，而心之发用，何以不即是性，而成乎妄情或私欲，则亦不能知其所以也”⑨，“船山抨击阳明之良知说，以为良知只是孤明，不足靠。读者每不解孤明之义。余曰：船山意谓良知只是一个空洞的知，没有情意的力用，所以说为孤明。实则船山此意，若以之言

① 《熊十力全集》第七卷，第 524 页。

② 《熊十力全集》第七卷，第 545 页。

③ 《熊十力全集》第七卷，第 556 页。

④ 《熊十力全集》第七卷，第 572 页。

⑤ 《熊十力全集》第七卷，第 643 页。

⑥ 见《熊十力全集》第三卷，第 841、856 页；第五卷，第 193 页；第六卷，第 631 页；第八卷，第 519 页。

⑦ 《熊十力全集》第三卷，第 400 页。

⑧ 《熊十力全集》第三卷，第 841 页。

⑨ 《熊十力全集》第三卷，第 918 页。

知识，当无不可；而以之言良知，便大谬。船山于孔子之道尚有未曾融化会通，其说不能无病。……船山以智为孤明，不独诬阳明，其于孔子所宗之仁恐犹未彻在”①，这是指出王夫之因一意反对阳明学以致自陷于谬误境地。熊十力还责备王夫之如同宋儒一般缺少活泼生气，其曰“程子见谢上蔡读史而斥为玩物丧志，王船山《俟解》有一则引此，而申之曰：‘所恶于丧志者，玩也。玩者，喜而弄之之谓，如《史记·项羽本纪》及《窦婴灌夫传》之类，淋漓痛快，读者流连不舍，则有代为悲喜，神飞魂荡而不自持。于斯时也，其素所志尚者不知何往，此之谓丧志，以其志气横发，无益于身心也。’船山此等处，却未脱宋儒桎梏。读史而遇可歌可泣可哀可怒之境而绝不发生同情，尚得谓为不失其心性之人乎？……船山言志气横发无益于身心，此是极大错误”②。对于王夫之的《易》学研究，熊十力也认为存在偏失，有谓“王船山《周易外传》反对汉《易》之卦气等说，但于汉《易》各派似乎涉猎不多。……船山入清，窜身瑶洞，其学宏博，恐未暇纷神于古术数之探索。船山未睹汉《易》整体之容貌，不能认清汉《易》是古代术数家言，此其大阙，无须讳言也”③，“船山治《易》而承王弼、程伊川之谬妄，绝不注意于《易》之古象，是以不能明了《易》义，竟有疑经而逞臆说之过”④。

不过，尽管熊十力自“新唯识论”哲学体系完成之后对于王夫之的学术思想多有批评，但是比较而言，他一生中对王夫之的肯定还是更多于批评。他称赞王夫之透悟体用一如之妙义曰：“王船山云：‘大化周流，如药丸然，随抛一丸，味味具足。’此已有窥于圆满之义。”⑤ 他同意王夫之对偏尚思辨、妄构本体的批评道：“船山云：‘偶乘其聪明之变，施丹垩于空虚，而强名之曰体，聪明给于所求，测万物而得其形

---

① 《熊十力全集》第七卷，第 258—259 页。

② 《熊十力全集》第六卷，第 434—435 页。

③ 《熊十力全集》第七卷，第 482 页。

④ 《熊十力全集》第七卷，第 871 页。

⑤ 《熊十力全集》第一卷，第 456 页。

影，则亦可以消归其用而无余，邪说自此始。’此自不得而妄构者言，至为精鉴，古今玄学家不当受此痛棒者，有几何哉!”① “哲学之本务不明，偏尚思辨者，极其能事亦不过如船山所云‘测万物而得其形影’。余每谓船山此语甚精，如科学知识，亦不过图摹宇宙，非可穷其底蕴，得其实相。哲学上由思辨构成之理论与科学之图摹无异，本其摹形捉影之所获而构成一套理论，如蛛结网，徒以自缚而已。”② 他推举王夫之对《易》理的阐发说：“王船山《易传》有云：‘不惮玄黄之血，天地以杂而成功。’至哉斯言！有所伤者有所成也。若拟断义于不生，其见远出船山下。”③ “王船山曰：‘顺以受物，合天下之智愚贵贱，皆顺其性而成之。不以已之所能责人之不逮，仁礼存心而不忧横逆之至，物无不载也。’船山所言虽未及为政，而为政亦不外是。夫受众庶之推而持天下之柄者，不忧群志之不孚，而开诚以与天下相见，则顺物之性而成之，何不孚之有？不恃己之能以宰制万类，而天下皆有其可尽之能。仁以贞天下之志，礼以通天下之情，天下自消其险阻，而游于大同之宇。故厚德载物，《易》所以立人道之极，定至治之则，由之则吉，失之则凶。”④ “（《坤》）六四，括囊，无咎，无誉。……若王船山当明之亡，屡谋光复，而卒不获，乃窜身瑶洞，著书以待后，符此义也。《象》曰：括囊无咎，慎不害也。船山曰：‘欲退藏以免于咎，则无如避誉而不居。危言则召祸，诡言则悖道。括囊不发，人莫得窥其际，慎之至也。’按船山释此爻之义甚精。君子处变之道，有时不得不如此。”⑤ 他褒扬王夫之的文化民族主义思想云：“清季学人都提倡王船山民族主义，革命之成也，船山先生影响极大。然船山民族思想确不是狭隘的种界观念，他却纯从文化上着眼，以为中夏文化是最高尚的，是人道之所以别于禽兽的，故痛心于五胡辽金元清底暴力摧残。他这个意思，要把他底全书

① 《熊十力全集》第三卷，第 545 页。
② 《熊十力全集》第三卷，第 548 页。
③ 《熊十力全集》第二卷，第 531 页。
④ 《熊十力全集》第三卷，第 967 页。
⑤ 《熊十力全集》第三卷，第 971 页。

融会得来，便见他字字是泪痕。然而近人表彰他底民族主义者，似都看作是狭隘的种界观念，未免妄猜了他也，他实不是这般小民族的鄙见。须知中夏民族元来没有狭隘自私的种界观念，这个观念是不合人道而违背真理且阻碍进化的思想，正是船山先生所痛恨的。船山志在中夏文化之复兴，而以蛮族暴力与印度佛教思想，视为有一致排斥之必要。”[①] 他钦敬王夫之人品学品曰："船山本晚明大思想家，吾平生服膺甚至!"[②]“王船山先生自题其座右曰‘吾生有事’，此是何等胸怀！吾人可不猛省!"[③]“王船山、顾亭林诸老先生遭亡国之运，虽未能以孤掌支大厦，而其不忍同类之戮辱，忧思人道之昏暗，与其为天地立心、为生民立命、为往圣继绝学、为万世开太平之悲怀弘愿，至今有识者读其书，犹感发兴起而不容已。”[④]“余平生于古今人，多有少之所歆，移时而鄙，独至船山，则高山仰止，垂老弗变，其书感人之深如此。”[⑤]“船山思想多独到，自是汉以来所罕觏。……汉以下，有哲学天才者，莫如横渠、船山。船山伟大，尤过横渠矣。”[⑥]“晚明王、顾、颜三君子之书，吾少时读之，感觉其字字从真怀本愿流出。三君子并尚博物，而能念念不忘返己自治之功，敦仁发智，卓然匡宋明，超汉唐，虽承汉以来二千余年思想界锢闭之患，成就犹未如其所志，而其德量识量已远大矣。(自注：清季革命之民族与民主等思想及注重格物的觉悟，皆三君子启其端。)”[⑦]“船山《易传》在汉宋群儒中独有精彩，虽有二元之嫌，其犹白日有时而蚀，终无损于大明之光也。”[⑧]“船山骨髓是儒家，本源深厚。”[⑨]“王船山曰‘恶莫大于偷，偷莫甚于浅薄’云云，此千古

---

① 《熊十力全集》第一卷，第636—637页。
② 《熊十力全集》第三卷，第804页。
③ 《熊十力全集》第四卷，第253页。
④ 《熊十力全集》第五卷，第51页。
⑤ 《熊十力全集》第五卷，第193页。
⑥ 《熊十力全集》第六卷，第631页。
⑦ 《熊十力全集》第七卷，第272页。
⑧ 《熊十力全集》第七卷，第524—525页。
⑨ 《熊十力全集》第七卷，第680页。

不可磨之论。务虚声者逞志于社会，则实修之士不得不被抑，将率一世而趋浅薄。船山以此为戒。”① 尤可注意者，熊十力自承其学术趣向与王夫之若合符节。他归纳王夫之学思主旨说：“船山《易》内外传宗主横渠而和会于濂溪、伊川、朱子之间，独不满于邵氏。其学尊生以箴寂灭，明有以反空无，主动以起颓废，率性以一情欲。……此所举四义，实已概括船山哲学思想。学者欲研船山学，不可不知此纲要。”② “（船山）生与有及动等四大基本观念，上承《大易》，中为宋明诸大儒思想之总结，下与现代思想融通，虽本原有未透，而大义已举矣。”③ “船山《易内传》较伊川为佳，然不及《外传》。《外传》好处，即其明有、尊生、主动等大义，足为近代思想开一路向。”④ “船山在哲学方面之发明，余尝综以明有、尊生、主动、率性四义，见《读经示要》第二讲。此所以救宋明溺于二氏之弊，功绪甚伟。”⑤ 相应地，熊十力剖陈自己哲学体系的大义说：“吾平生之学，穷探大乘而通之于《易》，尊生而不可溺寂，彰有而不可耽空，健动而不可颓废，率性而无事绝欲，此《新唯识论》所以有作，而实根柢《大易》以出也。（自注：上来所述尊生、彰有、健动、率性，此四义者，于中西哲学思想无不包通，非独矫佛氏之偏失而已。王船山《易外传》颇得此旨，然其言散见，学者或不知综其纲要。）”⑥ 他更坦言“若夫生与有等四大基本观念，余与船山未尝异也”⑦，可见熊十力自认其哲学意趣与王夫之学思主旨根本一致，由此最能表现熊十力对于王夫之的服膺。

15. 颜元李塨。对于颜元、李塨师弟子二人，熊十力基本上肯定颜而根本否定李。他认为虽然“晚明习斋诸儒，其评宋儒已多失当”，但

① 《熊十力全集》第七卷，第729页。
② 《熊十力全集》第三卷，第838—839页。
③ 《熊十力全集》第三卷，第856页。
④ 《熊十力全集》第三卷，第963页。
⑤ 《熊十力全集》第五卷，第193页。
⑥ 《熊十力全集》第三卷，第916页。
⑦ 《熊十力全集》第三卷，第841页。

其“诋及宋儒，不过攻其末流之弊而已。四存之论，其有一语一义不源出程朱者哉”①，因此他高度评价颜元“卓然匡宋明，超汉唐”②。他称许颜元注重实行说：“颜习斋曰：‘以书为道，其距万里也。以读书为求道，其距千里也。’孰有智人，疑于斯言。”③“颜氏期挽理学迂阔而归实践，仁人之志也。”④“诸子致力于学，颇注意观测事物，虽博极群书，而不谓读书即是学问，此与考据家死守书册者迥异，而理学家空谈心性者尤所不取。”⑤他推尊“颜习斋四存之论，尤为民治本根”⑥，“晚明船山、亭林、习斋、梨洲、晚村诸子承宋学、王学之绪而发起新变化……民主思想、民族思想一向被奴儒埋没，无从启发，而诸子脱然超悟，此一变化更奇特”⑦，“清季革命之民族与民主等思想及注重格物的觉悟，皆三君子（按指王夫之、顾炎武、颜元。）启其端”⑧。他赞扬颜元道：“习斋先生便有惇大笃实气象，差可比肩衡阳、昆山。凡有志根本学术者，当有孤往精神。”⑨

正是以惇大笃实气象和孤往精神为标准，熊十力严斥李塨之人品学品，其曰：“看李恕谷书，令我大起不快之感。说他坏，不好说得。说他不坏，亦不好说得。其人驰骛声气，自以为念念在宏学，不得不如此。然船山正为欲宏学而与世绝缘，百余年后船山精神毕竟流注人间。而恕谷之所以传，乃附其师习斋以行耳，若其书则不见得有可传处。然则恕谷以广声气为宏学者，毋亦计之左欤？那般虏廷官僚，胡尘名士，结纳虽多，恶足宏此学？以恕谷之聪明，若如船山绝迹人间，其所造当未可量，其遗留于后人者当甚深远。恕谷忍不住寂寞，往来京邑，扬誉

① 《熊十力全集》第三卷，第812、844页。
② 《熊十力全集》第七卷，第272页。
③ 《熊十力全集》第三卷，第566页。
④ 《熊十力全集》第五卷，第714页。
⑤ 《熊十力全集》第五卷，第770页。
⑥ 《熊十力全集》第三卷，第838页。
⑦ 《熊十力全集》第五卷，第770页。
⑧ 《熊十力全集》第七卷，第272页。
⑨ 《熊十力全集》第一卷，第579页。

公卿名流间，自荒所业，外托于宏学，其中实伏有驰骛声气之邪欲而不自觉，日记虽作许多恳切修省语，只是在枝节处留神，其大本未清，慧眼人不难于其全书中照察之也。恕谷只是太小，所以不能如船山之孤往。吾于其书，觉其一呻一吟，一言一语，无不感觉他小。”① 又曰：“李氏承颜先生之学，以有用为臬极，欲一矫两宋以来儒者疏于济世成务之短……游于在朝公卿，下及州县之幕，本三物之旨，欲佐主者以化民成俗，此就世儒言，其魄力不可谓不宏，其心愿不可谓不伟，然吾若高悬一格以衡之，则不能不为李氏惜也。夫就社会言之，其各方面相互影响之故，至蕃变隐约而难言也。凡一社会之生存，自外表以言，若专恃乎政治生产等方面领袖倡导之人物，坐而言者，似非所贵；又凡开导一世之人物，其学说或思想之传播，亦必其为一般人所共了。至若括囊万有，超出物表，即与社会上现实问题无关之人物，其所实践而独喻者，不独一世所不能了，甚至历千百祀而不可得一遥契之人，此等人物，此等思想，纵可谓为社会之宝物，究何所影响于社会耶？今之持此论者颇不少，实则此辈仅泛观社会之外表而不能深窥其根底也。凡社会所以生存之根底，即由超出物表之大人有其实践独喻、众所不知之伟大精神，无形中感触庶类，有如春气潜运、百昌昭苏而不知其所以，庄生所谓‘尸居而龙见，渊默而雷声’者，正谓此也。大底衰乱之世，乾坤几熄，将欲起死回生，必有此等出类拔萃之大人独凝生理，徐以感被众槁而反致诸同生之域，所谓剥极而复者以此也。言及乎此，则李氏之所短，可得而详已。彼其汲汲皇皇于用世之术，而根底之学修之不深宏，养之不朴茂，讲之于人人莫不相悦以解，其感人之效也浅，李氏所以无救于皇汉民族之倾覆。而当时甘心事虏、无复人气者，反批李氏以为名高，斯岂其本怀所及度，直由其根底尚欠深远故耳。”② 此乃指责李塨是一个不甘寂寞、不诚为学、热衷虚名、攀附权势、外示清高、内实卑

① 《熊十力全集》第一卷，第 578—579 页。

② 《熊十力全集》第五卷，第 199—200 页。“欲佐主者以化民成俗”之“欲”原文误作“俗”，径改。

鄙的小人。

(四) 清代

清儒为熊十力所注意者，略有陆陇其、胡渭、阎若璩、郭善邻、胡煦、江永、惠栋、王鸣盛、戴震、汪缙、章学诚、孔广森、张惠言、江藩、焦循、阮元、刘宝楠、龚自珍、陈澧、钟文烝、皮锡瑞等人，其中除对郭善邻、汪缙、章学诚等稍作肯定之外，[①] 余则基本上予以批评或严斥。他痛骂阎若璩"无耻"，认为其"为学之动机，无非为名为利，乐受豢养而已"[②]，又讦发阎若璩和胡渭道："若璩以康熙元年游燕京，投降臣龚鼎孳，为之延誉，后雍正甚宠之。胡渭游徐乾学之门颇久，康熙南巡，渭献《平成颂》，无耻至极！"[③] 他责备惠周惕、惠士奇、惠栋祖孙"三世为学，盖全不知经学果为何学，而直以考据之业当之，宜其视程朱为曲谨好人，而不见其有何学术也。生而瞽者，不知日月之明；蚁旋大磨，自以为世界更无有大于此者，非惠氏之谓欤？昔南宋之亡也，其时大儒真诵法程朱者，皆毕志林壑，不肯仕元。……惠氏当中夏正朔犹存海外之日，便已晏然仕清，称天颂圣，无丝毫不安于心者，其异于禽兽之几希，尚有存乎？法程朱者如是乎"[④]？他鄙薄龚自珍说："清人如龚自珍辈，亦稍能见及当时社会情形，然自珍本浮华名士，虽不无聪明，而学甚肤浅，以荒淫自了，绝无立己之道，无与民同患之诚。……清末维新人士喜标榜自珍，所以有今日之局也，哀哉！"[⑤] 他贬抑皮锡瑞的经学观点及著述说："皮锡瑞《经学历史》以晚明王、顾、黄诸儒为汉宋兼采之派，甚谬！宋学中自有考据一门，不曾依托汉学，当时本无汉学之名也。"[⑥] "皮锡瑞曰：'《春秋》为后王立法，虽不专为

---

① 见《熊十力全集》第三卷，第 567、705—706 页；第五卷，第 308—309 页。
② 《熊十力全集》第三卷，第 816 页。
③ 《熊十力全集》第三卷，第 845 页。
④ 《熊十力全集》第三卷，第 850 页。
⑤ 《熊十力全集》第三卷，第 817 页。
⑥ 《熊十力全集》第三卷，第 844 页。

汉，而汉继周后，即谓为汉制法，有何不可？且在汉言汉，推崇当代，不得不然。今人生于大清，大清尊孔教，即谓为清制法，亦无不可。’锡瑞此解，卑陋邪谬已极！《春秋》之道归于去尊以伸齐民，诛暴以兴灭绝。汉之帝制，清人覆二帝三王之统，皆《春秋》之所必诛绝而不容宽假也，而云《春秋》为彼制法乎？”① “清儒诸经解，只是于名物训诂等方面搜集许多材料耳，于经旨果何所窥？清末则有皮锡瑞之《通论》颇名于世，然核其实，只是经书传授源流之考辨，谓之经学，则吾未知其有何相关也？”② “《繁露》之说三世纯是统治阶级之史法，其与何休三世义，相去岂止天渊？而皮氏乃谓何休亦兼融《繁露》岂不谬哉？”③

在注意所及的清儒之中，熊十力评论最多者为戴震，次则焦循。

1. 戴震。熊十力关于戴震的论说几乎全为批评。他数十年持续不断指责戴震不识理体、昧于心性、混淆理欲甚至于灭理奖欲，有谓：“戴氏言欲当为理，却未省欲如何当。”④ “震拼命攻击程朱者，根本不识一‘理’字。程子曰‘吾学虽有所受，而天理二字确是自家体认出来’，此语切不可忽。程子所言理者，乃本体之目，非由意见安立，以为行为之规范也。本体元是万理具备，其始万化、肇万物、成万事者，自是固有此理，非无能生有也。程子说个理字，与六经中道字可互相发明。戴震不悟此，乃疑程朱以己意安立一个理，以为人生行为作规范。其所攻击，与程朱本旨全不相干。”⑤ “戴震反对程朱言天理，而曰欲当即为理，却不思欲如何而得当耶？若非自性固有天理，则无矩无节，欲可当乎？天理岂是以意见安立者耶？如戴震之说，乃真意见耳。”⑥ “清儒自戴震昌言崇欲，以天理为桎梏，（自注：戴震言欲当即为理，然既反对天理之心，即中无主宰，而欲何由得当乎？）其说至今弥盛，而贪

① 《熊十力全集》第三卷，第 1014—1015 页。
② 《熊十力全集》第四卷，第 370—371 页。
③ 《熊十力全集》第六卷，第 425 页。
④ 《熊十力全集》第一卷，第 609 页。
⑤ 《熊十力全集》第三卷，第 575—576 页。
⑥ 《熊十力全集》第三卷，第 607 页。

污、淫侈、自私、自利、诈伪、猜险、委靡、卑贱之风弥漫全国，人不成人，其效亦可睹矣。”① “可惜戴震不识性而妄奖欲。”② “当震之时，清廷威柄益厉，民生憔悴，而士大夫殉私欲……震不自求天理之心，而犹欲灭理以奖欲，是使士节日隳，士气日靡……震本无克己工夫，宜其不自识天理之心，而妄以意见当之，反以诬宋儒也。”③ “如戴震之说，则欲当即为理，其所以为邪说者，正以不识性，即不识本心故耳。夫不见本心，则欲便从物，阳明所谓‘随顺躯壳起念’是也。唯本心沦没，即一身无有主宰，遂纵任小己之私，乘形气之动，而成乎私欲。私欲如何得当？如何为理耶？……戴震既不识性，不识心，则主宰既失，欲动而无节，如何能去私而皆当耶？故学在识本心。非欲之可患，迷其本心而后有私欲泛滥为患也。”④ “戴东原反对天理，而言欲当即为理，殊不知情欲之得其正当者，正以本有天理在，而情欲顺从之，故得当耳，否则欲何由当？东原之惑也如是。”⑤ 针对戴震由字通辞、由辞通道的观点，熊十力驳曰：“戴震曰‘经之至者道也，所以明道者其辞也，所以成辞者字也。必由字以通其辞，由辞以通其道，乃可得之’，固哉斯言！恶有识字通辞而即可得道乎？字与辞，佛氏所云敲门砖子也，恶有持砖子而不知敲门者可以升堂入室乎？”⑥ “震既云心全天德，制百行，乃不以反求己之心为先务，顾欲从文字中求古圣贤之言与事而探其心，然后由圣人之心以得天地之心，再由天地之心以得己之心，层层由外转内，殊不知内不自识而驰求于外，重重为阻，文字是一重，圣人之心又是一重，天地之心又是一重，如何可由外而转识内心？……戴震知学者大患在自失其心，而不知己之心与圣人之心、天地之心元是一心，如何可不反己而乃向外展转寻求，将由文字测圣人之心、天地之心再图回向己之

---

① 《熊十力全集》第三卷，第 817 页。
② 《熊十力全集》第三卷，第 838 页。
③ 《熊十力全集》第三卷，第 853—854 页。
④ 《熊十力全集》第四卷，第 228—229 页。
⑤ 《熊十力全集》第六卷，第 674 页。
⑥ 《熊十力全集》第三卷，第 566 页。

心耶？震平生主张由文字入道，其根本错误即在不识己心与天地圣人之心只是一心，故欲由外而转内向。其《原善》《孟子字义疏证》作雾自迷，病源盖在此。震天才甚高，能究历算，精考核，而不以考核自满，期有见于道，而不悟道非可由文字得之。”① 对于戴震津津乐道的分命说，熊十力批评道：“戴东原最喜《大戴记·本命篇》‘分于道谓之命’一语。谈天人之际，此语含义深广无边，然戴氏于此语究作何解，恐犹远隔在。”② “《大戴礼·本命篇》有曰‘分于道谓之命’，戴东原最喜此语，以为一言而发造化之蕴，然东原于此语殊无正解。”③ 归根到底，熊十力认为戴震混淆理欲、以字通道、昧于分命等思想观点错误的原因就在于“实未见道而妄相猜拟”④，“游心哲学而慧解犹嫌浅狭，不堪穷大极深”⑤。对于戴震的力作《原善》和《孟子字义疏证》，熊十力也很不以为然，批评道“戴震《原善》及《孟子字义疏证》纯是葛藤，若肯虚怀细究阳明之旨，决不作雾自迷”⑥，“《原善》《孟子字义疏证》葛藤太多，非可以少文驳正”⑦。对于戴震的人品，熊十力也多有贬责，如谓“震名反宋学，而实于宋学非无所窥者。震盖知汉世经师只是考据，而宋学确于义理有发明，其心中于程朱极尊崇，而特欲自树一帜，以推倒程朱。震有聪明而根器太薄，卒以自误误人，此可痛也”⑧，“盖自负聪明，使气太过，横欲凌驾前哲，而不暇虚心以体贤圣之旨，卒归畔道，以自误误人也”⑨，“清代之学者，震聪明称最，而亦以此自害。章实斋深不满其人，盖非无故。震之邪说，今犹盛昌，故不可无辨”⑩。

---

① 《熊十力全集》第三卷，第851—853页。
② 《熊十力全集》第五卷，第760页。
③ 《熊十力全集》第六卷，第563页。
④ 《熊十力全集》第三卷，第569页。
⑤ 《熊十力全集》第七卷，第654页。
⑥ 《熊十力全集》第三卷，第840页。
⑦ 《熊十力全集》第三卷，第854页。
⑧ 《熊十力全集》第三卷，第850页。
⑨ 《熊十力全集》第三卷，第853页。
⑩ 《熊十力全集》第三卷，第854页。

熊十力甚至将戴震归于汉奸一类，其曰“吾乡明季有易明甫、何士云诸先生，皆以诸生倡大义于闾里，为汉奸于成龙所戮。戴震文集有于传，乃盛美于”①，此说无疑太过，无论指戴震或是指于成龙为汉奸，在今天都是不能认可的。

不过熊十力对戴震也略有肯定，他称赞戴震重视分命说道“东原果作何解，吾不便猜度，然能知此语重要，其识已过人远矣”②；他认为戴震虽然昧于本体，但却或有倘然一悟，故曰“清儒戴东原言性未能彻体用，所以陷于旁蹊曲径。然不能谓其全无悟处。其言性曰‘生生而条理’，此语确是体会有得之言”③，“清人戴东原言性，谓其生生而条理。此为观生有得之言”④。

2. 焦循。熊十力认为焦循的学思接续戴震，故与戴震有同样错误，“焦循之学宗戴震，震拼命攻击程朱，根本不识一‘理’字。……戴震本不识程朱所谓理，而以私见横议，吾于此不及深论。焦循承其学，核其书中所言，实于至道未之能闻也”⑤，这是说戴震既昧于本体，焦循踵法戴氏也昧于本体，所以熊十力又说“《中庸》为说《易》之书，清焦循亦言之。然循于天命性道，卒未之知也。若会阳明之意，则天命性道只是一事，但从言异路，故有多名耳”⑥。对于焦循诋毁王弼的《易》学成就，熊十力痛斥道：“焦循以考据之小知，未足喻斯神旨。……循序诮让辅嗣云洵童稚之藐识；又曰弼盖有见于说《易》者支离傅会，思去伪以得其真而力不能逮。如斯狂吠，无知者犹乐道之。呜乎！上智之见诋于昏浅，盖千古同慨，岂独辅嗣蒙垢而已乎？”⑦ 进而熊十力批评焦循《易》学研究的误差说：“焦氏以比例求卦爻，以参伍错综、触类

① 《熊十力全集》第三卷，第835页。
② 《熊十力全集》第五卷，第761页。
③ 《熊十力全集》第七卷，第300页。
④ 《熊十力全集》第七卷，第609页。
⑤ 《熊十力全集》第三卷，第575—576页。
⑥ 《熊十力全集》第三卷，第573页。
⑦ 《熊十力全集》第三卷，第885页。

引申求《易》之辞，而其智亦止于此，其于圣人画外之意或言外之旨，固不见其有所超悟。《易》之为书，广大悉备，其所以范围天地之化而不过、曲成万物而不遗者，正以设卦观象，虽设言诠，而毕竟不落言诠，以方便显示神无方易无体之妙，焦循于此全无触悟。”① “焦氏治《易》，其脑袋里对于宇宙人生诸大问题全不探究，只在卦与卦、爻与爻之间苦钻一生，如此何能得孔子之意，何望其辨伪乎?”② “焦氏犹是汉《易》之支流耳。就经生之业而论，（自注：依文解义，钻研贯穿于文辞之间，是为经生之业。）其用心精细，两汉以来罕有其人也。若言学术，焦氏之于《易》，其犹汉人钻小圈子之遗习，未闻圣人之大道也欤!”③当然，熊十力对于焦循也并非全无肯定，如谓“焦循既作《易通释》等，又作《孟子正义》，以相发挥。焦氏之所造如何姑不论，然以孟子为直承孔子《易》学之传，则所见甚卓，而其说可为定论”④。

第二节 道家

熊十力于其学术生涯中对道家多有论说，涉及道家渊源、流别、旨要、得失及其代表人物学思之优劣等，由此构成其道家观。

一、总论

熊十力认为道家乃《周易》之流裔；由于《周易》为孔子所底定，故道家亦为孔子儒家后学。熊十力说：“老庄本《易》家之别派，儒氏之旁支。”⑤“孔子作《易》而后，得其旨而自有创发，卒别异于儒以自立宗者，道家老聃、关尹之徒是也。（自注：道家性命之旨与阴阳之说

① 《熊十力全集》第三卷，第 911 页。
② 《熊十力全集》第七卷，第 475—476 页。
③ 《熊十力全集》第七卷，第 556—557 页。
④ 《熊十力全集》第三卷，第 871 页。
⑤ 《熊十力全集》第三卷，第 569 页。

源出《大易》，此无可疑。）”[1] “盖道家原出于儒，究与佛不同根底也。”[2] “道家之学原本《大易》，孔子之枝流也。”[3] “道家有无之论，准《大易》乾坤而立，乾无形而坤有质，是心物所由分。”[4] “老氏一生二、二生三之说，亦本于卦。每卦皆以三爻明变，老氏即申述此指也。庄子遵孔而述老，其学渊源于《易》，又不待言。”[5] 至于“凡言道家首黄帝者，皆依托之，以自尊其学派耳”[6]，这是断定道家渊源与黄帝并无关涉。

但是熊十力认为道家虽然源自《周易》，且为孔子后学或儒家支流，却对经典大道和先圣垂训多有违忤，如“老子之宇宙论，其于源头处尚未大背于《易》，其失在不由健动以体现本源，而唯存之于虚静之中，自此推之人生论、治化论，乃千差百错，弊不胜言矣”[7]，又如庄子“语化虽妙，而不悟真体流行，其德本健，（自注：此是老庄与吾儒《大易》根本异处。）又复耽于观化，遂以委心顺化为悬解……此等人生观便茶然无自在力。圣人穷理尽性至命之道与此相较，岂止判若天渊”[8]！另如“生而不有，化而不留，此《大易》了义也。老庄于此，乃以沦虚溺静之习，只从任运处理会，（自注：谓其只见为任自然之运行，而不见其本于刚健之德也。）却不悟生而不有、化而不留者，正由其德至健，故生化之威势如是其迅疾，而毫无所滞也。老庄不曾理会天德之健，于是其宇宙观、人生观及修养之要、治化之道，皆与吾儒异趣，所谓差毫厘而谬千里者也”[9]，“《易》归本刚健，庄则于虚寂处有体悟，而不知

① 《熊十力全集》第三卷，第 875 页。
② 《熊十力全集》第四卷，第 447 页。
③ 《熊十力全集》第六卷，第 348 页。
④ 《熊十力全集》第六卷，第 351 页。
⑤ 《熊十力全集》第八卷，第 78 页。
⑥ 《熊十力全集》第三卷，第 772 页。
⑦ 《熊十力全集》第八卷，第 695 页。
⑧ 《熊十力全集》第三卷，第 776 页。
⑨ 《熊十力全集》第三卷，第 953 页。

至虚至寂者即是至刚至健也”①，“（自注：唯道家不言刚健，此其与儒家异处。……）道家亦不免耽虚滞静，此皆与儒者本原处相隔碍”②，“道家之学，以守静为极、放任为要，而无裁成天地、辅相万物之功，故其学虽源出《大易》，而偏于崇无，虽诵法《春秋》，而无力反帝，（自注：道家无裁辅功，无缮群之新度制，故止空言反帝而已，不足言革命。）所以为儒氏之枝流，未足为继述之肖子也”③，“《大戴礼·哀公问篇》有曰：‘大道者，所以变化而凝成万物者也。’此孔门相传之义，而道家所承也。但道家‘以物为粗’，则有道与物歧为二、精与粗不相融之过，故老聃叹‘万物为刍狗’，而庄周亦‘以人为小’也。道家学《易》毕竟有未彻在，其持论时见矛盾”④，“故道家之学在摄用归体，以主一为究竟。道家学《易》而终别乎儒，其故在此。《易·系辞传》曰‘天下之动，贞夫一者也’。孔子之学要在于用而识体，即于万变万动而逢其原。夫万变逢原即万变而皆不失其正，是乃称体起用，此与摄用归体意义迥别。……关老之学‘主之以太一’，确有谬误在。后来庄子承其流，遂以为本体即是外界独存、变化无穷的大力，而吾人与万物皆外在大力之变化所为，方其为是人是物也，则偶然已尔。……此等下劣思想，关老固已开其端，而犹未至若此之甚也”⑤，凡此皆指出道家与其所从出的孔子《大易》的歧异。

熊十力对于道家的批评主要有三点。其一是本体观偏失，即有见于寂静而无识于健动，晓然于摄用归体而茫昧于体用不二，他说：“生而不有，化而不留，此《大易》了义也。老庄于此，乃以沦虚溺静之习，只从任运处理会，却不悟生而不有、化而不留者，正由其德至健，故生化之威势如是其迅疾，而毫无所滞也。……道家不知天德之健，是其大

---

① 《熊十力全集》第四卷，第389页。
② 《熊十力全集》第四卷，第447页。
③ 《熊十力全集》第五卷，第667—668页。
④ 《熊十力全集》第六卷，第350页。
⑤ 《熊十力全集》第六卷，第352—354页。

谬。”①“若如东方释与道之只证寂静，却不悟本体元是寂而生生，静而健动，则将溺寂滞静而有反人生之倾向，至少亦流于颓靡。……（自注：佛老只见为寂静而未证生生不息之健，则非深达天德之全也。）”②“关尹、老聃摄用归体，遂‘主之以太一’，尊一源于吾人与天地万物之上，虽反神教，而人与太一隔截，遗世之意义颇重。……道家以主一开宗，其在宇宙论、人生论诸方面皆有偏蔽在。道家已悟本体，惜乎其于体用不二处未能彻了，此处一差，则流弊不堪言矣。”③“道家于本体殊无真见，其千差万错皆起于此。道家在吾国学术思想界实无好影响也。”④“老庄言道，犹未有真见，略举其谬。老言混成，归本虚无，其大谬一也。老庄皆以为道是超越乎万物之上，倘真知体用不二，则道即是万物之自身，何至有太一、真宰在万物之上乎？此其大谬二也。道家偏向虚静中去领会道，此与《大易》从刚健与变动的功用上指点、令人于此悟实体者，便极端相反。故老氏以柔弱为用，虽忿嫉统治阶层而不敢为天下先，不肯革命，此其大谬三也。道家之宇宙论，于体用确未彻了。”⑤“道家说精神即是生命，（自注：精神省称神。）但其所谓神乃自太虚而生，故其学以返归虚无为宗。本源既失，（自注：虚无不可谓为实体，故失。）向下都谬。（自注：失其本矣，便无往不误。）”⑥

熊十力批评道家的第二点是其反知主义。面对重知的近代西方文化的强势冲击，熊十力深刻认识到科学知识的重要性，因而对道家绝圣弃智一类观点进行了持续且不乏严厉的批评。在1930年编定的《尊闻录》中记载熊十力言曰：“反知有个限度，不同老庄极端反知的。……辨析事物之理，毕竟要靠经验得来底知识，这是毫无疑义的。所以极端

---

① 《熊十力全集》第三卷，第953页。

② 《熊十力全集》第五卷，第9页。

③ 《熊十力全集》第六卷，第355页。

④ 《熊十力全集》第六卷，第745页。

⑤ 《熊十力全集》第七卷，第5—6页。

⑥ 《熊十力全集》第七卷，第174页。熊先生又说：“然万化之原，彼未真见。本原未得，向下不能不谬误。”见同卷，第252页。

反对知识，是大谬特谬的主张。”[①] 在1935年印行的《十力论学语辑略》中记载熊十力言曰：“东方言修养者，唯中国道家反知识，恶奇技淫巧，此在今日，不可为训。”[②] “老子便呵斥色声等物令人盲聋爽发狂，庄子七篇亦本此意。所以他们致知，只是致个虚灵的知，庄子谓之‘灵台’。王船山先生说老庄是守其孤明，此语极有见地。缘他总要绝物，他务排除人欲尽净，却剩下一个虚灵的知，所谓灵台，即是一个孤明的状态。……而反知与绝物底主张，徒见其废掉此心之全体大用。故夫沦虚溺寂之学，吾儒所不取也。”[③] 在1946年所著《中国哲学与西洋科学》中熊十力说：“道家反知，崇神而不求备物，其流之弊，贫于物者，亦弗能伸其神。”[④] “老庄反知，此是其病。”[⑤] 在1947年出版的《十力语要》中记载熊十力言曰：“若老庄之反知主义，（自注：老子绝圣弃智，其所云圣智，即就知识言之，非吾所谓智慧之智也。庄子亦反知。）将守其孤明而不与天地万物相流通，是障遏良知之大用，不可以为道也。……哲学家有反知者，吾甚不取。”[⑥] 在1947年至1948年陆续发表的《读智论钞》中熊十力说：“老庄反知，便无端斥物于心外，将本来周通者而隔绝之。”[⑦] 在1956年撰成的《原儒》中熊十力说：“晚周哲人反知最力者，莫如老庄。庄子曰：‘吾生也有涯，而知也无涯。以有涯随无涯，殆已。已而为知者，殆而已矣。’老子曰：‘绝圣弃智，民利百倍。’庄子伤夫人之以有限之生寻无极之知，是自伤其生，此等颓废之论将使人道同于土石之无知。……庄子叹为知之殆，而不为知者其殆尤甚，则庄子所不喻也。道家本任自然，而知之发展正是自然

---

① 《熊十力全集》第一卷，第599—600页。
② 《熊十力全集》第二卷，第313页。
③ 《熊十力全集》第二卷，第321—322页。
④ 《熊十力全集》第四卷，第560页。
⑤ 《熊十力全集》第四卷，第572页。
⑥ 《熊十力全集》第四卷，第405页。
⑦ 《熊十力全集》第四卷，第637页。

之理，庄子乃欲不为知，是逆自然，岂任自然乎？”① 在1959年删定的《明心篇》中熊十力说：“老氏为日损之学，以去知去欲为不可易之规。关尹、列子之徒，其道术当不异老也。……道家以为，养神莫急于去知，好知则强于逐物，而神不得敛于内矣。……道家绝欲黜知，非不持之有故，独惜其边见太过。……总之，养神不可废知，不可遏欲。神不离物独存，何得无知无欲乎？无知无欲，神亦死矣。……绝欲黜知非所以养神，将丧其神而已。”② 迄于1963年脱稿的《存斋随笔》中熊十力说：“道家去知去欲，实由老庄首倡。去知与欲，必遗物而不肯格物，与孔子致知在格物之论正相反对。夫遗弃物理而不求知，此人道之大苦也。”③ 凡此对于道家反知主义的批评体现了熊十力对于闻见之知亦即科学知识的重视，这正是现代新儒家区别于传统儒家的思想特点之一。

熊十力批评道家的第三点是其消极颓废的人生观及其恶劣影响，他说：“然而老庄过激之论，其影响卒至废礼而灭绝仁义，如魏晋人之颓废放纵，此岂老庄所及料哉？……魏晋习老庄者，以其颓废放纵，习为风尚，传播社会，自是当时事实。唯其薄仁，故流于麻木、昏暗、冷酷无生理，而颓放矣。唯其薄义，故流于委靡、污贱、虚诳无以自固，而颓放矣。唯其非礼，故流于摇荡、散乱，内容空虚，无以自固，而颓放矣。魏晋人以颓放故……蔑能自振，此在历史可按。……要之，魏晋人之颓放，实为老庄非礼薄仁义之过激主张所必有之影响，此可戒也。”④ “老庄既不似佛，至如儒家之超脱世间情见而直证得刚健本体流行不息，老庄更未能臻斯诣，只欲一身向虚静中讨生活，于不仁与没奈何中聊以自利而已。老庄直恁地没气力。”⑤ “夫老庄莫盛于魏晋，而弊极于清谈，（自注：清谈者流，皆宗老庄。）祸至于召虏。老聃尚朴，任

① 《熊十力全集》第六卷，第458—459页。
② 《熊十力全集》第七卷，第196—197页。
③ 《熊十力全集》第七卷，第806页。
④ 《熊十力全集》第二卷，第244—245页。
⑤ 《熊十力全集》第三卷，第741页。

自然。自然之说行，必有贱检约而放荡无所不至者。朴之说行，必将反文明而安偷堕，至以任情为率真，而实行不肯修、实学不肯讲者，其流弊可畏也。”① “魏晋人祖尚虚无，承柱下之流风，变而益厉，（自注：老庄不言刚健，而言虚静。魏晋人不善学之，竟成颓废，故是变本加厉。）遂以导入佛法。（自注：后汉、魏晋间，凡努力吸收印度佛教思想者，皆深于老庄者也。）”② “‘知其无可奈何而安之若命’，此其知与其安之之情，则已由厌而至玩，是庄生所以委心任化，为鼠肝，为虫臂，而一切无自力可致，直自视其生为造化之玩具耳！人能不修，人道且废，此承老氏天地不仁刍狗万物之说而演之，以极成玩世之思。二千余年来，文人名士颇中其毒，族类衰微，岂曰无故?”③ “二千余年来，国人失其刚健创进之活气，老庄与佛误之也。”④ “老子天地不仁刍狗万物之论，是滞于物象以测化理，正堕凡情窠臼。……庄生祖述老氏，不得已而委心任化，即委其心于无用之地，以任造化之自尔，故以我为鼠肝、为虫臂，我皆任之而已，无自力可致也，以是成乎玩世。……老庄着眼处与佛家接近，故佛法东来，彼为先导，确不偶然，然彼非能出世者。……出世虽有反人生之嫌，虽偏而偏得有气力。老庄玩世，其流便一毫气力也无。”⑤ “战国衰季，道家影响遍于诸子百家，大儒如荀卿亦吸收其精粹。时六国亡象已著，秦人以暴力横行，天下聪慧之伦多归道家，飘然遗世，独与天地精神往来，盖与儒学争统矣。然遗世高风，其流毒至不堪问，汉以后名士涉玄言者，习为浮虚放荡，流风播于社会，酿成萎靡不振之恶果。”⑥ “道家的世界观只任自然的运化推迁，无有自我作主，更无圣人裁成天地、辅相万物之大道。（自注：圣人谓孔子。）道家虽不毁生，其生命托于虚无。（自注：老子，道家之祖也。其所谓

① 《熊十力全集》第三卷，第780页。
② 《熊十力全集》第三卷，第916页。
③ 《熊十力全集》第五卷，第46页。
④ 《熊十力全集》第五卷，第56页。
⑤ 《熊十力全集》第五卷，第433页。
⑥ 《熊十力全集》第六卷，第365页。

道，即是实体之名。而彼以道为虚、神、质三者混然为一，故名混成。道虽由三者混成，究以太虚为神、质之本，神与质皆从太虚而生故。老子言修养，以致虚极、守静笃为主，即是以生命寄托于虚无也。）余谓二氏对于生命之体会都不符合于生命正常之德。（自注：生生、刚健、充实、盛大、通畅、炤明等德用，皆生命之所得以自成也。二氏，道与佛。）道家厌世，佛氏出世，此二家之人生意义所以反乎生命的正常也。”[①] “余平生深念，晚周道家思想至劣，甚阻碍圣学之流行，助成暴秦之祸。后汉佛法来华，首由道家迎合。当神州扰乱之惨，而虚无与空幻等恶劣思想勃兴，如细菌乘不良之气候而大发展，（自注：虚无指道家，空幻指佛家。）甚可痛也。”[②] 由此可见熊十力对于道家的社会作用和历史意义持基本否定的态度。

熊十力对于道家也有某些肯定，如谓“然其达群变之端，期于夷阶级，去侵剥，可不谓贤哉”[③]，“若只奔逐于知识一途，遂至亡失性灵，殉物而丧其生，则道家之旨亦不可不体会也。道家去欲而遗物固不可，然殉物则堕落而丧失生命，人生便无意义与价值，此可愍也。道家致虚守静，去知去欲，使精神专一，一切杂染损除殆尽，其内部生活乃清净，直与宇宙万化之原合一，此其归宿也”[④]，这就点出了道家社会政治思想及其绝圣弃智主张所蕴含的积极意义。

二、个论

熊十力涉论的道家及道教人物略有老子、关尹子、《管子》之《心术》《白心》《内业》诸篇作者、列子、杨朱、庄子、《韩非子》之《解老》《喻老》诸篇作者、《淮南子》作者、司马谈、魏伯阳、葛洪、郭

---

① 《熊十力全集》第七卷，第 174 页。
② 《熊十力全集》第七卷，第 759—760 页。
③ 《熊十力全集》第五卷，第 668 页。
④ 《熊十力全集》第七卷，第 252 页。

象、谭峭、陈抟、邓牧等，他还认定屈原、傅山也是道家，[1] 此中唯对老、庄述论最多，对关尹子、杨朱、郭象则略有点评，其余泛泛带过而已。

1. 老子。在时代先后和师承关系方面，熊十力认定老子晚于孔子且为孔子后学，他说："孔子与老聃皆实有其人，而老聃必未曾为周之征藏史，孔子与老聃亦不同时。《史记·孔子世家》及《老子列传》并谓孔子曾适周见老子，殆因《庄子》之寓言被人误认为事实，展转讹传，马迁竟采入史，则不谨于阙疑之过也。"[2] "老子殆稍后于孔子，故其恶文胜与诈伪及贵货之习更甚于孔子，此由《论语》《老子》两书较观仲尼、老聃世运之感，而知老聃当春秋、战国过渡之世，文明甚盛，《老子》书中所云难得之货与嗜欲智巧之滋张，皆文明时代之征象也，孔子时尚未至此，故谓老聃稍后于孔子也。"[3] "旧说孔老同时，老氏为孔子师，今人多考核其说之不足据，而谓老后于孔，但无谓老氏之学出于《易》者。余谓老氏当稍后于孔子，而前于孟子，其学实本于《易》。"[4] "老子之时代大抵稍后于孔子而先于孟子。……老子之时代后于孔子，今人多已言之，此等主张吾大概赞同，唯至迟不当后于战国时期之孟子。"[5] "老子之年代当后于孔子而前于孟子。孔子早年其群俗尚存质朴，中年以后则文伪日滋，而朴风凋丧殆尽矣。《论语·先进篇》'子曰："先进于礼乐，野人也；后进于礼乐，君子也。如用之，则吾从先进。"'据此可见孔子晚年时社会日趋文侈。《老子》之书忿嫉文明而欲返之太古，痛诋智慧出有大伪，则其文饰诈巧更为孔子所不及睹。故就《论语》《老子》二书比较，知老后于孔也。"[6] "战国时学人好尊其师传而假古人以为重，如孔子问礼老聃，必缘于老之后学欲绌孔以尊

① 见《熊十力全集》第三卷，第772页；第四卷，第226页；第六卷，第387页。
② 《熊十力全集》第三卷，第768页。
③ 《熊十力全集》第三卷，第771页。
④ 《熊十力全集》第四卷，第139页。
⑤ 《熊十力全集》第四卷，第223页。
⑥ 《熊十力全集》第六卷，第349页。

老，始造此谣。”[①]“盖道家之徒必欲尊老氏于孔子之上，而伪造‘孔子问礼’之事，不得不称老与孔同时，其最初造谣之动机盖如此。”[②] 其余断定老子晚于孔子且非为孔子之师的言论尚有多处。[③]

既认定老子晚于孔子，熊十力更进一步指出老子学思秉承孔子，特别是接续由孔子整理并阐发的《周易》，他说：“老氏言玄牝，与《易》言太极义通。”[④]“他的学问实从孔子《易传》之思想而出，终乃别抒己见，以自成一家言，盖孔氏之旁支，《易》家之别派也。”[⑤]“老子之学出于《易》，其书实发明《易》义。”[⑥]“老子曰‘归根复命’。人自有生以后，囿于形，缚于染污之习，渐以梏亡其本命，故须复也。《大易·复卦》即此意。”[⑦] “老子乃《易》之别派，犹不失《易》之根柢。”[⑧]“老子者，《易经》之支庶也，（自注：老子之学本出于《易》，而多与儒者异趣，故云支庶。）其言道有曰：‘有物混成，先天地生，寂兮寥兮，独立而不改，周行而不殆，可以为天下母。’此演《易》乾元之旨，可谓得其蕴。”[⑨]“老子思想确从孔子《易传》而出，言阴阳变化本《易传》也，言一生二、二生三本《易》每卦三画也，言常道即于变易而见不易亦本《易传》也。此其根本大义可明征者。”[⑩]“老聃得孔氏之旨而别有会心，乃创立道家之帜，以自异于儒。故《易》自孔子后始分二派，曰儒家之《易》，此正统派也；曰道家之《易》，此别派也。……儒家体乾而贵刚健，故说行健不息；老氏法坤而守虚静，故曰绵绵若存，

---

① 《熊十力全集》第六卷，第 361 页。

② 《熊十力全集》第六卷，第 583—584 页。

③ 见《熊十力全集》第三卷，第 115、569、770 页；第四卷，第 147 页；第六卷，第 651 页。

④ 《熊十力全集》第一卷，第 573 页。

⑤ 《熊十力全集》第三卷，第 115 页。

⑥ 《熊十力全集》第三卷，第 172 页。

⑦ 《熊十力全集》第三卷，第 370 页。

⑧ 《熊十力全集》第三卷，第 521 页。

⑨ 《熊十力全集》第三卷，第 728 页。

⑩ 《熊十力全集》第三卷，第 770 页。

此儒道二家所为异也。”[①] “老子之学源出于《易》而又别异于儒术，以自成一家之学。……《易》以阴阳对待、相反相成而明变化，《老子》亦然。《易》以三画成卦，而老子则云‘一生二，二生三’。《易》之旨于变易见不易，而老子即于变知常。老氏于《易》，其根本大义未有改也。”[②] “老曰‘道可道，非常道。名可名，非常名’，诚以理绝言诠，归于证会。尼父‘默识’，是《道经》开端数语所本。”[③] 不过熊十力早年也曾认为老子之学出于黄帝，其曰：“今所传老子《道德经》，其实述黄帝之言耳，非老子所作也。（自注：关尹喜请老子著书，老子著《道德》五千言授之，后人遂以为老子所著，而不知其述而不作也。今读《庄子》书引《老子》书中语甚多，往往作“黄帝曰”，不称老子，意是时黄帝原书犹存，庄子或亲见之，故云尔。）”[④] 然此说似仅此一见，后来熊十力则完全否认老子与黄帝的关系，断定“吾意凡言道家首黄帝者，皆依托之，以自尊其学派耳”[⑤]，“意者老聃为道家之开山欤（自注：黄帝自是伪托。）”[⑥]。

或与老子为孔子后学这一认识相关，熊十力对老子学思有所肯定。他称许老子的本体宇宙观说：“老氏云‘反者道之动’，是知化者也。”[⑦] “老氏曰‘不知常，妄作凶’，（自注：不见道者，徇私欲而灭天理，所作皆迷妄，故凶。）斯笃论也。”[⑧] “然老氏不云乎，‘反者道之动’，此义宏深，天化、物理、人事无不包络。”[⑨] 他首肯老子无身无私之论说：“老曰‘吾所以有大患者，为吾有身。及吾无身，吾有何患’云云。夫

---

① 《熊十力全集》第四卷，第 139 页。

② 《熊十力全集》第四卷，第 223 页。

③ 《熊十力全集》第五卷，第 712 页。关于老子学思本于《周易》的说法，还见于《熊十力全集》第三卷，第 534、958 页；第五卷，第 665、666 页。

④ 《熊十力全集》第八卷，第 21 页。

⑤ 《熊十力全集》第三卷，第 772 页。

⑥ 《熊十力全集》第三卷，第 779 页。

⑦ 《熊十力全集》第二卷，第 262 页。

⑧ 《熊十力全集》第三卷，第 556 页。

⑨ 《熊十力全集》第六卷，第 336 页。

自私之恶根，在于有身。有身者，即佛氏所云身见或我执、王阳明所云随顺躯壳起念是也。一切自私自利之大恶，其根源只是有身，此非反己工夫至深切者不知也，老氏已拔去自私之根矣。”① 他服膺老子的辩证法说：“世相，一切相待者也。优质所在，即毒质所存。天下皆知美之为美，斯不美矣；皆知善之为善，斯不善矣。老氏所以为达也。”② 他甚至赞同老子的反知论说：“知识愈多，诈伪且愈甚，老子所以有绝圣弃智之说也。（自注：老子所云圣智，即谓知识。）”③ 他推举老子社会政治思想说：“今世侵略主义之国家，其领袖与人民当以老子之思想为对症药。”④“老氏毁礼，所毁者，礼之文制耳。（自注：文制谓制度文仪。）礼之原即道也，其可毁乎？老氏伤世主托于礼教而以名分束缚下民，故毁礼，实则其所谓礼者，只就典制仪文而言，故曰‘礼者，忠信之薄而乱之首’也。”⑤

但由于老子毕竟为“孔氏之旁支，《易》家之别派”，“自异于儒”且“多与儒者异趣”，所以熊十力对老子的批评更多于肯定。他批评老子对孔子《大易》的歧出说：“至《老子》言‘大道废有仁义’，明与《系传》‘立人之道曰仁与义’之旨相反，盖以为道之散著而为仁义，则已失其浑全，此老氏之误也。……吾常言老子之学本出于《易》，而往往立异以反《易》，喜为偏至，终乖至道。”⑥“孔子说‘天行健’，而老仅曰‘周行不殆’已耳。其实本体现为大用，纯是刚健，故流不已。老子耽虚静，于健德没理会，由此谈人生，谈治化，便多差谬。”⑦“老子‘天地不仁’之言，上背《大易》‘群龙无首’之训，何其过甚耶？”⑧

---

① 《熊十力全集》第三卷，第780—781页。
② 《熊十力全集》第四卷，第175页。
③ 《熊十力全集》第三卷，第656页。
④ 《熊十力全集》第三卷，第770页。
⑤ 《熊十力全集》第五卷，第727页。
⑥ 《熊十力全集》第二卷，第233页。
⑦ 《熊十力全集》第三卷，第731页。
⑧ 《熊十力全集》第五卷，第332页。

"《大易》于《坤》卦著玄黄血战之义，老氏似不省，余故不以老氏为尼山肖子也。……老氏学《易》而变其宗，虽欲自树，适形其短，惜哉!"① "老氏之学出于《易》，惜其溺静而舍健，至差毫厘而谬千里。"② "老氏曾学古《易》，（自注：伏羲八卦。）当读过孔子之《周易》，而不了解孔子。"③ "'上善若水'云云，则从其在本体论上偏于虚静之领会与修行方面偏于求静之主张，而本之以因应事变，但取如水之顺流而无所争，此虽不能谓之全无是处，而无《大易》健以动与开物成务之本领，则中国人之有今日，中老氏之毒已深也。"④

他批评老子本体宇宙论说："老氏之栖于无，似于真俗圆融之道犹有隔在。"⑤ "惜哉老氏不悟乾元而迷执有太虚，更妄计神质生于虚也。若彻悟乾元，则周遍于六虚之一大环者，乃是真真实实，乾元性海，何有空洞处可名虚空乎？夫神质本不二，乃乾元之功用也。虚既虚矣，何能生神生质？老氏固云虚者犹如橐籥之空洞，无意无作，而神质自生，此亦妄计耳。神质既自生，何须以虚为依而与之混然为一乎？惜哉老氏不悟虚空本非实有。"⑥ "老子于实体确无正知见，遂至以虚无为本，根本处错误，自无往而不错。"⑦

他批评老子反知主义说："老氏不知以礼乐育德，而深恶智慧技能，厌文明而思返淳朴，此实褊狭之见耳。……老氏顾欲常使民无知无欲，岂不误哉？"⑧ "老氏所云'使有什佰之器而不用'至'老死不相往来'一段语，此其主张直欲返于上古朴陋无知、闭塞不通、无有文物之社会，是反自然而不悟也。（自注：社会发展正是自然，老氏言自然而反

---

① 《熊十力全集》第五卷，第767页。
② 《熊十力全集》第六卷，第185页。
③ 《熊十力全集》第七卷，第522页。
④ 《熊十力全集》第八卷，第287页。
⑤ 《熊十力全集》第三卷，第419页。
⑥ 《熊十力全集》第六卷，第623页。
⑦ 《熊十力全集》第七卷，第531页。
⑧ 《熊十力全集》第六卷，第462页。

对发展，非反自然而何?）”① “老氏不达仁义之髓而妄非之；不通礼乐之原而妄薄之；不解自强之义而求复于婴儿，以婴儿柔弱，不用智故。夫婴儿无智，不能辨物烛理，不能判别善恶，假使人皆如此，则人类将为何状乎？且《易》言自强，是上达精进义。若使人类复于婴儿之冥昧，则人道废矣。老氏曰‘民多利器，国家滋昏。人多伎巧，奇物滋起’，又曰‘为无为，事无事，味无味’，如此则范围天地云云皆老氏所厌闻也。……至于《春秋》之辨物正名，五官簿物不失其真，《论语》曰‘视思明，听思聪’是也；老氏则曰‘五色令人目盲，五音令人耳聋’，是欲绝物而废聪明。故《大易》曰‘知周乎万物而道济天下’，老氏则曰‘常使民无知无欲’，其相反若是之甚也。”②

他批评老子社会政治思想说：“老之言治，曰清净自正，故不以己宰物。夫不以己宰物者，固六经之旨，圣人之志也，然老氏则貌同而心异。老之不宰，殆旷然无所事事。圣人之不宰，则不以一己之私意制驭万物，乃本乎人之性，以称其情，而为之仪则或制度，使人得以陶情复性而善其生，所谓以人治人是也。”③ “老氏纯任自由，将圣人裁成辅相之道亦复不立，教化废则智慧无缘互启，度制旷则生养何以相资。人类之成能，日新日富，终不与蜘蛛同等。此老氏所以宜绌于吾儒也。”④ “老子研几而顺化，其源出《大易》《春秋》，儒之别子也。清净无为，恶夫以私智宰物，将任物之自正，此其所长也。然物类不齐，若无辅相裁成，而期物各自正，如何可能？且纯持个人主义而缺乏集体生活，将使物各孤立而不相互助，终无以为治，此老氏所以见斥于吾儒也。”⑤ “若如老氏任运无为，虽訾毁独夫专制而怀想上古淳朴，不欲有所创新，将使昏庸得托之以苟偷，而群俗群制常滞于腐坏之域，是吾人不能法天

① 《熊十力全集》第六卷，第 508—509 页。
② 《熊十力全集》第六卷，第 585—586 页。
③ 《熊十力全集》第三卷，第 606 页。
④ 《熊十力全集》第三卷，第 769 页。
⑤ 《熊十力全集》第四卷，第 409 页。

道之突化而偷以违天也。违天者不祥，其群能免于祸败乎？”① “老子曰‘失仁而后义’，此不仁之言耳。失仁焉得有义乎？其流为申韩非偶然也。”② “老氏反儒，其言群化，期之以渐，故曰‘不敢为天下先’。自汉以来，老之说行而《易》道晦，中国群俗政制乃至一切均凝滞不变，《易》学被夺于老，乃中国之大不幸也。”③ “老氏能照圣智之阴阳是其长，然照圣智之阴阳而规避之，不敢为天下先，庶民无领导，长为刍狗耳，此老氏所以不能学孔子也。”④ “老子盖以虚无当作宇宙实体，其主张去知去欲，以返于无，故于人间世不相关，深藏避世网；以弱为用，静以伺天下之动；曰‘不出户，知天下’，而先几以远害。老曰‘我有三宝：一曰慈，二曰俭，三曰不敢为天下先’，俭则有之；慈者，仅不削于人而已，而不与庶民同患，可谓慈乎；不敢为天下先，视群众之疾苦无动于心，不肯犯难导率群众以除天下之大患，一切自私自利之恶皆出于此；以是为宝而无惭？二千数百年来知识分子无不中老氏之毒，族类之衰有由来矣。”⑤

上述对于老子时代、学脉及其学思得失的见解，构成熊十力的老学观，其基本倾向在于否定老子学术乃至其社会历史影响。

2.关尹子。比较而言，熊十力认为关尹子学思更高于老子，他说：“《天下篇》以关、老合叙，其撮述老旨，与今本《老子》适合；其述关氏与老诚相近，而境地似比老为高。……老言‘上善若水，水利万物而不争’，则就应物处说，与关氏‘动若水而静若镜’绝不同义，关氏则就心德言。心之体，元是动若水而静若镜的，吾人不能保任与涵养之，则蔽于物欲而失其动静合一之本体，是孟子所谓‘放心’、庄生所哀夫

① 《熊十力全集》第五卷，第734页。

② 《熊十力全集》第六卷，第311页。熊先生还有近似表述曰：“老氏有曰‘失仁而后义’，此非见理之言也。已失其仁，焉得有义？老氏之流于申韩，诚不偶然。”见《熊十力全集》第六卷，第498页。

③ 《熊十力全集》第六卷，第474页。

④ 《熊十力全集》第七卷，第522页。

⑤ 《熊十力全集》第七卷，第530—531页。

‘心死’者也。夫心，动用不息者也，故言若水，是生生活跃之极也。然实常动而常寂，非昏扰之动也，故又言其‘静若镜’。老氏言‘致虚极，守静笃’，则偏于求静之意为多，而于关学尚隔一层。”①

3. 杨朱。熊十力对杨朱一毛不拔、自私自利的主张一贯予以斥责，如谓：“夫杨朱之说，见于《列子》者，诚为颓废之极。自私者必至颓废，孟子辟之诚是。”② “孟子攻墨不必当，此意须别论，然其责杨朱不肯拔一毛以利天下则非苛论。凡以全性保真为学而自私自利、不惜遗世绝物者，实皆有不拔一毛之风。孟之拒杨诚有功。”③ “杨朱亦言全性保真，却是胡乱，孟子责其不肯拔一毛以利天下，此乃凡夫贪护小己，不识真生命也。”④

4. 庄子。熊十力认为庄子学思也出于孔子六经，他说：“庄子深于《易》者也，实孔学之支流。（自注：庄子谈变化极精，直自《易》出。）”⑤ “孔门传授的《易传》有云‘不疾而速，不行而至’，可谓深入理奥。……后来只有庄子善发挥他的意思。”⑥ “庄子曰‘《春秋》经世，先王之志’，可谓知圣心矣。”⑦ “庄生诵法孔颜，其学实有得于儒也。”⑧ “庄生深于经者也，《天下篇》曰：‘《诗》以道志，《书》以道事，《礼》以道行，《乐》以道和，《易》以道阴阳，《春秋》以道名分。’详此所云，其于六经各以一二字总括其旨，皆足包通全经，含藏万理。”⑨ “《大易》三百八十四爻，于一一爻皆见为太极。南华喻斯旨，

① 《熊十力全集》第八卷，第286—287页。

② 《熊十力全集》第三卷，第806页。

③ 《熊十力全集》第六卷，第629—630页。

④ 《熊十力全集》第七卷，第174页。

⑤ 《熊十力全集》第一卷，第574页。

⑥ 《熊十力全集》第三卷，第133页。熊先生又说：“案庄子之论，盖深有会于《大易》‘不疾而速，不行而至’之神。”见《熊十力全集》第六卷，第732页。

⑦ 《熊十力全集》第四卷，第251页。

⑧ 《熊十力全集》第五卷，第599页。

⑨ 《熊十力全集》第五卷，第664页。

曰‘秋毫非小’，至矣微哉！”[①] “庄子以百家分散，暗于大道，宜更有高深学术包通众家殊能，以端其向而一其趋，于是欲以孔子儒学为百家之统宗。”[②] 不过庄学毕竟另有传承而非全同于孔子六经，此其所以为道家巨子，熊十力指出这一点说：“《天下篇》论晚周学派，于各家皆深入，其天才卓绝，慧解极高。关尹、老聃，庄子特叙论之于其自述之前，明示师承所在，其重要可知已。”[③] “庄子之学出于老。”[④] “庄生才力高于道力，其学实原本于老而自成一家。……庄周终是冷然扁舟孤海人也，非圣人之徒也。老氏守朴，其慧深而不露，要自胜于庄。而孔门求仁之旨，非其所及。一转手便成漆园之学，非偶然也。”[⑤] 扬榷言之，“庄子虽道家，而门户之见不甚严，其于孔子之道体会甚深，其明于德行之原，故欲存反己之学，盖与儒学之大要有相通也”[⑥]。

熊十力对庄子其人及其学思多有肯定。他盛赞庄子“神解所至，确有卓绝古今者”[⑦]，“庄子于天化证会深远，于世变观察入微，其神解卓，其境界高”[⑧]，“庄子固是大哲”[⑨]，“庄子文学天才，古今无匹”[⑩]，

---

① 《熊十力全集》第六卷，第 164 页。

② 《熊十力全集》第六卷，第 376 页。熊先生又说：“庄子悼百家众技各察一偏，暗于大道，故欲弘宣孔子内圣外王之道，以总揽众学，而示以会归，卓哉前识！”见《熊十力全集》第六卷，第 380 页。

③ 《熊十力全集》第六卷，第 350 页。熊先生对《庄子·天下篇》评价极高，他还说“《天下篇》当是庄子之自序，或云庄子之后学为之，然其评判诸家，见高而识远，文奥而义丰，恐非庄子莫能为也”（见《熊十力全集》第三卷，第 776 页），“其穷高极远而测深厚，炤然见圣人之大体，则非小知所及喻也。此段文字，首举四名，（自注：四名者，天人、神人、至人、圣人。）明内圣之极诣；自以仁为恩至皆有以养民之理也，本仁义礼乐之意，而辅以崇法、正名与参稽之方，推原于衣食为主，虽寥寥数语，而字字句句都含无量义，外王之宏规远模具于此矣”（见《熊十力全集》第六卷，第 380 页）。

④ 《熊十力全集》第六卷，第 627 页。

⑤ 《熊十力全集》第八卷，第 261 页。

⑥ 《熊十力全集》第七卷，第 229—230 页。

⑦ 《熊十力全集》第三卷，第 823 页。

⑧ 《熊十力全集》第六卷，第 364 页。

⑨ 《熊十力全集》第六卷，第 383 页。

⑩ 《熊十力全集》第七卷，第 775 页。

“庄子博学多闻，其文学天才可谓空前绝后。印度古时大乘菩萨有庄之浩博，而庄之文纯以神运，则非若辈所可几也”①。他佩服庄子披拨现象而冥契本体说：“庄生《齐物篇》曰‘日夜相待乎前而莫知其所萌，若有真宰而特不得其朕’……愚谓庄云‘真宰’乃本体之名，非谓神帝。‘若有’者，乃故设疑辞，使人参悟也。起索真宰之朕迹而终不得者，明非量智推度所及，此意深远极矣。”②“庄子洞彻本源，则尊重万物之真性本命，而不忍且不敢伤之，是以贵因。”③ 他推尊庄子为“此土深了生灭者”④，肯认“庄生云‘方生方死，方死方生’是彻了语”⑤，“庄子善言变，其书有曰‘运而无所积’，运者运行，无所积者，刹刹皆顿变，无有故物滞积”⑥，即以庄子为透悟宇宙万物刹那顿变、运化无穷。他表扬庄子“道在矢溺，道在瓦砾”之说“至精妙”，“泰山非大，秋毫非小”之说亦“非故作奇谈”，并申论其义曰“盖宇宙之大，形形色色，万有不齐，莫非天性，虽矢溺之贱，瓦砾之微，若遗其迹而识其本体，即皆道也”⑦，“从万有不齐言，便分大小；从万物并生言，无有孤立，一味平等，何大小之分乎”⑧。他称许庄子“自本自根”一语“此义深远至极”，“此语甚妙，盖深得《大易》之旨”；⑨ 更标榜庄子挺立个体生命曰“道家盖以个人的生命即是宇宙大生命，宇宙大生命亦即是个人的生命。庄子云‘天地与我并生，万物与我为一’，此证真之谈也。这个生命正是本来清净，无有杂染”⑩。“庄子盖悟到生命是全体性，充实，圆满，无在无不在。生命不是我之一身所独有，是乃天地

---

① 《熊十力全集》第七卷，第 804 页。

② 《熊十力全集》第六卷，第 75 页。

③ 《熊十力全集》第六卷，第 364 页。

④ 《熊十力全集》第一卷，第 59 页。

⑤ 《熊十力全集》第五卷，第 5 页。

⑥ 《熊十力全集》第六卷，第 93 页。

⑦ 《熊十力全集》第四卷，第 432 页。

⑧ 《熊十力全集》第六卷，第 98 页。

⑨ 《熊十力全集》第三卷，第 644、732 页。

⑩ 《熊十力全集》第七卷，第 173 页。

万物共有之生命也。”① 他理解庄子反知之深意说：“若只奔逐于知识一途，遂至亡失性灵，殉物而丧其生，则道家之旨亦不可不体会也。……唯庄子以偏趋知识一途为戒，则未可完全忽视也。”②

然而熊十力对于庄子也有许多批评。他批评庄子本体观似是而非或乍是终非说：“庄子才过高，而于道不可谓无实得，但其差毫厘谬千里处，则有不可无辨者。”③ “其于大道，盖不免差毫厘而谬千里。”④“庄子于本体未有真见，其学驳杂，流于颓废。”⑤ “道家偏向虚静中去领会道，此与《大易》从刚健与变动的功用上指点、令人于此悟实体者，便极端相反。……道家之宇宙论，于体用确未彻了。庄子散见之精微语殊不少，而其持论之大体确未妥。庄子才大，于道犹不无少许隔在。”⑥ “庄子盛赞天道之变化力伟大，而叹人之渺小，甚至说‘浸假而化予之左臂以为鸡，予因以求时夜；浸假而化予之右臂以为弹，予因以求鸮炙；浸假而化予之尻以为轮，以神为马，予因以乘之，岂更驾哉’。庄子不悟体用不二，以为天在人的头上，而人则是天之化机所为，人道空虚，唯任造化玩弄耳，此等思想最丑劣，不可以训。”⑦ “庄子确未脱离宗教思想。若说他信天帝，又似与他本旨不合。他确是把天帝变了一下，而说为天地精神。他的实体论，颇似神和气二元，其思想甚淆杂。庄子之学亦是摄用归体，其影响极坏。”⑧

他批评庄子对生命心灵的片面理解说：“吾于古哲中，觉得庄子于生命颇有体认，惜乎只见得片面。……庄子于生命，高谈天地万物共有，而忽视每一物各有。其极大错误，略说有二：一、泛称天地万物共

① 《熊十力全集》第七卷，第657页。
② 《熊十力全集》第七卷，第252页。
③ 《熊十力全集》第三卷，第779页。
④ 《熊十力全集》第三卷，第823页。
⑤ 《熊十力全集》第六卷，第732页。
⑥ 《熊十力全集》第七卷，第6页。
⑦ 《熊十力全集》第七卷，第278—279页。
⑧ 《熊十力全集》第七卷，第548—549页。

有，则生命将成为莽荡无依据。二、忽视天地万物各各独有生命，便陷于虚无主义，否定万有而不自知其谬。”① “庄子说心为灵台。灵台者，禅家所云明镜台也。偏从灵明一方面去观心，而不悟心灵自身即是充实不容已止、进进不可退坠、至大至刚的生命力。此其所以玩心于空丈，放弃‘裁成天地，辅相万物’之行动实践，其理论之败缺殊不少也。”②

他批评庄子颓废主义人生观说：“若庄子之言天，则视天化为无上之威力，吾人之生只是天化中偶然之化耳，故曰‘阴阳于人，不翅于父母’。则克就人言，只是天之化迹，且甚偶然，不得曰人即天也。吾谓其以变化之大力为外在者，此也。故《大宗师篇》曰‘以生为附赘县疣，以死为决疣溃痈’，据此则人生毫无根柢，亦无甚意义与价值可言，唯委心任运，以度其附赘县疣之生，而待诸溃决已耳。庄子虽自云与天地精神往来，而其言化毕竟自相矛盾。彼根本不悟人即天，而又欲以人同天，则其所谓同天者，亦只是委心顺化而已。人能不修，人极不立，是何足为道哉？”③ “体其虚寂，则将有逆生化而反人生，亦或委心任运而归颓废，斯尤下劣之极。（自注：道家之学，至庄子而弊极矣。）”④ “南华根本迷谬处，即在视天化为无上之威力，而吾人之生只是大化中偶然之化，如昙花一现耳。《大宗师篇》曰：‘伟哉造物，又将奚以汝为，将奚以汝适？以汝为鼠肝乎？以汝为虫臂乎？’又曰：‘浸假而化予之左臂以为鸡，予因以求时夜；浸假而化予之右臂以为弹，予因以求鸮炙；浸假而化予之尻以为轮，以神为马，予因以乘之，岂更驾哉？’庄生之宇宙观与人生观只是委心任运，苶然无自在力。二千余年名士中其毒以迄于兹，天下无生人之气久矣！”⑤ “庄子欲上与造物者游，结果还是为造化所玩弄，人能不修，人道不立。《庄子内篇》有曰‘伟哉造物，将奚以汝为，将奚以汝适，以汝为鼠肝乎，以汝为虫臂乎’云云，又曰

① 《熊十力全集》第七卷，第657—658页。
② 《熊十力全集》第七卷，第658页。
③ 《熊十力全集》第三卷，第778—779页。
④ 《熊十力全集》第三卷，第955页。
⑤ 《熊十力全集》第四卷，第17—18页。按原文“苶然”误作“恭然”，引文径改。

‘无可奈何而安之若命’云云，据此则人生等于无生命之物，无自主、自由、自动、自造之力，将一切都任造物之化机所适而已。庄子好言‘造物者’，又言‘若有真宰’，又言‘天地精神’，虽不直拿出上帝一词，而其意义实与上帝无甚异。庄子言‘万物皆出于机，皆入于机’云云，机者，如器之动，有其开发之机也。机者，气之所为也，可名之曰气机。所谓化者，即气机之动耳。适者，气机之动，无一定之目的，只是随他动去，易言之，他化作此物，便如此了；化作彼物，也便如彼了。若就物言，则惟有顺从乎化之所为，没有一毫自主力。庄子曾言‘浸假而化予之左臂以为鸡，予因以求时夜’云云，庄子盖自叹，已化而为人，乃于其左臂之运用不得自主，而听造物者之化以为鸡。此语奇妙，乃形容万物都无自力可用，一身之支体犹不得自主，况其他乎？”①

他批评庄子反知倾向说：“孙卿批评庄子，说他‘明于天而蔽于人’，可谓一语道破！庄子才于本体有所见，便玩弄光景去，（自注：庄子言天即谓本体。）却未将这个道理融浃到人生日用里来。知识不可得着本体，庄子于此见得甚彻，此所谓明于天。人生在经验的世界内少不得知识，如果孤恃着固有的明智，不去穷尽事物之理，即本体上亦有障塞不可通行处，这便是他蔽于人。”②

他批评庄子社会政治思想说：“彼于一方忿恨统治者自矜圣旨，以百姓为刍狗，曰‘圣人不死，大盗不止’，曰‘王侯之门仁义存’。其论群变，每有恨于枭桀之徒伺机而起，挟欺骗与操纵群众之种种术，以逞其私图，使群情迷乱，莫能遵循宇宙大变之轨范以创造新局，此祸患所由蔓延也。庄子深于察变，独惜其于庶民少恻怛之情，乃祖老氏自私自利之谋，不肯导群众以革命，未足为圣人之徒也。”③

他对庄子学思的总体批评是“其哲学思想甚杂而极劣”④，“庄子思

① 《熊十力全集》第七卷，第804—805页。

② 《熊十力全集》第一卷，第600页。

③ 《熊十力全集》第七卷，第776页。

④ 《熊十力全集》第七卷，第775页。

想驳杂，又染神道颇深，而其高悟所至，多有妙语，惜乎其未达理根，持论不能一贯也”[①]，“庄子之学于根本处颇杂神道，是其缺也”[②]，“至庄子则杂于气化论，其学大驳”[③]。正是在肯定与批评的双向把握之中，熊十力形成了他关于庄子其人其学的观点。

5. 郭象。熊十力十分欣赏郭象《庄子注》中的“揭天地以趋新，负山岳以舍故”二语，长期反复加以称述，例如 1945 年《读经示要》中说：“郭子玄《大宗师篇》注云：‘夫无力之力，莫大于变化者也。故乃揭天地以趋新，负山岳以舍故。故不暂停，忽已涉新，则天地万物无时而不移也。’子玄此释，深符庄旨。”[④] 1953 年《新唯识论》删定本中说：“郭子玄注曰：‘夫无力之力，莫大于变化者也。故乃揭天地以趋新，负山岳以舍故。故不暂停，忽已涉新，则天地万物无时而不移也。世皆新矣，而目以为故；舟日易矣，而视之若旧；山日更矣，而视之若前。今交一臂而失之，皆在冥中去矣。故向者之我，非复今我也，我与今俱往，岂常守故哉？而世莫之觉，横谓今之所遇，可系而在，岂不昧哉！’子玄斯解，直由蒙庄以探《大易》，至可玩也。”[⑤] 1956 年《原儒》中说：“庄子有云‘变化密移，畴觉之欤’，又曰‘夫藏舟于壑，藏山于泽，谓之固矣，然而夜半有力者负之而走，昧者不知也’。郭象注曰：‘夫无力之力，莫大于变化者也。故乃揭天地以趋新，负山岳以舍故。故不暂停，忽已涉新，则天地万物无时而不移也。世皆新矣，而目以为故；舟日易矣，而视之若旧；山日更矣，而视之若前。今交一臂而失之，皆在冥中去矣。故向者之我，非复今我也，我与今俱往，岂常守故

① 《熊十力全集》第七卷，第 804 页。

② 《熊十力全集》第七卷，第 891 页。

③ 《熊十力全集》第八卷，第 695 页。

④ 《熊十力全集》第三卷，第 777 页。

⑤ 《熊十力全集》第六卷，第 95—96 页。在 1958 年《体用论》中，熊先生完全重复此段言语，见《熊十力全集》第七卷，第 32 页。按“自以为故”当作“目以为故”，这不仅由以下“视之若旧”“视之若前”可证，而且第六卷第 732 页、第七卷第 32 页引述此语皆作“目以为故”亦可为证。

哉！’”[①] 熊十力之所以激赏郭象之语，乃因认为其透悟庄子洞见而揭示了宇宙万物刹那生灭的实相，归根结底与孔子《易传》所谓“不疾而速，不行而至”的卓识若合符节，他说：“案庄子之论，盖深有会于《大易》‘不疾而速，不行而至’之神。郭象能达庄旨，亦《易》家之余裔也。”[②]

熊十力对郭象学思评价颇高，其曰：“子玄之善，约有三端：穷神知化虽不能如《易》，而所冥会者已深矣，此其一；自然之妙，子玄时发其机，而犹不免杂以肤谈，但子玄以外，确未有能及之者，故可尚也，此其二；体神居灵，非是知解境界，子玄于此实有深会，此其三。”他还赞许郭象“颇得老庄意思”而“绝其矜尚之情”乃“斯可贵耳”。[③]

当然，熊十力对郭象也不无批评，例如他批评郭象以“付万物使各自守，故不患其守”注解《庄子・天下篇》所谓“无藏也故有余”之言曰：“郭氏斯解犹不解也。近世富豪阶级与侵略主义者，皆纵其私欲以夺取天下人之利，而务厚藏之于己。天下人皆苦不足，而厚藏者终亦必亡。故《春秋经》主张天下一家，建立人类共同生活之规制，即天下之财公之于天下之人人，则社会上厚藏之阶级必先夷灭务尽，而后全人类皆无不足之患。……郭注云付万物各自守，万物若不争，其谁付之乎？又或无共同生活规制，则人各孤立而生财之道穷，将何所守？且群涣而无纪，则私藏之患亦复不免。”[④] 这是指责郭象不知以革命手段消灭剥削阶级，也不知以社会主义制度组织社会化生产与分配并防止私有制复辟，虽不免有苛求古人之嫌，但亦可见熊十力天下为公、均安无倾之心愿。

---

① 《熊十力全集》第六卷，第 731—732 页。

② 《熊十力全集》第六卷，第 732 页。见同卷，第 95 页。

③ 《熊十力全集》第四卷，第 389—390 页。

④ 《熊十力全集》第六卷，第 359—360 页。

第三节 法家

熊十力认为法家分作两条脉络，其一为法家正统（或称法家正宗、法家民主论派），其二为法术家。关于法家正统，熊十力说："淮南王安招致游客，杂录晚周百家言而妄有附益，本杂家也，而倾向道家为多。但其言法出于民众公意，又谓法籍礼义所以禁人君使无擅断，此区区数十字，则晚周法家要义赖以保存，功亦巨矣。"① "余意法家正宗，必与西洋民治思想有遥合者。考《淮南书》中所引法原于众及法籍礼义者所以禁人君使无擅断也等语，其义宏远。法原于众，似与《民约论》相近。要之，法必由人民公意制定之，非可由在位者以己意立法而箝束民众，此实民治根本精神。惜《淮南》不著其说出何人何书，余意此义当本之法家正宗也。"② "《淮南书》言'法原于众'，又云'法籍礼义者，所以禁人君使无擅断也'，此当是晚周法家正统派之说，而《淮南子》采入之。又谓法家正统原本《春秋》，而商韩之徒实非法家云云。此说虽创，而实不可易。《淮南》所存法家正统派'法原于众'一语实含无量义，可谓深得《春秋》之旨。"③ "《管子》曰：'政之所兴，在顺民心；政之所废，在逆民心。'（《牧民篇》）又曰：'夫民，别而听之则愚，合而听之则圣。虽有汤武之德，复合于市人之言。是以明君顺人心，安性情，而发于众心之所聚。是以令出而不稽，刑设而不用。先王善与民为一体，与民为一体，则是以国守国、以民守民也。'（《君臣上篇》）呜乎至矣！"④ "晚周法家正统，盖原本《春秋》而发挥民主思想者，此派早亡绝矣。"⑤ "正宗之学，鲜可考者。《淮南》所存'法原于

---

① 《熊十力全集》第二卷，第688页。
② 《熊十力全集》第三卷，第746页。
③ 《熊十力全集》第五卷，第296页。
④ 《熊十力全集》第五卷，第363页。
⑤ 《熊十力全集》第五卷，第648页。

众’一词，明法由民众公意制定，当是正宗遗意。”① “余以为晚周思想发展甚盛，法家分派必众，当有倡明民主者，惜古籍亡失无可考。然《淮南·主术训》有云：‘法籍礼义者，所以禁君，使无擅断也。人莫得自恣则道胜，道胜而理达矣，故反于无为。无为者，非谓其凝滞而不动也，以其言莫从己出也。（自注：中略。）法生于义，义行于众，适众适合于人心，此治之要也。故通于本者不乱于末，睹于要者不惑于详。法者，非天堕，非地生，发于人间，而反以自正。’据《淮南》此段文字当是从晚周法家民主论派之遗说援引得来，非淮南幕友所能创也。”②“《淮南·主术训》有云：‘古之置有司也，所以禁民，使不得自恣也。其立君也，所以剬有司，使无专行也。法籍礼义者，所以禁君，使无擅断也。人莫得自恣则道胜，道胜而理达矣，故反于无为。无为者，非谓其凝滞而不动也，以其言莫从己出也。……法生于义，义生于众适，众适合于人心，此治之要也。’按此言以法禁君使无擅断，又推原法生于众，可谓民约论之嚆矢矣。自汉以来，无有章明其说者，惜哉！（自注：近人只知尊黄梨洲《原君》说，无有知《淮南》者，其实《淮南》之说，非梨洲所及也。）”③ “《淮南》深于法，《主术训》云：‘上操其名以责其实，臣守其业以效其功。言不得过其实，行不得逾其法。’又曰：‘所谓亡国，非无君也，无法也。’此其深明法治国之道也。若其原法生于众，以法限制君权，盖申韩之伦所不知，而《淮南子》远矣。”④ 概乎言之，熊十力认为法家正统乃根据民意以立法，其立法宗旨则在于约束权势者恣意妄为，但不幸法家正统早在周秦之世便消绝了，延续下来的只有冒名顶替的法术家。他说：“法家，今传之《管子》似是管子后学所为，而多所混合，不纯为法家言。韩非亦法家外道，近商君术。……《商君书》亦残缺，然玩其旨，考其行事，则今之法西斯派也，不得为

① 《熊十力全集》第五卷，第763页。
② 《熊十力全集》第六卷，第372页。
③ 《熊十力全集》第八卷，第16—17页。
④ 《熊十力全集》第八卷，第17页。

法家。其后吕政实秉其术以夷六国，而祸中于后世。……汉世号法家者，大抵注重综核名实，严督责之令，只是属于行政之方术而已。自晁错、宣帝、昭烈、武侯以迄近世张江陵之徒，皆以法家闻，而皆不过如是，实与晚周法家无甚关系也。然则法家之亡，亦自秦始矣。”[①]“自汉人迄今，所称法家则商鞅、秦孝、韩非、吕政辈而已。实则此辈皆修霸业，反民主，不足为法家，可名之以霸王主义者。（自注：犹今云帝国主义。）汉人不辨，而称以法家。今沿袭既久，亦未便改称耳。”[②] 至于历史上法术家之代表人物，无疑当推韩非，“韩非之学不为法家正统，熊先生谓当正名法术家，其说甚是。案韩非书随处皆用法术一词，且于法术二字分释甚清”[③]，“今观韩非之书，于法理全不涉及，只谓法为人主独持之大物，是法者徒为君上以己意私定、用以劫持民众之具。秦之行法即本于韩非。韩非书不言民主，无所谓民意，其非法家正统甚明。韩非书于社会组织等法制及维护人民自由等宪章皆未有半字及之，是何足为法家？通玩韩书全部，只谓人君须严法以束臣下，使不得犯而已。《五蠹篇》曰‘明主峭其法而严其刑’，全书明法意者，不外此语，是其言法犹是达其术之具耳。熊先生谓韩非书只是霸术家言，本不为法家，以其主严法，不妨名法术家耳”[④]。

在《中国历史讲话》《读经示要》《韩非子评论》《与友人论张江陵》《原儒》等著作中，熊十力对韩非的思想观点作了相当全面深入的析论，表达了他对于法术家也就是一般所谓法家的看法，这些看法以批评为主调。

熊十力批评韩非人性论说：“韩非之人性论，实绍承荀卿性恶说，此

---

① 《熊十力全集》第三卷，第 746 页。

② 《熊十力全集》第五卷，第 648 页。

③ 《熊十力全集》第五卷，第 293 页。此处引文出自《韩非子评论》，该书乃胡哲敷追述熊先生讲论而撰成，胡氏作为执笔者，在书中往往以第三人称指称熊先生，但此书内容实为熊先生学思成果，故仍作为熊先生著作收入全集。以下引文同此者不另加注说明。

④ 《熊十力全集》第五卷，第 297 页。

无可讳言也。荀卿由道而归儒，其形而上学之见地犹是道家也。韩非援道以入法，其形而上学之见地亦犹是道家也。凡政治哲学上大思想家，其立论足开学派者，必其思想于形而上学有根据，否则为浅薄之论，无传世久远价值也。韩非绍承其师之性恶说，殆由其形而上学未能融会天人。荀卿已有此病，故言性恶。韩非同其师之病，故绍承师说。……通观韩非之书，随处将人作坏物看，如防蛇蝎，如备虎狼，虽夫妇父子皆不足信。"① "今如韩非之说，只从人之形骸一方面着眼，专从坏处看人，本未尝知性，而妄臆人之性恶，妄断人皆唯利是视之天生恶物，是戕人之性，贼人之天，而人生永无向上之几也。悲夫！……韩非偏从坏处衡人，即依此等偏见以言治道，则将不外于猜防、锢闭、诱诳、劫制四者，凡韩非所为法术与秦皇所奉行横暴愚民之政，尽于此而已，斯非人之惨剧乎？"②

熊十力批评韩非学术思想说："《显学篇》曰：'夫冰炭不同器而久，寒暑不兼时而至，杂反之学不两立而治。'据此，则古者诸子百家之言，自韩非视之，皆所谓杂反之学。可见韩非以法为教，以吏为师，即一切学术思想皆在禁绝之列，并非独毁儒家。但儒家为其所最注目，而其书中几无处不攻击之。……唯儒者以崇德而事智为治，则与韩非之狂暴极权不两立，与其独裁法不并容，此韩非所以念念不忘儒家而攻之不已也。然诸子百家之学，韩非固同一弃置。"③ "韩非废绝一切学术，又毁行修，行毁而失德，学绝而无智，是使人断灭灵性生活也，人之类不已绝乎？……今韩非去智与仁而唯力是尚，不智不仁之力，疯狂如凶猘猛兽，盲动如骤雨疾风，摧毁则玉石俱焚，哀哉人类！何所为而必出于斯乎？韩非尝言'冰炭不同器而久，寒暑不兼时而至'，以此成其不相容之论，此乃格物未周，操术不审之过也。夫甜酸异味而同器，朝餐不尽晚餐而两味调和如故，岂非异味同气而可久乎？炷为因而生焰，焰复为

---

① 《熊十力全集》第五卷，第 306 页。
② 《熊十力全集》第五卷，第 310—311 页。
③ 《熊十力全集》第五卷，第 379 页。

因而烧灶，因果异物而同时俱至。此例不胜穷也。”①

熊十力批评韩非窜乱历史诋毁圣贤说：“韩非所说，纯是造谣，其书《忠孝篇》曰：‘瞽瞍为舜父而舜放之，象为舜弟而杀之。放父杀弟，不可谓仁；妻帝二女而取天下，不可谓义；仁义无有，不可谓明。《诗》云：“普天之下，莫非王土；率土之滨，莫非王臣。”信若《诗》之言也，是舜出则臣其君，入则臣其父，妾其母，妻其主女也。’……韩非邪妄诬构之辞，稍有识者不难明辨。臣君父，妻主女，妾其母，种种造谣既皆易见，则放父杀弟，为其故造之谣，不辨可明。……按韩非主张法治，故极力反对儒家言人治，其辞曰‘故人臣毋称尧舜之贤，毋誉汤武之伐，毋言烈士之高，尽力守法，专心于事主者为忠臣’云云，此等言论，韩非书中满纸皆是，其所以诬罔古圣贤，即此故也。”②“《尚书》既残缺，二帝三王之行事，虽时见于诸子书，然罕得其要，法家更捏造诬诋之辞，最卑鄙。……如《韩非·忠孝篇》云：‘瞽瞍为舜父而舜放之，象为舜弟而杀之。放父杀弟，不可谓仁；妻帝二女而取天下，不可谓义；仁义无有，不可谓明。《诗》云：“普天之下，莫非王土；率土之滨，莫非王臣。”信若《诗》之言也，是舜出则臣其君，入则臣其父，妾其母，妻其主女也。’此段文字纯以邪妄无知之心诬诋先圣。舜受尧禅，岂得云臣其君？子为天子，何可谓臣其父妾其母？……主女不可妻，则自古帝王之女皆不可下嫁人臣，必终其身为怨女，有是理乎？据此种种大无道之诬辞，则放父杀象之说必不可信！”③“韩非之诋舜尧禹也，谓其让天下不足多也，又曰古时人寡财多故易让，然又言尧禹当时为天子，服养之苦等诸监门，劳役同于臣虏。夫人寡财多之世，天子何必劳苦若是乎？其持论矛盾，不自悟也。韩非欲毁古圣以天下让之盛德，则谓其去监门之养，离臣虏之劳，故不足多，而忘却此说与其古者人寡财多之论相背，足征挟私意以成说者，其心早昏，其说不可成也。……

① 《熊十力全集》第五卷，第383页。
② 《熊十力全集》第二卷，第670—671页。
③ 《熊十力全集》第三卷，第1101页。

余以此知韩非诬词直同犬吠耳！”①

熊十力批评韩非社会政治思想说：“韩非绝无民主思想，熊先生谓其为君主思想，为列强竞争时代之极权主义者，其志在致国家于富强以兼并天下，故又可谓为侵略主义者。……通观韩非书，对君主制度无半言攻难，对君权不唯无限制，且尊其权极于无上，而以法术两大物唯人主得操之。人主持无上之权，操法术以统御天下，将使天下之众如豕羊然，随其鞭笞之所及而为进止。人民皆无自由分，何自主之有？”②“韩非纯是国家主义，其鞭策人民于耕战，与今世霸国戮力生产与军备如出一辙，但不惜禁锢人民思想，（自注：如废文学等。）摧抑人民节概，（自注：如禁侠义及恶贤良贞信之行等。）此则不为社会留元气，未可为训。”③“然细玩韩非思想之全体系，并无人民参政机关，其求言之法，似仍师商鞅‘设告坐而责其实，连什伍而同其罚’，夫民意机关犹有被劫持之虑。而况告坐之法使人心术日习于猜忍疑忌，欲其言之一一出于至明至公，恐未可恃！人君欲假借此等耳目以为一国之公视公听，吾惧其适陷于聋盲也。”④“韩非毁德反智而一以尚力为主，所谓‘去偃王之仁，息子贡之智，循徐鲁之力’，此三语者，是韩非思想之根荄，其一切知见、一切论证、一切主张、一切作风，皆自毁德反智而一归于暴力之大根荄以出发。”⑤“韩子言治内之术虽多端，而要在统一臣民之思想与意志，使皆不得有异动，故有‘为人君者，数披其木，毋使木枝扶疏；数披其木，毋使木枝外拒；数披其木，毋使枝大本小’等语。……韩非数披其木之说，不独非治道，实非人道也。中国经秦政之暴虐，迄今不振，韩非不得避作俑之愆也。”⑥“韩非盛称弋人谨廪之故事，则纯

---

① 《熊十力全集》第五卷，第 351—352 页。按“谓其让天下不足多也”之“其”误作“共”，径改。

② 《熊十力全集》第五卷，第 294—295 页。

③ 《熊十力全集》第五卷，第 297 页。

④ 《熊十力全集》第五卷，第 300—301 页。

⑤ 《熊十力全集》第五卷，第 304 页。按“息子贡之智”之“息”误作“自”，径改。

⑥ 《熊十力全集》第五卷，第 326—327 页。

恃机诈以驭人，是残忍之术也。”[①]“韩吕之徒乘机狂动而不虑其后，论世者所为寒心也。韩非以为民智不足用，其所举证，皆以苛察之能，从片面去摘发细民之情，遂以之为根据，而妄断凡民皆无知，以为居上乘势者可鞭笞之而无不如意也。……韩非之独裁思想，吕政已试验之，终以毁民性、害国命，祸延二千余年，而夏人不复振也，哀哉!”[②]“韩子政论宗趣，约析以三：一曰人民属于国家，即人民之一切应为国家而牺牲，国家有无限自由而人民无自由。二曰个人属于群体，即个人之一切应为群体而牺牲，群体有无限自由而个人无自由。三曰基于上述二义，当令全国上下并力于耕战。此与今之列强戮力于生产与军备者完全遥合。韩非以为全国上下并力耕战一途，则国家富强可立致，而霸王之业必成也。其并力耕战之主张，可谓之一孔政策。……《饬令篇》曰：‘利出一空者，其国无敌；（自注：顾广圻曰：空读为孔。）利出二空者，其兵半用；利出十空者，民不守。’据此，则韩非以并力耕战为利出一孔，是无敌于天下之道也。唯其持一孔政策，故厉行统制，诸不直接参预耕战之途者，均认为与其国家富强思想有妨害，易言之，即与其霸王主义有妨害；凡认为有妨害者，即非根本禁绝之不可。其统制范围过宽广，商君之狭隘残酷，尚未至是也。”[③]

显而易见，熊十力对韩非的社会政治思想关注最多且批评最甚；对韩非“数披其木”“利出一孔”“弋人谨廪”“以法为教以吏为师”诸说，大致也就是专制极权、恃强尚力、尊势崇术、严刑峻法等主张进行了严厉抨击。然而吊诡的是，在熊十力对韩非不多的正面评论中，他肯定的恰恰是韩非的社会政治思想以及其爱国精神，如谓：“韩非生于危弱之韩，故其政治思想在致其国家于富强，以成霸王之业，其坚持尚力，吾国人当今日尤当奉为导师，熊先生亦以此特有取于韩子。……然当列强

---

① 《熊十力全集》第五卷，第330页。

② 《熊十力全集》第五卷，第362—363页。按“鞭笞”之“笞”误作“苔”，径改。

③ 《熊十力全集》第五卷，第377页。

竞争剧烈之世，总有崇尚霸术者兴。霸术者必重国家之权力，而不免抑人民以听命于国家，乃易富强其国而便于制敌。韩非之思想，古今中外竞争之世所必有也。……故霸术用之审而无过甚，则当竞争之世，此其良图也。”[①] “韩子愤韩之积弱，思以强权振起，强权不便于民主，故韩子于《春秋》之民主思想弗受也。秦韩近邻，而秦自穆公以来，世用客卿，韩子所深知也。六国之才，或长于政，或长于军，仕秦者众矣，而韩子独不入秦。彼本素不见用于韩王，及急，遣使秦，犹劝秦存韩，竟以此为李斯致之死，可见其爱国情思深厚，其风节孤峻。”[②] “韩子生危弱之国，而于外交则斥尽当时合纵连横二派之术，乃一以自恃而不恃人为国策。……可见韩子于内政外交，一以自恃而不恃人为立国精神，为坚强自信而绝不游移之国策。纵横之徒，或联与国，或事一强，皆恃人而不自恃，自速其亡，韩子两斥绝之。当时六国之天下，唯韩子一人独延两间生气于衰绝之余，其有功于造化者大矣哉！余确信古今有国者，苟自恃自爱而不自亡，则其并世任何强国决无可以倾覆之者。孟子言国必自伐而后人伐之，亦同此旨。弱国皆能自恃，能自树立，而后可言世界主义，否则有强权而无公理。”[③] “韩子以为守法者，乃自己对于自己之慈爱故然，绝非由强制而然，真善美哉，斯意也！令人乱法毁法，太下贱，太不自慈爱。其释《老》之‘不敢为天下先’曰‘圣人尽随于万物之规矩’，一言而道尽民主法治精神，美哉洋洋乎！”[④] “韩子以平不夷、矫不直为制法原则，可谓千古不易之论。”[⑤] “明法以任官，循名实而定是非，因参验而审言辞，皆万世不易之论。中国不由此道而欲救亡为治，是犹以足搔顶，愈不几也。”[⑥] “韩非主严诛重罚，其论虽过激，

① 《熊十力全集》第五卷，第 297—298 页。
② 《熊十力全集》第五卷，第 314 页。
③ 《熊十力全集》第五卷，第 333—334 页。
④ 《熊十力全集》第五卷，第 337 页。
⑤ 《熊十力全集》第五卷，第 339 页。
⑥ 《熊十力全集》第五卷，第 343 页。

而治甚昏积乱之俗确非如此不可。”① 凡此实际上肯定了韩非极权尚力、明法正刑、奋发图强、卓然自立等主张对于积弱积贫的现代中国乃至世界上一切弱小国家救亡图存、转弱为强的积极作用，当然也是肯定了法家（即熊十力所谓法术家）的不容抹煞的思想价值。

第四节　墨家

熊十力对于墨家墨子的看法，大致有一个从基本肯定到根本否定的转变过程，而对墨子兼爱说则一直在批评与认可之间游移，最终趋于否定。在1935年编定的《十力语要》卷一中，熊十力称赞墨子说：“墨子注重逻辑之精神，诚为后人所当承续而不容忽视，其在逻辑上之所发明，亦有可与印度、西洋古代逻辑家言互相参稽比较之处。……其根本原则即‘兼相爱’‘交相利’六字尽之。墨子生竞争之世，悼人相食之祸，而谋全人类之安宁，固承孔子《春秋》太平、《礼运》大同之旨而发挥之。谓墨子于儒学为异端，则非知墨者也。”但同时批评墨子兼爱说道：“若将父兄与民物看作一例而谈兼爱，则恐怕爱根已薄，非从人情自然之节文上涵养扩充去，而兼爱只是知解上认为理当如此，却未涵养得真情出，如何济得事？不唯不济事，且将以兼爱之名而为祸人之实矣。世界上服膺博爱教义之民族，何尝稍抑其侵略之雄心耶？”② 在1942年致友人书信中，熊十力表彰墨子说：“然墨子逻辑谨严，则《大易》正名定辞之学也；其精制造，则《大易》制器尚象之遗也；兼爱兼利，即《易》所谓‘利者义之和’也；兼利之旨，又即《大学》以理财归之平天下与夫絜矩之道也，人类欲免于自毁，舍此道无由；《墨子》言大同，《春秋》太平义也；其抗御侵略，则《春秋》无善战及书梁亡之旨也；其‘摩顶放踵以利天下’与‘杀身成仁’不异也；墨之通于儒

① 《熊十力全集》第五卷，第365页。

② 《熊十力全集》第四卷，第145—146页。

者岂一端哉?”[1] 此处对兼爱说作了高度肯定，等诸孔子《易传》。在1945年所著《读经示要》中，熊十力推崇墨家说：“墨家思想兼儒术与名家之长而自成一宗，其富于牺牲、勇于改造之精神，则诸子中最卓绝者也。墨学，秦以后无闻，实中土之大不幸。”[2] 在1956年完成的《原儒》中，熊十力标举墨子学行造诣说：“《淮南·要略篇》云：‘墨子学儒者之业，受孔子之术。’汉初去孔墨之时代未远，其言必有据。孔子雅言执。（自注：执读艺，解见前。古以格物之学与器械创作皆谓之艺。）墨子《经上》等篇，有数学、物理学等，曾创造翔空之木鸢与守城之云梯，而木鸢即晚世飞机之始，科学天才固卓绝，亦未尝不资于孔子艺教之启发也。墨子《大取》等篇，名学甚精，其源出于《春秋》尚可考也。”同时也对墨子兼爱说批评道：“兼爱兼利未尝不本于孔子之仁道。然言仁而不酌以义，则仁道不可通也。孔子论《诗》曰‘可以怨’。庶民对于剥削阶级而有怨，因怨起争，因争得以荡平阶级，然后仁道通，兼爱兼利之公道大行矣。”[3]

但也就是从《原儒》开始，熊十力对墨子兼爱、非斗一类调和主义思想以及贵贱、智愚等级观念作了根本否定，他说：“墨子好格物之学，犹秉儒术，而其非斗则与《大易》昌言革命之旨相违反。庄子称墨氏以自苦为极，以此化民，是使居上横暴者晏然无患也。故自政治理想言，墨子为儒家之敌，其恶劣之影响并不逊道家也。”[4] “墨子兼爱、非斗，是慕仁而不知义也。《春秋》倡革命，覆统治，要在行义以达其广爱，墨翟所不喻也。”[5] “《墨子·天志篇》曰：‘今天下之君子之欲为仁义者，则不可不察义之所从出。既曰不可以不察义之所从出，然则义何从出？子曰：（自注：子者，墨翟自称；或此篇为墨翟之徒所记，而称翟

---

① 《熊十力全集》第八卷，第163页。另见第四卷，第334页。
② 《熊十力全集》第三卷，第746页。
③ 《熊十力全集》第六卷，第347—348页。
④ 《熊十力全集》第六卷，第383—384页。
⑤ 《熊十力全集》第六卷，第497页。

也。）义不从愚且贱者出，必自贵且知者出。夫愚且贱者不得为政乎贵且知者，贵且知者然后得为政乎愚且贱者。此吾所以知义之不从愚且贱者出，而必自贵且知者出也。’案墨子以此反革命，是其蔽也。”① “墨子顾梦然非儒，高谈兼爱兼利，终不与庶民同忧患，此其故安在乎？盖墨子之学不究本原，（自注：本原谓宇宙实体。）故莫能以明确之人生观与世界观启导人群，遂为宗教所迷，而有《天志》与《明鬼》之论，欲人之敬天而畏鬼，不敢悍然为恶，当勉为兼爱兼利之善行也，此实墨子之误也。墨子以天鬼自迷而迷人，其阶级思想甚强，拥护统治而反对庶民革命，是其为学不究本原，故不能扫除宗教之毒也。”② 熊十力最终否定墨子调和主义思想和等级观念，当是与新社会崇尚革命、主张平等的意识形态导向相一致的。他的否定未涉及墨子的科技学说和逻辑学说，可以认为他对墨子的这些学说并无间言。

第五节 其他诸家

熊十力还对名家、农家、阴阳家以及难于归入某一家的《管子》作过或多或少的述评，表达了他的学术观点和思想倾向。

一、名家

关于名家的渊源，熊十力说：“《易》《春秋》二经，并为名学之宗。”③ “名家则儒之支流。”④ “辨物正辞之学始于《易》《春秋》，而二经传记亡失殆尽，鲜可稽。晚周名学有单篇碎义可考者，荀子《正名》、墨氏《墨辨》、《公孙龙》残帙及《庄子》偶存惠施义，韩非有综核名实

---

① 《熊十力全集》第六卷，第548页。

② 《熊十力全集》第七卷，第530页。按“悍”误作“捍”，径改。

③ 《熊十力全集》第三卷，第1017页。

④ 《熊十力全集》第五卷，第381页。

之谈，此其较著也。诸家名学思想皆宗主《春秋》，大要以为正辞必先辨物。”① “名家之学，其源出于《易》《春秋》。……二经为名家大祖，其学脉分明可辨也。”② 显然认定名家祖述《大易》《春秋》而为儒家旁支。

关于名家人物，熊十力肯认者主要有墨子、惠施、桓团、黄缭、尹文、公孙龙、荀子等，至于史上也列入名家的邓析、毛公、黄疵、成公生等人，熊十力认为“邓析当是刑名家，固非《大易》所谓辨物正言断辞与《春秋》辨物之理以正其名之学，《汉志》列邓析于名家殊不合。……毛公、黄疵、成公生之徒当非专攻名学者”③。而为熊十力所肯认的名家，其名学著述也大率亡佚，“名家之学，已不可考，《庄子·天下篇》所述单词碎义，必非其至者，其内蕴既不可寻。今传《公孙龙子》残帙自是伪书，或魏晋间好事者聚敛故籍为之耳。墨辩亦不完，难以窥其宏旨。名家亡绝，最为可惜”④，“晚周名家硕师必不少，惜古籍沦丧，今无从考”⑤，“晚周科学名家，虽因故籍沦亡鲜可考，然墨翟、惠施、黄缭、公输子之徒，其姓字犹未尽湮没，惜其书亡耳”⑥，故唯“诸家坠绪犹有可寻”⑦。在名家人物中，熊十力认为“尹文粗涉名理”⑧，“今可略考者，儒有荀卿，墨子及其后学别墨皆名家大师也……公孙龙本儒者，而其专长究在名学，故言名家者必举公孙氏，《天下篇》亦以桓团与公孙子并举”⑨，“黄缭亦是著名科学家也”⑩，其特别推尊者唯在惠施，有曰：“诸子之以名家著闻者，《汉志》仅七家。……七家之中唯惠施巍

① 《熊十力全集》第六卷，第316页。
② 《熊十力全集》第六卷，第365页。
③ 《熊十力全集》第六卷，第366—367页。
④ 《熊十力全集》第三卷，第745—746页。
⑤ 《熊十力全集》第六卷，第369页。
⑥ 《熊十力全集》第六卷，第469页。
⑦ 《熊十力全集》第六卷，第317页。
⑧ 《熊十力全集》第六卷，第366页。
⑨ 《熊十力全集》第六卷，第369页。
⑩ 《熊十力全集》第七卷，第203页。

然巨子，其以天才之科学家而精哲学，善言名理，诚旷代之孤雄，六国时学人盖罕能识之者，独庄子与之为友。《汉·艺文志》载其书一篇，余决不信其书只一篇也，或六国时人已莫能读其书，或汉初人不知重其书，故湮绝无余耳。……惠子强于物，散于万物而不厌，逐万物而不反，其对黄缭遍为万物说，可见惠子之学是向大自然里努力追求，并非不根于实测而徒为诡辩者。当时庸众以辩者目之，庄子亦以其善辩而惜之，惠子岂好辩哉？夫惠子猛于求知，笃于爱智，伤众人息息与天地万物接触，而一切习焉不察，故日以其知开导众人，众人卒不喻，乃以辩者訾之耳。惠子确有大科学家之热诚与风度，在晚周诸子百家中似罕有其匹。……惠子强于物，而又乐众人之共进于知，其遍为万物说当有甚多博大之创见，决无不著书之理，而皆无传，岂不惜哉！"① "晚周六国时哲人，其学术最弘广者，莫如惠施。……惠子偏为万物说，当时目之以怪，必无肯究其说者，惜其书皆无传，莫可考矣。《汉书·艺文志》载《惠子》一篇。据庄生称惠子强于物，逐万物而不反，此等爱智精神，视古希腊哲人有过之无不及，吾决不信其著作只一篇，盖六国时人已无传其业者，故尽失之耳。……惠子本科学家而亦精名学，《汉书》遂以之入名家。余谓惠子哲学盖卓然大家也，今就庄子《天下篇》所称惠子说若干条而玩索其对于心物问题之意见，犹是神质不二而有分，与儒学相通也。"② 至于熊十力对惠施的批评，也在于其侈言泛爱而不知抗争，他说："然惠施言泛爱万物，天地一体也，是乃知有仁而不知有义，由其道，则对于在上者之横暴唯有忍受而无忿恨，则天子诸侯大夫以少数人统治天下之敝制，虽万世不易可也。"③ 这与对墨子调和主义的批评显然基于同一时代背景而抱持同一判断标准。

---

① 《熊十力全集》第六卷，第366—368页。
② 《熊十力全集》第六卷，第627—628页。
③ 《熊十力全集》第六卷，第383页。

二、农家

关于农家渊源，熊十力说："农家者流自《诗》出，三百篇讽刺社会与乱政之诗甚多，此农家革命思想所由兴。"① "农家之学当出于《诗经》。三百篇自变雅以至列国之风，小民呻吟穷困，无以为生，其怨恨王侯卿大夫贪污侵剥之诗占大多数，孔子删定为经，以教三千七十之徒，传播民间，此农家所由兴也。"② "《诗》亡然后《春秋》作，农家思想亦出于《诗》，固《春秋》之旁支也。"③ "农家虽儒学之别派，而实得外王学之真髓。"④ 显以农家为六经之孳乳和儒家之余裔。不过农家传世文献更为稀缺，"《孟子·滕文公篇》曰'有为神农之言者许行，自楚之滕'云云，晚周农家可考者，只许行与其弟子陈相之姓字幸存于《孟子》书，此外无可考矣"⑤，"惜其经传都亡，无从搜考，今唯《孟子·滕文公篇》略存许行弟子陈相之说，至可宝贵"⑥，"许行近于无政府，想是农家之一派，当更有别派也，惜今全不可考"⑦。对于农家的思想实质、社会政治主张及其历史意义，熊十力予以充分肯定，他说："上考《孟子·滕文公篇》'有为神农之言者许行'，今玩其说，不许有劳心劳力及治人治于人之分，诚哉社会主义之开山也。"⑧ "许行此言，明明主张废除统治阶级，是真能实践《春秋》之道者，惜乎孟轲、荀卿之徒皆不足语此。……夫劳心与劳力之分，治人与治于人之分，食人与食于人之分，正是社会主义者所详究而不容蒙昧过去之根本问题。……

① 《熊十力全集》第三卷，第749页。
② 《熊十力全集》第六卷，第369—370页。
③ 《熊十力全集》第六卷，第431页。
④ 《熊十力全集》第六卷，第544页。
⑤ 《熊十力全集》第六卷，第370页。
⑥ 《熊十力全集》第六卷，第544—545页。
⑦ 《熊十力全集》第三卷，第747页。
⑧ 《熊十力全集》第六卷，第431页。

许子劳心劳力不分之主张，固是《春秋》太平世之极则。”① “向来言晚周学术者鲜注意农家，其实农家极重要，汉以后如多得许行之徒，则帝制早革矣。”②

三、阴阳家

熊十力充分肯定阴阳家在学术思想史上的作用，但对其意义则持否定态度，他说：“余谓上古以来一切术数皆由阴阳家导其源。……阴阳之说，当是始于上古时期劳动群众。天文学知识最初杂发于民间阴阳说之中，及至唐虞时，有羲和之官掌天文，则天文学已成专业，但未脱离阴阳说而为纯正科学耳。……阴阳家包含极广，兵法与望气等术亦在其中。《艺文志》有天文二十一家，历谱十八家，五行三十一家，蓍龟十五家，杂占十八家，实皆阴阳家之所统。中国古代任何术数，无不以阴阳之说为本。……（自注：天文学源出阴阳家，人所共知。《艺文志》五行三十一家中，有黄帝阴阳二十五卷，黄帝诸子论阴阳二十五卷；黄帝，道家所祖，是道家与阴阳家有关。又有《钟律丛辰》等书及《黄钟》七卷，而阴阳十六家中有师旷八篇，是音乐与阴阳家有关。《艺文志》有医经七家，有黄帝与扁鹊等《内经》，莫不穷究阴阳，是医学与阴阳家有关。如上所说，阴阳家对学术不无辟草莱之功，而术数发展，支流极多，则中国社会受其毒不浅也。）”③ 这是肯定阴阳家开导的学术思想方面极多，但“中国社会受其毒不浅”一语则表明熊十力认为阴阳家的意义根本是负面的。

四、《管子》

熊十力说：“《管子》书非管仲作，然必管氏之后学所作。”④ “或曰

① 《熊十力全集》第六卷，第545—547页。
② 《熊十力全集》第三卷，第749页。
③ 《熊十力全集》第七卷，第474—476页。
④ 《熊十力全集》第三卷，第599页。

《管子》书伪托也，答曰：此书所载，皆本管子之行事与其思想，自是管子后学为之。”① “《管子》书，世以为伪，然必晚周法家所托。”② “然《管子》书盖屡经增窜，非一手所作，并非一时所就。……至于《管子》书之创作当在春秋末叶或战国初期。”③ 表明《管子》一书是春秋战国之际法家后学遵循管仲思行而撰述，而后又有许多增补扩充，以致思想内容驳杂。

熊十力认为管仲思想中有儒家成分，甚至管仲思想之根本在于儒家，他说：“管氏不纯为法家，实深于儒术。”④ “管子本儒家，而始倡法家思想，以法治救礼治之流失也。”⑤ 本于管仲的儒家思想，《管子》书中也就可见王霸相杂、礼法兼用的内容，熊十力说：“以礼治之精神，而参用法治之组织，《周官》与管仲、荀卿二子之书，皆此物此志也。”⑥ “霸治非背于王道，但以法治佑助之，救其末流之失耳，细玩《管子》书，便识此意。”⑦ “《管子》之书虽后人所造，然必齐鲁间儒生感礼让为治不可起衰救敝，于是变而崇法，创成学说，托为管子之所著书。自其书行，而后法家学派始张矣。所以知其始于齐鲁儒生者，深玩《管子》一书，则见其根本大义不离孔子六经。《易·系辞传》曰‘吉凶与民同患’，即此一言已括尽六经外王根柢。《管子·牧民篇》曰‘政之所兴，在顺民心。政之所废，在逆民心。民恶忧劳，我佚乐之。民恶贫贱，我富贵之。民恶危坠，我存安之。民恶灭绝，我生育之’，此非吉凶与民同患而何？综观《管子》书囊括大宇，经纬万端，要皆从与民同患出发。至于‘仓廪实则知礼节，衣食足则知荣辱’，此即本于孔子先富后教之意。通玩全书，随处可见其未脱儒学骨髓，故知创作者必是七

① 《熊十力全集》第三卷，第 1078 页。
② 《熊十力全集》第四卷，第 224 页。
③ 《熊十力全集》第六卷，第 371 页。
④ 《熊十力全集》第三卷，第 599 页。
⑤ 《熊十力全集》第三卷，第 1082 页。
⑥ 《熊十力全集》第三卷，第 599 页。
⑦ 《熊十力全集》第三卷，第 1078 页。

十子之徒，始变儒术而别立法家赤帜也。”①

《管子》书中又有道家思想内容，表现出儒道融会、道法融通的特色，“《管子》书中有《心术》《白心》《内业》诸篇，其言宏廓深远，似为道家一大派。老子虽道家宗匠，而此派似与之稍异，是否为关尹之学，不得而知”②，“此《心术》《白心》《内业》之言，皆衍《道经》之蕴奥，（自注：道经谓老子书。）与本书（自注：谓管子书。）不相类。……盖此三篇精于谈心，其言与梵方佛家大乘颇有可通者，又且融会儒术。……要之，《心术》等三篇本老氏之徒，而亦稍参儒术，其持论成统系，而义旨宏远，固老氏之宗子也”③，“此书原本儒家融会道家，盖随在可窥见。但《心术》诸篇道家旨趣较多，文字亦稍别。此书本不成于一时一手，无足异也”④，“《管子》书，六国时法家增入者殆居大部分，此时法家多融通道论”⑤。

不止于儒、道、法诸家内容，熊十力更认为《管子》一书“多所混合”⑥，“亦杂兵家或权谋家、阴阳家言。其取材广博而自有匠心独运，不碍一贯，未可目以杂家而轻之也”⑦，这实质上是确认《管子》为杂家，只不过杂家未可轻忽，“中国人一向轻忽《管子》，适自安其陋耳”⑧。

---

① 《熊十力全集》第六卷，第370—371页。
② 《熊十力全集》第三卷，第772页。
③ 《熊十力全集》第四卷，第224页。
④ 《熊十力全集》第六卷，第374页。
⑤ 《熊十力全集》第六卷，第628页。
⑥ 《熊十力全集》第三卷，第746页。
⑦⑧ 《熊十力全集》第六卷，第371页。

第六章　纵论盛衰，横议成败
——熊十力的史学思想

熊十力自承“余于历史素不甚留意”①，表明他与历史学专家判然分途。作为本体论哲学家和学术思想史家，熊十力确实不曾汲汲于考究历史细节，但是他在哲学、经学、佛学、子学诸方面研究中，却大量涉及史学问题；在抗日战争初期，他甚至撰写了《中国历史讲话》和《中国历史纲要》两部著作（后者仅为提纲），由此表达了他的一般历史观和中国历史观。而他对诸多历史人物的评说，虽为一家之言，不尽可从，但却为认识中国历史提供了独到的视角和难得的启示，足资参鉴。

第一节　一般历史观

所谓一般历史观，即对于历史所具有的普遍性的看法，大致相当于历史哲学的意思。不过历史哲学更须有严密的逻辑推导和完整的体系建构，而熊十力显然无意于此，他只是随机地抒发关于历史普遍性的感想，因此采取一种较弱于历史哲学的表达，将熊十力对于历史所具有的普遍性的看法称为一般历史观大概更为恰当。

熊十力认为历史对于认识现实、激浊扬清、凝聚民族、提振精神具有巨大作用，在 20 世纪 20 年代的一封信札中，他说：“现在之世事，根据过去之世事演变得来。不能鉴古，何足知今？凡古代大人物之精神，流露于其著作中，后人读古书，而默会古代大人物之精神，则于不知不觉之间感怀兴起，力求向上，不甘暴弃，而以与小人或禽兽为伍者

① 《熊十力全集》第五卷，第 768 页。

为最痛心事，使心胸开拓，魄力伟大，日用间事事是精心毅力流行，则已上追古代伟大人物而与之为一矣。”[1] 在1938年所著《中国历史讲话》中，他说：“历史之学，所以数往知来，其意义幽广，其责任极重大。凡一国之历史，其对于民族思想之指示与民族力量之启发，恒于不知不觉之间隐操大柄，故史学未易言也。”[2] 至20世纪40年代后期，熊十力仍然强调说：“历史为民族精神所系，前代大政治家，其涵养身心之道与经纶世务之业，多由精研历史、鉴观往事资其观感，益其神智，养其气魄，而后能据既往以测方来，不迷于得失成败之故，不失其因革损益之宜，其于古今人物见贤思齐，见不贤而内自省，所以激扬其精神志气而完成其伟大人格者，历史教训尤为重大。”[3]

关于历史发展的形式，熊十力认为是一个曲折向前、永无止境的进程，他说：“吾信人生总是向上，譬如行者前进，或时失道迂回，终亦必前而已矣。”[4] “余尝游履危峰，径途险阻，无可直行而前，时须退而旁绕，再图上登。虽在前进长途之各阶段中，尝不免忽前忽却，然通而计之，则只有进前，而未曾后却也。人群进化之程略近于是，否泰迭乘，为进化中所不能免，亦犹山行之前却不定，终必达于高峰耳。若误计否泰迭乘为反进化之循环论，则其不究理道，而暗于《易》义已甚矣。且进化无终极也，造化固时时毁其成功而创新不已，人群进化亦无终点，即无圆满之止境。然此非人道之忧，唯常在不圆满中，而后人生有自奋于行健与日新之乐。否则一登止境，更无所事，而人生意义亦黯淡无足言矣。”[5] “世运进化，似有若干阶段之殊。（自注：如狩猎之社会是一阶段，农业社会又是一阶段。过此以往，可推知也。）而每一阶段中，各有其所谓否或泰。即最后达于吾人理想之大同世界，恐亦不能

① 《熊十力全集》第一卷，第658页。
② 《熊十力全集》第二卷，第646页。
③ 《熊十力全集》第五卷，第210—211页。
④ 《熊十力全集》第三卷，第839页。
⑤ 《熊十力全集》第三卷，第994页。

长泰而无否，或既否而不复泰，则以世界元为相对，而人间世终无绝对的善与美。”① “虽世运不齐，时有盛衰倚伏，如据乱世之长期中亦伏有向治之几，故得进升平；而升平世之长期中亦未得全离乎据乱之象，但终必向太平之鹄而趋；果至太平矣，将亦不必有圆满至高之境，而极盛之际，或又有不测之忧患焉。《春秋》终于麟，圣人之意深矣。然人道归于舍黑暗向光明，则为不容疑之事。人生与忧患俱来，所以强于迁善而不息也。使有登峰造极、毫无缺憾之一日，人生亦将安于凝滞，而无所复用其力，不又为斯人之大戚乎？故治至太平，终无止境，即忧患不必遂绝于太平之世，而人类终亦必不舍其太平复太平之愿望，以自奋于光明之途。……世运虽日进于治，要非一直上进，亦非可进至绝顶而休。其进也，回环曲折，时若却退，而总归向上，终不守故，上进无已，亦无绝顶可休，非深于化者不足与言斯义也。”②

基于历史“只有进前而未曾后却”的信念，熊十力对历史发展前景抱持审慎乐观的态度，对古今利弊予以分析的论定，如谓：“古代天才家之智力，其大处深处，或非后人所能及，但其条理详明处，又决不能如后人也。至古代社会上一般智力的水平线，其下于后代甚远，亦复何疑。古代圣的道德，自当高过后人，以其浑朴未离故。若古代社会虽较后代社会为浑朴，然对于道德行为之判别，则限于经验尚简而未能精到，每有许多不合理的信条亦安之若素，而不知其非。后代社会虽智伪百出而离其浑朴，然对于道德行为之判别则又远非古代所及矣。”③ 他甚至说：“世或以为原人时代，其民天真未离，即良知现成，无有不善，老庄遐想淳古之风盖如此。其实原人尚未能推致其良知以格量事物，即知识甚陋，唯其于物有未格，不足语于明物察伦，故其所行，当理者甚少而终不自知其迷谬，即偶有是处，亦不由自觉，此与鸟兽之顽冥几无

① 《熊十力全集》第三卷，第993—994页。

② 《熊十力全集》第三卷，第1024—1025页。

③ 《熊十力全集》第二卷，第684页。

甚殊异。”① 可见熊十力决不认为上古为后世无法企及的黄金时代。

熊十力还表述过一些具有历史规律意义的观点，如谓：“大凡外力内侵，恒由朝政昏乱、民心涣散所致。如国家励精图治，则任何强敌皆不足为患，此历史上铁案，不可移也。”② “本为弱国，而今发奋图强，以刚毅不挠之力，光明俊伟之度，内修其治而外示人以不可侮，外交守正义而不屈，人必无敢侮我者。弱国有外交，事实如此。若夫弱国而自安于弱，一切所为皆残民覆国之事，而欲讲外交之术以图幸存，此乃古今万国所必无之事也。”③ 这显然与孟子“人必自侮然后人侮之，家必自毁而后人毁之，国必自伐而后人伐之”④ 的思想观点一脉相承，揭示了外患多因内乱、自强可制侵凌的历史规律。又如谓：“霸之为道也，虽未臻乎王，而在离据乱、进升平之期，则诸夏不可不力行霸道，坚握霸权……是固理有当然，势所必至，天地鬼神不能逆此理势也。孟子、董生并善《春秋》，而皆于霸抑之太甚，今古群儒奉为定论。自汉迄今二千余岁，天下无霸……汉之高、文、武、宣、光武、明、章，唐之太宗，明之太祖、成祖稍振霸权，而皆霸道不备，其兴也勃，其衰也忽。呜呼！霸道亡，霸统绝，而吾民族蹂躏于兽蹄鸟迹之下者，盖二千余岁矣。以此而当现代之局，欲其力足以胜之而免于昏迷也，何可能？何可能？……宋之治，开端已陋，远逊汉唐，（自注：宋人眼光益拘于内，愈猜愈卑，而不足存。）儒者又迂谈非霸。及其衰世，与明中叶以后之朝局略同，盖皆粪蛆之雄……聊以臣妾自娱。犹且压抑同气，而不知其可痛。使其稍有霸者之远略与雄气，又何忍如斯耶？……夫霸者振耻以自强……晋文明，存礼义，合同类，保弱小，布公道，持大体，故常有忧天下之心，而非自为一国之计，以保守私利是务，而不虑后患者也。”⑤

---

① 《熊十力全集》第四卷，第406—407页。

② 《熊十力全集》第五卷，第603页。

③ 《熊十力全集》第五卷，第610页。

④ 《孟子·离娄上》。

⑤ 《熊十力全集》第三卷，第1078—1080页。按“其衰也忽”之“其”原文误作“共”，径改。

这更是超越孟子的尊王贱霸论①，指明处于奖力尚斗之世，决不可偏执道德而放弃强力，决不可自矜高尚而鄙夷争斗，决不可人为刀俎而我为鱼肉，必须以强求存，以强御侵，先强后德，终转世运；这一观点与熊十力关于据乱世必须高扬民族主义国家主义的思想也是根本一致的②。

第二节　中国历史观

吊诡的是，熊十力虽然一般地肯定历史发展是后胜于前，但具体到中国历史来说，他则显然抱持今不如昔的退化观。

熊十力认为中国历史可以划分为五个时期，“一、上古史。起三皇五帝，至周朝战国时代六国并亡时为止。二、中古史。起秦始皇并六国称皇帝时，至唐末五代终局为止。三、近古史。起宋初，至明两京失陷时为止。四、近代史。从清顺治入关，迄溥仪逊位，凡二百五十余年为近代。五、现代史。民国成立以来为现代”③。他对这五个时期的总体看法为“中国确是退化，唯太古代至战国时期光彩万丈。……秦后二三千年……何足言文化”④！“汉以后迄今将二千年……号为盛世者，止汉

---

① 孟子尊王贱霸之论所在多有，集中见于《孟子》之《梁惠王》《公孙丑》《滕文公》《离娄》诸篇。

② 见本书第三章第二节。熊先生曾说：“大抵《春秋》三世之说行，扬太平者，遂缺乏民族观念，浸假则以豢养于外人为乐，而自残其类，此真吾民族之危机也。尝谓世界未能遽跻大同，则民族思想无可遽泯，只须导之以正。大抵各民族间，必各有其民族思想，即各能自爱其类，各图自立自存，自强自创，乃能共进于太平。故民族思想善导之，乃所以促进太平，实与太平之理想不相背也。若使有甲民族焉，绝无民族思想，则必涣散乱亡，以招他民族之侵略。又或有乙民族焉，过持狭隘自私的观念，专以侵略他民族为事，终必有弗戢自焚之忧。甲本不及，乙又太过，过与不及，皆为世界进化的阻碍，为人类理性发达的障害，人类幸福的绝望即由于此。《春秋》无义战，诛侵略也。书虞亡，罪被侵略也。中国汉以后儒者，不通《春秋》之义，而民族思想日益式微。……今外侮日迫，吾族类益危，吾人必须激发民族思想，念兹在兹。”（见《熊十力全集》第二卷，第 241—242 页。）

③ 《熊十力全集》第二卷，第 649 页。

④ 《熊十力全集》第八卷，第 650 页。

唐宋明四代。汉只西京差胜，东京已是乱局……唐只太宗一世……宋代始终不振。明祖光复，业盛于宋，而卒覆于外朝。自后汉迄宋明，抱民族与民主思想者非无其人，而皆不得以其思想倡诸当世，见诸事业。黄农虞夏之胄，长沦苦海”①！析而言之，熊十力对先秦时期予以基本肯定②，对秦朝以迄清代民国予以基本否定，其间唯对两汉（特别是西汉）、初唐、宋明有所褒许。

关于上古以迄战国终结，亦即熊十力所划分的中国历史第一时期，他评论道：“春秋战国，政权由贵族而逮平民；农人夙隶君公大夫之家，渐得解放，而为国家之公民。哲学思想如十日并出，万卉齐发，或为极端个人主义，（自注：如春秋时丈人、战国时杨朱等。）或为极端社会主义，（自注：如墨子、许行等。）或为极端国家主义，（自注：如管子、商君等。）或为极端世界主义，（自注：如墨子及庄子是也。）或亦坚持无政府主义，（自注：许行与庄子皆然。）或专主法治，（自注：如韩非等。）或始终不废人治，（自注：如墨与老皆有尚贤意思。）或力主专断独裁，（自注：如商君等。）或偏尚自由放任，（自注：如庄子等。）种种矛盾，种种冲突，广漠扬沙，大洋飞浪，千态万状，雄哉奇哉。其唯宣圣，‘天地为炉，造化为工，阴阳为炭，万物为铜’，穷极至道，通以三世，大哉无不包乎！诸子各为偏至之论，俱为孔氏支流，而仍不能不汇归于孔氏。原夫道之一，而通其世之变，则诸子种种不同的主张，莫不各有所当，而各因其时。执其一则碍于至理，通其变俱适于大道，如四时之运行，如万物之并育。孟子尊孔氏，所以喻如乐之大成也。又战国时哲学家中，有主知者，（自注：如名家等。）有反知者，（自注：如道家。）而孔氏则于本体论方面主亡知而默识，于日常经验界的事物则不废知识，而以慎思明辨为功，此儒学所以为大也。后来名道诸家各取孔

① 《熊十力全集》第八卷，第535—536页。

② 熊先生不同意将秦朝建立以前的时段称为先秦，他说：“今人谈诸子百家者，辄曰先秦，此未妥。……七雄时代，自宜总称晚周。”（见《熊十力全集》第三卷，第755页。）熊先生的说法自有道理，但因将秦朝建立以前的时段称为先秦已是约定俗成，故本书仍采用先秦之名以对应熊先生之所谓晚周。

学之一端，失其本矣。学术思想界发展之状况，奇伟如是，岂不以诸夏为列国竞争之局而始有此盛事哉。”① “晚周先民，各用其思而莫不渊广，各行其是而莫不充实，不尚众宠，不集一途，浩荡活泼，雄于创造之风，于斯尽矣。”② “洪唯我晚周，诸子百家，众华斗艳，十日并出。学不囿于一宗，虑各有其独至。业以分工而致其精，理以析观而究其博。虽仁智不齐，统类互异，而莫不言之成理，持之有故，并为大国，各辟鸿基。斯固神州英秀之产，天地灵气之一泄也。……周世诸侯皆立国久远，多近千年，且有虞夏以来不止千年者，虽有天子为共主，而各侯国实皆为独立国家，故皆能产生学术与文化。齐、鲁比邻而文化已不同，齐、鲁与三晋又不同，楚之文化又特异北方诸国，此皆可略征者。自余小国，亦必各有异彩，惜古籍早湮，毋可考耳。……又各邦并立，朝聘、会盟、征伐，种种交涉，皆有增广见闻、交换知识、荡涤心胸、振励志气之机会。”③ “吾国自唐虞以迄晚周，有悠久高深之文化，《易》《春秋》二经，通天化、物理、人事，观变动不居而随时以各协于中道，下推之治理，极于位天地、育万物之盛。”④ 评价之高，于斯可见。不过熊十力对这一时期末叶也有批评，如谓：“战国时期，学术思想虽号为极盛，但至末期，秦与六国之竞争日烈，则其时社会之下劣分子乘权狂逞，孟子所谓诐淫邪遁之辞盈天下，民智日塞，民德日偷，吕政遂得以昏狂而临宇内，奴亿兆，文化衰绝，迄今不振。”⑤ 当然这类批评已与熊十力对中国历史第二时期的认识相衔接了。

关于自秦朝建立以迄五代结束，亦即熊十力所划分的中国历史第二时期（或有所下延），他在数十年间的大量评论基本上都予以批评甚至痛斥。针对秦朝以降的社会历史状况，熊十力有谓：“自暴秦夷六国而一统，汉代承之，易列强互竞之局为四海一王之天下。秦人已毁灭天

① 《熊十力全集》第二卷，第 687—688 页。
② 《熊十力全集》第一卷，第 618 页。
③ 《熊十力全集》第三卷，第 744 页。
④ 《熊十力全集》第五卷，第 23 页。
⑤ 《熊十力全集》第三卷，第 1102 页。

下文献，汉兴莫能复。郡县简陋，不能如前世列国可以产生文化。……郡县之世，农服畎亩，士安丘壑，其以贡举入上京者，为数甚有限，且一登仕籍，则怀荣禄而无远志，亦其势也，欲其有不囿于环境之思想发生，自非易事。纵有英才偶发超俗之想，亦当以寡和而归于消失，如张衡之天算，马钧之技术，《抱朴子》之社会主义，皆不得发展，其明证也。又在君主制度之下，人民只依存于贤守令，而无发抒民意与运用民权之正当机构。如有英君贤相操政柄于上，则守令得人，而天下称治。……故自秦之一统迄于清世，二千余年间，中国学术大抵安于简单，无甚发展。"① "自吕政夷六国而为郡县，使天下之人各守一丘之壑，老死而无所闻见，无所广益。又厉行一夫独裁之治，绝无民意机关，人民不得互相集合而有所致力于国家。……中夏自秦以来，民生日惫，民德日偷，民智日塞，乃广漠散漫之郡县制度与专制政体所必有之结果也，诸子百家之学恶得而不绝灭矣哉！晚周盛业，视希腊或有过之而无不及，徒以秦汉之后环境改变，政制不良，遂以恶因，植兹恶果。吾尝言，二千年来帝政之局，实由郡县之世民智闭塞、民力涣散，故革命思想不易发展。"② "自秦政混一以迄于兹，称明世者，汉唐宋明四代，实则四代之中，皆治日短，乱日多……先后出生于此等局面下之仁人哲士，或参佛道以耽玄……立补偏救弊、稍息生世之功，间有一二睿智者出，有抉破藩篱之思，而在思想界长期锢蔽之下，亦无缘得同声同气之感应而立就堙塞。"③ "秦以后儒者，以帝制思想释经，全失孔子之旨……民德民智民力每况愈下，黄农虞夏之胄永不可振，实自秦政肇开衰运。"④ "秦以后，中国遂无学术，无思想，虽韩非、吕政之遗毒，而汉以来经师、文士之鄙陋，亦不可道也，言之丑也，哀哉！"⑤ "自秦一统以来将三千年……唯汉唐宋明四代盛时，颇近于开明，民得少苏。然

① 《熊十力全集》第三卷，第744—745页。

② 《熊十力全集》第三卷，第754—755页。

③ 《熊十力全集》第五卷，第21—22页。

④ 《熊十力全集》第五卷，第302页。

⑤ 《熊十力全集》第五卷，第389页。

四代季世之政，则江陵所谓惠奸宄、贼良民六字尽之矣。其所以成乎此者，则政之贿与姑息实为之耳。贿与姑息，不独四代季世为然，即四代盛时亦未全绝也。”① “吕政、刘季以来，行独夫专制之帝政，刘季鉴吕政失败，变其一切束缚之法而为疏节阔目之计，以示宽大，实则利用人民无组织，使其成为一盘散沙，因此民力日偷，民智日塞，民德日敝，而农村之生产工具或技术及物种等等，一切蹈守故常，将历三千年而未之有改。”②

针对两汉以降的社会历史状况，熊十力有谓：“汉魏之际是中国文化浸衰而将变底时机，李唐之世是印度佛化统一中国成功底时期。两汉承周秦余烈，民德不偷，国力极盛。推迹政治，则地方制度之良，吏治之美，饶有民治精神。器不楛恶，工艺足称。商旅远涉异域，不避险难，可谓盛矣。独以大一统之故，天下习于一道同风，朝廷又开禄利之途以奖经术，于是思想界始凝滞而少活动，则衰象已伏于此时矣。又自光武宏奖名教，士大夫皆思以气节自见，始于激扬，终于忿矜，气宇日以狭小。……夫标名教而使人矫拂天性以奔赴之，历久则非人之所能堪也。故曹氏父子兴，始倡文学，恣情欲，尚功利，求不仁不孝而有治国用兵之术者，其为汉氏之反动思想也甚明。文学者，本以摇荡情感，倡之者既主于邪僻，绝无深根宁极之道，则率一世以为猖狂混浊，逞兽欲而失人性者，势所必然而莫之能御也。……故夫中国文化自两汉盛时已伏衰象，迄于曹魏而破坏遂不堪矣。是时中国民性固已稍颓，然奋厉之气犹有存者，则魏晋间文学披靡之余，乃复有上探晚周思想，玄言宏廓深远，名数、礼故、音律、医术，精擅者亦众，工艺复极其巧。……汉世帝制之势已高严，自汉已降，而奸雄草窃，迭起不穷，生灵涂炭，惨酷已极，此自由之声所为疾呼。……要之，六朝衰乱，实汉氏之结果，而曹魏亦助长焉。中国文化在汉世顿呈凝滞不进之状，思想界已僵固而无活气，空以名教宠章牢笼天下，其积弊之深，必将发泄于后，固事理

① 《熊十力全集》第五卷，第583页。

② 《熊十力全集》第五卷，第686页。

所必至者。……是时所幸者，则思想界承两汉积衰之后而所呈奇伟之观。自玄家逮于众艺，纷纷崛起，辨物理，达神旨，浸淫返于九流，是《易》所谓‘穷则变’之兆。盖中夏民族本伟大之民族也，所资者深，所蕴者厚，宜其剥极而必复也。……盖六代已来，哲人艺士之努力所蕴蓄于社会者深且大故也。夫自汉魏之际肇始变化，爰及隋唐，国力既盛，宜其文化日益发展，不至夭殇。然而初唐之盛未几，社会复归混浊，政治乱于武夫，六代已来之学术造端虽宏，至此而一切斩焉绝迹。此何以故？则印度佛教思想正于初唐之世而告统一中国之成功，是以举中国之所固有者而尽绝之也。此治中国文化史者所万不可忽视之一大变也。”① “六朝逮于五季，中国文化纯受印度佛化之侵略，余尝以此为中国历史上之大不幸事。两汉之世，学术思想日就凝滞，其时假若有与晚世西洋文化相类之思想输入以刺激之，则晚周儒学及诸子百家之坠绪必因外化之助而发扬光大无疑也。东汉士人已厌名教箝束，渐慕玄虚。……玄家悠然有超世之志，佛教适乘机而入。当郡县之世，思想界正患凝滞，士之禀睿慧而无所观摩者，乃栖神虚静，聊以自得，佛氏更以宗教之力与死生之威震荡众生之情感，而使之不得不从其教。于是趣寂之愿强而经世之志衰，内照之功深而外知之用寡，寄情来世，忘怀现实，其与吾《大学》三纲八目之要道根本背谬固不待言，而僧侣高愿，必欲举神州而完全佛化，何其见之太偏，持之已过乎！夫两汉时代之思想界已患凝滞，而季汉佛教东来，更以出世法导之，至是而晚周坠绪乃不可复寻。”② “吾国衰象，自东汉始著见。西汉承战国与暴秦之后，以郡县一统之局与天下休息。及至东汉，则此等局势已不复有利。而学术与政治等各方面，经西汉以来，二百余年之停滞枯竭，至此而不得不呈衰象。曹操、司马懿鼠窃狗偷之盗，专注意国内权利之争，而不知有他，犹未足当奸人之雄，衰世只有此辈也。东汉党人始标榜竞名，及曹丕君臣文学，辞藻则饰，而中无其质。晋人祖尚浮虚，丧廉耻而贪名

① 《熊十力全集》第一卷，第618—620页。按“礼故”似当作“礼教”。

② 《熊十力全集》第三卷，第786—787页。

势……皆衰世之征也。典午惨变，延及有唐……以迄五季，生人之祸已亟矣。在此长期衰乱中，吾国思想界本应起一种变动，不幸而印度佛教输入，率孑遗以遁寂，慰疮痍以超生，天下聪明傀异之流，莫不宗祀法王，虔诚内典。”①　“中国之衰，萌于东汉，著于魏晋，极于五季之世。……云何东汉已伏衰象？西京士大夫大概浑朴质实，饰伪盗名者殊少见。自东京而始有所谓名士，（自注：名士之称，始见《后汉书》。）结党标榜，激扬名誉，互相题拂。……东汉学风士习既是虚浮标榜，一切无实，社会政治之败坏自无可挽救。……魏晋之代，惨剧始著……至隋文而始定。唐承其业，仅太宗一朝为极盛。安史乱后，藩镇之祸延及五季……人民受荼毒不堪。自典午至五季，悠悠千祀……周汉以来之风教扫荡几尽！当东晋时，虽保有南服……诸名士食禄昏庸之朝，淫侈放诞，清谈诳世，居然衣冠禽兽。即诸文学名家，阅其作品，辞则丽矣，中无情实。中原沦陷，民生涂炭，谁复念及此者？……延及隋唐，仅太宗一朝之盛，何可遽变？至五季则衰乱已极，履霜坚冰，由来者渐。”②　“汉世经儒并主通经致用，不失宗风，故汉治尚可观。魏晋以后，佛家思想浸淫社会，曹氏父子又以浮文靡辞导士夫为浮虚无用，儒生经世之业不可复睹……延及李唐，太宗雄伟，仅振国威于一时，继体衰乱，迄无宁日。唐世士人，下者溺诗辞，上者入浮屠，儒业亡绝，犹魏晋以来之流风也。世道敝而无与持，有以也哉！祸极于五代。”③　“上考汉唐，武帝、太宗二主军力最盛，外交易办，而皆不废和亲之策，可谓拙劣至极。”④　“西京诸儒犹有存孔门古义者，东京之儒则为纲常名教所束缚。党人习于气矜而无实行，无正见，浮华脆弱，乡原之雄，典午之祸，伏于此矣。”⑤　“观于汉晋之际，士俗浇漓……其机括甚微，而影响至巨。考《抱朴子·汉过篇》曰：‘历观前载，逮乎近代，道微俗敝，莫剧汉

---

① 《熊十力全集》第三卷，第 799 页。

② 《熊十力全集》第三卷，第 826—827 页。

③ 《熊十力全集》第四卷，第 251—252 页。

④ 《熊十力全集》第五卷，第 609 页。

⑤ 《熊十力全集》第五卷，第 761 页。

末也。’此虽多斥阉尹，然其讥党锢诸公云‘懒看文书，望弋空名者，谓之业大志高；结党合誉，行与口违者，谓之以文会友’，又曰‘闻之汉末诸无行，自相品藻次第，群骄慢傲。不入道检者，为都魁雄伯。四通八达，皆背叛礼教，而从事邪僻，讪毁真正，中伤非党，口习丑言，身行敝事，凡所云为，使人不忍论也’！又《名实篇》曰‘闻汉末之世，灵献之时，品藻乖滥，英逸穷滞，饕餮得志，名不准实，贾不本物，以其通者为贤，塞者为愚’，则知党人之口，变乱黑白，甚于青蝇，其视阉尹，亦齐楚伯仲之间耳。王符作《潜夫论》，讥汉俗最甚，道今人奢衣服，侈饮食，事口舌，而习调欺；丁男不扶犁锄，怀丸挟弹；妇人不修中馈，休其蚕织；京师贵戚衣服饮食车舆庐第奢过王制，富者竞欲相过，贫者耻其不逮，一飨所费，破终身之产。《晋纪总论》曰：‘朝寡纯德之士，乡乏不贰之老。’《抱朴子》曰‘余观怀愍之世，俗尚骄亵，夷虏自遇’，其他恶俗，不可胜纪。是故汉晋之际，晦盲否塞，人道几熄……中原云扰，生灵涂炭，符应不忒如是哉！”①“二千余年，西汉稍平静。东汉光武、明、章三帝，为日已短……三国无几日，曹、孙何非盗也？五胡至东西魏，五百多年，有甚人气？隋唐混一，只太宗一代耳，藩镇皆蛮横。五代又不必言。宋则开基甚小，辽、夏、金据北中国，杭州儿帝，又不久。明兴二百多年又完了。”②

针对三国两晋南北朝以降的社会历史状况，熊十力有谓：“魏晋习老庄者，以其颓废放纵，习为风尚，传播社会，自是当时事实。唯其薄仁，故流于麻木、昏暗、冷酷无生理，而颓放矣。唯其薄义，故流于委靡、污贱、虚诳无以自固，而颓放矣。唯其非体，故流于摇荡、散乱，内容空虚，无以自固，而颓放矣。”③“中古第二期，起三国，迄隋，所谓六朝时代也。此是古今运会变迁最大关键所在，吾民族悲惨之境亦自

---

① 《熊十力全集》第八卷，第2—3页。

② 《熊十力全集》第八卷，第671页。

③ 《熊十力全集》第二卷，第244页。按“唯其非体”之“体（體）”或为“礼（禮）”之误。

此开端。……吾尝披览载籍，考见其时百姓遭受屠戳、劫掠、逼辱，种种不可名状之惨，心悸目眩，不忍措思，以谓宇宙何故为一大修罗场！众生何故甘作罪恶！哀哉人类，生生者未有已也，其将终古大惑不解耶！……范祖禹等叙录《魏书》云：'戎狄乱华，先王之泽，扫地以尽！'又云：'刑法峻急，故人相残杀；不贵礼义，故士无风节；货赂大行，故俗尚倾夺。'社会上残杀倾夺之风既盛，父子兄弟之爱且不可保，况其他乎！孝文……崇尚夏礼，然徒袭皮毛，又欲挽久敝之俗于一旦，势不可能。故孝文汉化，只饰虚文于俄顷，乌足以成化道、振颓风哉！……天伦之变，古亦有之，未有如此时之相习为常，而人皆无所动心也。昏淫败度，古亦有之，未有如此时之相习为常，而人皆无一念之警也。……及南北之局统一于隋文，而唐高祖、太宗父子承其业，贞观之文治武功为皇汉文景武诸帝以后所仅一见者，但盛业止于太宗一代……宫闱不正，太宗尚尔，后更不堪矣。……夫民德浇漓，则野志易动，变诈滋多，嗜利无耻，攻剽无常，难以道义固结其心。如是之群，枭桀之徒，最易利用之以作乱。唐代藩镇之祸连绵不绝，辗转推演，以成五季惨局！"① "自魏晋之衰……南朝亦失淳风。……此长期中，正义殆绝，人气殆尽，吾中夏之衰自此始，非以良知深研历史而不同考据家态度者，殆不能感觉此长期之黑暗与惨毒。"② "向见严又陵与人书，言吾华民质与国力，至南宋而始为一大变。殆未尝读史之过。实则吾华民质之劣国力之弱，乃自魏晋始耳。曹氏、司马氏以狗盗之徒，用极卑贱残酷之术，毁天地生人之性。……其惨毒之事虽在一时，而其惨毒之习则充盈大宇而熏染乎后世之人心，数百年而不可涤也。……梁武之困于台城也，猘胡侯景拥饥疲之卒，本不堪一战，而梁之诸子乃坐待君亲之危，莫之肯救，更无论诸镇帅矣。梁武、简文，其死与辱犹不足论……则令千百世下读史者至此触感伤心，不知人间何为奇惨如斯！当时梁人

① 《熊十力全集》第二卷，第 722—724 页。按"屠戳"或当为"屠戮"，"用夏变夷"或当为"用夷变夏"。

② 《熊十力全集》第五卷，第 470 页。

若有人气，岂令天下事至是耶？刘宋之诸子皆非人类，又不待言。至于朝为君臣、暮相攘夺背叛者，则又习为固常，绝无足异。其居位乘势者食淫残暴，视蒸黎若犬豕不如，而妄其为己之同类也。六代之间，习此为常。……李唐贞观之治，虽盛极一时，然太宗与房、魏诸臣鼓精之效，仅于凋敝之余，有以整齐其政刑，使天下臻于富庶。……太宗雄才大略……而盛著其武功，此所以称盛也。然唐承六代之敝，儒学衰微，太宗于伦常之地已亏，虽兄弟相残其罪不尽在太宗一方面，乃娶弟妇而绝兄弟之嗣……太宗所躬行者如此，故于化民成俗之本绝无所知。房、魏之徒亦无足语治本者。是以贞观之政，人亡则熄。其后藩镇之祸，黄巢之变，皆惨毒无人理，浸淫及于五代，一如六朝之世。”① 综上之论，可见熊十力唯对中国历史第二时期的汉唐两代有所肯定，严格地说，汉代又仅止于肯定西汉，唐代更只肯定太宗一朝，而对于其余朝代则给予根本否定乃至严词斥责。

关于宋初以迄明末，亦即熊十力所划分的中国历史第三时期，他的评论常为毁誉参半，往往是一段论述中肯定继以否定，否定复继以肯定。如谓：“中国文化既被佛家倾覆了，直到两宋时代，大儒辈出，才作中国文化复兴运动。他们都推本于晚周底儒家，定孔子为一尊，却无形地踵了董仲舒、汉武帝底故步。魏晋人上追晚周，派别却多。宋人比之，似觉规模狭隘，然而他们所以宗主儒家，也有道理。儒家有两个优点：一是大中至正，上之极广大高明而不溺于空无，下之极切实有用而不流于功利。二是富于容纳性，他底眼光透得远大，思想放得开阔，立极以不易为则，应用主顺变精义。规模极宏，方面尽多，善于采纳异派底长处而不专固，不倾轧。……所以宋儒特别提出儒家来做建设中国文化底基础，他们在破坏之余，要作建设事业，自然须有个中心势力，不容如魏晋思想那样纷歧，因此宗主儒家尚不算他们规模狭隘之征。……

---

① 《熊十力全集》第八卷，第 277—278 页。按“食淫残暴”之“食”疑当为“贪”，“而妄其为己之同类也”之“妄”疑当为“忘”，“然太宗与房、魏诸臣鼓精之效”之“鼓”疑当为“励”。

总之，周程诸儒虽复树立儒家赤帜，而实受禅宗影响太深，未能完全承续儒家精神。虽则学术不能不受时代化，亦不能不容纳异派底思想，而他们却于儒家有未认清处，所以骨子里还是禅的气味多。他们主静和绝欲底主张，都从禅家出来的，这两个主张遗害社会却不小。因为群众是要靠士大夫领导的，而当时士大夫都去做绝欲和主静底工夫，玩心无形之表，用超世的眼光看他，诚然超越人天，大可敬服；用世间的眼光看他，不能不说是近于枯槁了。”① “及皇宋肇兴，太祖以宽柔宁乱，提倡文教，诸大儒崛起，追复晚周儒学……然宋祖鉴五代之祸，切于防弊而武事不修，谨于守成而开扩不足。诸老先生又吸收佛家禅学，正心诚意之功有余，格物致知之功终嫌其短。虽辨章王伯，而颇近迂谈，孔门由、求治兵理财之略尚非其所敢企，况孔为东周、孟挞齐楚之伟抱，岂彼可得而几乎！宋始厄于辽，继辱于金，终则全覆于元。其所以自立之道未备，虽欲保固神州而莫由也。明祖继起，驱元室于塞外，恢复旧壤，庶几振宋人之遗绪，然太祖晚年猜刻已过，永乐惨酷，视太祖又更甚焉。继世无复令主，上视两宋诸帝，皆昏庸相继，又若一辙也。程朱陆王两派学者，其大多数皆空谈心性，不究实用，知识方面视宋儒又更狭焉。”② “中国之衰，萌于东汉，著于魏晋，极于五季之世。宋儒心性之学，尚有保固中夏之功，而昧者不察耳。……宋代实承衰运，何云至宋始衰乎？谓宋学不能大挽衰运，吾固相当赞成。谓宋学绝无所补于衰运，余又何忍苟同！……北宋诸师崛起而上追孔孟，精思力践，特立独行，绍心性之传，察理欲之几，严义利之辨，使人皆有以识人道之尊崇与人生职分之所当尽，而更深切了解吾民族自尧舜以迄孔孟数千年文化之美与道统之重，卓然继天立极，而生其自尊自信之心，自知为神明之胄……故宋儒在当时虽未倡导民族思想，而其学说之影响所及，则民族思想乃不期而自然发生。郑所南、王洙、王船山、顾亭林、吕晚村诸大师，皆宋学而盛弘民族思想者也。宋学功绩之伟大，何可湮没！北宋

---

① 《熊十力全集》第一卷，第623—631页。

② 《熊十力全集》第二卷，第723页。

君臣皆无雄才大略，周程诸儒讲学未久而大命已倾，此未可以急效责之也。南宋则赵构昏庸而私，开基太坏。孟子云虽与之天下，不可一朝居，此其时矣。幸而二程门人后学，或参朝列与权奸力抗，或在野讲学，日以义理浸渍人心，朱子、张钦夫、吕伯恭尤为圣学与国命所寄托。南宋无明主，而以杭州一隅，系二帝三王正朔之传者百五十年，非理学之效而谁之力欤？（自注：学者试平情而察今日人心如何涣散，如何自私而无公义，如何侥幸倚外人而不自立自爱，如何委靡而无一毫伸张正义之气！今人何故不成为人，安得不于学风士习注意？南宋百五十年，毕竟是自力撑持。今之民易地而处，当何如？）元之覆中原也，则当时蒙古部族之威势已横行世界，欧洲所过，如狂风扫落叶……而其侵宋，犹苦战累年，至殒一大汗于蜀土，当日宋人之抵抗可谓不弱。少帝覆于海上，不及百年而鄂之徐寿辉、陈友谅、明玉珍诸帝首举义旗，明太祖继起，遂光复中夏。太祖所赖以定天下者，刘、宋、章、陶四公也。四公者，皆产浙闽理学盛行之地，而服膺程朱者也。方正学《逊志斋集》时称说宋时社会风俗之美，外人游记亦然。明朝以三江为根据而光复神州，则因三江之地，南宋理学诸儒遗教所被最广最深，故光复之功基于此也。明代疆域，北方视汉唐稍削，而南方则过之，截长补短，差与汉唐比隆。武功仅逊汉武、唐太二帝……文臣善用兵，尤为明代之特色，理学跨越前代甚远。……宋学短处，在以忠君为天经地义，不可侵犯。（自注：始于汉，至宋而孙复益张之。）当时张江陵、熊襄愍之雄才大略，如取而代之，或民主，或君宪，则中国万不至亡……然而二公不敢革命者，忠君二字阻之也。江陵为一有力之责任内阁，延明祚者数十年，而天下犹恶其无君。……阳明先生益发挥光大，而后吾民之智德力猛进，以启大明之盛，犹春草方滋未已。吾谓宋学有保固中夏之功者在此。历史事实彰著，其可诬哉？……明代国力之盛与学术思想之趋于日新及人才之奇特，皆汉以后所未有也，唐视之犹远不及，只太宗一世故也。若就思想论，汉人守文而已，犹不如明也，孰谓明朝可薄乎？”①

---

① 《熊十力全集》第三卷，第826—831页。

“宋兴而周程诸老先生绍述孔孟，儒学复兴。然特崇义理之学而视事功为末，其精神意念所注，终在克己工夫，而经国济民之术或未遑深究。虽述王道，谈治平，要亦循守圣文，非深观群变，有所创发也。至其出处进退大节，自守甚严，诚可尊尚，然变俗创制，一往无前之勇气，则又非所望于诸老先生矣。然而宋儒在形而上学方面实有甚多发见，晚世为考据之业与托浮屠者，并狂诋宋儒，彼何所知于宋儒哉！唯宋儒于致用方面实嫌欠缺，当时贤儒甚众而莫救危亡，非无故也。及至明季，船山、亭诸公崛起，皆绍述程朱而力求实用。诸公俱有民治思想，又深达治本，有立政之规模与条理，且皆出万死一生以图光复大业，志不遂而后著书，要之皆能实行其思想者也，此足为宋儒干蛊矣。胜清道咸间，罗罗山、曾涤生、胡林翼诸氏又皆宗主宋学，而足宁一时之乱。故由宋学演变观之，浸浸上追孔氏，而求内圣外王之全体大用，不复孤穷性道矣。”① “两宋诸儒承衰微之运，又承汉以来儒学久绝于经师之手，而佛教适乘机以入，取中国文化与学术之统而代之，如今日全盘西化之局，两宋诸大哲始董理尧舜汤文以迄孔子之道统学统治统，自是而吾民族始知有人道之尊、人伦之重，中夏圣贤学术之可宝，数千年文明之可慕，于是兴自信之念，有自大自立之风。虽元起漠北，扫荡欧亚，曾不百年，因南宋昔在江浙，理学植根深厚，明祖卒藉之以兴，成光复华夏之伟业。明代人才甚盛，晚明学术思想发达，则王学解放理性之所启。……故明季诸大哲如船山、亭林、梨洲等，皆以理学家盛倡民治，而欲革帝制。……中夏至今，民德日衰，民智日浮乱，社会无中心思想，艰危将甚于昔。”②

不过另当注意的是，熊十力对宋明的肯定主要着眼于其时学术思想方面；若并社会政治而论，他对宋明则是予以根本否定的，例如他说：“宋人始联金伐辽而亡于金，继联元灭金而中夏始全没于元。论者

① 《熊十力全集》第四卷，第 252—253 页。按“船山、亭诸公崛起”之“亭”下脱“林”字。

② 《熊十力全集》第五卷，第 470 页。

归咎宋之外交失策，其实宋人根本无自治之实事，无自强之固志，其外交确无从着手。辽既不振，而宋亦不堪自树，虽联辽拒金，终不可能也。后来金人颓势，复如昔之衰辽，而宋之无以自树，又甚于其前，虽欲联金拒元，亦终不可得也。……宋人始终无自治自强之道，而欲倚外力以复仇雪耻，此其外交所以失败也。”① 又如其曰：“及江陵歿，朝野犹以私怨交煽于朝，必欲加以灭族之祸，卒追夺其官而毁其家。清初修《明史》，而东林党人尚挟私造谤，此何心哉，不可解矣！江陵甫歿，其法尽毁，政日以乱，民日以困。适满洲崛起，入关之势已成，赖江夏熊公抵御其间，而伪理学如邹冯诸猘，必杀之以卖国，又不知其果何心也！熊公遇害，犹赖有袁崇焕，而党人与朝臣又合谋杀之，至此而国遂亡矣！明世学风士习之坏，无可形容！或曰，明祖毁士节，作法于凉，故士趋卑隘，不古若也。此说确非无理，然专罪明祖亦非笃论。士节在元，早已毁尽。……楚望以《春秋》自矜，而于生人涂炭，无丝毫感，吾不知其苦思经文者，果悟得若何道理也。元世久无士，而独罪明祖乎哉？但明祖缺乏养士之识量，未能变元之污风，亦不得无罪耳。江陵最苦其同时朝士挟幸灾乐祸之心，绝不明事理。其在野高谈理学之儒，亦好持庸众之见以淆乱国是，宁可亡国而不可稍平意气。阳明唱良知之教而少有救者，虽由积习难移，而阳明讲学未免偏重致良知，而忽视格物，门人后学鲜不入狂禅一路，宜其不明事理而横逞意见也。及明季，而船山、亭林、习斋诸哲崛兴，始救阳明末流之弊。则清之奴儒又媚清帝，而斩诸哲之绪矣。可哀也哉！”② 由此看来，熊十力虽然对于宋明不乏好评，但其主要倾向则是否定性的。

关于清代和民国，亦即熊十力所划分的中国历史第四、第五时期，他几乎无一嘉言。他批评甚至痛诋有清一代曰：“民质不良，至清世而已极。士习于浮浅，无深远之虑；逞于侥幸，无坚卓之志；安于自私，无公正之抱；偷取浮名，无久大之业；苟图嚣动，无建树之计；轻易流

① 《熊十力全集》第五卷，第609—610页。
② 《熊十力全集》第五卷，第639—640页。

转，无固执之操。……盖自晚明诸子之没将三百年，而士之所学唯是琐碎无用之考据，人皆终其身而无有玩心高明之一几，学则卑琐，志则卑琐，人则卑琐，习于是者且三百年，其不足以应付现代潮流而措置裕如，固其势也。严又陵尝曰学术之敝至于亡国，吾于清代汉学风会有余恫焉。……夫汉学家，大多数与朝贵为缘。（自注：内而王公与达官，外而督抚大吏，皆汉学家之所依附。宋明在野讲学之风，至清而绝矣。）故思想不得开拓，而以无用取容，儒学精神至此剥丧殆尽，而可与欧洲文艺复兴时代相比拟耶？……锢生人之智慧，陷族类于衰微，三百年汉学之毒，罪浮于吕政，而至今犹不悟，岂不痛哉！”[①] “清儒……以宋明纯是理学时代，而以考据受豢养者，必反对宋明。吾民族之复反于衰，实自清始，此不可不察也。夫明代之盛，由理学诸师在野讲学之效，本非帝王之力也，然明之诸帝亦有未可厚非者，此姑不论。明季不幸误于忠君思想而致亡，当时学者甚众，皆窜伏田野，力图革命，最著者，如亭林之赴陕，船山之奔走梧溪、郴州、耒阳、涟邵间，皆欲图大事。至势无可为，则著书以诏后人。使清儒能继续其业……以无用之考据取容，则光复之速，必更倍于元季，何至摧残三百年，以成今日之局哉？呜呼！学绝道废，人心死，人气尽，人理亡，国以不振，族类式微，皆清代汉学家之罪也，而可诬诋宋学哉？”[②] “清初士人无耻者，皆效法阎若璩、胡渭，以考据之业取容当世，自是成为风尚，王、顾、黄诸大儒之思想，本清儒所不欲知、且不敢求知者，诸大儒之精神志事，更为清儒所绝不能感受。”[③] “盖清代汉学家纯是考据风气，治学与其作人无关系，其治史不过以考定故事自务博雅而已，于世务素漠不关心，虽熟读百代之史，终不能开启其德慧，不能引发其精神志愿，故于历史中不能得到政治经济等知识。其本既亏，一切无感触。清末志士无救于国、无救于其自身，此事彰明，追原作俑，不能不归咎于考据学风之为害烈

---

① 《熊十力全集》第三卷，第 821—822 页。

② 《熊十力全集》第三卷，第 831 页。

③ 《熊十力全集》第三卷，第 849 页。

也。此等学风深入社会，使人失其为学之本，而一般人终不悟也。”①对于晚清民国的社会状况，熊十力指斥更加严厉，申申其詈，不一而足，有谓：

> 今日民无死所，而举世莫知吏治之为急，空言训政，不究其实，虽外寇不来，亦何以为国乎？②
>
> 辛亥之役，武昌一呼而清廷崩溃，虽国体更新，而士习学风一切如逊清之旧，且其坏习日益加甚，旧学既已弃置，新知无所追求。袁氏方以凶猘盗魁柄，以威劫利诱之术弱天下之骨而消生人之气，以逞旦夕之志，而不为子孙谋，不为种类存亡计。诸名士多依袁氏，走方镇，招朋党，活动于市朝，学校徒有虚名，并无讲习之事，人亦无重视学校者。③
>
> 国人痛鼎革以来，道德沦丧，官方败坏，（自注：袁氏首坏初基，军阀继之。贪污、淫侈、残忍、猜妒、浮夸、诈骗、卑屈、苟贱，无所不至其极，人道绝矣。）士习偷靡，民生凋敝，天下无生人之气，由来者渐。④
>
> 每见后生喜言自尊为新道德，而不明自尊为何义。推其本意，盖以狂妄与我慢为自尊耳。以此为新道德，诚哉其新矣。民国以来，士类中不丧身名利之途者有几乎？⑤
>
> 清末以来，朝野日以模仿西洋为务。举西洋所有之新思潮，（自注：学术上之各派哲学与文学，政治社会方面，自民主至于共产等思想，无不袭来。）好制度，（自注：政制，自总统制、内阁制乃至委员制，三十年来无不袭而行之。其效如何，吾不忍言。）好

---

① 《熊十力全集》第五卷，第211页。按“清末志士无救于国”之“于（於）”原文误作“放”，径改。

② 《熊十力全集》第二卷，第700页。

③ 《熊十力全集》第三卷，第564—565页。

④ 《熊十力全集》第三卷，第626页。

⑤ 《熊十力全集》第三卷，第637页。

名词，（自注：国人惯用极好听之名词，而所行适得其反。）无不尽量输入。学子且高呼完全西化，线装书投厕所之论，倡自海内闻人，腾之著名杂志。西化气焰极高，而政教乃日坏，士习乃日偷。民初迄今，文理各科之学人，真能在艰苦中朴实头地去下困功，极深研几，而不肯浅尝辄止、得少为足者，吾实罕闻其人。至于悠悠多士，蚁聚市朝，蜂呼论坛，学识不殖，情思都尽。清末民初诸名士，今日且求之不可得。人才每况愈下，岂天运欤？毋亦教养之非其道欤？况复青衿甫入庠序，姓名已挂党籍。学业既旷，机械早熟。人则断送，国又何依？……吾自少至老，眼见清末以来，国人一意自卑，而自毁其固有。六经既视同粪土，而吾民族数千年来依据经学所建立之一切信条，皆破坏尽净。西化之真，无从移植得来；固有之长，早已舍弃无余。人皆以其浮浅杂乱之知识高自矜炫，莫肯反省为切己之学，何以维系身心？何以充实生活？①

为学则喜趋时尚而无所守。喜新者不必有得于新，时尚而已。守旧者更不知旧学果为何物，保存国粹之声出于口，而实未曾经于心。此清末民初之情形也。……吾国自清末以来，只见腐败势力之逐层崩溃，而实难言革命。人材衰敝，乃至如斯。……此等风会，于今尤烈。国内各大学文学院及文科研究所，本当为高深思想之发生地，而今则大都以无聊之考据为事。士之狃于俗尚，而无独立创辟之智与勇，非三百年来汉学积习锢之者深欤？②

吾国自清世汉学家，便打倒高深学术，至今犹不改此度，愚且殆哉！又自清儒以来，实用本领全不讲求，迄今愈偷愈陋。中国哲学注重经世，所谓内圣外王是也。今各大学文科学子，稍读西洋哲学书，便只玩空理论，不知自求真理。武侯曰："我心如秤，不能与物低昂。"今人却失去自己之秤，而作稗贩事业。又且以找题材

① 《熊十力全集》第三卷，第737—739页。

② 《熊十力全集》第三卷，第821页。

作论文为务，将先圣哲精神丧失殆尽！①

今言训政，似亦张官师合一之帜，顾其实，则国败官邪，强贪巨污，剥削百姓，以成乎官僚资本主义，而族类危矣！世道至斯而惨极，不忍言矣！②

清末以来，国人恒自卑，视固有学术都不成为学术，甚至以为历世诸子书中所表见者，只有简单的感想而已，不足成为学术。掌教上庠者皆如是眼光，欲青年不如是，何可得耶？③

时贤皆稗贩是务，思想日趋浮杂混乱，全无维系身心之道，人心死，人气尽，人理亡，至今日而极矣。群一世之为学者，思不造其微，理不求其真，学不由其统，知不足以导其行，肤肤泛泛，虚妄而终不反，吾族类其危哉！④

民国初建，袁氏欲反民主，昌言国民程度不足。在袁氏固以此为僭窃之借口，然民众自治自主之力必须扶持诱导，则不容忽视。国民党有训政计划，不为无见，可惜训政徒托空言。……民国垂四十年，全国守令号为亲民之长吏，其所事者则唯承上意严行搜括、藉以分赃而已，此外则一无所知、一无所能、一无所事。训政不能，适以训乱、训亡。袁氏迄今，相继崩溃，夫岂偶然！⑤

今日俗习，方之汉晋，无一不肖。士大夫丧心病狂，树党挟私，倾轧异己，淆乱是非，不顾大计，浮陋无艺，虚而为盈，服食仪表，竞染洋习，奢淫相尚，恬不为耻，争利争权，贪忍险诈。奸蠹在位，萑苻满野，劫盗怀弹，窥伺朝市，祸害之烈，逾于洪水猛兽，而昧者不知也。习气所成，即为造化。众生芸芸，胥与化移，辗转渝陷，将人而蔑不禽兽矣！⑥

① 《熊十力全集》第三卷，第848页。
② 《熊十力全集》第四卷，第148页。
③ 《熊十力全集》第四卷，第324—325页。
④ 《熊十力全集》第四卷，第393页。
⑤ 《熊十力全集》第五卷，第335页。
⑥ 《熊十力全集》第八卷，第3页。按“辗转渝陷”之“渝”疑当作“淪”（沦）。

顾自欧化输入，国人方急于知识技能之摹仿，乃舍孔学而不求，于是己立立人、己达达人之学日益沦丧，人将不成为人，虽有智识技能，而得相生相养以遂其信欲？抗战以来，朝野渐注意孔学，此固剥复之几。独惜自清季以来，士大夫相习以空文呼号，而潜心深研学术者甚少，躬行实践更无望矣！国难至今，吾人宜知自反也。①

今上庠治哲学者，则一意袭西人肤表以混乱吾先哲意思，究义不根于实，立言又浮乱无纪，教者学者更相授受，向后将成何局？吾不能无悲也。夫理道必究其真，而后于真理自发生一种不容已于实践之信力，吾人所以充实生活发扬人格者，皆从真知正见而来。若如今士子以从事于肤泛驳杂之见闻与理论为学，则乃学其所学而非吾所谓学。以若所为，欲其人格增进，如何可能？②

综上所述，可见熊十力高度赞美先秦时期，而对秦朝以迄民国二千余年历史，除稍稍肯定汉（主要是西汉）、唐（仅为太宗一代）、宋、明之外，其余皆予以批评或痛斥，由此构成他的退化的中国历史观。显而易见，熊十力的退化的中国历史观与他关于历史“只有进前而未曾后却”的信念颇相径庭；不过熊十力也认为历史是曲折向前的，所以不知是不是他基于宏大的哲学视域而将秦朝以迄民国二千余年看作一个曲折的历史过程。

第三节　历史人物论

熊十力一生评论过大量历史人物，其中有些人物明显关涉于诸子流派，故归入子学部分予以表述，而与诸子流派关系不甚密切者则作为一般历史人物于此节论列。当然，子史本难截然划分，故此节所论人物

① 《熊十力全集》第八卷，第173页。

② 《熊十力全集》第八卷，第460页。

与子学部分不免有重出互见者。

熊十力慨叹“夫论人，谈何容易乎”①，因为“毁人不当，于人无干，自形其陋。誉人不当，于人无干，自彰其浅。誉人不当者，复有过不及之殊。彼其实不足，而吾誉之太甚，斯过誉也。彼其实有余，而吾誉之不称，斯又不及之誉也。过与不及，皆君子之所耻，以其识浅，不足以衡人故也”②，可见他有志于不偏不倚褒贬古人。不过由于意趣性情等原因，熊十力对于古人的评论大概失之严苛，不尽可取，然而其言却有足资参酌者。③

熊十力评论历史人物大致采用合论与个论两种方式，合论大致又分同类并举与异类对照两种方式。其褒贬历史人物的标准与其中国历史观基本相符，即肯定先秦人物，而对秦朝以迄民国人物，除汉唐宋明略有肯定者之外，其余皆予否定；稍有特异者，一是对清朝同治中兴人物有所表彰，二是晚年对上古圣王不无指斥。

一、合论

熊十力推尊上古圣王贤哲以及汉唐宋明一些明君硕儒说：“若尧、舜、禹、汤、文、周、孔子以及程、朱、陆、王、船山、亭林之在中国，其精神永远普遍贯注于一般人，尽未来际，无有断绝。”④“事功虽属一时，而万世固一时之积也。尧舜在上古一时之事业，即中国乃至大地文化之所根据以完成也。汉武、唐太、明祖之事业，永远为中国人所

① 《熊十力全集》第三卷，第723页。

② 《熊十力全集》第一卷，第645页。

③ 熊先生自我剖陈道：“吾之任性，一切无掩饰，无做作，无装点，吾只任真二字，吾所骂者真而已矣！孔子、释迦、程朱陆王修养之纯粹处，吾本远隔，然吾好恶之公且真，是非之平而允，则稍有良心与知识者断不能谓吾之论人、论世、论学有不平处也。”（见《熊十力全集》第八卷，第597页。）由此可见熊先生自承善骂，不过认为所骂得当而已。

④ 《熊十力全集》第三卷，第847页。

资藉以兴起也。王阳明安集西南夷，其绩之不朽亦然。”① “汉世思想界虽凝滞，然民族力量雄厚。高帝、萧何豁达开基。惠帝仁厚，文、景恭俭，一意休养民力。及武帝雄才大略，延揽天下英俊，自经儒、将才、良吏、谏士、文学、技术之良，博采旁罗，无不毕集，河工亲身历视，与文学咏歌，忘其劳苦。用人勤政如此，故能大振武功，北开沙漠，除累世之患。西通西域，今中亚细亚及印度诸国多来臣属，而大秦亦几至焉。东北有今东三省及朝鲜地。西南抚有交趾。日月照临，无思不服，皇矣大哉！中国声威之远，自三代下，未有盛于此时者也。……文帝玄默恭俭，三代而下，以学者陟帝位，文帝称首焉。帝本治老子哲学，而参用法家之术，匈奴侵肆，吴王不臣，皆静以镇之，不轻启兵戎，而汲汲修明政治，百司循规，各举其职，海内日渐富庶，不期与寇竞，而寇亦自不能我害焉。景帝贤明，无改父道。国家元气深厚，文景二帝含育之效也。……文帝平生恭俭，自是三代哲王以后所仅见者，可为万世法也。”② “仁人以至诚任天下之重，死生以之，更计甚利害。（自注：诸葛公便是此等人。光武、宋祖亦近于仁。）次则英雄豪杰，虽无仁人之至诚，要其大体上总是趋向正路坦途，不过功名心重，所谓伯者一流人，他却富于责任心，敢以身任天下之重，故亦将死生置之度外，所以不眩于利害，神解超脱，明烛万几，汉高、唐太、明祖辈皆此类也，萧何、张子房之徒亦其次也。（自注：唐太宗是晚周已后第一有大规模有大雄图底人物。即汉高、明祖初举事时，亦俊伟不易及，迄成功后，血气衰而虑患又深，始多败行。然明祖却狭小，不敢望汉高。）”③ “六代虽衰乱，犹能产出唐太宗如许伟大局量伟大材略底人物。（自注：太宗即位已后，本大公之心，求人共治，不私不忌，当时本无甚人才，他却善陶铸而用之，又能谦虚而尽人之善，故能创一代盛治。）唐季迄五代……宋祖出于其间，其宽仁大度尤可敬服，所以收拾五代昏乱之

① 《熊十力全集》第五卷，第 40 页。

② 《熊十力全集》第二卷，第 694—696 页。

③ 《熊十力全集》第一卷，第 585—586 页。

局。……汉唐宋明诸祖所以开基致治，自非偶然。汉高欲易太子，及老衰将死，谋实行之，卒因四皓而不果。夫其衰竭之余，犹敬服善类，顾畏天下清议，而毅然取消其生平深藏之一念而不敢恣，此岂恒人所可能者？唐太宗励精图治，求谏以防私意之渐，周咨以悉闾阎之情，陆宣公奏议多述其行事，故当时国威之隆，文化之盛，后莫能继，其领导之功，不可忘也。宋祖宽仁，尝一日罢朝，坐便殿，不乐者久之，左右请其故，曰'尔谓为天子容易耶？适乘快指挥一事，故不乐耳'，其兢兢业业不敢有一毫恣肆，类如此。明祖……以不学之故，卒流于狭小，其立政规模便差。然晚世顽獦之所为，又明祖之所不屑为也。"①

熊十力赞许西汉以降一些直臣、能吏、勇将、猛士说："卫青、霍去病诸人气度雄远，故能成就伟业。……汲黯戆直立朝，武帝不冠不敢见。尝面斥武帝内多欲而外施仁义，帝亦优礼之。其以直道为朝廷矜式，所关不亦重乎！……张骞冒险而动远略，班超亦然，皆千载英杰也！……桑宏羊祖管商之术，兴榷管之利，所以安边境……成国家大业，功不当在卫霍下。……如义纵为河内都尉，族灭其豪穰氏之属，河内道不拾遗。赵广汉迁颍川太守，郡大姓原禧，宗族横恣，宾客犯为盗贼，广汉除其首恶，郡中震栗。及至东汉，阳平大姓有赵纲，北海大姓有公孙丹，河东大姓有马适匡，凡此皆地方胁众揽权，鱼肉贫贱，而均为董宣、樊晔、李章等所诛。此特略征数事，实则两汉守令无不惩戒豪强者，民心思汉，岂幸致乎！"② "西汉之儒，其尊信经义，期见之实行，至有犯死而不安含默者，如眭孟、盖宽饶等欲实行经说中天下为公之旨，乃悍然据经义，上书皇帝，请其退位。当昭、宣之世，朝无莽、操，野乏伏戎，其本人又无私党，而纯以崇信经义之故，遂以求贤禅位责天子，至杀身不悔，此等精神至为伟大。"③ "弘羊、孔仅之徒确有大

① 《熊十力全集》第一卷，第632—634页。

② 《熊十力全集》第二卷，第694—716页。

③ 《熊十力全集》第三卷，第815页。相类论述另见《熊十力全集》第五卷，第765页。

功，而弘羊尤精于计。武帝不用弘羊，决不能北却强胡，西南广拓疆土。”① “涤生罗一世之才，阳明门下亦尽当时之彦矣。然涤生所造之才皆足济时用，身死数十年而有清朝局犹赖其支流以扶危济困，如张文襄、刘坤一，或以后进向风兴起，或以小校积资贵显，皆曾氏之支流也，而其系清末大局安危，则人思之至今不能忘。文襄在鄂省之建设事业，民国以来反摧毁而莫能复，其仅存者，如兵工厂，如平汉路，如张公堤，皆百世之利。吴汝纶在曾门下，号为小后生耳，及清末，独以卓识为严又陵所倚重，开新学一线之光。康梁肤浅哗世，而吴公未曾假以辞色也。学风颓弊，于曾氏之门无罪焉，涤生造士之功顾不伟耶！上窥阳明门下，人才幅凑，皆禅客耳。……曾涤生所以能造人才者，正以其宗法程朱，平生兢兢业业于躬行践履之间，涵养本原，不敢放失，确然为不自欺之学，此所以能陶铸一世之才而相与以有成也。”② “吾少时好为偏至之论，三十以后好穷玄，六十后遭世变之烈，始觉咸同诸老为学以义理为宗，以谦虚、笃厚、切实为作人之本，（自注：曾、胡、罗诸公皆然。）以关心民生国计、讲求实用为其毕生致力所在，言而可见之行，动而必求寡过，（自注：人非圣佛，只常求寡过，便是圣佛之徒。向来议曾公者，或疑其不诚，实则曾公能常省过，能强为善，不可诬也。）吾每念今日学风，与其承乾嘉，不如学咸同间湖湘诸老。”③

熊十力对于历史人物的肯定性合论大概不出以上数条，相比之下，他对历史人物的否定性合论远多于肯定性合论，甚至他曾予以肯定的历史人物后来又为他所否定者也所在多有。例如他晚年痛诋曾经盛赞的上古圣王曰：“夏禹、殷汤始背叛尧、舜之公道，以天下为其一家所私有，大乱之端自此开。迄周之文王、武王、成王、周公灭殷帝纣，而复以天下为周家私有之物，大封同姓为诸侯，以镇压天下，美其名曰

① 《熊十力全集》第八卷，第 475 页。

② 《熊十力全集》第四卷，第 266—270 页。

③ 《熊十力全集》第八卷，第 303—304 页。

‘周道亲亲’，自私之流毒，罪浮桀、纣。”① “家天下始于夏禹传子，夏朝并未稳固。成汤伐桀而取天下，犹有惭德，是其贤于周之文、武也。（自注：武王最劣，殷帝纣已自杀，而犹亲斩其首；纣妾已自杀，而亦亲斩其首，何不仁已甚乎！孔子说武未尽善，其辞犹婉也。）周自公刘谋夺殷之天下，文、武、周公竟成其志，以天下为一家私产，无复惭愧，自周始也。”②

熊十力批评两汉人物说：“自武帝、董仲舒出，始定一尊于儒，而毒流后世。武帝有材勇，不学，武功资民力，固前人所涵育尔。仲舒迂怪，其细已甚，不足道，然其衣钵不绝于今，何哉?”③ “若董生，虽多守古义，而杂以怪迂。贾谊全无思想可言，但文字有粗豪气，为时所推，后世名流不学之风，自谊开焉，其影响之恶，不可言也！淮南王安招致游客，杂录晚周百家言而妄有附益，本杂家也，而倾向道家为多。……王充《论衡》肤杂无统纪。”④ “西汉时，张禹、孔光阉然媚世。”⑤ “但至东京，则桓荣之徒以治经干禄，后世经生益不堪问。”⑥ “东京之儒，习经术达治体者虽未至乏绝，然是时儒士习尚所趋，大凑于结党标榜，激扬名誉，互相题拂。饰行以惊俗取名者众，而躬行敦重、才堪应世者殆所罕见。郭林宗之徒，浮誉过情，昔人已有弹之者。陈仲弓号为重厚，实乃工揣测，藏拙养望，全身远害，乡原之雄也，父子皆有高名于世，亦可羞已。其他名浮于实者，兹不俱举。虽孔北海之高志直情，而犹以才疏意广迄无成功见讥当世，况其余乎！”⑦

熊十力贬斥南北朝以及宋元明清诸多人物说：“史家之至鄙贱、至无知无耻者，无逾魏收。唐太宗虽得统于北庭之夷，而不直收之所为，

---

① 《熊十力全集》第七卷，第427页。

② 《熊十力全集》第七卷，第486—487页。

③ 《熊十力全集》第一卷，第38页。

④ 《熊十力全集》第二卷，第688页。

⑤ 《熊十力全集》第三卷，第675页。

⑥ 《熊十力全集》第三卷，第815页。

⑦ 《熊十力全集》第二卷，第706页。

此其所以为千古之英也。司马温公《资治通鉴》，昔人推尊备至，足见奴隶思想入人太深耳。温公于民族、民主思想全无所有，纯是以帝制思想为根据而造此书，其大旨不外希望为帝者鉴过去成败兴亡而致谨于用人行政之际，行政毋病民，用人唯贤，则以成以兴，否则败亡。《通鉴》之书，予人主以鉴者如此，至于人臣事君之道，尤其所致详。故此书纯为帝制之书，揆之《春秋》，则圣人恶之，必不稍宽也。”① “或曰韩愈以后之古文非词章欤？曰：此亦词章家之枝流。人情不能无酬酢，称情而抒怀，即事而纪实，诚亦有可贵者。唯传、状、铭、赞、书、序等品，恣为浮词谄语，自坏心术；又或标题立论，而浅薄无据，空疏无理，猥以论名，果何所当？韩愈、苏轼之徒，皆不学无知，虽擅末技，要是大雅所讳。”② “复有小慧，稍治文学，规取浮名，自矜文采，猥以微明，涉猎禅语，资其空脱，掩其鄙陋，不但盗誉一时，抑乃有声后世，苏轼、钱谦益、龚自珍皆是此流。今其衣钵，授受未已也。”③ “夫学之难讲，佛学为尤。聪明之士辄喜摭拾玄言，而不肯留心经论，求其实解。昔人如苏轼之于禅，今人如章太炎之于法相，皆是也。”④ “如李光地、汤斌之徒，其理学果何足道？光地、斌之仕于清廷，大节已失，不足比犬马矣！吴草庐辈仕蛮野之朝，秽贱不足论！刘因以高隐自炫，而作赋幸南宋之亡，则王猛、许衡所不忍也！（自注：王猛虽事苻坚，临殁而思存晋。彼固功名之士，其实于伪理学远矣。）”⑤ “晚明新宋学，渐启生机……若璩以康熙元年游燕京，投降臣龚鼎孳，为之延誉，后雍正甚宠之。胡渭游徐乾学之门颇久，康熙南巡，渭献《平成颂》，无耻至极！”⑥ “涤生无神解，学术浅薄，其为人则有如傅青主所谓奴儒之行者乎？世称其幕府善养才，有长人之识度，然何尝有真才乎？涤生

---

① 《熊十力全集》第五卷，第 213—214 页。
② 《熊十力全集》第四卷，第 285 页。
③ 《熊十力全集》第一卷，第 622 页。
④ 《熊十力全集》第二卷，第 278—279 页。
⑤ 《熊十力全集》第三卷，第 720 页。
⑥ 《熊十力全集》第三卷，第 845 页。

欲取法湘之先哲南宋吴猎而终不似也。又近人言外交，或颂李鸿章。李氏固喜用术，而无经纶天下之大经，则其术不足尚也。李氏颇有气概，而其中未免累于俗，非真能不馁者，故其术每失之卑。”①

熊十力切责康有为、梁启超一类近代名流人物说：“夫康梁，浮华名士也，康且不如梁。焉有名士而可担当危局、开百代之规乎？其不敢自信宜也。”② “今之学者，心地少有清虚宁静，读书不过记诵与涉猎，思想又甚粗浮，只顾东西涂抹，聚集肤乱知识，出版甚易，成名更速，名位既得，亦自忘其所以，浅衷薄殖，诳耀天下，以此成风，学如何不绝？道如何不丧？人如何有立？此自清末康梁诸公导其先，今遂成滔滔不可挽之势，吾实有余痛焉！”③ “清末，学风士习确是康梁领导。任公浅薄，如今几乎人人皆承认，纵有不承认也极少。康则人犹有称其今文学者，实则康氏诸书都是乱抄杂缀，无根底，无真知正见。［康］生于粤，接触西洋风气最先，拿个大同及《春秋》三世等名词作主张，杂取古书中文字，一段一段排列成说，哪有如此可言著述者？……康氏诸书，只是今日刊物之类，哪可云著述？康梁以浅薄开端，首引起后生出风头的卑贱心理，人人无求真知正见之念，无深沉厚重之风，将知识见闻作扬名社会之具，无一毫反身之诚。五四运动诸人又承其流而大扬其波。世事至此，大家犹不痛省，成甚人道！”④

其实熊十力远不止于切责康梁之流，他终生都痛恨古今一切号为名士者。早在1918年印行的《心书》中，就有《箴名士》一篇，其曰：“自六朝以降，始有所谓名士者，迄于唐宋而韩愈、元稹、白居易、苏轼兄弟并以文采风流倾动朝野，声施后世，吸其流者不绝。唯衡阳之圣，痛中夏覆亡，推迹士习之坏自名士，而于二苏元白之伦攻之不遗余力。……乃至今谬种流传，士大夫相率为浮华浅薄，淫佚流荡，而无精

① 《熊十力全集》第五卷，第616页。
② 《熊十力全集》第三卷，第742页。
③ 《熊十力全集》第四卷，第370页。
④ 《熊十力全集》第八卷，第543页。

湛之思，淡泊之操，此言学言治之所以终于无幸也。夫名者实之宾，救名之敝莫如实。古者大学造士，始教以格物，尚征验而有条贯，故其言中伦而行中虑。实学废，文辞兴，然后有名士，是以顾宁人耻之也。”①1936 年撰成之《佛家名相通释》论析名士源流及其后果道：“光武惩新莽之变，以名教束士人，其后士相党附而饰节义，固已外强中干。曹氏父子怀篡夺之志，务反名教，操求不仁不孝而有术略者，丕、植兄弟以文学宏奖风流，士薄防检，而中无实质，以空文相煽……又自此而有所谓名士一流，其风迄今未已，华胄之不兢，有以也哉！”② 1938 年《中国历史讲话》反复指斥名士弊害说：“夫名者，实之宾也。士人若竞浮名，则其内部生活空虚而无实，以此成风，世运焉得不衰！是其所关至大，不可忽也！”③ “凡人一为名士，便无足观。……名士之称，始见《后汉书》。西京以前，士大夫敦实行，求实学，作实事，矜小慧饰伪行以盗名者绝少见焉，有之则为社会所鄙夷者也，自东京而始有所谓名士。吾尝谓东京以后，吾国只是两个东西始终合流，曰名士，曰奸雄。名士者，无心肝无知识，其全副精神整个向外追逐，纯是浮虚夸巧，盗窃不惭，既无立本之学，又无实用之学，以其小漂亮，弄些应付朝廷与下面社会的伎俩。此在魏晋时即是诗哪，四六文哪，清谈玄妙哪；在唐宋明则诗哪，古文哪，甚至理学哪；在清世，于古文外，或剽窃一点考据，章实斋诋为势家豪奴者是也。在今日，则哲学、科学、西洋文学，根本不曾费工夫，只剽窃一些概论与大纲的知识及时代流行的新名词、新论调，犹古之诗与四六文、古文辞、汉学、理学等也。此等人，内无以立己，外无可应用，专以叫响于社会、惊动于朝廷公卿为其能事。天下后世之名归焉，然无心肝无学识无操持，坏世道人心，使人类都成为鸟兽不如的东西，其影响甚大，真可痛也！”④ 1945 年《读经示要》也

① 《熊十力全集》第一卷，第 40—41 页。
② 《熊十力全集》第二卷，第 347 页。
③ 《熊十力全集》第二卷，第 706 页。
④ 《熊十力全集》第二卷，第 718—719 页。

一再鄙薄名士行径及其流毒曰："吾国自后汉以来，名士之风特甚，（自注：魏晋名士之风，始于后汉。）顾亭林称美东京风俗，实甚错误。名士比党标榜与附势荡检之风，自后汉始。不独林宗、太丘皆乡愿也，经师如荀爽、马融，昔人已不满，即郑玄应袁绍之招而道死，又岂笃实之儒？孔融本不学，与祢衡诸狂童相奖借，其尊玄也，正可见其标榜之习耳。当时唯卢植无可议。实德衰，而实学不修，由后汉作俑，以迄于今，而害尤烈。……近时士习，尚表曝而薄暗修，生心害政，虚诳宣传是务，而生民之祸亟。老怀深痛，与后生言，必以务名为戒。……夫六经之精微，非具民胞物与之量者，不能领取也。徇名务外之鄙夫何可穷经？"① "吾国自后汉以来，学与政皆中浮名之害。东京士人，始务标榜，为魏晋习尚浮虚之始，至今其习不改。中间虽有程朱诸老先生以实践矫之，而犹莫之胜也。"② "近二千年来，所谓文人与名士，始终不脱魏晋之习。顾亭林耻为文人，王船山痛诋名士，以其罪恶至大，足使族类衰危，而庸俗终莫之悟也，哀哉！"③ "自东京而始有所谓名士，（自注：名士之称，始见《后汉书》。）结党标榜，激扬名誉，互相题拂。……东汉学风士习既是虚浮标榜，一切无实，社会政治之败坏自无可挽救。"④ 1949年间与师友数函痛骂"凡名流皆狗也！大名狗大，小名狗小，而狗一也！老夫骂尽古今名人非自是，痛族类之亡，情不容已"⑤，痛斥"中国自汉以下有名士之风。一为名士，其学不求真知，其人全习世故，其行全是虚浮。顾亭林、王船山皆恨文人与名士，而船山骂之尤甚，盖船山亡国之恨比亭林尤真也。吾眼见清代以来名流之造亡，故骂之毒。……吾痛心汉以来二三千年……士大夫不为名士者真无几人。理学自程朱陆王诸大师而外，其后之为理学者亦有名士习，尤以

① 《熊十力全集》第三卷，第709页。
② 《熊十力全集》第三卷，第742页。
③ 《熊十力全集》第三卷，第782页。
④ 《熊十力全集》第三卷，第826页。
⑤ 《熊十力全集》第八卷，第588页。

明之衰世为甚。名士亡国灭种！名士学能求真、行能求实，未之有也”①，痛陈“名士一词自东京党以下，此风日甚。凡名士必不虚心，不着实，必作无量外表工夫，必会世故，善迎合，巧屈伸，心肝死尽。东京党人、（自注：陈太丘、郭林宗皆此物也，况其他乎？）魏晋诗文家及清谈家皆如是。两宋理学家矫之，而终不能胜名士也。明世则理学末流亦成名士。船山痛亡国，咬齿而骂此辈。清代不独诗文家，经生号称大师者游王侯公卿门下，皆名士伎俩也。康梁固名士，蔡、吴、章实皆有此风，而吴尤甚，后来新进者更不忍言。此辈断送国家民族，吾亲受此痛，故恨之深。每见友类与学生好发表者，即极不乐，常直言”②，痛恨“民品之下，由士类不足为领导故也。士类之坏，由名士之风也。……民气丧民心去，而军气丧军心溃，国亡矣！所以致此者，名流首以浮浅导天下，使天下人一天一天不得深思远虑与正知正见，康、梁、吴、胡先后风动，而有今日之局”③，痛言“自东京迄今二三千年间，学界名士之风，一切浮虚、浅薄、诳诈、谄曲，以风动于社会。无量卑陋、险恶，难以枚举。其风深入于社会，至今尤甚。……其毒深中于群众心理，残害同类与安于麻木，不知痛痒及自私自利，无量恶德，皆此等兽类与名士合成之毒。吾觉此族万世为奴，难救拔也”④。1950年《与友人论张江陵》并文人名士一概贬之曰：“汉以来文人皆思挟才以见媚于君相，卒至取辱。此辈得志，不过以文墨供当途者之娱玩。不幸遭谗诟，则迁谪或抑郁以死者，其常也。此辈全无自立之道，全不求实学，唯一意自炫，以求媚于世，与妾妇同道。二千数百年来，士之有才者，大概习于此途。中夏式微，非无故也。海通而后，文人所持之具虽变于昔之诗赋或古文辞，而其骨子里则与过去文人名士无二致也。”⑤

① 《熊十力全集》第八卷，第596—597页。
② 《熊十力全集》第八卷，第599—600页。
③ 《熊十力全集》第八卷，第607—608页。
④ 《熊十力全集》第八卷，第621页。
⑤ 《熊十力全集》第五卷，第634页。

1963年《存斋随笔》批判名声欲曰："细人务名、争名、盗名，不修其实，全丧其在己之无尽藏，不亦悲乎？"[①] 直至1965年堪为绝笔之作的《先世述要》，熊十力还记述乃父斥责名士之言曰："察小人之情，必欲人之闻其名者多，是不可以已乎！夫名者，实之影响也。有实方有名，如影随形，无形何有影？如响随声，声无响不生。此自然之理也。无其实而巧取浮名，习为驳杂失宗浅薄无源之学，趋权势之途，由标榜之道，（自注：后汉党人之名节，明代理学家之气节，皆无实修与实学，而互为标榜，无知低能，世运日益陵夷。）用乡愿之术，（自注：郭林宗、陈太丘，皆乡愿也。）其说行于大众，其名传于当时，士习学风皆中其毒，而世或莫之察也。"[②] 可见熊十力对名士的痛恨不仅因其性格使然，阅历所致，还有深刻的家学影响。

二、个论

熊十力对于历史人物的个别评论也是褒少贬多，其所褒扬者大概不过十数位，且其中又往往有同一人而褒贬互见、毁誉迥异者。

（一）褒扬者

1. 汉高祖。"汉高帝，千古之英杰也，豁达大度，从谏如流，史称其知人善任。夫领导群伦，开物成务者，唯能用天下之智以为智，而不自任私智焉，所以为大智也；用天下之力以为力，而不恃少数爪牙之力焉，所以为大勇也。然所以能此者，则豁达大度故耳。唯豁达大度，故能从谏如流。如胸中有一毫私吝，则有所蔽焉，有所怙焉，而从谏难矣。不能从谏，则顺乎己者善之，异乎己者嫉之，何以知人？不能知人，何以任人？不能知人任人，而欲毋自害以害天下苍生，何可得也？汉氏长世，四百余年，三代后，国运昌隆，莫与比焉，高皇帝开基之善，有以致之也。……高帝入关约法三章，疏节阔目，使人坦然昂首天

① 《熊十力全集》第七卷，第742页。

② 《熊十力全集》第八卷，第870页。

壤，而不虞刑网之密逼迫之苦，其于王道也近矣!”① “高帝初定天下，已定都洛阳，闻刘敬一言，即时驱车长安，绝不迟延瞬息。其废既定之策也，既毫不费力，而新立百年大计，亦毫不费事。以此而观高帝，其高也至矣。夫刘敬尔时本一车夫之微耳，而帝纳其言，如是之明且勇，不以其微贱而忽之也。盖唯富于创造力量，故择善易，而行之也猛。”②

2. 汉文帝。“汉文帝庶几玄默自处，亦可谓大气斡旋。当文帝时之天下，使无彼含茹养育之泽，则自六国与亡秦之衰乱，又经吕后临朝，百度废弛，民生耗敝，其足以凝民志、遂民生而措天下于磐石之固耶?文帝自有一番造化之功，谓非大气斡旋可乎?三代后无王道，吾于文帝，谓其犹具几分王道，此外盖难言矣。两汉贤臣奏议皆称高帝与武帝之功，而特尊文帝之德，此不可忽。”③

3. 司马迁。“史公作《黄帝纪》，其征考最为矜慎，后人何可妄疑?若古书一切不信，则古事无可谈也。”④ “《世家》载孔子于《易》实有系辞，则卦爻辞为孔子所作，确然无疑。西汉去古未远，史迁为孔子创例立世家，特致尊崇，其所记载必有征据，决非掉以轻心、漫不加考者。后学不信史迁，而将何征?”⑤ “《史记》偶存古义，多有奇宝，如‘《易》本隐之显，《春秋》推见至隐’，此二语直是囊括大宇，当从宇宙论、人生论乃至群化各方面深究去。”⑥

4. 诸葛亮。“武侯尚法治也，而本之开诚心，布公道，故能以法治而开蜀汉之基。以儒术融法家而为治者，吾于武侯无间然矣。”⑦ “诸葛公戒甥书曰‘使庶几之志，揭然有所存，恻然有所感’。此志即是工夫，亦即是本体。……武侯之言，简约而无所不包通，与孟子必有事焉勿忘

① 《熊十力全集》第二卷，第690—693页。

② 《熊十力全集》第三卷，第1042页。

③ 《熊十力全集》第四卷，第352页。

④ 《熊十力全集》第二卷，第658页。

⑤ 《熊十力全集》第三卷，第865页。

⑥ 《熊十力全集》第五卷，第760页。

⑦ 《熊十力全集》第四卷，第334页。

勿助之意相发明。工夫只在揭然有所存，孟子必有事焉，正是揭然有所存；恻然之感，则揭然而存者，自然不容已之几也。若不存时，即本体已失，私情私欲用事，焉有恻然而感者乎？故曰工夫只在揭然有所存也。”①“诸葛武侯融通道、法而绝不非儒，观其戒甥书有曰‘使庶几之志，揭然有所存，恻然有所感’，《论语》‘君子无终食之间违仁，造次必于是，颠沛必于是’，揭然有存，其会心于斯乎？孟子言‘恻隐之心，仁之端也’，又美齐宣王不忍杀牛之念，谓推此心足以保四海，恻然有感，不亦孟氏之心印欤？然则谓武侯深于儒可也，世第以道、法称之，岂为真知武侯者哉？……余尝谓汉以后号法家者，如武侯、江陵，皆古之大儒。”②“诸葛公有曰‘使庶几之志，揭然有所存，恻然有所感’云云，此语广大深微，非通《论语》全部、了解圣人内心生活者不能道出只字。（自注：宋儒只称其“宁静致远”“淡泊明志”二语，而于此处不悟。程朱诸老先生受老子影响深，其得于圣人者犹浅也。）诸葛毕竟是孔子嫡嗣，只于老氏有兼融耳。‘揭然有所存，恻然有所感’，此是为仁彻始彻终、彻下彻上工夫。”③

5. 陆贽。“陆敬舆事庸猜之主，值藩镇数叛，卒能绥靖，虽执政未久，唐室赖以弗倾，贤者固不可测哉！及读《请还田绪所寄撰碑文马绢状》，然后知其驭世之经也。……如敬舆待田绪，碑文不轻假，绢马不苟受，静而自正，刚而无欲，使犷悍之徒知名义不可犯，士大夫不可亵，则欲自恣不得也。故敬舆驭世之经在是矣。”④“唐世士人，下者溺诗辞，上者入浮屠，儒业亡绝，犹魏晋以来之流风也。世道敝而无与持，有以也哉！（自注：唐世仅一陆宣公以儒术扶衰乱。）”⑤“陆宣公奏议有云‘众人者，虽愚而神’，富哉斯言！韩非之智不及此也。”⑥

① 《熊十力全集》第五卷，第 221 页。
② 《熊十力全集》第五卷，第 560—561 页。
③ 《熊十力全集》第七卷，第 297—298 页。
④ 《熊十力全集》第一卷，第 29—30 页。
⑤ 《熊十力全集》第四卷，第 252 页。
⑥ 《熊十力全集》第五卷，第 362—363 页。

6. 宋太祖。“使宋祖而如五代之君，又何能以杯酒释兵而盛宣文治？其能消五季军人之戾气，固其公诚之心蕴蓄至深，孚达至神也。此可以机变而至耶？”①

7. 胡瑗。“还有胡安定先生，年辈稍先于二程，虽不必是思想家，然其行谊纯实，襟怀豁达，深明经术，练习政事，且长于教授，成就人才甚众。其在当时有禆文化，厥功甚伟，固一代大师也。”②

8. 司马光。“又有史学家司马君实先生，宽博纯厚，浑然天成，其学本之《春秋》，当时实与二程相为羽翼。”③

9. 王安石。“王介甫先生气魄雄伟，博学多通。他底学术原本《周官》，特注重经济问题。及其为相，便立青苗等法，锐意实行，被一般守旧的君子反对，遂至政策失败，后人益以言利为戒，他底学风竟绝了。我读他底书时，年纪尚轻，记得有几处文字很表现他底民权思想，今手中无书可查。他《上神宗皇帝书》有云：‘天命不足畏，祖宗不足法，人言不足恤。’汉已来儒者没有敢如此道。”④

10. 岳飞。“吾国昔时大将岳武穆论用兵，曰‘运用之妙，存乎一心’，为学又何独不然？”⑤ “岳武穆云‘文官不爱钱，武官不怕死，天下太平’，此万古不磨之训。”⑥

11. 陈亮。“宋世独有一人焉，开拓万古心胸，推倒一世智勇，能与朱子争贱霸之失，陈同父是也。同父每为迂儒所不满。明初方正学读其书，悲其志。清世汪缙三录，稍申孙卿及同父，皆二千年中孤杰也。”⑦

12. 明太祖。“及明祖光复，以严诛重罚惩治贪污，一赃案或株连至万人以上，稍涉嫌疑，有死无赦。元勋宿望，清约自守，有不轨者，

① 《熊十力全集》第八卷，第 74 页。
②③ 《熊十力全集》第一卷，第 627 页。
④ 《熊十力全集》第一卷，第 626—627 页。
⑤ 《熊十力全集》第五卷，第 19 页。
⑥ 《熊十力全集》第八卷，第 508 页。
⑦ 《熊十力全集》第三卷，第 1080 页。

穷治党与，无或幸免。然天下贤能未尝不尽力罗致，量才授事，此明祖所以开一代之治，保固神州，与汉唐并称也。……使明祖在今日，诸豪门早已授首覆族，则政治修明，人心固结，一切改造与建设计划自可内度国情、外察世界潮流，稳健作去，何至造成惨劫！夫明祖严诛重罚，不避巨室，亦不遗下吏，此其法之所以行也。”① “明祖光复旧物，而当时塞外势力犹甚盛，倘明祖不能修明政治，安定民生，则不能保固神州而开一代之治，可断言也。观其特擢亲民之官以居中枢要地，最有深意。”② “明祖虽不学，其天资实多过人处。吾少年读赵翼《廿二史札记》载明祖行事，多有合乎圣贤者，以此知其开一代之治，非幸致也。”③

13. 海瑞。“明季海中介尝令贫民抢夺富人田，华亭相国家之田亦被夺，当时病其严酷，然势家盛行兼并，非贫民相率起而夺之，彼又乌肯让产耶?”④ “经世大用，其学宜宗船山、亭林、梨洲诸儒，而海瑞遗文宜兼采焉。民治民族等思想，王、顾诸儒发明甚透，梨洲亦相羽翼。而均产主义，则海瑞独昌之甚力。其居官竟明令贫民抢夺大地主之田，华亭相国家田过多，亦被夺焉。……海公无多著作，而其勇于改造之精神，墨翟、许行后，无第二人，此可法也。”⑤

14. 张居正。熊十力对张居正人品学品及事功赞誉有加，其曰：“以佛家大雄无畏粉碎虚空，荡灭众生无始时来一切迷妄，拔出生死海，如斯出世精神转成儒家经世精神。自佛法东来，传宣之业莫大于玄奘，而吸收佛氏精神，见诸实用，则江陵为盛。……二三千年间政治家真有社会主义之精神而以法令裁抑统治层、庇佑天下贫民者，江陵一人而已。”⑥ “江陵对宋明学术思想确有改造之思焉，此其神解卓绝，实旷代

① 《熊十力全集》第五卷，第366页。

② 《熊十力全集》第五卷，第580页。

③ 《熊十力全集》第八卷，第74页。

④ 《熊十力全集》第二卷，第699页。

⑤ 《熊十力全集》第三卷，第856页。

⑥ 《熊十力全集》第五卷，第551—553页。

之英也。后来船山、亭林力诋陆王，习斋上攻程朱，江陵实启之矣。”[①]“详江陵执政时，以一手操天下大柄，一切皆执法而绳之，如悬衡而立，天下万有不齐之轻重，无得逃于衡之外者。其执法之平且严，自汉以还二千余年间，未有如是者也。”[②]“若乃江陵之法治主义，在乎夷阶级，去豪强，将使天下之人人各安其业，各遂其生，无有贵贱亲疏，一切受治于法，一律平等，故暴乱不作，而人人皆有优裕之生活，所谓循法以守富者是也。礼治、法治本非不可融通，江陵早已作到，惜乎后人莫之继也。……其综核之严，虽采法家作用，而其创制立法本旨确是儒家精神，与法家无相似处。愚意治积衰之中国，非取法江陵不可。”[③]“汉以后二千余年人物，真有公诚之心、刚大之气，而其前识远见，灼然于国覆种奴之祸已深伏于举世昏偷、苟安无事之日，毅然以一身担当天下安危，任劳任怨，不疑不怖，卒能扶危定倾，克成本愿者，余考之前史，江陵一人而已。……江陵力任艰危，扶中夏独立之气，解生民涂炭之厄，只手撑天，大雄无畏……奇哉奇哉，江陵真天人也，大乘菩萨乘愿而来也！”[④]“江陵政治思想，在秦以后二三千年间，可谓创见。如前所说，尊主即虚君共和制，庇民即援助大多数勤苦民众而严惩依托统治阶级之豪门巨猾，破除封建锢习，为民主先导，信乎天纵之英哲也！虚君理想在今虽成过去，然其精神则重在民主也。”[⑤]“且江陵功在天下，泽及群黎，而始终守辅臣本分，伯俸且固辞不受，其出任大政，纯由救世本愿，而无一毫权位之私。至其以师道自尊，则一变二千余年人臣之奴习。秦以后，宰相真能以礼自处者，江陵一人而已。江陵秉礼以正朝廷，故可执法以正百官，以正万民，此儒者之治，所以异乎暴秦也。”[⑥]

---

① 《熊十力全集》第五卷，第570页。
② 《熊十力全集》第五卷，第575—576页。
③ 《熊十力全集》第五卷，第585页。
④ 《熊十力全集》第五卷，第587—588页。
⑤ 《熊十力全集》第五卷，第591页。
⑥ 《熊十力全集》第五卷，第600—601页。

“汉以来当国之英……吾必以江陵为第一人。”① “江陵晏坐中枢，而总领全国军旅，遥授方略……其将将之本领，视汉高、唐太、明祖而无逊矣。江陵自谓‘吾常一日神游九塞’，虽灵智天纵，而其学养亦未可几也。……汉以来二千数百年人物，有学养以为事功之本者，诸葛、阳明、江陵三人而已。葛公、明翁俱醇，而江陵大有霸气，然本原透彻，霸气无伤也。……方今全世界万变无极，惊涛骇浪不足为喻。倘葛公、明翁复生，虽于全人类不无济，要不如江陵旋岚倒岳手腕，荡凶除秽，早令生人得所耳。”② “秦以后二千数百年，政府兴起事功，能以雷霆猛烈之力领导天下臣民，勤勇迅疾实干而用不浪费、事不苟偷者，唯江陵当国时有此奇迹。其计划精密、气魄雄伟、作法严毅而朴实，此等人物在秦以后之中国确为仅见。”③ “庄生自述其为学也曰‘六通四辟，小大精粗，其运无乎不在’，吾谓江陵之用心于天下也，亦若是焉耳。庄生赞关尹、老聃曰‘古之博大真人哉’，吾于江陵亦云然。”④ “余以为千数百年来，真能学佛而不染教僻、不侈虚见、以佛精神实现之世间者，阳明子、江陵二人而已。二公皆以大儒而吸收佛法，不独释子远不逮，而儒之拘者更无可与语极则事也。”⑤ “张居正愿身化作毡毯，任人践踏溲溺其上，学孔、佛而得其精神，为神州多支持数十年。”⑥ “权力者，天下人之公器也。张江陵当国，迹似追逐，然其心戚戚焉忧国家之倾危，为救国而追逐。其功业已就乃引退，赤条条一身，光净净一心，大白于天下后世矣。”⑦

15. 曾国藩。“曾涤生诵法程朱，以书生奋起立功名，味止足之戒，勇退自全，而国民之蒙其福利者亦至矣！涤生起自乡团，用使湘军之

① 《熊十力全集》第五卷，第 612 页。
② 《熊十力全集》第五卷，第 615—616 页。
③ 《熊十力全集》第五卷，第 622 页。
④ 《熊十力全集》第五卷，第 629 页。
⑤ 《熊十力全集》第五卷，第 644 页。
⑥ 《熊十力全集》第七卷，第 276 页。
⑦ 《熊十力全集》第七卷，第 639 页。

威，南逾岭表，北度沙漠，收束为难，兹可想见。然事平遣散，将士帖服，唯其平日自矢忠贞，急公义，遗私利，将士熏陶有素，故能消积威于俄顷，化兵气为祥符，非偶然也。使涤生怙权私利于上，其下相畔援，则武人纵横，民亦劳止，国之亡也忽诸。”① “曾文正之湘军，功勋威势如彼其盛，而卒不流为军阀者，由其处心积虑无往而不公诚故也。”② “曾公为学，通义理、经济、考据、词章而赅备之，此等规模，今之学者宜是则是效。”③

16. 李鸿章。“李少荃以雄才，学于湘乡，明足以知人，智足以自反，大度足以容物，故为一代巨人。自昔衰世逞志者，昏狂自恣，喜用仆圉，朝夕献谀，不闻己过，卒至危败。少荃深于史，故成就卓然。”④

17. 谭嗣同。“戊戌政变，首流血以激天下之动者，谭复生嗣同。复生，船山学也。复生精研船山，其精神伟大，实由所感受于船山者甚深。尝与友人林宰平、梁漱溟言，自清季以来，真人物唯复生一人足当之而已。惜其学未成熟，感世变已剧，孜孜求知，遇康梁则锐意新闻，及以一官需次南京，便访佛法于杨居士，规模甚大，志愿极宏，而知见不免失于浮杂。《仁学》之篇，实未足云著作也。然复生如不早丧，其成就必卓然可观。康梁诸人皆名士，不当与之较论也。”⑤

18. 章太炎。熊十力早年曾对章太炎颇表钦慕，有谓：“余曩治船山学，颇好之，近读余杭章先生《建立宗教论》，闻三性三无性义，益进讨竺坟，始知船山甚浅。”⑥ “外道与佛之关系散见诸经论中。继智牵于人事，未遑博考，良亦自愧。然余杭《大乘佛教缘起考》所征论，可谓扼要。”⑦ “迩者余杭章先生尝曰：‘鄙人自处，唯欲振起姚江学派，

① 《熊十力全集》第一卷，第 30—31 页。按“帖权”疑当作“怙权”。
② 《熊十力全集》第八卷，第 74—75 页。
③ 《熊十力全集》第八卷，第 304 页。
④ 《熊十力全集》第五卷，第 194 页。
⑤ 《熊十力全集》第三卷，第 855 页。
⑥ 《熊十力全集》第一卷，第 6 页。
⑦ 《熊十力全集》第一卷，第 9 页。

以挽今世颓靡巽懦之习。’迹先生行谊，固佛之侠者，何取托于姚江哉?”① 后来熊十力虽然对章太炎转而持批评态度，但却仍然时有肯认，如曰：“余杭章氏，小学要自成家，于经于史，博览有之，名家未也。若乃义理或哲学思想，彼则假大乘以通诸子，而于佛氏又实未通晓，可谓两失。虽然，聪明博闻哉其人也，大雅君子哉其人也。”② “昔者章太炎先生每遇鄂中旧人，无论其有无名位，必咨嗟太息而慰安之曰：辛亥之事，不忍忘也。呜乎！此真仁人之用心哉！”③

(二) 贬斥者

熊十力贬斥的历史人物颇多于其所褒扬者，其所贬斥的历史人物虽然不无褒贬互见者，但完全予以否定者乃占多数。

1. 秦始皇。此为熊十力所完全否定者，其言若曰：“今秦皇唯用愚民政策，开此乱端，而汉以来君主尽率由之，周制外朝询万民与学校教民之政，乃至一切良法美意，至秦而荡然以尽，秦皇可谓万世之罪魁矣!”④ “吕政尚专横而务内猜，行是愚民之术，残民以逞……或称其能用客卿与改郡县，不知郡县之制始于楚及晋，顾亭林及清人多详考之；用客卿则秦穆以后历世皆然，盖其家风如此，无足异者。”⑤ “自商鞅专并民力于耕战，始昌言弃道德、废学术，而见用于秦孝。韩非主张以吏为师，欲禁绝儒学及诸子百家，而吕政复用其说。自兹以后二千数百年间，中国遂无学术思想可言。……吕政大毁灭，流毒将三千年而未已也，可不鉴哉？……吕政摧残之毒，历史昭昭可鉴!”⑥ “夫本原未得而以霸气用事，则天下之凶猘耳，吕政是也。”⑦ “吕政残兆民，愚黔首，

---

① 《熊十力全集》第一卷，第40页。
② 《熊十力全集》第四卷，第380页。
③ 《熊十力全集》第八卷，第265页。
④ 《熊十力全集》第二卷，第693页。
⑤ 《熊十力全集》第三卷，第746页。
⑥ 《熊十力全集》第五卷，第568页。
⑦ 《熊十力全集》第五卷，第616页。

欲万世私有天下，终乃十五年而亡，皆昏暴之果也。”① “有才而乘权力，逞野心，愚黔首……如吕政者……皆历史上之垢秽。”②

2.贾谊。熊十力虽然肯认其《过秦论》为“千古殷鉴”③，但又痛贬其文品及其影响说：“贾生《过秦》，称名为论，实则当列杂文之侪。自尔以来，作者不兴，鸿论遂绝。”④ “贾谊全无思想可言，但文字有粗豪气，为时所推。后世名流不学之风，自谊开焉，其影响之恶，不可言也。”⑤

3.司马谈。熊十力对司马谈似未见有正面评价，其批评之言略曰：“司马谈在西汉初，已不解《大学》，至讥儒者博而寡要。谈之学甚肤浅，迄今犹有赞其能论六家旨要者，海上有逐臭之夫，岂不然乎?”⑥ “司马谈讥儒者博而寡要，劳而少功，谈于儒学实未之有闻也。谈尝受《易》于杨何。《易》为五经之原，含藏万有，广大悉备，而归本穷理尽性以至于命，正是博而有要，谈乃茫然莫省何耶?汉世易家同主象数，实皆古术数家枝流。《艺文志》言‘汉兴，言《易》者皆本之田何’，可知田何以术数开宗，其于孔子之《易》无预也。谈之师杨何本田何再传弟子，故谈于儒学全无所知。”⑦ “如司马谈《论六家要旨》，其说儒有曰：‘然其序君臣父子之礼，列夫妇长幼之别，不可易也。’此即三纲说之所由始。三纲者，君为臣纲，父为子纲，夫为妻纲。其本意在尊君，而以父尊于子、夫尊于妻配合之，于是人皆视为天理当然，无敢妄疑。夫父道尊而子当孝，天地可毁，斯理不易。子之思想行动不背于正义者，父母不当干涉，而子可自行其志，要不可失孝道。虎狼有父子，况于人乎？但以父道配君道，无端加上政治意义，定为名教，由此有王者

---

① 《熊十力全集》第七卷，第396页。
② 《熊十力全集》第七卷，第639页。
③ 《熊十力全集》第三卷，第1042页。
④ 《熊十力全集》第一卷，第653—654页。
⑤ 《熊十力全集》第二卷，第688页。
⑥ 《熊十力全集》第三卷，第674页。
⑦ 《熊十力全集》第六卷，第331—332页。

以孝治天下与移孝作忠等教条，使孝道成为大盗盗国之工具，则为害不浅矣！详玩《论语》，孔子答门人问孝，皆就至性至情不容已处启发之，如曰‘父母唯其疾之忧’，曰‘至于犬马皆能有养，不敬，何以别乎’，此例不胜举。自三纲之说出，只以父子说成名教关系，而性情之真乃戕贼无余矣！古义，妻者齐也，妇者匹也，夫妇平等昭然矣。今以尊夫者配合于尊君，又何理欤？夫五伦之教始于上古，（自注：《尚书·帝典》可考。）至孔子则于孝亲敬长外，已言泛爱众，言不独亲亲，不独子子，与《论语》老安少怀意思一贯，（自注：《论语》言“老者安之”，是举天下之老者皆安之也；曰“幼者怀之”，是举天下之幼者皆怀爱之也，正是不独亲亲、不独子子之意。此乃大同世之道德，与封建社会之道德相去天渊。）乃至位天地，育万物，人类之爱德当发展无量，本不限于上古五教之范围。且君臣一伦不可为典要，《易》著革命之义，《春秋》升平世，君在所黜。汉人始唱三纲，以维护皇帝，司马谈之论已开其端，显然背叛孔子六经新义，显然不是儒家要旨。……司马谈论儒家既背叛孔子，其论法家亦曰‘正君臣上下之分，不可改矣’，其维护帝制坚决如此。谈之论六家也，其所归仰与宗主者实唯道家，道家本废除君臣名分，而谈于此又不惜背叛道家，何忍自负所学不以为耻乎！”①

4. 司马迁。由上可见，熊十力曾对司马迁予以赞许，但越到晚年他对司马迁的批评越发严厉，简直与以前的赞许迥然相异；至于其批评是否得当，则是大可商榷的。熊十力批评司马迁有谓：“史迁之《史记》，通史也，自当于古之侯国，国别为记，于古代神州万国各详其政俗文物与文野强弱之异。当迁之时，列国史料犹可搜集，惜其见不及此，乃以汉初诸侯王之制而例视古代诸侯，遂作《世家》，以为受爵分土，世传家业而已。不知古代侯国各为独立之国家，诸侯仅为其国之君长，君统以外，其宜搜考记述之事甚多，而迁立《世家》，则以一姓传家之业为主，实因习见汉初诸侯王制度而妄谓古之侯国亦如是，此大谬也！……史迁《世家》之标目，其观念实缘汉初诸侯王之制而起，只以

① 《熊十力全集》第六卷，第385—387页。

为诸侯王受封传业而已，不悟古之侯国各为独立国家，诸侯是其国之君，不即是其国，史迁于此全不辨，奚其可哉？《史记》之书以郡县大一统之眼光而忽视古代列国之史实，遂使列国之民性、国故与学术、政俗或文化不可详考。迁之用心甚粗略，不务访求列国文献，精思详述，以垂诸后，其识过短，非良史也！”① “《史记·老子传》载老子去周至关为关令尹著书事，当不足信。……或六国时老子后学伪造老子为关尹著书事，以见关学犹禀于老，此与孔子入周问礼于老事，同为老之后学伪造。马迁不考而载入《史记》，甚矣其妄也！”② “马迁虽为《仲尼弟子列传》，而无一字道及学术，直同账簿耳。（自注：迁无史识，其书详于武人、卿相及游说之徒，而忽视学术。虽以通史为名，而其内容实难言通史。尤谬者，于晚周列国，竟忘其为建国久远之国家，而只为其君主立世家，视同汉世侯王，后人遂无从考论古代列国民习与政教、文化等情形。）”③ “《史记·老子传》写得迷离恍惚，颇似神怪小说中人，不知马迁何故如此？……马迁作《老子传》尽收谣言，全无考核，失史职矣。”④ “迁盖欲以其《史记》上附于孔子《春秋》，故不惜侮经。迁未闻大道，无足责也。其云鲁君子左丘明，盖因《论语·公冶长篇》有左丘明，遂逞臆说，殊难征信。迁之《史记》一书疏谬太多，此不及论。”⑤ “迁涉猎六经，闻见视其父为博，然务变乱六经真相，归于小康礼教，则与其父不异。迁受《春秋》于董生，颇闻贬天子、退诸侯、讨大夫之本义，然于此语焉而不详。（自注：本义者，谓其为孔子之真也。语焉不详者，不欲传其真也。）其所特详者，则皆董生所禀诸公羊寿伪传之旨。……马迁叙述董生说之一段文字，其用心甚诡，与《礼记》中《礼运篇》颇相类。改窜《礼运》之人，不能不于篇首略存孔子真相，然于叙述‘天下为公’数语之后，便弃去大同，而将孔子所不许为大道

---

① 《熊十力全集》第四卷，第 142—143 页。

② 《熊十力全集》第六卷，第 349—350 页。

③ 《熊十力全集》第六卷，第 376 页。

④ 《熊十力全集》第六卷，第 583—584 页。

⑤ 《熊十力全集》第六卷，第 759—760 页。

之小康转奉之为宗本。马迁受《春秋》于董生，述其所闻，亦不能不提及孔子本义，（自注：即贬天子、退诸侯、讨大夫。）然才提便休，其宗主毕竟在三王之小康礼教。二千余年学人皆为其所欺，岂非怪事！马迁影响极大，《史记》一书为学者宗，实与六经同尊。孔子真相晦而不明，迁不得无过也。”① “马迁与其并世小儒，（自注：如公羊寿、胡毋、董仲舒之徒。）皆阳宗孔子而阴毁六经，其识解卑陋，逆流以复古，怀谲以背公。圣学湮绝，马迁诸人何得无罪乎！孔子《周易》创明内圣外王之道，广大极矣。伏羲当草昧之世，何能悟到此？马迁谓孔子之《易》只为伏羲作注释，《正义》亦从之，愚妄狂吠，又何责焉！”②

5. 王莽。王莽无疑为全盘否定的人物，不过熊十力在全盘否定王莽之余却对其作了些许肯定，他说：“莽未得势时，淳于长方以外亲遇宠，常代王根辅政，莽心害长宠，因诬陷之于王根，根信之，命白太后，长由是得罪，莽遂代根为大司马。长本佞幸，不足道，而莽之所以自进者，亦太卑劣矣。莽为人阴险，务以诈伪牢笼士大夫。莽篡位前，天下上书颂莽功德者，动以数万计，岂皆赞同其主张者哉？得毋与袁世凯之筹安会及乞丐请愿团等相类耶？班书称莽既不仁，而有佞邪之材，遭汉中微，王后为之宗主，故得肆其奸慝成篡盗之祸。虽复及身诛灭，而其污风所煽，已开操、懿之端矣。……莽禁不得买卖田及奴婢，不可谓非善政，然莽竟败亡，想其田地分配法必未得当。……莽之亡，非井田不可行，必行之未得其宜。又莽好缘饰六经，纷更制度，矜己而自便，诸不利民者多。小人缘为奸利，莽益作伪日拙，矫符命以诬天欺众，虽欲勿亡得乎？然莽之所为，毕竟非操、懿之徒所可及，世衰则为恶者亦愈卑下，是可叹也！”③

6. 桓荣。熊十力刻画一个势利小人嘴脸道：“光武、明帝所尊宠之师儒，则无耻之桓荣也。荣拜太子少傅时大会诸生，陈其车马印绶曰：

---

① 《熊十力全集》第六卷，第763—765页。

② 《熊十力全集》第七卷，第490页。

③ 《熊十力全集》第二卷，第698—699页。

今日所蒙，稽古之力也，可不勉哉。其鄙陋至此！明帝尊荣以师礼，每言辄曰太师在是。常幸其家问起居，入街下车，拥经而前，抚荣垂涕，良久乃去。诸侯将军大夫至荣家问疾者，不敢乘车到门，皆拜床下。荣贵显如此，盖善以佞媚结主知故也。夫皇帝崇儒学，而其所崇之师儒乃如此，实乃奖其媚己者，儒云乎哉？垂没而朝政昏乱，宜矣！"①

7. 班固。熊十力斥班固为鄙陋狭隘之奴儒，其曰："班固于千古名将卫青立传，则忽其卫国巨功，而直以贵幸视之，其鄙陋无知至此！开后来狭隘之风者自固始。以《汉书》与《史记》并论，奴儒之无目也！"② 可见其时熊十力对司马迁《史记》尚持肯定态度。

8. 曹操曹丕父子。谳定曹操为奸雄，极诋曹丕为狗盗："圣贤自有至情，大奸雄亦复多情。奸雄如不多情，何能收笼群伦为之效命哉？其多情，非尽伪也，尽伪必不能使人。曹操既贵，不忘死友之女；祭乔玄文，感怀知己，一往情深；其他吊旧之词，亦令百世下读者可歌可泣，岂可以伪为哉？特不能率性以治情，其情日以流于杂妄，故不得为圣贤耳。"③ "曹操虽反名教，然彼实生于思想涸竭之世，而纯为名教陶铸之人物。值汉德衰，不能明白以自树立，乃伪托文王之迹，故虽富于机智，而识见不能超特，局量不能宽宏，气魄不能伟大，毕生精力尽耗于猜忌与掩饰之途。其卑小如是，比于新室，已不足当仆圉。及司马氏效之，其细益甚……识者观魏晋开基，已卜世运升降之机矣。"④ "若夫曹丕云'舜禹之事吾知之矣'，则以狗盗之心而欲上诬先圣，罪通于天，无可逭也！"⑤

9. 阮籍。熊十力揭露阮籍以放荡掩饰其畏葸，指之为魏晋风尚，终至："嗣宗畏葸，而托放荡以自免。君子居仁由义，吉凶与民同患，

---

① 《熊十力全集》第二卷，第 704 页。
② 《熊十力全集》第五卷，第 652 页。
③ 《熊十力全集》第一卷，第 584 页。
④ 《熊十力全集》第一卷，第 620 页。
⑤ 《熊十力全集》第三卷，第 1102 页。

履虎尾而不惧，何至若是?”①

10. 范晔。斥《后汉书》作者范晔首鼠两端，既悲帝制却又尚忠义：“余少时读《后汉书》，觉其皇帝真非人类，帝制已穷则当变。范史悲悯见乎辞，而犹赞扬忠义，莫正其迷谬，民主之大义不彰，岂不惜哉!”②

11. 魏收。恶诋《魏书》总撰魏收为粪蛆：“至魏收作史，反诋江左正朔为岛夷，直是粪蛆不若!”③“史家之至鄙贱、至无知无耻者，无逾魏收。”④

12. 颜之推。讥刺数度为虏、觍事多朝的颜之推茶然无力，了无生趣：“昔人若颜之推，吾读其《家训》，觉其人甚有意思，然不能奋起驱胡，又不能著书发明政治社会思想，又不能高蹈，又不能死，俛仰鸟兽之廷，且教其子以仕宦之道，其无气力乃至此。读其书，固于人世怀惨怛之忧者，而其人生态度乃尔，何哉？细玩《归心篇》而后知颜氏怵惕于因果，冀望于来生，其受佛教影响甚深也。”⑤

13. 韩愈。熊十力对韩愈可谓深恶痛绝，贬抑甚至，曾无一善言及之，若谓：“韩愈之徒，思理短浅，适比牧竖。杂文薄有气势，妄自惊宠。后来迂儒小生，无知逐臭，更相崇尚，始开古文之宗。单篇鄙制，兢冒论名。吾尝以为中土学术思想，自唐已下，日就堙塞。推求其故，虽不一端，而文体劣陋，实乃最大之因。语曰：工欲善事，必先利器。文字者，发表学思之利器也。累世之人相习于油腔滑调之古文，词无容纳，议乏条贯；方其举笔，不必平日夙有问题，实事求是，精以周察，广以总揽，深以达微；率尔吐词，缴绕字句之间，足以尸文宗，传后世，夫谁不愿为如此者乎？故古文风行，而晚周六代盛唐学术思想之

---

① 《熊十力全集》第二卷，第244—245页。
② 《熊十力全集》第七卷，第274页。
③ 《熊十力全集》第三卷，第835页。
④ 《熊十力全集》第五卷，第213页。
⑤ 《熊十力全集》第三卷，第809页。

盛，旷乎其不可闻焉。韩愈辈蚁智羊膻，实始作俑，此罪不可逭也!”①“韩愈文章，古今称其气势，愈之得名在是。然文章有气势可见，是其雄奇处，亦是其细小处也。睹喜马拉雅山而群情仰止，以其高大也。天之至高无上、至大无外，则人忘其惊叹。以是而知喜马拉雅山之高大也，犹不及沧海一粟耳。六经《语》《孟》之文，平淡如布帛菽粟，人皆资生焉，而忘其味。文之至也，可得而论乎?《南华》神化，《骚经》则元气流行也，虽浑质不似六经，不能使人忘其赞叹，然能使人虽欲赞叹之而难以置辞也，此亦文之至也。宋儒惩六代之华辞而矫以顺俗，人皆以不文视之，然明道作尧夫传，伊川状其父母及状明道诸文，朱子为延平等传，及黄勉之状朱子，皆从其真实心中流出，俗士寡昧，不足窥其中所存与言外之蕴，则以为无文焉耳。作文固不易，衡文益复杂。文章之气势浩衍，雄奇苍郁，有本于天，有本于人。本于天者，精力强盛，赋于生初故也。本于人者，复分诚伪。诚者，集义以养浩然之气，其文则字字朴实，不动声色，六经《语》《孟》是也；或字字虚灵，神奇谲变，不可方物，《庄》《骚》是也。伪者，缺乏诚心，或知求诚为贵而未能克己，血气盛而其词足以逞，智虽小而读书足以识故事，侈闻见，俨若胸罗今古，笔走风云，便谓天下之道果在乎是，存之心，发于言，张皇狂大，一切不惭，天下皆孩之而我为其父师，为其慈母，俨若仁覆诸天，德侔千圣，其骄盈之气，亦驰骤有光怪。天下有目者少，无目者多，则群相惊骇，以为文之盛也。而识者则知其浮而无根，华而不实，夸而无据，肆而不敛，奇而已细，其精神意气毕露乎辞也，韩愈之流是也，此习伪者也。”② “韩愈以古文薄艺而气势能雄，故勇于拒佛，独惜无学术。”③

14. 宋太祖。熊十力对宋太祖多有推尊，然亦不无批评，其曰：“宋祖既君临天下，鉴五代之祸，常虑诸将有异志也，而务以高官厚禄

---

① 《熊十力全集》第一卷，第 654 页。

② 《熊十力全集》第四卷，第 384—385 页。

③ 《熊十力全集》第六卷，第 12 页。

靡其志，金帛子女柔其气，惴惴焉唯猛士之是惧。而高皇帝晚年大风之歌，思猛士守四方，所存不在一己而在四方，视彼猜忌材武而思所以柔之者，何如乎？即此一念，而二代兴衰之故，从何识矣！夫大人物之有造于社会国家也，其端甚微，而影响极巨，可不慎乎！”① 此乃基于宋祖与汉高之器宇广狭而勾稽汉宋国势盛衰之潜因。

15. 欧阳修。熊十力晚年虽然对六经提出许多非常异义可怪之论，但以前他对疑古惑经却是十分反感的，他因此痛贬欧阳修说：“古籍诚不无可疑，然如欧阳修等，则浮浅而妄疑者多矣。”② “须知古书义蕴不易寻索，狂妄狐疑，何如细心体玩。往者欧阳修辈亦曾疑《易》，实则修只会作艳丽词语与八股式之古文耳，更有甚思想，更识何义理耶！”③

16. 宋高宗。熊十力斥骂宋高宗：“庸奴而获一隅之权力，背亲亡国而不惜，如赵构者，皆历史上之垢秽！”④

17. 马端临。熊十力批评马端临昧于政治制度与时代社会的适应关系：“马端临论《周官》之法可行于封建之世，不可行于秦汉以后郡县之局，其说似辩，而实不通治理。封建之君主奴役群众而坐享安富尊荣，《周官》之法正反封建，而马氏不悟何耶？《周官》法度不能行于秦汉以后之天下者，非有他故，吕政暴虐而速亡，刘季鉴其失，乃假宽大之名，而使群众各各孤立，无有组织，正如一盘散沙，皇帝乃穹然于其上，使大臣委郡守县令，以监临散漫无力之民众，如牧人执鞭而挥驯羊。汉以来之帝者皆承此术，民力消亡殆尽，民智闭塞已久，如何可行《周官》法度？马氏不知帝制之害，徒怪封建易为郡县始不可行《周官》之法，岂不愚哉！”⑤

18. 张居正。由上可见，熊十力对张居正推崇备至，但对其文化专制政策却反复批评，其曰：“唯孤怀有未惬于江陵者，彼恶理学家空疏，

① 《熊十力全集》第二卷，第690—691页。

② 《熊十力全集》第二卷，第672页。

③ 《熊十力全集》第二卷，第678页。

④ 《熊十力全集》第七卷，第639页。

⑤ 《熊十力全集》第五卷，第732页。

遂禁讲学，毁书院，甚至赞同吕政、元人毁灭文化，矫枉不嫌过直。虽理学家有以激之，要是江陵见地上根本错误。学术思想，政府可以提倡一种主流，而不可阻遏学术界自由研究、独立创造之风气，否则学术思想锢蔽，而政治社会制度何由发展日新？江陵身没法毁，可见政改而不兴学校之教，新政终无基也。”① “当时谈理学者不了解江陵立法之意，妄生非议，遂激江陵之怒，故有毁书院禁讲学之令。江陵于此似少远虑，倘仍书院之规，许聚才讲学，但根据《大学》教法，上酌晚周群儒诸子以立学规，通内圣外王而一贯，树博文约礼之良模，或得创开一代学风，培养特殊人才，使群俗由兹大变，未可知也。惜乎江陵徒注意政事，而于学术思想未曾致开导之力，是其短也。江陵盖恶理学者流阻挠政令，故禁讲学。殊不知学术思想毕竟宜自由，当道者于学校之教，尽可虚怀博访海内睿智通识之儒，相与究天人之际，通古今之变，融会百家众派，以定教育宗旨，而端学者趋向。除有伤人道之邪说外，其诸殊途异宗之学各有所明，各有独到，听其互相观摩，互相绳纠，互相取舍，互相融贯。如此则学术日进，真理日著，而群治日臻于至善矣。倘不务此而以禁止讲学取快一时，绝生人之慧，塞大道之途，人类之患未知所底也。”②

19. 曾国藩。曾国藩虽为熊十力所基本肯定者，但熊对曾的批评甚至严斥也并不少见，如对比张居正之克除小己利害得失计较之私而责备曾国藩“惴惴焉为一己享用计，未尝为国家前途虑，所以为奴儒也”③，又如批判纲常名教而连带指斥曾国藩“终不肯倾覆清之帝制者，以君臣名分未可叛故。涤生忠信于其主，是乃名教之奴，未可谓忠信也”④。不过熊十力早年曾同情地理解曾国藩拥戴清朝乃因“尔时民族民权诸义未明，无怪其然也”⑤，与其后来深恨曾国藩“终不肯倾覆清

① 《熊十力全集》第五卷，第553—554页。
② 《熊十力全集》第五卷，第602页。
③ 《熊十力全集》第五卷，第620页。
④ 《熊十力全集》第六卷，第392—393页。
⑤ 《熊十力全集》第一卷，第31页。

之帝制”的观点迥然相对。

20. 张之洞。张之洞也是熊十力所基本肯定者，唯其“中体西用”论略为熊十力所不契，乃质之曰：“南皮说中学为体，西学为用，其意甚是，而立辞似欠妥。盖自其辞言之，则中学有体而无用，将何以解于中学亦自有经济、考据诸学耶？西学为有用而无体，将何以解于西人本其科学、哲学、文艺、宗教之见地与信念，亦自有其人生观、宇宙观，理解所至，竭力赴之，彼自有其所追求与向往之深远理境，非止限于实用之知识技能耶？且无用之体与无体之用两相搭合，又如何可能耶？故南皮立辞未妥也。……南皮欲采西学，其意自是，惜其以中西学判为一体一用，未免语病耳。中学既具其体，即有其用，而用有所未尽者，则取诸人以自广可也。若中学果为有体无用之学，则尚安用此死体为哉？”① 不过熊十力同时又为张之洞辩解道：“乃若其用意，则有不可厚非者。南皮所云中学，实非泛泛无所宗主，其意本谓经学耳。前辈无有舍经而言学者，百家之说必折衷于经，后儒之论必根据于经，经之为言常道也。南皮谓中学为体者，其中学一词，即谓经学，决非空泛无所实主之词。经所明者常道，故不可舍失也，南皮之意只如此。其曰西学为用者，亦谓吾人今日当吸收西学以自广耳。”② 实际上，张之洞“中体西用”论并不是说中学只有体而无用，西学只有用而无体，而是肯定中西之学皆有体用，只不过中学强于体而弱于用，西学则强于用而弱于体，若采纳西用以补充中用，使中学之体用皆达于强者，庶几乎得之。其实熊十力所谓“中学既具其体，即有其用，而用有所未尽者，则取诸人以自广可也”，“经所明者常道，故不可舍失也。……其曰西学为用者，亦谓吾人今日当吸收西学以自广耳”，已经准确表明了张之洞“中体西用”论的意思。应该说，“中体西用”论在理论上并无问题，问题只是如何可能在实践中既保持中体又充分吸收西用，或者反过来说，如何可能在实践中既充分吸收西用又不丧失中体。

---

① 《熊十力全集》第三卷，第562—564页。

② 《熊十力全集》第三卷，第562—563页。

21. 严复。熊十力对严复多有批评，若曰："向见严又陵与人书，言吾华民质与国力至南宋而始为一大变，殆未尝读史之过。实则吾华民质之劣，国力之弱，乃自魏晋始耳。"① "近人严复以孔子为封建之圣人，六经为封建思想。余弟子牟宗三尝言：严复中英人功利之说，于经旨固弗会，斯言良不诬。"② "严复评点《老子》，以老为民主之治，以儒术为君主之利器，其于儒老，两皆无知。"③ "严又陵不通六经，不辨三礼之孰为古制，孰为孔子创作，乃谓儒者言礼，适为君主之利器，不悟《礼运》《周官》皆消灭统治，废私有制，明文彰著。今之学者不可承严氏之陋也。"④ "严复以孔子为封建社会之圣人，以六经为封建思想，以儒家之礼为君主之利器，（自注：见严复评点《老子》。）其说皆祖刘歆，与康有为同蔽也。"⑤ "严又陵所译诸书，每以中西强相比附。最可笑者，如《穆勒名学》部甲按语中以孟子'万物皆备于我'一言傅合特嘉尔所谓'积意成我，意恒住，故我恒住'诸语，不知其果何取义。"⑥ 唯对严复译书事业予以肯定说："尝谓吾国自派遣游学以来，仅严又陵译《原富》《群学肄言》《群己权界论》《穆勒名学》等编，颇有功于学者，其视梁任公之《新民丛报》、孙中山诸人之《民报》孰为有功，不问而知。"但转口却又鄙薄道"严氏人格无可取"⑦，乃从学品到人品对严复作了基本否定。

22. 康有为。熊十力对康有为作过大量评论，似未见一嘉言善语，相关评论愈益强烈地表达了对康有为的鄙视和厌恶，兹予罗列，俾以综观，至其当否，尚待考究。

---

① 《熊十力全集》第四卷，第 364 页。
② 《熊十力全集》第五卷，第 659 页。
③ 《熊十力全集》第六卷，第 464 页。
④ 《熊十力全集》第六卷，第 753 页。
⑤ 《熊十力全集》第六卷，第 767 页。
⑥ 《熊十力全集》第八卷，第 25 页。按特嘉尔即笛卡儿。
⑦ 《熊十力全集》第八卷，第 24 页。

《春秋》本素王改制之书，汉儒犹能绍述，宋儒程伊川亦言之，至近人康有为而益张。然有为虽扬三世义，但虚张条例，张孟劬先生讥其浮浅，诚是。①

康有为言三世，空泛肤乱，无义蕴，其传自井研廖氏。蓝之质未美欤，犹未足以出青也。②

近世康有为亦张今文余焰，而专己自封，拥护帝制，徒为大盗袁氏张目，犹汉儒之遗风也。③

康有为曾言："船山精矣，而艰深太过。"有为以文人而治考据之业，于理解深沉之书，大概不耐读。④

昔康有为从朱九江一年急离去，终成一浮乱名流，（自注：康氏之学实浮乱。向者张孟劬先生尝言之，而时贤每不辨也。）晚而推尊九江，究何得于九江乎？若果长与九江处，熏陶加深，或不至太不成样也。⑤

康有为之徒，只以抄书之办法拾取字面作话头而已，何曾知得三世义乎？昔者张孟劬先生最鄙视有为，诚具法眼哉！⑥

康有为以《春秋》三世义融摄《礼运》，自矜创说，其实胡文定在宋世首创此说，而东莱一派盛斥之，早为学术史上一大公案，康氏何创之有乎？康氏学术浅薄，其《大同书》前面叙说种种苦，后乃依据《礼运》而为大同草案。余在清末阅其书，辄击桌而叹曰：凡一伟大学派之创说，其思想必有根底，否则无可成说，无可启导民群。大同何以可能？当有无量无边义据，岂是专凭叫苦得来？道理不应如是简单。康氏当汉学风气方盛，欲别出新奇，遂以

① 《熊十力全集》第二卷，第317页。

② 《熊十力全集》第二卷，第681页。此言既揭露康有为剽窃廖平，又指责廖平学品差劣。

③ 《熊十力全集》第三卷，第765页。

④ 《熊十力全集》第三卷，第836页。

⑤ 《熊十力全集》第四卷，第411页。

⑥ 《熊十力全集》第五卷，第56—57页。

考据本领摭拾《春秋》三世、《礼运》大同而自矜创获，其实于经义全没理会。观其述作，只是揣摩风会，未堪言学术也。……康氏学无本原，何足言《礼运》?①

近人康有为述《春秋》，虚揭三世名目而不求其义，其所为诸书皆抄胥之业，故反民主，拥帝制，与何休同污，其不知《周官》无足怪。②

《易》道广大，无所不包，《春秋》与《易》相表里，治《春秋》而不明《易》则空疏无底蕴。康有为于《大易》全无所究，空揭《春秋》三世名目，故识不真者，其守不定，终以复辟败也。③

近人康有为说《春秋》，虚揭三世名目而不求其义，其所为诸书皆抄胥之业，非真有得于《春秋》也。真了《春秋》必能知《周官》与《春秋》为一贯，何忍摈斥《周官》? 有为于《春秋》《周官》两无实得，而以抄胥之技妄毁《周官》，多见其不知量也。④

余窃谓康有为未免抄胥之习，其于《繁露》不甚了然，无足怪。⑤

康氏以《春秋》《礼运》自张，顾于《公羊传》及董生《繁露》两无辨识，其思想混乱，有复辟之事亦无怪其然也。⑥

康有为《孔子改制考》，本由杂抄而成册，取昔人之偶发一议，有异乎恒规旧习者，皆视为与《春秋》改制不异。其所抄集浮乱至极，而《春秋》废除君主制度，即推翻最少数人统治天下最大多数人之乱制，其义蕴广大宏深，却被康氏胡乱说去。⑦

康有为说《礼运》，以为孔子本有小康大同两说。……康有为

---

① 《熊十力全集》第五卷，第679页。
② 《熊十力全集》第五卷，第735页。
③ 《熊十力全集》第六卷，第394页。
④ 《熊十力全集》第六卷，第396页。
⑤ 《熊十力全集》第六卷，第424页。
⑥ 《熊十力全集》第六卷，第428页。
⑦ 《熊十力全集》第六卷，第431页。

盛弘此篇，而剽窃其篇首大同义数条，实未通晓全篇文义，不悟后仓、小戴已变乱圣言，乃臆想孔子元有大同小康二种之说，见道不真，立义不定，将令后学思想浑乱，行动无力，圣学何至如此？圣人明言“天下之动，贞夫一者也”，又曰“吾道一以贯之”。康氏浮乱，不辨汉人之伪，后人治经不可蹈其失。（自注：康氏一方言大同，一方又谋复辟，向时人皆以为怪，实则康氏中汉人伪经学之毒太深，无足怪也。）①

康有为虚揭《春秋》三世名目，又依《礼运》以言大同，而皆不究其义。（自注：康氏宗《公羊》与董生《繁露》，而皆不辨其伪。余于《原学统》已言之。至其《大同书》亦是浅薄小说，全无根柢。人类如何可至大同，康氏尚不知探寻问题，便欲立说。）②

康有为不辨班固之邪谬而祖述其说，以大义、微言两相淆乱，而妄说《春秋》，是故公羊阴变《春秋》改乱制之意而为汉制法，有为不能辨其伪。董仲舒闻《春秋》于公羊寿，而乃倡事天之教，谓“道之大原出于天，天不变，道亦不变”，以种种顽陋不堪之论迎合皇帝，明明背叛《大易》《春秋》，有为复不辨其妄。夫有为以《春秋》自鸣，其所奉为法宝者，《公羊传》与《春秋繁露》二书也。而二书之伪与妄，有为读之已熟，乃毫无识别，不谓之怪事不得也。有为之所以陷于迷谬，盖为班固所愚，以为孔子之教有大义，亦时有微言。六经皆以大义为主，而微言偶寓焉，班固之意如是，有为亦信为如是。《公羊》《繁露》二书之伪与妄，有为习熟而不以为异，以其为大义所在故也。微言者，隐微不显之言。有为以为《春秋》张三世而有太平世，此微言也；《礼运篇》有大同义数条，亦微言也，于是杂乱抄书而言孔子改制，不问孔子所欲改者是何等制。言《春秋》有大义、微言，不悟大义、微言根本两不相容，孔子何至浑乱一团？至其依据《礼运》大同义数条而拟大同草

① 《熊十力全集》第六卷，第445—447页。

② 《熊十力全集》第六卷，第450页。

案，但大同如何可能，有为茫然昧然，绝不探寻问题。《礼运》虽经改易，而其原书根本旨要尚可于伪篇中考索，余当于后文提出。惜乎有为浮乱，虽熟读《礼运篇》竟如不读也。有为受汉人笼罩，于六经不求真解，只剽窃《春秋》三世名目及《礼运》篇首数语，以此自炫新奇。而《大易》为《春秋》之原，有为不能通，则置之而不肯深究。《周官》《礼运》皆与《春秋》为一贯，有为不信《周官》，则《春秋》拨乱而致太平之经纬万端，与其裁成天地之功用，皆不可得而见。余谓有为虚揭三世名目者以此。……康有为学《春秋》而疑《周官》，正是于《春秋》无所知耳。①

《春秋》改乱制，此古《春秋》家之说也。自大夫而上，有诸侯，有天子，凡三层统治阶级，社会至不平，人民受重重侵削，至苦矣！故《春秋》谓之乱制，而必欲改之也。康有为《孔子改制考》根本不识乱制一词何所指目，却任浅见胡乱说去，深可惜！②

近时康有为本抄胥之技，短于运思。③

向者康有为于三世义旨全不通晓，故谈说大同，而梦想复辟。④

康有为谈《礼运》，只袭取大同数语，而于小康半字不提，则大同思想将是凭空幻现，无有来由，岂不谬哉！岂不悖哉！……康有为剽窃三世、大同诸名义，不过在经学界寻出前人未注意之题目，以惊世炫俗而已，要其脑中犹是汉人思想一全套，即小康礼教是也。今若责其不非难小康，毋乃为康氏所蔽乎。⑤

康有为不学，于孔子三世及公羊寿师弟之三世，是非不辨，迷暗至极，大可惜也。⑥

---

① 《熊十力全集》第六卷，第 454—457 页。
② 《熊十力全集》第六卷，第 480 页。
③ 《熊十力全集》第六卷，第 486 页。
④ 《熊十力全集》第六卷，第 491 页。
⑤ 《熊十力全集》第六卷，第 751 页。
⑥ 《熊十力全集》第七卷，第 340 页。

康有为以《春秋》三世自鸣，而以《周官经》为伪书，其无头脑、无知识，乃至乎是。清季号硕儒名流者，无不恶康而又畏康。余尔时年少，回忆犹如昨日事耳。其实康氏实少慧，而又不务实学，首开浮妄之风，宗伪传，以伪为真，毁《周官》，以真为伪，愚而已耳。①

小儒以迷乱之谈，假托圣人，千古莫有辨正。康有为受其欺，遂以谓孔子本有大同、小康两种思想，（自注：大同一词不足以称孔子之学，应正其名曰大道。）故口谈大同，身行复辟，其愚不可瘳也。自古未有思想不弘通正确而行动能不迷乱倾仆者也。人之为学，何容易乎！有为假《礼运》以横盗虚声，而实于小儒之改窜圣文，紫朱淆乱，苗莠掍同，竟茫然一无所知，且悍然自足，不复求知，乃甘受小儒之欺，妄信其邪说是圣言也，岂不可惜哉！有为虚张《礼运》，实不通《礼运》；虚张《春秋》三世，又不求通三世。②

康有为头脑混乱，于《孟子》犹未能通，真怪事已。③

康有为谈《春秋》，宗刘歆微言与大义之说，其头脑昏乱，不足辨也。④

《周官经》出现于汉武帝时，未许通行。刘歆始表章之。康有为疑刘歆伪造。有为无知，妄信伪《公羊传》为孔子之《春秋》，故不能了解《周官经》是据乱世革命初步完成，领导庶民努力一切新建设事业之伟大经典也，刘歆何能造得出《周官》来？⑤

余在清季，尝见刊物载南海康氏有“即世间即出世间，即出世间即世间”之说，时贤皆赞为妙论，余窃疑之。后稍读佛书，乃知

① 《熊十力全集》第七卷，第345页。
② 《熊十力全集》第七卷，第349—350页。
③ 《熊十力全集》第七卷，第396页。
④ 《熊十力全集》第七卷，第433—434页。
⑤ 《熊十力全集》第七卷，第499页。

康氏真瞽说耳。①

吾国过去学界的名人，年到三十岁后便绝不长进。康有为三十岁后便停滞了，四十岁后便一天退化一天。②

23. 袁世凯。袁世凯为熊十力全盘否定者，当或人以为“如袁世凯一辈人虽是作恶，却甚勇猛，似非颓放”，熊十力反驳道：“否否！看他勇于作恶，正似飞蛾奔火。他是无生命无理性的东西，才忙迫胡乱去，此正是颓放，非勇猛。唯强为善者才是勇猛。”③ 针对或人将袁世凯比附于汉唐宋明诸祖，熊十力斥之曰：“后人读史，因留心其短，而不暇究其长，故谓汉唐宋明诸祖都如袁世凯辈以流氓盗贼禽兽混合之身，卑劣奸狡，欺骗残忍，自私猜忌，种种不可名状之恶德，而以此得有成功，此真愚妄之见，不可与论古今天下事者也。须知袁世凯一流人，无论在今日不能成功，即与汉唐宋明诸祖易时易地而处，吾敢断言袁世凯定不能有汉唐宋明诸祖之成功，充其量亦不过为朱温，尚不得为曹瞒也。”④

24. 吴稚晖。熊十力痛快淋漓斥骂道：“吴名流乱七糟八扯得不亦乐乎，其毁此方学术，比诸小狗力量远大，小狗无彼不得成名以毁先圣血脉也！”⑤ 可见熊十力对这位民国闻人要员极其轻蔑和痛恨！

25. 章太炎。熊十力对待章太炎的态度颇类似他之于司马迁，他早年一度服膺章太炎，但约从 1923 年起，越到后来对章太炎越加否定，其批评言论有曰：

章太炎《建立宗教论》，一切众生同此阿赖耶识，是故此识非

---

① 《熊十力全集》第七卷，第 768 页。
② 《熊十力全集》第八卷，第 782 页。
③ 《熊十力全集》第二卷，第 245 页。
④ 《熊十力全集》第八卷，第 50 页。
⑤ 《熊十力全集》第八卷，第 589 页。

局自体，普遍众生，唯一不二云云。若尔，唯识之谈与言梵天神我者真无有异。……章氏《齐物论释》其谬尤多，盖涉猎法相唯识，以缘饰蒙庄，终于两失。①

章太炎《五无论》以断生为言，斯则断见外道之谈，不可傅于佛法。②

夫学之难讲，佛学为尤。聪明之士辄喜摭拾玄言，而不肯留心经论，求其实解。昔人如苏轼之于禅，今人如章太炎之于法相，皆是也。③

章氏既不解四分，又不了何谓良知，是真章实斋所谓横通者。……而"流行即恒转如暴流""主宰即人我法我""其执为生生之几者，亦是物也"等语，此一段话，章氏平生笔语盖亦屡见，章氏根本迷谬在此，殆无望其能悟，但后生不可为其所惑耳。赖耶恒转如暴流只是习气流转，以此拟之吾儒所谓流行，其过不止认贼作子，其罪实当堕入泥犁。儒者所谓流行，是生生不息真机，若视此为赖耶染法而为应断且可断者，则堕断见与空见。……吾常令学者玩颜子"四勿"，曰"非礼勿视，非礼勿听，非礼勿言，非礼勿动"，就在此"四勿"上识主宰也。依此主宰义，而名之为意，是一庵真实见地。而章氏奈何以染污末那拟之耶？此而不辨，则是断绝性种，不止瞎却天下人眼目。④

自庚子乱后，吾国见挫于西人，即在朝在野守旧之徒，畴昔自信自大之念，已一旦丧失无余。是时思想界，一方面……欲移植西方之民主制度于吾国；一方面根本诋毁固有学术思想，不独六经束高阁，且有烧经之说。而章炳麟作论文，甚至侮孔子以政客，诸名

① 《熊十力全集》第一卷，第 49 页。
② 《熊十力全集》第一卷，第 89 页。
③ 《熊十力全集》第二卷，第 278—279 页。
④ 《熊十力全集》第二卷，第 284—286 页。

士所以导引青年学子者如是，天下纵有一二有识者为之寒心，顾莫可如何。……民国肇建，上无礼，下无学，识者已忧开基甚坏。时民党人颇有劝章太炎聚徒说经者，太炎喜通电谈政，卒不听。然太炎博雅能文章，经学实非其所深究也。①

章炳麟谓《儒行》坚苦慷慨，大抵高隐任侠二种，若然，则枯槁与尚气者皆能之，何足为儒？何可语于圣神参赞位育之盛？细玩《儒行》，岂其如是？夫百行一本于仁，自立身而推之辅世，细行不堕，大行不滞，其迹间有似于隐与侠，要不可谓《儒行》止乎此也。夫《儒行》大矣，章氏何足以知之？②

《论语》记孔子言孝，皆恰到好处，皆令人于自家性情上加意培养。至《孝经》便不能无失，于是帝者利用之，居然以孝弟之教为奴化斯民之良好政策矣。章太炎曾以《孝经》与《大学》并称，却甚错误。③

自佛教入中国二千年来，聪明慧解之流入其中者，只有尊信而无疑难，轻诋孔子为人乘，鄙六经为世典。近人如章炳麟稍涉唯识而不得其要，至谓孔子仅为史家。大抵吾国学人偶有闻见，即据为实得，而不肯深穷理道之真，非独慧劣，亦由其喜以小知自足，否则教僻锢之耳。④

大用既是本体之显，即非虚妄，故名真实流。章太炎以儒者天命流行拟之佛氏赖耶生相，正未了此。⑤

章太炎不悟赖耶生义与儒家天命之性绝非同物，竟混为一谈。（自注：章氏平生屡以赖耶生相言儒之生生义，垂老不悟。）⑥

① 《熊十力全集》第三卷，第564—565页。
② 《熊十力全集》第三卷，第690页。
③ 《熊十力全集》第三卷，第766页。
④ 《熊十力全集》第三卷，第793页。
⑤ 《熊十力全集》第五卷，第7页。
⑥ 《熊十力全集》第五卷，第432—433页。

唯至惠施、公孙龙，似已趋近玄虚。……近自章太炎以来颇有引述庄子、惠施诸条加以训释，要皆章句之技耳。①

有问：章太炎丛书中有一文以赖耶识为众生所共同，其说误否？答曰：此乃大误，非小误也！太炎于《成唯识论》之根柢与条贯全不通晓，只摭拾若干妙语而玩味之。文人习气向来如此，不独太炎也。（自注：魏晋迄近世名士好佛者，都不求真解。）②

向者章太炎以孔子为史家，即宗向、歆也。太炎虽参加清季革命运动，而于六经无所知，思想实顽固，受数千年小康学之毒。③

如章太炎辈之学，谈佛学与诸子，只能养得出一般浮乱头脑人扯东说西而已，何能开启得真正学人来？④

章太炎好打电报，人呼以疯子，此不偶然。使曾、胡与彼易地，决不如彼打电报之为，或量力能作事，必身任危险；或自知不长于事，必切实为学，以导社会。章公则以电报扬伟人与学者之名而已。事业非其长，学不当讲耶？彼三十后日退步，一生只驳杂见闻，除小学与文章外，无有实得。以佛学言诸子，是不了诸子，而佛又未通。天予以聪明，却自弃可惜。以彼地位，在当时能虚怀讲学，必可造一风气，成就人才，惜乎章氏不能为也，彼甘以名流自了也！⑤

26. 梁启超。熊十力对梁启超似无正面评论，此当与梁为康有为之党羽、同属名士之流有关；不过熊对梁的批评大率较为温和，这则应该是由于他们二人曾有直接交往，且熊对梁执后学之礼。⑥ 熊批评梁之言

---

① 《熊十力全集》第六卷，第 317 页。
② 《熊十力全集》第七卷，第 69—70 页。
③ 《熊十力全集》第七卷，第 368 页。
④ 《熊十力全集》第八卷，第 422 页。
⑤ 《熊十力全集》第八卷，第 545 页。
⑥ 见熊先生《与梁任公》一函，收入《熊十力全集》第四卷，第 527 页。

有曰："清末以来，许多名流以其肤浅的知识，胡乱鼓吹，胡乱倡导，真正造恶不细。梁任公颇自承有些误人，亦是不可及处。"① "昔者梁任公尝疑小宗或优于大乘，此盖揣测之谈耳，任公固未之学也。"② "自清末梁任公以来，时有谈船山者，大抵就涉猎所及，而摘其若干辞义，有合于稗贩得来之新名词或新观念者，以赞扬之；至于船山之根本精神与其思想之体系及根据，则莫有过问者。今人谈旧学，无一不出此方式，而欲学无绝道无丧得乎?"③ "梁启超谓太史公《自序》有'韩非囚秦，《说难》《孤愤》'，与《韩非传》所记者颇相远。此由其作《自序》时，取声韵谐协，故不妨颠倒事实，不可据序文以疑传记也。且序文亦不须泥解，史公以为古人虽遭困厄而有述作可传，明己受祸不可无作也。启超必咬文嚼字去索解，亦自误。"④ "犹忆梁任公尝以清世汉学拟之欧洲文艺复兴，其言甚无识。……吾觉汉唐诸儒犹有可取，唯清儒奴化最深，无正义感。谓其考据之勤于治古籍者有助，余亦何尝没其功？若许其于学问有得力处，至拟之欧洲文艺复兴，自非浅识，何忍妄言惑世!"⑤

27. 胡适。胡适可谓民国学界第一名流，声望喧阗，腾诸人口，自1917年进入北京大学以迄1949年远离中国大陆，曾历任北大教务长、文学院长乃至校长等职，又参与创办《现代评论》《独立评论》等重要刊物，故桀骜不逊如熊十力。作为其北大下属，熊十力也对其表现得恭敬有加，观1924年《废督裁兵的第一步（致现代评论记者）》、1933年《要在根本处注意（熊十力与胡适）》、1934年《无吃无教（通信，致胡适）》《英雄造时势》《致独立评论编者》、1935年《致胡适》、

---

① 《熊十力全集》第一卷，第589页。
② 《熊十力全集》第三卷，第501页。
③ 《熊十力全集》第三卷，第839页。
④ 《熊十力全集》第五卷，第390—391页。
⑤ 《熊十力全集》第五卷，第764—766页。

1948年《致胡适并附读谭子化书》诸篇可以为证。[①] 但终生痛恨名流的熊十力并非真心尊崇暴得大名的胡适，而是对其多有批评，辞气亦由隐微而愈益直斥，如谓："后生游海外者，以短少之日力与不由深造自得之肤泛知见，又当本国政治与社会之衰敝，而情有所激，乃妄为一切破坏之谈，则首受攻击者厥为经籍与孔子。北庠诸青年教授及学生始掀动新潮，而以打倒孔家店号召一世，六经本弃置已久，至此又剥死体。然是时胡适之等提倡科学方法亦不无功，独惜胡氏不专注此，而随便之议论太多耳。自兹以后，学子视六经殆如古代之器物，而其考核及之者，亦如西洋考古家考察灭亡蕃族之遗物已耳。"[②] "著述事谈何容易！辨别又何易！破碎二字，唯大经师足以当之。若夫以肤杂见闻，构成一条一条的说法，如梁任公、胡某诸人所为者，恐未可当破碎二字也。"[③] "若实未高而名高，则胡博士飞在天上，今人不齿冷者有几乎？"[④] "胡适之云我们的老祖宗只有杂七乱八的一些零碎思想，而不足言哲学，（自注：二十三四年北大哲学系一学生亲闻胡言而告我者。）此等胡说，兄可适与之合乎？"[⑤]

---

① 见《熊十力全集》第八卷，第40—43、49—59、63—72、72—76、394—396、403—405、504页。按熊先生《废督裁兵的第一步（致现代评论记者）》一文写于1924年12月29日，发表于1925年1月《现代评论》第一卷第5期。

② 《熊十力全集》第三卷，第568—569页。

③ 《熊十力全集》第八卷，第458页。

④ 《熊十力全集》第八卷，第615页。

⑤ 《熊十力全集》第八卷，第649页。按兄指梁漱溟。

第七章　它山之石，可以为错
——熊十力的西学思想

处于中西文化剧烈摩荡的现代中国，作为思域宏阔且思想深邃的哲学家，熊十力虽然对中国文化抱持充分而强烈的自信和自尊，但也对西方文化给予高度重视，以之作为其哲思不可或缺的参照系。他说："《新论》于西洋学术上根底意思颇有借鉴，要自不敢轻于持论。"① "或有问曰：'先生主张读经，将谓西洋学术如科学、哲学等，可一切拒之而不讲欤？'曰恶是何言！自科学发明以来，其方法与结论，使人类智识日益增进，即人类对于生命之价值，亦大有新意义。略言之：如古代人类对于自然势力之控制与危害吾人者，唯有仰其崇伟，而莫敢谁何。科学精，而后人有勘天之胜能，可以控制自然，解其危害，而利用之以厚吾生者，犹日进未已。人类知识之权能日高，遂得昂首于大自然之表，取精多，用物宏，其生命力得以发舒，无复窘束之患。此科学之厚惠一也。古代社会，有治人者，治于人者，及贫富与男女间种种之大不平，几视为定分而不可易。自科学兴，而注重分观宇宙，（自注：即于宇宙万象，而分析研究之。）与实事求是之精神。于是对于社会上种种大不平，能析观以周知各方之利害，综核以确定改造之方针。向之大不平者，渐有以除其偏敝，而纳之均平。人道变动光明，已远过古昔。此科学之厚惠二也。古代人类常屈伏于神权之下，如蚕作茧自缚。科学进步，已不限于实用，而常为纯理之探求。见理明，而迷信自熄。人生得解脱神权之束缚，而自任其优越之理性。此科学之厚惠三也。略说此三，而科学之重要已可知。西洋哲学，其发源即富于科学精神，故能基实测以游玄，庶无空幻之患；由解析而会通，方免粗疏之失。西学之长

---

① 《熊十力全集》第三卷，第200页。

不可掩，吾人尽量吸收，犹恐不及，孰谓可一切拒之以自安固陋哉！”[①] 由此可见熊十力对西方文化的重视。他进一步解释其对待中西文化的态度说：“吾非不注重吸收西学者，但固有经学必须尊重。”[②] 表明了既吸收外来又尊重固有的观点。但恰恰通过比较全面深入地考究西方文化，熊十力愈益看透其根本缺陷以及巨大危害，从而更加增强了对于中国文化的自信和自尊。

限于学历条件，熊十力没有任何外语基础，他自承“吾不能读西籍”[③]，他对西学的了解完全来自中文译著。不过他又十分自信地说：“吾未能直阅外籍，然佛氏有言‘于一毫端见三千大千世界’，吾就译本而穷其所据，察其所持，推其论之所必至，亦可以控其要而知其所抵之域矣。”[④] 应该肯定熊十力并没有过分自夸，他以颖悟的理解力和犀利的哲思，借助译著而确实相当精确地把握了西方文化的特点，不过他对于西方文化长短优劣的评价则多是基于中国文化本位所作出的判断，这则是一个见仁见智的问题。

第一节　西方文化论

在论述“新唯识论”的本体宇宙论、心性工夫论、认识论以及文化哲学时，熊十力已经对照地涉及了西方文化的相应特点；除此之外，熊十力还有不少关于西方文化诸如其哲学、科学、宗教、民族性格、社会政治等方面的论说，凡此构成熊十力学思体系中的西学底蕴。

一、西方哲学论

对于西方哲学，熊十力吝于称许而多所批评。他对西方哲学的称许

---

① 《熊十力全集》第三卷，第724—725页。
② 《熊十力全集》第三卷，第739页。
③ 《熊十力全集》第八卷，第159页。
④ 《熊十力全集》第五卷，第662页。

大概只在于“其发源即富于科学精神，故能基实测以游玄，庶无空幻之患；由解析而会通，方免粗疏之失”① 这一点，而对西方哲学的批评则不一而足。

熊十力对中西哲学或东西哲学作过大量较论，虽不无平情轩轾，但基本倾向则是扬中（东）抑西，他说：

哲学上之宇宙论、人生论、知识论，在西洋虽如此区分，而在中国哲学似不合斠画太死。吾心之本体即是天地万物之本体，宇宙人生宁可析为二片以求之耶？致知之极，以反求默识为归，斯与西洋知识论又不可同年而语矣。总之，中土哲人其操术皆善反，（自注：孔子言反求与默识；孟子言万物皆备于我，则以反身而诚得之；张子曰“善反，则天地之性存焉”；庄子云自明自见，亦此旨也。）其证解极圆融。（自注：即物即心，即外即内，即动即静，即器即道，即俗即真，即多即一，即现象即实体。）西洋则难免庄子所谓“小知间间”，不睹天地之纯全。（自注：间间者，分析貌。）然西洋所以发展科学，其长亦在此。②

儒家底宇宙观、人生观，可谓离虚妄分别而得到真实的了解，此意本非仓卒所能言，非用简单与直率的语句可以表出，非深究儒家群籍而反之自心得其会通者，亦难与之谈斯义。然不得已而欲略言之，则其玄学，明示自我与宇宙非二，即生命与自然为一。哲学家向外觅本体，不悟谈到本体，岂容物我对峙、内外分别？此其为真实义者一。本体是流行不息的，是恒时创新的，是至刚至健的，是其流行也有物有则，而即流行即主宰的。故如佛道之以虚寂言者，不悟虚寂舍不得动用。如西哲亦有言变动者，却又不能于流行识主宰。唯儒家所究为真实义者，此其二。本体的性质不是物质

① 《熊十力全集》第三卷，第 725 页。

② 《熊十力全集》第二卷，第 296—297 页。

的，故唯物之论此所不许；却亦不是精神的，然必于此心之不物于物处而识本体之流行焉。故儒者不妨假就心以言体，但绝不同于西洋的唯心论者，此则不可无辨。本体是无内外可分，不可当作一个物事去推寻，所以非心非物之论，亦此所不许。西洋哲学本体论上种种戏论，此皆绝无。此其为真实义者三。①

中人学问起初只是因注重修养，把知识看得稍轻，结果便似屏除知识而没有科学了。西人学问起初只因注重知识，所以一直去探求外界的事物之理。他也非是绝不知道本身和修养，只因对于外物的实测工夫特别着重，遂不知不觉的以此种态度与方法用之于哲学，他遂不能证得实相，而陷于盲人摸象的戏论。因此，他底修养只是在日常生活间，即人与人相与之际，有其妥当的法则，此正孟子所讥为“外铄”，告子“义外”之旨即此。后儒所谓行不著，习不察，亦谓此等。……站在东方哲学底立场，可以说西人的修养工夫还够不上说修养，只是用科学的知识来支配他底生活，以由“外铄”故。……总之，西人学问纵不无少数比较接近东方者，然从大体说来，西人毕竟偏于知识的路向，而距东方哲人所谓修养，不啻万里矣。②

今西洋哲学，理智与反理智二派互不相容，而佛学则可一炉而冶。然西学于此，所以无缘融会者，以无佛家观心与治心一段工夫故耳。（自注：西学只作知解工夫，其心尚沦于有取，更何望其空能取之执，亡知而冥应乎！）③

夫体认之境，至难言也。由修养深纯、涤除情识而得到之体认，此天人合一之境地，（自注：实则即人即天，合一犹是费词。）中土哲人所为至卓绝也。西学一向尚思维，其所任之量智，非必为

① 《熊十力全集》第二卷，第301—302页。
② 《熊十力全集》第二卷，第309—310页。
③ 《熊十力全集》第二卷，第351页。

性智显发而后起之量智也，何者？反求本心，吾似未闻西哲有以此为学者也。①

中国哲学由道德实践而证得真体，（自注：真体犹云宇宙本体。）异乎西洋学者之持量构画而无实得，（自注：无实得者，言其以穷索为务，终不获冥应真理，与之为一也。）复与佛氏之毕竟归寂者有殊。且学者诚志乎此学，则可以解脱于形累之中，而获得大生命，通天地万物为一体。今后人类之需要此等哲学，殆如饥渴之于饮食，否则人道熄，而其类将绝矣。②

中国哲学有一特别精神，即其为学也，根本注重体认的方法。体认者，能觉入所觉，浑然一体而不可分，所谓内外、物我、一异，种种差别相都不可得。唯其如此，故在中国哲学中，无有像西洋形而上学以宇宙实体当作外界存在的物事而推穷之者。西洋哲学之方法犹是析物的方法，如所谓一元、二元、多元等论则是数量的分析，唯心、唯物与非心非物等论则是性质的分析，此外析求其关系则有若机械论等等，要之都把真理（自注：此中真理即谓宇宙实体。）当作外界存在的物事，凭着自己的知识去推穷他，所以把真理看作有数量、性质、关系等可析。实则真理本不是有方所有形体的物事，如何可以数量等去猜度？……由体认而得到真理，所以没有析别数量性质等戏论，由此而中国哲人即于万象而一一皆见为真理显现，易言之，即于万象而见为浑全，所以有天地万物一体的境界，而无以物累心之患，无向外追求之苦。但亦有所短者，即此等哲学，其理境极广远幽深，而以不重析物的方法故，即不易发展科学。③

西洋哲学随科学之进步，经验日富，根据日强，理论日精，其

① 《熊十力全集》第三卷，第530—531页。
② 《熊十力全集》第三卷，第666页。
③ 《熊十力全集》第四卷，第198—200页。

始乎微实，而终乎游玄，岂不小极堪宝贵？然而彻万化之大原，发人生之内蕴，高而莫究其极，深而不测其底，则未有如佛氏者也。①

中夏圣贤之学与西学判天壤者，即圣学是从大体之学，而西洋哲学虽谈宇宙论，亦只是各弄一套空理论，与自家履践处无丝毫关系。从大体之意义，西洋学人根本梦想不到。②

平情较论之外，熊十力更有不少专对西方哲学的批评。他直斥西方哲学以量智虚构形上本体实即不见体说：

西洋谈形而上学者，要皆凭量智或知识去构画。明儒以向外求理为朱子后学根本迷谬处，其实朱派不尽如此，独西洋谈本体者确犯此病。《新论》划分本体论的领域，明此理是无对的，非外在的，不可以量智推求而得，（自注：量智仅行于物理世界，不能证得本体。）此正救西洋哲学之失。③

西洋学者所谓本体，毕竟由思维所构画，而视为外在的。……西洋学者从来以向外找东西的态度探索不已，如猎者强烈追求，期有所掳获然。故其所见之体，正是思维中所构画的一种境界，非果亲证实在而直与之为一也。④

夫西洋科学、哲学，其知日驰。（自注：驰者，谓向外追求也。）毕竟不得冥应真理。（自注：此中真理，谓宇宙本体。冥应者，谓与真理为一。而知识或理智之用，则只是意计构画，不可与真理相应也。意计一词本佛籍，谓意识周遍计度也。）此方经学，由实践而默识本原，（自注：本原系用为真理或本体之代语。）易言

① 《熊十力全集》第八卷，第88—89页。按“其始乎微实”之“微”疑为“徵”之误。又“岂不小极堪宝贵”一语亦疑有误。

② 《熊十力全集》第八卷，第752页。

③ 《熊十力全集》第三卷，第200页。

④ 《熊十力全集》第三卷，第532页。

之，即体神化不测之妙于人伦日用之间，乃哲学最高之境。西学必归宿于是，乃无支离之病。①

宗教之上帝是任迷妄之情以索之于外也。西洋哲学谈本体者，其猜度构画，亦是外索。②

西洋哲学家何曾识得体用，其谈本体只是猜卜臆度，非明睿所照，故往往堕于戏论。③

西哲毕竟不离知解窠臼，吾故不许其见体也。④

吾所谓理，乃直目无为而无不为，不易而变易，无穷之真体，因其以一理而涵众理，虽复众理纷纶而仍即一理，故即此真体而以理名之。此理是一真实体，非是思维中之一概念，非是离真实而为一空洞的型式，此与西洋人理型的观念自是判若天渊。吾学归本证量，乃中土历圣相传心髓也，理型世界则由思维中构画而成。⑤

西洋近世罕言本体，其昔之谈本体者，皆以思构而成戏论，良由始终向外推寻，故如盲人摸象耳。⑥

西洋虽有形上学，而从思辨上着力，只是意想之境，实无当于本隐之显，则谓之无形上学可也。形上学非证会不足言，舍《大易》将何求？西洋学术推显则有之，犹未能推显以至隐也。彼无本隐之显之学，则其不能推显至隐，无足怪者。⑦

西洋哲学家谈本体，大概任理智思辨而向外穷索，即看作为外界独存的物事而推求之。⑧

远西哲匠纯恃理智思辨以见长者，解析虽精密，究无可攀援高

① 《熊十力全集》第三卷，第 628 页。
② 《熊十力全集》第三卷，第 731 页。按“其猜度构画”之“其”误作“共”，径改。
③ 《熊十力全集》第四卷，第 186 页。
④ 《熊十力全集》第四卷，第 337 页。
⑤ 《熊十力全集》第四卷，第 360 页。
⑥ 《熊十力全集》第四卷，第 361 页。
⑦ 《熊十力全集》第四卷，第 569 页。
⑧ 《熊十力全集》第五卷，第 16 页。

深之理境。①

西洋谈本体者，每以思辨之术层层推究，推至最后，始有唯一实在或名之以第一因，其为臆猜甚显然。又或以为，将于一切物而推求其本体，终是知识之所不及，遂说为不可知，卒不悟有证量之诣。凡诸迷谬，总由误将宇宙人生分割为二，不得不离自心而求本体，易言之即向外求体，唯其然也，故常恃猜度之能而构成有体系之理论，自以为坚立不摇，实则妄逞戏论，如蛛造网自缚而已。②

西洋哲学家谈本体者，只是驰逞知见，弄成一套理论，甚至妄以其理论即是真理，而真理直被他毁弃。③

西学谈本体，要不外以思维术层层推究，推至最后，乃臆定有唯一实在，名之为第一因。又或以为一切物之本体，终是知识之所不可亲证，遂自缚于不可知论。此两种结论虽复大异，而其设定本体为客观存在，易言之，即天人互不相涉，是则异中有其同也。……（自注：西学谈本体者，不能实证乾元，其所谓本体乃其情见所构之幻境耳。）④

远西哲家根据科学知识而用分析之术弄出一套理论，各有所长，但终不能穷高极深，不能穷神知化。⑤

熊十力贬抑西方哲学割裂心物的一元论或拼凑神质的二元论说：

胜论六句义，明诸法相依而有，异乎远西哲学家一元二元诸陋说。⑥

若夫实有建立者，（自注：如远西唯心唯物等论。）则又出于遍

① 《熊十力全集》第五卷，第438页。
② 《熊十力全集》第六卷，第20—21页。
③ 《熊十力全集》第六卷，第345页。
④ 《熊十力全集》第六卷，第566—567页。
⑤ 《熊十力全集》第八卷，第765页。
⑥ 《熊十力全集》第一卷，第345页。

计之所执，（自注：遍计者，周遍计度。意识虚妄分别，故名遍计也。）不与真理相应。①

西洋之学辨物析理极多精辟，然本原莫究，逞臆割裂宇宙，唯心唯物各执一端，余未敢苟同也。②

西洋哲学，唯心唯物与非心非物诸论，各持偏端之见，亦是小知间间。故以道眼观，西学未免支离。③

西洋唯心唯物，其短长兹不及论，非心非物，不穷变化之原，余尤恶其矫乱。④

宇宙开端元是阴阳俱有方成变化，设若以此推断为未是，而或以为太始唯是孤阳肇起万化，（自注：西学唯心论以心为一元，即孤阳也。）或以为太始唯是独阴肇起万化，（自注：西学唯物论者以物为一元，即独阴也。）此皆违反辩证法，余未知其可也。⑤

若体用无分，则其持论必将以用为体，实堕于无体之论而不自觉，西学正有此患，如一元唯心论者以精神为宇宙本体，一元唯物论者以物质为宇宙本体，殊不知神质以相对立名，皆现象也，凡现象皆是本体之功用，而不即是本体。⑥

西学一元唯心或一元唯物，皆未免任偏见而失宇宙之全。⑦

西学一元唯心论者直将精神当作本原，一元唯物论者直将物质当作本原，实则此二宗者皆是无元之论，易言之，皆是无体论。⑧

西学不谈本体者且勿论，即在谈本体者亦是徒逞偏见，终成无

---

① 《熊十力全集》第一卷，第 447 页。

② 《熊十力全集》第二卷，第 608 页。

③ 《熊十力全集》第三卷，第 628 页。

④ 《熊十力全集》第六卷，第 20 页。

⑤ 《熊十力全集》第六卷，第 602—603 页。

⑥ 《熊十力全集》第六卷，第 617 页。

⑦ 《熊十力全集》第六卷，第 619 页。

⑧ 《熊十力全集》第六卷，第 739 页。

体之论。西洋自有哲学以来，学派分歧，始终不外唯心唯物两大宗互相争斗。唯心论者坚主精神是万有之一元，不得不割去物，然物质现象终不可否认，则以之归并于心，直以物质为精神之副产物耳。唯物论者坚持物质是宇宙之一元，不得不割去心，然精神现象终不可否认，则以之归并于物，直以精神为物质之副产物耳。……精神、物质皆用也，易言之，皆现象灿然者也。唯心者执精神为一元，唯物者执物质为一元，是乃割裂宇宙而各取大用流行之一方面以为本原，其实同归于无体之论而已。①

西学唯心、唯物二宗皆不究实体，而各执现象之一方以为一元。……一元唯心，一元唯物，都是割裂现象，执取片面以作宇宙基源。研宇宙论而不穷实体，其蔽至是。②

余在清季，乍闻西洋唯心、唯物诸论，便起惊疑。唯心论者认为实体只是精神性，唯物论者认为实体只是物质性，两宗持论虽互相异，要皆以实体为单纯性，则异而不无其同也。唯心论无可说明物质所由有，唯物论亦难说明心灵所由有，两方之诤论长久而难息。余以为哲学家如只争心物问题，终不是根本解决之道。须知心物二宗之争，其骨子里都是坚执宇宙实体为单纯性，而不生疑问。唯心宗执定实体是单纯的精神性，所以把精神或心灵拔出于万物之上去，俾成为变形的天帝，中国道家便与西洋唯心论同犯此错误。唯物宗破斥唯心论把精神看作变形的上帝，此乃明睿的正见，然而唯物宗把物质看作是一元的实体，易言之，即以宇宙实体为单纯的物质性，此种主张，余不得无疑。③

西洋哲学开源，毕竟是唯心、唯物两宗。两宗对于万物取舍不同。唯心家特取精神以建为一元，则物质断其源头矣，尚可曰物质存在乎？既断其源，虽无法否认物质现象，而物质究被唯心家看作

① 《熊十力全集》第七卷，第126—127页。
② 《熊十力全集》第七卷，第139—140页。
③ 《熊十力全集》第七卷，第506—507页。

是精神的副产物，又何可曰物质存在乎？唯物家特取物质以建为一元，则精神断其源头矣，尚可曰精神存在乎？既断其源，虽无法否认心灵作用，而精神究被唯物家看作是物质的副产物，又何可曰心灵存在乎？①

余按西学所以迷谬而终不悟者，根本由于偏用分析法，遂致将万物浑沦的全体妄行剖割，既已剖割，则随其意之所乐执取一片，舍弃一片，此乃必至之势，而唯心、唯物之争相持不下，终无可合一矣。两唯之论，各有取舍，故万物存在的问题，从两唯各别看去，万物总有一方被剥落而失其存在。合两唯而总核之，则两方交攻，万物被剥落殆尽。两唯之论，其于万物各作片面观，又各本其片面观而戏论实体。于是有说实体唯独一性，所谓精神；复有说实体唯独一性，所谓物质。两论对立，同不悟一元实体之内部含藏复杂性，其为戏论则一也。②

西学唯心、唯物之分，本在宇宙基源处横行割裂，各执一性，说为本体。唯心论者直将实体的内部所含有之复杂性而割去其物质性，乃说唯独有一性，字曰精神，是为本体。唯物论者反对唯心，却将实体的内部所含有之复杂性而割去其精神性，乃说唯独有一性，字曰物质，是为本体。唯心、唯物所以分途，其主因在此。③

熊十力鄙薄西方哲学将本体与现象、宇宙与人生以及理智与情感相隔截说："西洋哲学谈实体与现象，总不得融圆为一。"④"西哲于本体和现象，无法融而为一。"⑤"西洋哲学家谈实体及现象，为不可融一

① 《熊十力全集》第七卷，第559页。
② 《熊十力全集》第七卷，第562—563页。
③ 《熊十力全集》第七卷，第677—678页。
④ 《熊十力全集》第二卷，第540—541页。
⑤ 《熊十力全集》第三卷，第231页。

之二界。”[①]“西洋哲学家谈本体与现象纵不似佛家分截太甚，而终有不得圆融之感，因为于体上唯说恒常不变，则此不变者自与万变不居之现象对峙而成二界。”[②]“西哲总将宇宙人生割裂，谈宇宙实是要给物理世界以一个说明，而其为说鲜有从人生真性上反己体认得来，终本其析物之知以构画而成一套理论，其于真理不谓之戏论不得也。”[③]“西洋哲学家其于实体与现象亦无真解，未得圆融无碍。”[④]“西洋学人将理智与情感划分，只是不见自性，即不识本性。……西洋学人不了自性，而徒为智与情之分，其所谓智，终是佛家所云‘有所得心’。（自注：有所得心，此语含义深广。如向外追求，而计为有如是如是事理，此即有所得心，毕竟不与真际相应。）即在哲学科学等方面之创造家，其理智之发展已迥超越一般人之所有较量利害得失等低度理智作用，其明辨与洞达万事万物之理则无迷谬之愆，其于人生之了解亦较高于庸俗，此等理智作用可谓本心呈露乎？恐未必然也。”[⑤] 他还责备西方哲学认识论舍本逐末说：“格物而不务致良知，即难言诚正，西学未立大本也。”[⑥]“西学以实测为基，精于辨物析理，而毕竟不了自性，不见本体。”[⑦]“西洋哲学大概与科学同其态度，即努力于向外追求及持论能以逻辑精严制胜而已，其于吾经学穷理尽性至命之旨则相去甚远。”[⑧]“西洋知识论之兴，本以古今谈本体者纷无定论，于是转为知识之探讨，乃复自画于此，又置本体论而弗究，此非学术界之安于肤浅而自绝于真理之门乎？”[⑨]“西洋哲学毕竟不离知识窠臼，超知境界恐非西人所逮闻也。……西学从无中哲

---

① 《熊十力全集》第三卷，第 274 页。
② 《熊十力全集》第五卷，第 13 页。
③ 《熊十力全集》第五卷，第 16 页。
④ 《熊十力全集》第六卷，第 164 页。
⑤ 《熊十力全集》第八卷，第 258—259 页。
⑥ 《熊十力全集》第三卷，第 555 页。
⑦ 《熊十力全集》第三卷，第 673 页。
⑧ 《熊十力全集》第三卷，第 730 页。
⑨ 《熊十力全集》第四卷，第 569 页。

涵养本原、荡尽情识工夫。”① “西洋人少反己工夫，未见到虚寂耳，徒务知解而少在生活上着力耳。”② 他甚至根本否定西方哲学道：“哲学家不了自心以外无宇宙。现象论者但逞空泛知识，披枝自画。实体论者只随遍计，妄执空华。吾尝言远西哲学实无足以当哲学者，徒知向外推寻，竟昧自家现成物事。”③ “至理本非戏论安足处所。如西洋哲学上种种猜度、种种概念、种种安立，大都戏论也。”④

熊十力还评论了现代西方流行的一些哲学理论和流派，表明他对现代西方哲学的关注和了解，而他对这些哲学理论和流派均不同程度地予以贬抑。关于分析哲学，他说：“如今盛行之解析派，只是一种逻辑的学问，此固为哲学者所必资，然要不是哲学底正宗。”⑤ 关于生命哲学和唯意志主义，他说：“若只言生化与刚健，恐如西洋生命论者，其言生之冲动与佛家唯识宗说赖耶生相恒转如暴流、直认取习气为生源者，同一错误。”⑥ “西洋生命论派持目的论者，于生命真相缺乏证会，其说不无病，如能进而深研《大易》《老》《庄》诸学，久之，当识得主宰意义。”⑦ “诸持生命论者，颇有崇尚意志强力，不悟意志强力恒成于习，不必自性生。（自注：性谓本体。）……西洋学人谈生命虽不无所究，然未能彻悟空寂，毕竟不识自性。（自注：自性犹云自家固有的生命。本论生命一词以目本体，与世间习用此词者实不同义。）”⑧ 关于现象学，他说：“哲学中有现象论者，其在知识与理论方面自有精密可喜处，若就穷理而言，却甚浅薄，以不足语于彻法源底之事故。”⑨

① 《熊十力全集》第四卷，第 572 页。
② 《熊十力全集》第五卷，第 56 页。
③ 《熊十力全集》第一卷，第 432 页。
④ 《熊十力全集》第二卷，第 357 页。
⑤ 《熊十力全集》第二卷，第 314 页。
⑥ 《熊十力全集》第五卷，第 9 页。
⑦ 《熊十力全集》第六卷，第 20 页。
⑧ 《熊十力全集》第六卷，第 127 页。
⑨ 《熊十力全集》第五卷，第 488—489 页。

关于经验批判主义，他说："例如西洋唯心论者，其流至于以物或物体为感觉之复合；印度佛家唯识论至以物质宇宙为心识之所变现；中国自古以来哲人绝无此等怪论。"① "质者是实有此质的，不可如西洋唯心论者说物质是精神之发现或感觉的综合。"② "西洋学人有以物质为感觉之综合，印度佛家唯识宗以物质为心之相分，中国唯心家无此类僻见也。"③ 熊十力还批评功利主义"太浅薄，对于宇宙人生全不穷究，浮妄立说，不可据也"④，并且指出"西洋目的论与机械论均是以观物者测化，中土圣哲无此谬见"⑤。

二、西方科学论

熊十力对西方科学也有一定的关注和了解，每每引为例证，作出独到评论。他在述及印度外道和佛教小乘的极微观时，便联系到"此如近人析物质为元子电子矣"⑥，反映了他对于近代西方物理学和化学的知识。他进一步说："然则极微或元子电子等，由现在说来却是物质宇宙的基本，我们就认定这些细分是实在的东西，其果然否？这种疑问也不难解释，我们不妨直下断案曰：电子等细分都不是实在的，设将来发见有物比电子等更为基本的细分者，我亦敢断言不是实在的。试旁征科学家的说法，则或以为我们对于电子等，与其形容为一种微粒，不如形容为一种波动比较妥当。实则微粒说者把电子等当作有质的小颗粒，如枪弹然，这个解释固然不对；而纯持波动说者亦不必符合于实际；即复说为亦波亦粒，不过兼取两义，别无所进。总之，微粒说与波动说只是吾人主观方面对于所谓电子等的本相所图摹之一种情形，谓有得于其本相，是乃大误。我们应知，电子等物事但随俗施设耳，并非实有如是物

① 《熊十力全集》第六卷，第616页。
② 《熊十力全集》第六卷，第698页。
③ 《熊十力全集》第八卷，第693页。
④ 《熊十力全集》第七卷，第216页。
⑤ 《熊十力全集》第八卷，第408页。
⑥ 《熊十力全集》第一卷，第132页。

事。以理推征，电子等亦如前所说心法，只是乍现的一种迹象。”① 熊十力在此是要阐明宇宙万物刹那生灭皆无实质的观点，但他所引粒子与波动的例证，则表明他对现代西方物理学的原子理论、波动理论和波粒二象性理论的知晓。

熊十力为了说明宇宙万物皆具辟的势用，引证了现代西方物理学的不确定性原理，他说：“一颗电子的振动，并不是循一定的规律的。电子总是在许多轨道中跳来跳去，他一忽儿在此一轨道上消失，一忽儿在另一轨道又产生，也不是有外力使之然的，这就是由他内部具有辟或心这种势用为之主宰。不过，这种势用潜存乎一切物之中，而不易察见耳。”② 熊十力在此比较准确地描述了微观世界的粒子运动状态，可见他对当时相当前沿的量子力学理论的把握。

在论证翕辟一体、心物不二观点时，熊十力运用宇宙学、生理学和生物学知识说：“须知无量星球互相关联，互相影响，而为一有组织的机体，正似一个人的身体是许多互相关联的组织细胞结构而成。从吾侪具有心灵的人类或有机物追溯到地球，及此太阳系并所属之卫星，乃至星云、银河和银河以外的一切，恁地广漠的万有，纯是互相联属的一完整体。其呈著万象，实有秩序，而非混乱。其发展，自众星迄于人类心灵昭显，盖一本于穆然不容已之真，而非机遇。（自注：机遇者，偶然义。）夫自无机物而至有机物与人类，始显心灵，乃不容已之真所必至者，何可谓之偶然？因为大自然是一完整体，所以其间绝没有偶然，绝没有混乱。”③ “据印度佛家说，凡无机物皆谓无情，即无生命，而生物中如植物者，亦云无情无生命。当时外道有主张植物有生命者，颇反对佛家的说法。后来生物学家亦多谓植物有极暧昧的心理状态，即非无生命。其言出于推测，盖非诬妄，是则外道于义为长。”④

---

① 《熊十力全集》第三卷，第 153 页。

② 《熊十力全集》第三卷，第 109—110 页。

③ 《熊十力全集》第三卷，第 344 页。

④ 《熊十力全集》第三卷，第 346 页。

熊十力在谈到宇宙成毁时，还提及热力学第二定律，他说：“物理世界或无量星球，虽复幻相宛然，要有一期成毁。昔邵尧夫说天地当坏灭，学者或疑其怪诞，然近世科学家并不否认现在的星球是在消蚀与放射，则尧夫不为臆说矣。但科学家或计远空某处得因是处放射，又凝成物质，因此，如是处的宇宙不幸濒于死亡，而别一新天地却正在创造中，此新天地的构成并非以旧天地的余烬为原料，而是旧天地燃烧时所发的放射又凝成新天地。这种轮回宇宙说虽若有可持之理由，而仍有许多科学家据热力学第二定律，承认宇宙间死热一定继续增加，因判定轮回宇宙的观念是一种荒谬的思想。上来主张与反对之二方面，吾侪诚难为左右袒，然吾终相信，无量宇宙或一切星球决定要遇到坏灭之神降临，无法避免。但是我亦决非持断见论者，我相信宇宙的本体总是至诚无息的，是要现为大用、流行不已的，因此可以设想宇宙整个坏灭之后，也许要经过相当时期的混沌境界，然后又从新形成无量的宇宙。”①所谓“死热”的专业术语即热寂，意谓作为一个孤立系统的宇宙由于所有能量不断转化为热能而不断增大熵值亦即混乱程度，终将不再有任何能量可以维持运动或生命的存在。熊十力以“死热”作为轮回宇宙观的对立观点，表明他了解熵增原理，只不过基于其“生生之谓易”的哲学观而基本上不认可这个原理。

熊十力对现代西方心理学也有独到认识，他说：“心理学研究心作用，首从神经系统征测，即本生理的观点出发，而不究心体，易言之，只是丢下源头不讲。今人只知行为派将心理作物理来说，其实任何心理学派都不能完全避免此失。心理学是科学，其言心不能不以生理为基础。只从缘形而发、感物而动的现象上来说心，何得不成为物理的看法？故以心理学的见地，而略闻中哲之本体论，直是无法了解，甚至顽钝无趣，抵死不承认。”② 一针见血批评了现代西方心理学将人类心理活动还原为物理现象的误区。

---

① 《熊十力全集》第三卷，第368页。

② 《熊十力全集》第四卷，第568—569页。

无论如何，熊十力对西方科学有所肯定，他说："物象变化与宇宙论中许多问题及时空动静等问题，今西人科学哲学研探亦极精微。吾人科学根柢尚浅，多难穷索。《易》之为书，本穷神知化，涵蕴无穷，但欲抉其原理，演为种种理论，则非精于西方科哲诸学者必难下手。"[①]但他毕竟根本上对西方科学多有不满，故曰："西洋科学虽发达，而无以善其用。彼唯不自见本性，故不能有合理之生活，科学发明反为人类自毁之具。咎不在科学。人生毕竟还需要一种超知能的哲学，即《大学》明明德之学是也。如欲根本改善人类生活。何可偏恃科学?"[②] "人类如只注重科学知识，而不求尽性，则将丧其生命。而有《礼经》所谓人化物也之叹，此人生之至不幸也。"[③] "科学破除宗教迷信是其所长，然宇宙实体，人生真性，终非科学所可究明，则又未可专恃科学也。"[④] "科学纯凭理智或知识去辨物析理，专从此用功者，决不可证得本体。……若恃理智思辨以穷玄，只是以己测彼，终不与实理相应也。……科学总以其所研究之对象为外在世界，而所谓万有之本体，从其为吾人所以生之理而言，则为吾人之自性，故不可妄计本体为离自心而外在之境，误以测物之方法推度之也。……学贵知类，不可以科学万能而轻毁儒者融贯天人之学。有科学而无儒学，则科学知识终不能探万化之大原，将长陷于支离破碎之域，科学必赖有儒学为依归，由思修交尽而底于穷神知化，尽性至命，则天地万物同体之仁油然不容已，而人类不至以科学知能为自毁之具，此可断言也。"[⑤] "西洋之学，科学为主，发展小体到极大极高，无有已至。因为自恃小体之知能可以征服大自然，操纵大自然，改造大自然。知能即是权力。小体有此无限的权力，纵横于宇宙中，此西洋自希腊而后，到近四百余年来小体发展之运会也。后来世运

① 《熊十力全集》第八卷，第 412 页。
② 《熊十力全集》第三卷，第 644 页。
③ 《熊十力全集》第三卷，第 673 页。
④ 《熊十力全集》第三卷，第 725 页。
⑤ 《熊十力全集》第五卷，第 445—446 页。

当复如何，老夫弗知之矣。”① 最终对西方科学抱持悲观态度。

三、西方宗教论

熊十力早年受基督徒友人张纯一影响，一度对基督教颇为赞赏，有谓：“章太炎谓神教不平等，然独尊一神者，于神之下实皆平等也。……耶稣自谓非以役人，乃役于人，专以服役利他为训，此耶教精神也。……故耶教屈己利物之精神，非儒家所及也。”② 但至其“新唯识论”哲学体系完成以后，他的态度发生根本转变，从此对基督教予以完全否定，③ 指出：“西洋宗教则依他，（自注：耶教信有上帝，是谓依他。）而不悟自本自根，其所宗仰而勉循之善行，非由自觉之发，故不免流于伪。凡学校之巨师与教堂之大德，皆与吾《大学》明明德之道背道而驰，欲求有能自新其德以新一世之民，恐难望于西洋人矣。”④ “夫妄计有上帝，而以为依归者，此迷妄之情也。依妄情而起敬畏，非真敬畏者。真敬畏者，自性（自注：即本心。）恻然发动，不容已也。”⑤ “西洋文化本自二希，一希腊的理智，一耶教（自注：希伯来。）的感情，二者皆不识本体，即不彻心源。”⑥

四、西方民族性格与社会政治论

熊十力对西方民族性格和社会政治思想略有称许，如谓：“西洋人尚实测，而又能玄想，斯可贵。”⑦ “西洋改造之雄与夫著书立说、谈群

---

① 《熊十力全集》第八卷，第753页。

② 《熊十力全集》第一卷，第8页。

③ 熊先生说：“吾年五十五以后，日日究一大事，渐有所悟，六十而后益亲切无疑。”（见《熊十力全集》第八卷，第654页。）其55岁当1940年，《新唯识论》语体本上卷印行；其60岁当1945年，《读经示要》出版。

④ 《熊十力全集》第三卷，第644页。

⑤ 《熊十力全集》第三卷，第713页。

⑥ 《熊十力全集》第八卷，第654页。

⑦ 《熊十力全集》第三卷，第726页。

理究治术之士，皆以其活泼泼的全副精神，上下古今与历观万事万物，而推其得失之由，究夫万变之则，其发明真理，持以喻人，初若奇说怪论，久而知其无以易也，如君民问题、贫富问题、男女问题乃至种种皆是也。”① 但他更多的是对西方民族性格和社会政治的批评。

熊十力批评西方民族性格说：“西洋人大抵向外发展之念重，努力于物质与社会等方面生活资具之创新，其神明全外驰。……是则驰外之所获者虽多，（自注：如自然界之所发见及一切创造。）而神明毕竟物化。（自注：神明亦成为一物也。）人生不得离有对而入无待，故曰其失也物，此西洋人所不自知其失者也。”② “今西洋学校之教虽勤，惜乎不闻明明德之学，不求复其与万物同体之本性，不务全其所以生之理，只退坠而成为一物，以与身外之物相攻取。吾先哲所谓万物一体与性分内之至足及超物之乐，西洋人似全不喻，只向外追求无餍。”③ “西洋人无证会之旨，故其智能无论若何精深，而智慧蔽塞，胸量毕竟不能广大，物我对峙是其生活中之极大缺憾。西洋人不能会万物为一己，颇欲伸张其自我于宇宙之上，常有宰制万物之思。不知者以此为西洋人之大处，而知者则谓无宁以此为西洋人之小处。以己胜物，终限于有对，何大之有？西洋人常富于种界划界之狭隘观念，以侵略为雄，其学术思想素误也。”④ “百年以来，欧西人日趋于凝固卑陋，无刚大宏放之气概，无包通万有之睿智，无与人类共休戚之情怀，其哲学之贫乏由来远矣。”⑤ “本体未彻，即在虚妄分别中作活计，虽云妄识为主公而本体未尝或熄，但妄识毕竟乘权，本体终难呈露。妄识流注，有势用而无恒德，有偏胜而非圆满，故其行于物也，则猛以逐物与析物辨物而理智胜；其希求寄托也，则投依与执着之情胜；其与人之交也，则对峙与争衡之情亦胜。兄谓西人只是理智的，其实西洋人亦是感情的，但其情为妄情，不自本

① 《熊十力全集》第四卷，第 268 页。
② 《熊十力全集》第三卷，第 579—580 页。
③ 《熊十力全集》第三卷，第 644 页。
④ 《熊十力全集》第四卷，第 566 页。
⑤ 《熊十力全集》第六卷，第 580 页。

体流露耳。所以西洋文化一方面是理智，一方面又是最不理智。”①

熊十力批评西方社会政治说：“夫西人言治者，大抵因人之欲而为之法纪度制以调节之，将使人得各遂所欲而已。然欲则向外追逐无餍，非可自外调节者也，故其驰逞，卒成滔天之势。资本家之专利，帝国主义者之横暴，皆欲壑难填，而罔恤其他。甚至颠狂之独裁，束其国人如机械，而用之以狼奔虎逐于天下，恣其凶噬。遂使坤舆之内，鸟毙于空，鱼烂于泽，腥闻于天，帝阍难诉，则人道至此而穷矣。”②“近世列强之治，皆以利用厚生为本。吾先哲经义，何尝不注重于此。然有根本不同者，则利用厚生必以正德为本也。……若唯以利用厚生为本，则率亿兆之众共趋功利之途而竞富强之效，行之一国纵可遂志，然已使其国人唯嗜欲之殉，乐杀尚斗以为能，则生人之理已绝矣。且功利之习大开，富强之图过甚，必求逞志于他国，其终必毙人以自毙，断然无疑矣。……法治极隆时，其民于养欲给求粗得自遂，颇有欢跃之象。然耽情嗜欲之中，其蓄骗诈、挟机械、蕴烦闷者，丑恶万端，而免于法网者，但苟脱耳。此征之今世强国之民，圣言已信而有征。”③“若夫西人之治，奖欲尚斗，长此不变，人道其绝矣。”④

熊十力一并批评西方民族性格及其社会政治说：“今世西人为治，专务争夺，其于弱小国家、弱小民族，种种侵略之术，无所不用其极，直令死灰不可复燃。倭人尤而效之，其御侵占地，如吾台湾、琉球及鲜国同胞，惨酷尤甚。总之，今世所谓文明国者，其为治也，绝不知治道在使群生咸畅其性，咸遂其生；绝不知人类生活内容实超越形限而为全体性，常创新而富有，扩大而深厚，决非如草木之拘碍于蕞尔之顽形。申言之，西人唯拘于七尺之形，而不获自识性分之至足至乐，故私其七

---

① 《熊十力全集》第八卷，第654页。按“则投依与执着之情胜”之“情”原误作“惰”，径改。兄指梁漱溟。

② 《熊十力全集》第三卷，第585—586页。

③ 《熊十力全集》第三卷，第591—592页。

④ 《熊十力全集》第三卷，第629页。

尺，而向外争夺不已。……（自注：今列强之于国际交涉，专尚回邪而不务德，吾东方之倭效尤西方之强，更无人理。）……（自注：今之列强，贪利而不由义，率天下而食人。食人者，人亦食之。）……（自注：今列强外交，习行狡诈，朝不逮夕，则已离合万变，言不由衷，盟无益也。人而无信，不知所守，乱可已乎？）……（自注：今所谓文明国之人，于日常小节处唯恐失礼，而于国交上，则自私自利，狡变万端，卑劣至极，是以为天下事可以无耻行之也。）”① “今西人戮力以求者，无论为民主，为共产，为希特勒之徒，要皆有所矜尚而为之。（自注：西人凡一切改革，一切奋斗，而其生活只是向外发展，不似东方人能超然物外而返诸其性分内之自足自乐，此即老庄所斥为矜尚者也。）行之一国一群，虽有鼓舞之效，而于人生合理之生活与夫全人类之福利，则背道而驰。”②

第二节　西学人物论

熊十力还对一些西方人物或由某个西方人物创说因而归属于该人物的理论作过评论。决定于其致思范围，熊十力评论的西方人物和理论基本上集中在哲学领域，这些评论同样表现了他的西学底蕴。

1. 芝诺飞矢不动命题。熊十力认为一切现象皆为幻相，故并无时空运动，他说：“诸行唯是刹那刹那生灭灭生，幻相宛然，无间相续，假说名去，而实无去。（自注：由生灭无间相续故，假说名去；非有实物住而不灭，历先后时从此处转至彼处也，故实无去。）”他又进一步说明：“此言无去者，即无动之谓，然不可以傅于世间哲学家积动成静之说。彼执有实物，亦执有实时方，以为物先时静住于甲方，后时由甲方转至乙方，即静住于乙方，积行后之动，而实皆静住，便不得谓之为

① 《熊十力全集》第三卷，第597—598页。

② 《熊十力全集》第八卷，第261—262页。

动，故飞箭虽行，其实不行也。此则展转坚执，难以语于无方无体之变矣。”① 此所谓“飞箭虽行，其实不行”无疑指涉古希腊哲学家芝诺的飞矢不动命题。熊十力将他所肯认的“非有实物住而不灭”因而“假说名去而实无去”的宇宙观区别于芝诺“执有实物亦执有实时方”的“积动成静”命题，批评芝诺“执时，执方，执有静住之物，镠执一团，不可救药”。②

2. 柏拉图和亚里士多德的哲学观。熊十力说：“真正哲学必自唯一问题而出发，曰人生问题。即此问题分析以穷之，愈繁密愈幽远，然问题之发动与进展，恒由悲情与以活力。故哲学者，非但出于惊奇心。”③ 这应该是对柏拉图《泰阿泰德》所谓“惊异感是哲学家的特征，哲学的起源不是别的，正是惊异”和亚里士多德《形而上学》所谓“人们是出于惊异才开始了哲学思考”这类西方哲学的经典观点的否定或歧异，至少不是对这类以追扑外在世界为哲学起源的观点的完全认同。熊十力又说：“法则一词，可以包含规律、形式、条理、秩序、型范等意义。这种法则是与法相俱有故，相起，即有物有则。如方圆等形式是法则，必须有方的或圆的各类法相或事物，才有方圆等形式与之俱在。不可计法则为一空洞的格式，可以离一切法相而独存于另一世界。相泯而法则并遣，故言则者，不离于相。”④ “事物唯变所适，即属于事物之法则亦唯变所适，谁谓法则为一定不移者耶？汝意殆离法则于事物之外，以为事物依法则而构造，事物可变易，法则乃恒存，此实倒见，不究理道之真也。夫事物之成，必有其则，吾固云然，但不可离法则与事物而二之，谓法则可独存于一空洞的世界也，果尔，则事物又何从取规法则而以之自成耶？”⑤ 这则当是对柏拉图在《理想国》中提出的悬绝于感性

---

① 《熊十力全集》第一卷，第451—452页。

② 《熊十力全集》第一卷，第452页。

③ 《熊十力全集》第一卷，第413—414页。

④ 《熊十力全集》第三卷，第297—298页。

⑤ 《熊十力全集》第三卷，第328页。

世界而作为其永恒范型的理念以及亚里士多德在《形而上学》中确立的先于高于真于质料而作为事物之第一原因的形式的批判，易言之，即是以“新唯识论”体用不二的本体宇宙观对柏拉图和亚里士多德体用割裂的本体宇宙观的批判。

3. 斯宾诺莎。熊十力说：“《中庸》言鬼神曰‘如在其上’云云，如在者，无在无不在，盖即斯比诸沙之泛神说。泛神犹无神耳。”①《中庸》是否具有泛神论或无神论思想且勿论，熊十力这段言论却无疑表明他对 17 世纪荷兰哲学家斯宾诺莎在《神、人及其幸福简论》《神学政治论》《伦理学》等一系列著作中所阐述的泛神论观点已有基本了解。

4. 孟德斯鸠。熊十力说：“儒者尚法治，独推王船山。案其言预定奕世之规，置天子于有无之外，以虚静统天下，远西虚君共和之治，此先发之矣。值世网密，微辞以见意，思深哉！船山固东方之孟德斯鸠也。”② 熊十力基于王夫之在《读通鉴论》中透露的法治、共和等政治思想而将其比况于 18 世纪法国启蒙思想家孟德斯鸠，当是阅悉孟德斯鸠推举共和政体和民主法治的《论法的精神》一书。

5. 康德。熊十力对 18 世纪德国哲学家康德给予较多关注，他自信“吾所见关于介绍康德之文字虽不完备，但大体可窥”，这一点，从他所谓“范畴论莫详于康德，康德有十二范畴，并且与判断种类一致，又不以空时为范畴”大概可以证明。③ 他对康德的评论集中于认识论和道德论两个方面，即康德《纯粹理性批判》和《实践理性批判》的内容。

在认识论方面，康德认为，作为先天直观形式的空间、时间以及作为先天思维形式的统一性、复多性、总体性、实在性、否定性、限制性、实体性与依附性、因果性、交互性、可能性与不可能性、存在性与不存在性、必然性与偶然性等范畴，都是人类与生俱来的感觉能力和思

① 《熊十力全集》第一卷，第 7 页。按“斯比诸沙”即斯宾诺莎，“诸”当为“诺”之误。

② 《熊十力全集》第一卷，第 27—28 页。

③ 《熊十力全集》第三卷，第 325 页。

维能力，人类以自己的思维能力即理智给自然界立法。熊十力不同意康德这种极端主观唯心的认识论，他说："康德自知识论之观点言，范畴是主观的，是先验的，不待经验而成立，只为经验所以可能之条件，易言之，即知识所以可能之条件。康德此种主张，其立言之分位固与吾异，然吾亦实未敢苟同。即自知识言之，吾以为范畴亦不能纯属主观，亦当兼属客观。（自注：此中客观，即俗所谓外界的事物，下仿此，与康德所用客观一词的意义不必全符。）如果范畴是纯主观的，即于客观方面全无依据，好似思维方面储备有许多格式去应用在客观的事物上，此实不可通。如果说此等格式不是预定的，则必是吾人认为的能力或想象力（自注：如康德之意，此种想象力不只如常途所谓把一度发生的事实使之再现或再生而已，却是完全从自己能有所造生的这种想象力。）于得到经验时，（自注：如已表现在直观中的东西，即是经验的。）恰巧出生此等格式来应用在事物上去，自然是有效的，（自注：这个有效一词，含有超越个人的意义，即是一般皆可公认的，否则不名有效。）若尔，则主观上的格式于客观的事物上全无依据，即科学上求知的方法根本用不着实测，科学知识如何可能，毕竟是一大问题，康德似未注意及此。吾欲待《量论》再加评判，此姑不详，吾本主张范畴是主客兼属的。"① "总之，范畴本兼属主客，在客观方面名为范畴，在主观方面亦名为裁制，（自注：亦之为言，意显在主观方面非不名范畴也。）所以者何？物上具有种种轨范和形式或法则，是名范畴，此其属客观方面者也。心缘物时，物之轨则顿现于心，而心即立时予以制造，是名裁制，此裁制即物上范畴经过心思的营造而出之者也。心之摄取物上范畴，并非如照相器之摄影而已，故范畴不唯属物或客观，而亦属心或主观。但在主观方面，范畴乃成为活活的，有用的，并且变为离事物而独立的东西，可以把感识中未经分别的事物呼唤出来，使之客观化而予以控制，此知识所由可能。"② 熊十力关于范畴兼属主客的观点，显然比康德将

① 《熊十力全集》第三卷，第309—310页。按"认为的能力"似当作"认识的能力"。
② 《熊十力全集》第三卷，第328页。

范畴完全归于主观意识的观点更为合理。

在道德论方面，康德认为，在理性为自然立法的必然王国基础上，理性还可能建立使一切有理性的主体不受自然律支配而完全按照自己订立的普遍法则即道德律行动的自由王国，亦即在道德领域中，主体可能超脱他律的制约而完全依照自律来决定取舍，这与孔子所谓“为仁由己”“从心所欲不逾矩”所表达的儒家道德主体性论说较为相近，所以熊十力说：“德哲康德以为本体非理智所可及，唯由道德实践乃可契应，其大旨与吾经学精神有可通者。”①“不正之嗜欲起时，本心之明元未尝泯，若隐然鉴督吾人而诏以不可随顺此嗜欲者，吾人于此，正须因本心之鉴督而努力存持此鉴督之主人公，勿令嗜欲得障碍之，此谓保任。孟子言操存亦此旨。德哲康德所云自由意志，余以为即于保任工夫中见之。若无保任工夫，即被一切嗜欲沦溺去，岂有自由意志可言耶？”②“康德之自由意志，若善发挥，可以融会吾《大易》生生不息真机，（自注：此就宇宙论上言。）可以讲成内在的主宰，（自注：此可名以本心。）通天人而一之，岂不妙哉！”③ 但是康德又认为道德自律应该与幸福相匹配，唯有德福一致方为至善；如果德福不一致，则不仅不符合人的意欲，而且也完全不符合神的意欲。为了实现德福一致即至善，康德设定了三个条件，首先，仍是超脱他律制约的道德自律亦即自由意志；其次，由于人毕竟具有感性方面，故在有限的生存期之内不可能完全实现道德自律，只有在无止境的进取中才可能达到目的，这就必须设定灵魂不朽；再次，由于人不可能评判德福是否一致，故必须有一个作为评判者的全知全能全善的神，这就必须设定神的存在。这样一来，康德的道德论与儒家秉持的道德主体性便颇相径庭了，所以熊十力质疑或批评道：“或谓康德一流人，其言道德似亦不是‘外铄’的，可谓同于东方哲人的修养否？此则不敢轻断。然康德在谈道德方面，亦承认神的存

---

① 《熊十力全集》第三卷，第628页。

② 《熊十力全集》第三卷，第736—737页。

③ 《熊十力全集》第四卷，第325页。

在，此为沿袭宗教思想，且与科学计度外界同其思路，斯与东方哲学复不相类。总之，西人学问纵不无少数比较接近东方者，然从大体说来，西人毕竟偏于知识的路向，而距东方哲人所谓修养不啻万里矣。”① “惜乎康德不知于自由意志认识自家与宇宙万有同体之真实本源，而犹别觅上帝与灵魂，此大惑也，总缘西洋人一向以本体为外在的物事，而凭理智去追求之，不悟反己自得也。”② “但康德所谓神与灵魂、自由意志三观念太支离，彼若取消神与灵魂而善谈自由意志，岂不妙哉!”③

6. 黑格尔。熊十力称跨越18、19世纪的德国哲学家黑格尔是“伟大之唯心论者”④，认为“西洋唯心论派，黑格尔最杰出”⑤，但他对黑格尔的称许仅此而已，其余涉及黑格尔的言论皆为批评。熊十力批评黑格尔哲学不见体，他说：“造化之大德曰仁，（自注：仁只是生生义。）矛盾要非其本然。（自注：世之言黑格尔辩证法者，殊不识仁。）”⑥ “太和谓乾元性海，虽以反而成化，要归于太和。太和，仁也。（自注：黑格尔有见于反而不识仁，正是未见乾元性体。）”⑦ 此所谓仁、乾元性海，即本体之别称。对于黑格尔当作本体范畴的绝对精神，熊十力批评道：“宗教与哲学虽分途，而哲学家中颇有与宗教相通处者，即同具有超越感是也。（自注：例如黑格尔氏之绝对精神与宗教家上帝虽精粗异致，其为兴起超越感则同。）由此超越感，不知不觉而将本体世界与万变的世界划鸿沟，于是体用不得融成一片。（自注：许多谈本体论者是如此，黑格尔似较好，但与吾《大易》之旨究不类。）”⑧ “黑格尔言绝对精神，而犹有德国民族优越之私见，非真能识得绝对精神者也。希

① 《熊十力全集》第二卷，第310页。
② 《熊十力全集》第三卷，第737页。
③ 《熊十力全集》第四卷，第325页。
④ 《熊十力全集》第六卷，第637页。
⑤ 《熊十力全集》第六卷，第346页。
⑥ 《熊十力全集》第三卷，第372页。
⑦ 《熊十力全集》第三卷，第950页。
⑧ 《熊十力全集》第三卷，第500页。

特勒辈之狂驰，亦误受其影响也。”① “黑格尔氏其所谓绝对精神即上帝之变形也。若以中学体用之义相衡，则精神物质实为本体流行之两方面，神质根本不可剖析，易言之，精神非可超脱于物质之上而独在，胡为而有绝对精神可言欤？黑格尔不穷宇宙之原，（自注：原谓本体。）遂为宗教所惑，而虚构一变形之上帝谓之绝对精神，其学问虽宏阔，多精辟之论，而于本源处乃如此迷谬，斯亦不足观也已。”② 凡此都是批评黑格尔的绝对精神实质上是基督教神学的哲学变形，同时仍然批评黑格尔哲学未能见体。熊十力还指责黑格尔哲学所表现的德国种族优越感所造成的恶果，他说：“黑氏怀抱德国民族之优越感，无天下一家之胸量，无衣养万物而不为主之德度。（自注：圣人之于万物也，衣之养之，而不自有其功，不自居优越，不肯为万物主，使万物各畅其性，共进于太平也，黑氏不见及此。）德国人受其影响，卒自取覆败。”③

7. 叔本华。熊十力对 19 世纪德国哲学家叔本华以盲目意志为世界本体、以究竟空无为解脱之道的非理性主义和悲观主义唯意志论作了大量批评，他说：

> 复有妄计宇宙是一种迷暗的势力为生化之原者，如古代印度的数论虽建立自性为本原，然必由三德合故始成生化。三德者，曰勇，（自注：相当能力的意义。）曰尘，（自注：相当物质的意义。）曰暗。（自注：即是一种迷惑，佛家亦谓之无明。）他们数论以为生化必依勇和尘，固与唯物论者同其错误，然而他们似更看重暗德，此暗的势用于三德中实居最要。据数论师的说法，宇宙所以生生化化而不已，元来不是有何意义，有何目的，其实就由于一种暗才会如此的。后来西洋的学者如叔本华也说有盲目的意志，与数论所谓暗者略同。这一派的思想，谓其无所见欤，他确也见到人生后起的

① 《熊十力全集》第三卷，第 1069—1070 页。
② 《熊十力全集》第六卷，第 637 页。
③ 《熊十力全集》第六卷，第 346 页。

狂惑追求的习气，人生也就把这种习气当作了他的本来面目；人生从无始来便丧其真，这是难得避免的一种失陷的悲剧。不过他们数论师等误以这种经验（自注：谓狂惑追求的习气。）来推测宇宙生生化化不息真机，如此极是倒见，所谓铸九州铁不足成此大错也！①

佛家言生，以无明为导首，即为有一种迷暗的势力。叔本华所谓盲目的意志盖本此。此皆不悟生生之本体元自空寂也。②

哲学家如印度数论以为万物之生亦由迷暗，西洋叔本华等有所谓盲目追求的意志，皆不识乾元。③

古今哲学家多以为宇宙人生由一大迷暗之势力而开始。佛家十二缘生之论，首以无明，无明即是一种迷暗的势力，为万物所资始。数论三德，一曰暗，亦为万有之因，与佛氏无明说略同。叔本华等主张有盲目追求的意志。而吾国易家伏曼容释《蛊卦》曰“万事起于惑”，虽非《易》之本义，而伏氏之思想于此可见。今哲学家谈生命者，其言生之冲动，大概与叔本华之意志论较近，此皆未了生化之真源也。④

至于生命论派之学者，大概体验夫所谓意志追求或生之冲动处，此盖在与形骸俱始之习气上有所理会，遂直以习气暴流认为生命。（自注：佛家说众生以势如暴流之赖耶识为主公。赖耶即一团习气也。西哲如叔本华、柏格森等持说之根底不能外此。）殊不知必于空寂中识得生生不息之健，方是生命本然，而哲学家罕能见及此也。……生命论者，其所见足与《新论》相发明者自不少，然未能超形与习以窥生命之本然，人生成为具有形气之物，则欲爱发而习气生，种种追求与冲动，其机甚隐，而力甚大，此缘形与习而潜

① 《熊十力全集》第三卷，第193页。
② 《熊十力全集》第三卷，第794页。
③ 《熊十力全集》第三卷，第948页。
④ 《熊十力全集》第三卷，第976页。

伏之几，阴蓄之力，殆成为吾人之天性。吾人如不能超脱于此杂染物之外，而欲自识生命之真，殆为事实所不可能者。无明所盲，覆蔽自性，常陷颠倒，可哀孰甚！①

佛家说十二缘生，无明为首，即谓众生由迷暗势力而生。叔本华承其说，皆大误。②

叔本华之意志，无明也，吾所谓习气也。③

哲学家谈生化者，如佛家说十二缘生，即以无明为导首。数论三德明宇宙所由开发亦本于暗。西洋叔本华之言意志与柏格森言绵延与生之冲动，皆与印度人言无明或暗者相近。此皆从有生以来，一切欲取习气上理会得之，未能克治惑习而见自本性，故不悟生化大源本来空寂也。西哲谈本体，均不曾证得空寂，故其谈生化，终在与形俱始之习气上理会，不识生化之真也。④

就宇宙论言，宇宙开发不是由于迷暗的冲动。如印度数论三德之暗及德人叔本华意志说，毕竟错误。⑤

哲学家持生命论者，皆不悟性体空寂，故其言生命，亦于生生化化流行不息真几鲜有窥见。……诸持生命论者，其体验所至，大都不越习海之域，即以习气视为固有生命，以习海障蔽性海，不独叔本华意志之论如是。（自注：彼所谓盲目的意志即无明也、暗也。其追求无餍，佛氏所谓取也，此取字，有希欲与追逐及贪着等义，吾人有生存欲乃至权力欲，皆取也。众生以取故有生，但如自悟本性者，其生活力自然充实不已而无所取，此非凡夫境界。）……西洋学人谈生命虽不无所究，然未能彻悟空寂，毕竟不识自性。⑥

---

①《熊十力全集》第四卷，第 10 页。
②《熊十力全集》第四卷，第 21 页。
③《熊十力全集》第四卷，第 325 页。
④《熊十力全集》第四卷，第 374 页。
⑤《熊十力全集》第六卷，第 18 页。
⑥《熊十力全集》第六卷，第 125—127 页。

熊十力对叔本华的批评意在凸显“新唯识论”所揭橥的本体乃是备万理、含万善、肇万化，由本体流行所化生的宇宙乃是生生不息、灿然皆有。

8. 孔德。熊十力对19世纪法国哲学家孔德提出的人类精神发展三阶段说予以臧否，他说：“孔德谓哲学兴而宗教便成过去，此说甚是。至谓科学兴而哲学便成过去，此则无理。”他进一步申述道：“关于本体之参究，当属诸学问，而无可属诸宗教，此不待烦言而解。本体论即是学问的，非宗教的。而科学确不能夺取此一片领土，则哲学终当与科学对立，此又不待烦言而解。”① 熊十力于科学繁兴大用之时维护哲学的地位，洵为卓见。但他认为哲学与科学继起之后便可完全排斥宗教，本体论仅属哲学范畴而与宗教无关，这些观点却是颇可商榷的，甚至可以说是已被现当代社会现实所否定了的。

9. 达尔文的进化论学说与互助论的观点。19世纪英国生物学家达尔文虽为自然科学家，但其创立的生物进化论学说实际上被提升为宇宙事物的普遍规律，因此完全可以从哲学角度来看待他的理论。熊十力肯定达尔文进化论确有其事实根据，但却并不认为进化论可以当作普适于宇宙事物和人类社会的唯一定律，基于中国传统思想特别是《大易》观念进行权衡，他倒更为认同作为进化论之反拨的互助论，向往“节物竞之私，游互助之宇”②，这也表明他对20世纪初叶一度盛行的互助论的鼓吹者俄国思想家克鲁泡特金有所了解。他说：

> 进化论创自达尔文。然后之谈进化者，犹以达氏为堆积论，而以生源动力创造不息明进化，此实合于吾《大易》之旨。吾言进化，义主《大易》。循环者，俗计万象周而复始，所谓重规叠矩是也，实则此亦说得过于死煞。吾谓循环只是对待事象互相往复而已。虽万化之情，往必有复，然后之往复，持较前期，自不必质量

① 《熊十力全集》第二卷，第315页。

② 《熊十力全集》第三卷，第581页。

相等。此其所关甚大，不容忽视。……循环之理，基于万象本相待，而不能无往复。进化之理，基于万象同出于生源动力，而创新自不容已。进化之中有循环，故万象虽瞬息顿变，而非无常轨。循环之中有进化，故万象虽有往复，而仍自不守故常。此大化所以不测也。①

又乃观物之生，以比为用。（自注：《易》之《比卦》明万物莫不以相比助而得生，互助论者有见于此。）②

达氏之论，非全无据，则亦不完全可据，吾子已知之矣。且夫万物殊形，其性一也。（自注：万物之生，同以道为其本体，故物形虽殊，其性则一。）让之为德，出于性真。盖于己之外，而知有人。抑私以全公，即通物我为一体，所谓称性玄同，物利而我无不利者也。争竞之祸则由有生各拘于形而迷其性，其势不能不相倾。然动物心灵作用发达较高者，即其性真亦已流露于不识不知之中，常能超乎个体分限之形，而合群以营互助生活，于是多助者存，寡助者亡，乃为动物界之公例。灵秀拔出之人类，则此例之行尤著，无须深论。伊川《易传》释《比卦》之义曰："万物莫不互相比助而生。"叔子齐圣，发明斯义，功亦巨哉！夫有生不能不互相比助，而互助精神只是一让字。让之反曰争，恶乎互助！③

达尔文言进化，只知由环境，殊不知生物实皆由变化的大力为之阴驱潜率，故能随所处境遇之种种需要而变化其形体机能，以与之适合。否则物安从生，而适应环境者其谁乎？④

达尔文物竞之论，使人有天地不仁万物刍狗之憾。达氏但据一方面之观察，而妄臆物性恒如是，则大谬矣。……物之争竞而不仁，非其性之常也，而其仁之本性自永恒不失。故吾人择于仁不仁

---

① 《熊十力全集》第二卷，第236—238页。

② 《熊十力全集》第二卷，第681页。

③ 《熊十力全集》第三卷，第594页。

④ 《熊十力全集》第三卷，第777—778页。

之间，能依仁而行，则物我无间，息其争竞，互相比辅若一体。如是则万物各得其所性之正。……伊川曰："凡生天地之间者，未有不相亲比而能自存者也。"此互助论之始。《比卦》之义，确然有征，非物竞之论所可撼也。……比道大明，而后世界大同可期。建万国，亲诸侯，即联合世界上一切国家，而为统一之结构，此大同初步也。《春秋》太平之治，于斯肇端。①

10. 斯宾塞。熊十力在阐扬《春秋》治时创变思想的同时，对19世纪英国哲学家斯宾塞的渐变论予以评论，他说："《春秋》务正始，盖贵治时。治时者，勇于自创，以拯天下于昏迷，主动而不为被动，此刚健之极，诚明交尽，故每突变而无不利也。斯宾塞尔有言：群俗可移，期之以渐。此主渐变也。然世运常有突变，不由乎渐。"② 这当是对突变和渐变两种进化方式皆予以有限性肯定。

11. 狄慈恩。1954年12月间，熊十力致函中国科学院院长郭沫若，建议设立哲学研究所，全面深入研究中国传统文化特别是哲学思想。熊十力在此函中较论中西唯心唯物两论之异同，其中引述了19世纪德国工人哲学家狄慈恩之言并评论道："狄慈恩说唯心论是片面的，此言颇平允。片面的亦自有其独到处，未可全非也，若使之去其短，则将不拘于片面矣。今日一般人闻唯心两字便视为厌物，此未免错误。学术以有相反之派而始得发展，中外学术史可考也。"③ 狄慈恩是在马克思、恩格斯指导下成长起来的辩证唯物主义哲学家和社会主义者，熊十力对他的引述反映了中华人民共和国成立后在学习马克思主义方面的实绩，这一点，由熊十力1950年7月致梁漱溟信可以为证，其曰："社会问题，吾前年亦稍涉新籍二三种，虽非大部，而马列之精义已可略窥，所谓尝一脔肉而知一鼎之味，睹梧桐一叶落而知天下之秋，是在善领会

① 《熊十力全集》第三卷，第986—987页。
② 《熊十力全集》第三卷，第1043页。
③ 《熊十力全集》第八卷，第699页。

耳。社会政治方面之理论，吾于马列不能不殷重赞美，独惜年力已衰，未堪致力于此耳。”①

12. 布拉德雷。1942 年，国立浙江大学哲学教授谢幼伟在《思想与时代》第 13 期发文评论《新唯识论》，② 其中指出熊十力体用不二的本体宇宙观与 19 世纪中叶至 20 世纪前期英国哲学家柏烈得来（即布拉德雷）在 1893 年出版的《现象与实在》一书中阐述的观点相同。熊十力答辩道：“贤者所述柏氏语，似与《新论》有融通之点，然骨子里恐不必相近也。西洋学者所谓本体，毕竟由思维所构画，而视为外在的。《新论》则直指本心，通物我、内外浑然为一，正以孟氏所谓反身而诚者得之，非是思维之境。柏氏是否同兹真髓，吾不能无疑也。昨函答来函西哲自昔亦有体认之说，吾谓其似之而非者，盖东方哲人一向用功于内，涤尽杂染，发挥自性力用，其所谓体认，是真积力久，至脱然离系、本体呈露时，乃自明自见，谓之体认。庄子云：‘明者，非谓其明彼也，自明而已。见者，非谓其见彼也，自见而已。’故此义极严格。西洋学者从来以向外找东西的态度探索不已，如猎者强烈追求，期有所掳获然。故其所见之体，正是思维中所构画的一种境界，非果亲证实在而直与之为一也。西洋诸哲学者，其未能的然了解实在与现象为不二者，固是错误。即如柏氏辈观想入微，似有当于吾所谓体用不二之旨，然彼之入手工夫，恐终是西洋路数，唯向外探索为务，则彼所见之体，要非如实证见。若尔，则彼之体用不二观虽与吾有其相近，而骨子里究判若天渊，此不容不辨也。……真见体用不二者，说一真湛寂也得，说大用流行也得，说一真湛寂即是大用流行，说大用流行元是一真湛寂，均无不得。此中具无上甚深微妙义，恐柏氏思解所至，未许入实际理地。”③

---

① 《熊十力全集》第八卷，第 657—658 页。

② 《新唯识论》语体本全三卷于 1944 年方才印行，此前于 1940 年曾单印上卷，于 1942 年又合印上中卷，谢幼伟所评《新唯识论》当是 1942 年印行的上中卷，这两卷主要阐述本体宇宙论。

③ 《熊十力全集》第三卷，第 532—533 页。

13. 弗洛伊德。19 世纪中叶至 20 世纪前期的奥地利心理学家弗洛伊德与达尔文一样，本应属于自然科学家。但也与达尔文相似的是，弗洛伊德创立的以潜意识为中心的精神分析学说被提升为人类意识的普遍规律，故一般也从哲学角度看待弗洛伊德的学说。熊十力对弗洛伊德的学说相当了解，多有涉论，如谓："佛家初说赖耶，不过表明习气沉隐而为一团潜势，实为晚近心理学家言潜意识者导其先河。"① "凡诸无量习气，互相和集，成为一团势力，潜伏不散，佛家上座部谓之细心，（自注：隐微而不自觉，故谓细心，犹晚世心理学所云下意识。）大乘唯识师亦云赖耶恒转如暴流。（自注：赖耶者，第八识之名，实即一团习气耳。）"② "下意识是从吾人有生以后而始起，人生过去所造都不唐捐，皆有影象集于潜海，非止男女或权力等欲不遂而被压抑，退藏为下意识也。"③ 这表明熊十力知道弗洛伊德的潜意识如同佛家所谓阿赖耶识一样，都是意识不能把控而却对意识具有巨大影响作用的人类心理活动机制。又谓："西洋谈心理者，以为吾人之本能遇阻遏，或下等欲望不遂者，必别求补偿于高等精神活动之中，是谓净化。"④ 这则表明熊十力熟悉弗洛伊德的本我、自我和超我人格结构理论。

14. 柏格森。跨越 19、20 世纪的法国哲学家柏格森对现代中国思想界影响至巨，熊十力也给予柏格森以高度关注和诸多评论，但基本上对其加以否定。他斥责柏格森以宇宙为盲目的生命冲动的流转乃是"邪计"⑤，以心物为同出一元乃是"妄情猜度"⑥。他批评柏格森的实体运动观说："今人柏格森之言动也，以为是乃浑一而不可分。世俗于动所经过方分可以划割，遂计此动亦可划割，是其谬也。柏氏此论不许杂划割方分之想以言动，几近于吾宗之谈变而异乎世俗之所谓动矣，然但言

---

① 《熊十力全集》第二卷，第 283 页。
② 《熊十力全集》第六卷，第 126 页。
③ 《熊十力全集》第六卷，第 676 页。
④ 《熊十力全集》第三卷，第 9 页。
⑤ 《熊十力全集》第一卷，第 54 页。
⑥ 《熊十力全集》第一卷，第 78 页。

动为浑一不可分，而不言刹那刹那生灭相续，则是动体能由前刹那转至后刹那，此犹是执物与计常之邪见耳，岂可附于吾说哉!”[①] “进化论，在达尔文本就生物学上说，柏格森又进一解，用以明生命之流，而其所谓创进的意义，明明不是达尔文的原义。……柏氏创新的意义，若近于吾之刹那生灭说，而毕竟不似者，彼仍有过去不必灭之观念在，即有物在，此其蔽也。”[②] 他鄙薄柏格森的生机论说：“法人柏格森言生物之异种同官，乃由同源生力之潜留，并举人目与蚌目之构造相同以证其说。是说也，只注目于生物之构造而见为生机流衍已耳，实则未了生之自性超越乎生物之构造而独立。若其同源之谈，直由习见众条共干，因以推生理之当尔，尤为戏论。”[③] 他指出柏格森的生化论滞迹而不见体说：“生化的本体元自空寂，其生也，本无生；其化也，本无化。因为生化的力用才起时，即便谢灭，不是起和灭的中间有个留住的时分，更不是一种持续和扩张的生力之流，如柏格森氏所谓如滚雪球越滚越大。依据滚雪球的譬喻来讲，虽时时刻刻创加新的雪片，却总有故的雪片不灭，生化果是如此，则其生也便非生而不有，其化也便非化而不留。实则生化之妙好像电光的一闪一闪，是刹那刹那新新而起，也就是刹那刹那毕竟空无所有，所以说生本无生，化本不化。然而无生之生、不化之化却是刹那刹那新新而起，宛然相续流；又好似电光的一闪一闪，虽本无实物，而诈现有相，因此或误计度为有一种绵延或持续的生力之流，如此误会，便是从生化已形处推测，不可得生化之真了。……（自注：近人柏格森创化论的说法，不曾窥到恒性，只妄臆为一种盲动，却未了生化之真也。）”[④] “柏格森、杜里舒诸氏于生命颇有体验，但所体验者，生类从无始来一切习气之潜跃者而已。……彼等终不识乾元性海也，其所云生之冲动，非天德之健也，是习而非性也。”[⑤] “至于生命论派之学

---

① 《熊十力全集》第一卷，第 455 页。

② 《熊十力全集》第八卷，第 408—409 页。

③ 《熊十力全集》第一卷，第 477—478 页。

④ 《熊十力全集》第三卷，第 192—194 页。

⑤ 《熊十力全集》第三卷，第 956—957 页。

者，大概体验夫所谓意志追求或生之冲动处，此盖在与形骸俱始之习气上有所理会，遂直以习气暴流认为生命。（自注：佛家说众生以势如暴流之赖耶识为主公。赖耶即一团习气也。西哲如叔本华、柏格森等持说之根底不能外此。）殊不知必于空寂中识得生生不息之健，方是生命本然，而哲学家罕能见及此也。……生命论者，其所见足与《新论》相发明者自不少，然未能超形与习以窥生命之本然，人生成为具有形气之物，则欲爱发而习气生，种种追求与冲动，其机甚隐，而力甚大，此缘形与习而潜伏之几，阴蓄之力，殆成为吾人之天性。吾人如不能超脱于此杂染物之外，而欲自识生命之真，殆为事实所不可能者。无明所盲，覆蔽自性，常陷颠倒，可哀孰甚!"① "西洋叔本华之言意志与柏格森言绵延与生之冲动，皆与印度人言无明或暗者相近。此皆从有生以来，一切欲取习气上理会得之，未能克治惑习而见自本性，故不悟生化大源本来空寂也。西哲谈本体，均不曾证得空寂，故其谈生化，终在与形俱始之习气上理会，不识生化之真也。"② "柏格森辈谈生命，其绵延之物犹是恒转如暴流之习海，非真有见于性海也。"③ "本体论、宇宙论，这些名词我认为分得好，但西人的讲法往往把宇宙人生划分了，那就不对。然如柏格森的讲生命，并未划分，可惜他未识得真的生命。"④ 他辩驳柏格森的直觉说："忆昔阅张译《创化论》，柏格森之直觉似与本能并为一谈，本能相当《新论》所谓习气。（自注：其发现也，则名习心。）习心趣境固不待推想，然正是妄相，不得真实，此与吾所谓本体之认识及性智云者，截然不可相蒙。"⑤ "但柏氏言直觉不甚明了，时与本能混视。本能即是习气，习气缠缚于人，茫无涯涘，不可穷诘，隐然为吾身之主人公，非有极深静定工夫，不能照察而克除之也。柏氏犹在习气中

---

① 《熊十力全集》第四卷，第 10 页。
② 《熊十力全集》第四卷，第 374 页。
③ 《熊十力全集》第六卷，第 126 页。
④ 《熊十力全集》第八卷，第 760 页。
⑤ 《熊十力全集》第三卷，第 534 页。

讨生活，实未证见自性也，其言生之冲动，冲动即习气也。”①

15.怀特海。熊十力评论数理派的事素论说：“西洋哲学，《新论》可摄通处自不少，如数理派哲学以事素说明宇宙，其说似妙，而实未见本源。《新论》明功能显用，（自注：功能即本体之名。）有翕辟二极，顿起顿灭，刹那不住。（自注：即此翕辟二极，名之为用。）自翕极而言，翕势刹那顿现，而不暂住，以此明物质宇宙本无实物，与事素说略可和会。而有根本殊趣者，与翕俱起，爰有辟极，转翕而不随翕转，即翕从辟，毕竟不二，而可说唯辟。辟势无在无不在，无二无别，清净而非迷暗，所谓神之盛也，是名宇宙大生命，亦即物物各具之生命。譬如月印万川，万川各具之月实是一月，所谓一为无量，无量为一是也。据此，则翕势顿现，可略摄事素说。而与翕俱起者则有辟，又翕终从辟，反而相成，故乃于翕辟毕竟不二，而见为本体之流行。克就流行言，则新新而不用其故，真真实实，活活跃跃，非断亦非常，神哉神哉！此非谈事素者所与知也。事素说者不了体用，不识生命，但于翕之方面刹那势速顿现，则与事素说有少分相似，然不了体用，于翕义稍似，非真了翕，且不知有辟，故未了用。又复不知本体之显为翕辟，是不悟万化真源。总而言之，不了体用，不识生命，则不足语于第一义。宇宙人生不是虚浮无根柢。学不证体，终成戏论。”② 数理派即指跨越19、20世纪的英国哲学家怀特海和罗素等人，熊十力曾明言“谈事素者，罗素、怀特海皆数理派，人皆知之”③，可以为证。熊十力认为，怀特海等人充其量只发现了宇宙事物流变不息，了无实在，却昧于宇宙事物流变的内在动因，更不知宇宙事物及其内在动因的根本来源；以“新唯识论”的术语来说，即怀特海等人仅知属于用之范畴的翕而不知辟，更不知作为用之来源且与用合一的体。

16.杜里舒。熊十力对跨越19、20世纪的德国哲学家杜里舒大概有

---

① 《熊十力全集》第四卷，第440页。

② 《熊十力全集》第八卷，第336—337页。

③ 《熊十力全集》第八卷，第500页。

两条言论，其一曰："又九实中，我、意二实者皆心法也。意即今所谓意识。我则潜伏于意之里面，而与觉等九德合，故能起智。此与今者德人杜里舒之言心理亦略近耳。"① 这是将佛家九实中的我、意比附于杜里舒的心理论，但未作褒贬。其二则是已见于上文柏格森评论部分的说法："柏格森、杜里舒诸氏于生命颇有体验，但所体验者，生类从无始来一切习气之潜跃者而已。……彼等终不识乾元性海也，其所云生之冲动，非天德之健也，是习而非性也。"② 即是说，杜里舒与许多西方哲学家一样，都是滞迹而不见性。

17. 罗素。20 世纪英国哲学家罗素对现代中国哲学思想界具有很大影响，熊十力对罗素给予了很大关注，但对罗素的看法也是基本上趋于否定。他批评罗素不见体："向者国人盛称英儒罗素氏数理哲学，余览时贤译述及从人询其概略，似不外解析关系，其于万化大原盖全不涉及。"③ "西洋唯心唯物，其短长兹不及论，非心非物，不穷变化之原，余尤恶其矫乱。……如今人罗素辈之关系论，则宇宙便空洞无生命，尽管精于解析，究是肤浅戏论。"④ "往者尝闻英儒罗素以为穷理到极处，只合名为禽兽的道理。（自注：禽兽是无道理的，今穷理到极处，更无道理可说，故取譬于禽兽。）此言大有幽趣，然实未见道也。盖以思维术去推测，推到无可推处，乃有禽兽的道理之叹耳。由彼之说，将入不可知论，人生且坠疑雾中矣。真见道者，默然自识自肯，得大安稳，受用自在，何有禽兽云云之戏论乎？"⑤ "余忆昔年罗素来华讲演，曾提及宇宙有无真理是一疑问。彼亦只此一语，并未向下多说。余相信宇宙不是如幻如化，何可疑无真理？但人能见到真理与否确成疑问，而其难窥真理之故，实因习染障蔽天明。"⑥ 他批评罗素唯物的心物一元论："今

---

① 《熊十力全集》第一卷，第 345 页。
② 《熊十力全集》第三卷，第 956—957 页。
③ 《熊十力全集》第五卷，第 5 页。
④ 《熊十力全集》第六卷，第 20 页。
⑤ 《熊十力全集》第六卷，第 559 页。
⑥ 《熊十力全集》第七卷，第 241 页。

人罗素说心物本一种原料，排列不同，故成差异。……此皆妄情猜度，难为印可。”①“古代印度人有说镜子能见物，正与心能了别物相同；向时英人罗素来吾华讲演，亦曾说照像器能见物，都是唯物论的见地。实则镜子和照像器本无思虑，只能于所对境而现似其影像，却不能思虑于境；至若心之取境，虽现似境的相，而于境起思虑故，决不可与镜子等物混同。”② 他批评罗素既不能免于对永久之执念而又不识刹那生灭之真几：“今人罗素尝谓诸行有暂时而无永久，乃吾人依日常实用之便利，尝连续其片片段段之经验而为永久云尔。此其持论虽已超越恒情，然不悟永久之执原依我见而起。又其暂时之云，亦违吾宗刹那灭义，非真能察变者。”③“有人说宇宙间本来没有永久的东西，只有暂时的是真实的。（自注：罗素来吾国讲演。）……如此等说，俱未有真见，实则一切事物，根本没有暂住的。”④ 他批评罗素否定思维作用：“罗素言，如想天坛，心中便现出天坛，何待作用？又此作用，实验不及，即在理论亦无须尔尔。恒人习言我想，缘我字于文法上乃属主词，取便称谓，遂成串习。故作用名，但从主词之我蜕化而来。如云天下雨，明知雨者非天，但由主词习用，故作是说。我想亦然。按罗素此计，实出马恩农下。即如我想之云，若以唯识相稽，虽无有我，而有我执，七则恒行，六除五位无心，余亦不间，故我想言，非不成立，罗素本不了此。又在文法，主词不尽无实所指，今云罗素还英国，即未可以天下雨为例，谓无罗素其人。又以想天坛言，如无此心作用，应不想天坛时，天坛恒现心中。若云作用不可实验者，罗素固尝许有认识认识，（自注：上两字虚用，下两字实用。）谓如对烛，起于烛知，俱时之心，知此烛知，若尔，作用已可实验，云何复言不可？罗素又引詹姆士说，颜料陈诸商店，唯是备购之物。设章施绘事，五采夺目，遂发心情。故心与物但随

① 《熊十力全集》第一卷，第 78 页。熊先生说：“如现代罗素虽云非心非物，实则其根底仍不妨说是唯物论。”见《熊十力全集》第二卷，第 255 页。

② 《熊十力全集》第六卷，第 61 页。

③ 《熊十力全集》第一卷，第 213 页。按“连续”原文误作“边续”，径改。

④ 《熊十力全集》第三卷，第 133 页。

排列变异，非由原料不同。今应诘彼：心有深思，采色当前，视若无睹，则亦何说？迹罗素之论，本毗于唯物，（自注：罗素欲以心之现象归入物理公律之下，谓“如习惯及联想等，将来或可用脑筋之变化说明之”云云。）尚考天竺数论诸师，有说心根是肉团者，斯足方其妄耳。”① 他批评罗素支离破碎：“彼昔来吾华讲演，吾曾阅其讲词。先儒病支离破碎，彼正欲作此功夫。吾于先儒意见不完全赞同。盖现象界之繁赜幽隐，非有一番支离破碎之功，即无以解析众理也。然先儒此说亦自有其不可非处。万化之大原，人生之本性，汝谓不当穷耶？若欲穷此，其可以支离破碎功夫得之耶？”②

熊十力还曾提及古希腊哲学家苏格拉底、17 世纪英国物理学家牛顿（他称作奈端）、18 世纪英国发明家瓦特、18 至 19 世纪法国军事家拿破仑、19 世纪英国哲学家穆勒、19 世纪德国哲学家及科学社会主义创始人马克思（他称作马克斯）、19 世纪英国物理学家汤姆生、19 世纪英国生物学家赫胥黎、19 世纪法国社会学家勒庞（他称作鲁滂）、19 世纪美国哲学家詹姆士、19 世纪德国哲学家尼采、19 至 20 世纪美国哲学家杜威、19 至 20 世纪俄国哲学家及社会主义革命家列宁、20 世纪英国天文学家琼斯等人，虽然或仅仅点到其名，或只是引用其只言片语，但却表明熊十力对这些人物也有一定的关注和了解。

① 《熊十力全集》第一卷，第 66—67 页。按所谓“虚用”即用作动词，所谓“实用”即用作名词。另可注意的是这段论述还提及 19 世纪美国哲学家詹姆士。

② 《熊十力全集》第四卷，第 326 页。

第八章　政教科文，精见纷呈——熊十力的社会政治、教育、科学、文艺思想

除了哲学、经学、佛学、子学、史学、西学的体系建构或系统论述之外，熊十力还有一些关于社会政治、教育、科学、文艺等方面的精见卓论。

第一节　社会政治论

熊十力曾有意深入研究中国古代政治思想并写作专著，以期有裨于社会政治，他说："余尝欲原本六经，融摄诸子，而为一书，以明治道。于《礼运篇》将斟酌其义，拟为法制，备来世取资焉。"① "吾原欲俟《新论》及《量论》成后，当另为一书，专明化理，（自注：亦云治道。）本之《易》《春秋》，而会通老、庄、墨、法诸子，归之太平大同，以献与将来人类，余然后谒宣圣于九天之上，无遗憾焉。"② 虽然他的意愿并未达成，但他却对古今中西社会政治理论以及实况多有论说。

熊十力肯定西方政治在某些方面有其长于中国之处，他说："西洋社会与政治等方面，许多重大改革，而中国几皆无之，因中国人每顺事势之自然演进，而不以人力改造故也。此等任运自然的观念，未尝绝无好处，但弊多于利。……如数千年来君主政治，时或遇着极昏暗，天下自然生变，到变乱起时，也只任互相杀伐，俟其间有能者出来才得平

① 《熊十力全集》第三卷，第621页。
② 《熊十力全集》第八卷，第262页。

定，仍然做君主，此便是顺事势自然，不加人力改造。若是肯用人力改造局面时，他受了君主政治许多昏暗之祸，自然会想到民治制度，同来大改造一番。西洋人便是这样，中国人却不如此。”① 不过克就民治而言，中国古代却不仅不缺乏这种思想，反而是相当丰富、久远并且一贯的。“其实民治思想，汉以来时有发明。东汉时，桓帝幸竟陵，过云梦，临沔水，百姓莫不观者。有老父独耕不辍，尚书郎张温异之，下道百步，自与言。老父曰：请问天下乱而立天子耶？理而立天子耶？按此谓天下乱则人民当合力以图治，非立天子而可止乱也；天下理则人民益奋而自治，无须立天子也。又曰：立天子以父天下耶？役天下以奉天子耶？今之君子，劳人自纵，逸游无忌，吾为子羞，子何忍欲人观之乎？温大惭，问其姓名，不告而去。此老父即有民治思想者。惜当郡县之世，不易向闭塞之群众宣传，故抱憾以终。晋人亦多有反对专制之论。宋末邓牧及晚明诸子，则此等思想益激切，而皆不易宣扬，则以郡县之世，民智蔽塞，民气销沉，实难提倡也。”② “宋末道士邓牧原本庄子而为抑尊之论，寄民治之思。至明季而黄梨洲张之。迄清末叶，言民权谋改革者皆祖述焉。”③ “周室东迁后，诸夏列强其政治与社会组织甚多良法美意，今虽难考，而就《周官经》与《管子》书观之，其为后世制法极宏深精密，必有春秋时列国制度足供其参考与推演，此可断言者，即在《国语》《左传》等古籍亦间有可考。亭林《日知录》赞美古地方制度，极言治起于下，足征民治基础。”④ 当然，中国古代民治思想自战国以降并未在社会政治中落实，“迄入战国，群雄互谋兼并，强者并民力于耕战，务逞侵略，弱者则民贫国瘁，徒为鱼肉。读《孟子》之书，言民救死恐不赡，而知六国民力尽矣。读《商君》之书，束缚无不至，而知秦之民无自由，虽骤收控御之效，而民质亦自此耗矣。余尝言，中

---

① 《熊十力全集》第四卷，第 253—255 页。

② 《熊十力全集》第三卷，第 755 页。

③ 《熊十力全集》第四卷，第 227 页。

④ 《熊十力全集》第五卷，第 567 页。

国民治之基立于春秋，坏于战国中叶，至商鞅、秦孝以及吕政，遂扫地以尽也。”① “若乃商鞅、秦孝、吕政之徒，志在霸业，于是有以国家控制民力之雄图，实即挟国以抑民，而国始重，民始轻，适与儒者之道相反。汉以后政治皆承秦之弊，皇帝即国家，而大权属之，无论帝者为自操其权抑或旁落其权于奸邪之手，其为侵损小民则一也。”②

仅以政治思想而论，中西两方各有特点，而中国古代政治思想更为合理。“尝谓西人之论治也，自下而上，西谚所谓善治如草木，民智如土田是也。（自注：土田好，则草木茂。民智高，则善治可期。故社会不良，而政治难期善美。必下层好，才可望上层好。）中人之论治也，多主自上而下，所谓‘君子之德风，小人之德草’与‘人存政举’等说是也。实则二说不可偏废。由西人之说，必注重民众教育与群众运动，使一般人民的智德力等方面皆有长足的进步，如是则社会优良，决不会产出坏的领袖；即有坏人，亦不能占足于政界，此乃一定之理也，西说好处在此。但人民的智德力未增进时，还是要待好的领袖以身作则，来切实领导群众，否则社会如何好得了？西洋文明发展到今日，却还靠领袖来引导群众，而其群众亦甚服从领袖。中学的说法，在今日更可见其理由充足，不可颠仆。吾尝言，人类就全体说，总是进化的；但就各个分子说，在长途进化之中，每经一个阶段，而各分子间的智德力等方面，欲其各各平等俱进，无有差别，此终是不可能，因为各人有气质上的缺憾，本于造化之无心而构成，这是无法避免的事。因此，人类智愚贤否毕竟永远是不齐，而领袖人物的需要似是永远不能去掉的。”③

熊十力将中国古代政治思想归纳为九条。在 1944 年 7 月发表的《谈郭象注（答友人）》一文中，他提出了这九条的纲领：“吾儒之为治也，以仁为体，以致知格物为用，以诚恕均平为经，以随时变化为权，利用厚生本之正德，道政齐刑归于礼义，始乎以人治人，极于万物各得

---

① 《熊十力全集》第五卷，第 567 页。

② 《熊十力全集》第五卷，第 595—596 页。

③ 《熊十力全集》第二卷，第 666—667 页。

其所，终之以群龙无首。”① 至1945年撰著《读经示要》，他对这九条纲领进行了集中阐述：

综群经之言治也，无过下述诸义。

一曰仁以为体。天地万物之体原谓之道，亦谓之仁。仁者，言其生生不息也。道者由义，言其为天地万物所由之而成也。圣人言治，必根于仁，易言之，即仁是治之体也。本仁以立治体，则宏天地万物一体之量，可以节物竞之私，游互助之宇，塞利害之门，建中和之极。行之一群而群固，行之一国而国治，行之天下而天下大同。若不由此，将顺其欲，因缘利害，同利共害，则合力以争其所欲得与所欲去；利害之反乎此者，其自护亦如是。纵此起彼伏，伪定一时，而人生不自识性真，则私欲之端，千条万绪，无由自克，终非从事社会改造者可以获得合理生活。然则化民以仁，使之反识自性，兴其物我同体、自然恻怛不容已之几，而后有真治可言，人类前途之希望实在乎是……

二曰格物为用。……夫立治之体必以仁，而格物则用也。化民以仁，动其民胞物与之怀，如是而治功成乎？孟子固云“徒善不足以为政”，则格物其要矣。社会组织与习俗等之形成，政治上度制与权威等之建立，其初容有不得不然，及久而弊生，甚至不可终日，而乘权处势者犹自视为固然，受其毒者呻吟于困楚中，亦自视若定分而不可或易，人类所以幸福少而痛苦多，职此之由也。是故格物之学兴，而后人知即物穷理，则其于人事之得失利弊，必随在加以探究。审于得失者，必知天下之势不可偏重，而求执其中也。明于利弊者，必知天下之利不可私专，而求协于公也。知之明乃以处之当，则本仁心以行仁政，而治功成矣……

三曰诚恕均平为经。六经言为治之大经，不外诚也，恕也，均

① 《熊十力全集》第八卷，第262页。

平也。夫政之言正，治者所以止乱。不诚则猜诈，以猜险骗诈为治，有虚言而无诚信者，行之国内则自亡，行之国际则祸他国，而亦自毙其国者也。不恕则自私，私其国而侵他国，私其族而侵异族，杀伐之气盈于大宇，最下则于一国之内而私其身家爪牙，皮之不存，毛将焉附？此又可哀之甚者也！不均平则弱者鱼肉而强者垄断，横肆侵剥，资本家与帝国主义者皆天下之穷凶极恶也，最下则一国之内官纪败坏，以亿兆脂膏供贪污中饱，不平之祸，极于国破家亡而后已。前世衰亡，靡不如此。昔王荆公谓“半部《周官》，均言理财”，而近人严又陵则云“《周官》言治之要，不外均平二字”，《论语》“不患寡而患不均”，《大学》以理财归之平天下。而官吏不许与民争利，《礼》有明文，不独防商贾垄断而已。《易》之《损》《益》二卦，明两利为真利。损己益人，非利也。损人益己，亦非利。损上益下，非利也。损下益上，亦非利。国家与人民之利益，必斟酌以得其平。一国与他国之利益，必斟酌以得其平。此损益之宏旨。通古今万国经济学说、经济政策，格以吾群经均平之大义，而其得失可知也。……夫均平之治，非恕不可实行。恕者，推己及人，即于己之所欲，而知人之所欲亦如己，必须兼顾。己所不欲，勿施于人。所恶于左，无以交于右；所恶于右，无以交于左。人人能推此心，而天下之人各得其所，天地位，万物育。曾子曰：“夫子之道，忠恕而已矣。”孟子曰：“强恕而行，求仁莫近焉。”《大学》言平天下本之絜矩；絜矩，恕也，言恕而以天下为量。……吾《大学》之言恕，则由修之身者以行于家而家齐；由家以推之一国则恕道行乎国，使国人各尽所能，各得分愿而国治；又必由国以推之天下。人之在天下也，当有天地万物为一体之怀抱，天下之人犹吾一国一家也，何独不能以恕道行之，而忍纵虎狼之欲，率天下以共趋人类自毁之途乎？是故《大学》言恕，必以天下为量，所以为天地立心，为生民立命，为万世开太平也。恕道不能推之天下，而求人类有至治之休，是犹缘木求鱼也。至哉《大学》之道！洋洋乎发育万物，峻极于天，无得而称矣！恕本于诚，不诚而能恕者，未之有也。……总之，治道以均平为极则，而均平必由于恕道，恕道必出于诚。故诚恕均平同为经纶天下之大经，而其间自有相因之序，不可不察也。夫政者正也，治者止乱也，必人人各自率由于诚恕均平之中。方群品未进，未足语此。则有导群之责者，非勉于诚恕，厉行均平，则未有不自取祸败以遗害人群者矣……

四曰随时更化为权。……是故《大易》立《随卦》与《鼎》《革》二卦，明随时革故取新之义。《春秋》张三世，通万岁之变而为大齐之数以明之。此经之示人以权也。权之义为衡，而用在应变。谙于持权者，世已变而犹贪执故常，不悟变之不可御，违天不祥，其祸卒中于人群，可不戒哉！《礼记·礼器》曰“礼时为大”，主随时更化也，不失其权也。夫群变屡迁，而诚恕均平之大经则历万变而不可易。经者，常道。权者，趣时应变，无往而可离于经也。

五曰利用厚生本之正德。……近世列强之治，皆以利用厚生为本。吾先哲经义，何尝不注重于此。然有根本不同者，则利用厚生必以正德为本也。《周官》一经于民生物用计虑周详，可谓大无不包，细无不入，然其敷教以立治本，则在以乡三物教万民。乡三物者，六德六行六艺是也。六艺皆实用之学，其在今日，相当于科学知识。利用厚生必讲求科学而后可期，此固近代思想所专注，而经义实已包举之。然经以六德六行居六艺之先，则仍以正德为本。会群经之通旨，亦无往不是归本德治，所以立人极而臻于上理者，诚无逾于此。夫道国宁人，要在使人各自得于性分之内，贤者知至乐之在内，则其视外物也轻，而美欲之累绝；不肖者渐之以仁，摩之以义，使知道德律之庄严，如星象之灿烂于天空，则仰企之情自不容已。六经所示，太和雍治之治，唯是德化所致。人类如不长期自甘堕落，经训岂堪忽视！若唯以利用厚生为本，则率亿兆之众共趋功利之途而竞富强之效，行之一国纵可遂志，然已使其国人唯嗜欲之殉，乐杀尚斗以为能，则生人之理已绝矣。且功利之习大开，富强之图过甚，必求逞志于他国，其终必毙人以自毙，断然无疑矣。若夫积弱之国，上下不务德，而唐慕外人之富强功利，则其危尤甚，此又不可不知。虽然，经义昭明，不曾谓利用厚生非急务也，但必以正德为本……

六曰道政齐刑归于礼让。《论语》曰："道之以政，齐之以刑，民免而无耻。道之以德，齐之以礼，有耻且格。"详此章之旨，所谓政刑者，在今即专尚法治者是。法治极隆时，其民于养欲给求粗得自遂，颇有欢跃之象。然耽情嗜欲之中，其蓄骗诈、挟机械、蕴烦闷者，丑恶万端，而免于法网者，但苟脱耳。此征之今世强国之民，圣言已信而有征。……其将救法治之弊而隆礼让之风乎？宣圣既曰道以德齐以礼，而又曰："能以礼让为国乎，何有？不能以礼让为国，如礼何？"夫言德，必见之于礼，而礼之大，莫如让。……且夫导国而废礼让，则人间世不可一日而得治也。……是故吾古昔圣帝明王以礼让化民，使人皆知让而无相侵。其有不率教者，则又本礼让之意以制法。……夫礼让之治，据德而不回，由义以建利，敦信以守度，明耻以有立，正名以干事，尽己以体物，是故礼让之治高矣美矣！人类如蕲向太平大同，舍礼让其奚由哉？……以礼治之精神，而参用法治之组织，《周官》与管仲、荀卿二子之书，皆此物此志也。《周官》之地方组织与各种职业之联系，皆为今后言法度者所当斟酌采用。……夫德礼为本，则政刑皆本德礼之义以运用之，其精神与作用自与专尚政刑者不同。故德礼中自有政刑，非穷而后有之也。若夫德礼之治底于极隆，万物各正，则刑措不用，行所无事，而政刑之名不立矣，此《春秋》之所谓太平世欤！

七曰始乎以人治人。《中庸》言"以人治人，改而止"，朱注谓"以其人之道还治其人之身"，期于改过而止，此义深远，总括六经之要最。盖德礼之治所与法治根本不同者，法治则从一人与他人或团体之关系上而为之法制约束，责以必从，使之惯习若自然，此乃自外制之者也。如穿牛鼻，络马颈，岂顺牛马之性哉？人以强力从而穿之络之而已。若夫道民以德者，则因人之自性所固有而导之，使其自知自觉者也。……故《中庸》言礼治，是以其人所固有者还以治其人之身，非从外制之，非有所约束勉强。盖从其性情而为仪则，即由仪则复引发其性情之贞而生生不已，日新而不用其故，非若尚法制者驱人以习成机械也。呜呼！六经之旨，圣人之全体大用，天德王道之极至，尽于以人治人四字！……政制，法意，一本于性情之正，而要归于率性以陶情，此则与法治根本殊途也。呜乎！治道必归于性情，此天之经，地之义，人之极也。……（自注：圣人礼乐之用，合政治与道德为一。但欲穷礼乐之原，须证见本体始得。政治道德合一，此乃儒者精神。世界如期大同，非由此道不可。）

八曰极于万物各得其所。……礼治期于万物皆得其所，一物失所，便非善治。《中庸》云“天地位，万物育”，以是为治道之极则，此将来人类所当取法者也。夫大同之盛，至治之休，虽中土圣哲之理想，然为人类前途计，要当向此正鹄而努力。但至治非全人类同履道德之途则不可几及，而道德又决非仅在知能上致力可以养成之，必也本斯人天性固有之善而称其情，以为之礼，使共循天秩而不可乱也；又为之乐，使同得天和而并育无害也。……夫欲人类共敦道德而臻万物得所之盛治也，如不修礼乐以陶人之情，而徒知能为务，稍有智者，知其不可也。……由其道，则万物莫不得所。不由其道，众生长倒妄以自戕也。呜呼！是道也，岂唯吾地球人类所不容自外，使金星火星之上而或有人焉，其弗可自外于斯道也夫。

九曰终之以群龙无首。《大易·乾》之用九曰“群龙无首”，群龙所以象众阳也，阳之所象又极多，其于人也，则为君子之象。《春秋》太平世，人人有士君子之行，是为众阳，是为群龙。无首者，至治之隆，无种界，无国界，人各自由，人皆平等，无有操政柄以临于众庶之上者，故云无首。……群龙无首之治，人类最高愿欲也。……所谓人各自由、人皆平等者，人人各得分愿，彼无所抑于此，此无所抑于彼，是谓人皆平等；人人各以己所欲度他所欲，自遂而无损他，是谓人各自由，如是则为至治矣。然此事谈何容易，必全人类共勉于道德而后可能耳……①

除了集中阐述之外，熊十力还零散而大量地表达过与这九条内容相近的观点，如谓“心性之学，所以明天人之故、究造化之原、彰道德之广崇、通治乱之条贯者也（自注：治乱之几，固视乎人群相生相养之制度与法纪之当否，而制度法纪之所以当者必出于道德，道德必有内在之源泉，即心性是也。功利论者，不明此理）”②，此可与九条之第一、三、五、六条相发明；“天下皆吾同体，故不以我宰天下，亦不见有天下待吾之治。吾与天下休戚相关，若痛痒之在一身，百骸五脏无麻木不相喻者，仁恩遍注而谁尸其功名。经旨所存，有道之世，其治如是”③，此可与九条之第一、九条相发明；“夫缮群致治，必有经常之道，历万变而不可易也；亦必有张弛之具，随时而制其宜也。专门技术只为张弛之具，而所以为张弛者，要不可离经常之道。姑举一义言之，《大易·革卦》，著改革之象，必归之诚信。革，变易也；诚信则通万变而不可易之常道也。改制易度而果以诚信行之，毋假新法之名而阴违之以逞其私欲，毋藉新兴之事而私便之以恣其淫贪，以诚信宰万变而不渝，则任何改革无不顺天应人，行之尽利矣”④，此可与九条之第三、四条相发明；“如封建之世未能无君，故其制礼也，以辨上下、别贵贱而成其序，此固因时制宜，有不得不如是者。及夫君权历久而弊极，又

① 《熊十力全集》第三卷，第581—623页。按第六条中“其将救法治之弊”之“其”原文误作“共”，径改。

② 《熊十力全集》第三卷，第820页。

③ 《熊十力全集》第三卷，第577页。

④ 《熊十力全集》第四卷，第260页。

值民智已开，不容一夫专制，于是时移势易，则旧礼制之所以成序者既失时宜，即非正理，不可不革，于是创新礼制，始以上下易位而成序为顺时之宜、符理之正。是故新礼所以成序比较旧礼所以成序者虽复大异，而新旧礼皆以成序方谓之礼，则无有不同者。申言之，新旧礼所以成序者诚有异，而礼者序也则新旧无异。夫序者，万物同有也，《诗》曰‘有物有则’是也。物之大者，莫于民群，其无序乎？民群者，善变之物也。变则旧序革、新序成，所异者新旧，所不异者新旧同于有序也。达于万物之序而后知《礼经》之旨深远极矣”①，此可与九条之第四条相发明；“孟子曰：‘徒善不足以为政，徒法不能以自行。’二语道尽六经底蕴。人治、法治，本以相待相须而成其治，若执一边，终为戏论”②，“《周官》之制，积极领导庶民，自生产事来以至一切政务，经纬万端，包络天地；学校之教，道与艺并重；社会之化，礼乐与读法并重；其用心之深而详，规划之大而密，根本深厚而纤悉无不顾到，吾虽欲称述之而不可得，譬如天之大，其何以称述之乎？……圣人作此经，本为拨乱初期权宜之制，以一向缺乏政治经验之庶民，一旦欲其舍旧而更新，倘以放任示宽大，于其行动得失一无所防，一无所察，则不轨之民乘机而起，社会将至解纽溃败，可断言也。……然学道而志于用世者鲜不用察，韩非固不足道；若诸葛公深于道，而为政亦尚察；张江陵以儒学融通佛老，其用察也尤精。吾于葛公、江陵无间然矣”③，此可与九条之第四、六条相发明；“夫聚人而成国，合群而为治，未有贱功利而贵穷乏、恶富强而求贫弱者，但人生最高之目的毕竟在发扬其灵性生活而复其天地万物同体之真，游于无待，振于无竟，于是人生始有无上价值与无穷意义。故为治之道，必使民毋失其性；欲民毋失其性，即莫如兴礼乐；礼乐达于天下，而后天下之人人乃有以陶情于正，毋害其性，此治道之极则也。礼乐之本立，则功利之图、富强之计皆所以助成

① 《熊十力全集》第五卷，第676页。
② 《熊十力全集》第五卷，第348页。
③ 《熊十力全集》第六卷，第793页。

礼乐之化，而后人生不至坠退，乃互相得于一本万殊、万殊一本之中，敦分而各足，玄同以合爱，是《春秋》太平大同之盛轨也。……夫礼乐者，治之母，为其可复人之性也。食货不足，法制不立，不可为治，不可行礼乐，人所知也。食货已足，法制已立，而无礼乐，可以为富强而不可为治，人所未知也”①，此可与九条之第五、六条相发明；“吾古圣人言治，皆以礼为主，以法为辅，礼法固并行不悖也”②，“《左氏传》曰：‘让，礼之主也。’（《左氏襄公十三年传》）此语甚可宝。夫让之为义，即于己之外知有人。争而不让者，将逞己以贼人，人亦报之，而人我终不可统一，如何为治？古圣王以礼为常道而辅以法，法之用在争，而礼之主是让，以争辅让，而不以争为常道”③，此可与九条之第六条相发明；“《大易》之社会政治理想，依据其玄学上‘群龙无首’之宇宙观，必以辅赞各个人之自主、自治为主旨，而成立共同生活之结构。如《礼运》之大同规画即依据此义，其中最要者，如‘不独亲其亲，不独子其子’与‘货不必藏于己，力不必为己’诸条，皆所以导扬其协和精神，去个人自营之私，以适宜于集体生活。然于思想及言论等，均无有纳于一轨、冶于一炉之规定。此所以辅赞个人自主自治之权能，而成天下为公之盛治也。《中庸》申《大易》之旨曰‘万物并育而不相害’‘道并行而不相悖’，此为太平自由之极则”④，“《易·乾卦》曰群龙，所以比喻太平世全球大同、全人类皆有圣人之行也。故其时之人在共同生活之结构内，各各皆得自主自由，互相比辅，至赜而不乱，无有野心家敢挟私侮众者，故不须首长，故曰无首”⑤，此可与九条之第九条相发明。凡此可见熊十力对中国古代政治思想的认识是一以贯之的，在他看来，中国古代政治思想的实质是容纳科学、技术、法治而以公正、进步、尊重、和谐、自由为目标的德性政治，而德性政治才是人类世界尽善尽美

① 《熊十力全集》第五卷，第722—723页。
② 《熊十力全集》第五卷，第595页。
③ 《熊十力全集》第六卷，第514页。
④ 《熊十力全集》第四卷，第577—578页。
⑤ 《熊十力全集》第五卷，第683页。

的政治。

熊十力还表达过一些具体的社会政治观点。他认为在强权林立、霸道横行的时代，亦即《春秋》所谓据乱世，必须倡导实行国家主义、民族主义和自强原则，摒弃个人主义、小团体主义乃至亡国灭族的世界主义，他说："国际未至大同，则足兵为要，否则强凌弱，众暴寡，而人类之祸亟矣。"① "吾人为青年告者：一曰，个人的主张与利益若与团体冲突时，应该牺牲个人而顾全团体，否则非公诚之道。二曰，个人所属之团体，其主张与利益若与国家或社会有极大冲突时，应该顾全国家与社会，而不当以维护本团体之故，遂妨害国家与社会之安全，如其不然，则非公诚之道，自不待言。……吾尤有不容已于言者，国家与民族思想，吾国人向来薄弱，在此列强肆行兼并时代，吾青年不可轻信世界主义，须将国族两字，念兹在兹，一言一动，不敢忘吾国吾族。青年学成之后，参预国政，生心动念，必以国家民族之利益为主，而不忍有丝毫违叛。世界主义固吾人所蕲向，然必吾国吾族足以自立自强，不受他国他族之侵凌，又必全世界各弱小民族皆有自立而抵御强权之一日，其时方可谋世界主义之实行。今何时代乎？距世界主义实现之期，或尚隔亿兆京垓年岁，吾人断不可自毁也。思想错误，必陷危亡。……愿吾青年勿忘国族，念念以此植根于心，庶吾种类不陷危亡矣！"② 而国家和民族认同意识的养成在于文教，"边省的人受国外的刺激多，所以感觉到激发民族意识是在历史学。其实历史课本，边省更无别样，只要将古代圣王以来一切伦理、教化、制度、文物与各时代演变的大概及历代模范人物一一好好发挥出来，使边省青年少而习之，知道本国文化之所由成，并知道国家的统一日趋巩固，又知道中华民族由一本而分支，又由分支而合归一本，团结性日益扩大，加增其共同生活的兴趣，如此便得了"③，边地如此，内地亦然；青年如此，所有人亦莫不然。

① 《熊十力全集》第三卷，第867页。

② 《熊十力全集》第八卷，第282—283页。

③ 《熊十力全集》第二卷，第713页。

熊十力进而认为，教化与示范乃是善治之根本，他说："且教化者，治之本也。教不修而期长治，是犹缘木求鱼也。《论语》：'子适卫，冉有仆。子曰："庶矣哉！"冉有曰："既庶矣，又何加焉？"曰："富之。"曰："既富矣，又何加焉？"曰："教之。"'教所以作新民也。"①"古者儒家政治理想，本为极高尚之自由主义，以个人之尊严为基础而互相协和，以成群体，期于天下之人人各得自主而亦互相联属也，各得自治而亦互相比辅也。《春秋》太平之旨在此。然太平未可骤几，民德未进，民质未优，岂可遽期至治？故必在官者以师道自尊，以身作则，生心动念，举足下足，悉由乎礼与法之中，然后亿兆知所向风，天下莫不隆礼奉法，而世乃太平，师道毕矣。"② 这种教化政治和示范政治是对所有从政者提出的德智兼备的要求，是德性政治的题中之义。

熊十力察知教化政治和示范政治的关键在于县级政权，他以汉代为例说："汉承秦氏，易列国之局而为郡县，天子与兆民悬绝，所以与民亲接而悉其患害、相与提挈、以谋福利者，唯在郡县长吏。故昭帝常曰：'与我共天下者，其唯良二千石乎。'此深知治本之言也。"③

熊十力还认定德性政治须以强力支撑："霸者竞利，王道崇义。崇义而无力，则迂阔无攸济。守义而以强力行之，庶几为群生所托命欤？……上寻《周官》，实行民主，勿任散漫，而严组织，作以道艺，作以生产，作以功力，作以礼乐，作以法纪，作以军备，然后本末兼修，治道克举，霸者不得逞志，而大同可期矣。"④ 怀疑心理有害世道人心："不信古今有德人，不信古今有美事，以此败坏青年心术，最堪痛恨。……以为当国者只有利害，无有道义；只有骗诈污贱，无复博大高明。因于古圣王行事，不信为实。以此成心习，欲国无亡、种无危，何可得也。"⑤ 贪残横行乃因贤士退避："然试问贪残者何由竞进，岂非

① 《熊十力全集》第三卷，第 643 页。

② 《熊十力全集》第四卷，第 148 页。

③ 《熊十力全集》第二卷，第 700 页。

④ 《熊十力全集》第五卷，第 753 页。

⑤ 《熊十力全集》第二卷，第 669—670 页。

贤士无道则隐，不合则去，乃让此辈横行耶？汉以后儒者，其言进退之义大抵以个人立场，视君主与朝政昏明而衡其进退之当否。至于个人不能离社会而独存，必期改造社会，以适于共同生活而不容昏乱势力之存在者，此当有进无退，而后儒罕有能申此义者也。”① 这些观点也都相当透辟，富于启发意义。

第二节 教育论

熊十力痛愤晚清民国的教育状况，斥之曰：“今自清季以来，四五十年间，学校之教唯日以稗贩为能事，不知宗旨何在，人习于卑下，而反盛自高贤，事之可痛，无逾于此。试考察各上庠名家学者之所成就，理工诸科，其专家之业深造至何等，吾侪门外汉，姑不妄论。法科之教者学者对世事研究，对国计民生诸实际问题有能穷析条流，真知利弊，究了得失根源而后定救治之方案，坐而言者可以起而行，如唐之姚宋足为救时良相者，其谁乎？夫相曰救时，并不足言开物成务与百年大计，则其为良，亦有限耳，今乃并此无之，稍有心者思之，能不痛耶？文科当为一国思想之发源地，为各科学之主干，尤其中心思想之阐扬必有赖于文科。今各大学文科，巨子显学，最上不过考据之业，下者犹不敢与以考据之名，只是耳剽目窃，多所杂缀，扩大篇幅，出洋本本或腾报纸以驰声誉而已。至其所考核而陈列之题材，尤琐碎无谓，诚不知其居上庠而神游目注者如是之琐碎卑陋，既不能穷神知化，又无一材一艺之长可资实用。……各上庠名教授，以哲学称家者，孰是中外之学真正虚怀诚意朴实头地下过功夫？吾年向衰，丁兹衰乱，实不忍媚世。浮浅混乱，无如哲学界，盲以导盲，醉以扶醉，中心思想从何得有？国民性焉得不斫丧以尽？人才从何养得？危亡虽不一因，而此则其主因也。”② 他虽厕身上庠，却十分厌恶现代大学体制，反复抱怨道：“吾总觉教书

① 《熊十力全集》第二卷，第282页。
② 《熊十力全集》第五卷，第206—209页。

之无趣，每对人言，为吃饭故，方作是事，若不尔者，吾不教书，虽属愤词，亦是事实。”① “今之大学教育茫无宗旨，政府奴畜师儒，而教授流品亦极猥杂，不学无行，滥竽者众，自好者宜视庠序为污途。然吾独在其间者，一等于世尊行乞之义，二为自修与冀接引一二善类计。吾宁随俗浮沉，期有以自尽也。君子当浊世，虽随俗，亦当有一尺寸在。吾常闭户，不敢妄谒学校当局，不敢交接诸名流，守其孤介，无所攀援，无所争逐，兢兢业业，不敢负所学，以获罪于先贤圣也。”② “今之世局，离各大学无可栖，而任何大学都无可与语，此苦事也。”③ “国庠人物复杂，譬如阿赖耶识含藏无量无边杂染种子，纵有一二清净种子储蓄其间，而力微势孤，终不能发起现行也。”④ “吾年来极苦教书乏趣，而支生无术，只好觍颜其间。虽然，亦有一说。学无可讲，固也，但存此科目，亦是告朔饩羊之意。又此学更非登讲台作演说式可以讲得，吾欲商于主者，授之私室，倘得半个有心之士可与言谈，即此理在天地间亦有所寄，而不相干之学子亦不愿其与于斯课。是则吾近来教学之意也。”⑤ “天予聪明才力，悉疲于讨饭之钟点，呜呼痛哉！”⑥ “我对教书事十分讨厌，上堂最无味，对牛弹琴，如何高得起兴来？如戏子勉强唱戏一样，这事在我真作得苦。在混雪白洋圆者，方无此苦耳。今日学生稍有一点小聪明，便心中无形的看不起东方学问，看不起未吃洋水的人，又未吃洋水者中，又看不起未出风头的人。你苦心想救他，他视你如怪物，如何敢救！”⑦ “吾今年上堂凡五六次，都不曾讲甚书，只说此方学问要在反躬体验，切不可用科学方法来理会这个道理，千言万语，

---

① 《熊十力全集》第二卷，第 279 页。

② 《熊十力全集》第四卷，第 144 页。

③ 《熊十力全集》第五卷，第 52 页。

④ 《熊十力全集》第五卷，第 198 页。

⑤ 《熊十力全集》第八卷，第 90 页。按“只好觍颜其间”之“觍”原文误作“觌”，径改。

⑥ 《熊十力全集》第八卷，第 382 页。

⑦ 《熊十力全集》第八卷，第 384 页。

大抵欲明此义，而学生似愈听愈不高兴，后来还是拿起书本子（自注：即《新论》），随文稍说，他似乎还比较能听一点。吾总苦于学校教书之为难。”① 凡此于厌恶之外，也可概见他的无奈以及他的坚守和希冀，这种希冀就是倘然得遇读书种子，庶几接引善类以传承文脉，亦因此，他甚至将讲学看得比著书更为重要，故曰：“今诚欲学者敦素业，求真理，则非可徒事著书而已，必身亲教人焉，而后可冀此学此道之大明而不至于晦也。昔吾夫子，杏坛聚三千七十之众，此岂不惮烦哉？诚有所不容已也，故曰我学不厌而教不倦也。若只学不厌而已，则自私自利者皆优为之，岂足为圣乎？释迦牟尼菩提树下固其专精自得之时，其后来悠长岁月，只以全副精力为众生说法，与吾夫子诲人不倦又未尝不同也。今之爱我者，皆勖吾以著书，不知斯人陷溺已深，先圣哲之遗训丧亡略尽，区区著书岂足挥鲁阳之戈以反坠日乎？吾痛心及此，而不能无意于讲学也。”② “失学故讲学，人方失教故须教。世已如此，所赖者墨翟、苏格拉底其人也。匪我求童蒙，童蒙求我，此何可望于今日者？弟始终愿教学，名义崇卑非所计。”③

熊十力向往一种以中国古代书院学制适当包含现代大学学科的新型教育形式，他说：

> 书院名称虽仍往昔，然今之为此，既不隶属现行学制系统之内，亦决不沿袭前世遗规，论其性质，自是研究高深学术的团体，易言之，即扼重在哲学思想与文史等方面之研究。……今兹书院之设，本为研究哲学与文史诸学之机关，但研究的旨趣自当以本国学术思想为基本，而尤贵吸收西洋学术思想，以为自己改造与发挥之资。主讲草定书院简章，以六艺为宗主，其于印度及西洋诸学亦任学者自由参究。大通而不虞其睽，至约而必资于博，辨异而必归诸

① 《熊十力全集》第八卷，第393页。
② 《熊十力全集》第四卷，第408页。
③ 《熊十力全集》第八卷，第387页。

同，知类而必由其统，道之所以行，学之所以成，德之所由立也。……至书院地位，则相当于各大学研究院，而其不隶属于现行学制系统之内者，此有二意。一欲保存过去民间自由研学之风，二则鉴于现行学校制度之弊，（自注：如师生关系之不良与学生身心陶养之缺乏，及分系与设立课目并所用教材之庞杂，其弊多端，难以详举。至于教育宗旨之不一，学风之未能养成，思想界之不能造成中心思想，尤为吾国现时严重问题。）颇欲依古准今，而为一种新制度之试验。书院虽袭用旧称，而其组织与规制实非有所泥守于古。书院地位虽准各大学研究院，而亦不必采用时制。总之，书院开创伊始，在主讲与吾等意思，亦有欲专凭理想以制度一切规章，唯欲随时酌度事宜，以为之制，如佛家制戒，初非任一己一时理想以创立戒条强人就范也，唯因群弟子聚处而随其事实因机立戒，久之乃成为有统系的条文，故其戒条颇适群机，行之可久也，书院创制立法亦当如是。今后教者学者俱各留心于学业及事务各方面之得失利弊等情形，随时建议，毋或疏虞，庶几吾人理想之新制度将有善美可期矣！外间于书院肇创之际，多不明了，或疑此制终不可行。主讲与吾等时存竞业，亦望诸生厚自爱，期有所树立，岂唯书院新制得以完成，不负创议与筹备诸公之盛心，而发扬学术，作育人才，保固吾国家民族以化被全人类者，皆于是乎造端矣！①

闻主张书院制较学校为优，弟则谓两者不容偏废。凡自然科学之研究，需有宏大之规制与设备，自非有大学及研究院不可。若文哲、历史、政治、社会诸学科，则尽可于大学文法诸学院之外，得由践履笃实、学术深醇之儒别立书院，以补大学教育之不及。……民族衰敝，振起之道当由学术，吾欲于大学教育外别设书院者，以此也。……总之，书院之优点甚多，今不暇深论。唯有难者，一则苟非其人，道不虚行；二则有其人矣，今之生活情形不同往昔，虽朱子、阳明复生，不能以私人聚徒讲学也，必政府知所提倡，社会有识

① 《熊十力全集》第四卷，第241—244页。按“主讲”指马一浮先生。

者能尽力扶持，相与成立一有经济基础之学团，而后教者学者得尽心力于其间。此事在今日盖难言之，不卜战事结束后有可图否?①

漱溟欲为曲阜书院，不知果进行否？文化事业定须倡自民间，一涉官场，便无丝毫效用。②

熊十力认为，现代大学完全破坏了师生关系；只有书院体制才可能保持师生心意相通，从而传道授业，他说：

> 盖今之大学，教授与生徒之关系太疏膜，此为根本病。③
>
> 学者进德修业，莫要于亲师。师严而后道尊，师道立则善人多，旧训不可易也。学校兴而师生义废，教授与诸生精神不相通贯，意念不相融洽，其上下讲台，如途之人相遇而已。夫学者之于理道，非可从他受也，唯在自得之耳。其自得之者，亦非可持以授人，理道不是一件物事故也。然则为学者何贵于有师耶？师之所益于弟子者，则本于其所自得者而随机引发弟子，使之有以自得焉。弟子所赖于其师者，方其未至于自得，则必待师之有所引发焉。唯然，故师与弟子必精神意念相融通，而后有引发之可能。若夫神不相属，意不相注，则如两石相击，欲其引发智虑而悟入理道，天下宁有是事耶？故弟子必知亲师而后可为学。④

熊十力认为，老师的耳提面命比读书自学的效果更好，学生若不亲近老师以就学，便难以上进而易于堕落，他说：

> 凡人精神志气必待夹持辅养，蓬生麻中不扶自直，此有至理。

---

① 《熊十力全集》第四卷，第340—341页。按“得由践履笃实”之“履”原文误作“愎”，径改。

② 《熊十力全集》第五卷，第198页。按“漱溟”即梁漱溟。

③ 《熊十力全集》第四卷，第340页。

④ 《熊十力全集》第四卷，第247页。

吾侪不幸无师，而尚友古代圣哲，读其遗书，索其冲旨，亦以提振自家神志。然如得良师而常亲謦欬，究比尚友为亲切也。船山从其兄介之学，而于其殁也，为之状云“咳唾皆神之所行，逡巡皆气之所应”，其所得者深矣哉！子曰“吾无行而不与二三子者，是丘也”，古今会斯意者少。轻浅怠慢之毒中乎身，必欲远老成以自鸣得意，学之绝，道之丧，良有以也。人日与流俗处，精神志气日靡乎流俗，欲无下达，其可得乎？①

关于教学方式，熊十力提倡：

本院主张自由研究，不取学校教师登台强聒、学生呆坐厌听之方式，亦无一定讲义，主讲及讲座、教授都讲，时或聚诸生共语，得为语录而已。②

关于书院教学宗旨和课目，熊十力说：

一、教学宗旨，规定如下：
（甲）上追孔子内圣外王之规。
（乙）遵守王阳明知行合一之教。
（丙）遵守顾亭林行己有耻之训。

孔子为儒学大祖，其道内圣外王，（自注：内谓己，外谓天地万物。修己之功，极于成圣。圣者，与天合德之称，故学至内圣而止矣。然成己即赅成物，非可斥物于己之外也。成物极乎天地位，万物育，而圣学之全体大用始彰。故言内圣必兼显外王。王者往也。物莫不归往乎圣道而远于恶，是谓之王。）数千年来，在吾国学术思想界恒居正统之地位。中外百家言宜一衷于孔子之道。此甲

---

①　《熊十力全集》第四卷，第411页。
②　《熊十力全集》第四卷，第256页。

条所由立。哲学不当反知而当超知，超知境地非有知行合一工夫，无缘得到。知行合一虽自阳明子明白提出，而实尧舜乃至孔子以后贤哲相传，精髓所在。知而不行，必非真知。行而无知，即是冥行。学者从知行合一处致力，即未遽臻超知之诣，而终不失为笃实有用之学。今之治哲学者，大抵各取偏端细碎之知以资玩弄，而无与于实行，圣学精神消亡殆尽。此乙条所由立。行己有耻，本为圣训，而顾亭林先生特揭此言以为宗要。先生遭逢否运，悯人尽为禽，故以知耻为学。耻之于人大矣哉！不耻不若人，何若人有？知耻近乎勇。此为丙条所由立。夫学兼内外，欧梵可一炉而冶。（自注：印度之学，于吾儒内圣方面足资参证。欧西之学，于吾儒外王方面亦堪摄取。）知行不二，方入实际理地。仅言爱智，犹未足名哲学。会归有耻，下学上达，乃固其基……

二、课程，约分主课、兼治二类如下：

（甲）主课。复为三项：一、西洋哲学，二、印度哲学，三、中国哲学。

中国哲学列后者，示所归宗故，非缓之也。夫思辨精密，莫善于西洋。极论空有，荡除知见，莫妙于印度佛法。尽人合天，体神化不测之妙于人伦日用之中，莫美于中国。游乎西洋，慎思明辨。游乎印度佛法，荡一切执。归乎吾儒，默与道契。三方者备，而学乃大成。夏虫井蛙，学者宜戒……

（乙）兼治。复为三项：一、社会科学，二、史学，三、文学。①

关于书院课目，熊十力还说：

学校之教，当为德行、道艺并重。……至其课目，则分为道、艺二种总目。道者道术，今之哲学、文学皆究明道术者也。艺者艺

---

① 《熊十力全集》第四卷，第585—587页。

事，《大学》所谓格物即艺事之学，犹今云科学也。《周官经》于学校课目，但标此二种总目，至二者之细目，则后世学术发展日益繁密，圣人固不能预计也。①

道科之学，所以究万化本源、人生真性，则涵养其民之德行者在是矣。艺科之学则教民以格物，而见于实用者在是矣。②

关于教育目标，熊十力提出器识与知能、通材与专材、为学与实行几对范畴。就器识与知能来说：

昔人有言，士先器识而后文艺。今学校教育，但令学子讲习一切学术，易言之，即唯重知识技能而已。（自注：知识技能一词以下省称知能。）至于知能所从出与知能所以善其用者，则存乎其人之器识。器识不具，则虽命之求知能，其知能终不得尽量发展。必有其器与识，而后知能日进，如本固而枝叶茂也。抑必器识甚优，始能善用其知能，不至以知能为济私之具也。苟轻器识而唯知能是务，欲学者尽其知能以效于世，此必不可得也。今之弊在是，奈何其不察耶？夫器识者何？能受而不匮之谓器，知本而不蔽之谓识。器识非二也，特分两方面以形容之耳，以受则谓之器，以知则谓之识也。……夫器识，禀之自天而充之于学。人不学，则虽有天禀，而习染害之。故夫人之无器识者，非本无也，直蔽于后起之污习耳。扩充器识必资义理之学涵养德性而始能……器识充而大，则一切知识技能皆从德性发用。器识如模，知能如填彩；模不具则彩不堪施。③

① 《熊十力全集》第六卷，第543页。
② 《熊十力全集》第五卷，第713页。
③ 《熊十力全集》第四卷，第244—247页。

这就明确表达了先器识后知能、先德性后才干的育人理念，透显了若无器识和德性，知能和才干不仅不能造福社会、反而可能祸害人类的洞见。针对当时恰恰是重知能而轻器识甚至完全摒弃器识的教育状况，熊十力沉痛诉说道：“数十年来教育，只务贩入知识技能，真有知能可言者，未知几何？而大多数则习于浮浅混乱之见闻而已。学不究其原，理不穷其极，思不造其微，知不足以导其行，夙植恶因，成兹孽果。往已不谏，来尚可追。今之司上庠教育者犹复茫然，未知所觉，始终只欲贩入知识，而忽视其固有立人达人之大道。呜呼！天其梦梦，世其滔滔，吾既年衰，兄亦老至，我辈复何所计？唯族类可忧耳！”①

就通材与专材来说：

> 夫专材与通材互相为用而不可缺其一也。专材恒是部分之长，虽其间不无卓越之士，然终不能不囿于所习，其通识终有限也。通材者，测远而见于几先，穷大而不滞于一曲，能综全局而明了于各部分之关系，能洞幽隐而精识夫事变之离奇。专材的知识是呆板的，通材的知识是灵活的。专材的知识是由积聚而得的，通材的知识多由超悟而得的。专材的知识是显而易见的，通材的知识是运于无形的。专材与通材之辨略如上说，而通材实关重要。能用专材者，能材也。若无通材，则专材亦无所依附以尽其用。选任各种专材而位之各当其所，此则通材所有事也。……通材者，恒是知行合一之人物也。……凡求为通材者，必有宽广的胸量，远大的眼光，深沉的思考，实践的勇气，谦虚的怀抱，若不具此素质而求为通材，未之有闻也。②

---

① 《熊十力全集》第四卷，第413页。按兄指李四光先生。

② 《熊十力全集》第四卷，第253—254页。按“能用专材者，能材也”之后一“能”字似当作“通”。

这又显然更重通材，当然也并不否定专材的价值。就为学与实行来说：

孔门教学者，唯尚躬行。子路有闻，未之能行，唯恐有闻，其刻励如是。后来学人便侈谈空理，而轻视事为，学风所由替，民族所由衰也。诸生其念之哉，勿以空谈了一生也。天下事无大无小，量己才力所胜任者，以真实心担任作去。才作事，便是学，否则只是浮泛见闻或空想，不足言学也。①

这是将实行看得比为学更重要，将实事实功提到关乎民族盛衰的高度，并包含了在实践中学习而反对理论脱离实践的教育思想。

熊十力还提出了一些学习方法，如谓："读书须有三到，曰手到，（自注：圈点。）目到，心到。手之所至，而目注焉，而心凝焉，则字字句句无有忽略过去者。读书不求甚解，在天才家眼光锐利，于所读书，入目便能抉择，足资一己创发之用。若在一般人，则虽苦思力索，犹惧不尽其条理，不识其旨要，而可不求甚解乎？读书切忌忽略过去，学之蔽，理之难明，只缘自心随处忽略故耳。忽略者，万恶之源也，所谓'不诚无物'是也。"②"读书而存终敌之心，则必故意挑剔，故意狐疑；而初读时未挟敌意，或有正解，转因后之敌意而消失，岂不可痛！古今大智人，其于读书所获心处，恒反复体认，愈印愈深，而后所见益六通四辟，小大精粗，其运无乎不在。孟子义精仁熟之言，大有深趣。"③"二三子为学，宜多看历代大人物之文集，唯看此等书时，须自身先提起一段精神，即切实做人、不甘暴弃的精神。有此精神，则读古代大人物文集时，方能于其字里行间体察彼之精神。凡其胸怀之超旷，愿力之宏大，立身行事之谨严不苟，并其担荷天下忧乐与万物痛痒相关处，及

① 《熊十力全集》第四卷，第263—264页。

② 《熊十力全集》第四卷，第259页。

③ 《熊十力全集》第四卷，第391页。

在当时审几虑变、综事应物之智略，在在可以理会得到，而有以激发吾之志气，增益吾之明慧。《易》曰‘君子以多识前言往行，以畜其德’，盖前圣经验语也。……今人读书只是考版本，搜征古人零碎事迹，以自矜博闻，如此读文集，何如不读为幸？学者勿偏尚考据工夫而忘其所以为学之意，勿只注重学问的工具而忽略学问的本身，勿驰骛肤泛驳杂的知识而不为有根据、有体系之探究，当切实求自得，以悦诸心，研诸虑。”①

熊十力所向往的以中国古代书院学制适当包含现代大学学科的新型教育形式并没有实现，他对此早有预见，曾指陈主客观原因说：“今时社会组织不同前世，生活情形迥异古昔，学术之复杂又日益甚，虽孔孟程朱复起于今，亦不可以乡塾之规而讲学也。……研究所之经费，非穷书生可办也，必资乎有权势者筹募于有钱阶级，而后可集事也。吾性孤冷而不能与权势接触，纵有一二留心学术者为达此意于数辈大官，彼固漫然诺之，其实亦漠然若不闻而已。然吾终不易吾素守，决不苟且周旋于势利之途，为枉尺直寻之计也。”② 尽管如此，他有关教育形式、师生关系、教育目标、学习方法诸方面的思想及其对于教育弊害的指斥，包含着非常精深的见解，对于当今教育仍然具有启迪意义。

第三节　科学论

熊十力所理解的科学，大概有广狭二义。广义的科学即指以了解自然、利用厚生为限度的发明创造，狭义的科学则指勘天役物、诛求无度的强探力索。从广义科学的角度看，中国自上古以来一直拥有辉煌灿烂的科学成就，熊十力反复陈述道：

自伏羲至唐虞，科学思想便甚发达。唐虞设共工之官，以理百

① 《熊十力全集》第四卷，第391—392页。

② 《熊十力全集》第四卷，第408—409页。

工之事，日用器物的创作，技术的精巧，大概犹可想见。禹造交通工具，陆行乘车，水行乘船，泥行乘橇，山行乘檋，虽不尽由禹发明，大概至禹改造益精。至于政治和社会方面，种种制度的创造，由伏羲而至尧舜，便已大备。若详考而深论之，亦有温故知新之益。是时学术最盛者，莫如天文、算术、音律、医药，其发展至如何程度，今虽不可得详，然创造特早，极可惊焉。天文仪器推测之精确，历家定节候之准的，音律之微杳绝伦，后人多莫能及。《列子》书中有云"天地，空中一细物耳"，此虽中古伪书，其言必本古代遗籍，古代天文学者必已知道宇宙间有无数的太阳系统，故有此言耳。天文、音律二学，皆非数学精深莫办，可惜后儒罕能传之。又黄帝以来，析土宜，办物性，亦最精审，农业早盛者以此。①

吾《大易》早有智周万物与制器尚象及开物成务等明训。指南针创于周公，远古之世便有此伟大发明。墨子造木鸢。公输子以机械发明之巧见称载籍。张平子精天文、历算，尝造候风地动仪，可验地震，即震在远处，亦可测知其所在。平子汉人，去晚周犹未远，史称平子著有《灵宪》《算罔论》，盖网络天地而算之，因名焉，惜后失传，然古代历算之精，平子凭借者厚，亦于此可见。若古学不亡，则科学早发达于中国，孰谓中国只有精神文明而不足启发物质文明耶？②

科学思想，民治思想，六经皆已启其端绪，（自注：如符号推理及辩证法，《大易》发明最早。）树其宏规。（自注：六经言德治或礼治，实超过西洋民治思想甚远。……如《周官》法度，亦含有民治之法制，但精神迥别。）科学方法，六经虽未及详，而孔子已注重实测术，则不容否认。③

---

① 《熊十力全集》第二卷，第665—666页。按"办（辦）物性"之"辦"疑当作"辨"。

② 《熊十力全集》第三卷，第750—751页。

③ 《熊十力全集》第三卷，第753页。

吾国古代科学思想发达已盛，虽古籍沦亡，而汉人已言八卦与《九章》相表里，是《九章算术》发明在鸿古代，岂非奇迹！《易经》为囊括大宇、包罗万象之哲学大典，虽完成于孔子，而实由羲皇本之数理以造其端，岂不神哉！天文、地理、博物、医药、工程诸学，古代并精。指南针、舟舵、木鸢、机械、候地震仪、音律，种种制作，皆在古代。①

如天文、算术、音律、药物、医术、（自注：以上诸学，五帝之世已盛发明。）物理、（自注：周初已制指南针，可见古代已有物理学的知识。）工程、（自注：秦时李冰之水利工程，至今称奇，必此学在古时已盛。）机械、（自注：墨子作木鸢，为飞机之始。孟子称公输子之巧，惜其创作失传。）地理（自注：邹衍之学犹可略考。）等学，皆百家之业也。今人皆谓中国自古无科学知识，尊西人为先进，此亦自薄太过。②

科学思想，中国人非贫乏也。天算、音律与药物诸学，皆远在五帝之世。指南针自周公，必物理知识已有相当基础，而后有此重大发明，未可视为偶然也。工程学在六国时已有秦之李冰，其神巧所臻，今人犹莫能阶也，非斯学讲之有素，岂可一蹴而几乎？张衡候地震仪在东汉初，可知古代算学已精，汉人独未失坠。余以为周世诸子百家之书必多富于科学思想，秦以后渐失其传，即以儒家六籍论，所存几何？孔门三千七十，《论语》所记亦无多语，况百家之言经秦人摧毁与六国衰亡之散佚？又秦以后大一统之局，人民习守固陋，其亡失殆尽无足怪者。③

古时有诸子百家之学，百家者，如天文、算学、（自注：张衡在东汉初著论，网络天地而算之，又制候地震仪，可见古代天算之学极高深，故张衡得资之以兴耳。）音律、医药、蚕桑、工程、（自

---

① 《熊十力全集》第五卷，第763—764页。

② 《熊十力全集》第三卷，第745页。

③ 《熊十力全集》第五卷，第60页。

注：秦时李冰修成都灌县之堤，至今工程学者莫能及，以此知古代有工程学。）物理、（自注：指南针一说始于黄帝，一说始于周公，二者皆甚远，以此知古代物理知识极不浅。）地理、（自注：邹衍之说犹可略考于《史记》。）机械（自注：墨子与公输般皆能作木鸢，已为飞机之始。）等等，皆科学也。①

艺者，百家之学。古代百家甚盛，如天文、数学，唐虞已有专官。张衡在东汉初著《灵宪》《算罔论》，网络天地而算之；制候地震仪，盖其所承藉者甚远而深，非可一蹴而几也。指南针作者，一云黄帝，一云周公，或黄帝首创，周公继述，此非明于电磁者不能为，则物理知识，古有之矣。李冰，战国时秦人，其水利工程尚在，今人犹惊叹莫及，则工程学盛于古代可知。木鸢则墨翟、公输并有制作，是亦飞机之始。舟舵发明，当亦甚古，西人赖之以航海，此与火药及造纸并印刷术，贡献于世界者甚伟大。化学始于炼丹，汉世已有为之者，其源当出于战国。医术与药物发明在远古，及春秋时，扁鹊、仓公精察腑脏经络，则解剖术已甚精。《周官》有壶涿氏，（自注：秋官之属。）掌除水虫，可见古时对于微生物之研究亦不浅。地理则邹衍已创发五大洲之说。至于音律精妙，直宣造化之奥，尤足惊叹。余谓科学在吾国古代已有基础，即百家之业是也，而闻者或不以为然，此等妄自菲薄之见，可为太息！②

魏马钧为木人，能令跳丸，掷剑，缘絙倒立，出入自在；尝试做指南车，又为发石车，飞击敌城，使首尾电至；又作翻车灌水，更入更出钧巧若神变，惜未尽试所作，傅玄序而叹之。（自注：见《魏志·杜夔传》。）又魏世为陵云台，先平众木轻重无锱铢相负，揭台高峻，常随风动摇，终无倾倒。（自注：见《世说·巧艺篇》。）略征一二事，足见当时制造已极精矣。③

① 《熊十力全集》第五卷，第301页。
② 《熊十力全集》第五卷，第712—713页。
③ 《熊十力全集》第一卷，第619页。

上稽宋明，濂溪、康节言“棹依地上，地依空中”一段话，似已知引力之理。伊川语录中已发见下意识及变态心理，此在西洋心理学上为极重大之发明，而伊川言之特早；互助论亦首由伊川创发，见《易传·比卦》。横渠知地动非静。朱子于地质有创见。明儒宋应星《天工开物》一书，为今治科学者所盛称。略举数事，可见宋明儒治经不陷琐碎，虽于经书名物不无失考，而其自所创获亦已多矣。①

综上所述，完全可以说中国古代拥有辉煌灿烂的科学成就，然而熊十力却又自承“儒家未及成功科学”②，“吾固有之学术不曾发展为科学”③。此所谓儒家或固有之学术实即中国文化未及成功的科学，当然就是区别于中国古代科学的另类科学，主要是西方科学，特别是近代西方科学，也就是不同于可以“科学”之名涵盖的以了解自然、利用厚生为限度的人类一般发明创造的狭义科学。

关于狭义的西方科学特别是作为其集中表现的近代西方科学的特质，熊十力说：“科学研究宇宙之各部分，此等知识正以小知间间而擅长也。……西学辨物析理，正以不惮支离而后精耳。”④“科学所治之领域本是宇宙万有现象，广漠无量，复杂无穷，故研究重在分工，划分无数部门，而各选择一部门以专力于其间。然每一部门之内还是复杂至极，宛尔一小宇宙，累世学人继续钻研，随时改正旧误，随时创发新知，积世积人积智之所发见，尚无几何，总觉小宇宙亦是无尽藏，何况无量数小宇宙互相联系而为一大宇宙，其至赜大有可得而形容乎？凡研科学者，莫不将其心力分散于万物，钻之弥坚而卒摧其坚，索之甚隐而卒洞其隐，析之细密而终入其密。彼之所为既勤亦苦，然其乐为而不厌

① 《熊十力全集》第三卷，第 567 页。
② 《熊十力全集》第二卷，第 303 页。
③ 《熊十力全集》第四卷，第 257 页。
④ 《熊十力全集》第三卷，第 628—629 页。

者，游乎无尽藏，时时有新获，足以偿其勤慰其苦，如农夫终岁劳动，而庆仓库之丰盈，利在日益，情无厌倦，固其宜也。”① “西洋之学，科学为主，发展小体到极大极高，无有已至。因为自恃小体之知能可以征服大自然，操纵大自然，改造大自然。知能即是权力。小体有此无限的权力，纵横于宇宙中，此西洋自希腊而后，到近四百余年来小体发展之运会也。”② 可见狭义科学以现象为对象，以分析为方法，以个我为中心，以勘天役物、诛求无度为旨归。

狭义科学自有其不可抹煞的长处，“自科学发明以来，其方法与结论，使人类智识日益增进，即人类对于生命之价值，亦大有新意义。略言之：如古代人类对于自然势力之控制与危害吾人者，唯有仰其崇伟，而莫敢谁何。科学精，而后人有勘天之胜能，可以控制自然，解其危害，而利用之以厚吾生者，犹日进未已。人类知识之权能日高，遂得昂首于大自然之表，取精多，用物宏，其生命力得以发舒，无复窘束之患。此科学之厚惠一也。古代社会，有治人者，治于人者，及贫富与男女间种种之大不平，几视为定分而不可易。自科学兴，而注重分观宇宙，（自注：即于宇宙万象，而分析研究之。）与实事求是之精神。于是对于社会上种种大不平，能析观以周知各方之利害，综核以确定改造之方针。向之大不平者，渐有以除其偏敝，而纳之均平。人道变动光明，已远过古昔。此科学之厚惠二也。古代人类常屈伏于神权之下，如蚕作茧自缚。科学进步，已不限于实用，而常为纯理之探求。见理明，而迷信自熄。人生得解脱神权之束缚，而自任其优越之理性。此科学之厚惠三也。略说此三，而科学之重要已可知”③，“自科学发达，物理大明，而人事得失亦辨之极精，不道德之行为改正者多，如男女平等及民主政治与社会平均财富，此等大改革皆科学有补于人类道德行为之大端

① 《熊十力全集》第七卷，第 203 页。
② 《熊十力全集》第八卷，第 753 页。
③ 《熊十力全集》第三卷，第 724—725 页。

也”[1]，此处相对于古代人类社会而言的科学，显然特指近代西方的狭义科学，它对人类开发自然、改进社会、解放思想、提升道德固然具有积极作用，但也存在着巨大的局限和严重的弊害。

狭义科学的局限首先在于无从透悟宇宙本体：“科学于万变处不能谓之无所得，但其所得终不离迹，无缘理会万变之原，其所仗者量智或知识，又当守其领域故也。”[2]“如科学知识，亦不过图摹宇宙，非可穷其底蕴，得其实相。”[3]“科学无论如何进步，然总须承认有外在世界，须用客观的方法，须注重实测，此为科学成立之根本条件。唯其如此，科学毕竟不能证会本体。何以故？本体不可视为外在世界，而以客观的方法质测之故。科学终有其不可逾之领域，其方法求进，亦不能不限于其领域之所得施，毕竟不能通内外、物我浑然为一，而游于无待，振于无穷；毕竟无法体会宇宙之主底蕴。”[4]“科学无论如何进步，即如近世物理学，可谓已打破物质的观念，然总承认有外在世界，他们毕竟不能证会本体，毕竟不能通内外、物我浑然为一，他们所长的还是符号推理，还是图摹宇宙的表层，不能融宇宙人生为一而于生活中体会宇宙的底蕴。新物理学无法证会本体，旁的科学亦然。继今以往，各科学虽当进步，然其无法证会本体当一如今日，科学的方法与其领域终有所限故也。”[5]“科学无论若何进步，而其研究所及，终限于宇宙之表层，（自注：即现象界。）易言之，即研究一切事物互相关系间之法则。至于事物之根源或宇宙实相，（自注：实相犹云本体。）终非科学所能过问。中国哲学以《大易》为宗，其书纲领在双阐不易、变易二义。不易而变易是即体成用，于变易见不易是即用识体。科学只从变易方面设定为外在世界而研究之，而不易实体，则科学不可涉及。因科学方法以实测为

---

① 《熊十力全集》第四卷，第 440 页。
② 《熊十力全集》第三卷，第 500 页。
③ 《熊十力全集》第三卷，第 548 页。
④ 《熊十力全集》第三卷，第 730 页。
⑤ 《熊十力全集》第四卷，第 294—295 页。

基，必将研究之对象当作客观独存之物事。而所谓宇宙实相与吾人生命，实非可离为二，故不可作客观的物事去研究。科学岂唯不了不易，即其于变易而假定为外在物事，则其所可研究者只是大用流行中之粗迹而已，如《易》所谓穷神知化者，科学尚不堪语此。《论语》记‘子在川上喟然叹曰“逝者如斯夫！不舍昼夜”’，此中神趣无穷无尽，盖深达无生而生与生而不有之妙，科学何曾识得？近世数理化三大科学成绩伟大，最可惊叹，然究是表象的知识，语神化则障隔已甚矣。今日所需哲学之努力者尚无限，《大易》宝典幸存，何不钻研？由科学之宇宙观而说人生，即宇宙为客观独存。吾人在宇宙中之地位，渺如沧海一粟。由中国哲学证会之境地而说宇宙，则天地万物本吾一体。……西洋哲学家、文学家纵有说到吾人生命与大自然为浑一而不可分，要是思议所及，解说道理而已，与中哲证会境界，奚止判若天渊？……西洋人无证会之旨，故其智能无论若何精深，而智慧蔽塞，胸量毕竟不能广大，物我对峙是其生活中之极大缺憾。西洋人不能会万物为一己，颇欲伸张其自我于宇宙之上，常有宰制万物之思。不知者以此为西洋人之大处，而知者则谓无宁以此为西洋人之小处。以己胜物，终限于有对，何大之有？西洋人常富于种界划界之狭隘观念，以侵略为雄，其学术思想素误也。”① “科学精于析物，毕竟不可以知天。……科学纯凭理智或知识去辨物析理，专从此用功者，决不可证得本体。”② “在知识上说，世间学术，（自注：如科学等。）各部门的知识，在每一部门中虽自成体系，而对于宇宙之浑全以言，毕竟是各限于一部门，故一切知识之学必须有其统会之宗与元，否则知识终陷于散殊之哉而无统会处，人生将无最高之蕲向，有日趋堕落之忧。”③ “科学是纯知识的学问，且析为各部门，其于宇宙万象解析至精密，虽足以发见宇宙各方面之奇秘，但宇宙原是变化不测、生生不息之全体，科学于宇宙大生命毕竟不能体会，此不能无

① 《熊十力全集》第四卷，第 564—566 页。

② 《熊十力全集》第五卷，第 444—445 页。

③ 《熊十力全集》第五卷，第 506 页。

待于哲学者一也。宇宙人生本浑然同体，不容割裂，故吾《大易》之义言天地而人在其中，三才义可玩也。或特提出人生而为言，则亦含摄全宇宙，如孟子言‘万物皆备于我’，曰‘上下与天地同流’，即演《易》义也。科学以纯知识态度，乃将宇宙视为外界独存，而用客观的方法去解析之，既于完整体妄为割裂，而欲识宇宙真几，必不可得也。须知宇宙人生本来不二，吾人必克治其随形骸俱起之杂染或小己之私而与宇宙大生命同流无间，方可体会宇宙真几。科学为纯知识之学，断不能有此精微造诣，是不能不有待于哲学者二也。然哲学中亦唯吾国儒家一脉，于此所造最远，非深于《大易》者莫辨也。西洋哲学大概与科学同为纯知识之学，斯不待论。”① “晚世科学分工极细，学者各专一门之业，合而观之则世愈进于智，分而核之则愈进于智者实愈趋于暗耳。合则见智者，各科之学所发明者日益精密，故合观之则见宇宙各方面之秘藏将发泄浸多，而人智猛进，可惊也。分则见暗者，科学家之眼光与心力，各各偏注于宇宙之某一方面，即不可窥测其他众多方面，是故天下众家之学，凡为其智之所在者，即其暗之所由成。犹复应知，合则见智固已，而其智终亦有限。科学之所探究者，毕竟止于现象界，若乃万化根源，要非科学之术所可达也。倘谓各科之学对于现象界各有部分之知，集而愈多便识万化根源，此说殊不应理。各部分之知虽多集，其所知者仍是现象界而已，未可识根源也。”②

狭义科学的局限还在于无从确立道德根源和道德主体：“就道德发现之形式上说，固赖科学知识进步，而见后胜于前。若夫道德之根荄，终非科学所能培养，唯有反求诸己而自识其所固有之真源，保任勿失，扩充不已，然后其发现于日用云为之地，乃有本而不匮耳。”③ “科学在其领域内之成就，真夺天工，吾无间然。然人类如只要科学，而废返己之学，则其流弊将不可言。返己之学废，即将使万物发展到最高级

① 《熊十力全集》第五卷，第546页。
② 《熊十力全集》第六卷，第380页。
③ 《熊十力全集》第四卷，第440页。

之人类，内部生活本来虚而不屈、动而愈出者，今乃芒然不自识，（自注：不自识其本心之仁也。）其中藏只是网罟式的知识遗影堆集一团，而抛却自家本有虚灵之主，不求所以养之，（自注：虚灵之主谓本心之仁。）人类殆将丧其内部生活，宇宙失其贞观。宜乎庄子于逐物之学有'其涂隩'之非议；阳明亦云用力于外者，日有余卒归于日不足也。"①

狭义科学的弊害不一而足，而最为严重的弊害就是已经将人类导入毁灭的绝路："今之科学家发明战具，乃以其智力用之于为一己及己之国家与族类，其所为终不出乎己，惨毒极亦迷暗极矣！此非科学之咎，乃仅恃科学而不知更有穷本究元之学，所以有斯咎也。"②"今日人类渐入自毁之途，此为科学文明一意向外追逐、不知反本求己、不知自适天性所必有之结果。"③"然则今日科学家发明杀人利器，为侵略者役，非无故也，其源不清也。西洋人不识仁，未有本隐之显之学，此可悲也。去岁原子弹发现，说者皆惊其惨酷。颇闻人言，科学似不当向人类自毁之方向努力，此意甚善。然如何转移方向，则非识仁不可，非通隐不可。"④"夫独裁得助于科学，而万物为刍狗，水益深火益热矣。科学非害也，人类知见失其正，则亦可资科学以济其恶矣。……毁科学，不可也；科学万能，亦不可也。"⑤

如何突破狭义科学的局限并且克服其弊害？熊十力认为必须归本中国传统之仁道，他反复申述道：

今后固当努力科学知识，但于固有学术万不容忽视，否则失其所以为人之理，而科学知识又何以善其用耶？人类皆习于向外追逐而不知反，至以科学知能为自毁之具，罪不在科学，而由于无本原

① 《熊十力全集》第七卷，第303页。

② 《熊十力全集》第三卷，第1059页。

③ 《熊十力全集》第四卷，第294页。

④ 《熊十力全集》第四卷，第583—584页。

⑤ 《熊十力全集》第五卷，第386—387页。

之学以善用此科学知能也。①

夫西洋科学、哲学，其知日驰。（自注：驰者，谓向外追求也。）毕竟不得冥应真理。（自注：此中真理，谓宇宙本体。冥应者，谓与真理为一。而知识或理智之用，则只是意计构画，不可与真理相应也。）此方经学，由实践而默识本原，（自注：本原系用为真理或本体之代语。）易言之，即体神化不测之妙于人伦日用之间，乃哲学最高之境。西学必归宿于是，乃无支离之病。②

西洋科学虽发达，而无以善其用。彼惟不自见本性，故不能有合理之生活，科学发明反为人类自毁之具。咎不在科学。人生毕竟还需要一种超知能的哲学，即《大学》明明德之学是也。如欲根本改善人类生活，何可偏恃科学？③

六经之道，以尽性为极则，（自注：性者，吾人与天地万物所共有之本体，但就其在人而言，则曰性。《大学》致知，即尽性之谓。）其功固在反己，以视西洋学术，根本自异。（自注：反己者，以躬行实践为务，而归于上达天德。天德谓性体也，非神帝之谓。西学以实测为基，精于辨物析理，而毕竟不了自性，不见本体。）然经学并不主绝物反知，故《大学》总括六经旨要，而注重格物。则虽以涵养本体为宗极，而于发展人类之理性或知识，固未尝忽视也。（自注：理性亦云理智，此固未尝非良知性体之功用，但如不自识良知性体，则理智亦只成为向外追寻之工具，而迷失其本，譬如下流之水，既离其源，便自成一种流，而与源异也。）经学毕竟可以融摄科学，元不相忤。人类如只注重科学知识，而不求尽性，则将丧其生命。而有《礼经》所谓人化物也之叹，此人生之至不幸也。④

① 《熊十力全集》第二卷，第 649 页。
② 《熊十力全集》第三卷，第 628 页。
③ 《熊十力全集》第三卷，第 644 页。
④ 《熊十力全集》第三卷，第 673 页。

近世科学技术发展，人类驱于欲望，而机械大备，又不得不用之以求一逞。于是相率趋于争斗，而兵器之穷凶极惨，且未知所底。为矫激之论者或咎科学不为人类造福，反为人类之祸，余固不以此说为是。科学于人生大道所发明者何限，其影响于人类精神者甚大且遍，此固有识所共知，无须深论。余固不肯轻视科学，但亦不敢以科学为万能。余以为人类如欲得真幸福，决非可仅注意外部，如环境与制度之改良，而内在因素实至重要。所谓内在因素者，必性命之理得，而后嗜欲不淫。嗜欲不淫，则万物相安于各适，（自注：万物各得其所曰各适，彼此有互助而毋相侵也。吾国三代及汉唐盛时，对远方慕化来属之各国，皆不侵其土地，不夺其政权，而一任其自由，盖中国人之哲学思想一向如此。）相亲如一体，（自注：《论语》云四海皆兄弟，《礼记》云天下一家，宋儒云民胞物与。六经之学，远自尧舜以至孔子，历世相传，其为学，皆反己而自识本体，故有天地万物一体之量，由其实证此理故尔。）心灵超拔而至乐不待外求，（自注：心灵不役于物欲，故云超拔。超拔故无待，无待则乐自足，无所求于外也，孔颜之乐以此尔。）利用咸宜而小己齐摄大体。唯达于性命，见自本体，乃有此效，是其同体恻怛之诚出于不容已也。禹思天下有溺者，犹己溺之也。稷思天下有饥者，犹己饥之也。汤曰“万方有罪，罪在朕躬”。孟子曰“行一不义，杀一不辜而得天下，不为也”。从来圣哲皆深达性命，而以万物为同体，此实经学骨髓所在。宋明儒直以经学为性命之学，可谓得其旨归。科学虽于人道多所发明，然终不涉及本体。其所任者理智，其方法为外求。至于反求诸己而自得其万化之源、万善之宗、真实弥满而发以不容已者，此则经学之所发明，而非科学之所过问。故科学知识不能穷探宇宙真相与人类精神活动之根源。科学于知能之域尽量发展，使人之嗜欲不遭抑遏而可以畅遂，固有其长。然人类由科学之道，终不能穷极性命宝藏，即不能浚发与含养其德慧，不能有天地万物一体之量，不悟性分自足，无待于外之乐。如是，则人类终困于嗜欲无餍之狂驰，其祸或较抑遏嗜欲而尤烈。大战之一再爆发，而犹未知所底，是其征也。余以为科学与经学两相需而不可偏废。欲使科学方法与工程技术纯为人类之福而不至为祸，则非谋经学科学二者精神之相贯不可。经学于宇宙，明其本源。科学于宇宙，析其分殊。二者相互发明，万殊原于一本，一本现为万殊，岂有隔绝不通之理？今日各种科学已甄明各事物皆有全体性，如天文学言无量星体或星云实非各个孤立，而乃互相联属，为一完整体；生物学亦明生物非离环境而孤立，乃与大自然通为一体；物理学言元子、电子者，已破除物质之小颗粒之观念，似将归本于一大力能；社会非各个分子孤立，而实为全体，则又社会科学所公认而无待论者。由此可以理会宇宙本源是一，譬如一大海水现为众沤，吾人知众沤互相联属为一全体，则可进而知众沤共以一大海水为其本源故也。科学上之发见与经学究极义，元不相违，何须相伐？经学如不有科学为羽翼，则尚德慧而轻知识，固不免以空疏无用贻讥。科学如不有经学为归宿，则且有以知识而破碎大道之憾。经学焉可废哉？①

晚世科学猛进，技术益精，杀人利器供侵略者之用，大有人类自毁之忧。论者或不满科学，其实科学不任过也。科学自身元是知能的。而运用此知能者，必须有更高之一种学术。此更高之学术似非求之儒家《大易》不可。略言其故。《大易》双阐变易不易二义。自变易言，宇宙万有皆变动不居，科学所究者固在此方面。自不易言，则太极为变易之实体。而吾夫子于《乾卦》，即用显体，直令人反求自得者，曰仁而已矣。仁，本心也。其视天地万物，皆吾一体。……吾人必须识得仁体，好自保任此真源，不使见役于形气。易言之，吾人日常生活能自超脱于小己躯壳之拘碍，而使吾之性分得以通畅，自然与天下群生同其忧乐，生心动念，举手下足，总不离天地万物一体之爱。人类必到此境地，而后能运用科学知能以增

① 《熊十力全集》第三卷，第733—736页。

进群生福利，不至向自毁之途妄造业也。夫求仁之学，源出《大易》。《论语》全部，苟得其意，不外言仁。宋明诸师犹承此心传。老持慈宝，佛蓄大悲。真理所在，千圣同归，非独儒家以此为学也。①

圣人吉凶与民同患，故裁成天地之道，辅相万物之宜，以左右民，此与西洋人主张征服自然、纯为功利动机者，截然异旨。吾先哲为学之精神与蕲向，超脱小己与功利之私，此等血脉，万不可失。哲学无此血脉，不成哲学；科学无此血脉，且将以其知能供野心家之利用，而人类有自毁之忧。吾人今日必延续此血脉以为群生所托命，哲学固应发挥吾固有伟大精神，科学尤须本吾伟大精神发展去。体现真理，担当世运，恐非西洋人识量所及，吾黄农虞夏之胄，不能不勇于自任也。②

学贵知类，不可以科学万能而轻毁儒者融贯天人之学。有科学而无儒学，则科学知识终不能探万化之大原，将长陷于支离破碎之域。（自注：科学解析宇宙，由玄学家视之，则谓其支离破碎，而科学之长亦在是。）科学必赖有儒学为依归，由思修交尽而底于穷神知化，尽性至命，则天地万物同体之仁油然不容已，而人类不至以科学知能为自毁之具，此可断言也。③

是故孔子为万世人类开拓生产计，即提倡科学技术，《说卦》曰“复，小而辨于物”，（自注：科学方法重实测术，小辨于物即实测术之长。）《系辞传》曰“知周万物”，又曰“开物成务”，曰“备物致用”，曰“立成器以为天下利”。由孔子之道，科学发明唯用于生产工具之改进，不得为帝者奴役，造作杀人利器。儒者以正德为利用厚生之本，与近世帝国主义之文明相较，其骨髓自迥别。位天地，育万物，不由儒氏之道而何由哉？④

---

① 《熊十力全集》第四卷，第574—576页。

② 《熊十力全集》第五卷，第25—26页。

③ 《熊十力全集》第五卷，第445—446页。

④ 《熊十力全集》第五卷，第669页。

概乎言之，张扬正德利用厚生的中国古代科学精神，力图将狭义的西方科学特别是作为其集中表现的近代西方科学导入中国传统仁道，以期以仁道统驭狭义科学，从而使之完全为人类造福而不造祸，这就是熊十力科学论的旨归。

第四节　文艺论

作为本体论哲学家，熊十力明确表示："吾平生不愿为文人，不得已而有论述，有笔札，但称心而谈，期于义有根依，词无浮妄，以是持之终身，庶几寡过。"① 他对文艺的功能大抵视之甚卑甚至诋之甚力，如谓："文学者，本以摇荡情感，倡之者既主于邪僻，绝无深根宁极之道，则率一世以为猖狂混浊，逞兽欲而失人性者，势所必然而莫之能御也。"② "吾虽非艺术家，但就吾神解所至而衡之，则艺术理论无论若何高深，决不能彻根源，总不外情感移入，期与大自然契合为一而已，此等情趣可为据乎？吾总觉艺术家好学僻怪而实小器，时或好表示与人为缘而实假，表示超凡而实小与俗恶，其所学在情趣上，无真见，无真依据。西人尚此而其俗日物化，利令智昏，明者胡不思？此何可与宗教、哲学并列哉！吾先哲鄙视诗文家，以其止于情趣之域故也。年来西学小生以中国哲学与文化为艺术的，吾痛心此等奴性发于政治方面，则为人奴而不惜者，良有以也。"③ 不过他有时也对文艺功能加以肯定，如谓："文学元是表现人生，光明黑暗虽复重重，然通会之，则其启人哀黑暗向光明之幽思，自有不知所以然者。"④ 无论如何，熊十力并非弃文艺于不顾者，实际上他对文艺给予了不少关注。

熊十力比较评论中西诗歌说："每闻少年能读西人诗，惊服其长篇

---

① 《熊十力全集》第四卷，第 385 页。

② 《熊十力全集》第一卷，第 619 页。

③ 《熊十力全集》第八卷，第 589 页。

④ 《熊十力全集》第三卷，第 1106 页。

巨制，辄谓中国诗不足观，此真肤论也。余未读西人诗，但闻人言，想见甚气象雄放，情思畅茂。然中国诗妙在辞寡而情思悠然，含蓄不尽，清幽之美，如大化默运，不可以形象求也。中西诗但当各取其长，勿妄分优劣也。”① 在中西双向肯定的基础上，显然更加推尊中国诗风。

熊十力比较评论中西悲剧说：“就文学言，希腊人多悲剧。悲剧者，出于情之坚执，坚执则不能已于悲也。中国文学以《三百篇》与《骚经》为宗。《三百篇》首《二南》，《二南》皆于人生日用中见和乐之趣，无所执无所悲也。《骚经》怀亡国昏主，托于美人芳草，是已移其哀愤之情聊作消遣。昔人美《离骚》不怨君，其实亡国之怨如执而不舍，乃人间之悲剧，即天地之劲气也。后世小说写悲境，必以喜剧结，亦由情无所执耳。使其有坚执之情，则于缺憾处，必永为不可弥缝之长恨，将引起人对命运或神道与自然及社会各方面提出问题，而有奋斗与改造之愿望。若于缺憾而虚构团圆，正见其情感易消逝而无所固执，在己无力量，于人无感发。后之小说家承屈子之流而益下，未足尚也。要之中国人鲜坚执之情，此可于多方面征述，兹不暇详。”② 这是将中国文学缺乏悲剧品格的原因归于《离骚》以香草美人化解国破家亡之痛，而这种移情手法又影响到国民性格乃至社会改造，这些则是相形见绌于西方的。

熊十力比较评论中西美术和音乐说：“往岁曾见希腊人物画及吾西汉人物画像，较其气象，吾信中西人由来便异。希腊像为人踞地作势，纵身欲前，如鸷鸟之将举，猛兽之思搏，其活泼泼地，富有生气，生龙活虎犹难喻之也。西汉造像若昂首天外，挺然独立，此种超然岸然之风度亦自可贵，而绝不现猛兽鸷鸟气象，此其异西人处也。”③ “向者有人主用古《卿云歌》为国歌，声韵清幽，意境高远，有天地位万物育气象，真盛世元音也。然用西洋之琴与鼓而奏此歌，则无可合之理。故乐

---

① 《熊十力全集》第四卷，第 259—260 页。

② 《熊十力全集》第五卷，第 61—62 页。

③ 《熊十力全集》第四卷，第 439 页。

器急宜精究。西人乐器真所谓北鄙杀伐之声，不可用。”① 他据美术形式论定中西民族性格自古迥异，而于双向轩轾之中可见其褒贬之微意。他对音乐的臧否则直截了当地否定西乐而盛赞华夏古乐。

熊十力谈论诗文创作说：“余生平不能诗，间讽诵古之名作，略识其趣，以为声音节奏，终不可忽而不讲，若不求协韵，只为白话而已，其可谓之诗乎？诸生于六艺中倘有专诗者，将欲创作新体，亦必沉潜于旧文学，（自注：谓由《三百篇》、楚汉迄近世诗骚赋词等作品。）遗其貌而得其神，或能融会众体，别创一格，未可知也。如于旧文学未有深厚涵茹，而以浅躁之衷，急谋更张，终必无成。”② “毓瓒学为诗词，然少年勿作凄凉语，须如春花怒发，生趣油然，大海潮音，雄烈震荡，此非可强为之，须养得充实，便诚中形外耳。昔曾涤生有一联铭座右云‘养活一团春意思，撑起两根穷骨头’，语质而意味殊深，瓒当以之自勖。”③ “文章本乎情思，运乎气势，情思气势二者同发于精力，精力不裕，则情难活跃而思易凝滞，气势不易充盈持久，如是而欲为大文字，断不可能！精力强盛者，操笔之前，稍一凝敛，恰恰无心用，恰恰用心时，忽然情如热焰，思若涌泉，气势如天，油然作云，如长风鼓众窍，凡大文字之成，未有不如此者也。文学之文与著书说理，其事有异。说理只要平日义精仁熟，临写出时务求信达，雅其次也，故精力稍弱者，犹可积渐为之。文学之文，兴会为主，精力贫乏则兴会不生，虽生而不恒不盛，情思乍动而歇，气势弱而难举，欲为美文，不可得也。”④ “余平生不能诗，亦未学诗。析物则强探力索，侈于求知；穷玄则深极研几，究于无始。究无始则神敛而遗感，侈求知则思密而沉兴。诗也者，感物起兴，得天理自然之妙机，接乎外而动乎中，亦缘其素所存于中者裕，故其接于外也融融。余于诗味非全未领纳，独惜所学异方，未及致

① 《熊十力全集》第三卷，第 609 页。

② 《熊十力全集》第四卷，第 259 页。

③ 《熊十力全集》第四卷，第 427 页。按毓瓒为熊先生友人刘晦九之子。

④ 《熊十力全集》第五卷，第 28 页。

力于此也。”① “又凡喻之于心者，出诸口便困；口头有时勉强道得者，形之文字又觉无限艰难。”② 凡此所谓涵茹前贤佳构、养成自家气势方可创作大文字以及文字不及口道、口道不及心喻之论，无疑为里手行家经验之言。

熊十力提出文艺批评观点说：“胸无义解与容蓄者，眼光浮短，焉得上下古今论文章得失乎？海上逐臭，其不以金玉为瓦釜者希矣。”③ 这是要求批评者自身必须具备相当素养，与曹植《与杨德祖书》所谓“盖有南威之容，乃可以论其淑媛；有龙泉之利，乃可以议其断割”的文学批评观如出一辙。进而言之，熊十力在此采用“海上逐臭”之典，与曹文中“兰茝荪蕙之芳，众人所好，而海畔有逐臭之夫”之语相合，故大可印证熊十力熟读曹文而采纳了其中的观点。

熊十力对中国文学史也有不少评论，其曰：

> 词章者，其源出于孔门文学之科。文学所以抒写人生思想，内实则感真，感真故发之自然，自然故美也。孔子定三百篇为文学之宗，其论《诗》之辞皆深妙绝伦，见于《论语》。孟子亦善言《诗》。三百篇皆直抒性情，无有矫揉造作，情深而文明，如天地自然之美，一真之流行故耳。及《楚骚》出，乃变为宏博恣肆，然其真自不漓，故可尚也。汉以下，乃有模拟字句揣习声律者，其中情遂已稍衰。又《骚》之流变而为赋、颂及骈体文等。汉赋辞极典雅，而无思理可言，缺其质矣。六代人诗与其骈文，华而失真，日趋靡薄。不囿于时而独有千古者，其唯陶令之诗耶。唐人诗虽经心造语，而自有浑成意味，所以可贵。晚唐颇趋险涩，稍失纤小，唯

① 《熊十力全集》第五卷，第204—205页。

② 《熊十力全集》第八卷，第154页。按熊先生此言与刘勰《文心雕龙·神思》所谓“方其搦翰，气倍辞前；暨乎篇成，半折心始”及“意翻空而易奇，言征实而难巧”之语若合符契。

③ 《熊十力全集》第三卷，第1106页。

浑成与平易方是广大气象耳，然较以后来宋诗，犹自远过。若夫小说、词曲、戏剧，唐以下代有作者，其短长非此所及论。然核其流别，要属词章之科。盖以广义言词章，本即文学，非仅以骈四骊六名词章也。①

文学自汉以后之诗文家，甚少有可道者。诗人除少数触境抒情，表现其闲适、悠远、冲淡之生活为不容菲薄者外，自余感遇之作，得君而喜，失官而戚。散文如序传碑志诸作，亦以记述职官、赞扬荣宠居其大半。中国人卑鄙之官僚思想，由于汉以下愚贱诗文家之养成者为多。余于诗古文辞甚少赏玩，魏晋人诗文华而无实，气势复薄，尤所不喜。学者宜熟读《三百篇》《楚辞》《左传》《国语》，及于《史》《汉》，能味其质实意味，亦大佳。至于练习著述之文，则诸子书、佛经、宋明大师语录皆不可不读；船山、亭林遗书，读之意味深长。②

西汉人文字，质实而不甚修整于字句之间，其体度自博大。东京以后，辞虽整练，而体度便小。魏晋人更卑弱，直如艳弱女子耳，族类自此衰也！后之古文更不成话。③

大体来说，熊十力推尊先秦文学，尤其对于《诗经》略无间言；而两汉以降文学则除了散点式肯定之外，基本上予以否定，这与他的中国历史观是一致的。

熊十力还引述或评论过中国古代一些作家和作品，或用以说明道理，或用以表达感触，或用以寄托情思，或用以比况同类，或直接品第作家作品高下，凡此皆体现他对中国古代文学的造诣。他间引宋玉《登徒子好色赋》曰："宋玉之赋美人，谓增之一分则太长，减之一分则太短，施朱则太赤，傅粉则太白。审美如是，论文亦似之。哲学文字，其

---

① 《熊十力全集》第四卷，第284—285页。

② 《熊十力全集》第五卷，第215页。

③ 《熊十力全集》第八卷，第495页。

于义理分际，谨严盖亦如此。朱子为《四书集注》，自云字字皆经秤量，此非深于理者，无从知此意也。”① 这是借宋玉之赋美人而说明哲理文字的写作标准。他引述陶渊明《答庞参军》诗和《古诗十九首》之十五曰：“陶公怀人之诗曰：‘情通万里外，形迹滞江山。’此明精神不为空间所限也。古诗有曰：‘人生不满百，常怀千岁忧。’此明精神不为时间所限也。”② 用以说明精神作用的特殊性。

熊十力自承陶渊明诗为其最爱的诗歌之一，③ 对陶诗的引述和评论也最多，除上引《答庞参军》之外，他还引述《拟古九首》之七曰：“陶诗云：‘日暮天无云，春风扇微和。’以此形容心体，差得其实，而无偏于滞寂之病。‘日暮天无云’是寂静也。‘春风扇微和’，生生真机也，元德流行也。”④ 这是借陶渊明这两句诗形象地表明性体和心体兼具空寂与生动之全德。他强调人生虽不取出世法但也必须做禅定工夫说：“原夫无对之真，显为大用流行，于是而人得天以生焉。（自注：天者，本体之名，即无对之真也。得者，人皆得天以生，即天在人也。）故人生真性，本来无对，本来清净圆明。但吾人若不能于流行中识取本来真性，而把握着清净圆明之本然，以立于无对，则人生将堕落而失去根蒂，飘如陌上尘，古诗所以致慨，非偶然也。把握之功，即是禅定。”⑤ 此所谓“飘如陌上尘”即出于陶诗《杂诗十二首》之一。他引述《饮酒》之二十说：“陶渊明诗有云：‘如何绝世下，六籍无一亲。终日驰车走，不见所问津。’六籍即六经。驰车走谓一意外驰，不知反己也。行人问济渡处，曰问津，世遂以求本原之学者为问津。世儒皆以陶

① 《熊十力全集》第八卷，第 154 页。

② 《熊十力全集》第六卷，第 705—706 页。按《古诗十九首》之十五此二句为“生年不满百，常怀千岁忧”。

③ 熊先生说：“三百篇而后，余最爱渊明、太白、杜甫，三君子皆任真者也。”（见《熊十力全集》第六卷，第 655 页。）又说：“余平居喜读陶公诗，觉其昭旷之怀，不由强学所至，盖天真自然流露。余有不畅时，急取陶诗读之，胸间滞碍顿消，其感人之力甚大。”（见《熊十力全集》第七卷，第 759 页。）

④ 《熊十力全集》第三卷，第 173 页。

⑤ 《熊十力全集》第四卷，第 636—637 页。

公淫于禅道，不知其志实在儒。”[①] 这不仅是指出陶渊明学术思想归宗于儒家，而且通过方便善巧诠释而赋予陶诗以反求本心的心性工夫论内涵。他阐述以生命心灵统御物质的道理说：“至于人类出现，更能以自力发展其所本有之生命心灵，俾其力用日益弘大，遂攻破物质之障碍，而大显其光辉。自此而人类有裁成天地、辅相万物、恢弘乾道统坤之大业，可谓盛矣！然统物之功，不仅在人生实用方面，根本致力处要在毋以心为形役。”随后自注“‘心为形役’见陶渊明《归去来兮辞》”。[②] 他引述《连雨独饮》说明收束放心的方法说：“陶公诗有云：‘云鹤有奇翼，八表须臾还。’（自注：余素喜陶公此句。腾云之鹤，失其栖而远飞八方之外，乃须臾便还复其栖处。可见远飞虽危，而复之甚易也。心者，身之主也。今失其本位，犹鹤之远飞而失所栖也。然吾人能自唤起此心，则心即复位，亦如鹤之鼓翼而须臾还矣。人能自唤，犹鹤之有奇翼也。）”[③] 他引《饮酒》之十六赞扬陶渊明并以之自勉道：“渊明自称‘少年罕人事，游好在六经。行行向不惑，淹留遂无成’云云，渊明自叹学六经而无成，千载大诗哲，不自欺如此，余年虽暮，敢不勉乎？”[④] 不过，熊十力对陶渊明也不无批评，如谓：

> 陶渊明诗有旷远冲淡之趣，而杂染佛徒西来意。览其诗集，《归园田居》六首有云：“人生似幻化，终当归空无。”又曰：“吾生梦幻间，何事绁尘羁。”王船山嫌其颓废，卓哉睿识！千载来论陶诗者，未见及此。士习于颓废久矣，罕见自觉，其能识陶公乎？陶公染出世法，其于孔子所见亦未深。《饮酒》二十首有云：“羲农去我久，举世少复真。汲汲鲁中叟，弥缝使其淳。凤鸟虽不至，礼乐暂得新。”按渊明以弥缝一词表明孔子之志事，其诬圣人亦甚矣。

---

① 《熊十力全集》第六卷，第 569 页。

② 《熊十力全集》第七卷，第 638—639 页。

③ 《熊十力全集》第七卷，第 639 页。

④ 《熊十力全集》第七卷，第 759 页。

彼非有意诬圣也，其知不足以知圣也。非其知短也，其学杂乎出世法，不能扩充其知以上达乎贞观贞明也。夫弥缝者，衰世乘权处势之徒依仍旧社会败习，务为一切因循苟且之政，名为补缺救弊，而实惮于革去故鼎取新之远图。自衰周、六国以至近代，数千年之治道，不出弥缝一途，中国不振，由来旧矣。其偶异乎因循者，若卫鞅、孝侯（自注：秦孝公）、韩非、吕政，卤莽灭裂，《史记》称其惨酷，又不足论矣。孔子内圣外王一贯之学，唯以健德为主。内圣不及谈，今论外王，则《易》有"穷则变，变则通，通则久"之根本原理。《礼运》主张消灭王、侯、大夫三层统治以天下国家为私有之乱制，而开导万国庶民同出而创立天下为公与天下一家之制度，极乎裁成天地、辅相万物之盛德大业，孰谓孔子以弥缝为事乎？自六国时小儒改窜孔子六经而造伪五经，仍假托于孔子，汉唐诸儒生一致宗主小儒之伪五经，而六经真相遂掩。渊明向往出世法，自视其生在梦幻中，亦非真正留心于圣学者也。吾侪从伪《周易》探索圣人本义之偶存者，可见《周易》原本之宇宙论，其持说一本于正观，宇宙全是真真实实、活泼泼地。圣人说"生生不已""变动不居"，又说"大有"，又说"日新之谓盛德"云云，皇皇正义，炳然如白日丽天。学者若于圣言有深远之体认，何至为佛氏如梦如幻之戏论所移乎？……余平生深念，晚周道家思想至劣，甚阻碍圣学之流行，助成暴秦之祸。后汉佛法来华，首由道家迎合。当神州扰乱之惨，而虚无与空幻等恶劣思想勃兴，如细菌乘不良之气候而大发展，（自注：虚无指道家，空幻指佛家。）甚可痛也。晋世思想界，道佛合流，而佛自外来，新兴最盛。渊明学杂道佛，而佛之成分尤多，余论其世而不胜惋惜。曾欲注《陶诗》而未暇，今于此中涉及渊明而不觉其言之蔓也。①

---

① 《熊十力全集》第七卷，第 757—760 页。

这是指责陶渊明杂染佛道空无观而对孔子儒家经典并无切实理会。值得注意的是，熊十力此处用以判定陶渊明不属于儒家的根据，正是他曾经用以判定陶渊明为儒家的同一篇作品，即《饮酒》之二十，这当是反映了熊十力学思的与时俱迁。另外此处所谓“伪五经”“伪《周易》”等提法也体现了这一点。其他对陶渊明的批评有谓“然渊明冲远，未免离群”①，“渊明‘纵浪大化中，不喜亦不惧’云云，未免流浪而不见体”②，乃对陶渊明的隐遁和玩世做派予以否定。

熊十力引述王勃《滕王阁序》比喻断惑得道之境界曰：“断一切惑，尽一切痴，终焉寂灭，浩然至乐。‘涝水静，（自注：喻惑痴已损。）寒潭清（自注：喻得道也。）’此之谓欤。”③ 引述李白《关山月》赞美汉译佛典曰：“中译佛书甚忠实，不独于法义于解不失梵文本之真，即文辞亦力追梵文本，务求信与达，并不失其浩博、大雅、雄浑、浊重之气象，如李太白诗有云‘明月出天山，苍茫云海间，长风几万里，吹度玉门关’云云。若《大般若经》《华严经》《瑜伽师地论》，吾重其文，只好借李公诗句以赞美之耳。”④ 引用王安石《留题微之廨中清辉阁》“荷花十丈对冥搜”句以为自己曾居近荷池而生出世之想的写照。⑤ 引用苏轼《题西林壁》“不识庐山真面目，只缘身在此山中”点明常人往往不晓己性自足不假外求。⑥ 引述陆游《读前辈诗文有感》比况张居正诗作格调曰：“江陵诗甚峻美，格高境高，浩气潜运，直是盛德积中，英华外发。余每爱放翁有句云‘鸾旗广殿晨排仗，铁马黄河夜踏冰’，善形容伟大庄严气象，余意江陵诗可以此赞之。”⑦ 引用朱熹《春日》“等闲

---

① 《熊十力全集》第六卷，第655页。

② 《熊十力全集》第八卷，第761—762页。此二句见陶诗《形影神三首》之三《神释》。

③ 《熊十力全集》第七卷，第169页。

④ 《熊十力全集》第七卷，第799页。

⑤ 见《熊十力全集》第三卷，第792页。

⑥ 见《熊十力全集》第四卷，第484页。

⑦ 《熊十力全集》第五卷，第653页。

识得东风面，万紫千红总是春”比况工夫诚至而豁然开朗的境界。[①] 引用辛弃疾《青玉案·元夕》“众里寻他千百度，回头蓦见那人正在灯火阑珊处”表明一旦荡涤情见，则真理自在目前。[②] 引述王夫之《和龟山此日不再得》批评佛家好为空想曰：“印度佛家颇精解析，而好为空想。不由实测，则其解析多无义据，如王船山诗云‘如鸟画虚空，漫尔惊文章’，颇中其失。”[③] 又引述王夫之《和白沙其一》说明生命力由潜至显一贯存在的道理曰：“明儒王船山诗有云：‘拔地雷声惊笋梦，弥天雨色养花神。’笋之生机在根，潜藏于地，若梦梦然，春雷震而笋梦惊，则生机勃然不可御。人生固有活力锢而不显，犹笋梦也，必其能自警觉，而本有活力始条达不可遏。雷声喻提醒警觉之功。春气生养万物，雨泽甚厚，常有密云流布，故云弥天雨色，此喻学者涵养工夫深厚。警觉为入道初几，此则功行圆熟，花之神即活力是也。二句尽有次第，此咏涵养活力的意思，深可玩。”[④] “生命力斡运于一切生机体中，随在充实，都无亏欠。王船山诗有二句善形容此理，其诗曰：‘拔地雷声惊笋梦，弥天雨色养花神。’按上句‘拔地雷声’，（自注：拔地者，雷声拔出地面而上升也。）形容生命力之升进，其势猛烈，笋禀之以有生，既生而不知其所以生。惊犹震也。笋之初出土，生长极速，直由生命力之震发而不自觉，故曰梦。（自注：此句就笋而发，实通万物而言也，下言花者准此。）下句‘弥天雨色’，以喻生命是全体性，圆满无亏，若弥天雨色之充盈也。万物同禀生命以有生，既生而物各自养，益扩充其所始受，则以生生之盛，赞之曰神，犹花之发其精英亦曰神也。花得弥天雨色以生，而养其神以弗衰，万物之全其性命亦犹是耳。（自注：全者，发展完善之谓。）有问：‘公释船山诗意，殆主张有宇宙大生命为万物所

---

① 见《熊十力全集》第四卷，第 483—484 页。

② 《熊十力全集》第四卷，第 442 页。按辛弃疾原词作“众里寻他千百度，蓦然回首，那人却在灯火阑珊处”。

③ 《熊十力全集》第三卷，第 726 页。按王夫之原诗此二句作“如彼鸟篆空，漫尔矜文章”。

④ 《熊十力全集》第三卷，第 261 页。

秉之以有生乎？’答曰：万物各有的生命即是宇宙大生命，宇宙大生命即是万物各有的生命，不是万物以外别有大生命也。”①

熊十力并且激赏美文，他盛赞清人汪缙文章曰：“余平生极喜汪大绅文……其文广博浩荡，气盛而足以包络天地，情与慧俱深，融万里，运万化，通万类，极幽微繁杂之感，如死生、哀乐、世出世、名无名，众生迷妄之所系，一一照察。乐不淫，哀不伤，心不忘当世之务而放乎孤海，虽游孤海而帝皇王伯之道运之宥密，待群情交喻，举而措之亦易耳。余昔阅大绅文，兴此感，尝欲拟是作二三篇大文字，平生庶几称快，无稍憾矣。”② 他也讲求文章词藻之美，有谓：“至于词藻之美，亦须别有一番功力，如《文选》《弘明集》《汉魏丛书》时置案头，不时讽玩，极于词藻有助也。”③ 在其传世文著中，仅见熊十力诗作一篇，诗曰：

万物皆舍故，吾生何久住。
志业半不就，天地留亏虚。
亏虚复何为，岂不待后人。
后顾亦茫茫，嗟尔独自伤。
待之以无待，悠悠任天常。
噫予犹御风，伊芒我亦芒。④

这首抒怀之作颇有汉晋古诗的韵味，表达了一种自知局限但却豁达大度且寄愿无极的情思，可见他并不是不能诗，而当是能诗却不欲为之。

另外值得一提的是，熊十力的墨书纵横捭阖，随意挥洒，解衣般礴，元气淋漓，其初无意于艺术，但实际上却具有很高的观赏价值，洵为书法之上品。

① 《熊十力全集》第七卷，第 156—157 页。
② 《熊十力全集》第五卷，第 21 页。
③ 《熊十力全集》第四卷，第 297 页。
④ 《熊十力全集》第七卷，第 9 页。

结　语

熊十力以区区两年有半的乡塾学历，于三十四岁方才绝弃世务而矢志为学，在此后并不很长而且多处颠沛流离和病痛折磨境况的近五十年学术生涯中，在哲学、经学、佛学、子学、史学、西学乃至社会政治、教育、科学、文艺等诸多领域都做出了原创、独到、博大、精深、丰富且具有深刻思想启迪意义的成果，使其同时代以至当今多少经历过系统的学校教育甚至接受了西方的专门训练、其中不乏“大牌学人”瞠乎其后，这无疑是中国现代学术思想界的一个天才现象！

熊十力的“新唯识论”哲学体系，以佛家大空之寂静与儒家《大易》之生生构成本体之全德，以生生之翕辟两极的矛盾运动说明物质宇宙的生成以及生命心灵的贯穿，以生命心灵之锢蔽于物质进而通过修为工夫而复归本体全德揭示人生的终极意义，以物我对峙的量智提升为天人合一的性智表达德智一如的完成，由此成就了一个形上形下一体照顾而特别落实于当身受用的本体宇宙论—心性工夫论—德性认识论圆融无碍的整体架构。这个整体架构的旨归在于为主体成德确立本体论根据，启沃普遍的道德主体意识，从而成就太平世界与和谐宇宙。这种以道德贯通的由天生烝民达致尽人合天的哲学体系，是古今中外所有割裂天人物我的所谓哲学体系（熊十力斥之为“戏论”）所无从望其项背的。熊十力的“新唯识论”哲学体系实质上承续了孔曾思孟周张程朱陆王的天人道德观神髓，但对先圣先贤的言说作了体系化转进，含纳并解释了现代科学成果，因此更加具有说服力和现代性，正是基于这一点，熊十力被归于现代新儒家。当然，一切本体论由于无从实证，所以都需要信念的支撑，“新唯识论”哲学体系也不例外，故熊十力说：“哲学上的道理，能见到的人，便见得这道理是无在无不在；不能见到的人，也就没有什么。先哲说得好：‘百姓日用而不知。’可惜这句话底义味少人领得。”[1] 又说：“学问哪得求一般人之能信？唯求真理而已！”[2]

熊十力的经学诠释采取“六经注我”的方式，因此主观随意性较强，这一点在1945年所著《读经示要》中尚不很突出，至1951年所著《论六经》初显端倪，而到1956年所著《原儒》和1961年所著《乾坤衍》，则表现得愈益充分。在后两部著作中，熊十力认定今存之五经全都是六国及两汉后儒篡改孔子原典的伪经，只是其中偶尔杂存一些孔子原典的单辞碎义，必须爬梳剔抉，方能略识真经。至于后儒篡改六经的原因，熊十力认为是由于孔子原典表达了公天下、等阶级、选贤与能等大道思想及其制度设计，而后儒则因惧怕或奉承帝王而拥护私有制、等级制和世袭制等，这些就是今存五经的基本内容。熊十力的用意显然是想将孔子与新中国的经济基础、政治制度和意识形态相契合，从而得以定孔子于一尊，但如此疑经惑古，任意发挥，几乎与他所最为鄙视的康有为《新学伪经考》如出一辙，难以服人。不过，熊十力的辨伪和诠释虽然问题多多，但他在辨伪和诠释时所涉及的经义、经学史、经学人物却相当丰富，表现出非常精深的经学造诣，因此他的经学著作具有很高的学术价值。人们可以不同意他的观点，但研究经学却不能忽略他的著作。特别值得一提的是，熊十力在论述《春秋》公羊三世义时，强调据乱世必须高扬民族主义和爱国主义，以抵御强权和霸道，这一观点非常具有现实意义。

自1932年《新唯识论》文言本刊行后，熊十力的佛学观就是一个充满争议的问题，其争议又集中于大乘有宗唯识学，论难者多为僧人、居士或佛学者，所有论难大概可以归纳为一点，即熊十力指责唯识学是二重本体论、两重世界观、二元论、多元论、多我论、实有论乃是误解了唯识学。熊十力的答辩集中见于1933年所著《破破新唯识论》，1943

---

① 《熊十力全集》第二卷，第292页。
② 《熊十力全集》第八卷，第500—501页。

年3月至7月间致吕澂九函，1950年改定弟子黄庆所著《摧惑显宗记》。在这些文函中，熊十力引经据典，凿凿申明对唯识学的理解毫无误会。对于这桩公案，非深研佛学且持论平正者不可置喙。在此需要说明的只是，熊十力是一位哲学体系的建构者，而不是一位墨守经典的信仰者，他对唯识学乃至整个大乘佛学的取舍，乃是基于他的体系建构之需要而做出的。

熊十力对儒、道、法、墨、名、农、阴阳诸学派及其相关人物的论说，对中国历史大势以及诸多历史人物的评价，构成他的子学思想和史学思想，可谓通古今之变，成一家之言，虽不可尽从，但其独到的视角及博大的学术含量足资参鉴。他对东汉以至现代名士现象的痛骂，是其史学思想中的精彩内容，至今具有强烈的针对性。他对西学的研究谈不上深广，但视野所及，言论所至，却多颇中肯綮，反映出他的非凡颖悟力。他的社会政治论、教育论、科学论和文艺论也都不乏真知灼见，他对青年人谈社会政治观时，仍然强调在强权林立、霸道横行的时代必须实行民族主义、爱国主义和自强原则。

作为一位博大精深、建树宏富的天才学者，熊十力一生却是相当孤冷的，在八十四年的生涯中，他一直处于社会的边缘，除了数辈道友、从学弟子和同侪亲戚，几乎不为世人所知。他屡屡自诉孤冷状况说："余生而孤露，早失怙恃，兄弟困穷，后先短折。且世运艰危，志存匡济，弱龄投笔，坎险频遭。久之自顾非才，于世复无所可。孤怀落寞，少接人间。既谢世缘，冥搜荷岸，时而出世思想生焉。"① "世愈衰乱，独学无神解之人。昔罗什门下有三千四大之盛，尚怀'哀鸾孤桐上，清音彻九天'之痛，而余之孤苦，则什公当日无从梦见也。"② "今后生弃其固有，老者鲜有与予同所见，而亦零落殆尽矣。予何言哉！予何言

① 《熊十力全集》第三卷，第792页。
② 《熊十力全集》第五卷，第441页。

哉！时独步荒院，苍茫望天，若隐有慰予者，予无尤矣。”① “余年七十，始来海上，孑然一老，小楼面壁，忽逾十祀，绝无问字之青年，亦鲜有客至。衰年之苦，莫大于孤。”② “吾常愁苦一室之中无人可与言斯学者。”③ “平生少从游之士，老而又孤，海隅嚣市，暮境冲寞，长年面壁，无与言者。海上九年中，独有一刘生时来问佛法，年才五十，今春忽死去，吾乃真苦矣！”④ “刘君于清明节死后，我就孤冷得可怜。往年刘君时时来问佛学，余赖以不孤，今则鬼也莫来。”⑤

细思起来，熊十力也不是没有炒作的资本和攀援的条件。他早年投身反清革命，结识后来分别成为国共两党高层人物的居正和董必武；中年入北京大学任教，与民国要人蔡元培相交颇笃；因北大共事关系与名满天下的胡适也相互熟识；因乡情和佛缘与民国军政大员张难先、石瑛、严重、陶希圣、万耀煌、陈铭枢等时有过从；与欧阳竟无、吕澂、林宰平、梁漱溟、马一浮、汤用彤、钱穆、蒙文通、张孟劬、张东荪、张申府、冯友兰、金岳霖、贺麟、方东美、宗白华、朱光潜、沈有鼎、冯文炳、郭沫若、李四光、钟泰等名流学者或社会贤达交往甚密；1946年6月，时任国民政府重庆行营主任的何应钦曾赠款资助他开办研究所，被他退还；1949年10月，董必武、郭沫若联名致电请他离粤进京，沿途由时任广东省人民政府主席叶剑英、湖北省人民政府主席李先念安排行程；1954年从北京迁居上海，得到上海市市长陈毅关照；1956年任全国政协委员，被北大评为一级教授。如此人脉和地位加上非凡的学术成就，熊十力但凡有一丝一毫的红紫之念，当不难如侈大喧嚣的名士一般炙手可热。但是，作为一位汲汲于明心见性的大儒，熊十力不仅在口头上骂尽古今一切名士，而且在实行中拒斥一切名士做派，

① 《熊十力全集》第五卷，第728页。
② 《熊十力全集》第七卷，第892页。
③ 《熊十力全集》第八卷，第648页。
④ 《熊十力全集》第八卷，第827页。按刘生指刘静窗，下条刘君亦指此人。
⑤ 《熊十力全集》第八卷，第833页。

他说：“余平生痛惜清末以来学人尚浮名而不务实修，逞游谭而不求根柢，士习坏而族类危，故常发誓言，不为名流，不为报章杂志写文字，不应讲演之约。吾五十以后，始稍有笔札流露刊物，然终不为刊物作论文也，即笔札亦散布甚稀也，讲演则从未行之。”① 他虽然自悲孤冷，但却以宏大的愿力和信心而甘守孤冷，有谓“上天启予小子以一隙之明，勉思大统，虽甚不肖，又何敢让焉”②，“吾虽不德，然先圣贤一线之延，实在乎是”③，“吾虽孤陋，犹思独握天枢，以争剥复”④，“余平生抱曩哲之遗文，泛扁舟于孤海，唯守先待后，皇皇如不及是惧”⑤，“吾以一叶之舟荡乎孤海，唯不悚不怼，竭吾之才，上酬先圣而已”⑥，“迂固自年三十而后，誓以身心奉诸先圣，未敢恃浅见，此非自欺欺天之言也”⑦，“吾一息尚存，犹当孤抱遗经”⑧，“圣学湮绝久矣，余虽力薄，犹欲起而振之，孤怀诚不容已也”⑨，“吾所欲发抒者，至大至要，天不丧斯文，必将有以庇我矣，常作此想而壮心生也”⑩。他引用王夫之联语“前百岁而后千春，谁知我者；抱丹心而临午夜，自用照然”⑪，既以表明处境的孤冷，亦以表达宏愿与信心。他的宏愿与信心，上引诸说既已反复剖陈，而他更以一语概之曰“唯此孤心长悬天壤间”⑫，此孤心何心也？观其所谓“理智或知识终不堪得到本体，然则求证本体，必别有工夫在，谈知识论者何曾注意及斯？儒家修养工夫，从人伦日用

① 《熊十力全集》第四卷，第363—364页。
② 《熊十力全集》第三卷，第1051页。
③ 《熊十力全集》第四卷，第410页。
④ 《熊十力全集》第五卷，第29页。
⑤ 《熊十力全集》第五卷，第764页。
⑥ 《熊十力全集》第六卷，第667页。
⑦ 《熊十力全集》第六卷，第731页。另见本卷，第586、773页；第八卷，第697页。
⑧ 《熊十力全集》第七卷，第427页。
⑨ 《熊十力全集》第七卷，第800页。
⑩ 《熊十力全集》第八卷，第382页。
⑪ 《熊十力全集》第八卷，第761页。
⑫ 《熊十力全集》第四卷，第27页。另见本卷，第170页；第六卷，第412页。

中涵养察识，上达于穷神知化，可谓至矣。二氏功修均密，佛法视老氏更精微，然必折衷于儒术，庶不致趣寂而流于反人生。此则阳明所常从事，惜其门下未克承之。孤怀耿耿，不能无望于后之人矣。西洋人距此事太远。天运推移，或有会心之日”① 云云，或可为之注脚。要之，熊十力真正将《周易·乾卦》所谓“遁世无闷”、《论语·学而》所谓“人不知而不愠”、《中庸》所谓“君子之道暗然而日章”诸圣贤教言内化于心外化于行，不谓之真儒不得也！

熊十力抱持宏愿与信心而孤冷以终，遗存于世间者唯有一抔荒坟和八卷雄文。肃立于熊十力墓前，放眼弥望的田野和沉寂的丘垄，追怀斯人坎坷的遭际与卓绝的建树，不能不忆及白香山咏叹李太白的诗句“可怜荒垄穷泉骨，曾有惊天动地文”，并且对庄子所谓“尸居而龙见，渊默而雷声”深致慨焉！爰作一律以赞曰：

天纵英哲起江黄，寒门孤冷未足伤。
嗟时尝志鼎革事，悟道爰究乾坤章。
新论鸿篇通天人，旧学巨制加商量。
天枢独握争剥复，耿耿孤心悬天壤。

① 《熊十力全集》第四卷，第 569—570 页。